움직이는 창

최원준 지음

오래오래 늙으며 살아남기

아레니우스 민족주의의 정체

초판1쇄 펴냄	2023년 10월 6일
지은이	차기수
펴낸이	박수영
주간	김재동
디자인	정수연
교정	김상열
펴낸곳	명인문화사

등록 제2005-77호(2005.11.10)
주소 서울시 송파구 백제고분로 36가길 15 미우빌딩 202호
이메일 myunginbooks@hanmail.net
전화 02)416-3059
팩스 02)417-3095
ISBN 979-11-6193-075-6
가격 34,000원

ⓒ 명인문화사

본서의 무단복제행위를 금하며, 파본은 바꾸어 드립니다. 저자와 협의하여 인지를 생략합니다.

간략목차

1장 서론 … 1

제1부 아테네 도시국가의 성립과 민주주의 — 9
2장 아테네 도시국가의 성립 … 11
3장 스파르타의 사회와 정치 … 25
4장 대의민주주의와 데모크라티아 … 45
5장 아테네 정치체계의 구조 및 과정 … 85

제2부 아테네 정치변동과 민주주의 발전 — 131
6장 솔론의 개혁과 티모크라시 … 133
7장 페이시스트라토스의 참주제 … 162
8장 클레이스테네스의 민주개혁 … 174
9장 에피알테스와 페리클레스의 급진적 민주개혁 … 188

제3부 그리스와 페르시아전쟁 — 207
10장 제1차 페르시아전쟁: 전쟁 준비와 마라톤 전투 … 209
11장 아르테미시온 해전과 테르모필라이 전투 … 227
12장 살라미스 해전과 플라타이아 전투 … 253

제4부 펠로폰네소스전쟁 — 287
13장 제1차 펠로폰네소스전쟁 … 289
14장 제2차 펠로폰네소스전쟁 전초전 … 320
15장 제2차전쟁의 개전과 메가라 법령 … 344
16장 미틸레네 반란의 비극과 멜로스의 참상 … 364
17장 아테네의 주화파와 주전파의 갈등 … 402

제5부 아테네의 시칠리아 원정 — 419
18장 아테네의 시칠리아 원정 … 421
19장 아테네와 시라쿠사의 전투 … 437
20장 펠로폰네소스전쟁의 마지막 전투와 아테네의 패전 … 456
21장 전쟁과 민주주의 … 492

22장 민주주의의 미래 … 518

세부목차

서문 • xi
일러두기 • xiv

1장   서론 • 1

제1부 | 아테네 도시국가의 성립과 민주주의 • 9

2장   아테네 도시국가의 성립 • 11
  1. 고대 그리스 문명의 변천 • 11
  2. 폴리스의 개념 • 13
  3. 폴리스의 발전 • 17
  4. 아테네 폴리스의 성립 • 21

3장   스파르타의 사회와 정치 • 25
  1. 사회체계 • 25
  2. 공동체 사회 • 29
  3. 정치체계 • 36
  4. 스파르타 신기루 • 39

4장   대의민주주의와 데모크라티아 • 45
  1. 대의민주주의 • 45
  2. 데모크라티아(아테네 민주주의) • 51
  3. 아테네 민주주의와 자유 • 62
  4. 아테네 민주주의와 평등 • 67
  5. 법치주의 • 78

5장 아테네 정치체계의 구조 및 과정 · 85
1. 아리스토텔레스의 정치체계 유형 · 85
2. 입헌전제주의와 티모크라시 그리고 플루토크라시 · 91
3. 아테네 정치구조와 과정의 변동 · 98
4. 집정관제 · 100
5. 아레오파고스 · 102
6. 민회 · 105
7. 불레 · 109
8. 도편추방제 · 112
9. 배심원제 · 117
10. 노모데타이 · 122
11. 그라페 파라노몬 · 125

제2부 | 아테네 정치변동과 민주주의 발전 · 131

6장 솔론의 개혁과 티모크라시 · 133
1. 솔론의 등장 · 133
2. 솔론의 개혁정치 · 137
3. 오로이와 세이사크테이아 · 139
4. 화폐제도와 상속제도의 개혁 · 143
5. 공창제도 · 144
6. 솔론 개혁의 의의 · 153

7장 페이시스트라토스의 참주제 · 162
1. 페이시스트라토스 집권 · 162
2. 통치방식 · 167
3. 아테네의 정변과 스파르타의 개입 · 171

8장 클레이스테네스의 민주개혁 · 174
1. 클레이스테네스의 집권 · 174
2. 부족과 지역의 개편 · 179
3. 클레이스테네스의 쓸쓸한 퇴장 · 184

9장 에피알테스와 페리클레스의 급진적 민주개혁 • 188
　　1. 에피알테스와 개혁 • 188
　　2. 페리클레스의 등장과 개혁 • 193
　　3. 페리클레스의 연설 • 202

제3부 | 그리스와 페르시아전쟁 • 207

10장 제1차 페르시아전쟁: 전쟁 준비와 마라톤 전투 • 209
　　1. 페르시아의 권력변동과 침략 전쟁개요 • 209
　　2. 아테네의 정치상황과 테미스토클레스의 전쟁 준비 • 213
　　3. 제1차 그리스 페르시아전쟁: 마라톤 전투 • 217

11장 아르테미시온 해전과 테르모필라이 전투 • 227
　　1. 페르시아의 침공과 그리스연합의 결성 • 227
　　2. 아르테미시온 해전 • 233
　　3. 테르모필라이 전투 • 237
　　4. 레오니다스의 용맹 • 245

12장 살라미스 해전과 플라타이아 전투 • 253
　　1. 아테네 주민의 대피와 전투준비 • 253
　　2. 살라미스 해전과 삼단노선의 위력 • 257
　　3. 살라미스 해역과 살라미스섬의 전투 • 258
　　4. 페르시아 왕의 퇴각과 그리스 연합군의 승리 • 261
　　5. 테미스토클레스의 추방과 자살 • 268
　　6. 페르시아의 재침과 플라타이아 전투 • 272
　　7. 그리스 연합군의 재결성 • 276
　　8. 마르도니오스와 파우사니아스의 접전 • 282
　　9. 마르도니오스의 사망과 페르시아군의 패퇴 • 284

제4부 | 펠로폰네소스전쟁 · 287

13장   제1차 펠로폰네소스전쟁 · 289
1. 전쟁의 배경과 개요 · 289
2. 스파르타의 펠로폰네소스 동맹 · 294
3. 아테네의 델로스 동맹 · 298
4. 아테네와 스파르타의 패권경쟁과 타소스 반란 · 303
5. 제1차 펠로폰네소스전쟁 · 309
6. 아테네와 스파르타의 강온대결 · 312

14장   제2차 펠로폰네소스전쟁 전초전 · 320
1. 에피담노스의 분쟁 · 320
2. 레우킴메 전투 · 322
3. 케르퀴라와 코린토스의 국제 외교전 · 324
4. 시보타 전투 · 329
5. 포티다이아 전투 · 336

15장   제2차전쟁의 개전과 메가라 법령 · 344
1. 메가라 법령과 스파르타의 위협 · 344
2. 페리클레스의 대응과 전염병의 창궐 · 348
3. 약소국 플라타이아의 비극 · 354
4. 페리클레스의 퇴장과 클레온의 등장 · 359

16장   미틸레네 반란의 비극과 멜로스의 참상 · 364
1. 미틸레네 반란과 전투 · 364
2. 아테네의 대응 · 372
3. 스파르타의 개입 · 376
4. 미틸레네의 항복과 생사의 갈림길 · 380
5. 미틸레네인의 생사를 건 논쟁 · 384
6. 멜로스의 대화와 대학살 · 394

17장   아테네의 주화파와 주전파의 갈등 • 402
   1. 피로스 전투 • 402
   2. 스팍테리아 전투 그리고 암피폴리스 전투와
      투키디데스의 추방형 • 407
   3. 니키아스 평화조약과 매와 비둘기의 대립 • 410

제5부 | 아테네의 시칠리아 원정 • 419

18장   아테네의 시칠리아 원정 • 421
   1. 시칠리아 원정과 아테네의 정치적 갈등 • 421
   2. 아테네 함대의 출정 • 428
   3. 알키비아데스의 망명과 니키아스의 지휘 • 431
   4. 니키아스의 지휘 • 432

19장   아테네와 시라쿠사의 전투 • 437
   1. 스파르타의 아테네 공격 • 437
   2. 월식 • 445
   3. 항복 • 447
   4. 패배의 원인과 영향 • 450

20장   펠로폰네소스전쟁의 마지막 전투와 아테네의 패전 • 456
   1. 알키비아데스의 술수 • 456
   2. 쿠데타와 400인 과두제 • 461
   3. 알키비아데스의 귀환과 망명 • 470
   4. 노티움 전투 • 472
   5. 아르기누사이 전투 • 476
   6. 장군들의 처형과 소크라테스의 반대 • 480
   7. 최후의 전투: 아이고스포타미 전투 • 484
   8. 아테네의 항복 • 488

21장   전쟁과 민주주의 · 492
    1. 패전국가 아테네의 운명 · 492
    2. 30인참주제 · 496
    3. 30인의 활동 · 499
    4. 30인참주정치에 대한 저항 · 503
    5. 30인참주제의 붕괴와 민주주의 회복 · 510
    6. 소크라테스의 처형 · 512

22장   민주주의의 미래 · 518

    참고문헌 · 533
    찾아보기 · 539

도해목차

표

5.1	아리스토텔레스의 정치체계분류	86

사진

3.1	스파르타 아크로폴리스 입구	43
5.1	아크로폴리스에서 내려다본 아레오파고스 언덕	103
5.2	아테네 아크로폴리스 서쪽에 있는 프닉스 광장의 현재의 모습	106
5.3	도편추방의 투표도구로 사용된 도자기 파편들	113
7.1	아고라 안의 연단 모습	170
7.2	아테네의 올림피아 제우스 신전	172
10.1	마라톤 전투 현장의 현재의 모습	222
11.1	테르모필라이의 현재 모습	238
11.2	시모니데스(Simonides)의 경구가 있는 석상	249
11.3	테르모필라이의 현장에 건립된 동상	250
18.1	시라쿠사 유적지의 두 극장	423
19.1	참혹한 비극을 간직하고 있는 카푸치니 채석장의 현재의 모습	450

서문

이 책은 3000여 년 전부터 800여 년간의 아테네 민주주의의 발생과 발전 그리고 그 과정을 주도했던 지도자들과 그 정권들의 변동 및 그 과정에서 일어났던 그리스-페르시아전쟁과 아테네와 스파르타를 중심으로 갈라진 양대 진영의 펠로폰네소스전쟁에 대한 고찰이다.

나는 그리스 전공자가 아니다. 그러나 플라톤의 국가론과 몇몇 대화편 그리고 아리스토텔레스의 정치학과 윤리학 및 영혼론 등은 정치학도의 기본서적이다. 평소에 이런 책들을 읽으면서 늘 그리스 역사와 문화를 동경했다. 그 이후 아내와 단체여행에 끼어 그리스 일부를 겉으로 보며 그리스에 대한 매력을 더 느꼈다.

그 이후에 친구와 셋이서 북쪽의 마케도니아에서 남쪽의 크레타까지 중요한 유적지를 답사했다. 그리고 그리스에 관한 글을 읽고 쓰기 시작했다. 그러나 그리스에 관한 글은 어떤 내용이든 그리스의 종교와 종교의 경전인 그리스 신화를 이해하는 것이 선행조건이라는 것을 절감했다. 호메로스의 서사시와 신화를 다시 읽고 그리스 역사와 종교에 관한 공부를 새로 시작했다. 종교(불교 및 기독교)에 관한 글을 쓴 나는 『그리스 신화와 종교』를 썼다. 그리고 이번에 이 책을 마무리한 것이다. 이제 남은 일은 이 당시의 철학을 정리하는 일이다.

모든 역사는 기록자의 숨결이다. 방대한 지역에서 다양하게 펼쳐진 역사와 전쟁을 담아낸 고전의 편린(片鱗)들 중에서 필요한 내용을 가려내어 과거를 현재로 세우려면 당시와 숨결을 함께 하며 느낌과 상상이 필요하다.

두 원고의 초고를 들고 그리스를 다시 돌았다. 신화의 지역과 전쟁의 기록에 나타난 지역 중 육지와 20여 개의 섬을 아내와 함께 둘이서 배낭을 걸머지고 누볐다. 물론 별다른 자료가 있는 것은 아니다.

그러나 이 과정에서 3000여 년 전부터 800여 년간에 일어났던 정치와 전쟁들을 그리스의 고전 문헌과 유적 및 유물이 간직한 역사와 정신 그리고 나의 느낌 및 상상력을 결합하여 언론의 눈으로 관찰하고 정치의 감각으로 판단하며 학문의 논리로 해석하면서 역사에 다가서려고 노력했다.

아테네의 민주주의와 전쟁은 지도자와 인민이 주인공이다. 2500여 년 전의 아테네 민주제도는 그동안 피상적으로 기술되어 왔다. 나는 이런 제도들의 변화과정과 특성을 고찰하여 실제로 적용할 수 있는 구체적 모습을 찾아내려고 했다. 아테네의 문헌들을 이해하려면 아테네의 독특한 언어의 의미를 파악하고 현대적 개념으로 풀어야 한다. 따라서 글의 내용은 다소 까다로운 부분이 있지만 새로운 것을 접한다는 의욕으로 보면 오히려 관심이 더 갈 수 있다.

아테네와 스파르타 등 고대 그리스에는 위대한 지도자들과 영웅들이 수없이 많다. 이들이 바로 아테네를 세계 제1의 문명국가로 만든 장본인들이다. 아테네의 혼란과 갈등을 수습하고 민주주의의 초석을 놓은 지도자 솔론의 리더십은 지도자의 영원한 모델이다.

클레이스테네스와 페리클레스의 민주개혁 그리고 여론에 흔들리지 않고 미래를 내다보며 전쟁 준비로 페르시아 전쟁을 이겨낸 테미스토클레스, 패전국 아테네에 다시 독립과 민주정을 회복한 테라메네스의 리더십은 정치나 군사 그리고 다른 분야의 리더들이 반드시 새겨야 할 본보기들이다.

　페르시아의 대군에 맞서 300여 명의 부하들과 테르모필라이 전투에서 장렬하게 전사한 스파르타의 레오니다스 왕은 세계의 모든 전쟁 교과서에서 지금도 그 용기가 살아서 전해진다 (영화 〈300〉의 주제).

　그런가 하면 자신의 타고난 신분과 재능을 조국과 적국을 넘나들며 자신을 위해 교활하게 처신한 알키비아데스는 반면교사로 삼을 만하다. 이 외에도 여러 다양한 인물들의 활동은 마치 중국의 삼국지를 그리스에 옮겨 놓은 듯하다.

　아테네의 민주주의와 전쟁은 과거의 역사가 아니라 현재의 현실이요 미래의 좌표가 분명하다. 따라서 나는 이 글을 과거를 토대로 현재를 말하며 미래를 보여준다는 생각으로 썼다.

　이 글을 쓰는 데는 여러 사람들의 도움을 받았다. 그중에서 원고를 읽고 귀중한 의견을 주신 홍득표 교수(인하대학), 홍완식 교수(건국대 법학전문대학원) 그리고 특히 전쟁과 관련된 글을 읽고 도움을 주신 이국범 장군(예비역 육군소장)께 감사드린다.

　명인문화사 대표 박선영 박사는 정치학을 함께 연구하는 동료다. 난삽한 원고를 옥동자로 만들어 출간해준 데 깊이 감사한다. 아울러 편집을 책임져준 전수연 편집디자이너와 꼼꼼히 교정을 봐준 김유원 씨의 노고에 감사한다. 끝으로 시작부터 끝까지 동행해준 아내에게 감사한다.

　나는 이 책이 인류의 자유와 평등을 증진시킬 수 있는 민주주의 발전에 작은 밀알이 되고, 그리스의 역사가 아직도 우리 곁에 있듯 이 책도 오랜 세월 독자의 품에 있게 되기를 기대한다.

2023년 캘리포니아 寓居의 서재에서
저자 최한수 識

일러두기

1. 이 책의 참고문헌에서 다음의 문헌은 줄여서 표기했다.
2. 1) 아리스토텔레스의 문헌 중에서 '정치학'은 AP로, 새로 발견된 Athenaion Politeia 영어로 The Constitution of the Athenians는 AC로 표기했다. 예를 들면, AP1278b11은 아리스토텔레스 정치학 1278b11을 가리킨다. 2) 플라톤의 국가(Republic)는 PR로, 3) 헤로도토스의 역사(Historia)는 HH로, 4) 투키디데스의 펠로폰네소스 전쟁사는 TW로, 5) 크세노폰의 헬레니카(Hellenica)는 XH 표기했다. 이 문헌들은 그리스어의 한글 번역본과 영문 번역본을 동시에 사용했다. 그리스어 번역과정의 의미를 더 알기 위해 영문 번역본은 여러 책을 참고했으며, 한글 번역본은 역사는 김봉철, 플루타르코스 영웅전은 이성규, 국가는 박종현, 그 밖의 한글문헌은 천병희 역을 중심으로 하였다. 나머지 내주중에서 보충설명은 각주로 인용문헌은 후주로 처리했다.
3. 고유명사의 모든 표기는 고전시대의 그리스 발음으로 표기하고 영어로 일반화된 일부 단어의 발음은 그대로 따랐다. 다만 표기과정에서 약간 다를 수도 있다.

1장

서론

 아테네 민주주의와 오랜 세월에 걸친 그리스의 전쟁은 우리에게 길게는 3000여 년 짧게는 2500여 년 전의 과거지만 앞으로의 미래다. 2500여 년 전의 그리스 문명은 강렬한 미래의 빛을 발하는 장대한 스펙터클이다.
 유적과 유물 신화와 문헌들이 지키고 있는 그리스 역사는 계속해서 새로움으로 빛나고 있다. 그러나 찬란한 문명을 다시 되새기는 데는 한계가 있다. 관련 문헌이 부족하고 부실하며 존재하는 문헌 자체도 사실적 기술이 아니라 전언을 토대로 하거나 기록자의 가치와 판단 그리고 상상을 엮어낸 내용이 많기 때문이다. 이것은 그리스 역사의 기록뿐만 아니다. 모든 기록이 이 범주를 벗어나지 못한다.
 그러나 아테네는 당시의 종교와 정치와 전쟁을 기술하는 훌륭한 역사서를 가지고 있다. 예를 들면 그리스 신화는 그리스 종교의 경전으로서 다른 종교들의 경전을 압도한다. 헤로도토스의 저술은 아테네의 종교, 정치, 문화, 전쟁의 종합적인 역사서이다. 투키디데스의 전쟁사는 반세기에 걸친 전쟁사와 정치사를 고스란히 전해준다. 소크라테스의 제자인 플라톤과 크세노폰 그리고 플라톤의 제자인 아리스토텔레스를 비롯한 학자들의 저술들은 아테네의 철학과 정치를 생생하게 기술한다. 그런데 현대의 여러 현상들을 설명하는데 2500여 년 전의 저술들의 내용을 꿰어 맞추는식으로 인용하는 것은 자칫 고대와 현대의 지식에 대한 과시로 비칠 뿐 오히려 엇박자만 낼 수 있다.

아테의 고전은 아테네의 당시 현상에 대한 자료일 뿐이다. 다만 이 자료의 내용들은 현대의 모든 현상의 원류들이기 때문에 현대를 이해하는데 필수적인 고전들이다.

어느 시대 어느 나라의 역사던 역사적 자료들을 현대적 패러다임으로 기술하고 설명하려면 안광(眼光)이 지배(紙背)를 철(徹)하듯 문헌의 행간에서 단서를 찾아내어 명료하게 판단하고 설명해야 한다. 이 과정에서 상상력은 역사의 단절을 메우고 현재를 거쳐 미래로 이어 놓는 무지개다. 필자가 걸어온 언론과 정치 그리고 학문의 경험은 이 글을 쓰는데 아주 소중한 자산이 되었다.

아테네인들에게 민주주의와 전쟁 그리고 신앙은 의무이고 권리였다. 문화가 농축된 종교축제와 자유와 평등이 보장된 정치를 주요한 공적 활동으로 생각했다. 특히 고대 그리스는 신들과 종교로 버무려진 사회다. 그리스 나신(裸身)의 역사에 다가서라면 옷고름을 풀어 속살을 보듯 신화와 종교에서 역사의 속살을 찾아내야 한다. 그리고 드러나지 않는 부분은 상상력으로 메워야 한다. 고대의 역사가 거의 비슷하지만 특히 그리스는 종교와 경전인 신화 그리고 정치 및 시민의 삶이 한데 어우러진 사회였다. 따라서 그리스의 문명과 제도를 이해하려면 종교와 신화에 대한 이해가 선행되어야 한다. 필자가 『그리스의 신화와 종교』를 먼저 쓰고 아테네 민주정치와 전쟁을 이번에 쓴 배경의 일단이다.

아테네 민주주의를 1000년의 긴 잠에서 깨운 것은 르네상스였다. 하지만 이 시대의 주역들은 아테네 민주주의에 대해 군맹무상(群盲撫象)이었다. 기득권에 대한 집착과 욕망이 마음을 닫고 눈을 가렸기 때문이다. democracy가 아테네의 demokrati를 어원으로 하며 이 단어는 '인민의 지배(권력, demos+kratos)'를 의미한다지만 대의민주주의인 democracy와 직접민주주의인 demkratia는 다르다. demos와 kratos도 인민과 지배(권력)뿐만 아니라 아주 다양한 의미를 지니고 있다.

민주주의 선구자라는 미국의 민주주의는 멀리는 로마공화정의 민주주의 그리고 가깝게는 미국 건국자들의 사상으로 이루어졌다. 그리고 자신들의 정치체계를 중심으로 민주주의의 개념을 형성했다. 미국의 democracy는 멀리 고대 아테네 demokratia까지 거슬러 올라가지 못했던 것이다. 따라서 미국민주주의 모델을 안고 있는 대부분의 나라들이 내세우는 민주주의도 아테네 민주주의와는 멀리 떨어져서 반사되는 그림자에 불과하다.

오늘날 선거정치는 과연 민주정치인가? 절대적 다수가 아닌 상대적 다수 그것도 과반수에 훨씬 미치지 못하는 상대적 다수로 전체의 지배를 정당화하는 선거가 과연 민주주의인가?

아테네 민주주의는 공직자의 최종 선출과 정책의 최종결정은 1년에 4번 프닉스 광장에 모인 모든 인민에 의해 좌우되었다. 물론 여기에 참가한 인원은 20% 정도에 불과하기 때문에 현대선거보다 참여율은 낮지만 현대선거는 2년에서 4년 사이에 실시되며 국민은 정책결정에 참여기회가 거의 없다는 점에서 democracy가 오히려 demokratia보다 덜 민주적이라고 할 수 있다.

직접민주주의인 demokratia와 대의민주주의인 democracy 사이에는 비록 형식적인 측면이 강하지만 그나마 많은 공통성을 가지고 있는 것은 다행이다. 선거권과 피선거권, 언론의 자유와 법치주의, 정치인들의 자유로운 경쟁 등은 두 민주주의가 갖는 공통성이다. 그리고 아테네인들도 참주정을 막기 위해 민주정을 추구했지만 1인이나 소수의 참주정치 대신 민주주의의 다수결 원리라는 이름으로 다수가 소수를 억압하는 다수의 참주정치 즉 아리스토텔레스의 표현대로 중우정치의 오류에 빠졌던 것도 사실이다.

이 책에서는 인간의 보편적 가치인 자유와 평등의 개념을 현대와 아테네의 관점에서 비교 고찰한다. 그러나 아테네 민주주의의 특성을 '민주주의'보다는 '인민주주'의 관점에서 접근하는 것이 더 적절하다는 관점에서 인민주의 특성을 통해서 아테네 민주주의를 분석한다.

전쟁은 인간의 영혼을 해부하여 인간의 본성을 속속들이 드러내는 인간 본성의 전시장이며 세상의 블랙홀이다. 전쟁은 삶과 죽음의 절박한 상황에서 인간이 발휘할 수 있는 지혜와 용기와 책임 그리고 다른 한편으로는 공포감과 비열함을 드러내는 인간의 증명서다.

전쟁은 또한 내가 살고 상대를 무찔러야 하는 전략 전술의 끝판왕이며 삶의 무한한 교훈으로 발현될 수 있다. 반세기 이상 이어진 그리스의 전쟁은 고대사회의 전쟁중의 전쟁이었다. 이 책은 전쟁의 이런 속성을 파고 들고자 했다.

페르시아 침공에 대한 그리스의 대응은 지금도 전쟁사 교재의 밑줄을 긋는 중요한 자리를 차지하고 있다. 그리스와 페르시아전쟁은 자유와 속박 자율과 강제 차별과 평등의 싸움에서 전자가 승리한 것이다. 그리스인들은 자신을 위해 싸웠고 페르시아 대군은 군주를 위해 싸웠다. 자신에 의한 자신을 위한 자신의 전투가 아니라 군주에 의한 군주를 위한 군주를 대신한 전투는 영혼을 바칠 수 없다.

반세기에 걸친 펠로폰네소스전쟁은 강대국과 약소국 관계, 전쟁의 발발과 진행, 협정의 체결과 파괴, 승리와 패배, 동맹과 반란과 진압, 약소국의 외교와 전쟁 등 국제관계의 거울이다. 이 거울에 확연히 비쳐진 모습은 모든 국가들은 상대 국가들의 정체가 무엇이든 간에 자국이 안보와 번영을 극대화할 수 있는 바탕에서 합리적으로 외교정책을 계산한다는 투키디데스의 현실주의다. 이 원칙은 여전히 현대외교의 핵심이며 전쟁을 겪었고 직면하고 있는 우리에게는 나라를 지키는 바이블이다.

아테네는 펠로폰네소스전쟁에서 한순간의 전략적 미숙으로 스파르타에 졌다. 지지 않을 수도 있었던 전쟁이었다. 전투에서 순간이 전체를 좌우한다는 것을 잘 보여주고 있다. 아테네 민주주의는 전투에서 의외의 승리요인이 되기도 했지만 패배를 초래하기도 했다. 민주주의가 전쟁 속에 어떻게 생존하고 전쟁이 민주주의에 어떤 영향을 미치는가에 대한 연구는 아테네는 물론 현대 국가의 경우도 더 연구되어야 할 과제다.

이 책은 먼저 서론에서 아테네 도시국가의 성립과 함께 스파르타의 사회와 정치체계에 대해 약술한다. 아테네에 관한 글에서 스파르타를 포함시키는 것은 아테네의 역사에 스파르타는 맞물려 돌아가는 톱니바퀴였기 때문에 아테네 역사의 전개를 이해하려면 스파르타의 역사와 제도에 대한 이해는 필수적이기 때문이다. 물론 코린토스나 테바이도 한 요인으로 작용했지만, 범위를 최소화하기 위해 제외했다.

아테네 민주주의는 BC 621년에 집권자인 드라코가 최초의 성문법을 제정하여 시민들의 정치에 참여를 확대시키면서 막이 올랐다. 그러나 그의 정책은 평민의 참여는 아주 제한적이고 귀족과 부자 중심이었다. 이어 BC 594년에 솔론이 집권하여 티모크라시 정체를 추구하면서 정치는 신분에서 재산으로 전환되고 평민의 참여가 늘어나게 되었다.

집권자가 교체되면서 아테네 민주주의는 점진적으로 발전을 거듭했다. 아테네 민주주의는 정체와 정권의 변동과 전쟁의 소용돌이 속에서 전진과 후퇴를 거듭했다. 아테네가 지루한 전쟁에서 패배한 후 아테네 민주주의는 스파르타의 괴뢰정권인 참주정의 나락으로 잠시 떨어졌다. 그러나 아테네의 굳건한 민주주의 토대는 곧 참주정을 붕괴시켰다. 그리고 민주주의를 다시 일으켜세웠으나 BC 4세기 중엽 마케도니아의 펠립포스 2세의 직간접 지배에 들어가면서 종언을 고했다.

아테네 민주주의와 정치변동 그리고 전쟁의 역사는 3000여 년에서 2500여 년 전이라는 먼 과거의 사례들이고 그에 대한 기록도 희귀하거나 희미하기 때문에 사실을 접근하기도 어렵다. 특히 그리스 문헌을 번역한 영어의 문헌들이나 한국의 문헌들도 번역자에 따라서 용어나 내용이 다르기 때문에 알맞은 용어와 내용을 가려내는 일도 쉽지 않다. 더구나 카(E. H. Carr)의 주장대로 역사적 사실도 역시 기록자의 주관과 선호가 사실을 가리고 있다면 당시의 사실들을 있는 그대로 접하기는 결코 쉬운 일은 아니다. 그렇더라도 역사의 기록을 현대적 지식으로 분석하고 해석하여 기술하면 당시의 사실을 만날 수 있다. 이 책은 이런 과정의 결과물이다.

이 책은 5부로 구성되어 있다.

제1부는 아테네 도시국가의 성립과 민주주의에 관한 내용이다. 아테네의 데모크라티아와 민주주의 이념 그리고 직접 민주정치의 구조와 과정을 피상적이 아니라 구체적으로 고찰하고 현대민주주의와 비교했다.

제2부는 아테네 민주주의 발전과 관련된 역대 정권의 지도자 리더십과 정치의 기술(art) 그리고 정치변동과정에서 아테네 민주주의의 실천상황을 기술한다. 부분적으로 제1부의 내용이 중복될 수도 있지만 맥락을 잇기 위해 필요한 내용으로 한정했다.

제3부는 그리스-페르시아전쟁에 관한 내용이다. 그리스는 1,000개 이상의 도시국가로 나뉘어 있었지만 '헬라인'이라는 단일 부족이었다. 그리스인들은 페르시아가 침입하자 일부 도시국가들을 제외하고 연합을 결성하여 자발적으로 대응했다. 반면에 페르시아는 여러 속국에서 병사와 물자를 차출했다. 이 전쟁은 자발적으로 참여한 세력과 차출된 세력의 전투목표와 태도의 상이함을 잘 보여준다.

제4부는 펠로폰네소스전쟁에 관한 고찰이다. 간헐적인 휴전과 함께 반세기 이상 이어진 전쟁의 양상과 이를 둘러싼 정치 및 민주주의 변천에 관한 기술이다. 아울러 생사를 건 전쟁 과정에서 드러나는 인간의 지혜와 전략 전술 그리고 인간의 본성을 드러내 보려고 시도했다.

제5부는 펠로폰네소스전쟁의 막바지인 아테네의 시칠리아 원정에 관한 내용이다. 이 전쟁은 정치의 음모와 술수 그리고 전쟁지휘관의 리더십이 전쟁에 미치는 영향 등이 드라마틱하게 이어진다.

마지막으로 아테네가 전쟁에서 패배하면서 겪게 되는 참주제와 민주주의 회복을 위한 투쟁을 기술하고 새로운 민주주의를 모색하기 위해 인민주의를 제시했다. 민주주의에 대한 새로운 모델은 모든 정치 및 사회학자들의 염원이지만 지난한 과제다. 따라서 이 책에서도 어떤 모델을 제시하는 것은 분수를 모르는 과욕이다. 다만 현재 등장해 있는 여러 모델 가운데 새로운 모델을 모색하는데 가장 많은 참고가 될 것으로 판단되는 인민주의를 여기에서 기술한다.

제1부는 아테네 민주주의와 현대민주주의를 비교 기술한 부분이라서 약간 내용이 복잡하게 느껴질 수 있지만 중요하고 독특한 내용이기 때문에 현대 민주주의의 맹점을 파악하고 인민을 위한 민주주의를 모색하는데 꼭 담아야 할 내용들이다.

제1부의 내용이 어렵게 느껴지면 제2부 또는 중국의 삼국지를 읽듯 흥미를 돋으려면 제3부 전쟁에 관한 내용을 먼저 읽어도 좋을 것이다.

아울러 필자의 문장은 단문형태라서 읽기는 편하지만 상황을 기술하는 데 적합하면서도 함의가 풍부한 어휘를 많이 선택하다 보니 어렵게 느껴진다. 그러나 사전이나 관련 문헌을 참고하면 오히려 보람을 느끼게 될 것이다.

세상에는 유사한 책들이 넘쳐난다. 교과서는 이론의 편식을 벗어나 보편성이 중요하기 때문에 비슷한 내용이 오히려 충실하고 안전하다. 그러나 그 외의 책들은 독창성이 요구된다. 물론 이 책이 독창성을 가졌다고 자부하는 것은 아니지만 내용과 분석 및 기술에서 특성을 갖추려고 노력했다. 아테네 민주주의나 정치변동 그리고 전쟁의 역사를 충분하게 되살려내기는 쉽지 않지만, 필자는 이 글을 쓰면서 과거를 통해 현재를 이해하고 미래를 내다보는 역사의 망원경을 생각했다. 물론 지나친 욕심일 수 있지만 이 책이 어느 한 분야의 미흡한 부분을 메워주는 의미는 갖게 될 것으로 생각한다.

제1부
아테네 도시국가의 성립과 민주주의

2장 아테네 도시국가의 성립 _ 11

3장 스파르타의 사회와 정치 _ 25

4장 대의민주주의와 데모크라티아 _ 45

5장 아테네 정치체계의 구조 및 과정 _ 85

2장

아테네 도시국가의 성립

1. 고대 그리스 문명의 변천

그리스의 문명은 BC 2600년경에 출현한 크레타의 미노스 문명으로부터 시작된다. 크레타섬과 다른 에게해 제도의 청동기 문화인 미노스 문명은 크레타섬을 중심으로 1600년간 이어진다. 미노스 문명의 뒤를 이은 미케네 문명은 BC 1300년에서 1200년 사이에 절정을 이룬다. 이 시기에 키프로스와 동부 지역의 해안 도시들도 왕성한 무역으로 번성한다. 그리스인들은 이 해안 도시의 주민들을 '페니키아인'으로, 자신들은 '가나안'사람으로 불렀다.

이 지역에서 BC 1700~1500년 사이에 현 알파벳 문자의 원형이 발명되었다. 그러나 BC 1100년대에 광범위한 환란으로 모든 것이 멸망한다. 문명의 멸망에는 지진이나 홍수 또는 가뭄 등의 자연환경, 인구 이동에 의한 전쟁 등 다양한 요인이 작용했을 것이다. 일부의 주장들은 그리스 서북부의 그리스 방언을 말하는 사람들의 침입으로 미케네 문명이 멸망한 것으로 본다. 유럽인들은 이 침입자가 도리아인으로 추정한다. 그러나 이런 주장은 유럽 문명의 기원을 그리스 문명과 연결시키려는 하나의 가설이다.

미케네 문명이 망한 BC 1100~1000년경부터 BC 750년대까지 250여 년 동안을 암흑기로 분류한다. 암흑시대 초기에는 구성원들이 평등한 관계에서 마을 공동체 생활을 영위했으나 후기에 이르면서 위계체제가 등장했다. 대표적인 제도가 귀족(aristocrat) 중심의 귀족제(aristocracy)다. 이때 귀족은 유럽의 신분체계에 의한 귀족이라기보다는 엘리트의 의미에 가깝다.

암흑시대가 끝나고 그리스에는 역사가 재개되었다. 여러 부족들이 현재의 그리스를 중심으로 광범위한 지역에 도시국가를 세우고 이어 식민지들을 개척했다. 또한, 이 시기의 그리스인들은 페니키아 알파벳을 사용하여 전승되는 신화들을 문자로 기록했다. 호메로스의 대서사시인 『일리아스』 등은 대표적 작품이다.

고대 그리스인들은 이오니아(이오네스)인, 도리아인, 아이올리스인, 아카이아인 등 4개 부족으로 구성되어 있었고 이들이 여러 개의 독립적인 집단을 형성했다. 언어로는 이오니아 방언, 도리아어, 아이올리스어 등 3가지의 주요한 언어가 있었으나 인종 간의 갈등보다는 도시국가들 간의 갈등이 더 심했다. 이것은 현대나 고대의 모든 갈등은 일반 시민보다는 지배자들에 의해 야기된다는 것을 보여준다. 호메로스는 『일리아스』와 『오디세이』에서 그리스인들을 아카이아인들로 호칭하고 있다. 그리스인들은 스스로를 헬레네스(Hellenes) 즉 헬라스 사람으로 부르고, 헬레네스가 사는 곳을 본토와 식민지를 통틀어

헬라스(Hellas)로 칭하였다.

　암흑시대에 이어 BC 750년부터 250여 년간을 '고풍'이라는 의미의 아르카이크(Archaic) 시대로 구분한다. 고대 그리스 문명과 역사가 열리는 시기이다. 이 지역 사람들은 단일 부족끼리 함께 살거나 이주나 전쟁 포로과정을 거쳐 여러 부족들이 섞여 살았다. 그리고 일정한 지역을 중심으로 형성된 부족집단들에 '폴리스(polis)'라는 새로운 '공동체'가 등장하면서 그리스의 새로운 문명이 펼쳐진다.

2. 폴리스의 개념

암흑시대 이후에 그리스인들은 씨족 또는 부족의 자치 공동체 형태로 정착했다. 그리고 점차로 공동체의 범위가 넓어지면서 고전 시대로 분류되는 BC 1000년에서 800년 사이에 이르러 그리스인들은 이 공동체를 '폴리스(polis)'로 불렀다. 폴리스는 부족국가 형태이다. 현대에는 이를 '도시국가(city-states)'라고 부른다.

　당시에 '폴리스'와 유사한 의미로 사용된 용어들도 여럿이었다. 우선 '폴리스' 주변에 마을이 형성되면서 이 마을들을 아스티(asty)로 불렀다. 폴리스와 차이는 전자가 정치적 개념이라면 후자는 단순히 물리적인 공간개념이다. 폴리스는 점차 아스티를 포함하면서 정치적 용어로서 국가의 의미로 확대되었다. 그리스 도시국가들은 내륙지역과 대부분 연결되어 있었는데 이런 지역을 '코라(chora)', 즉 도시 또는 영토로 부르면서 폴리스와 함께 사용했다.

　코라와 폴리스의 구별은 폴리스가 지역의 범위나 공동체의 성격에서 코라를 포함하는 것으로 이해할 수 있다. 폴리스는 도시국가를 의미하는 반면, 코라는 도시국가의 일부분 도시를 의미했다. 특히 폴리스는 평지 가운데 솟아 있는 구릉지를 지칭하는 단어였는데 그 곳에 성벽을 쌓으면서 폴리스는 성벽으로 둘러싸인 곳으로 의미가 구체화되었다. 그렇다고 폴리스가 성 안만을 의미하는 것은 아니었다.

고풍 또는 고전 시대 이전에는 '요새 지역'이라는 의미의 아크로폴리스(acropolis)도 폴리스와 동의어로 사용되었다. 아크로폴리스에는 지배자의 거소 즉 궁전과 성소로서 신전이 마련되었다. 이로써 도시의 면모를 갖추게 되면서 '폴리스'는 분리되어 '도시'로 불리게 되고 아크로폴리스는 성채(citadel)라는 별도의 의미로 발전했다.[1]

그리스의 고대사회에서는 부족들 간의 경쟁에서 승자들이 이런 성채들을 중심으로 자치공동체를 세우면서 삶의 터전이 마련되고 도시가 형성되었다. 여기에서 각각의 폴리스들은 서로 독립적이고 배타적인 집단의 특성을 갖게 되면서 '마을'과는 구별되는 '정착지' 또는 '공동체'(AP1276a17~27)라는 의미와 추상적 개념으로 정치적 공동체를 가리키게 되면서 시민공동체로서 도시국가라는 의미로 보편화되었다.

그렇다면 그리스의 폴리스는 어떤 형태의 집단이었는가? 암흑기를 거쳐 고전기 이후에 나타난 그리스인 정착의 특징적인 형태는 민족[2] 또는 부족 공동체였다. 당시에는 농경과 목축 또는 해안의 경우 어업 사회였기 때문에 사람들은 일반적으로 낮에는 들이나 바다에 나가 일하고 밤에는 안전을 위해 도시로 돌아왔다. 도시는 주거지였을 뿐만 아니라 행정의 중심지였다. 이 도시는 외침을 방어할 수 있는 산을 중심으로 하는 성채를 심장으로 삼았다.

폴리스는 현대 웬만한 도시에도 훨씬 미치지 못하는 작은 규모였다. 도시국가들 대부분은 평균 면적이 약 3만 평으로 180여만 평인 서울의 1/6정도의 넓이를 가졌다. 그리스 도시국가에서 가장 큰 아테네의 경우 2500sq.km로 서울의 4배 정도였다. 인구는 초기의 도시국가들의 성인 남성을 기준으로 평균 1,000명 이하였다. 강력한 도시국가였던 코린토스의 경우 전체의 국토 면적이 270만 평 정도였고, 고전 시대에 성인 남성의 시민 인구가 1만~1만 5,000명이었다. 불확실하지만 5세기의 인구를 기준으로 하면 성인 남성이 6만 명에 이르렀다.[3]

그렇다고 폴리스를 '도시국가'로 부르는 것이 도시처럼 규모가 작은 국가를 의미하는 것은 아니다. 그리스의 폴리스와 같은 형태의 도시국가는 당시 또는 그 이전이나 이후에도 다른 지역에, 예를 들면 남부 메소포타미아의 사마리아 도시국가인 우륵(Uruk) 그리고 이집트 등지에도 존재했으며 19세기 초에 로마제국이 해체되면서 다양한 형태의 도시국가들이 출현했었다. 현대에도 국토면적이 30만 평 정도에 인구가 10만명 내외의 국가들도 있다. 모나코나 싱가포르 등도 작은 국가들이다. 그러나 국가들은 흔히 작은 국가(mini states) 또는 극소국가(micro state)로 불리지 도시국가라고 부르지는 않는다. 일부 국가의 도시는 한 나라의 규모보다 훨씬 큰 경우가 많지만, 이 나라들도 도시국가로 불리지는 않는다.

폴리스를 도시국가로 부르는 배경은 도시처럼 규모가 작기 때문이 아니라 모든 국가기관이 도시에 집중되어 있고 구성원 대부분이 도시를 중심으로 생활하는 특성을 가진 국가라는 의미에서 비롯된 것이다. 그리스인들은 각각의 폴리스의 도심으로부터 점점 교외로 흩어졌지만 도심은 여전히 종교행사나 정치활동의 중심이었다. 도시국가는 도시처럼 작은 국가라는 의미가 아닌 것이다.

이런 점에서 폴리스는 현대국가의 특성뿐만 아니라 시민의 종교활동의 공동체였다. 특히 그리스 각각의 도시국가들은 공통적인 종교로 연대된 종교 공동체였다. 특히 종교는 국가 간의 중요한 소통의 매개체였다. 종교행사에는 각 폴리스들이 전쟁 중에도 일시 싸움을 멈추고 함께 모였다. 따라서 폴리스의 특성을 현대국가의 기준으로 판단하기보다는 폴리스가 현대국가의 전형이고 현대국가가 폴리스의 변형이라는 관점에서 이해해야 한다. 즉 고대 도시국가를 국가와 사회의 융합이고 근대 국가는 이 둘의 분리라는 주장은 잘못된 접근이다. 현대사회는 국가가 사회의 전반적인 문제를 포괄하기 때문에 국가와 사회를 명확하게 구분할 수도 없고 구분하는 자체가 의미도 없다.

아리스토텔레스는 폴리스를 '헌법에 따른 시민의 공동체'(AP1276b1~2)로 정의함으로써 이를 분명히 나타낸다. 아리스토텔레스는 폴리스의 개념을 폴리테이아(politeia)와 관련 지었다(AP1276b2-9). '폴리테이아'는 폴리스에서 파생된 단어로 그리스 정치사상에서 특히 플라톤과 아리스토텔레스가 이 용어를 사용했다. 영어로 번역된 플라톤의 저서 *The Republic*의 그리스어의 원제는 *Politeia*다. 우리말로 *Politeia*는 이미 『국가』로 번역되었다.

아테네 사회는 공적 영역과 사적 영역으로 구별되었다. 공적 영역은 모든 시민이 참여할 자격이 있는 영역이고 사적 영역은 모든 시민이 참여할 권리가 있는 영역이다. 시민들은 법을 준수하고 동료 시민들에게 해를 끼치지 않는 한 원하는 대로 살 수 있었다. 이들은 확실히 폴리스가 시민의 모든 삶을 통제해야 한다는 관념과는 반대였다. 폴리스는 또한, 높은 수준의 종교 공동체였다 (XH 2.4.20-2). 많은 종파 집단들이 행정관리가 조직한 국가의 축제에 집중했다. 이 축제에 시민들은 그들의 정치적 집단과 부족 및 지역의 단위로 참가했다. 그러나 사제는 행정관리가 아니었고 외국인 거주자인 메틱스도 시민과 함께 거의 모든 축제에 참가했다. 물론 이들은 낮은 장소에 자리했을 것이지만 그들이 참석할 수 있는 종교 공동체였고 심지어는 여성이나 노예도 의식의 참여가 허용되기도 했다.[4]

이런 점에서 고대 그리스의 도시국가와 인류 역사에서 대표적인 도시국가인 중세의 이탈리아의 도시국가 사이에 근본적인 차이가 있다. 중세의 도시국가들의 구성원들은 수공예나 사업에 종사할 권리를 가지고 있었다. 그리고 이들이 참여하고 있는 경제조직은 이미 정치적 조직이나 마찬가지였기 때문에 사실상 정치적 권리를 행사할 수 있었다. 왜냐하면 정치조직은 길드와 협회의 경제조직에 바탕을 두고 직접 설립되었기 때문이다. 정치는 이들의 전문적인 조직들을 통해서 장인, 상인, 법관, 의사, 은행가의 활동에 얽혀 있었다.[5]

3. 폴리스의 발전

그리스의 폴리스들은 세월이 흐르면서 늘어났다. 그리스에 도시국가들이 얼마나 산재해 있었는지에 대한 정확한 통계는 없다. 각각의 폴리스들은 강한 독립성으로 인하여 하나의 통일된 국가를 형성하기보다는 필요에 따라 전쟁 또는 동맹체제로 유지되었다. BC 8세기에서 3세기까지의 그리스 고전기에는 폴리스가 본토에만 200개가 넘었고, 소아시아에서 에게해와 지중해 일대에 건설된 식민지까지 합치면 적게는 1,000개 많게는 1,500개가 넘은 것으로 전해진다.[6] 줄잡아도 1,000개 이상[7]일 것이다. 육지를 비롯한 지중해와 흑해 연안 전체에 산재해 있는 도시국가들에 대해 플라톤은 "많은 사람들이 습지 주위에 개미나 개구리처럼 살고 있었다"라고 묘사한다 (플라톤. Phaidon. 109B).

도시국가들은 각기 독자적인 행정 및 종교적 지역을 확보하고 이 영역내에는 소속된 시민이 존재했다. 이 도시국가들은 아크로폴리스나 항구를 중심으로 요새를 세우고 그 안에 행정기관과 신전을 세웠으며 도시의 중심과 주변의 영토를 보호하면서 발전해 갔다.

고대 그리스의 각 도시국가에서 아크로폴리스로 불리는 구릉지에는 흔히 성채들이 자리 잡았다. 각 폴리스들은 이런 성채들을 중심으로 번성했다. 각 폴리스들은 폴리스의 수호신들을 숭배하기 위한 신전들도 건설했다. 성채는 기본적으로 외부 세력의 침입에 대한 방어를 목적으로 한다. 후대에도 국가의 전란 시에는 최후의 방어 거점이 되기도 했다. 또한, 가장 성스러운 곳으로 종교의 중심지이며 종교축제의 전당이었다. 동방의 세계에서 제왕의 궁전을 중심으로 성채가 조성된 것과 사뭇 다르다. 아크로폴리스는 왕의 궁전이 아니라 시민공동체의 종교적 성지였던 것이다. '아크로폴리스'는 고대 그리스 폴리스에만 있는 것이 아니라, 다른 서양 도시에서도 자주 등장한다. 일례로 로마도 카피톨리노, 첼리노와 같은 7개의 언덕을 중심으로 발달했던 사실을 들 수 있다.

고대 그리스에 있던 도시국가 중에서 아테네, 스파르타, 코린토스, 테바이, 시라쿠사, 로도스, 아르고스 등이 대표적인 도시국가였으며, 아테네와 스파르타 그리고 코린토스가 빅3 도시국가였다. 그러나 도시국가들 중에서 아테네와 스파르타가 모든 국가들의 중심이었다. 도시국가들은 아테네와 스파르타를 중심으로 각기 보호동맹을 맺으면서 양분되었고 두 국가는 사실상 양 진영의 제국(帝國, Empire)이었다. 각각의 동맹국들은 정치체계를 비롯한 대부분의 제도들을 제국을 따라 정비했다.

BC 4세기의 아리스토텔레스는 "인간은 본성상 도시국가에서 살도록 된 동물"(AP 1253a1)이라고 설파했다. 흔히 이 구절은 '인간은 사회적 동물' 혹은 '인간은 정치적 동물'로 회자된다. 아리스토텔레스는 인간의 삶을 구성하는 다양한 종류의 공동체 조직들 즉 가족, 가정, 종교집단 등이 있지만 폴리스(도시국가)를 최고의 선을 지향하는 가장 권위 있고 중요한 공동체로 인식했다.

아리스토텔레스는 도시국가를 자연적 과정의 산물로 간주한다. 이런 도시국가의 본질적인 존재 이유는 "인간이 살기 위해, 더 잘 살기 위한 것"이다. 여기에서 아리스토텔레스가 폴리스에 대해 그리는 근본적 모습은 목적론적(teleological)이라고 할 수 있다. 그렇다면 인간은 우리가 '도시'라고 부르는 큰 공동체에 우연히 살게 된 것이 아니라 스스로 자연스럽게 그러한 도시를 형성하는 경향이 있는 것이다. 이것은 인간이 성숙해지면서 갖게 되는 자연스러운 최종 목적이며 목표다.

인간이 도시국가의 형성에 기여하고 도시국가를 통해서 삶을 영위하는 것은 바로 정치다. 이런 섬에서 "인간은 본질적으로 정치적인 동물이다"(AP 1253a). 도시국가는 일종의 정치공동체이고 인간은 도시국가를 형성하고 유지하며 영유하는 존재라는 점에서 정치적 동물이다.

또한, 도시국가는 개인과 가정에 우선하는 공동체다. 따라서 아리스토텔레스에게는 우연이 아니라 천성적으로 폴리스에 적합하지 않은 인간은 자급자족해야 하는데 그럴 필요를 느끼지 못한다면 인간 이하이거나 초인간적이거나 짐승이나 신이 될 것이다. 이것은 스미스(Adam Smith)의 분업화 논리이다. 혼자 모든 것을 자급자족하기보다는 각자 분업을 통해서 지식과 상품을 교환하여 효용성을 극대화하는 삶인 것이다. 이를 통해서 인간은 사회의 구성원으로서 공동체적 삶을 영위하며 경제적 필요를 충족한다. 따라서 아리스토텔레스에게 '정치적 동물로서 인간'은 도시국가를 떠나서 혼자서는 살 수 없다. 그런데 아리스토텔레스의 이런 의식에는 누구든지 자신이 속한 도시국가를 벗어나면 이방인이나 노예로 신분이 격하되기 때문에 삶이 어렵다는 의미도 담겨있다. 그의 이런 사고는 도시국가가 아주 폐쇄적이고 편협한 반세계주의라는 것을 의미한다. 이런 관념은 후에 세계주의를 지향하는 스토아철학이 등장하기 전까지는 창의적인 아테네를 아주 폐쇄적 사회로 만들었다.

아리스토텔레스에게는 또한, 인간의 삶에서 소중한 것이 정의이며 이는 곧 선이다. 그리고 도시국가는 선을 추구하는 공동체이기 때문에 정의는 곧 정치적인 문제다. 도시국가는 정치공동체의 조직이며 무엇이 정당한지를 결정하기 때문이다 (AP 1253a.35~). 인간은 위대한 선을 위한 잠재력을 가지고 있지만, 법과 미덕이 없다면 모든 동물 중

최악이 될 수 있기 때문에 정의는 도시의 것이며 도시가 정의실현의 온상이다. 결론적으로 '인간은 정치적 동물'이라는 말은 '인간은 국가의 국민'이라는 의미다.

그리스의 폴리스는 현대적 개념의 국가가 수행하는 전쟁, 외교, 입법, 과세, 공적 자금의 집행 등 다양한 기능을 수행했다. 이런 점에서 대부분의 학자들은 그리스의 폴리스를 국가(state)로 거리낌없이 이야기한다. 그러나 현대국가의 기준으로 삼는 영토와 국민과 주권의 기준에서 보면 모든 도시국가가 필요하고 충분한 조건을 갖추었다고 보기는 어렵다. 모든 도시국가들은 영토와 국민을 확보하고 있다. 그러나 적어도 아테네, 스파르타, 코린토스 등 강력한 세력을 가진 폴리스들은 이런 3가지 요소를 확보하고 있었지만, 군소 폴리스들은 배타적인 지배권을 확보하지 못한 경우가 허다했다. 따라서 현대국가를 기준으로 국가로서의 폴리스를 판단하게 되면 그 수는 현저히 줄어들 수밖에 없다. 그러나 다른 한편으로 현대사회가 국가의 영역과 사회의 영역이 분리되어 있는 것과는 달리 도시국가는 국가와 사회의 특성이 혼합되어 있는 점에서 폴리스는 도시를 중심으로 하는 자치공동체의 성격이 강하다.

신화로 뒤덮였던 고대 그리스의 역사는 두 가지 측면에서 접근해야 한다. 하나는 신화를 바탕으로 접근하는 것이다. 즉 신화가 담긴 역사는 '신화적 역사'라는 범주로 접근하고 신화가 덜 포함된 역사를 '비신화적 역사', 그리고 신화가 완전히 배제된 역사인 '사실적 역사'로 구분할 수 있을 것이다. 다만 아무리 사실적 역사라고 해도 완전한 사실을 바탕으로 할 수는 없다. 역사는 기본적으로 '과거의 일'이기 때문에 그 '과거의 일'에 대해 당시에 자료를 만들어낸 생산자의 가치가 개재될 수밖에 없기 때문이다.

4. 아테네 폴리스의 성립

'아테네'는 그리스어로는 '아테나이(Athênai)'인데 그리스의 폴리스(polis) 즉 도시국가의 하나이다. 이 도시국가의 이름이 아테나이로 지어진 것은 수호신인 '아테나' 여신에게서 비롯된 것이나. '아테나이'가 고대 그리스 당시에는 아티나(Athina)로 불리다가 라틴어를 거쳐 영어식 표현으로 '아테나'로 귀착되었다. 사람에 따라서는 '아테나이'로 표기한다.[8]

아테네인들은 아테네의 건국 시조가 '케크롭스(Cecrops)'라고 믿는다. 고대국가들의 건국 시조가 거의 신화적 인물인 것처럼 아테네의 전설적인 왕인 케크롭스(재위: BC 1556~1506년)도 신화적 존재다. 그는 이집트 출신으로, 땅에서 태어난 최초의 존재이자 반은 사람이고 반은 뱀이다. 이런 점에서 '케크롭스'는 '꼬리 달린 자'라는 의미의 '케르콥스'에서 연유한 것으로 인식되고 있다.

플루타르코스는 영웅전에서 아테네의 건국자를 케크롭스가 아니라 테세우스라고 쓰고 있다. 그는 신화적인 요소가 담겼다는 전제하에 테세우스는 부계(父系)로 에릭테우스(Erechtheus, BC 1397~1347년)의 자손이고 모계(母系)로는 펠로폰네소스 지방에서 가장 권세있는 집안인 펠로프스의 후예라고 소개한다. 에릭테우스에 관해서는 역사가이며 소설가인 홀랜드(Tom Holland)의 『페르시아 전쟁』에서 아테나 여신에 대한 신화를 통해 알 수 있다. 테세우스의 가계는 아테네의 수호신인 아테나까지 거슬러 올라간다.

플루타르코스는 영웅전에서 테세우스가 "각 마을이나 씨족의 공회당과 의사당, 행정청을 폐지하고 아크로폴리스에 공통된 하나의 공회당을 세웠다"고 전한다. 그렇다면 아티카 지역을 아테네라는 하나의 도시국가로 통일시킨 인물은 테세우스다. 테세우스가 "아버지 아이게

우스 왕이 죽은 후에 아티카에 사는 모든 주민들을 한 곳에 모아 놓고 흩어져 있던 사람들을 하나의 국가, 하나의 민족으로 통일시키기 위한 사업을 시작했다"는 것이다. 또한, 테세우스는 그들에게 "새로운 제도는 왕을 두지 않는 민주정치로, 자기는 다만 전쟁과 법률에만 관여할 것이며 다른 분야는 모든 사람들이 평등하게 관여하도록 할 것"이라고 약속했다는 것이다. 투키디데스도 유사한 내용을 기술하고 있다.

> "케크롭스와 초기 왕들의 시대로부터 테세우스 시대에 이르기까지 주민은 언제나 시청사와 정부를 따로 둔 독립된 소도시에서 살았다. (…) 그러나 지혜와 능력을 겸비한 테세우스가 왕이 되자 온 나라를 재정비했는데 그의 가장 큰 업적은 소도시의 독립된 의회와 정부를 폐지하고 지금의 아테네로 통합해 모두를 위해 하나의 의회와 하나의 청사를 마련한 것이다." (TW 2.15)

그러나 그리스의 도시국가는 BC 750년경에 최초로 출현했다는 주장들을 근거로 하면 테세우스에 관한 이야기는 시대적으로 상당한 괴리가 있다. 더구나 그리스는 BC 12세기부터 9세기까지 3세기 동안 문자로 기록이 남겨지지 않는 '암흑시대'였고 그 이전은 트로이 전쟁기다. 그리스의 암흑시대는 모든 고대 세계가 그렇듯 세습되는 왕이 통치했으며 아테네도 예외가 아니었다. 전설에 의하면 아테네의 왕정은 암흑시대인 BC 11세기에 끝난다.

여기에서 다시 전설적 존재로 아테네 왕조의 마지막 인물인 코드로스(Codrus, BC 1089~1068년)가 등장한다. 코드로스는 도리아인이 아테네를 침입했을 때(BC 1068년) 왕이 다쳐야 국가를 구할 수 있다는 델피의 신탁을 전해 듣고 백성들을 위해 농부로 변장하고 강을 건너 도리아 캠프 근처로 가서 일부러 도리아 병사들에게 싸움을 걸어서 죽음을 맞는다. 도리아인은 코드로스가 죽은 것을 알고 예언된 패배를 두려워하여 철수한다.

전설에서 왕정은 코드로스를 마지막으로 폐지되고 집정관제로 대체된다. 첫 집정관은 코드로스의 아들 메돈(Medon)이었다. 다른 전승에는 코드로스의 애국심에 감동한 백성들이 그의 아들 메돈을 최후의 왕으로 옹립하고 그 뒤는 집정관체제로 변화시킨 것으로 전한다. 이 전설에 따르면 아버지 또는 아들의 시기에 아테네의 왕정은 막을 내린다. 그렇다면 아테네의 왕정은 암흑기인 11세기에 폐지된 것이다.

플루타르코스의 테세우스에 대한 이야기와 함께 아리스토텔레스도 테세우스가 대중에게 호의를 보이고 민주정치를 하기 위해 왕의 자리를 내던진 최초의 인물이라고 평가한다. 반면에 플루타르코스는 헤로도토스가 테세우스에 대해 "당시 훌륭한 공을 세운 용사들이 많았지만, 테세우스는 그렇게 내세울 만한 공도 별로 세우지 못한 사람이라고 평가했다"고 전한다. 헤로도토스는 그의 책 『역사』에서 테세우스를 오만한 사람으로 묘사한다 (HH 9.73).

그렇다면 테세우스와 코드로스 둘 중 선후는 어떻게 되고 군주제는 누가 폐지한 것인가? 우선 BC 11세기 그리스의 역사는 암흑시대로 오리무중이다. 코드로스 왕의 재위가 11세기였다면 그 역사적 사실이 전해지기 어려운 상황이었다. 또한, 이 시기에는 모든 그리스 도시국가들이 군주제였다. 이런 점에서 코드로스가 군주제를 폐지했다는 전설은 군주제 폐지에 대한 민중의 열망이 반영된 과장된 이야기일 것이다.

❖ 주

1) Mogens Herman Hansen, *Polis* (Oxford: Oxford University Press, 2006), ch. 8.
2) 여기에서 민족은 여러 씨족 또는 부족들이 하나의 도시국가를 형성하는 경우의 공동체를 말한다.
3) Mogens Herman Hansen, trans.by J.A.Crook, *The Athenian Democracy in the Age of Demosthenes: Structure, Principles, and Ideology* (Norman: University of Oklahoma Press, 1999), p. 55.
4) Hansen (1999), pp. 61-63.
5) R. Griffeth and C. Thomas (eds.), The City-State in Five Cultures (Santa Barbara: ABC-Clio, 1981), pp. 129-134.
6) Hansen (2006), p. 31. 도시국가들의 수는 어림수일 수밖에 없다. 페리클레스 시대에 델로스 동맹의 회원국가들이 공물을 제공한 기록이 있기는 하지만 도시국가들의 통합, 신생 등 가변성으로 인해 정확한 통계가 존재하지 않는다.
7) Hansen (1999), p. 55. Hansen (2006), p. 1에 따르면 많게는 1500개.
8) 현대어 '아테네'는 고대 도시국가로서의 아테네와 현재 그리스 수도로서의 아테네를 가리킨다. 고대 그리스의 인명이나 지명은 대부분 그리스어의 발음으로 표기한다. 그러나 아테네의 경우 수호신의 이름이 '아테나'라서 자칫 혼동을 일으킬 수 있다.

3장

스파르타의 사회와 정치

1. 사회체계

'스파르타'의 원래 이름은 '라케다이몬(Lacedaemon)'이다. 고대 그리스 사람들은 스파르타를 '라케다이몬' 또는 '라케다이모니아'라고 불렀다. 이것이 스파르타 도시국가 즉 폴리스의 공식 명칭이었다. 호메로스도 그의 서사시에서 '라케다이몬'으로 표기했다. 헤로도토스 및 투키디데스도 주로 이 이름을 쓰고 있다.

　호메로스는 『일리아스』와 『오디세이아』에서 아가멤논을 미케네 왕으로 그리고 그의 동생 메넬라오스를 스파르타 왕으로 칭한다. 다만 현재의 스파르타 유적지인 라코니아(Laconia) 즉 스파르타 지역인 라케다이몬 지역에서는 호메로스가 『일리아스』나 『오디세이아』에 기술한 궁과 일치하는 유적이나 유물이 발견되지 않았다.[1] 따라서 호메로스의 기술이 역사적 사실에 부합한다고 전제하면 라코니아는 현재의 스파르타 유적지가 아니라 미케네 등 펠로폰네소스 지역의 다른 곳일 가능성이 높다.

고고학적 분석결과 스파르타 도시는 BC 10세기~9세기경에 출현한다. 호메로스의 기술과 역사 사이에는 최소한 200년의 시간차가 있다. 이런 정황은 호메로스가 역사적 고증보다는 당시의 상황을 200여 년 거꾸로 거슬러 올라가서 이야기를 전개하면서 당시에 자신이 처한 BC 8세기의 스파르타 왕국을 대상으로 묘사했을 가능성이 크다.

스파르타 사회의 계급 구조는 여러 단계의 복잡한 구조이다. 스파르타는 BC 8세기 중후반경에 기존의 4개 촌락인 키노수라(Cynosura), 메소아(Mesoa), 림나이(Limnae), 피타나(Pitana)에 아미클라이(Amyclae)를 더해 5개의 촌락으로 구성된다. 이 5개 촌락의 구성원들은 '호모이오이(Homoioi)' 즉 '동등자' 또는 '동료'관계인 시민계급을 형성했다. 하지만 '동등자'라기보다는 '동료'가 더 적합할 것 같다. 왜냐하면, 이들은 모두가 동등한 정치사회 및 경제적 권리를 가졌지만, 경제적으로 평등한 것은 아니었기 때문이다. 시민계급은 스파르타 사회의 특성인 공동 식사에 참가하거나, 엄격한 교육과 훈련 과정인 아고게(agoge), 즉 '스파르타식 교육과정'을 완수해야 한다.

아고게를 받을 자격이 있는 사람을 스파르티아테스(Spartiates)라고 불렀는데 이 사람들은 조상도 지역의 원주민 출신으로서 말하자면 성골 신분이다. 그러나 시민계급에 속하더라도 범죄나 특히 전투에서 불명예스러운 행위, 예를 들면 도주나 항복 등을 했을 경우 일정 기간 시민권이 상실되거나 정지된다.

성골 이외에도 시민이 될 수 있는 예외적인 두 가지 경우가 있었다. 하나는 '트로피모이(Trophimoi)'이다. '수양아들'의 의미인데 외국에서 유학 온 학생을 가리키는 말이었다. 예를 들면, 아테네의 사상가 겸 장군인 크세노폰의 두 아들은 트로피모이 자격으로 스파르타에 거주했었다. 헤일로타이의 아들 가운데 스파르티아테스 즉 시민권자가 공식적으로 입양하여 비용을 댄 자는 '신트로포스(syntropos)' 자격으로 호적에 등록될 수 있었나. '신트로포스'는 '함께'라는 의미로 시민권자가 비시민권자와 동료로서 동행한다는 의미에서 비롯되었을 것이다. 신트로포스가 이례적으로 훈련 때 잘 해내면, 보증을 받아 스파르티아테스가 되기도 했다.

둘째 계급은 '페리오이코이(perioikoi)'라는 계급이다. 페리오이코이는 '집', '주거'라는 의미다. 이들은 계곡에 거주하고 있던 아카이아인으로 도리아인의 이주를 순순히 받아들인 부류들이다. 이 계급은 시민은 아니지만 자유민이었다. 병역의무는 가지고 있었지만, 참정권은 부여되지 않았다.

셋째, '헤일로타이(Heilotai)' 계급으로 '포로가 된 사람'이다. '헬로트(Helots)'라고 부르기도 한다. 헤일로타이는 원래 메세니아와 라코니아의 자유민 출신의 그리스인이었으나, BC 724년에 끝난 제1차 메세니아전쟁에서 패배하여 신분 강등으로 노예가 된 사람들이다. 이 계급은 국가에 소속된 공유 재산으로 비자유 신분 즉 노예다. 이들은 시민에게 배정되어 농사에 종사하던 농노였으나 소속이 국가였기 때문에 개별 주인이 처분할 수 있는 권한은 없었다. 이들은 결혼생활이 가능했으며 할당된 양의 소출(50%)을 바치면 나머지에 대해서는 개인 재산으로 축적할 수 있었고 개인 토지의 소유도 가능했다. 여성 헤일로타이는 가사도우미와 유모로 일하기도 했다. 스파르타인의 생활 방식은 농부, 가사도우미, 간호사, 군인 등 사회 기능을 유지하는 데 필요한 모든 일상적인 작업과 비숙련 노동을 담당한 헬로트가 없었다면 불가능했을 것이다.

그리스의 다른 폴리스에 사는 자유 시민은 평상시에는 각자 생업에 종사하다가 전시에만 군인으로 참전했다. 그러나 스파르타에서 시민은 상시 군인이었다. 평상시에도 군사훈련에 전념하고 농사나 무역 등 다른 육체노동에는 종사할 수 없었다. 이 육체노동의 자리는 헤일로타이가 메웠다. 헤일로타이는 스파르타 군대와 함께 비전투원으로 종군하기도 했다. 테르모필라이 전투에서 전사했던 그리스인은 전설적인 300명의 스파르타 전사자뿐만 아니라 테스피아이와 테바이의 병사 수백 명과 수많은 헤일로타이도 있었다. 플라타이아(BC 479년)에 출병했을 때는 스파르타 병사 1명에 대해 헤일로타이 7명이 장교의 당번병, 병참병 등으로 동원되었다.

헤일로타이와 이들의 스파르타 주인 사이의 관계는 항상 적대적이었다. 투키디데스와 플루타르코스도 스파르타인들이 헤일로타이를 가혹하고 잔인하게 대한 것으로 기록하고 있다. 헤일로타이보다 수적으로 열세인 스파르타인들은 반란을 막기 위해 종종 그들을 잔인하고 압제적으로 대했다. 헤일로타이의 반란을 염두에 두고 철저히 짓밟기 위한 조치였다. 특히 BC 5세기경에 헤일로타이는 스파르타의 시민 남성과 그 가족을 합친 수의 배에 달했다. 당연히 스파르타인은 헤일로타이의 반란을 우려했다. 또한, 헤일로타이에 대한 감시는 물론 전쟁 훈련용으로 헤일로타이를 살해하는 행위도 장려했다. 이를 '크립테이아(Krypteia)'라고 부른다. 크립테이아의 본질에 대해서는 명확하지 않다. 대체로 일종의 '비밀경찰'이나 '국가보안군'의 성격을 가지며, 젊은 남성들이 헤일로타이를 살해하는 일종의 교육과정을 의미한다. 존립 목적은 불만이 있는 헤일로타이를 처단하는 것이었다. 이 경우는 아무나 살해해도 처벌을 받지 않는다.

메세니아인은 이런 압제에서 벗어나기 위해 BC 685년에 제2차 메세니아전쟁을 일으킨다. 메세니아인은 군비를 정돈하고, 사전에 아르고스와 아카디아를 동맹국으로 끌어들이는 등 준비를 마치고 궐기했다. 이 전쟁은 아리스토메네스(Aristomenes)가 이끌어 한때는 스파르타의 왕 아낙산드로스가 이끄는 친위대를 물리치고 승리했다. 그러나 10여 년 이상 전개된 전투 과정에서 아카디아군 장수의 배반으로 패전하게 된다.

헤일로타이는 BC 5세기(BC 464~454년)에 제3차 메세니아전쟁을 일으킨다. BC 464년에 큰 지진이 라코니아를 덮쳐 스파르타는 2,000명 이상을 잃고, 많은 가옥이 붕괴되는 사태가 발생하자 이 상황을 이용하여 메세니아인을 중심으로 한 헤일로타이와 페리오이코 집단이 연합하여 봉기한 것이다. 이들은 메세니아 만의 칼라마타에서 북쪽 25km 지점에 있는 이토미 산에 진지를 치고 스파르타군과 대치했다. 대치가 장기화되면서 스파르타군은 아테네에 원군을 요청했고 키몬(Cimon 혹은 Kimon)을 지휘관으로 하는 아테네군이 출정까지 했지만 스파르타는 아테네로부터 불어닥칠 자유의 바람이 두려워 아테네군을 거부하는 등 전략적 혼선으로 이토미 산을 함락시키지 못했다. 반란군은 장기간 대치하다가 펠로폰네소스에서 철수하는 조건으로 스파르타와 강화를 했다. 그 결과 스파르타는 시민 개병의 군국주의 정책을 채택하고 강력한 군대를 유지한다.

2. 공동체 사회

스파르타는 시민들이 하나의 공동체를 이루었다. 공동체는 어린이의 교육에서부터 시작되었다. 스파르타의 여러 제도 중에서 현대까지 회자되는 것이 교육제도이다. 스파르타의 교육목표는 남자는 용감무쌍한 전사가 되고, 여자는 건강한 남아를 출산하는 것이다. 7살까지는 집에서 아버지에게 기본적인 전투상식과 소양, 철학, 예절을 배운다. 7살이 되면 국가의 공교육기관으로 넘겨져 국가의 직접 통제 속에 놓이게 된다.

스파르타의 공교육제도는 2단계다. 하나는 '아고게'다. '아고게'는 전통적으로 소를 사육하는 데 더 많이 사용하는 언어였지만 인간 교육에 관한 용어로 차용되었다. 아고게의 총 감독관은 소년들의 목자를 뜻하는 파이도노모스(paidonomos)라고 불렀다. 교육과 훈련은 공교육으로 국가부담이다. 왕의 아들 중에서 왕위를 계승할 확률이 높은 왕의 아들들은 아고게를 거치지 않고 따로 군사훈련과 교육을 받는 것으로 아고게를 면제받을 수 있는 특권을 지녔다. 그러나 왕위 계승 순위가 떨어지는 왕자들은 아고게를 수행한다.

교육생들은 수용된 공동 막사에서 학업과 스포츠에서부터 사냥과 전쟁 훈련에 이르기까지 다양한 교육을 받았다. 학생들은 미래의 군인 취급을 받으면서 주로 군인 중심의 교육을 받는다. 처음 일주일 동안의 합숙을 통해 적응훈련과정이 끝나면 곧바로 이른바 '스파르타식 훈련'이 시작된다. 하루 24시간 중 거의 10시간을 군사훈련으로 보낸다. 기초체력 훈련, 창술, 방패술, 방진, 검술, 근접전, 박투, 레슬링 등과 인문학과 수사법도 배운다. 하루에 평균 수면 7시간, 식사 1시간이 주어졌다. 2주일에 한 번씩 훈련내용을 시험했으며 대전을 치르기도 한다.

20세가 되면 아고게를 졸업하는데 에이렌(eiren)이란 호칭으로 스파르타 군대의 일원이 된다. 이로부터 30세까지 10년간 군대에 복무하면서 공동숙소에서 숙식을 함께 한다. 엄격한 교육 및 훈련 시스템을 성공적으로 마친 30세의 모든 남성은 결혼하여 가정을 꾸릴 수 있고 참정권과 공무담임권이 부여되지만, 저녁 식사는 꼭 부대에서 공동으로 해야 한다. 그리고 50세까지 전투에 참가한다.

스파르타 시민은 죽거나 은퇴할 수 있는 60세에 도달할 때까지 군인일 수밖에 없었다. 소녀들도 국가가 후원하는 공교육을 받을 자격이 있었지만, 소년들처럼 엄격하지는 않았다. 소년들이 군인이 되도록 훈련을 받았다면 소녀들은 미래의 군인을 낳기 위해 훈련이었다. 그들은 부모와 함께 살면서 신체를 단련시키는 춤이나 훈련을 받았다. 소녀 교육은 20세가 되었을 때 끝났고, 그 후에 결혼하게 된다.

모든 스파르타 시민들은 상근 군인이었기 때문에 먹고 살기 위해 헬로트를 통제하고 전쟁을 위해 훈련을 이어가는 삶이었다. 결국, 스파르타는 시민들은 어려서는 공동학습으로 커서는 군대 생활을 하면서 가정과 학교 그리고 병영의 레일에서 생활하면서 노예들을 잔인하게 억압하여 반란을 최소화하는 군국주의체계였다. 스파르타가 도시국가에 머무를 때는 전사계급의 강력한 전투력으로 패권을 장악하는데 도움이 되었다. 그러나 교육과 훈련은 모든 스파르타 남성 시민을 두부 공장에서 두부를 찍어내듯 똑같은 모양의 전사로 양성했다. 싸우는 것만 배운 소수의 전사들로는 패권을 차지할 수는 있더라도 유지하기는 어렵다. 다원적 사고는 새로운 환경에도 적응이 가능하지만 획일적 사고는 다른 풍조가 밀려오면 쓰러져 버린다. 단일 가치로 경직된 사고는 탄력성이 결핍되어 융통성이 없어진다. 새로운 문화를 수용할 역량이 비축되지 않았기 때문이다.

스파르타는 또한, 경제적 평등을 추구했다. 불평등하고 불공평한 경제조건을 배제하기 위해 평등한 토지 배분을 목표로 했지만 실제로 어떻게 배분되었는가에 대해서는 알 수 없다. 남성 시민은 50세까지 전투에 참가하여 공동생활에 공동 식사를 하기 때문에 별다른 재산이 요구되지 않았고 재분배가 이루어졌더라도 얼마나 큰 의미를 가졌는지도 의문이다. 스파르타의 시민들은 정부가 제공한 농지(kleros)를 가지고 있었으며 헬로트를 이용해 농사를 지었다. 많은 남성이 전쟁에서 부상을 당하고 더 이상 병역을 수행할 수 없게 되면 군대를 떠나 가정으로 돌아와 노예를 관리하며 경제적인 일을 했을 것이다.

스파르타인의 공동식사는 '페이디티아(pheiditia)' 또는 '시시티아(syssitia)'라고 부르는데, 스파르타 남자 시민은 7살부터 50살까지는 사실상 공동생활을 하면서 공동 식사를 하게 된다. 공동 식사는 보통 15명을 단위로 했다. 사회에서 신규가입은 기존 회원들로부터 만장일치로 가입 승인이 되어야 참석할 수 있었다. 참석자들은 모두 소정의 음식과 음식값을 각자 매달 지불해야 한다.

공동 식사에서 모든 남자들은 공동으로 똑같은 빵과 똑같은 고기를 먹도록 했다. 부자나 가난한 사람이나 다 같이 한 상에 앉아 같은 음식을 먹었던 것이다. 공동 식사가 스파르타만 갖고 있는 독특한 습관은 아니다. 이미 크레타에서 공동 식사에 관한 흔적을 볼 수 있고 군대 집단에서는 당연하고 보편적이며 종교집단에서도 흔한 일이었다.

공동 식사는 가정을 사회로 확장하는 동시에 사회의 기능을 가정으로 전이(轉移)시켜 사회의 결속을 강화하는 기능을 하게 된다. 또한, 음식을 획일적으로 동일하게 지정하면서 언뜻 보기에는 평등의 실현 같지만, 개인의 선택권을 말살하는 것이며 개인의 자유나 가족 간의 삶 그리고 개인의 특성을 획일화하는 것이다. 여러 재난이 지나갔지만, 스파르타가 독특하거나 고유한 문화를 남기지 못한 이유 중의 하나는 공동 식사 제도 같은 획일화에도 있을 것이다. 한편 아리스토텔레스는 공동 식사의 결점을 지적한다.

"페이디티아라고 부르는 공동 식사 제도도 처음 도입될 때 입법자가 규정을 잘못 만들었다. 그 비용은 크레타에서처럼 공금으로 충당해야 하기 때문이다. 스파르타에서는 각자가 비용을 부담해야 한다. 그러나 그들 중 더러는 너무 가난하여 비용을 댈 수 없다. 그 결과 입법자의 의도와는 정반대되는 일이 벌어진다. 입법자는 공동 식사 제도가 민주적이기를 바랐지만, 현재 시행되고 있는 규정에 따르면 결코 민주적이 아니기 때문이다. 아주 가난한 사람들은 공동 식사에 쉽게 참가할 수 없고 비용을 부담할 수 없는 사람은 국정에 참여할 수 없다는 것이 그들의 오래된 관행이니 말이다." (AP 127a26)

공동 식사 제도는 스파르타가 쇠락해가면서 국가 사회의 통제가 느슨해지면서 뼈대는 유지되었으나 내용은 크게 변질되었다. 차별이 없던 동등인의 식사 모임이 배타적인 사교 클럽으로 전환된 것이다. 그리고 스파르타의 쇠망과 함께 공동 식사 제도도 사라졌다.

스파르타의 공동제는 결혼 제도에도 파고들었다. 고대사회가 비슷하지만, 스파르타 여성들도 남성들에 예속되기는 마찬가지였다. 결혼은 신랑이 성숙한 처녀를 몰래 찾아가 관계를 맺는 것으로 시작된다. 이 과정에서 임신이 되면 결혼은 성사되지만 그렇지 않을 경우 두 사람은 은폐 속에서 '없었던 일'이 되어 서로의 명예가 지켜진다. 남녀의 사랑이나 신뢰 그리고 가정이 먼저가 아니라 출산이 먼저인 일종의 '시험합방'이다. 결혼 풍습에 관해서는 다른 이야기도 전해진다. 처녀와 총각들이 어두운 방 안에서 침묵하며 함께 있으면서 총각이 손을 저어 처녀가 잡히면 그 처녀를 아내로 삼아야 한다는 것이다. 이 경우 남성은 처음 잡힌 처녀가 아닌 다른 처녀와 결혼하는 경우 벌금형이 선고된다. 플루타르코스는 영웅전에서 스파르타의 자녀 출산과 교육에 관해서도 꼼꼼하게 기술하고 있다.[2]

신부를 데려가면 신부의 들러리들이 신부의 머리를 자르는 삭발 의식과 신랑의 '망토(manteau)'와 샌들을 신겨주었다. 자녀가 출산해도 스파르타 군대라는 목표에 부합되는지를 검사하여 생사를 결정한다. 우선 남자 아기가 태어나면 가장 먼저 '레스케(Lesche)'라고 하는 곳에 데리고 가서 검사관인 부족의 장로들에게 보여야 한다.[3]

스파르타의 모든 부족은 독자적인 레스케를 보유하고 있었는데 여기에서 부족의 장로들이 대부분의 시간을 대화로 보냈다. 중요한 것은 이곳에서 장로들이 갓 태어난 아이들의 생사를 결정하였다는 점이다. 검사 결과 아기가 튼튼하면 기르도록 하고 9,000개의 부지중 하나의 땅을 나누어 준다. 반면에 건강하게 자랄 가망이 없는 아기는 타이게토스(Taÿgetus) 산의 아포테타이(Apothetae) 계곡에다 버려야 한다. 여자들은 갓 태어난 아기를 물이 아니라 포도주로 목욕을 시켜 일종의 체질 검사를 했다. 간질이나 병든 아이는 독한 술에 경련을 일으키고 감각이 느슨해지며, 건강한 아이는 쇠처럼 단련되어 몸에 굳건한 습관이 생긴다고 믿었기 때문이다. 아기를 기르는 부모에 대한 감독도 매우 엄격했다. 손발과 몸을 자유롭게 하기 위해 아기에게 이불을 덮지 못하도록 했고 음식을 가리지 않고 아무것이나 잘 먹는 습관을 길러 주었다.

스파르타의 획기적이고 독특한 제도는 한 남자의 아내와 다른 남성이 잠자리를 같이할 수 있는 것이다. 물론 이것은 쾌락을 위한 사통이 아니라 건장한 자식을 낳기 위한 수단이다. 스파르타에서 결혼과 출산의 전체 목적은 국가의 자랑스러운 군대를 위해 전사가 될 소년이나 전사를 낳을 소녀를 생산하는 것이다. 크세노폰은 나이 많은 스파르타인 남편이 아내를 위해 젊은 남성 연인을 확보해야 하거나 남성이 다른 남성의 아내로부터 자녀를 가질 수 있다는 내용을 기술하면서, 이를 인구 감소에 대한 반응에서 나온 관행으로 본다.[4] 크세노폰은 "아내들은 두 가정을 갖고 싶어 하는 반면, 남자들은 혈통과 영향력을 공유하지만, 재산에 대한 소유권을 주장하지 않을 아들을 원한다"(Xen. Const.Lac.1.9)고 전한다. 여성들은 두 남성의 보호를 원하지만, 남성들은 자식만 데려오면서 그 자식에게는 재산 상속을 안 하려 한다는 것이다. '아내 공유제'인 동시에 '남편 공유제'다.

젊은 아내와 사는 늙은 남자가 젊은 남자를 데려와 자기 아내와 잠자리를 갖게 하여 자식을 낳으면 자기 아이로 삼는 일도 종종 있었다.

또 남의 아내가 마음에 들면 남편에게 허락을 받고 그 여자를 자기 집에 데려와 자식을 낳게 하는 일도 있었다. 이는 곧 좋은 땅에 씨를 뿌리는 것과 같은 일이라고 생각했기 때문이다. 여기에는 남녀의 정이나 최소한의 성적 쾌락은 배제된다. 어떤 과정으로 두 남녀가 잠자리를 갖든 위협과 강제가 아니라면 그 순간에는 본능적 쾌감을 느낄 것이다. 또한, 목적이 건강한 아기라고 해도 생물학적 부모인 동시에 잠자리를 같이했던 남녀가 그 이후에 사무적 관계로 종결된다는 것은 감정을 배제해야 하는 일종의 고통이 아닐까. 스파르타의 사례는 문화 즉 관습이 인간의 원초적 욕망인 성적 욕망도 통제한다는 사실을 보여준다.

스파르타의 이런 성(性) 및 자녀 출산 문화는 후에 아테네에 건너온다. 아리스토파네스는 BC 392년에 공연된 『여인들의 민회(*Ekklesiazousai*)』라는 제목의 희극에서 여성의 집권과 처자 및 재산 공유제, 공동 식사제 그리고 누구나 자유롭게 섹스하되 늙고 추한 여자 또는 남자와 먼저 관계를 하는 '남녀 의무 섹스제'의 도입을 제시했다. 비슷한 시기에 당대의 최고 철학자인 플라톤도 부부의 관계에 대해 '친구들의 것들은 공동의 것' (PR 5.449c)으로 "모든 남자의 모든 여자는 공유하게 되어 있다" (PR 5.457d)고 주장한다. 아리스토파네스의 자유 섹스는 개인의 성적 욕망의 자유로운 분출이지만 플라톤의 아내 공유제는 우량아를 생산하는 사회적 목표라는 점에서 다르다. 그러나 플라톤은 "여자고 남자고 아이를 낳을 나이를 벗어나게 되는 때에는, 아마도 우리는 이들이 자신이 원하는 상대와 자유롭게 성적 관계를 갖도록 내버려 두어도 된다" (PR 5.461c)는 의견을 나타내면서, 다만 남자들은 그들의 딸과 어머니, 그리고 딸이 자식들과 관계만을 제외하고, 또한, 여자들도 아들과 아버지, 그리고 이들의 후대와 선대 남자들과 관계만은 제외하도록 한다. 플라톤의 생각은 친구들이나 또는 관료들 또는 군인들 등으로 사람들을 집단화하고 이 집단 구성원들이 부부를 공유하면서 그 범위 내에서 자유롭게 남녀관계를 하도록 하자는 것이며 모르는 남녀가 자유롭게 관계를 갖는 것은 아니다 (PR 5.460.e).

특히 플라톤의 부부 공유제는 후학인 아리스토텔레스에 의해 신랄하게 비판된다. 아리스토텔레스는 이런 공유제를 자신의 저서 『정치학』에서 "국가가 잘 다스려지려면 공유 가능한 모든 것을 공유하는 편이 더 나은지, 아니면 어떤 것은 공유하되 다른 것은 공유하지 않는 편이 더 나은지 하는 것" (AP 1260b36)이라는 관점에서 평가한다. 그리고 이러한 공유제를 '통일성'으로 보고 이 통일성이 지나치면 국가의 본질에 배치된다고 비판하면서 공유제에 따른 폐해를 우려한다 (AP 1262a25, 1262a40).

3. 정치체계

스파르타의 정치체계도 초기에는 부족장 형태의 군주제에서 출발했으며 왕의 위상은 호메로스의 『일리아스』에서 그 흔적을 볼 수 있다. 스파르타의 정치체계는 왕정(왕과 집정관), 귀족정(원로원), 민주정(민회)의 요소가 혼합되어 견제와 안정 속에 시민의 정치참여를 제도적으로 보장한 제도이다.

왕은 전쟁의 지도자이자 신과 인간 사이의 중개자로서 통치자와 사제의 기능을 동시에 수행했다. 후기에는 두 명의 왕이 권력을 공유하는 '공동 왕' 제도로 운영되었다. 이것은 스파르타가 성립 당시부터 최소한 두 부족 이상의 집단이 공동 통치했을 가능성을 보여준다. 스파르타의 독특한 지배체계인 공동 왕 제도는 신화에 대한 믿음과 조상에 대한 존중 그리고 전통과 관습에서 발전한 문화 등에 의해 영향을 받았을 것이다.

그리스에 도시국가가 성립되는 BC 8세기 이후 스파르타의 정치 및
경제 그리고 사회적 제도나 시민의 삶의 가치는 리쿠르고스(Lykurgus,
BC 800년?~730년)의 가르침에 바탕을 두고 있는 것으로 전해진다.[5]
BC 6세기 중반부터 왕은 군 통수권자로 군 지휘권의 단일화를 위해 왕
중 한 명만 선생터로 출정했다. 전장에서는 무한대의 권한을 행사하지
만, 집정관의 통제를 받았다. 두 왕은 또한, 국가의 최고 제사장이었으며
스파르타 정치에서 늘 중요한 권위를 행사했던 델피 성소와 연락했다.

BC 5세기 말부터 헤라클레스 자손으로 여겨지는 '아기아다이' 왕가
와 '에우리폰티다이' 왕가 출신의 두 왕이 다스렸다. 두 왕가는 동등한
권한을 갖고 어느 한쪽이 거부권을 행사하면 다른 한쪽은 받아들여야
했다. 국왕은 광범위한 사법권을 행사했으나 사법 기능은 헤로도토스
시대(BC 450년경)에 상속녀, 양자 입양, 공공 도로에 관한 송사로 제
한되었다.

스파르타의 정치체계에 관한 고대 아테네 철학자들의 평가는 아주
긍정적이었다. 플라톤은 스파르타체계가 민주정과 참주정의 장점을
다 지니고 있는 것으로 보았다. 심지어 스파르타의 일부 제도와 관습
에 대해 부정적이었던 아리스토텔레스도 민주정과 과두정이 잘 혼합
된 체계로 규정하면서 적극적으로 찬사를 보냈다. 스토아 철학자들,
그리고 특히 과두주의자와 귀족주의자들은 스파르타의 정치체계를 이
상적인 제도로 보고 쌍수를 들어 극찬했다.

스파르타에서 행정은 '에포레이아(ephoreia)'라는 5명의 집정관이
담당했다. 이 집정관제는 1년 임기로 매년 시민의 선거에 의해 선출되
는 시민을 대표하는 기관이다. 집정관의 후보 자격은 여성, 어린이, 노
예, 외지인을 제외한 법률상의 스파르타 시민이면 누구나 가능했으나
실제로는 귀족들의 차지였다. 아리스토텔레스는 집정관 제도가 1) 구
성원이 민중 전체에서 선출되는 까닭에 생계수단이 없는 가난한 사람

들이 선출될 경우 쉽게 매수될 수도 있고, 2) 집정관의 권한은 사실상 참주의 권한 못지않게 막강하여 왕들도 그들에게 아부하지 않을 수 없다는 이유로 비판적이다 (AP 1270b). 집정관들은 이런 정통성을 갖고 왕과 함께 권력을 나눠 가졌다. 집정관들은 1) 군사, 교육, 재산 분배, 2) 풍기문란 등 시민 생활, 3) 신생아 양육 여부 판단(생사여부결정), 4) 왕 해임 권한(매 9년마다 왕의 연임 여부 결정), 5) 민회에서 통과된 입법안에 대한 거부권 행사, 6) 민사 소송 관할 등의 역할을 수행했다.

스파르타는 2명의 왕과 5명의 집정관 외에 왕과 동등한 권한을 갖는 조직으로 '게루시아(Gerousia)'로 부르는 30인 원로원이 있다. 게루시아는 BC 7세기 리쿠르고스가 제정한 '레트라(Rhetra)', 즉 헌법으로부터 출발되었다 (레트라는 헌법이라는 의미와 델피 신전의 신탁이라는 의미로 사용되었다). 원로원 위원은 당연직인 2명의 왕과 민회에서 선출되는 60세 이상의 28명 등 30명으로 구성된다. 28명은 귀족들을 대상으로 하지만 시민들로부터도 선출된다. 임기는 종신직이었고 왕은 당연직이다. 플루타르코스는 그의 『영웅전』에서 원로원은 국가의 중요사안에 대해 왕과 동등한 권한을 가지며, 국내의 정치나 외교문제를 심의하고 대법원으로서 왕을 포함한 어떤 스파르타인도 재판에 회부시킬 수 있는 권한도 가졌다고 전한다. 또한, 민회가 열리기 전에 상정할 안건에 대해 미리 심의하고 상정하며 거부권도 행사할 수 있다. 폴리비우스는 스파르타의 정치체계를 왕과 게루시아(원로원) 그리고 민회가 견제와 유형을 이루는 이상적 조합으로 평가하면서 스파르타가 가장 오랜 기간 자유를 누려왔다고 전한다.[6] 시민의 참여와 영향력에서 아테네에 비하면 뒤떨어지지만, 안정성에서는 오히려 정치적 혼란을 최소화할 수 있는 제도이다. 스파르타의 이런 정치체계는 큰 변화 없이 일관성을 가지고 유지되었으며 후일에 로마가 왕정에서 공화정으로 발전하는 데 귀중한 참고가 되었다. 아리스토텔레스(AP

1270b)는 원로원 의원들의 추대하는 형식의 선출방식이 유치하다고 비판하고 마음도 몸과 함께 늙어 가는데 종신직은 적절하지 않다고 비판한다.

스파르타에도 민회가 존재했다. 민회는 30세 이상의 시민으로 구성되는 의결기구이다. 민회는 완전한 시민권자로서 육군에서 기병과 보병으로 복무한 스파르타의 모든 성년 시민들로 구성되었다. 민회는 당연히 귀족과 평민으로 구성되고, 수는 평민이 더 많았지만, 귀족이 주도했다. 민회는 원로원 위원들과 집정관을 선출했으며 민회의 의장은 수석 집정관이 맡았다. 민회는 원로회의에서 상정한 입법안을 가결하거나 부결할 수 있으나 발의나 발언은 불가능하다.

4. 스파르타 신기루

스파르타의 여러 제도에 관해서는 시대와 상황에 따라 평가가 다양하다. 고대 그리스 시대에는 아테네에서도 소크라테스나 플라톤, 그리고 스콜라 학파들을 중심으로 스파르타의 체제에 대해 긍정적으로 평가하는 사람들이 많았던 반면에 스파르타의 교육체계와 과정은 비판과 호기심 및 동경의 대상이었다. 플라톤에게 이런 교육은 정신적인 것은 메마르고 육체적인 것만 차고넘치는 것이다. 아리스토텔레스도 교육은 흉포하고 잔인한 것이 아니라 정당하고 고상한 것을 가르치는 것이라면서 스파르타 교육을 비판한다. 이들은 스파르타가 인간 생활에 필수적인 문화가 결여되어 있다고 지적한다. 아리스토텔레스도 전쟁 목적으로만 짜인 스파르타 교육과 사회는 정복자를 만드는 데는 탁월하지만, 전쟁을 하지 않는 한가한 때 시간을 보내는 법이나, 다른 일을 할 줄 모르기 때문에 승리하면서부터 파멸이 시작되었다고 진단한다.

그럼에도 불구하고 현대사회에서 '스파르타식'이라는 말은 강인, 일사불란, 용맹, 검소, 공동생활 등의 의미를 떠올린다. 교육기관이나 집단생활 특히 아고게 즉 '스파르타식 교육체계'는 엄격한 규율 속에서 혹독한 교육과 훈련을 통해 소기의 목표를 실현한다는 의미로 사용된다. 그러나 막연한 동경이나 실체를 모르는 호기심이다. 영화 〈300〉이 현실적인 이미지를 보여주면서 이러한 생각은 신념으로 더욱 굳어졌을 것이다.

스파르타의 이미지는 교육에 대한 찬반은 제기되었으나 대체로 이상적 모델로 인식되었다. 베네치아 공화국의 귀족 중심의 과두제의 모델도 스파르타 정치체계였다. 영국의 입헌군주제 역시 처음 등장했을 당시에는 스파르타체계를 당대 영국 사회의 현실에 맞게 손질한 결과였다. 마키아벨리(Niccolo Machiavelli)와 롤리 경(Sir Walter Raleigh)과 같은 정치가는 왕과 귀족 협의회가 주재하는 대중 의회가 있는 스파르타의 안정적인 '혼합' 헌법에 감탄을 표했다. 계몽주의 사상가들은 특히 스파르타의 토지분배제도와 공동체 생활에서 많은 영감을 받았다.

스파르타의 공유경제는 모어(Thomas More)의 유토피아(Utopia) 사상과 훨씬 후에 엥겔스(Friedrich Engels)의 공산주의 철학에 영향을 미쳤다. 18세기 프랑스 루소(Jean-Jacques Rousseau)는 아테네와 스파르타를 대조하면서 교화된 아테네 문화보다 소박한 스파르타체제를 더 높게 평가했다. 국가의 이익에 대한 스파르타의 개인 이익 종속은 '사회 계약'의 원형을 제공한 반면, 스파르타 여성에게 부여된 재산권과 양육권 등의 권리를 토대로 19~20세기 동안 스위스 역사가 바코펜(Johann Jakob Bachofen)은 모계제의 보편적인 제도의 잔재로 보았다. 히틀러(Adolf Hitler)는 또한, 히틀러유겐트(Hitlerjugend)를 통해 스파르타의 아고게 또는 공교육체계에 특별한 매력을 느꼈다. 독일의 히틀러가 스파르타를 이상적인 사회로 칭송했다는 사실이 알려지면서 오히려 스파르타 사회는 파시즘의 원조로 간주되기도 했다.

스파르타의 문화와 제도를 찬사하는 '라코노필리아(Laconophilia)'에 대한 기술들이 어느 정도나 사실에 근접할 수 있을까.[7] 이에 대해 프랑스의 올리어스(Francis Olliers)는 1933년과 1943년에 두 권으로 출판한『스파르타의 신기루(Le Mirage Spartiate)』에서 고대의 증언이 실제로 철학적 허구임을 논증하기 시작했다.[8] '라코노필리아에 대한 의문과 비판을 '스파르타 신기루'로 보는 것이다. 올리어스는 우리가 스파르타, 특히 고대 스파르타에 대해 알고 있다고 생각하는 것의 대부분이, 스파르타의 정치공동체나 또는 사회적 삶에 대한 이상화된 초기의 이미지가 고대 및 후기 고대 사상가의 계승에 의해 찬양되고, 과장되고, 왜곡된 결과라는 것이다.

이처럼 이념과 철학적으로 다양한 영향을 미친 스파르타의 '라코노필리아'의 배경은 스파르타에서 스파르타인에 의해 제기되거나 기술된 것이 아니라 아테네 작가들의 렌즈를 통해 전달되었기 때문에 실상에 대한 그 이미지에 대한 우리의 인식이 굴절되었다. 스파르타를 안정적이고 정의로우며 능력주의의 이상적인 사회로 묘사한 것은 아테네의 민중민주주의에 대응하는 새로운 정치 질서를 수립하기 위한 유토피아적 청사진이 될 수 있었다.

스파르타가 우리의 상상 속에서 인상적인 위치를 차지하게 된 배경은 아마 '역사의 아버지'에 '거짓말의 아버지'라는 이미지가 덧씌워진 헤로도토스의 영향일 것이다. 헤로도토스의 테르모필레 전투에 관한 묘사는 레오니다스와 300명의 스파르타인들의 경외로운 용감성의 상징으로 전해지고 있다. 크세노폰의『라케다이모니아인의 헌법(Constitution of the Lacedaemonians)』과 플루타르코스의 "리쿠르고스 생애(Plutarch's Life of Lycurgus)"라는 제목의 글도 이런 인식을 더한다.[9]

헤로도토스나 플루타르코스 그리고 크세노폰 등의 문헌이 소중한 것은 스파르타가 도시국가의 위세는 아테네를 능가하거나 유사했지만 남겨진 자료가 희소하기 때문이다. 따라서 여기에서 기술하는 스파르타에 대한 정치, 사회 경제, 교육 등에 대한 내용은 주로 스파르타의 "라코노필리아"의 내용이다. 다만 작가들의 글에서 신기루와 현실을 분별하는 것은 후세의 몫이다.

　스파르타의 문제는 아주 오래된 과거의 문제다. 그 당시의 상황을 목도하고 그대로 전한 사람은 없다. 이것은 스파르타뿐만 아니라 상대적으로 자료가 많은 아테네도 크게 다르지 않다. 역사에 대한 찬양이나 과장 그리고 왜곡의 판단은 하나의 자로 잴 수 없는 고무줄과 같다. 이런 가변성은 현대사(現代史)에도 존재한다. 문제는 '역사'에 대해 어떤 관점을 가지고 있는가의 문제이다. 역사가 우리에게 주는 것은 당시의 현상이 가졌던 '의미'다. 우리는 이 '의미'를 현재의 눈으로 보는 것이 아니라 현재의 관념으로 해석하는 것이다. 따라서 당시의 현상이 온전하게 우리의 눈을 덮을 필요는 없다. 어느 하나의 꼬투리만 제공되어도 우리는 완성품을 만들어 낼 수 있다. 설령 '신기루'라도 상상의 조형물을 만들어 현재에 세우면 '역사와 현재의 의미'가 나타날 수 있다.

　과거의 역사에 대한 저술들을 '신기루'로 치부하게 되면 눈에 들어오는 것은 사막뿐이다. 후대의 저술가와 외부의 저술가들이 스파르타에 관해 기록한 내용은 '신기루' 여부가 중요한 것이 아니라 우리의 역사에 대한 관념과 해석이 중요한 것이다. 다만 문화 대신 힘을 추구했던 스파르타와 힘 대신 문화를 추구했던 아테네는 오늘날 극명한 대비를 이룬다. 스파르타의 옛터는 폐허지만 아테네의 자리는 문화유산으로 새롭게 부활하고 있다.

▶ 사진 3.1   스파르타 아크로폴리스 입구

스파르타는 고대의 옛 영화와는 달리 지방 중소도시로 전락했다. 아테네가 고대의 유적으로 꽉 들어차고 이야깃거리가 넘쳐나는 대신에 스파르타는 볼거리도 별로 없다. 볼거리가 없다는 사실이 곧 스파르타 문명의 특성이다. 현재 스파르타의 아크로폴리스 자리에는 성문, 성벽, 스토아 등의 흔적을 볼 수 있다. 그러나 이 유적들은 올리브나무들과 무성한 풀들로 덮혀있다. 안으로 걸어 들어가면 입구에 아고라 터가 나타나지만 남아있는 것은 어느 작은 도시의 성터를 방불케한다.

❖ 주

1) Paul Cartledge, *The Spartans: The World of the Warrior-Heroes of Ancient Greece* (New York: The Overlook Press, 2004), p. 27.
2) Plutarch, *The Parallel Lives: The Life of Lycurgus* 16, published in Vol. I by Bernadotte Perrin. the Loeb Classical Library edition, 1914.
3) 그리스어 'Lesche(단수 leschai)'는 협의회 또는 대화장소를 의미한다. 소포클레스(Sophocles)는 안티고네(Antigone 160)에서 '엄숙한 공의회(solemn council)'라는 의미로 사용했다. 스파르타에서는 심의와 교제를 위한 만남의 장소, 회의장 또는 클럽의 방의 의미로 사용했다.
4) Xenophon(CL 1.9), Xenophon, *Constitution of the Lacedaimonians*, By

trans E. C. Marchant, G. W. Bowersock (MA: Harvard University Press, 1925).
5) 스파르타인들이 리쿠르고스에 대한 신분을 명확하게 밝혀 놓지 않아서 그의 실존성에 대해서 의문을 갖는 것은 불가피하다.
6) 폴리비우스의 이런 평가는 아테나이우스(6,273f)와 할리카르나소스의 디오니시오스(Dionysius of Halicarnassus) (Roman Antiquities RA 2,13-14, 23, 49) 등에게 영향을 미쳤고 고대 스파르타인의 유명한 단순함과 엄격함은 알렉산드리아의 클레멘트와 같은 교부들에게 초기 수도원 운동의 모델로 상정되었다.
7) '라코노필리아(Laconophilia)'는 스파르타의 문화 및 정치체계에 대한 선호와 예찬을 의미한다. 이 용어는 스파르타인들이 살았던 펠로폰네소스의 한 지역인 라코니아(Laconia)의 스파르타인들의 과묵하고 간결한 언어관습에서 유래되었다. 라코노필리아는 스파르타인들이 전쟁에서 '용맹과 승전', 사회생활에서 '간결하고(Laconic) 고결한' 금욕과 자제, 정치적 삶의 안정적인 질서, 그리고 삼자 혼합 정부의 토대가 되는 헌법에 대한 전형적인 예찬이다. https://en.wikipedia.org/wiki/Laconophilia
8) Jonathan M. Hall, *A History of the Archaic Greek World: ca. 1200-479 BCE* (2nd) (New York, John Wiley & Sons Inc, 2014), pp. 227-228 참조.
9) 크세노폰은 소크라테스의 동료로 BC 399년 소크라테스가 처형될 즈음에 고향 아테네에서 추방되었고 결국 스파르타 왕 아게실라오스(Agesilaus) 2세로부터 엘리스(Elis)의 영지를 받아 살았다. 크세노폰은 여기에서 스파르타 사회에 대한 심층 분석인 라케다이모니안 헌법을 쓴다. 플루타르코스는 스파르타와 그렇게 밀접하게 연결되어 있지는 않았지만, 『라케다이모니안의 헌법』은 플루타르코스가 리쿠르고스의 생애를 저술하는 데 중요한 자료였을 것이다. 플루타르코스가 그의 『영웅전』에서 묘사해낸 스파르타인의 삶은 일종의 신화적인 스파르타의 전형이다. 플루타르코스는 모든 스파르타인들이 전투에서 죽는 것을 가장 자랑스러운 일로 여기는 것으로 기술한다. 토지와 공공 노예의 할당이 평등하게 이루어졌고 공공 식당에서 검소한 식사를 하며 어떤 종류의 부를 과시할 여지도 없었다. 플루타르코스는 이 전통이 리쿠르고스의 전통이라고 믿었다. 그러나 플루타르코스는 그가 기술하고 있는 고전적 스파르타 전성기를 기준으로 하면 500년 이후에 살았으며 그가 기록한 개혁의 모델로 등장시킨 리쿠르고스에 관한 현대적인 증거는 남아 있지 않다. 플루타르코스의 글은 스파르타의 신기루에 깊숙이 박혀 있다. 그러나 다른 저자들의 글과 마찬가지로 스파르타 사회에 대한 플루타르크의 기술에 어떤 왜곡이 포함되어 있더라도 그의 글은 스파르타 역사에 대한 그 자체로 가치가 있다.

4장

대의민주주의와 데모크라티아

1. 대의민주주의

민주주의는 인류에게 가장 소중한 핵심가치인 자유와 평등을 이념으로 한다. 자유와 평등사상은 18세기 전후의 홉스(Thomas Hobbes)와 로크(John Locke) 등 사회계약론자들과 버크(Edmund Burke) 등의 입헌주의 사상을 바탕으로 대의민주주의를 고안해 내도록 했다. 대의민주주의는 자유주의로 기울면서 오언(Robert Owen)과 생시몽(Saint-Simon) 등의 사상과 프랑스 혁명 그리고 이후에 마르크스의 이론으로 평등주의를 불러왔다. 이로부터 대의민주주의는 자유를 강조하는 자유민주주의와 평등을 주장하는 사회주의로 갈라졌다.

자유민주주의는 무제한적 자유와 형식적 평등으로 치우치고 사회주의는 제한적 자유와 허구적 평등에 매어있다. 어느 민주주의이건 '평등'이라는 용어는 구름일 뿐이다. 자유를 누리려면 경제적 바탕이 마련되어야 한다. 따라서 민주주의이론에서 평등의 위치는 자유와 평등이 갈등하는 경우마다 자유가 우선한다는 사실에서 명백하게 드러난다. 특히 자유주의자들에게 인간은 평등하게 창조되었지만 평등을 위해서가 아니라 자유를 위해서, 자아의 안전과 즐거움을 보장하는 권리를 위해서 창조되었다.[1]

민주정부일수록 더 많은 시민에 더 많이 반응하는 것은 사실이다. 그러나 자유민주주의는 정치사회 전체를 한 단위로 하여 표면적으로 평가하는 경우와 달리 그 사회 속의 개개 시민의 입장에서 보면 시민들의 부실한 정치과정 참여와 실질적인 부자유 및 불평등을 안고 있다. 사회주의는 평등을 내세우지만 평등은 국가권력을 강화하는 빌미로 작용한다. 오히려 자유의 제한과 권력 엘리트들의 부정부패로 부자유뿐만 아니라 파이도 축소되는 역설이 현실화된 것을 역사가 입증해 주고 있다. 이런 사회주의는 논외로 하더라도 자유민주주의가 과연 인민의 자유와 평등을 어느 정도 보장하는가?

자유민주주의는 현재까지의 정치방식으로서는 가장 우월한 정치제도로 인식되고 있지만 이는 전체주의 등과 비교해 절대적이 아니라 상대적으로 정치 및 사회의 여러 분야에서 자유가 보장되고 경제적 성장이 동반되었다는 점에서 비롯된 것이다.

독재체계는 인간의 탐욕과 이념들이 빚어낸 불행한 역사의 과정이었다. 자유주의와 자유방임주의가 풍미하지 않았더라면 공산주의의 바람이 그토록 거세게 휘몰아칠 수 있었을까? 자유민주주의는 이제 시든 공산독재체계를 비교대상으로 해서는 안 된다. 독재정치체계가 더 이상 소생되어서는 안 되지만, 그렇다고 자유민주주의가 독재정권보다 경제 및 행정적으로 더 효율적이거나 더 질서 있고 관리가 가능한 것도 아니다.[2] 모든 국면에서 상당한 기회의 평등을 이루는 민주사회에 가까이 가는 것을 보장하지도 않는다.[3]

인간의 자유와 평등을 이상으로 하는 삶의 원리로서 민주주의는 자유민주주의의 등장으로 혼란이 초래되었다. 첫째는 민주주의가 자유민주주의와 혼용되면서 '이상(理想)'으로서의 민주주의와 미국과 영국 등 서방국가들의 정치현상을 상징하는 경험적 개념으로서 민주주의 즉 자유민주주의 개념과 혼용되었다. 둘째로, 민주주의는 자유주의에 접목되었으나 (자유 + 평등)의 자유민주주의로 융합되기보다는 물리적으로 일시 결합되었다가 자유주의에 흡수되면서 '자유'는 보존되고 있으나 '평등'은 허울만 남아 자유우월주의로 변질된 것이다.

민주주의가 자유민주주의에게 모든 것을 내주면서 자유민주주의에서 평등은 존재적 기능에 머무는 실정이다. 자유민주주의가 편의적으로 자신들의 이름을 민주주의라고 부르면서 민주주의의 핵심 가치인 자유는 적극적 자유가 아니라 소극적 자유에 머물고 평등은 교묘한 논리로 훼손되었다. 마침내 자유민주주의는 '공정한 선거'와 '평화적인 정권교체'를 토대로 하는 대의민주주의의 정치방식을 나타내는 것으로 변질된 것이다.

민주주의에 대한 규범론자들은 아직 민주주의를 자유와 평등을 이상으로 하는 하나의 원리로 고집하지만 경험론자들은 민주주의를 정치방식으로 이해하면서 민주주의는 자유주의적 대의제와 자본주의를 토대로 하는 이념으로 정착된 것이다.

자유민주주의는 결국 자유주의가 갖는 자유지상주의나 사회주의가 갖는 평등의 가치 모두를 '이상'이라는 무지개 위에 올려놓은 채 민주주의를 제도적인 대의민주주의로 변질시켰다. 지배자들에게 권력을 부여하는 행위에 불과한 선거[4]를 내세워 대의민주주의라는 이름으로 부른다면 자유민주주의는 아테네방식의 민주주의의 부활도, 18세기

계몽주의 당시의 민주주의의 계승도 아니고, 아테네민주주의의 변질과 자유주의의 계승에 불과하다.

대의민주주의에 대한 이론적 주장은 현란하다. 1) 지배자의 유권자에 대한 직, 간접적 책임을 바탕으로 지배자의 권력행사를 제한하고 입헌주의와 적법성, 그리고 신중한 절차와 과정을 담보하며, 2) 경쟁적 이익과 가치들의 자유로운 표현과 경쟁의 보장, 3) 권력, 신분, 계급과 무관하게 '법의 지배'를 확립한다는 주장[5]과 4) 광범위한 자유와 실질적인 정권교체를 가능하도록 하고 정책을 선택할 수 있으며, 약소집단들도 정치적인 조직과 동원을 할 수 있도록 하기 때문에 사회적 불의를 줄이고 잘못된 정책과 부패를 바로잡는 최선의 장기적 전망을 제공한다는 주장,[6] 5) 민주주의를 폴리아키(Polyarchy)라는 용어로 부르면서 정부가 모든 시민에 대한 기회의 조건이 동등하도록 하고 이를 위해 결사, 표현, 자유롭고 공정한 선거에 대한 제도적 보장이 필요한 체계라는 정의,[7] 6) 슘페터(Joseph Schumpter)식의 선거주의가 갖는 오류를 배제하면서도 폴리아키 개념이 '선거의 제도화'를 나타낸다는 주장[8] 등 다양하다.

이러한 개념들은 선대의 홉스, 로크, 흄(David Hume), 벤담(Jeremy Bentham), 밀(John Stuart Mill)로부터 이어받고 동시대의 라스웰(Harold D. Lasswell), 벌린(Isaiah Berlin) 등의 이론가 등과 함께 자유주의적 관점에서 자유와 권력을 대립되는 요소로 인식하고 있는 것이다. 다만 개인의 자유와 국가의 권력 가운데 어느 쪽에서 접근하느냐의 차이에 따라 자유와 권력의 성격이 달라진다. 홉스의 관점에서 자유주의적 인간의 본질은 "다른 사람들의 의지에의 종속으로부터 자유이며, 자유는 소유의 한 기능"으로 본다.[9]

모든 인간의 자유와 평등을 이상으로 하는 삶의 원리인 민주주의가 대의정치로 나타나면서 국민이 직접 권력을 행사하는 직접민주주의는 가려지고 대표를 뽑기 위한 단순한 선거정치의 방법으로 축소되었다. 이것은 슘페터가 민주주의를 "각자가 권력을 획득하는데 유권자들로부터 표를 얻기 위한 경쟁적 투쟁의 수단을 통해 정치적 결정에 도달하는 체계"[10]로 정의하고 민주주의 정의(定義)에 대해 혼란을 겪던 정치 이론가, 정치인 그리고 관료들의 호응을 얻으면서 민주주의의 방향이 전환되었기 때문이다.

결국 선거는 대의민주주의의 받침대 기능을 충실히 해주고 있고 대의민주주의 논리는 계속 확장되고 있다. 미국 건국의 아버지로 불리는 매디슨(James Madison)은 연방주의자 논문집에서, 공화국에서 인민의 대표에 의한 공중의 목소리는 인민 스스로에 의한 목소리보다 공공선에 더 일치할 것으로 본다. 그는 제도적 장치를 통해서 공화국 정부가 '순수한 민주주의'보다 공공선을 더 잘 수행하게 될 것이라고 기대한다.[11]

그러나 민주주의가 '선거주의'로 축소되면서 시민들은 기득권세력들이 쳐 놓은 선거라는 그물 안에서만 자신의 정치적 권리를 제한적으로 행사할 뿐이다. 지배계급은 대의정치가 민주주의의 본질이고 선거가 대의정치의 요체라고 선전하지만 대의정치가 국민의 자유와 평등, 정의, 복지 등을 보장하는 것도 아니고 인민의 의사를 제대로 '대의'하는 것도 아니며 오히려 칼(Terry Karl)이 '선거주의의 오류'로 부르는 과실을 범할 위험이 있다.[12]

선거는 대의제를 전제로 하며, 대의제는 다수결의 원리에 바탕을 두는데, 선거제도는 기득권세력의 독과점 정당들이 다 같은 희색에 붉거나 파란색을 칠해서 같으면서도 다른 듯 보이게 한 독과점 후보들이 유권자의 선택을 극도로 제한하고 다수제를 변질시켜 국민의 실질적인 다수와 관련 없는 대표를 정당화시켜주는 경우가 허다하다. 민주정치에 대한 핵심이 무엇이든, 선거가 항상 실시되는 것도 아니고 간헐적으로 실시되며, 민주적 전환의 초기단계에서 시민들은 정당들이 고

도로 취합한 대안들 사이에서만 선택할 수밖에 없다.[13]

현대 민주주의이론은 참여를 선거의 투표로 등식화하고 인민들은 선거참여로 만족하도록 한다. 그러나 아무리 절차적으로 완벽해도 시민들은 지도자를 선출하는 데 참여할 뿐 정치과정에 실질적으로 참여하는 것은 아니다. 시민들은 단지 자신들을 지배할 주인을 선택하는 과정에 참여할 뿐이다. 중세 봉건시대에 군주의 지배를 당연시하고 노예의 상태를 거부하지 않던 것처럼 지배자의 지배에 순응하고 있는 것이다. 정치적 자유와 기회의 평등을 강조하고 언론의 자유를 강조하지만 인민은 독과점 정당들이 경쟁이라는 이름으로 만들어내는 후보들 중에서 선출하는 것이 참여의 전부다. 여러 정당이 선거에 참여해 선거가 제대로 이루어진다고 할지라도 유권자들은 권력 경쟁이나 이익 증진 및 옹호에서 사실상 배제될 수밖에 없다.

대의민주주의에 대한 거의 모든 정치이론들은 엘리트주의적 경향을 담고 있다. 정치가 "정치인들이 서로를 보호한다는 약속으로 부자로부터는 돈을 그리고 가난한 사람으로부터는 표를 받는 형식"[14]으로서 정치인들은 상층계급에 속한 사회의 각 분야 엘리트 간에 권력경쟁에 인민을 동원하고, 대의민주주의라는 이름으로 지배와 피지배관계를 합리화시키는 도구 이상의 의미를 찾기 어렵다. 그럴더라도 현재로서 유일한 방법이 선거라면, 선거는 이런 모순을 최대한 극복할 수 있는 제도로 다시 만들어야 한다.

선거제도가 "경쟁적인 이익을 가진 정당들의 정치적 흥정의 결과물"로서,[15] 한 집단이 다른 집단의 희생으로 이득을 얻는 제로섬 특성을 가진다는 점에서, 정당들은 제도에 의해 배분되는 상품의 최대의 몫을 가져올 것으로 믿는 제도를 선호하는 것은 당연하다. 선거제도는 전문학자들의 다양한 제언노력에도 불구하고[16] 새로운 방식이 거의 고안되지 않고, 혼돈스럽고, 생존을 위해 투쟁하는 경쟁적인 파벌들

간의 증가하는 타협에서 나와 권력정치에 의해 결정되는 실정이다.[17]

학계나 사회단체들의 여러 주장들이나 의견들은 정치권이라는 도마 위에서 정치인들이 휘두르는 칼에 묵살되거나 호랑이가 고양이로 변질된다. 선거민주주의는 자유주의적, 입헌적, 경쟁성, 책임성, 포괄성, 참여가 될 수 있는 것과 마찬가지로 부자유, 남용, 부채, 배제, 협소, 무반응, 무책임이 증가될 수 있으며, 자유민주주의는 정치적 책임성, 경쟁성, 반응성, 접근성의 수준에서 향상될 수 있는 반면에 하강될 수도 있다.[18] 다이아몬드(Larry Diamond)도 자유민주주의가 공식적 제도의 붕괴를 통해서 뿐만 아니라 더 교활한 부패의 과정을 통해 평등성을 잃을 수 있다고 경고한다.[19]

자유민주주의에서 평등의 가치가 상실될수록 사회주의가 다시 부활하는 것은 18세기의 상황을 다시 보면 필연적인 것이다. 평등에 대한 사랑은 유사 이래 인류를 동요시켜온 많은 불안의 근원이기 때문이다.[20] 여기에서 다시 광기의 레닌-스탈린 공산주의의 부활을 막는 방법은 진정한 민주주의를 부활시키는 것이다. 소극적으로는 자유민주주의가 적극적 자유를 구현할 수 있는 방법을 확대하는 것이고 평등의 지위를 강화하는 것이며 적극적으로는 인민민주주의의 관념을 대의민주주의에 이식하는 것이다. 이런 민주주의의 형태는 결국 시민이 직접 정치에 참여하는 아테네 민주주의 즉 인민주주의를 통해 그 해답의 실마리를 찾아보는 시도가 절실하게 필요하다.

2. 데모크라티아(아테네 민주주의)

계몽주의 이후 민주주의 발전과 함께 민주주의 이론가들은 민주주의의 기원을 그리스 아테네의 데모크라티아(demokratia)에서 찾는다.

민주주의에 대해 언급하는 모든 사람들은 '민주주의' 어원이 아테네 민주주의인 데모크라티아에서 비롯되었다는 말로부터 시작한다. 그러나 현대 민주주의는 인간의 소망인 자유와 평등을 충족하는 데 턱없이 부족한 상태다. 대의민주주의는 남을 지배하려는 욕망을 가지고 있으면서 지배당하지 않으려는 인간의 본성을 극복하지는 못했다. 현대 민주주의가 갖는 이런 한계와 자유 및 평등에 대한 목마름은 민주주의의 기원에 해결의 실마리가 있지 않을까 하는 기대와 함께 특히 아테네 민주주의에 관심을 모으게 만든다.

현대 민주주의 학자들은 democracy가 demokratia에 기원을 두고 있고 데모크라티아는 'demos + kratia'의 합성어라는 것을 토대로 민주주의를 '인민의 권력(또는 지배)'으로 인식한다. 여기에서 '인민'은 유권자이고 '권력'이나 '지배'는 선거를 통한 결정으로 이해하면 선거주의의 오류에서 벗어나지 못한다. 민주주의를 선거로 제한하면 민주주의의 이상과 가치 그리고 잠재력을 상당 부분 배제하거나 과소평가하게 된다. 특히 아테네 민주주의 비평가들이 의도적으로 데모크라티아 즉 민주주의를 경멸적인 대상으로 삼고 그 관념을 축소하려고 시도했던 점에 기대어 아테네 민주주의 역기능이나 비현실성에 초점을 모으는 경우도 허다하다. 그러면 인민과 권력(지배)으로 인식되고 있는 데모스와 크라토스에 대해 자세하게 알아보기로 한다.

1) 데모스

그러나 아테네인들은 민주주의를 '인민의 힘'을 통해 국가적 과제를 해결하는 좁은 의미로 생각한 것이 아니다. 아테네 'demokratia'에서 'demos'는 기본적으로 말단 행정 단위를 나타낸다. 즉 그리스 도시국가들의 기초 행정구역을 '데메(deme)'라고 불렀는데 클라이스테네스가 아티카(Attica)를 10개의 부족을 중심으로 33개의 지역(트리티에스, Trittyes)으로 재편하고 이를 다시 139개(또는 140개)의 기초단위로 나누었을 때 이 기초 행정 단위를 '데모스(demos)'로 불렀다.

그런데 아테네의 정치제도와 과정이 말단 행정 단위의 시민들로부터 추첨으로 선발된 대표들을 기초로 수행된다는 점에서 데모스는 지역의 가장 기초단위로서 이들이 민주주의의 초석을 이룬다는 의미를 갖게 되는 것이다. 데모스는 시간이 지나면서 지역과 이 지역의 주민을 가리키는 이중적 의미로 사용되었고 여기에서 '인민'의 의미로 발전했다.[21]

'인민'으로서 '데모스'의 의미도 시대와 상황에 따라서 다양하게 변천되었다. 아테네에서 인민은 기본적으로는 '시민'이다. 그러나 사회학적으로 구분된 개개의 시민이 아니라 모든 여성과 남녀의 노예나 이방인을 제외한 남성 시민 전체를 의미했다. 이런 남성들은 폴리스의 구성과 함께 살아온 사람들이다. 그러나 인민이 귀족과 평민 그리고 평민 중에도 가난한 자와 부자 등으로 구분되면서 데모스는 가난한 평민의 의미에 가까워졌다. 이런 입장은 아리스토텔레스에 의해 분명히 드러난다. 그가 민주주의를 비판하는 출발점은 데모스가 다수의 권력이라기보다는 가난한 자의 권력이고, 전체 인민이 아니라 상류계급에 반대되는 평민이라는 것이다.

아리스토텔레스에게 '데모스'는 계급 특히 경제적 계급에서 가난한 계급이다. 데모크라티아 예찬자들과 달리 민주주의에 대해 부정적인 철학자나 역사가들이 시민법정인 배심제(dikasteria)의 법관(dikastai)들을 데모스로 묘사한 것은 이를 가난한 평민들의 기관으로 격하시킨 것이다. 그러나 민회에 참석하는 모든 시민들도 '데모스'로 불렸다. 이것은 아테네의 데모스의 의미에 대한 이중성을 드러내는 것인데 민회의 역할과 권한이 증대되면서 데모스가 가난한 평민에서 상류계급과 구별되지 않는 동등한 시민으로 격상된 것이다.

데모스는 결국 인구집단을 기준으로 하면 정치참여 자격이 있는 개개의 시민을 의미하는 동시에 시민들의 집합체(collective body)를 나타낸다. 데모스는 또한, 사회적으로 개인들의 다양한 형태로 구성되었으며 각자는 자신의 이익을 위해 자유롭게 선택할 수 있는 능력을 가지고 있는 존재다.

아테네인들이 여러 의미로 사용한 데모스를 토대로 한 '데모크라티아'를 현대인들이 '민주주의'의 어원으로 삼는 것은 데모스를 '인민', 즉 '평민'이라는 것을 전제로 하는 것이다. 그러나 데모크라티아는 학자는 물론이고 시대에 따라 다른 인식의 대상이 되었다. BC 6세기 초에는 지역 단위 또는 정치과정을 나타내고 BC 5세기 초반에는 긍정적인 의미로 사용되었으나 BC 5세기 후반에는 정치적 논쟁에서 경멸적으로 사용되거나 기껏해야 역사적 논의에서 중립적으로 사용되었던 것으로 보인다. 특히 상류층 중심의 정치적 평등을 선호하면서 '이소노미아(isonomia)'를 슬로건으로 선호하는 민주주의자들에게 다수의 평민들이 참여하는 '데모크라티아(demokratia)'는 좋은 의미로 전달되지 않았을 것이다.

클레이스테네스 이후의 지도자들 및 시민들의 과두제와 특히 참주제에 대한 경각심에서 데모스, 즉 인민의 권력의 필요성과 중요성에 대한 인식이 강화되면서 데모크라티아는 드디어 인간의 본능적 욕구이며 삶의 핵심 가치인 '자유'와 '평등'을 중심으로 하는 개념이 형성된 것이다. 이러한 데모크라티아 시스템은 클레이스테네스 시대부터 방법과 이념 및 공동체의 가치로 발전을 거듭하면서 322년 라미아(Lamia)전쟁에서 패배할 때까지 이어졌다.[22]

아테네는 10개의 부족별로 구성된 139개의 데모스에서 의회 의원 후보나 배심원 후보 등 공직자의 할당된 수를 추첨으로 뽑았다 (이에 대한 자세한 토론은 제8장 클레이스테네스 시대의 정치에 관한 토론에서 자세히 다루어질 것이다). 이미 1년 임기의 공직을 맡았던 시민은 모든 시민이 1년 임기를 한 차례씩 맡은 후에야 다시 차례가 돌아오기 때문에 사실상 평생에 한 차례 이상 추첨될 수 없다. 추첨 과정에 학연이나 지연이나 파벌이나 금품 향응이나 감언이설이나 허위 과장 광고나 기만 술수는 필요조차 없다. 오로지 신의 계시와 자신의 운명 속에서 결과를 기다렸다. 데모스에서 추첨된 시민은 33개의 트리티에스에서 2차 추첨을 통해 걸러지고 최종적으로 아테네 민회에서 10개의 부족별로 각각 의원은 50명, 배심원 600명이 추첨되어 500인의 의회(불레)와 6,000명의 배심원단이 구성되었다. 기타 다른 공직들도 비슷한 방식으로 선출된다. 다만 군사위원은 민회에서 직접 선출된다.

이런 선출방식은 모든 시민에게 정치적 자유와 평등을 최대한 보장한다. 모두에게 동등한 기회의 보장과 지배와 피지배를 추첨에 의해 돌아가게 하는 '교대지배체제'를 이루고 있는 것이다. 그러나 모든 공직의 추첨대상은 도키마시아(dokimasia)라는 자질 검사를 받아야 했다. 도키마시아는 시민이 공직을 담당할 능력을 시험하는 것이 아니라 아테네 시민의 혈통, 병역에 필요한 신체적 능력 그리고 국고를 관리할 직책의 경우 그들의 삶과 성격 그리고 때로는 재산상태 등을 검사하는 것이었다. 검사는 불레에서 집정관이 공개적으로 진행했으며 해당자는 누구나 이의를 제기하여 재심을 받을 권리가 있었다.

아테네 민주개혁을 시도한 클레이스테네스는 개혁의 목표를 데모크라티아가 아니라 '이소노미아'로 불렀다. '이소노미아'는 다음 장의 이념과 관련하여 다시 토론하겠지만 정치적 평등과 자유를 의미한다. 데모크라티아가 민주주의 이념인 자유와 평등을 함의한 것은 클레이스테네스가 민주개혁을 한 이후의 일이다.[23]

2) 크라토스

'크라토스(kratos)'는 그리스 신화에서 힘의 신성한 의인화를 나타내며 '권력'을 의미한다. 현대 민주주의에서 인민(demos)의 권력은 다수의 의사를 결정하기 위한 투표를 의미한다. '인민의 권력', '인민의 지배'는 공동체의 문제를 유권자의 다수결로 결정하는 투표의 결과이다. 그런데 그리스어 접미사 '-kratos'는 공직이나 공직과 관련된 권력이나 지배의 의미로 사용되지 않는다. 다만 명사로서 kratos의 어근은 '권력'을 의미하면서 '지배'로부터 '능력'이라는 힘의 범위에 걸쳐 있다. 그리고 kratos가 정권 유형을 가리키는 단어의 접미사로 사용될 때 힘, 가능 또는 '일을 할 수 있는 능력'의 의미에서 '권력'이 된다.

demokratia에서 demos가 인민의 집합체를 나타낸다면 개인이나 소수의 집단이 아니기 때문에 공직보유자가 될 수 없을 뿐만 아니라 공직을 독점한다는 의미도 될 수 없다. demokratia는 혁명의 순간에 demos가 주체가 되는 정권의 유형으로 출현했고 공공영역에서 어젠다를 제기하고 그런 과제들을 처리할 데모스의 집단적 능력과 관계된다. 이런 데모스의 능력은 BC 508/7년 민주혁명에 불을 댕긴 인민봉기 기간에 처음으로 드러났다. 그러나 공적 영역에서 효과적인 변화를 견인할 집단적 능력을 보유한 것은 정권이다. 이것은 공적 영역의 통제의 문제가 아니라 그 영역 내에서 행동할 집합적 능력과 힘을 의미한다. 이런 점에서 데모크라티아는 결국 '인민의 권력(the people hold power)'을 '상징'하는 용어로 정착되기에 이르렀다. 그렇다고 이것이 demokratia에서 데모스가 다른 잠재적인 권력보다 우월하거나 독점적인 권력을 가진다는 의미는 아니다.

혁명적인 순간은 잠깐이다. 데모스가 집합체로서 시간이 지나도 계속 힘을 유지하려면 제도적인 장치가 필요했고 여기에서 나타난 것이 바로 상향식 추첨을 통한 정치과정으로서 demokratia다. 그렇다면 이 경우의 데모크라티아는 이념이 아니라 정치체계로서 구체적으로 민회나 추첨제 등 정치방식을 나타낸다.

아테네 민주주의는 너무 일찍 세상에 태어났다. 그것도 인간의 본성에 부합하는 '추첨'과 '식섭 잠여' 그리고 '교대 지배'라는 방식으로 이루어지면서 후세학자들의 눈길을 사로잡았다. 여기에서 후세 학자들은 '데모크라티아'를 '인민에 의한 지배'라는 방식에 빠져 그 이상을 보지 못하면서 당시에 아테네인들이 가졌던 민주주의에 대한 관념과 지향하는 가치에 대해서는 소홀했다.

클레이스테네스가 사용한 '데모스'는 기능적 관점에서는 '인민의 지배'지만 말단 행정단위로부터 출발하여 중앙에 이르기까지의 각종 공직자를 선출하는 일련의 과정이 중요시되었다. 이것은 아테네 민주정치과정의 특성이다. 그렇다면 아테네민주주의는 직접민주정치일 뿐만 아니라 철저한 상향식 대의정치의 특성을 아울러 갖는다. 그럼에도 아테네 민주주의를 단지 직접민주주의로 부르는 것은 대의 또는 간접적 선출방식을 통해 구성되는 공직인 의회나 배심원보다 인민이 직접 참여하여 정책을 결정하거나 공직자를 선출하는 민회가 최고의 기구이기 때문이다. 결국 아테네 민주주의는 직접민주주의와 대의제를 결합한 환상의 조합인 것이다.

민회에서 누구든지 조건이나 제한 없이 발언할 수 있는 평등한 자유 즉 '이세고리아'는 아테네 부강의 초석이 되었다. '파르레시아(Parrhesia)'는 제한 없는 표현의 자유를 보장하여 희극과 비극 등 문학과 문화의 발전을 견인했고 '아고레우에인(Agoreuein)'은 거침없는 소통과 담론을 통해 사회여론의 불꽃이 되었다. 아테네의 자유와 평등은 현대적 관점에서 보면 아주 미흡하고 제한적이지만 당시 인간의 사고와 의식 및 경험과 현대인의 사고와 의식 및 체험 그리고 사회의 발전을 비교하면 오히려 현대인들이 고전 시대 아테네인들에게 찬사를 보내야 할 것이다. 그간의 역사적 변화를 고려하면 현대의 자유와 평등에 관한 이념은 더 정교하게 다듬어지고 더 현실적인 구현방법이 고안되었어야 한다.

따라서 우리가 아테네 민주주의를 단순히 직접민주주의로만 부르는 것은 실제 아테네 민주주의가 이념과 방식이 모두 함의되어 있음에도 민회에만 초점을 모은 것으로 불교 경전 능가경(楞伽經)에서 가르치는 견월망지(見月忘指) 즉 달은 못 보고 달을 가리키는 손가락만 바라보는 것과 다르지 않다. 다만 인민의 지배는 인민의 참여가 핵심이다. 하지만 여성이나 이방인이나 노예에 대한 언급은 시대상황을 고려하여 논외로 하고 시민만을 대상으로 해도 실제 정치에 참여한 시민의 비율이 높지 않았기 때문에 실제적으로는 제한적인 직접민주주의라는 한계를 안고 있다.

아테네의 인구가 얼마인지에 대해서는 정확히 알 수가 없다. 다만 BC 4세기의 어느 한 때에 30만 명 정도로 추산되는데, 이중에 반은 노예이고 성인 남성시민은 3만 명으로 전체인구의 1/10로 추산된다.[24] 이들이 결국 아테네 정치를 좌우할 권리를 가지고 있었는데 펠로폰네소스전쟁 동안에는 1/6인 5,000명 이상이 민회에 참석하지 않았다는 기록을 토대로 하면 실제 민회의 참석률은 저조했다. 정치에 대한 이해나 관심부족과 함께 당시의 교통 및 통신수단을 고려하면 농촌 산간 지역의 인민들이 참여하기가 쉽지 않았을 것이다. 민회의 의결정족수가 6,000명으로 정해지면서 BC 4세기의 자료를 토대로 6,000명이 참석했더라도 유권자 즉 의사결정권이 있는 성인 시민의 20%에 불과하다. 더구나 이 20%의 참석자들이 모두 적극적으로 의견을 개진하는 것이 아니라 소수의 소피스트에 의해 회의가 좌우되어 어처구니없는 결정들도 나타나면서 후에 결정이 번복되는 일도 이어졌다. 이런 점에서 아테네의 직접민주주의 상징인 민회의 참여가 자유와 평등을 구현하는 최선의 수단이었다고는 할 수 없다.

데모크라티아는 페리클레스 시대(BC 440~BC 430)에 이르면서 경험적 민주주의로서 정치방식의 모습을 확연하게 드러낸다. 이때는 데모크라티아가 과두정(oligarchia)의 반대 의미로 사용되었고 페리클레스의 장례식 연설에서 투키디데스는 "소수의 이익이 아닌 다수의 이익을 위해 운영되는" 정부 형태로 정의했다 (TW 2.37.1). 투키디데스는 페리클레스의 장례 연설에서 아테네 헌법의 특징을 이렇게 묘사한다.

> "정부가 소수가 아니라 다수의 방식을 선호하기 때문에 민주주의라는 이름이 붙었다. 사적 분쟁에서 모든 사람은 법 앞에 평등하다. 공직 취임은 능력에 따른 평판이며 이런 장점에 대해 계급적 고려는 개재될 수 없고 가난하다는 이유로 배제될 수도 없으며 추첨이 아니라 개인의 능력이 중요하다. (…) 사생활에서는 자유를 누리지만 시민으로서 법을 준수한다." (TW 2.37)

투키디데스는 페리클레스 시대의 아테네 민주주의 특성을 이념으로서 개인의 평등과 자유를 강조하면서 추진방향을 다수주의와 기능주의적 관점의 능력주의 그리고 법치주의로 요약하고 있다. 그러나 30여 년 후에 5세기 아테네의 수사학자이며 웅변가였던 이소크라테스(Isokrates, BC 436~338년)는 '아레오파기티고스(Areopagiticos)'에서 시민들이 민주주의의 이런 가치를 제대로 준수하지 못함을 지적하면서 오히려 정부가 이런 시민들을 계도함으로써 아테네 정치체계를 발전시켰다는 점을 나타낸다.[25]

> "솔론과 클레이스테네스 시대에 국가를 지휘한 사람들은 실제로 가장 공평하고 가장 온건한 정부로 묘사되는 정치체계를 수립했지만, 그 체제에 살았던 사람들은 그 반대로 오만을 민주주의로, 무법을 자유로, 무례한 표현을 평등으로, 방종을 행복으로 여기는 방식에

젊은 사람들을 오히려 혐오하고 처벌함으로써 모든 시민을 더 낫고 현명하게 만든 정치체계로 드러났다."[26]

민주주의 정체를 지향하는 과정에서 나타난 시민들의 오만과 무법과 무례와 방종에 대한 이소크라테스의 지적은 이미 투키디데스가 케르퀴라 섬에서 발생한 내란 당시의 상황을 전하면서, 인간의 행위를 평가했던 통상적인 말인 충성과 신중함이 만용과 비겁자의 핑계로 바뀌었고, 절제는 남자답지 못한 의미가 되고 무제를 포괄적으로 이해하는 것은 실행능력의 결핍을 의미하게 되었다 (TW 3.82.4 ff.)고 지적한 맥락과 같다.

아테네인들은 민주정치체계가 자유, 평등의 이념을 중심으로 한다는 민주주의 이념적 틀을 제공했으나 민주주의 이념을 놓고 지지자와 반대자가 서로 다른 평가를 내렸다.[27] 자유와 평등의 개념이 현대에도 논쟁적이라는 점에서 당시 이 개념들에 대한 논쟁은 당연하다. 한편 민주정체에 비판적인 플라톤은 시민들의 이런 성향을 민주정치제도에서 원인을 찾고자 한다. 그는 과두제와 민주제를 비교하면서 "민주제가 즐겁고 집정관이 없는(anarchos) 다채로운 정체이며, 평등한 사람들에게도 평등하지 않은 사람들에게도 똑같이 일종의 산술적 평등(isotes)으로 배분해 주는 정체"(플라톤 국가 558c)라는 기계적 평등론으로 설명한다.

아테네 민주주의 즉 데모크라티아는 개념에 이념이 담기면서 현대인들이 생각하는 민주주의보다는 더 넓은 의미를 갖고 있었다. '정치적'이라는 현대의 개념은 주로 정치적 의사결정 과정을 나타내지만 당시 아테네인들을 비롯한 그리스인에게는 폴리스와 관련된 모든 것이 '정치적'이었다. 그들은 제안, 결정, 집행을 구별할 수 있었지만 (AP 1322b12~17), 정치와 행정을 구별하지 못했고, 그들의 관점에서 행정관이나 판사가 민회에 참석하는 것도 정치적인 일이었다. 그뿐만 아니라 아테네 사회는 정치와 행정 그리고 종교가 한 체계로 움직였고 그중에서 종교가 오히려 가장 중심적 위치에 있었다.

국가의 중요 과제에 대한 방향의 제안은 사실상 델피의 신탁이 대신했다. 아테네인들은 시민의 결정을 위한 과제를 델피의 신탁을 바탕으로 시민의 의사로 결정했다. 신탁은 신이 인간의 삶에 관여하는 것으로 아테네인들은 세상이 어떤 토대 위에 만들어졌는지 그리고 자연과 인간, 인간과 인간관계에는 어떤 것이 존재하는지, 지상에서 이들이 어떻게 어울려 공생할 수 있는지, 사회생활에서 옳고 그름을 판단하는 기준이나 방법은 무엇인지에 관해 심각하게 생각해왔고 신의 의사를 토대로 사고하고 행동했다.

5세기의 비극작가 에우리피데스(BC 484~406년 추정)는 테바이 지배자 테세우스가 "국가에 독재자보다 더 해로운 것은 없으며, 독재자 한 사람이 법을 독차지해 자신을 위해 통치를 하기 때문에 공공의 법이 없다"고 말한다.[28] 그로부터 한 세기 후에 아테네 정치가인 아이스키네스(Aischines, BC 389~314년)는 참주정과 과두정에 대해 적극적으로 반대하고 민주제를 지지하는 근거를 법치주의에 두고 있다.

"전 세계에는 참주제와 과두제, 민주제의 세 종류의 정체(politeia)가 있음이 인정된다. 참주정과 과두제는 통치자의 기질에 따라 통치되지만 민주주의 국가는 확립된 법률에 의해 통치된다. 민주주의에서는 개인과 국가의 헌정을 보호하는 것이 법인 반면, 참주와 과두 정치인은 불신과 무장한 경호원에 의해 보호된다. 그러므로 과두 정치인과 불평등한 국가를 운영하는 사람들은 무력으로 국가를 전복하려는 사람들로부터 스스로를 지켜야 한다. 그러나 평등과 법에 따라 정부를 운영하는 사람들은 말로 법을 어기거나 법을 어기는 삶을 사는 사람들을 경계해야 한다. 왜냐하면 지배자가 법을 소중히 여기고 무법자들의 혁명적 시도가 멈출 때에만 지배자는 강해질 것이기 때문이다."[29]

아이스키네스의 참주제와 과두제의 비판에는 자유와 평등이 전제되고 있다. 그리고 이를 유지하기 위한 수단으로 법치주의를 강조한다. 결국 아테네의 데모크라티아가 추구하는 이상은 엘레우테리아(자유) 및 이소스(평등)로써 19세기와 20세기의 자유민주주의 이데올로기가 담고 있는 자유와 평등이다. 이 두 이념은 법치주의와 함께 아테네 정치 이데올로기에서 일종의 트리오였다 (AP 1310a28-33. PR 563B194).

정치체계의 명칭이 무엇이든 지향하는 가치는 자유와 평등이며 법치주의를 수반한다. 그렇다면 아테네의 이 가치들 즉 이념들은 어떤 특성들을 가지고 있는가? 이에 대한 이해가 곧 아테네 민주주의의 이해다.

3. 아테네 민주주의와 자유

'자유'와 평등'은 인간의 기본적 욕망이지만 아주 논쟁적인 개념을 내포하고 있을 뿐만 아니라 실현하기도 극히 어려운 대상이다. 따라서 이와 관련된 담론도 수없이 많다. 여기에서는 두 개념의 기본적 정의를 토대로 아테네의 자유와 평등에 대한 관념을 먼저 고찰해보기로 한다.

현대 사회에서 자유에 대한 정의는 '자유'라는 말만큼이나 아주 자유롭게 분출되기 때문에 혼란스러울 지경이다. 이런 모든 자유에 대한 정의 가운데 핵심은 "자신의 행동에 대해 타인으로부터 간섭 받지 않는 상태"를 말한다. 개인의 활동의 범위는 법과 상식으로 쳐 놓은 울타리를 넘어설 수는 없다. 그렇지 않으면 자유는 강자의 몫이 되어버릴 것이기 때문이다. 더 나아가 자유는 법과 상식의 울타리 안에서도 단순히 간섭만 배제되는 것이 아니라 국가가 어떤 행동을 할 수 있도록 촉진하고 인도해줄 수 있다면 자유는 더 향상될 수 있다.

이와 관련하여 벌린은 자유를 '소극적 자유'와 '적극적 자유'의 두 유형으로 구분한다. 소극적 자유는 '-로부터의 자유', 즉 자신에 대한 간섭을 받지 않는 자유이며 적극적 자유는 '-을 향한 자유', 즉 자신이 지향하는 가치를 추구하는 자유다. 적극적 자유는 단순히 간섭이 없는 것이 아니라 국민이 어떤 일을 자유롭게 할 수 있도록 국가가 뒷받침해야 한다는 것이다.[30]

아테네인들은 자유를 '엘레우테리아(eleutheria)'로 불렀다. 이 말의 뿌리에 대해서는 출산과 조산의 여신인 에이레이티아(Eileithyia) 또는 크레타의 한 도시의 명칭에서 비롯된 것으로 전해지기도 하지만 자유의 의미와는 큰 관련성을 찾아볼 수 없는 배경들이다. 중요한 것은 아테네인들이 엘레우테리아에 대해 갖고 있는 관념이다. 이 관념은 정치적 자유와 사적 자유로 대표된다. 정치적 자유는 아테네 민주주의 제도에 참여할 수 있는 자유이고 사적 자유는 개인이 원하는 대로 살 수 있는 자유였다. 이러한 자유의 이중적 성격은 아리스토텔레스가 정치학에서 가장 명확하게 설명했다 (AP 1317a40-b17). 즉 자유는 민주주의의 근본 이상이며 민주주의에서만 누릴 수 있고 민주주의가 추구하는 목표라는 것이다. 자유는 여러 형태가 있는데 그중의 하나는 정치적 자유로서 돌아가면서 교대로 지배받고 지배하는 것이다.[31]

아테네인들이 지향하는 자유는 사실상 참주정으로부터의 자유다. 1인 또는 소수가 권력을 전횡하는 참주제나 과두제로부터 벗어나는 것이다. 이것은 아테네의 페리클레스가 그 유명한 장례추모연설에서 언급한 '소수가 아니라 다수', 즉 '호이 폴로이(Hoi polloi, 다수, 보통 사람들)에 의한', '호이 폴로이를 위한' 지배를 나타낸다. 그러면 다수가 어떻게 지배하는가. 아리스토텔레스가 이미 '돌아가면서 교대로 지배받고 지배하는 것'으로 요약했다.

그러나 아리스토텔레스의 기술은 당시 아테네인들이 민주적 자유에 대해 하나의 규범으로 삼았던 상황을 전해주지만 그 자신은 다수 인민의 자유를 기반으로 하는 민주정치에 비판적 시각을 가지고 있었다. 아리스토텔레스는 부자는 소수이고 빈자는 다수지만 자유는 똑같이 향유하는 것이 바로 과두제 지지자들과 민주제 지지자들 사이의 권력을 둘러싼 분쟁의 진정한 이유로 설명한다 (AP 1280a). 여기에서 아리스토텔레스는 당시에 부자와 가난한 자가 자유에 대해 서로 다른 관념을 가지고 있었다는 것 즉 부자는 더 많은 자유를 당연시하는 반면에 가난한 자는 평등한 자유를 당연시 하고 있었음을 나타낸다. 이런 현상은 현대사회에서도 형식과 과정은 다르지만 여전하다.

아리스토텔레스의 스승인 플라톤도 가난한 다수의 자유를 못마땅하게 여기고 있었음이 분명하다. "이 나라에는 각자가 하고자 하는 것을 할 수 있는 '엑수시아(Exousia)'를 가지고 있다"고 말한다. "(PR 557B) 여기에서 플라톤은 자유라는 용어를 엘레우테리아가 아닌 '엑수시아(Exousia)'를 사용했다. 이 단어의 의미에 대해서는 의견이 분분하지만 일반적으로 '권한(authority)'의 의미로 사용된다. 신약성서(마태복음 9:6)에는 '죄를 사해주는 예수의 권한'을 표현하는 데 이 단어를 사용하여 '엑수시아'가 특별한 자의 권한의 의미를 가지고 있음을 나타낸다. 이런 점에서 플라톤이 사용한 '엑수시아'는 배타적 즉 독단적 권한의 자유와 관련된다.

그러나 동서고금의 어느 곳에서도 예수와 같은 배타적이고 독단적 권한을 행사할 자유는 존재할 수 없다. 그러면 플라톤은 왜 이런 표현을 사용했을까? 민주주의와 자유에 대한 그의 냉소적 의견을 표출한 것이 분명하다. 결국 플라톤의 이 말은 그의 제자 아리스토텔레스가 민주정치를 중우정치로 평가한 배경이며 그 원인은 바로 호이 올리고이(hoi oligoi), 즉 다수 인민이 오히려 참주정치의 폭거를 나타낸다는 주장이다.

아리스토텔레스는 민주주의자들의 주장을 소개하면서 또 다른 자유의 형태는 '인민들이 원하는 대로 사는 것'이라고 설명한다. 여기에서 말하는 '원하는 대로 사는 것'은 벌린의 적극적 자유와는 다르다. 아리스토텔레스는 민주주의자들은 이런 자유의 반대를 '노예의 조건'으로 소개한다. 즉 소극적 자유인 예속이나 속박으로부터의 자유로 반노예의 자유다. 아리스토텔레스는 이런 소극적 자유인 "정부로부터 간섭의 부재가 이상적이지만" 이런 자유가 확보될 수 없다면 "교대로 지배받고 지배하는 자유"를 통해서 "평등에 기초한 자유와 연계"를 토대로 하여 실현할 수 있다고 소개한다 (AP 1317a40-b17). 아리스토텔레스는 따라서 교대지배가 자유를 구현하는 방식으로 보고 있다. 아울러 전쟁과 관련되는 장군직의 경우 등을 제외하고 연임의 금지나 횟수의 제한을 제시한다 (AP 1317b17).

당시에 아테네뿐만 아니라 일부 국가에서 정치적 자유의 개념은 상당히 널리 퍼져 있었던 것으로 보인다. 예를 들면, 헤로도토스는 페르시아의 건국 주체 세력들인 오타네스(Otanes)들이 "나는 지배하고 싶지도 않고 지배받고 싶지도 않다" (HH 3.83.2-3)라고 했다는 말을 전한다. 이것은 보통 시민의 소리가 아니라 군주의 대상자들이 군주가 되지 않는 데 대한 반대급부로서 요구하는 조건부 자유라는 점에서 아리스토텔레스의 자유의 관념과는 다르다. 에우리피데스도 『탄원하는 여인들』에서 테세우스 왕의 말을 통해서 자유와 교대로 다스리는 이야기를 한다.

"도시는 어느 한 사람의 지배를 받는 것이 아니라 자유롭다. 해마다 번갈아 가며 시민이 관직에 취임한다. 우리는 부자라고 해서 특권을 주지 않으며 가난한 사람도 똑같은 권리를 누린다."[32]

플라톤이나 아리스토텔레스 그리고 에우리피데스 등의 말을 토대로 보면 아테네인들의 자유에 대한 관념은 시민들의 삶 특히 정치참여에 초점이 모아지고 있다. 정치적 자유를 자유의 본질로 여기면서 '간섭의 배제'라는 소극적 자유에 그치고 있는 것이다. 벌린이 말하는 적극적 자유 즉 자기 자신이 객체가 아닌 주체로서 스스로의 목적과 방향에 따라 행동하는 자유의 관념은 생성되지 않았던 것으로 보인다. 현대의 자유의 관념은 자유를 최대한 향유하면서도 자유가 갖는 방만성으로 인해 자칫 규제가 수반되기 쉽기 때문에 일부의 공적 자유에 대해서는 특히 규제의 범위를 엄격하게 제한하고 있다. 예를 들면 정치적 자유 즉 정치에 참여하여 선거권을 행사하고 피선거권자가 되는 자유와 함께 언론, 출판, 집회, 결사의 자유 등이다. 아테네는 또한, 활발한 언론의 자유를 구가했다. 이런 자유의 대표적인 유형의 하나는 이세고리아(isegoria)로 불리는데 평등한 자유로서 사실상 평등의 의미가 더 강하다. 따라서 이에 대해서는 평등에 관한 토론에서 다시 기술하기로 한다.

아테네의 자유는 결국 평등한 기회의 자유로서 공적 영역에서는 정치적 자유가 작동하지만 국가의 간섭이 배제되어야 하는 사적 영역의 자유가 공적 영역의 자유와 결합되어야 실질적 자유가 보장되는 점에서는 한계가 있는 소극적 자유다. 그러나 현대의 유권자들이 소수를 제외하고는 교대로 지배할 수 있는 정치적 자유가 박탈되고 있는 상황에서 현대 민주주의의 중요한 요소로 꼽는 자유와 권리로서 '선거' 이상의 중요한 의미를 갖고 있다.

몇 년 만에 돌아오는 '투표'가 고작인 현대사회의 유권자들에 비해 아테네 시민은 민회의 참여를 통한 정치적 자유의 향유와 권리의 행사를 통해 월등한 참정의 자유가 보장되었다. 특히 지구상의 거의 모든 지역에서 정치적 자유의 관념조차 생겨나지 않았던 시기에 그리스 특히 아테네인들이 가졌던 정치적 자유에 대한 관념과 이를 사회와 정치구조와 과정에 적용하고 행사했다는 것은 실로 놀라운 일이 아닐 수 없다.

4. 아테네 민주주의와 평등

오늘날 정치사상은 모든 사람은 본질적으로 그리고 천부적으로 같기 때문에 모든 것에 대해 평등한 몫을 받을 자격이 있다고 말한다. 이런 기술은 당위론을 중심으로 하는 설명일 뿐이다. '평등'은 '같다'는 의미지만 이 '같다'는 의미를 인간사회에 적용하기란 어렵다. 왜냐하면 세상에서 같은 사람은 존재하지 않기 때문이다. 따라서 실제로 '평등'이라는 말은 '같다'라는 의미와는 다르게 함축적으로 사용되고 있다. 그렇더라도 '평등'이라는 용어에서 '같다'는 의미가 배제될 수는 없다. 따라서 인간사회에서 평등은 '같다'는 바탕에서 출발하되 같거나 같아야 하는 대상을 정하는 기술적 평등과 같아야 하는 범위와 정도를 설정하는 처방적 평등이 필요하다.

  평등의 범위는 무한정이기 때문에 인간에게 같아야 할 기본적인 내용들을 요목화할 수밖에 없다. 기본적으로 삶의 기본적 문제인 성별과 인종 등의 문제와 삶의 수단인 정치와 경제에 대한 평등이 주장된다. 평등의 범위와 정도는 아주 까다로운 문제다. 평등의 범위를 정해도 어느 정도 같아야 하는지에 대한 문제는 평등을 둘러싼 갈등의 핵심이다.

  평등의 정도를 강화하자는 사람들은 '결과의 평등'을 내세우는가 하면 다른 이들은 '기회의 평등'을 강조한다. 결과의 평등은 천부적으로 갖지 않는 모든 사람이 평등해질 수 있는 조건을 갖추고 그 다음에 부족한 사람들에게는 국가가 보완해 주는 국가의 역할을 강조한다. 이른바 복지국가 모델이지만 자칫 프로크루스테스의 침대에 눕는 격이다.

기회의 평등은 운동장의 기울기와 출발선을 그대로 둔 채 치르는 경기이다. 평등은 자유와 동전의 양면이다. 평등은 자유를 전제로 한다. 따라서 평등은 평등한 자유에서 출발하게 된다. 그렇다보니 처방이 따르지 않는 기회의 평등은 오히려 불평등의 원인이 될 수 있다.

그리스 사회의 평등은 '이소노미아'로 불린다. 그리스어 '이소노미아'는 민주시대 이전인 솔론 정권 시대에 사용되었던 이소모이리아(isomoiria, 동등한 몫)에서 비롯되어 "어떤 것을 사용할 권리"의 의미에서 배분의 공정성을 나타냈다. 접두어 iso-를 공유하는 isonomia는 법칙을 의미하는 'nomos'와 함께 법적인 평등을 의미한다.[33] 이소노미아는 BC 6세기 중에는 아테네와 다른 그리스 도시국가들의 서민들이 귀족 계급의 지배를 반대하는 정치적 슬로건으로서[34] 고대 그리스에서 귀족제로부터 민주제로 이동하는 하나의 현상을 표현하는 용어로 '법 앞의 평등'을 의미했다.

그런데 헤로도토스는 참주제와 과두제에 반하는 '다수지배'의 정부형태를 '이소노미아'로 부르면서, 민주 헌정의 특징적 장치에 의한 가장 긍정적인 방식 즉 추첨에 의한 선거, 공직의 감시, 민회의 모든 공공정책의 토론 및 결정의 정부 형태를 가리켰다 (HH 3.80; 5.37). 여기에서 이소노미아는 '다수지배'를 의미하며 다수지배는 곧 평등을 전제로 한다. 그런데 다수지배는 소수지배인 참주제와 과두제를 배격하고 자유를 수호하는 정치체계라는 점에서 결국 자유와 평등은 동전의 양면으로 작용하는 것이다.

헤로도토스가 'demokratia(민주주의)' 대신에 '이소노미아'를 '민주정부'의 의미로 사용한 것은 이런 평등과 자유의 양면을 함의하려는 의도일 것이다. 그러나 이 둘을 포괄하는 용어가 '데모크라티아'로 발전했다는 점에서 보면 헤로도토스가 이 용어가 일반화되기 이전의 자료를 참고했거나 다수지배는 곧 법적인 평등을 전제하는 것이기 때문에 데모크라티아보다는 이소노미아를 선호했을 가능성을 고려해볼 수 있다.

투키디데스와 웅변가인 데모스테네스는 아테네의 법이 만인에게 평등했다고 찬양했는데 (TW 2.37)[35] 이런 사고를 이소노미아로 표현했다. 아테네의 이소노미아는 민주적 이념이지민 다만 정치적 자유의 향유에서 평등과 법치주의라는 이중적 의미를 담고 있는 것으로 이해하는 것이 적절하다. 그리고 이런 기술을 뒤집어서 이해하면 아테네 민주주의의 핵심은 이소노미아 즉 평등이었고 평등이 민주주의의 핵심이었다는 것을 나타낸다.

아리스토텔레스도 "민주주의의 지지자들에게 정의는 평등을 뜻한다"(AP 1280a7). 그런데 그가 도시국가를 선(善)으로 간주하고 선을 정의로 여겼다는 점에서 평등이 최고의 가치가 된다. 그러나 다른 한편으로 아리스토텔레스는 빈민은 다수이고 다수의 결정은 최고 권력을 갖기 때문에 민주주의에서는 빈민이 부자보다 더 강력하다고 지적하면서(AP 1280a), 민주주의 지지자들이 주장하는 정의는 가치에 따른 비례적 평등이 아니라 산술적 평등으로서 다수의 결의가 최종적인 결정이며 이것이 정의가 된다고 비판한다. 그는 "민주주의는 어느 하나의 점에서 평등한 사람들은 절대적으로 평등하다는 사고에서 생겨났으며, 그들은 모두가 자유로운 시민인 만큼 모두가 절대적으로 자유로우며, 민주주의 견지에서 그들은 모두 평등하며 매사에서 평등한 참여를 요구한다"(AP 1301a28-35)고 기술한다. 아리스토텔레스의 이런 견해는 '차등적 자유'와 마찬가지로 평등한 것은 평등하게 불평등한 것은 불평등하게 대우하는 선택적이고 차등한 평등주의를 나타낸다.

아리스토텔레스는 또한, 노예를 '생활목표를 위한 도구'로 간주하고 "어떤 사람은 천부적으로 자유민이고 어떤 사람들은 노예인데, 노예에게는 분명히 노예제도가 유익하고 정당하다"(AP 1255a)는 논리

로 노예제도에 대해 예찬한다.[36]

그는 주인과 노예 그리고 지배자와 인민의 관계에 대한 당시의 견해들을 소개한다. 첫째는 주인이 노예를 지배하는 것은 영혼의 지배인 동시에 지식의 지배이고 정치가나 군주의 지배는 욕망에 대한 이성의 지배로 구분하면서(AP 1254b), 주인이 노예를 지배하는 것과 정치가나 군주가 인민을 지배하는 데 필요한 지식은 같은 것으로 보는 견해(AP 1253b)와 둘째는 주인의 노예에 대한 지배는 인간의 천부적 본성에 배치되는 것으로, 노예와 자유민의 차이는 법률이나 관습의 차이며 이들 사이에 천부적 차이가 있는 것이 아니라 강제적 관계이기 때문에 정당성이 없다는 견해가 있다는 것을 전한다 (AP 1253b). 이것은 아리스토텔레스의 평등에 대한 견해가 아니라 평등에 대한 당시의 일부 여론을 전하는 것이다.

아리스토텔레스가 '천부적 평등'을 주장하는 견해가 있다는 것을 전하고 있는 것은 당시 아테네에 '천부적 평등'에 대한 자각이 있었다는 것을 나타내 주는 것이다. 법에 따르면 다른 도시국가의 시민 심지어는 같은 헬라인이라도 전쟁포로는 노예가 된다. 그러나 이 노예들도 시간이 지나면서 관습적 노예로 굳어진다. 이런 현상은 핀다르(Pindar)가 "관습과 법은 왕이다(nomos basileus)"이라고 갈파한 표현에서도 잘 나타난다. 이런 관습적 평등과 법적 평등 즉 인위적 평등은 다른 한편으로는 필연적으로 노예제도나 성차별처럼 인위적 불평등을 초래할 수밖에 없다.

역사가들은 아테네의 평등이 사회적, 경제적 영역으로까지는 확산되지 않은 순전히 정치적인 개념이었다는 데 동의한다.[37] 아리스토텔레스는 민주주의자들은 자유시민이라는 신분을 평등의 보편적 판단기준으로 하는 반면에 과두제주의자들은 재산을 기준으로 하여 상대적 평등을 주장한다는 것이다. 과두제주의자들의 사고는 미국의 매디슨

(James Madison)에게까지 이어져 부자와 빈자 사이의 평등은 존재하지 않는다고 믿었다.[38]

아리스토텔레스는 또한, 이소노미아의 정치 공동체 내에서는 한 사람이 나머지 모두를 지배하는 것은 정당하지 않다고 주장하여(AP 1288a2) '교대지배'가 자유인 동시에 정치적 평등임을 강조한다. 에우리피데스도 데세우스의 입을 통해 이렇게 말한다.

> "시민들에게 똑같이 투표권을 나눠주었을 때, 시민들을 통치자로 만들었다."[39]

> "도시는 어느 한 사람의 지배를 받는 것이 아니라, 자유롭다. 해마다 번갈아 가며 백성이 관직에 취임한다. 우리는 부자라고 해서 특권을 주지 않으며, 가난한 사람도 똑같은 권리를 누린다."[40]

> "자유란 이런 것이다. "누가 국가에 유익한 안건을 갖고 있어서 공론에 부치기를 원하는가?. 원하는 자는 이름을 날리고, 원하지 않는 자는 침묵하면 된다. 국가에 이보다 더한 평등이 어디 있겠나."[41]

여기에서 에우리피데스에게 자유와 평등은 같은 개념을 가진다. 에우리피데스뿐만 아니라 아테네인들은 자유와 평등을 거의 동일시했다. 그리고 이의 고리는 정치참여다. 이런 점에서 일부 학자들은 '이소노미아'가 민주주의로 제도화된 정치적 이상의 표현이라고 주장하는 것처럼[42] 고전 시대의 아테네에서 '이소노미아'의 문제는 시민의 정치적 참여라는 기본적인 민주주의적 가치가 정치적 영역에 국한되어 다른 분야에는 적용되지 않았다고 볼 수 있다.[43] 그런데 헤로도토스가 아테네 민주주의의 장점을 설명할 때 든 것은 이소노미아가 아니라 이세고리아였다.

> "아테네는 이제 강력하고 위대하게 되었다. 이세고리아는 하나의

사례뿐만 아니라 모든 사례에서 가치있는 평등이라는 것이 명백히 드러난다. 아테네는 참주의 지배하에서 전쟁을 할 때는 주변의 어느 나라보다 나은 능력을 갖지 않았지만 참주제에서 벗어나자 모든 이웃나라 중에서 가장 강력해졌기 때문이다. 이것은 아테네인 각자가 참주를 위해 강제로 동원된 전쟁에서는 일부러 비겁하게 행동하는 반면에, 각자가 자유 속에서는 자신을 위해 기꺼이 일한 사실에서 분명히 보여진다." (HH 5.78)

클레이스테네스의 개혁 이후에 아테네는 펠로폰네소스로부터 군대의 침입을 무력화시키고 보이오티아와 칼키스 전투에서 승리하여 그리스에서 최강자의 위치로 급성장했음을 보여주었다. 헤로도토스의 이런 기술은 분명히 민주주의 즉 데모크라티아가 배경이라는 설명을 하면서 오히려 아테네의 '이세고리아'를 꼽는다. 이세고리아는 이소노미아와 접두어 뿌리를 공유하는데 헤로도토스는 이 두 용어를 민주주의의 주변어로 사용하면서 인민의 집단을 가리킨 것이다.

'이세고리아'는 일반적으로 '발언의 자유(free speech)', '발언권의 평등(equal right of speech)'의 의미를 전달하면서 자유와 평등을 교차시킨다. '자유로운 발언'은 '표현의 자유'를 의미하는 가장 오래된 말로 BC 5세기 아테네에서는 집회에서 연설하기를 원하는 사람은 누구나 연설할 수 있는 자유 즉 '공공 앞에서 평등한 연설기회'를 의미했다. 그러나 헤로도토스가 지적한 이 '자유로운 발언'이나 '평등한 발언권'이 전투에서 아테네 승리를 가져올 수 있는가의 문제를 생각하면 이세고리아의 의미에 의문이 생긴다.

오스트왈드(M. Ostwald)는 이세고리아가 민주적 원리(democratic principle)를 말하는 것으로 인식된다고 해석한다.[44] 반면에 다른 학자는 이세고리아를 '평등 이전의 평등한 말(the speech of equals before equals)'의 의미로 이해한다.[45] 평등한 발언의 자유는 평등에 선행하는 완전한 문제로 공동체가 평등한 상태에서 가능하기 때문이다. 아테네에서는 공공 앞에서 연설이 곧 정치였다. 구체적으로는 민회에서 누구나 연설할 수 있다는 의미로 결국 '정치적 평등'을 나타냈고 아테네 민주주의의 특징을 나타낸다.

결국 자유와 평등이 개념은 끊임없이 상호 작용을 이루지만 궁극적으로는 평등에 귀착된다. 이것은 아테네 민주주의 이데올로기의 특징이다. 이런 점에서 현대 민주주의와 아테네 민주주의 사이의 긴밀한 연관성을 보여주지만, 아테네 민주주의와 합치되지 않는다. 자유와 평등 무엇을 강조하든 인민의 권력을 단순히 선거 때 투표용지로 대체하는 현대 선거민주주의는 아테네 민주주의와 초점이 다르다.

이세고리아를 현대적으로 확대 해석하면 '언론의 자유'로 이해할 수 있지만 아테네인들은 이세고리아를 정치적 평등의 의미로 사용하는 반면에 현대사회의 '언론의 자유', '표현의 자유'와 관련되는 용어로는 '파르레시아(parrhesia)'를 사용했다. '파르레시아'는 그리스어 'pan(all, every)'과 'rhesis(utterance, speech)'의 합성어로 "모든 것을 말하다"는 의미다. 아테네인은 민회와 법정에서 거의 모든 것을 자유롭게 말할 수 있었고 극장에서 아리스토파네스(Aristophanes)와 같은 극작가들은 그들이 선택한 사람을 조롱할 수 있는 권리를 최대한 활용했다.

물론 제한이 없는 것은 아니다. 정치, 도덕, 종교에 대한 토론이나 비판의 자유는 상황에 따라 달라질 수 있다. 특히 대중과 반대되는 정서를 표현하는 경우 위험이 따를 수 있다. 대표적인 예를 들면 소크라테스는 그 나름의 신에 대한 주장과 젊은이들을 타락시킨 죄로 사형선고를 받은 것은 실제는 정치적 음모의 일환이었으나 표면적으로는 언론의 자유에 대한 역설이었다. 파르레시아는 고전시대 아테네 민주주의의 근본적인 구성 요소의 하나였으나 당시 언론의 자유의 한 형태로서 이세고리아가 본질적으로 정치적이었던 것과는 다르다.

아테네에서 언제부터 모든 시민에게 정치적으로 평등한 발언권이 인정되었는가에 대한 주장은 솔론시대의 기원론을 비롯해 클레이스테네스의 개혁 이후 또는 5세기 중엽부터라는 등 다양하다.[46] 분명한 것은 페리클레스의 민주주의 특징 중의 하나는 원하는 모든 사람은 민회에서 연설할 권리를 갖는 것이었다. 아테네는 세기의 웅변가이자 애국자인 데모스테네스(Demosthenes, BC 384~322년)를 비롯한 웅변가가 정치과제의 중심을 이끌었다. 이 과정에서 시민들은 삶의 방식으로 이세고리아를 선택했다. 헤로도토스가 아테네의 정부 형태를 데모크라티아(demokratia)가 아니라 이세고리아로 묘사한 것도 이런 배경의 일단일 것이다.

특히 '평등한 발언권'은 아테네인들이 가장 주목하고 실천한 평등의 하나였다. 아테네 민주주의자들은 평등을 의미하는 '이소노미아'는 평등을 함의하는 민주주의의 대체 용어로 사용하고 구체적인 평등에 관한 용어는 '발언 기회의 평등'을 의미하는 '이세고리아'를 사용함으로써 평등한 언론의 기회를 평등의 주요한 요건으로 여긴 것이다.[47]

이것은 아테네의 민주주의의 이데올로기를 이해하는 데 매우 중요한 개념이다. 즉 '평등한 발언권'이 기본권이었다는 것을 나타내주는 것이다. 그리고 이 권리는 모든 시민이 정치적으로 동등한 기회를 갖고 아울러 배심원으로부터 동등하게 대우받아야 한다는 법 앞의 평등으로 이어졌다. 반면에 천부적 평등사상은 아테네 민주주의에서 필수적이고 실천적인 측면이 아니었다.

이 외에 평등을 의미하는 접두사 iso를 공유하는 단어로 이소크라티아(isokratia)가 있는데, 이 단어는 특히 krato와 합성어다. 이런 형태에 비추어 isokratia는 kratos의 공적 권력에 대한 평등을 의미하는 것으로 볼 수 있다. 따라서 추첨을 통해 공직을 교대로 담당하는 것은 바로 이런 평등의 관념이다. 즉 평등한 위치에 있는 시민들은 누구나 공권력에 접근할 수 있는 것이다.

아테네에서 모든 시민들이 자유롭게 연설하는 것은 민주주의의 근본이었으며 말하는 것을 막는 것은 개인의 권리뿐만 아니라 민주주의 그 자체를 공격하는 것이었다. 여기에서 발언의 자유는 아고레우에인(agoreuein), 즉 '대중 연설이나 토론'의 자유로서 자유인 동시에 평등의 개념을 갖게 되었다. 아고레우에인은 시장을 의미하는 아고라(agora)와 어근을 공유하고 있으며 공공장소에서 소크라테스와 같은 철학자를 비롯하여 사람들이 시장이나 광장에 모여 있는 사람들과 대담하거나 그들에게 연설하는 것이다.

그러나 아테네인들의 기계적인 정치적 평등이 오히려 자유를 속박하는 부메랑으로 작용했다. 예를 들면, '추첨'과 '단임 임기제'는 한편으로는 평등을 추구하면서 다른 한편에서는 자유가 제한되기 때문이다. 아테네인들이 인식하는 평등은 계량적 평등으로 추첨은 모든 사람에게 계량적으로 동등한 기회를 제공하려는 것이다. 여기에 1년 임기제와 다시 추첨 대상이 되려면 모든 구성원이 한차례 돌아간 뒤에나 자격이 부여되기 때문에 모든 사람이 산술적으로는 순서만 다를 뿐 동일하다. 선후가 다른 이 순서는 신의 작용이기 때문에 법과 관습의 상위의 권한이다. 따라서 아테네인들은 추첨에 의한 선택을 선출보다 더 '민주적인' 임명 방식으로 믿게 되었다.

아테네인들이 '추첨'이라는 아이디어를 내놓게 된 나름의 배경을 유추한다면 모두가 비슷한 상황에서 최선의 선택방법이라기보다는 국민의 권력을 보호하고 갈등과 부패를 방지하기 위한 대응 수단이었던 것으로 보인다. 엄격한 신분 사회 즉 아테네의 남성 성년 시민을 중심으로 하는 사회에서 자유와 평등은 시민 여성이나 이방인 그리고 노예는 예외였고 민주적 가치의 담론 대상에서 배제되었다. 그리고 담론의 대상도 소극적 자유와 기술적(descriptive) 평등에서 벗어나지 못했다.

평등과 자유는 제로섬 게임의 당사자다. 둘 사이에는 종종 고유한 대립이 존재한다. 평등이 기술적(descriptive)으로 받아들여지면 갈등이 증폭된다. 모든 사람이 본질적으로 동일하기 때문에 모든 면에서 동등하게 대우받아야 한다면, 더 이상 어느 누구도 자신의 개인적 장점을 주장하고 발전시킬 자유는 사라진다. 반면에 평등을 '기회의 평등'의 의미로 이해하면 자유와 평등 사이에는 갈등이 존재할 이유가 없다. 모든 사람은 자유로워야 자신의 재능을 발전시킬 평등한 기회를 갖게 되기 때문이다.[48]

그러나 사회적 인간은 개인적 능력과 물려받은 유산 그리고 낳고 자라고 활동하는 배경이 아주 다르다. 이 다른 인간들에게 '기회의 평등'이라는 이름의 자유를 부여하면 '강강(强强) 약약(弱弱)', 즉 강자는 더 강해지고 약자는 더 약해질 수 있다. 여기에서 제기되는 과제가 바로 '처방적 평등'이다. 물론 처방이 지나치게 강력하면 기술적 평등으로 기울어져 그에 따른 역기능이 야기될 수 있기 때문에 평등과 자유는 조화를 이루기기 어려운 과제다. 결국 평등의 문제는 평등의 대상 즉 무엇의 평등이고 무엇의 평등이어야 하는가? 라는 물음으로 평등의 과제를 분리하고 쪼개어 한계의 강을 건널 다리를 설치할 수밖에 없다.

자유주의자들은 이에 대해 '자유의 평등'을 제시한다.[49] '자유의 평등'은 '기회의 평등'과 사실상 같은 개념을 가지고 있다. 그러나 이런 자유는 개인에 대한 제한의 부재라는 소극적 자유에는 의미가 있지만 적극적 자유의 관점에서 보면 오히려 자유의 불평등을 초래하게 된다. 물론 개인의 자유를 국가나 사회가 어느 정도까지 책임지고 보호해야 하는가의 문제가 제기될 수 있지만 경제적인 조건이 적극적 자유의 조건을 좌우하는 경우가 지배적이다. 이런 자유의 평등은 아테네의 '교대지배'의 데모크라티아에서 볼 수 있다 (AP1317a40, 1332b25). 아테네는 자유와 평등을 제로섬 게임의 위치에 놓은 것이 아니라 자유와 평등을 동전의 양면이면서 한 몸으로 인식했다. 하나가 축소되면 다른 하나도 줄어들고 다른 하나가 아프면 다른 하나도 아파지는 조합이었다. 아테네인들의 이런 관념은 자유와 평등의 공생관계에 대한 인간의 원초적 욕망의 표현이었을 것이라고 생각한다면 현대사회의 영원한 갈등의 존재인 자유와 평등을 해결할 실마리가 되지 않을까.

민주주의 이념 즉 자유와 평등이 촉진되려면 정치체계가 다른 어떤 체계보다 경험적 민주주의체계여야 한다는 것은 고대의 민주주의 제도에서도 드러나고 있다. 아리스토텔레스가 비록 계급에 따른 차등적 자유와 평등의 사고를 가지고 있었지만 '다수의 지배'와 '개인의 자유'를 당시의 민주주의 특성으로 보면서 (AP 1310a14), 민주주의자들이 '정의를 다수의 지배'로 보는 것을 비판하는 배경은 민주주의의 다수지배와 법치주의 사이의 괴리를 우려하는 것이다. 따라서 그는 법의 지배에 따라 사는 것을 노예로 간주할 것이 아니라 법의 파괴와 변화를 막고 정체의 안정과 보존을 유지하는 것으로 간주해야 한다며 법치주의를 강조한다 (AP 1310a16). 그리고 그가 강조하는 정치적 자유의 핵심은 민회를 교대로 참석하는 것이 아니라 국가를 "교대로 통치하고 교대로 통치 받는 것"(AP 1317b2-3) 즉 집권자들(magistrates)의 순환이었다.[50] 이런 점에서 이것이 참정권 즉 선거권과 피선거권의 평등을 전제로 하는 것으로 볼 때 피선거권이 극히 소수에 한정되는 것은 물론 선거권도 시기적으로 제한되는 현대 민주주의가 아테네 민주주의에 기원을 두고 있다고 말하는 것 자체가 위선일 수 있다.

아테네 민주주의를 토대로 현대 민주주의를 반추한다면 아테네 민주주의의 본질 중에서 실현가능한 장점과 실현 불가능한 장점 그리고 한계가 드러나게 될 것이다. 예를 들면 돌아가면서 지배하는 평등을 실현하는 최소한의 방법으로는 임기와 연임의 제한을 강화하되 업무의 연속성과 전문성을 위해 관료제도를 확대하는 것이다. 또 다른 방법으로는 기술적 진화와 함께 직접민주주의 형태인 원격민주주의(teledemocracy)를 발전시키는 것이다.

아리스토텔레스가 그의 『정치학』을 통해서 막을 연 민주주의를 비롯한 정치에 관한 담론은 20세기 후반에 들어서면서 극적인 변화를 보였다. 민주주의의 다양한 모델이나 정도에 대해 논의한 많은 책들이 있었다.[51] 특히 참여민주주의에 대한 욕구는 그 지향점이 사실상 아테네의 직접민주주의로 향하고 있다.[52] 가장 큰 이유는 정치인과 정당 그리고 선거에 대한 실망과 불신 더 나아가 혐오가 대의민주주의 대신에 유권자가 직접 정치의 주도세력으로 참여할 필요성을 인식한 결과라고 볼 수 있다.

5. 법치주의

민주주의 이상으로 자유와 평등 이외에 다른 가치를 추가하면 오히려 자유와 평등이라는 고유가치가 변질될 우려가 따른다. 그러나 앞에서 아리스토텔레스도 강조한 것처럼 자유와 평등이 구현되는 데 절대적으로 필요한 기준과 수단이 바로 법치주의다. 이런 점에서 현대의 민주주의도 입헌주의를 배경으로 하고 있는 것이다. 다만 입헌주의 또는 법치주의는 목표가 아니라 목표에 동반되는 수단이다.

동서고금의 어느 사회나 그 사회에 고유한 법이 존재한다. 그러나 이 법의 특성이 자유와 평등을 구현하는 수단으로서 법이라기보다는 오히려 자유와 평등의 억압수단으로서 존재하는 법도 허다하다.

아테네인들이 우려했던 참주제의 법은 바로 참주가 인민을 억압하는 수단으로 사용하기 위한 법이다. 아리스토텔레스는 "올바르게 제정된 법이 최고 권력을 가져야 하며 통치자가 한 명이든 집단이든 권력자는 법이 할 수 없는 문제들에 한해서 최고의 결정권을 가져야 한다"고 강조한다 (AP 1282a19). 아리스토텔레스는 "국민은 모두 자유인이며, 법에 어긋나는 일은 하지 않고, 법이 원래 생략될 수밖에 없는 문제에 대해서만 법 밖에서 행동한다"(AP 1286a9)고 전제하여 법이 시민 행동의 최고의 준서임을 분명히 한다.

아테네인들은 자연과 신 그리고 인간 세상에 대한 사유를 통해 법치주의 관념을 불러왔다. 따라서 이런 법관념은 자연주의를 토대로 하는 자연법사상을 배경으로 한다는 점에서 민주주의 이상을 구현하는 적합하고 필요한 수단이라고 할 수 있다.

고대 그리스 사람들은 세상을 질서와 혼동의 두 세력, 또는 법과 자연 사이의 싸움으로 생각하면서, 싸움의 이 두 힘을 법과 질서를 의미하는 '노모스(nomos)'와 자연을 의미하는 '피시스(physis)'라고 불렀다. 피시스는 자연이라는 의미지만 어원으로는 '기원'과 '성장', '발전'과 함께 '무엇이 되다'라는 의미로 사물의 본질이 성장하거나 출현하는 것을 말한다. 법이라는 의미의 '노모스'는 원래 "거래하다', '분배하다', '나누다', '소유하다(분배된 것을)', '거주하다'는 의미의 네메인(nemein)에서 파생되었다. 노모스는 여기에서 모든 사람에 대한 권리의 평등한 재분배라는 의미를 생각해 낼 수 있다. 아리스토텔레스를 비롯한 그리스 철학자들 및 스토아학파들은 이 전통에 따라 인간이 만든 법칙과 보편적 타당성을 지닌 자연법칙을 구별했다. 그리고 후에 스토아 철학의 영향을 받은 기독교도들 특히 바울은 신약성서(로마서)에서 피시스를 '자연질서'라는 의미로 사용했다.

신들이 세상에 질서를 가져오면서 노모스를 기본으로 정의의 문제가 제기되었다. 정의와 법은 어떤 관계인가? 법을 준수하는 것이 정의라면 어떤 근거가 있는 것인가? 법이 본능적 필요 및 욕망과 상충되어도 복종해야 한다면 그 근본적 이유는 무엇인가? 아테네인들은 이런 토론과정에서 법의 중요성을 더 강하게 인식했다. 아렌트(Hannah Arendt)는 "국민은 성벽을 지키기 위해 싸우는 것처럼 법을 지키기 위해 싸워야 한다"는 내용이 헤라클리토스(Heraclitus, BC 535~475년)의 단편에 분명히 나타난다는 것을 근거로 하여 로마의 단어로 법인 'Lex'가 사람 간의 공식적인 관계를 나타내는 의미지만 그리스어의 법인 노모스는 그보다 성격이 강한 '벽'이라는 의미가 있어 전적으로 차이가 있다고 지적한다.[53] 즉 아테네 도시국가에서 법이 벽의 이미지를 가지고 있다면 법은 인민의 삶을 보호하는 영역이고 벽은 도시국가의 공간을 보호하는 영역이라고 할 수 있다. 특히 헤라클리토스가 법을 성(城)에 비유한 것은 개인의 부동산이 경계가 없이는 의미가 없는 것처럼 폴리스가 경계 없이는 존재할 수 없고 법은 아테네 시민들의 정치활동을 규정하는 벽이었다는 의미이다. 따라서 아테네의 공정생활 즉 정치는 이 법이 지주역할을 한 것이다.[54]

아테네인들은 법의 필요성과 중요성을 점점 인식하면서 그동안 귀족들의 의중에 좌우되던 법을 입법자를 선출하여 법을 만들도록 했다. 그 시조가 BC 621년 드라코(Dracon Draco)다. 그는 아테네의 정치상황이 혼란과 무질서에 빠지자 이를 바로잡을 법을 만들도록 시민들로부터 추천된 최초의 입법자로 성문법을 만들어 공포했으나 너무 가혹한 형벌로 지금까지 정평이 나 있다. 그 다음을 이은 것이 아테네 개혁의 원조인 솔론이다. 아리스토텔레스는 그의 『아테네 헌정』에서 아테네의 입법자들이 어떻게 그들의 법률을 도시에 부여했는지에 대해 전해준다. 이것은 시민들로터 위임받은 것이다. 예를 들면, 솔론이 정치적 투쟁을 종식시키기 위한 법률을 만들도록 위임받은 것은 바로 시민드로부터였다 (AC ch.11).

아테네가 민주정치를 도입하기까지 법은 소수의 귀족끼리만 가까이할 수 있는 벽이었다. 그러나 드라코에 이어 솔론이 비교적 영구적인 형태의 성문법을 만들었을 때 모든 사람이 그 법에 접근할 수 있었고 모든 사람이 볼 수 있게 됨으로써 그 벽은 더 넓은 공간을 둘러싸게 되었다. 법이 일단 기록되면서 모든 사람의 법이 되었고 법에 의한 평등한 사회로 발전하게 된 것이다. 그리고 법은 아테네인의 삶의 기준 가치이고 방향인 동시에 방식이었다. 따라서 자유와 평등도 이 법의 기준으로 유지되고 실천되었기 때문에 자유와 평등 그리고 법치주의는 아테네 민주주의의 핵심 이념이었다.

❖ 주

1) Benjamin Barber, *Strong Democracy: Participatory Politics for a New Age* (LA: University of California Press, 1984), p. 78.
2) Philie C. Schmitter and Terry Lynn Karl, "What Democracy Is… and Is Not," *Journal of Democracy* 2-3 (1991), pp. 85-87.
3) J. J. Linz, *The Breakdown of Democratic Regimes: Crisis, Breakdown, and Reequilibration* (Baltimore: John Hopkins University Press, 1987), p. 97.
4) Harvey Pinney, "Government-by Whose Consent?," *Social Science* XIII (1938, 10), p. 298.
5) Larry Diamond, *Developing Democracy: Toward Consolidation* (Baltimore: The John Hopkins University Press, 1999), pp. 10-12.
6) Diamond (1999), p. 18.
7) Robert A. Dahl, *Polyarchy: Participation and Opposition* (New Haven: Yale University Press, 1971), p. 3.
8) Guillermo O'Donnell, "Illusions about Consolidation," *Journal of Democracy* 7-2 (1996), p. 36.
9) C. B. Macpherson, *The Political Theory of Possessive Individualism* (New York: Oxford University Press, 1964), p. 3.
10) Joseph Schumpter, *Capitalism, Socialism, and Democracy*, 2nd edn. (New York: Harper, 1947), p. 269.
11) Hamilton, Jay, and Madison, *Federalist* 10, 59.
12) Diamond (1999), p. 9.

13) Schmitter and Karl (1991), p. 78.
14) Michael Parenti, *Democracy for the Few* (New York: St.Martin's Press, 1988).
15) Kenneth Benoit and John W. Schiemann, "Institutional Choice in New Democracies: Bargaining over Hungary's 1989 Electoral Law," *Journal of Theoretical Politics* 13-2 (2001), p. 154 인 '재배분(redistributive)'제도에 대해서는 George Tsebelis, *Nested Games: Rational Choice in Comparative Politics* (San Diego: University of California Press, 1990).
16) Arend Lijphart, *Electoral Systems and Party Systems: A Study of Twenty-Seven Democracies, 1945-1990* (Oxford: Oxford University Press, 1994); Rein Taagepera and Mattew Shugart, *Seats and Votes: The Effects and Determinants of Electoral Systems* (New Haven: Yale University Press, 1989); Giovanni Sartori, *Comparative Constitutional Engineering: an Inquiry into Structures, Incentives and outcomes*. 2nd edn. (London: Macmillan, 1997).
17) Pippa Norris, "Introduction: The Politics of Electoral Reform," *International Political Science Review* 16 (1995) p. 4.
18) L. Diamond, J. J. Linz and S. M. Lipset, "What Makes for Democracy?," L. Diamond, J. J. Linz and S. M. Lipset (eds.), *Politics in Developing Countries: Comparing Experiences with Democracy* (Boulder, Colo.: Lynne Rienner, 1995), p. 19.
19) Diamond, Linz, and Lipse (1995), p. 19.
20) Francis M. Wilhoit, *The Quest for Equality in Freedom* (New Jersey: New Brunswick, 1979), p. 1.
21) 신철희, "민(demos) 개념의 이중성과 민주주의(demokratia)의 기원," 『한국정치연구』 제22집 2호 (2013).
22) Hansen (1999), p. 69.
23) 헤로도토스는 클레이스테네스(Kleisthenes)가 BC 507년 아테네의 부족 개혁을 시도하고 개혁한 정치제도를 데모크라티아(demokratia)로 기술하면서(HH 6.131.) 이 용어가 5세기 후반에 사용되었다고 전한다 (HH 6.43.3). 그러나 그는 페르시아 장군 마르도니오스가 이오니아 참주들을 폐위하고 수립한 민주주의 국가를 이소노미아로 표현했고 (HH 6.43), 아테네가 그리스의 최강자로 급성장한 배경을 자유롭고 평등하게 말하는 의미의 '이세고리아'에서 찾는다.
24) Hansen (1999), pp. 93-94.
25) 이소크라테스는 자신의 연설 원고를 쓰면서 아레오파기티고스(Areopagiticos)를 아테네 언덕의 아레오파고스(Areopagus)에 있는 위원회와 법정들이 복원되기를 바라는 취지에서 이런 이름을 부여했다.
26) Isocrates Isocrates, Trans. by George Norlin, Isocrates, *With an English Translation by George Norlin ... in Three Volumes* (Cambridge, MA: Harvard University Press, 1980), 7.20
27) Hansen (1999), pp.73.

28) Euripides 지음, 김종환 옮김, 『탄원하는 여인들』 (서울: 지만지드라마, 2018), pp. 429-433.
29) Aischines, Against Timarchus on the Embassy 1. 4-5; Aischines, Trans. by Charles Darwin Adams, *The Speeches of Aeschines* (New York : G. P. Putnam's Sons, 1938).
30) Isaiah Berlin, "Two Concepts of Liberty," *Four Essays on Liberty* (Oxford University Press, 1969).
31) 소크라테스나 플라톤과 달리 아리스토텔레스의 글은 세심한 주의를 갖고 접해야 한다. 그의 책들은 관찰자로서 당시의 현상을 자신의 관점에서 전하는 내용과 자신의 주장을 제기하는 내용이 혼합되어 있다. 따라서 관찰자로서 그의 글은 특히 당시의 아테네 상황을 이해하는 데 유용하다.
32) Euripides (2018), pp. 406-408.
33) Gregory Vlastos, "Isonomia," *American Journal of Philology* 74-4 (1953), pp. 337-366.
34) M. I. Finley, *The Ancient Greeks* (New york: The Viking Press, 1963), p. 42.
35) Demosthenes, *Against Timocrates* (as quoted in Kagan, Sources), p. 37.
36) Michael Gagarin and Paul Woodruff (Trans & Eds.), *Early Greek Political Thought from Homer to the Sophists* (Cambridge University Press 1995), 40.
37) Geoffrey Ernest Maurice de Ste. Crox, *The Class Struggle in the Ancient Greek World* (London, Stockton, D. 1981, p. 285;
38) 폴 우드러프 지음, 이윤철 옮김, 『최초의 민주주의』 (서울: 돌베개, 2012), p. 219.
39) Euripides (2018), pp. 352-353
40) Euripides (2018), pp. 454-458.
41) Euripides (2018), pp. 438-441.
42) Donald Kagan, *Sources in Greek Political Thought* (New York: The Free Press, 1965), p. 75.
43) Mogens Herman Hansen, *Was Athens a Democracy? Popular Rule, Liberty and Equality in Ancient and Modern Poplitical Thought* (Historisk-filosofiske Meddelelser, 59, 1989) 41n. p. 131.
44) M. Ostwald, *Nomos and Beginnings of Athenian Democracy* (Oxford: Clarendon Press, 1969), p. 109 n.2
45) Alex Gottesman, "The Concept of Isēgoria," *Polis: The Journal for Ancient Greek and Roman Political Thought*, Online Publication Date: 07 May 2021.
46) J. D. Lewis, "Isegoria at Athens: When Did It Begin?" *History* (1971), pp. 129-140, https://www.jstor.org/stable/4435186.
47) Hansen (1999), p.83.
48) Isaiah Berlin, *Four Essays on Liberty* (Oxford: Oxford University Press, 1969), p. 125; James Roland Pennock, *Democratic Political Theory* (New Jersey: Princeton University Press, 1979), p. 45; Barry Holden, *Understanding Liberal Democracy* (Birmingham: Harvester Wheatsheaf, 1988), pp. 28-32.

49) John Plamenatz, "Equality of opportunity," G. Bryson et al., *Aspects of Human Equality* (New York. Harper, 1956), p. 84; Giovanni Sartori, *Democratic Theory* (Detroit: Wayne University Press, 1962), p. 348.
50) Hansen (1989), pp. 16-17.
51) David Held, *Models of Democracy* (Stanford: Stanford University Press, 1987); Giovanni Sartori, *The Theory of Democracy Revisited* (New York: Columbia University, 1987).
52) Barber (1984).
53) Hannah Arendt, *The Human Condition* (Chicago: The University of Chicago Press, 1958), p. 63, 각주 62.
54) 그리스인의 삶의 안내자이며 동반자인 그리스 신화에서는 법이 에우노미아(eunomia)와 관련되어 있다. Eunomia에서 'eu'는 '적절한', '좋은'을 의미하고 nomia는 초지(草地)와 함께 법을 의미하는 nomos와 연결된다. 에우노미아는 그리스 신화에서 제우스와 정의와 법, 공정의 여신인 테미스(Themis)의 세 딸 중의 하나인 법의 여신으로 시민의 질서와 국가의 안정을 유지했다. 그녀의 자매는 정의와 도덕적 질서 및 공정한 판결의 여신인 디케(Dike)와 평화의 여신인 에레네(Eirene)였다. nomos 즉 정의롭고 공정한 법은 결국 에우노미아의 이름에서 비롯되었다.

5장

아테네 정치체계의 구조 및 과정

1. 아리스토텔레스의 정치체계 유형

이 글에서 정치체계는 정치과정에서 여러 구조들 또는 제도들이 상호작용을 통하여 어떤 기능을 나타내는 현상들을 말한다. 체계와 구조 그리고 제도는 필자에 따라 구별하거나 교환적으로 사용하지만 체계와 구조는 유기적 관계를 함의하고 제도는 고정적인 상태를 상정한다는 점에서 다르게 볼 수 있다. 구조나 제도는 이 체계들을 구성하는 여러 부분들이다. 따라서 구조의 총합이 체계다. 예를 들면 민주정치체계는 정부, 정당, 선거, 법원 등 정치과정에서 기능하는 여러 구조들이 상호작용하는 현상이다.

    정치체계는 여러 유형으로 분류된다. 단순 분류하면 민주체계와 독재체계로 양분된다. 그러나 민주체계와 독재체계를 중심으로 다양한 가지가 생겨나고 민주체계와 독재체계 사이에도 여러 체계들이 들어가서 민주와 독재의 정도와 특성에 따라 다양하게 분류되어 이념적 구분과 경험적 구분에 따라 복잡한 긴 목록을 만들 수 있다.

아리스토텔레스는 제자들을 통해 그리스의 정치체계 158개를 수집했지만[1] 그 가운데 아테네의 정치체계만을 그의 유명한 저서인 『정치학』에서 설명하고 있다. 아리스토텔레스의 설명은 당시의 상황에 대한 아리스토텔레스의 주관적 설명이라는 점을 간과해서는 안 된다. 특히 아리스토텔레스의 분류는 지배자의 수에 의한 체계별 장단점을 비교한 것이다. 아리스토텔레스 자신도 이런 구별을 우발적 현상으로 표현한 것처럼 이런 분류는 지나치게 단순화한 것으로 현대의 형태와도 상합성이 거의 없다. 사실상 아리스토텔레스의 관심은 부유한 소수와 가난한 다수에 의한 지배에 더 관심을 가졌다.

현대 정치이론에서 정치체계를 분류하면서 주로 아리스토텔레스의 정치체계 분류 모델을 토대로 하다 보니 현대의 정치 현상을 아테네의 틀에 집어넣어 재단하는 일이 벌어진다. 다만 이 글은 아테네 민주주의에 대한 이해를 위한 아테네의 정치체계에 대한 고찰이기 때문에 아리스토텔레스가 분류한 정치체계를 현대적 용어로 설명하는 것이 필요하고 유용하다.

표 5.1 아리스토텔레스의 정치체계분류

정체	통치자수	목표	변형된 정체	목표
군주제	1인	공동이익	참주제	1인의 이익
귀족제	훌륭한 자들	최선추구	과두제	부자의 이익
혼합제	다수자	공동이익	민주제	빈민의 이익

아리스토텔레스는 정치체계를 통치자의 수를 기준으로 3가지로 분류하고 이 체계들이 변형되어 나타난 3개의 유형을 합하여 모두 6개로 나눈다 (여기에서는 체계와 체제를 함께 사용한다). 예를 들면 민주체계를 민주제로도 표기한다. 여기에서는 참주제와 과두제 그리고 민주제에 대해 고찰해보기로 한다.

1) 참주제

'참주(tyrant)'는 그리스어 'polis'의 '지배자'인 'tyrannos'와 '불법 지배자'를 의미하는 라틴어 'tyrannus'에서 파생되었으며 1290년대부터 고대 프랑스어를 통해 중세 영어로 나타난다. 그리스에서 아르카이크(Archaic)와 초기 고전 시대에는 억압적인 독재자나 경멸적 의미는 전혀 없었다. 오히려 전쟁 과정에서 용감한 영웅이나 전사(戰士)에게 참주자리가 주어지면서 권위가 높아지고 권한도 강화되었다. 아리스토텔레스도 "거의 모든 참주가 인민의 지도자로서 출발했다"(AP1310b14)고 기술한다.

근동에서도 처음에는 특권을 지닌 직함이 아니라 '우두머리', '두목' 등을 가리키는 비공식적 칭호였으며, 전쟁이 끝나면 전리품을 군대에게 적절히 분배하는 임무를 맡은 직함이었다. 그러나 이후에 '참주'는 비합법적인 방법으로 정권을 장악한 지배자를 이르게 되었고 권력이 개인에게 집중되면서 참주제는 1인 독재체계로 변화되었다. 이런 측면에서 플라톤도 이 용어를 부정적인 의미로 사용했다.

BC 7세기와 6세기 동안 참주제는 종종 과두제와 민주제의 중간단계로 간주되었다. 그러나 BC 5세기와 4세기 후반에 군부 독재자인 새로운 유형의 참주가 특히 시칠리아에서 생겨났다. 투키디데스는 "그리스의 세력이 커지고, 부의 획득이 점점 중요한 의미를 띠게 되고,

국가의 세수가 늘어나면서 거의 모든 도시에서 참주들이 등장했다" (TW1.13.1)고 기술하면서 "그리스 국가들의 참주들은 자신의 안전과 일족의 축재에만 관심이 있었다" (TW1.17.1)고 비판한다.

아테네의 참주는 젊은 귀족인 킬론(Cylon)이라는 인물이 자신의 가문과 BC 632년 올림피아 제전에서 우승한 명성에 대한 자부심을 참주가 되는 야심으로 연결하여 메가라의 참주 테아케네스와 쿠데타를 공모하면서 비롯되었다. 그의 쿠데타는 실패로 끝났지만 쿠데타 진압과정에서 아테네의 집정관인 알크마이온(Alkmaion) 가문의 메가클레스(Megacles)는 쿠데타군들을 붙잡아 제단 옆에서 돌로 때려 죽였다. 신전 안에서 피를 보인 것은 여신 아테나에 대한 모독이었다. 메가클레스는 쿠데타 진압에만 급급했고, 그에 대한 방법과 영향은 검토하지 않았던 것이다. 알크마이온 가문은 신을 모독했다는 비난을 자초했다. 더구나 아테네에 화재와 자연 재해가 발생하자 비난의 화살이 메가클레스에게 조준되었다. 끝내 알크마이온 가문은 모두 추방당하고 킬론도 결국은 처형되었다.

아테네의 참주 정권은 BC 561년에 페이시스트라토스가 수립한다 (페이시스트라토스의 참주정치에 대해서는 제7장에서 자세하게 토론할 것이다). 그는 집권 5년 만에 반대 세력에 의해 축출되었다. 다행히 반대파였던 메가클레스 가문과 결혼동맹으로 복귀했으나 결혼생활이 파국에 이르면서 다시 관계가 악화되어 10년간 타국에서 망명생활을 하다가 권좌를 회복한다. 이로써 그의 참주정치는 BC 511년까지 2대에 걸쳐 36년간 지속되었다. 페이시스트라토스의 '참주'직은 순전히 개인적 능력으로 비세습적으로 권력을 차지하고 종종 전통이나 입헌적 규범을 위반하는 형태라는 점에서 참주일 뿐 독재자로서 참주는 아니었다.[2] 페이시스트라토스의 아들로 이어진 참주정권은 클레이스테네스가 스파르타의 힘을 빌려 축출하면서 끝났다. 그 후 스파르타를 등에 업은 아테네 귀족인 이사고라스가 잠시 스파르타의 괴뢰정권으로서 참주정이 들어섰다. 이후 클레이스테네스가 다시 참주정을 전복하고 그 체제를 이어받았으나 참주정을 폐지하고 민주주의로 새롭게 출발했다.[3]

아테네는 펠로폰네소스전쟁에 패하면서 또 다시 참주제로 후퇴했다. 아테네는 승전국 스파르타의 요구에 따라 30인이 국정을 담당하는 '30인 참주제'를 구성(헬레니카 2.3.2)했으나 8개월 만에 단명으로 막을 내렸다. 30인 참주제하의 참주들의 행동은 그로부터 '참주제' 또는 '과두제'를 현대의 전체주의에 해당하는 아주 나쁜 제도로 인식하게 만들었다. 참주제나 과두제가 갖는 장점도 완전히 묻혀버렸다.

2) 과두제

과두제(oligarkhía, 영어 Oligarchy)는 소수(few)를 의미하는 olígos와 지배(rule) 또는 명령(command)을 의미하는 arkho의 합성어로 소수가 지배하는 정치체계의 한 형태이다. 아테네의 귀족정치체계 시대 말기의 혼란기에서 유래한 용어로 귀족제에 대비해서 부정적 의미로 사용되기도 한다. 이 소수의 사람들은 귀족, 부자, 가족 관계, 교육, 기업, 종교 또는 군대의 통제력 등으로 구별될 수 있다. 그러한 지위들은 가문을 중심으로 흔히 한 세대에서 다음 세대로 이어간다. 그러나 반드시 세습을 통해서 이어지는 것은 아니고 귀족신분이 전제조건은 아니다. 역사에 나타난 과두제는 대개는 전제적이었으며 대중의 순종이나 억압으로 지탱했다.

아리스토텔레스는 이 용어를 '부자에 의한 통치'와 동의어로 사용한 최초의 인물일 것이다. 그는 과두제를 귀족제가 타락한 형태로서 부패하거나 이기적인 목적으로 소규모 특권 집단이 행사하는 전제 권력을 가리키면서 금권정치와 거의 동의어로 사용하고 있다. 플라톤은 그의 저서 『국가』에서 과두제를 철인(哲人)정치에서 타락한 형태로 법률이 준수되지 않는 불공정한 체계로 본다. 그리스 도시국가에서 가장 주목할 만한 과두제는 코린토스와 테바이 그리고 온건한 형태지만 스파르타에서 시행된 사례를 들 수 있다.

아테네는 페르시아와 전쟁을 치르면서도 정치체계에 변화가 없었다. 페르시아의 침략에 의한 전쟁 전이나 전쟁 중 그리고 전쟁 이후에도 아테네 집권자들이나 시민들은 전쟁과 관련하여 정치체계의 변화를 시도하지 않았다. 민회에서 소수의 소피스트의 선동에 의해 정책이 다소 흔들렸지만 정해진 절차대로 전쟁을 준비하고 싸웠다. 근대정치에서 전쟁이 권력의 집중을 가져오고 결국 민주정치체계가 독재로 전환하는 것과는 대조적이다. 다만 아테네는 페르시아와의 전쟁과는 달리 펠로폰네소스와 전쟁 과정에서 일부 지배자들의 정략에 의해 그동안 유지되던 민주정치체계가 변화되었다.

펠로폰네소스전쟁 막바지에 피산드로스를 비롯한 아테네의 과두제 추진자들은 민중들을 어느 정도 설득하고 BC 411년 6월에 아테네의 민주정부를 전복하는 쿠데타를 결행했다. 아테네가 스파르타에 항복하기 6년 전이다. 쿠데타를 성공시킨 이들은 사실상 스파르타의 괴뢰집단인 400명의 지배 그룹을 중심으로 하는 과두제를 출범시켰으나 자유에 흠뻑 물든 아테네 시민들의 저항으로 4개월 만에 해산되었다 (이에 대한 더 상세한 내용은 종전부분에서 기술한다).

3) 민주정

민주정에 관해서는 아테네 민주주의 즉 데모크라티아에서 대부분 기술되었다. 아리스토텔레스는 민주정치체계를 다수자인 가난한 자유민이 최고 권력을 잡고 빈민의 이익을 추구하는 가난한 자의 가난한 자를 위한 체계로 본다.

아리스토텔레스는 다시 소수지배를 과두제로, 다수지배를 민주제로 구별하면서도 지배자의 수와 관계없이 부자가 지배하면 과두제이고 빈자가 지배하면 민주제로 분류하면서 부와 자유가 두 정체의 지지자들 사이의 갈등의 진정한 이유리고 설명한나 (AP 1279a22-b34). 아리스토텔레스는 민주주의를 다수지배의 나쁜 형태로 취급한다. 이런 관점은 그가 데모스 특히 가난한 시민들에 대해 부정적인 편견을 가지고 있음을 나타내는 동시에 오히려 민주정이 가난한 다수가 자유롭고 평등하게 참여하는 정치체계라는 것을 반증해 준다.

그는 소수의 지배와 다수의 지배를 실제로 구분 짓는 것은 권력자의 재산이라고 전제하고 과두정은 권력이 '소수 가진 자'(보통 소수에 속하는 euporoi)에 의해 행사되는 정부 형태이고 민주주의는 '갖지 않은 자(aporoi)'에 의해 행사되는데 보통 이들은 다수라고 말한다 (AP 1279b11-1280a6, 1290b1-3). 그래서 아리스토텔레스에게 민주주의는 다수보다는 오히려 가난한 사람들의 지배다. 아테네 민주주의체계는 BC 508년에 클레이스테네스가 집권하면서 데모크라티아의 초석이 다져지기 시작했다.

2. 입헌전제주의와 티모크라시 그리고 플루토크라시

아리스토텔레스는 지배자의 수를 기준으로 3개의 정치체계를 긍정적인 경우와 부정적인 경우로 분류하면서 실질적으로 아테네에서 적용되었던 두 가지의 정치체계를 간과하고 있다. 이것은 바로 법적 전제체계인 입헌전제체계와 티모크라시 및 플루토크라시다.

1) 입헌전제체계

입헌전제체계(constitutional autocracy system)는 필자가 이 글에서 조어한 용어다. 전제주의의 악법은 지배자가 권력을 강화하고 유지하려는 정치적 목적이다. 그런데 '입헌전제주의'라고 표현할 때 자칫 입헌정부나 법치주의가 그와 배치되는 전제주의와 혼합되어 새로운 하나의 개념을 구성하는 모순이 나타난다. 그런데 BC 7세기에 아테네의 드라코(Draco, BC 7세기, Dracon로도 불린다)는 자신이 지배자로서 권력을 강화하고 유지하려는 정치적 동기가 아니라 입법자로서 당시의 아테네 사회에 필요한 성문법을 만들면서 '피로 쓴 법'이라는 말이 나올 정도로 엄격하고 절대적인 법을 제정했다. 필자는 이 당시의 정치체계를 '입헌전제체계'로 부르고자 하는 것이다.

드라코는 BC 622년 또는 621년에 당시에 보편적이던 '관습법(oral law)'과 씨족이나 가족 간의 폭력적인 복수 방식(blood feud)을 아테네 최초로 성문법으로 대체했다. 또한, 이 성문법의 시행도 법정의 판결에 의하도록 했다. 그러나 드라코법은 아테네의 모든 시민에게 평등한 것이 아니라 귀족과 부자에게 유리한 법이었다. 그런데 귀족은 부자였고 대부분의 평민은 가난했기 때문에 결국은 귀족이 평민을 지배하는 법이었다. 이런 점에서 입헌민주체계가 아니라 귀족을 중심으로 하여 계급별 차별을 전제로 하는 법이었다.[4]

드라코법은 아테네 최초의 성문법이라는 역사적 중요성은 가지고 있으나 잔인할 정도로 과도한 엄격성을 가진 법이라는 비판이 따른다. 아리스토텔레스도 드라코법을 "새로운 정체가 아니라 기존 정체를 위한 것이었으며, 처벌이 엄하고 형량이 높다는 것 말고는 이렇다 할 특징이 없다"고 평가한다 (AP 1274 b5).

범죄에 대한 처벌은 아주 가혹할 정도였다. 인민들은 불한이율(不

寒而栗) 즉 춥지도 않은데 벌벌 떠는 실정이었다. 게으름에 대한 형량도 법률로 정했다. 사형제도가 남발되었다. 살인, 방화, 강도, 절도는 무조건 사형이었다. 양배추를 훔치는 것과 같은 사소한 위반에 대해서도 사형제가 적용되었다. 드라코 자신도 왜 모든 범죄에 사형을 규정했느냐는 물음에 "가벼운 죄는 사형으로 마땅히고, 무거운 죄는 사형이상 더 무거운 벌이 없어서 하는 수 없이 그렇게 했다"라고 대답했다는 것이다. 드라코법의 잔혹성에 대해 아테네의 연설가인 데마데스(Demades, BC 380년?~319년)는 법률을 쓸 때 '잉크 대신에 피'로 썼다고 말할 정도였다.[5] 오늘날에도 드라코법은 용서의 여지가 없는 법이나 규칙과 동의어로 쓰인다.

  법은 또한, 시민들의 정치참여도 강제했다. 의원들은 의회나 민회가 개최될 때 참석하지 않으면 벌금이 부과되었다. 특히 산간이나 해안 벽지의 평민들이 민회에 참석하기는 쉽지 않은 일이다. 민회의 벌금 기준은 연수입이 500메딤노이(medimnoi, 100섬) 계층, 즉 최상층 지주계급은 3드라크마, 기사계층은 2드라크마, 3계급인 자영농민계층은 1드라크마였다. 현대의 가치로 환산하면 1드라크마는 50$내외에 해당한다.[6]

2) 티모크라시

티모크라시(timocracy)는 어의적으로는 그리스어 'time'와 'kratia'로 구성된 복합어다. 'time'는 '명예(honor)', '가치(worth)' 그리고 'kratia'는 '지배 또는 권력'을 나타낸다. '티모크라시'는 플라톤의 『국가8권, 545 B-550 B)에 등장한다. 플라톤은 정치체계를 귀족체계에서 티모크라시, 과두체계, 민주체계, 참주체계로 발전하는 연속체로 묘사한다. 즉 티모크라시는 귀족제의 변형인 것이다. 그는 귀족제에서 전쟁에 필요한 활기차고 단순한 유형의 인물들이 등장하여 지배하는 체계를 티모크라시로 부른 것이다. 플라톤의 의중에는 군대 중심적인 스파르타 사회를 생각하고 있었을 것이다. 기본적으로 티모크라시는 공직자의 자격을 재산을 소유하고 있지만 야망이나 명예에 대한 사랑으로 동기가 부여된 사람들이 지배하는 정치체계라는 점에서 금권을 통제와 지배의 수단으로 삼는 금권정치 즉 '플루토크라시(plutocracy)'와는 본질이 다르다.

플라톤은 티모크라시에 대해 더 이상의 개념을 제시하지는 않는다. 플라톤의 모호한 개념, 실은 텅 빈 개념을 아리스토텔레스가 그의 『니코마코스 윤리학(Nicomachean Ethics)』(8.10)에서 새로운 개념으로 채운다. 용어는 같으나 개념은 전혀 다르다. 플라톤은 지배자의 야망이나 명예에 대한 의도를 강조한 반면에 아리스토텔레스는 금권정치와 거의 동일시하고 있다. 그리고 그는 국가를 위한 세 가지 '정체(constitution)'를 군주제, 귀족제에 이어 재산을 자격 기준으로 하여 정치참여를 결정하는 정체를 티모크라시 정체(timocratic constitution)로 부르는 것이 적합할 것이라고 제안한다. 그는 이 3가지 정체 중에서 가장 좋은 정체는 군주제이며 가장 나쁜 정체는 티모크라시로 분류한다.

그에 따르면 군주제가 가장 나쁜 형태로 일탈되면 참주제가 되며, 귀족제가 통치자의 악행에 의해 과두정으로 넘어가면 가장 합당한 사람 대신 나쁜 사람이 지배하며 동일한 인물들이 항상 관직을 장악하고 부를 소유한다고 본다. 반면에 티모크라시는 민주주의로 넘어간다. 민주주의가 과반수가 지배하는 것처럼 티모크라시도 재산을 기준으로 자격을 정할 때 결국은 모든 사람의 재산의 기준은 의미가 없어지고 민주주의처럼 과반수가 지배하게 되기때문에 민주주의와 티모크라시는 공통적이다. 민주주의는 일탈을 해도 가장 덜 나쁘다. 왜냐하면 민주주의의 헌정체제 변형이 가장 적기 때문이다.

아리스토텔레스는 『니코마코스 윤리학』에서 "대부분의 사람들은 티모크라시를 정부형태(polity)로 부르는 경향이 있다"고 전제한다. 정체(constitution)보다 낮은 의미의 정부형태로 본다는 것이다. 그런데 아리스토텔레스는 『정치학』에서는 '티모크라시'라는 용어 대신에 '혼합제'라는 용어를 사용한다. 그리고 티모크라시의 변형이 민주제라고 기술했던 것처럼 이번에는 혼합제의 변형을 민주제와 연결시키면서 티모크라시를 배제한다.

3) 플루토크라시

플루토크라시(ploutcracy)는 그리스어 'ploutos', 즉 '부(wealth)'와 'kratos', 즉 '권력(power)'이 혼합된 의미다. 플루토크라시는 재산이나 소득이 많은 사람들이 지배하는 체제로 '금권정치'로 번역된다. 영어사전에 따르면 17세기 초엽에 영어에 등장한 것으로 보인다. 다른 정체와는 달리 정치학이나 정치사상에 확고하게 뿌리내린 개념은 아니며 부정적 의미가 강하다. 역사적으로는 로마제국이나 이태리 도시국가의 정치체계를 묘사할 때 동원되었다.

솔론은 집권하면서 드라코법을 폐지하거나 수정하여 이른바 솔론 헌법(Solonian Constitution)을 공포하고 이를 토대로 정치, 경제, 사법을 비롯한 사회 전반의 개혁에 착수했다 (솔론의 개혁에 관해서는 다음 장에서 상세하게 설명할 것이다). 솔론의 정치개혁은 경제개혁에 필연적으로 수반되어야 하는 과제다. 드라코는 평민들에게 선거권을 확대하고 의원에 대한 피선거권을 부여했으나 30세 이상의 시민 남성중에서 많은 비용을 들여 군장비를 갖출 수 있는 사람으로 제한했다. 특히 집정관과 행정직은 훨씬 더 많은 재산을 필요로 했기 때문에 결국 기존의 귀족계급의 전유물이 되었다. 솔론은 정치참여기준을 귀족계급 중심에서 재산 중심으로 전환하여 귀족계급이 권력을 독점할 수 있는 구조를 흔들어 놓았다. 솔론의 정치 개혁에 관해서는 아리스토텔레스가 『아테네 헌정』(7.3-4)에서 비교적 소상하게 기술하고 있다. 솔론은 시민들이 보유한 토지의 생산량에 따라서 네 정치 계급으로 나누었다.

1. 펜타코시오메딤노이(pentakosiomedimnoi): 아테네 사회의 최상위 계급으로 자신의 재산이나 부동산에서 1년에 500메딤노이(medimnoi, 단수는 medimnos)를 생산할 수 있는 자들이다. 메딤노이는 용량의 단위로 그리스에서 지역마다 차이가 심했는데 아테네에서는 1메딤노이는 약 51.84리터에 해당하지만 스파르타에서는 71.16리터다. 헤로도토스에 따르면 페르시아의 크세르크세스 2세(Xerxes II) 통치기간 동안 프리기아(Phrygia)의 아르타바조스 1세(Artabazos I)의 아들인 아시리아(Assyria)의 사트라프(Satrap)는 매일 은 1메딤노이를 조금 넘는 수입을 받았다고 전한다 (HH 1.192.2-3). 메딤노이는 솔론 시대에 각 사회적 신분에 따른 세금납부를 위한 곡물 양의 단위다. 정확한 규모는 알 수 없지만 이 정도의 양을 수확하기 위해서는 부동산 면적으로 따지면 최소한 40헥타르 즉 40만m^2 즉 12만여 평의 땅을 소유한 자다. 그리고 밀이나 올리브 오일 혹은 와인을 이 기준으로 생산하려면 토지 규모가 더 커야 한다. 이 계급은 아테네에서 최고위직을 차지할 수 있는 자격을 갖는다. 이 부류들이 차지할 수 있는 공직은 9명의 아크론과 재무관, 아레오파고스의 위원, 400인회 의원(Council of 400), 민회(Ecclesia)의 참석대상이다.

2. 히페이스(hippeis, 단수는 hippeus): 이 계급은 군마를 가진 기병군사로, 1년에 300메딤노이의 소득을 올릴 수 있는 재산과 함께 군마의 동원이 가능해야 한다. 기병은 스파르타에서 왕실 호위무사로 이름을 날렸다. 이 계급도 펜타코시오메딤노이 계급과 마찬가지로 집정관과 같은 고위직에 선출될 수 있는 자격이 주어졌다. 이 집단들의 재산은

정치생활에서 중요한 역할을 한다는 것을 의미하고, 그들에게는 모든 관직이 열려 있으며 어떤 재정적 관직은 오직 그들에게만 열려 있다는 것을 의미한다. 그러나 4세기 말에는 이 규정들이 법으로는 남아있었으나 더 이상 강제력은 없었다.

3. 제우기타이(Zeugitae): 주로 자영농 계급이다. 1년에 200메딤노이를 소출할 만한 토지나 재산을 갖춘 시민이다. 'Zeugitae'는 'yoke'에서 비롯된 단어로 '소의 멍에를 장만할 수 있는 사람'의 의미인데 이 말은 당시에 그리스 시민들은 평상시에는 생업에 종사하다가 전쟁이 발발하면 스스로 자비를 토대로 중무장하고 참전해야 하는데 'yoke'는 이런 대상을 나타낸다.

4. 테테스(thetes): 최하층 시민계급이다. 이들은 주로 일용직 빈민으로 자유 시민이었지만 땅이나 다른 소득 자원이 없고, 연소득이 200메딤노이 이하였다. 이들은 민회의 참석과 법원의 배심원의 자격은 주어졌지만 행정관이나 의회(Boule) 의원자격은 배제되었다. 이 계급은 BC 460~450년 경인 페리클레스(Pericles) 시대에 공직을 맡을 자격을 확보했다. 테테스는 특정 재산가에게 고용되어 노동을 제공하고 대가를 받았다. 사실상 노예 신분이나 다름없었다. 솔론이 에클레시아나 배심원에 테테스를 실제로 포함시켰는지 여부에 대해서는 의구심을 가질 만하다. 이 시대에 귀족과 이런 평민들이 한 자리에서 동등하게 민회 의원이나 배심원 일을 한다는 것은 아주 급진적이다. 따라서 과연 귀족들이 이를 받아들였을까에 대한 의구심도 제기될 수 있다.

솔론의 정치개혁은 시민을 기준으로 할 때 선거권은 최대로 확대했으나 피선거권은 재산으로 차등을 두었다. 그리고 귀족이 재산가였기 때문에 결국 권력은 귀족의 전유물에서 평민들로 크게 확산된 것은 아니다. 다만 평민들이 상업에 종사하고 경제적 지위가 향상되면서 피선거권을 가진 평민도 늘어날 것이라는 예상은 가능하다.

솔론의 개혁정치는 귀족의 지위를 근본적으로 흔들고 재산을 기준으로 하였지만 그 과정에서 평민의 지위가 향상되었다. 이런 점에서 솔론의 정치개혁이 귀족정치를 단순히 자산가가 권력을 독점하고 강압적으로 지배하는 부정적 의미로 사용하는 금권정치로 대체한 것은 아니다. 특히 금권정치와 다른 사회계급을 부자와 빈자로 양분한 것이 아니라 4계급으로 나누었기 때문에 귀족이나 부자중심의 정치체계였지만 부자와 빈자의 대립적 구조나 부자가 자신들의 권력과 부를 독점적이고 배타적으로 추구할 수 있는 구조가 아니었다. 또한, 시민으로서 재산을 늘려 가면 누구나 정치적 지위를 높여갈 수 있는 체계였다.

솔론의 정치개혁 및 경제개혁은 그리스 역사에서 중요한 전환의 위치를 차지한다. 특히 그가 전통적인 귀족에서 재산 소유에 따라 시민의 정치참여를 차등적으로 나눈 것은 신분계급이 무너지고 그 자리를 자본이 차지하는 발판이 되는 형태다. 그러나 이를 통상적인 금권정치로 분류하는 것도 적절하지 않다. 따라서 솔론이 개혁한 정치의 개념적 틀을 티모크라시에 담아 볼 수도 있을 것이다. 아리스토텔레스가 그의 『정치학(*Politics*)』에서 티모크라시를 제외했지만 플라톤의 티모크라시 개념을 확장보완하고 다듬으면 나름대로 의미가 있을 것이다. 정교한 개념화를 통해서 나름의 의미있는 정치체계의 한 유형으로 발전시킬 수 있을 것이다.

3. 아테네 정치구조와 과정의 변동

아테네의 정치구조는 역사의 흐름에서 특정 지도자가 집권하는 기간에 혁명적으로 변화되어 지속되면서 또 다른 변곡점을 맞는 과정을 거쳤다. 그 1차적 전환점은 BC 7세기의 드라코에 의한 성문법 제정과 비록 입헌적 전제체계였지만 시민의 정치참여 확대 그리고 불레, 즉 의회의 도입 등에서 민주정치의 싹이 텄다. 이어 솔론에 이르러 이런 제도는 더 확대되고 아테네 민주주의 아버지로 불리는 클레이스테네스(Cleisthenes)가 BC 507년에 민주주의 구조인 데모크라티아 또는 이소노미아를 도입했다 (클레이스테네스의 민주정치에 관해서는 제8장에서 더 상세하게 토론 될 것이나). BC 460년대에 이르러 에피알테스와 페리클레스가 이런 제도들을 더 개혁하고 발전시켜 그 이후 아테네 사회를 지배하는 정치구조로 만들었다.

아테네 정치체계로서 데모크라티아는 몇 개의 구조를 이루었다. 첫째는 국가의 최고 집행구조인 집정관(Archōn)제, 둘째로 모든 시민이 한자리에 모여 중요한 공직자를 선출하거나 법을 제정하고 외교 정책을 지시 또는 반대하는 주권적인 통치기구로 직접민주주의의 상징인 민회(Ecclesia), 셋째로 아테네 10개 부족의 대표자로 구성되는 500인 의회(bule), 넷째로 6,000명으로 구성되는 사법부인 헬리아이아(Heliaia or Heliaea), 즉 배심원제(dikasteria) 그리고 입법심사 및 확정위원회인 노모데타이, 공직자에 대한 인민 재판제도인 도편추방제 등을 들 수 있다.

아테네의 정치과정의 가장 큰 특징은 추첨에 의한 공직자의 선출이었다. 아테네인들은 추첨을 민주적인 것으로 여겼다. 시민이면 누구나 민회에 참석하여 선출직 중 가장 중요한 직책(집정관)인 10명의 장군으로 구성된 중앙정부의 위원들을 선출했다. 또한, 매년 500명의 의원, 6,000명의 배심원, 600명의 치안 판사를 추첨으로 선출했다.

시민은 일생에 공직자로 선출될 수 있는 기회는 사실상 단 한번 뿐이었다. 연속적인 연도는 아니지만 500인회 의원으로 두 번 추첨될 수 있었다 (인구가 적어 한 번 다 돌아간 뒤에 차례가 올 경우). 이 놀라운 순환 규칙의 결과로 시민의 약 3분의 1이 민주주의를 실제 운영한 경험을 갖게 된다. 모든 시민이 민회에서 발언할 수 있지만 누구나 발언할 수 있는 것은 아니다. 민회에서 발언하고 지속적으로 활동(전문적 또는 준전문적인 정책입안자 역할)했던 사람들을 보통 '연설가(rhetores-orators)'로 불려지는 사람으로 현대 문헌에서는 흔히 정치인이라고 부른다.

에피알테스가 기치를 올리며 착수한 정치구조와 과정에 대한 개혁으로 500인회의 구성원을 포함하여 아테네의 연간 공무원 수는 약 1,100명이었다 (에피알테스의 정치개혁에 대해서는 제9장에서 더 자세하게 토론될 것이다). 공직자들은 대부분 추첨을 통해 선발되었고 연임은 금지되었다.[7] 아테네인의 모든 관직이 몇몇 예외적인 관직을 제외하고는 단임으로 제한된 것은 모든 시민들이 평등하게 국정에 참여할 수 있는 기회를 보장하기 위한 것이었다.

공직자들은 철저한 감시를 받았고 임기가 끝나면 자동으로 의회에서 선출된 10명의 감사요원들에 의해 회계 및 업무감사를 받아야 했다. 이런 제도를 에우티나(Euthyna)라고 불렀는데 이것은 부정을 방지하기 위한 제도다. 또한, 에이산겔리아(Eisangelia)라는 일종의 탄핵제도로 반역죄나 신성모독죄에 대해 민회 또는 의회에 고발하면 의회는 최대 500드라크마의 벌금을 부과하거나 배심원단에게 사건을 회부했다.

4. 집정관제

집정관은 국가의 최고 통치자를 의미한다. 아리스토텔레스는 집정관제가 그리스 신화에 등장하는 존재인 아카스투스(Acastus)왕 때 생겨났다고 기록하고 있다.[8] 대개의 도시국가들은 군주제가 공통적이었으나 아테네는 다른 도시국가들에 비해 군주제가 일찍 폐지되었던 것으로 보인다. 아리스토텔레스의 『아테네 헌정(Athenian Constitution)』[9]에 따르면 BC 7세기 드라코 이전에는 국가의 최고위직은 출생과 재산에 의해 맡게 되었다.

집정관은 처음에는 종신제였다. 다음에 아레오파고스에서 귀족들을 대상으로 10년 임기의 정치, 군대, 종교 등 3명의 집정관인 폴레마르그(Polemarch) 즉 군대지휘관과 아크론이 등장했고 이어 9명의 집정관제가 도입되었다.[10]

집정관은 BC 683년 이후로 1년 임기제로 변했다. 4개 부족은 각각 10명씩 40명의 후보자를 추첨으로 선출하여 민회에 제출하면 민회는 이들 중에서 무작위 추첨으로 9명의 집정관을 선출했다 (AC 8.2). 후보의 자격도 귀족 가문의 조건을 없애고 재산을 조건으로 일정 이상의 재산을 가진 모든 시민들에게 개방되었다. 매년 그해의 명칭은 수석 집정관인 에포니모우스의 이름을 따서 붙여졌다.

민주파 지도자로 부상한 알키비아데스는 BC 458~457년에 집정관직의 재산 필요조건을 더 낮추었다. BC 487년부터는 명실상부한 직접민주주의가 도입되면서 많은 시민에게 문호가 개방되었고, 모든 시민이 추첨으로 집정관들을 선출했다.

집정관직은 BC 487년 폴레마르크(Polemarch)의 군대 임무도 스트라테고스(Strategos, 복수는 strategoi)로 알려진 새로운 장군계급에 넘겨졌다. 이후 폴레마르크는 단지 작은 종교적인 업무만 담당했다. 시간이 지남에 따라 수석 집정관의 정치적 중요성은 훨씬 감소되어 국가의 명목상의 수반으로 남았다.

페리클레스가 장군이 되었을 때 아테네는 "이름은 민주주의지만 실제 권력은 1인자의 손에 있었다" (TW 2.65.9)는 평가가 나올 정도로 1인에게 권력이 집중되었다. 여기에서 1인자는 정부의 최고 통치기관인 '스트라테고이(strategoi)'의 위원장을 가리킨다. '스트라테고이'는 10명의 장군으로 구성되었고 위원장은 위원 중에서 순번으로 맡고

이 위원장이 국가원수에 해당한다. 위원은 1년 임기로 장군 중에서 횟수에 제한 없이 매년 민회를 통해 추첨이 아니라 선출되었다. 모든 내외 정책의 수행은 바로 이 위원회에서 담당했다. 페리클레스가 30년 가까이 정권을 장악할 수 있었던 것은 장군으로서 매년 민회에서 거듭 재선되었기 때문이다. 30년 정권은 자연스럽게 권력의 집중과 권위주의적 통치가 따르게 마련이다. 친스파르타 정치인 키몬(Cimon)도 이런 장군중의 한 명이었다.

5. 아레오파고스

귀족의 세습제가 아니라면 지배자를 선출하는 집단이 존재하게 된다. 대개는 원로원이나 귀족들로 구성된 의회가 될 수 있다. 아테네의 경우는 집정관이나 최고지도자를 민회에서 선출할 때까지는 각 부족을 대표하는 귀족들로 구성된 '아레오파고스'가 선출집단이었다. 아레오파고스는 아테네의 귀족제를 떠받치면서 권력을 만들어 내는 권력의 요람이었으며 사법기관이었다. 따라서 아레오파고스는 아테네의 귀족제를 설명하면서 필연적으로 수반되는 권력 구조의 하나이다.

아레오파고스는 그리스어로 아레이오스(Areios)와 파고스(Pagos)의 복합어다. 고대 그리스어인 아레이오스 파고스를 영어로 '아레오파고스(Areopagus)'로 옮겨 널리 쓰인다. '아레이오스'는 전쟁의 신 '아레스'로부터 비롯된 것으로 보이고 '파고스'는 '큰 바위'다. 즉 '아레스의 바위'라는 의미다.

이 바위는 아테네의 아고라 남쪽, 아크로폴리스(HH 8.52)의 북서쪽에 있는 113m의 석회암 덩어리로 된 작은 언덕을 가리킨다. 바위에서 깎아낸 계단은 이 언덕으로 이어진다. 여기에는 한때 피고인과

▶ 사진 5.1   아크로폴리스에서 내려다본 아레오파고스 언덕

아레오파고스 언덕 앞 오른쪽 바위에는 사도 바울의 활동과 관련된 동판이 새겨져 있다. 사도 바울이 이곳에서 아테네인들을 대상으로 선교하던 내용 즉 사도행전(17: 22-34)을 기록한 것이다. 기독교 신자들에게 이곳은 성지다. 성지순례자들에게 아크로폴리스 밑에서 바울의 흔적을 보는 것은 행운인 동시에 축복이다.

고소인이 서 있던 두 개의 흰 돌이 있었다. 아레오파고스 위원회는 일반적으로 아레스 언덕인 아레오파고스에서 모였다.[11] 여기에 귀족들의 회의장이 있었기 때문에 아레오파고스는 이 위치를 가리키는 동시에 그 기구를 의미하는 용어가 되었다. 신약성서 사도행전 17장의 아레오파고스라는 용어도 이곳이다. 그러나 '아레오파고스'라는 용어는 종종 '아레오파고스 위원회(Council of Areopagus)'로 아레스 언덕에 있는 법정 자체를 가리키기도 한다.[12]

법정으로서 아레오파고스는 바다의 신 포세이돈의 아들이 전쟁의 신 아레스의 딸을 겁탈하는 것을 보고 아레스가 살해한 사건을 올림포스 신들이 아레오파고스 언덕에서 재판을 했다는 전설과 관련된다.[13] 오늘날 그리스 대법원의 이름이 '아레이오스 파고스(Areios Pagos)'인 것은 바로 아레오파고스 언덕과 그에 얽힌 전설의 이름에서 기인된 것이다.[14]

아테네의 집정관이 1년 임기를 마치면 아레오파고스의 종신위원으로 취임했으나 사전에 에우투나(euthuna)라는 공개 감사를 통과한 집정관만이 아레오파고스의 위원이 될 수 있었다 (AC 3.6, 6.3).[15] 아리스토텔레스와 몇몇 현대의 사학자들에 따르면, BC 약 470년 이후에는 아레오파고스의 구성과 운영이 키몬의 지도력하에 비공식적인 '아레오파기테(Areopagite) 헌법'에 따라 통치되었다. '아레오파기테 헌법'은 아리스토텔레스가 그의 저서 '아테네 헌정'에서 부른 이름이다.

집정관을 선출하는 과정이 해마다 바뀌면서 아레오파고스의 성격도 변해왔다. BC 594년에 솔론이 개혁을 통해서 위원자격을 다시 마련했지만 여전히 상류시민의 차지가 되어 로마 시대의 원로원과 같은 권한을 행사하고 있었다. 예를 들어 아리스토텔레스에 따르면 참주 피시스트라투스(Pisistratus)의 통치 기간(BC 546~528년)에 자신이 살인 혐의로 아레오파고스 앞에 소환되었다고 언급한다 (AC 16.8).

아레오파고스 위원회는 '드라코의 통치'아래에서도 법의 감시자로 행정관들이 법에 따라 통치하도록 감시했다" (AC 4.4). 솔론 시대에 들어서면서 헌법의 감독자로서 과거처럼 법을 수호하는 임무를 맡았으며, 국가의 주요 사안과, 범죄자, 국가 재정의 부정지출자, 민주주의를 붕괴하려는 자들을 재판하도록 했고 탄핵에 관한 법도 제정했다 (AC 8.4).

아레오파고스는 에피알테스에 의해 환골탈태의 격변을 거쳤다. 아레오파고스가 1심 재판을 담당하고 민회가 재심을 맡았던 절차 중에서 1심 재판은 배심원단으로 넘기고 아레오파고스는 단지 살인 혐의와 일부 종교적 사안에 대한 판결을 통제하는 최고 법원으로 남게 되었다.

데모스테네스는 아레오파고스 위원회가 4세기 아테네의 민주주의 하에서 법원으로 기능했으며 매우 높은 평판을 받았다고 기술하고,[16] 웅변가 리쿠르고스도 아테네의 아레오파고스 위원회가 우월한 법정으로 정당한 판결을 내렸다고 평가하여[17] 아레오파고스의 법정으로서의 기능이 적극적이고 긍정적이었다는 점을 보여준다.

BC 457년 이후부터는 퇴임한 전 집정관은 자동적으로 원로원 격인 아레오파고스 종신위원으로 위촉되었지만 그 당시에는 정치적으로 그다지 중요하지 않았다. 매년 퇴임 집정관이 늘어나면서 아레오파고스 위원은 늘어 났지민 나이가 들면서 나오지 않는 위원들을 제외하면 실제로 많이 늘어나는 것은 아니었다.

6. 민회

아테네 에클레시아(Ecclesia) 즉 민회는 아테네인들의 주권 기구로 세계 최초의 민주적 입법기구이며 아테네 직접민주주의의 대표적 상징이다. 고대 그리스의 도시국가에서는 도시국가 내의 '시민들의 의회(assembly)'라는 의미였다.[18] 민회가 솔론 시대(BC 594년) 이전에 존재했다는 분명한 증거가 없다는 점에서 드라코 시대(BC 621년)에 작동했을 것이라는 일부의 전언에도 불구하고 아테네 민회가 아테네 시민총회로 정착된 것은 솔론 시대다.[19] 솔론은 법으로 아테네의 18세 이상의 시민(남성)이 참석하도록 하고 최하층 계급인 테테스(thetes)에게까지 개방했으며 역할도 증대시켰다.

민회의 투표는 최종적인 결정 과정이다. 특히 모든 평민들이 자유롭고 평등한 투표권을 가지면서 연설자들은 인민(demos)의 지지를 호소했고, 리더와 인민 모두에게 심리적인 영향을 미치게 되었다. 민회는 시민 법정에 항소권을 가졌으며, 전쟁, 평화, 동맹과 같은 중요한 쟁점을 최종적으로 결정하고 관리들을 선출하는 권한이 법률적으로 보장되었다. 그러나 민회는 귀족 출신 관리들이 행세하는 바람에 완전하고 효과적인 입법기관의 기능은 거의 하지 못했다.

클레이스테네스는 이런 허점에 대한 개혁을 통해 BC 507년에 정치권력을 시민들에게 넘김으로써 민회가 활성화되었다 (클레스테네스의 정치에 관해서는 제8장에서 다시 자세하게 토론할 것이다). 그러나 솔론 시대나 클레이스테네스 시대에 민회가 얼마나 자주 열렸고, 그 민회에 얼마나 많은 사람이 참가했는지에 대한 기록은 접할 수 없다. 클레이스테네스는 또한, 어느 가문 출신이라는 것을 드러내기 위해 아버지의 이름을 따는 혈족이름제(patronymics)를 폐지하고 어느 지역 출신이라는 것을 나타내는 지역이름제(demonymics)로 개혁했다. 이로써 아테네인들에게 어느 데모스(demos)에 소속되어 있다는 의미가 강화되었다.

이 당시 아테네는 성인 남자 4만 명과 여자, 노예 및 이방인을 포함해 수십만 명의 인구가 모였다.[20] 이 중에서 정치참여는 물론 성인 남자에 해당했다. 귀족과 평민, 부자와 빈자의 신분 차별의 벽은 허물어

▶ 사진 5.2 아테네 아크로폴리스 서쪽에 있는 프닉스 광장의 현재의 모습

프닉스 광장은 의회(500인회)로부터 제안된 의제에 관해 누구나 말할 수 있는 자유와 권리가 평등하게 보장되었고 법 앞의 평등과 선거권과 피선거권의 평등이라는 민주주의 원칙 실현의 장이었다.

졌으나 여자와 이방인 그리고 노예는 참여에서 근본적으로 배제되었다. 이런 점에서 클레이스테네스의 '민주주의'는 시민의 나머지 계급에게는 '반귀족주의'라는 아주 제한적인 의미의 민주주의다.[21]

프닉스 광장은 BC 6세기 초에 마련되었으나 BC 5세기에 들어서면서 민주광장으로서 본격적으로 활용되었고 아테네 직집민주정치의 요람이 되었다. BC 5세기에는 5,000명을 수용할 수 있었던 공간이 BC 4세기에는 1만 3,500명까지 모일 수 있었다. 이곳에서 민회는 1년에 10번 열렸다. 남쪽으로 약간 높게 바위들로 이루어진 또다른 2층짜리 바위 광장이 있다. 이 광장은 자연스레 아래 광장의 연단이 된다. 특히 연단 위의 중간 지점에는 해시계가 있었다. 아테네 민주주의는 프닉스 언덕이 넓어지는 것 이상으로 뻗어 나갔다. 헤로도토스는 민주화된 아테네의 당시의 상황에 대해 이렇게 기술하고 있다.

> "아테네인들은 더욱 강해졌다. 이세고리아(다수지배)는 한 가지만이 아니라 모든 면에서 좋은 것임이 명백히 드러난다. 아테네인들이 참주지배를 받을 때에는 전쟁에서 그들의 어떤 이웃 국가보다 나을 게 없었지만 참주들로부터 벗어나자 단연 최고가 되었기 때문이다. 이는 실로 그들이 예속되어 있으면 주인을 위해 일하므로 일부러 태만하게 굴지만 자유를 얻게 되면 각자가 자신을 위해 성과를 이루어 노력한다는 것을 보여 준다." (HH5.78)

페리클레스 시대 이후에 아테네 민회는 1년에 40번이 약간 넘게 개최되었고 민회가 열리는 날에는 배심원이 휴정하여 1년의 재판기일은 약 175~225일이었다 (페리클레스 시대의 정치에 관해서는 제9장에서 다시 토론될 것이다). 법원의 비밀투표와 달리 민회의 투표는 거수로 과반수 가결이었지만 절차를 주관하는 치안판사는 실제로 투표를 집계하는 것이 아니라 어떤 대안이 다수를 차지했는지 시각적으로 평가했다. 단순하고 논쟁의 여지가 없고 일상적인 문제와 관련된 많은 민회의 법령은 투표 없이 신속하게 만장일치로 처리될 가능성이 높다.[22] 그러나 제안된 안건에 대해 한 시민이 반대하는 즉시 정기 투표가 실시된다.

4세기 중반 아테네에는 약 10만 명의 시민(아테네의 시민권은 부모도 아테네 시민이었던 남녀로 제한됨), 약 1만 명의 메토이코이(metoikoi) 또는 '거주 외국인' 및 15만 명의 노예가 있었다. 그 모든 사람들 중 18세 이상의 남성 시민만이 데모스로 참여했으며, 이는 약 4만 명만 민주주의 절차에 참여할 수 있음을 의미한다 (각 회기에는 6,000명 정원에 약 5,000명 정도만 참석했고 나머지는 군대나 해군에서 복무하거나 가족을 부양하기 위해 일하고 있었다). 민회는 전쟁과 외교 정책에 관한 결정을 내리고 법률을 제정하고 개정하며 승인하거나 공무원의 부당행위를 단죄한다. 여기에서는 또한, 특정인을 10년 동안 추방할 수 있는 결정을 내리는 도편추방제의 개최여부도 결정할 수 있다. 민회는 단순 다수로 결정을 내렸으나 다음에 토론할 도편추방제도는 더 엄격한 투표 과정이 필요했다.

페리클레스 시대에 국가 관리들은 대부분 민회에서 추첨으로 선출되어 1년 임기로 국가에 봉사했다. 아테네는 시민들이 평등하게 직접민주정에 참여할 수 있도록 델로스 동맹의 기금을 사용하여 배심원과 500인회(불레) 의원, 기타 공직자에게 보수와 수당을 지급했으며 심지어 법정과 민회에 출석해도 수당을 받았다.

가난한 시민이 추첨에 의해 국정의 한 임무를 맡는다고 해도 1년 동안 자신의 가계를 돌보지 않고 국가에 봉사하려면 어느 정도의 경제적 능력이 필요했다. 수당 지급은 가난한 시민들이 경제적 어려움으로 정치에 참여하기 힘든 것을 개선하려는 조치로 모든 시민은 능력에 따라 공직을 담임하고 가난한 시민도 국정에 참여할 수 있게 했다.

7. 불레

불레(Boule)는 아테네 국회다. 불레는 당초에는 왕을 자문하는 귀족으로 구성된 위원회였다. 군주제가 집정관제로 대체되면서 전직 집정관들은 아레오파고스의 위원으로 특히 사법권을 행사했다. 이 과정에서 귀족들이 세습하는 불레가 탄생했다. 과두제에서 불레는 의원들의 세습제였으나 BC 7세기의 드라코에 의해 국가의 일상 업무를 다루기 위해 시민들을 대상으로 선출되면서 시민으로 구성된 의회로 발전한다.

아리스토텔레스(AC 4)에 따르면 드라코는 30세 이상의 시민들 400명으로 '불레'를 구성했다. 의원들은 시민들의 추첨으로 선발되었으며 모든 시민이 한 차례 추첨되면 중임은 불가능했다.[23] 불레는 구성원이 400명이라서 통상 '400인회'로 불린다. 평민의 불레 참여는 아테네 민주주의에 의미 있는 한 획을 그은 것이다. 그러나 드라코는 선거권자를 "군사 장비를 자급할 수 있는 사람"이라는 단서로 사실상 재산을 기준으로 엄격히 제한했다. 이 선거권자들 중에서 추첨으로 400인 의회의 의원이 선출되었다. 집정관은 저당 잡히지 않은 10미나(mina)이상의 재산을 가진 사람들이 대상이었다. 장군(strategoi)이나 기갑부대 지휘관(hipparchoi)은 재산을 10미나에서 100미나로 증액했다. 1미나는 100드라크마에 해당하는 금액으로 양 1천 마리 정도를 살 수 있다. 장군은 아울러 법적인 결혼을 통해서 10살 이상의 자식을 두어야 했다. 이런 조건은 결국 집정관직은 귀족이나 특정 재산가에 한정되도록 한 것이다. 따라서 이 400인 의회는 아레오파고스와는 별개로 아테네 민주주의에서 중요한 역할을 하게 되는 후기 헌법의 발전에 기여했다고 평가되지만, 아리스토텔레스는 드라코가 공직자에 대한 자격을 설정하는 등 기존의 제도를 성문화한 것이라고 평가한다 (AP 1274a).

솔론은 일정한 정도의 재산을 기준으로 부여되었던 민회의 선거권을 재산 정도와 관계없이 네 계급의 모든 시민이 참석하고 표결은 물론 드라코체계에서 제한되었던 토론의 자유도 부여했다. 솔론이 구성한 불레인 '400인회'의원은 4개 부족(호풀리테스, 겔레온테스, 아르가이데스, 아르기코레이스)의 민회에서 각각 추첨으로 선출된 100명씩 400명으로 구성되었다.[24] '400인회'는 드라코가 설치한 '민회의 상원'이 아니라 민회에 상정할 안건을 사전 심의하는 민회의 실행위원회의 성격이었다. 400인회는 민회에서 토론하고 결정할 안건을 미리 결정하면서 입법에 절대적 영향력을 행사했다. 특히 '400인회'는 당연히 귀족보다 평민이 많았기 때문에 결정권이 평민의 손으로 넘어왔음을 의미한다. 솔론은 귀족들이나 부자들의 거수기, 들러리에 불가했던 평민들을 직접 주권자로 만든 것이다. 모든 시민들이 참여하는 민회는 직접민주정치의 모습을 드러낸다.

클레이스테네스(Cleisthenes, BC 570~508년)는 집권하면서 아레오파고스와 집정관제는 솔론 정부의 제도를 그대로 이어받았지만 불레의 구성을 솔론시대 4개 부족 체계를 10개의 필레(부족)체계로 개편하고 10개 부족에서 각각 50명씩 총 500명으로 구성하여 1년 동안 의정활동을 수행하는 구조로 혁명적인 개편을 단행했다. 의원들은 각 부족별로 산하의 각 데모스(demos)에서 데모스의 규모에 비례하여 자체적으로 선발했는데, 시간이 지나면서 30세 이상의 시민들을 대상으로 추첨 선발하고 파견위원회의 승인을 거쳤다. 500인회는 솔론의 400인회와는 달리 재정, 전쟁, 외교 등 중요한 사안을 논의하고 의결하는 역할로 확대되었다.

클레이스테네스가 개편하여 설치한 필레(Phyle, 복수는 phylai),는 군대의 여단 단위가 되었다. 각 부족에서 1명씩의 장군을 선출하면 모두 10명의 장군이 구성된다. 또한, 각 필레는 집정관 선출을 위한 선거구, 500명의 불레의원, 6,000명의 배심원, 모든 종류의 공직자의

1/10을 선출하고 축제나 올림픽 선수의 선발 단위의 구역이 되었다. 이 행정 구역은 최종적으로 중앙에서 관장했다.

500명의 불레의원은 10개의 각각의 필레에서 추첨으로 상임위원인 프리타니스(prytanis)들을 5명씩 선발하여 프리타네이스(prytaneis)라고 부르는 50명의 상임위원회인 프리타니(prytany)를 구성하여 부족별로 1년의 1/10기간 동안 매일 복무하도록 했다. 프리타네이스는 불레와 민회의 회의를 주선하는 등 국정의 일반적 업무를 다루었고, 국가로부터 급료를 받았다. 프리타네이스는 1년 365일을 10등분하여 앞쪽의 4부족은 36일씩, 그 뒤의 6부족은 35일씩 폴리스 행정과 500인회 즉 의회와 에클레시아 즉 민회의 의장을 맡았다. 고대 아테네는 태음력을 사용해서 1년을 354일로 계산하고 윤달을 더해 365일을 맞추었다.

10개 부족 중에서 프리타네이스를 담당하는 순서는 추첨으로 정했다. 추첨된 상임위원회는 1명의 위원장을 추첨으로 뽑는다. 위원장은 하루의 밤낮 동안 업무를 수행하며, 이 직책은 매년 한 번 이상 맡을 수 없었다. 위원장은 돔 모양으로 된 '톨로스(Tholos)'에 머물면서 국가의 돈과 문서가 보관된 사원의 열쇠 및 국가의 옥새를 맡아 관리한다. 아울러 그가 자신을 제외한 49명의 위원들 가운데 1/3을 지명하여 함께 머문다.

또한, 이들은 의회와 민회의 개최를 준비했는데 의회는 휴일을 빼고 매일 열리고 민회는 각 상임위원회 회기마다 4번 열렸다. 상임위원들이 의회와 민회를 소집할 때 위원장은 상임위원회를 담당하지 않은 9명의 부족 중에서 1명씩 9명의 대표를 추첨으로 선정한다. 그리고 이 9명의 대표들 중에서 1명을 대표로 뽑는다.

상임위원회가 이 대표에게 의안을 주면 이 대표는 나머지 8명의 대표에게 나누어 준다. 이를 받은 각 부족의 대표들은 이를 토대로 의회의 일을 처리한다 (AC 42~44). 민회는 불레의 입법권에 대한 간섭과

제출 법안에 대한 비준 및 법안 발의권, 국가 중요 정책의 결정권을 가졌다.

클레이스테네스는 의회(500인회)가 결정할 안건을 민회가 비준하도록 함으로써 평민이 입법 과정에 직접 참여하도록 했다. 만일 안건을 의회가 준비하면 군중집회인 민회는 거수기에 불과해지기 때문에 일단 민회에서 시민들이 의제를 설정하도록 한 것이다. 그러나 실제로 의제를 준비하고 결정하는 주도권은 구조적으로 의회가 행사할 수밖에 없다. 500인회는 민회가 결정해야 할 사항을 제안하는 비공개 선택 또는 공개 선택으로 민회에 의제를 보냈다. 이런 과정을 통해서 귀족 출신 및 고위 공직자들 즉 집정관들과 아레오파고스 위원들에 대해 견제와 균형을 유지하도록 했다.

클레이스테네스는 또한 아레오파고스가 가졌던 권한의 대부분을 불레에 흡수시켰다. 결국 500인회는 명실상부한 최고의 대의기관이었다. 의회는 공무원을 감독하고 해군 함선(triremes)과 군마와 같은 병무행정 그리고 다른 도시국가의 대사 및 대표자들과 외교업무를 담당했다. 이런 식으로 500인 의회는 전체적으로 민주주의의 작동 방향을 설정한다.

8. 도편추방제

오스트라키스모스(ostrakismos) 즉 도편추방제는 클레이스테네스가 BC 507년에 도입했다. 도편추방제의 목적은 폭군이나 독재자가 될 염려가 있는 인물에 대해 시민의 투표로 10년간 외국으로 추방하는 것이다. 그리스어 'ostrakismos'는 '도자기 파편'이라는 의미의 'ostrakon'에서 파생되었다. 따라서 영어의 'ostracism'은 직역하면

'도자기 파편을 사용한 투표에 의한 추방'이라는 의미이다. 여기에서 '도편추방제'라는 이름이 탄생했다.

'도편' 즉 도자기 파편은 어떤 인물의 추방 여부를 결정하는 투표에서 투표용지나 토큰 대신에 깨진 도자기 조각을 사용하여 붙여진 이름이다. 파피루스는 이집트로부터 수입되는 고품질의 종이로 값이 비싸서 일회용으로 사용하는 것은 무리였다. 토큰은 한번 사용하고 버릴 수도 없을 뿐만 아니라 글자를 쓰기가 어려워 사용하기 불편하다. 도자기 파편은 아테네 인근에 넘쳐 났다. 특히 솔론 시대에 도자기 수출을 장려하여 많은 도자기 공장이 생겨났고 제조 과정에서 깨진 조각은 즐비했다. 도자기 조각은 깨진 도자기나 송곳으로 긁어 글자나 기호를 표시하기도 쉽다.

도편추방제의 투표는 1년에 한번 실시되는데 먼저 6번째로 의회의 상임위원회(프리타네이스)를 맡는 부족이 발의하여 의회(500인회)에

▶ 사진 5.3 도편추방의 투표도구로 사용된 도자기 파편들
도자기 파편에 추방할 대상자의 이름이 쓰여 있다 (아테네 고고학 박물관).

상정하여 투표 여부를 결정한다. 의회가 도편 투표를 실시하기로 결정하면 그로부터 두 달 뒤에 민회 즉 시민의 투표가 실시된다. 이 경우는 8번째 부족의 상임위원회가 주관하여 투표 날짜와 장소를 정한다. 투표 장소는 주로 아고라다. 상임위원회는 이곳의 한 쪽에 투표소를 설치한다. 투표소는 나무판자로 울타리를 치고 10개 부족이 출입할 10개의 입구를 낸다. 입구에는 부족의 이름이 적혀 있고 해당 부족은 이 입구로 들어가야 한다.

각 부족의 시민들은 정해진 투표일에 투표소에서 도자기 조각에 자신이 추방해야 한다고 생각하는 인물의 이름을 긁어서 투표함인 항아리에 넣는다. 투표과정과 절차에 관해 플루타르코스가 간략히 전해준다.[25] 9명의 집정관은 불레의원들의 감시 속에 먼저 총 투표수를 센다. 투표자가 6,000명 이하면 도편추방투표는 정족수 부족으로 성립되지 못한다. 필로코로스(Philochorus)에 따르면 투표자가 6,000명 이상이면 이름을 구분하고, 어느 특정 인물에 대한 이름이 6,000명 이상이 되면 추방이 결정된다.[26] 추방 대상자로 지목된 사람은 결정된 시점부터 10일 이내에 아테네를 떠나야 한다. 추방 기간은 처음에는 10년이었으나 나중에는 5년으로 줄었다. 추방된 사람은 추방 중에도 재산권을 온전히 행사할 수 있었다. 그러나 추방된 자가 중간에 아테네의 땅을 밟은 것이 발각되면 사형이 선고되고 그의 전 재산은 몰수된다.

도편추방제는 '참주'의 등장을 사전에 방지하려는 목적으로 시작되었다. 그러나 시간이 지나면서 정적에 대한 제거의 한 방편이나 너무 많은 권력을 가진 것으로 판단되는 인물들을 추방 대상으로 삼는 경향으로 변질되었다. 의회에서 투표를 실시하기로 결정하고 실제 투표가 실시되기 까지 2개월의 기간은 정적들 간의 치열한 여론전이 펼쳐진다. 전쟁이 빈번하던 시기에 전쟁의 영향은 여론을 뒤흔들 수 있다. 이 여론전의 과정에서 주도권을 잡는 세력은 반대파의 지도자를 추방하게 된다.

　클레이스테네스가 추방제를 도입한 이후 20여 년간 시행에 대한 기록은 없다. 의회나 민회에 제안되지 않았거나 제안된 안건이 부결되었을 수 있고 실제 투표에서 정족수인 6,000명에 이르지 못했을 가능성 등이 고려될 수 있다. 처음으로 적용된 것은 BC 487년이다. 아테네 최초의 참주 페이시스트라토스의 친척인 히파르코스라는 인물이다. 그 후 7명이 이 그물에 걸렸다. BC 417년 알키비아데스가 정적인 안티파네스의 아들 히페르볼로스를 도편추방으로 제거하자 시민들은 도편추방이 위험하거나 불필요한 제도라는 것을 인식하게 되었고, 이를 끝으로 더 이상 시행하지 않았다.

　도편주방제의 도입과 종료 그리고 추방된 인물등에 대해서는 약간 다른 주장들이 있다. 대부분의 문헌들은 도편추방제가 BC 508년에 클레이스테네스에 의해 최초로 도입되고 첫 적용된 것은 그로부터 20년 후인 BC 487년이며 마지막으로 실시된 것은 BC 417년으로 기록하고 있다. 마틴(Thomas R. Martin)은 도편추방제가 최초로 적용된 것은 BC 480년대이고 폐지는 BC 416으로 기술한다.[27] 그런데 로마시대의 작가인 아이리안(Claudius Aelian, AD 175~235년)은 저서 『다양한 역사(*Varia Historia*)』(13.24)에서 클레이스테네스가 도편추방제에 의해 최초로 추방된 인물이라고 기록하고 있다. 그러면 클레이스테네스가 자신이 만든 추방제에 자신이 최초로 걸려든 것일까. 플루타르코스는 그의 영웅전에 클레이스테네스를 추방당한 인물로 넣지 않았다.

　헤로도토스도 클레이스테네스에 관한 다른 이야기는 언급하지만 추방에 관한 내용은 없다. 라플아우브 등(Kurt A. Raaflaub et al.)이 써낸 책[28]에도 클레이스테네스의 삶에 대한 기술이나 그가 추방제의 대상이 되었다는 언급은 없다. 최근의 그리스 학자인 포레스트(W. G. Forrest)도 클레이스테네스가 도편추방되었다는 이야기는 평판이 안 좋은 자료에 의한 허위라고 단정한다. 이런 엇갈린 기술들은 클레이스테네스가 말년에 해외로 떠났고 이것이 망명이냐 추방이냐의 논쟁으로 번졌기 때문이다. 클레이스테네스가 아테네를 떠난 것이 도편추방인지 아니면 망명인지는 명확하지 않다. 클레이스테네스의 말년에 대해 기록되지 않았기 때문이다.

추방에대한 투표과정도 엉성했다. 당시는 문맹자가 많아서 추방대상자의 이름조차 제대로 쓰지 못하는 상황에서 다른 사람이 쓴 글씨를 보고 긁거나 부족의 선전이나 권유가 투표행태를 좌우했다. 플루타르코스는 그의 영웅전에서 테미스토클레스(Themistocles, BC 524~459년)의 정적인 아리스테이데스(Aristeides)가 추방될 때의 일을 이렇게 쓰고 있다.

"사람들이 모두 도편에 추방할 사람의 이름을 적고 있었는데 글자를 모르는 시골 사람 하나가 아리스테이데스에게 와서 아리스테이데스라는 이름을 좀 써 달라며 자기의 도편을 내밀었다. 아리스테이데스는 깜짝 놀라며, 그 사람이 당신에게 무슨 폐를 끼쳤느냐고 물었다. 그 시골 사람은 "그런 일은 없지요. 어떻게 생긴 사람인지도 모르는 걸요. 하지만 어디서나 정의의 사람이라고 떠들기 때문에 그 소리가 듣기 싫어서 그래요"라고 대답했다. 이 말을 들은 아리스테이데스는 아무 말도 하지 않고 자기 이름을 도편에서 써 주었다."

이 시골사람의 마음은 하얀 백지상태인데 소피스트들의 궤변이 사람의 마음에 자신도 모르는 고정관념을 심었을 것이다. 사마천의 『사기』 장의열전에는 적훼소골(積毀銷骨)이라는 성어가 나온다. 계속 헐뜯다 보면 뼈도 깎아진다는 의미다. 결국 아리스테이데스는 이런 비방의 희생자다. 그가 교활한 인물이었다면 그의 정적의 이름을 써 주었더라도 문맹인 그 시골 사람은 자기의 도편을 그대로 항아리에 넣었을 것이다.

그 뿐이 아니다. 특정인을 추방하려는 사람들이 미리 도자기 조각에 추방 후보자를 새겨 문맹 유권자에게 건네거나 심지어는 팔기까지 했다. 추방제가 특정 인물을 추방하기 위한 정치적 전략의 소산이기 때문에 투표 과정에서 부족별로 정교한 동원이 이루어질 수밖에 없다. 반면에 추방대상자는 도자기 조각에 기표히기 진에 선선 선동을 방지한다는 이유로 자기 변호할 연설기회도 박탈했다.

문맹이 상당수인 시민들은 부족의 의도나 권력 또는 재력에 의해 표심이 좌우될 수 있다. 정보전달체계가 대면 접촉으로 한정되고 귀가 모든 소문의 창구였던 당시에 유권자들이 접촉할 수 있는 정보는 아고라에 도는 소문이나 부족의 피하주사식 전달이 전부였다. 선동정치와 중우정치가 올바른 선택을 옥죄는 상황이다. 하지만 이러한 제도는 재판에 의한 사형이나 또는 테러 등 폭력적 제거보다는 오히려 인도적이고 평화적이라는 장점이 있다. 정적을 처형하는 대신 추방함으로써 정적 간의 죽이고 죽는 피바람을 피하고 평화적이고 인간적으로 정적을 다스리는 방식이다.

9. 배심원제

배심원제는 헬리아이아(Heliaia or Heliaea)로 부른다. 'heliaia'는 "사람들을 함께 모으다"를 의미하는 동사 'halizein'에서 유래되었다. 따라서 'heliaia'는 '헬리아스타이(heliastai)', 즉 배심원(陪審員)으로 구성되어 사법 업무를 수행하는 기관을 나타낸다. 대법원 격인 최고재판소다. 민회가 최고 재판기관이었지만 이 지위가 배심원단으로 넘어온 것이다. 헬리아이아는 단일 법원(dikasterion) 또는 이 기관들의 건물을 나타내기도 하지만 일반적으로 배심원제를 가리키며 그 산하 법정을 디카스테리(Dicastery) 그리고 복수로 디카스테리아(dikasteria)로 부른다.

아리스토텔레스는 그의 『정치학』에서 배심원이 되고 민회에 참가할 권리를 가진 사람을 민주주의 시민으로 규정했다. 또한, 『아테네 헌정』에서는 민회가 권력을 행사하고 법령을 통과시키며 인민 법정 즉 배심원이 판결을 내리는 민주 헌정으로 기술한다. 배심원제는 아테네 직접민주주의의 요체였던 것이다.

배심원제가 언제 출발했는지에 관한 정확한 기록은 찾기 어렵지만 아마 솔론이 처음으로 제정했으며 치안판사 또는 항소법원으로부터 이전되었을 가능성이 있다. 솔론은 시민 법정을 설치해, 직업적 법관들에 의한 재판에 만족하지 못한 사람은 항소하여 시민 배심원들에 의한 시민 법정에서 재판을 받을 수 있도록 했다. 솔론은 특히 드라코가 모든 판단을 법조문에 따라 하려던 기계식 재판 대신에 법조문을 모호하게 만들었다. 그 배경은 배심원들에게 재판의 최종 조정자 역할을 남겨준 것이다.

법조문이 상세하게 규정되어 있으면 '기계적 재판', '객관식 재판'에서 헤어날 수 없다. 법관들이나 배심원들이 생각하고 고려하는 '주관식 재판', '인간적 재판'도 필요하다. 전문 법관들을 두고 수천 명의 배심원들이 동원되는 배심재판의 본질은 바로 여기에 있는 것이다. 여기에 솔론의 심오한 인간적 지혜가 묻어나고 있다.

배심원재판은 그 뒤로 차츰 역할을 넓혀 민사와 형사 대부분의 사건을 재판하게 되었다. 아테네 시민은 누구나 배심원이 될 수 있었다. 솔론의 개혁에 대한 역사적 사실을 어떻게 해석 하느냐에 따라서 민주정치에 대한 급진적인 기대를 불렀거나 혹은 금권을 강화한 완강한 귀족정치의 선호를 제공했거나 그렇지 않으면 진실은 이 두 극단 안의 어딘가에 있을 것이다.

클레이스테네스가 개편한 배심원제는 10개 부족에서 600명씩 추첨으로 선출된 6,000명의 배심원들로 구성되었다. 6,000명의 배심원들은 다시 600명 단위의 배심원단으로 나뉘어 10개의 디카스테리 즉 시민 법정별로 재판을 했는데, 배심원들은 재판 당일에 추첨으로 선정되었다. 재판 날에는 아침부터 배심원들이 법정 앞에 줄을 섰고 필요한 인원이 모두 도착하면 법정의 문을 닫았다.

BC 403년부터는 출석한 배심원들을 대상으로 추첨을 통해 각각의 법정으로 배정했다. 10개의 각 법정의 재판장은 치안판사가 맡았는데 이들도 추첨을 통해 배정되었다. BC 378년경에는 추첨을 통해 선발된 배심원들이 참석할 법원을 선택했다. 민회의 경우는 불특정 다수가 참가하기 때문에 사전에 거래가 불가능하지만 배심원은 법정 연설을 통해서 거주지나 사회적 지위, 연령 등이 이미 잘 알려져 있기 때문에 배심원들을 적절히 순환적으로 배치하여 사전 담합과 뇌물을 차단하기 위한 것이었다. 배심원 숫자가 많기 때문에 배심원에 대한 매수는 거의 불가능하더라도 재판 당일 추첨으로 배심원을 선발하는 것은 사안별로 미리 선정되는 경우의 부작용이 나타날 것을 우려했기 때문이다.

아테네에는 경찰이나 검사 또는 변호사가 없었다. 본인 스스로 법원에 고발하고 소송을 제기하고 변론해야 한다. 판결은 법정에서 배심원들이 다수결로 선고한다. 재판에서는 어떤 종류의 사건을 기소할 수 있는지, 어떤 것을 말할 수 있고 말할 수 없는지에 대한 규칙이 없었기 때문에 아테네 시민들은 종종 디카스테리아를 사용하여 상대방을 처벌하거나 당황하게 만들었다. 디카스테리아는 시민들의 법정 문턱을 낮추고 인권을 보호하며 분쟁을 평화적으로 해결할 수 있는 중요한 기관이었지만 이처럼 보복이나 음해의 수단으로 악용되기도 했다.

배심원은 매년 초에 추첨으로 선발했는데 30세 이상의 아테네 시민으로 세금이나 벌금이 미납되지 않고 시민권이 상실되지 않은 사람이어야 한다. 연령을 30세로 정한 것은 배심원 자격을 아주 제한한 것이다. 4세기의 아테네 성인 남녀 인구의 30%가 30세 이하였다면 3만 명의 성인 남성 중에서 배심원 자격을 가진 시민은 2만 명 정도를 넘지 않을 것이다.[29]

배심원들은 선택되면서 아르데토스(Ardettos)언덕으로 가서 제우스와 아폴론 그리고 데메테르 신을 향해 헬리아스틱 맹세(Heliastic Oath) 즉 배심원의 맹세를 해야 했다.

> "나는 민회와 의회가 가결한 법률과 법령에 따라서 투표를 할 것이지만, 법이 없다면 호의나 적의 없이 내가 가장 옳다고 생각하는 대로 투표를 할 것이다. 나는 고소장에서 제기된 사안에 대해서만 투표하고 고소인과 변호인의 의견을 공정하게 듣겠다."[30]

아르데토스 언덕은 아테네의 장엄한 7개 언덕 중의 하나다. 아테네는 최소한 7개의 큰 언덕을 중심으로 건설되었다. 아르데토스는 오늘날 메트스(Mets) 혹은 파그라티(Pagrati)라고 불리는데 아르테미스 여신의 신전이 있던 곳이다. 맹세를 한 배심원단의 결정은 맹세가 없는 민회의 결정보다 더 비중이 컸고 권위가 높았다. 그리고 맹세는 시민 법정의 결정이 민회의 결정을 통제하는 배경이다.

아테네 법정에 대한 아리스토텔레스의 주장은 법정에서 권력을 가진 것은 인민(demos)이다. 여기에서 인민은 평범하고 가난한 사람들이다 (AC 41.2.). 그러나 BC 4세기에는 배심원들이 주로 중·상류층에서 충원된 것으로 주장한다.[31] 이런 주장을 뒷받침하는 사회경제적 배경은 하루 종일 계속된 재판 참석 수당이 3오불이었고, 이 돈으로 가족을 부양하기는 불가능했기 때문이다. 가난한 평민은 경제적 이유로 배심원으로 참여할 여유가 없었다. 따라서 부유한 상류계급 사람들이나 가능했다.

아테네의 배심원들은 법률 전문가가 아니라 아마추어였다. 재판에서는 사건의 소송당사자에게 제한된 시간 내의 한 차례의 연설 기회를 주고 물시계 즉 클레프시드라(Klepsydra)로 시간을 쟀다. 연설은 원고가 먼저 하면 이어서 피고가 반론하는 형식이었다. 공공 재판의 경우엔 원고와 피고 각지에게 연설 시간으로 세 시간을 주었고 채권 변제와 같은 개인 간 소송에서는 그보다 적은 시간을 허용하였다. 소송 당사자로서 부자는 법정에서 자신에게 유리한 연설가를 고용할 여유도 있었다.

아리스토텔레스 시대에는 사안의 중요성에 따라 배심원들의 수가 결정되었다. 법정일에 필요한 총 배심원 수는 약 1,500~2,000명 정도였을 것으로 추정된다.[32] 배심원들은 개인 소송에서 소송 가액이 1,000드라크마 미만이면 201명, 그 이상이면 401명의 패널이 담당했고 공적인 기소라면 501명이 판결했다. 그러나 가장 중요한 정치적 사건의 경우 500명 이상이 함께 참여했는데 예를 들면, 1,001 / 1,501 / 2,001 / 2,501명 등이며 그라페 파라노몬(아래에서 기술함) 재판은 전체의 배심원이 참석할 수 있었으며 최소 501명의 배심원이 참석해야 개정할 수 있었다.[33]

재판은 민회가 개최되는 날에는 열리지 않았다. 아레오파고스가 살인자를 재판하는 날 등 금기시되는 날에도 열리지 않았다. 또한, 연례 축제일은 폐정했으나 민회의 개최 날에 폐정한 것과는 달리 월별로 돌아가면서 개최되는 의회의 개회 때는 문을 열었다. 아테네는 일상 업무일이 195일이었고 이중에서 40일은 민회에 배정되었다. 월별 축제일은 연중 약 80일이었고 연례 축제일은 약 60일이었다. 금기일은 알려지지 않았으나 약 15일 정도일 것이다. 법원이 월별 축제일에는 개정되었는데 이것은 평일이 충분하지 않았기 때문이었을 것이다. 이런 점을 감안하면 법원은 아마 1년에 최소 150회에서 최대 240차례 열렸을 것이다.

재판은 일몰 전에 완료되도록 규정되어 있었기 때문에 하루 이내에

끝을 맺었고 유죄 확정 판결에는 형벌이 부가되는데 대개는 소송 당사자가 상대에 대한 처벌 조건을 함께 제시하기 때문에 배심원이 결정하는 어느 한쪽의 승소 여부에 따라 처벌도 확정된다. 원칙적으로 항소 또는 상소는 허용되지 않았지만, 소송 당사자 중 일방이 새로운 증인을 내세워 재심을 청구할 수는 있었다. 재심에서 승소하면 이전의 재판은 무효가 되었다.

원고와 피고의 발언 후에는 제3자의 증언 등을 청취한 뒤 별도의 숙고 시간 없이 바로 투표로 이어져 다수결로 결정되었고 가부 동수일 경우 무죄로 간주하며 상급심이나 재심은 없다.

개인 간 소송은 피해 당사자 또는 그의 가족만이 소추할 수 있었고, 공공 재판은 소추권의 제한이 없어 온전한 시민권을 가진 사람이면 누구라도 재판을 청구할 수 있었다. 개인 사이의 분쟁은 대부분 중재로 해결되었으므로, 디카스테리아에서 다루어지는 것은 주로 정치 사건에 대한 재판이었다. 디카스테리아는 행정관에 대한 탄핵 사건과 시민의 정치적 범죄(반역, 부패 등)에 대해서도 재판할 수 있는 권한이 있었다. 법원은 각각의 기소에 대하여 새로운 배심원을 구성하였으므로 6천 명의 배심원 전원이 최소 하나 이상의 사건에 출석했다. 배심원들의 의결은 비밀이 보장되고 판결은 최종적인 것이었다. 이것은 당시의 아테네인들이 현대사회에서도 보기 힘들 정도로 시민의 정치 역량에 대해 확고한 믿음을 갖고 있었음을 보여준다.

10. 노모데타이

노모데타이(Nomothetai)는 드라코(Draco)나 솔론(Solon)처럼 개인적인 입법자들을 가리키는 보통명사였다. BC 5세기와 4세기에 아테네에서는 노모데타이는 입법을 위해 민회나 의회 또는 배심원들로부터 선출된 집단을 가리켰다. 그러나 이 당시의 노모데타이는 의미가 모호하고 복잡한 용어로서 노모데타이의 구성과 역할에 대해 다른 의견들이 전해진다.[34]

그리스인들은 권력과 특권을 여러 분야의 관직과 정치결사체, 여러 분파에 분배하는 내용의 법률을 만들었다. 드라코 이후 솔론의 시(詩)를 토대로 하면 그리스의 법은 폭정과 소수의 손에 권력이 집중되는 것을 방지하려는 의도를 담고 있었다. 고대 법률은 또한, 치안판사의 임기 제한 설정과[35] 불법행위의 치안판사 처벌,[36] 권력 집중을 피하기 위해 여러 공직으로 분산했다. 따라서 고대의 법률들은 임시방편이 아니라 광범위한 실질적인 원칙을 시행했음을 보여준다.

아테네의 법은 BC 5세기 이전까지는 법률(law)과 법령(decrees)이 구분되지 않았다. 민회에서 결정하는 법이 유일했다. 아테네인들은 5세기 동안에는 법의 불변성에 대한 생각을 갖고 있으면서도(예: AC 22.1, 22.5, 26.2, 26.4, 47.1) 민회는 매년 현행법을 논의하기 위해 모여서 법을 제정한다는 사실을 제대로 인식하지 못했다.

모든 시민은 법의 개정을 제안할 수 있지만 현행법의 폐지를 발의할 경우는 대안의 법을 제안해야 한다. 이 과정에서 소피스트들의 선동에 의해 특정인이나 특정 파벌에 유리한 특정 목적으로 법이 개정되는 경우가 흔했다. 이런 부작용을 막기위해 민회에서 제정하던 입법권의 일부를 넘겨받아 무분별한 법안 통과 여부를 심의하여 최종결정을 내리는 기관으로 입법 절차에서 특히 선동가들에 매우 취약했던 민회를 견제하는 일종의 민주주의적 브레이크로써 등장한 것이 입법심사위원회 성격이 노모데타이(Nomothetai)이다. 노모데타이가 법을 개정하기로 결정하면 기존의 모든 법에 대한 검토를 통해 다른 법과 모순 또는 중복 여부를 확인한다. 이어 개정을 둘러싼 토론과 투표를 통해 확정하고 다음의 민회에서 공포된다.

노모데타이의 정체는 복잡한 문제이다. BC 5세기 이후에 배심원들을 대상으로 1001명을 추첨으로 선발하여 노모데타이를 구성한 것으로 전해지지만 이에 대해서는 상반된 주장이 있다. 노모데타이가 배심원단의 특별 회기일 뿐이며 제정할 새로운 법률이 있을 때마다 임시로 소집되고 노모데타이라는 이름을 붙였다는 주장이다.[37]

그러나 현대학자들의 분석은 4세기말 아테네의 정치가이며 웅변가인 데모스테네스의 연설(Demosthenes, *Against Timocrates*)을 토대로 배심원들이 헬리아스틱 호르코스 선서를 했는데 여기에서 헬리아스틱은 배심원을 의미하는 말로 배심원 서약을 했다는 점에서 노모데타이가 선서를 한 사람들이라는 점과 연결시킨다.[38] 그리고 노모데타이는 헬리아스틱 맹세를 한 6,000명의 배심원단에서 선택되었다는 것이다. 이런 견해를 토대로 한 분석들은 지정된 날짜에 나온 배심원들을 중심으로 제안된 법안의 중요성에 따라서 최소 501명부터 1,001명, 1,501명 혹은 그 이상을 선발한 것으로 본다.[39]

법안심사는 법이 성문법이라는 것을 전제로 한다. 그리스인들은 기원전 650년 이전에 관습적인 규칙, 행동 및 사회 조직의 실질적인 규범, 부적절한 행동을 처벌하는 관련 절차를 가지고 있었다. 호메로스가 테미스테스(themistes) 즉 신의 법에 의한 신성한 심판이라고 부르는 규칙과 절차는 본질적으로 구두로 이루어 졌다 (예: 호메로스의 일리아스 Il.9.632-636, 19.497-508에서 아킬레스(Achilles)의 방패에 대한 유명한 재판 장면 참조, 아테네의 첫 성문법은 BC 621년의 드라코법이었다).

11. 그라페 파라노몬

그라페 파라노몬(graphe paranomon)은 민회가 새로운 법을 제정하는 경우 기존의 법과 상충 여부를 따지거나 사회에 위해한 법을 제안한 인물을 처벌하는 제도로서, 페리클레스 집권 말기 즈음인 BC 5세기 초 쯤에 시행된 것으로 보이지만 구체적으로 정확한 시기는 알 수 없다. 현대국가에서도 상급심과 하급심의 상충, 그리고 양원제 국가의 양원의 법안 상충 등을 다루는 경우에 해당한다. 또한, 자신이 제안한 법안에 대해 무한의 책임을 지는 '법안 실명제'인 셈이다. 민회가 결정한 법을 노모데타이가 심사한 결과 그 법안이 위헌이거나 국민의 이익을 해치는 경우는 위헌 법안을 제안한 사람을 기소하고 유죄가 인정될 경우 법원은 법령을 무효화하고 제안자를 처벌할 수 있도록 하는 법률행위의 한 형태다.

또한, 어떤 법안이 민회를 통과하여 시행되었을 때 그 결과가 공동체에 해악을 끼쳤을 때 민회가 책임을 지는 것이 아니라 그 법의 제안자를 사후에 고발할 수 있는 제도다. 합법적 절차에 따른 제안과 가결이었다고 해도 실질적으로 결과가 나쁘면 그에 대한 책임을 묻는 것이다. 그라페 파라노몬은 민회에서 법안을 제안한 사람을 1년 이내에 기소할 수 있었고 이 기소로 의회의 결정을 뒤집을 수 있다. 다만 법이 시행되고 1년이 경과하면 면책이 되며 5년 후에는 법 자체도 소송의 대상이 되지 않는다.

위헌적인 법안을 제안한 사람이 세 번 유죄 판결을 받은 경우, 그는 모든 정치적 권리, 법적 보호권, 아고라 및 성역에 들어갈 권리를 박탈당했다. 도편추방제와 달리 그라페 파라노몬이 1년에 사용될 수 있는 횟수나 피고인의 수에는 제한이 없었다. 정치인뿐만 아니라 모든 저명한 아테네인은 도편추방제로 추방될 위험이 있었지만, 그라페 파라노몬은 민회에서 법령을 통과시킨 개인만이 위험에 처한다. 정치인에게는 추방으로 인한 10년의 공백이 그라페 파라노몬에 의해 부과된 벌금보다 더 큰 위협이다. 그라페 파라노몬은 법적 절차로 변호인단의 변호가 가능한 반면에, 도편추방은 표결 전에는 그러한 형식적인 토론도 이루어질 수 없었다는 점에서 큰 차이가 있다.

처벌은 대개 벌금형이었지만 정치적 권리를 박탈당하는 경우 정치인으로서는 사형선고나 마찬가지기 때문에 치명적인 일이었다. 따라서 현역 정치인들은 자신들의 정견을 제안해줄 대리인을 모집하여 나중에 책임 문제가 제기되면 대리인에게 전가되도록 했다. 이것은 민회의 권한이 무제한으로 흘러가는 것을 억제하고 경솔한 판단으로 민주정을 위태롭게 만들 가능성을 줄이는 기능을 했지만 정적에 대한 배척의 수단이 될 수밖에 없었다.

아테네 민회에서 결정하는 법령은 1) 시민권 부여를 포함한 명예법령(honorary decrees), 2) 전쟁 및 외교 정책, 3) 종교 및 축제, 4) 재정 및 공공사업, 5) 기타 등이었는데 그라페 파라노몬의 적용은 명예법령에 주로 초점을 맞추었다. 명예 법령은 어떤 개인을 찬양하거나 외국인의 경우 아테네 시민권을 부여하는 규정 등이다. 그러한 법령의 수혜자들은 후대에 자신의 공적이 잊혀지지 않도록 (비문에 개인적으로 자금을 댔을 수도 있음) 그 법령을 돌에 기록하도록 하려는 명백한 개인적 동기가 있었다.

아테네에는 헌법을 전복시키려고 하거나 다른 범죄를 저지른 시민을 기소하는 공공 행정기관이 없었다. 전체 사법 시스템은 개인들의 주도로 이루어졌다. 그라페 파라노몬의 기소도 개인 소송과 마찬가지로 민간인에게서 나왔다. 정치인은 자신이 직접 기소하기보다는 다른 사람이 대행하도록 해서 갈등의 중심에서 비켜섰다. 그라페 파라노몬의 가장 분명한 특징은 아테네 시민들에게 의회가 이미 결정을 내린 문제를 재고할 수 있는 기회를 제공했을 뿐만 아니라 아테네 정치인들이 제안의 내용에 대해 더 신중하게 생각하도록 하는 장치로서, 지나친 법령내용을 시정할 기회를 제공했다.[40]

결국 민회의 시민결정을 무시하고 법정의 시민이 검토하는 여과 장치였으며, 부자와 가난한 사람 사이의 균형을 유지하는 데 필요한 제도였다. 도편추방제는 민회에서 실시 여부를 결정했었다. 그라페 파라노몬제도는 결국 아테네의 정치인을 규율하기 위한 수단을 도편추방을 통해 현장에서 한 사람을 제거하는 대신 의회에서 나쁜 제안을 한 정치인 또는 기타 사람들이 처벌을 받을 수 있도록 대체한 제도이다. 4세기에 아테네인들은 그라페 파라노몬을 민주주의를 수호하는 주요 도구로 여겼다.

❖ 주

1) 앨런 라이언 지음, 남경태, 이광일 역, 『정치사상사』(서울: 문학동네, 2017), p. 35.
2) 이에 관한 구체적 내용은 페이시스트라토스의 참주제를 참조.
3) 이 부분은 클레이스테네스의 민주개혁부분을 참조.
4) 예를 들어, 빚을 갚지 못하면 당사자와 그 가족 모두 노예가 되어야 한다. 채권자보다 지위가 낮은 채무자는 강제로 노예가 된다. 낮은 계급의 구성원에게 빚을 지고 있는 사람들에게는 형벌이 상대적으로 관대했다. 이러한 법은 결국 '부자의 법'이요 귀족의 법이다. 이 법이 성문화되면서 채권자들은 이 법을 근거로 권리를 집행했고, 가난한 평민들은 어쩔 수 없이 노예로 팔려갔다. 이런 점에서 필자는 이 법에 의한 통치를 입헌주의 또는 입헌민주주의가 아니라 입헌전제주의로 부르는 것이다. 드라코는 모든 시민들이 법의 내용을 알 수 있도록 하기 위해 법조문을 나무판에 새겼다. 그리고 삼각형 피라미드 형태의 석판에 보관했다. 관습법(불문법)은 특수 계급만 알고 임의로 적용되고 해석되었지만 성문법은 글을 아는 모든 사람들이 법의 공정한 심판을 받는 장점이 있다. 더 나아가 불법과 불의에 대한 이의가 있으면 '아레오파고스'에 호소할 수 있도록 했다. 아레오파고스는 법의 수호자였으며, 법에 따라서 그들의 직책을 수행

한다는 것을 보여주기 위해 하급 재판소를 계속 감시했다.
5) 플루타르코스 지음, 이성규 옮김, 『플루타르코스 영웅전』 전집(상) (서울: 현대지성, 2016), p. 175.
6) 이러한 엄격성과 가혹성 때문에 드라코의 이름이 주는 발음을 '용(龍)'의 발음에 비유하여 가혹한 법을 '드래곤(dragon)법'이라고 한다. 이 당시 드라코의 삶에 대해 알려진 것은 거의 없다. 그는 아티카의 귀족이었던 같다. 10세기의 사전의 일종인 수다(Suda)에는 그가 그리스 7현 이전 시대의 인물로 기록되어 있다. 그의 죽음에 관한 진실은 여전히 불분명하다. 그러나 그가 아테네인들에 의해 인근 에게 해의 한 섬으로 쫓겨나 말년을 보낸 것은 분명해 보인다. 드라코의 모든 법률은 살인죄에 관한 법을 제외하고는 기원전 6세기 초 솔론에 의해 폐지되었다. 뒤이어 아테네인들은 BC 409년에 살인에 대한 법을 포함한 법들을 전면적으로 개정했다.
7) 예를 들면, 한번 500인회의 임원으로 활동한 사람은 모든 평민들이 한번 맡은 다음의 차례 외에는 일생 동안 다시 500인회에 선발될 수 없었다).
8) 아카스투스는 펠리아스(Pelias)의 아들이었고, 이올코스(Iolcus)의 왕이었다. 이올코스는 그리스 중부 테살리아에 있던 고대 도시이다. 오늘날의 이올코스는 아주 작은 마을에 불과하다. 아카스투스는 신화에 등장하는 인물이기 때문에 구체적인 연대는 나타나지 않는다. 아리스토텔레스는 아카스투스 때 코드리다이 가문이 왕위에서 물러서고 아르콘에게 특권을 물려주었다고 기술하지만 그 시기를 특정하기는 어렵다.
9) Aristotle, Trans. by H. Rackham, *The Athenian Constitution* (MA: Harvard University Press, 1952). 필자는 이 논문을 '아테네 헌정'으로 번역했다. 한국어 번역은 최자영, 최혜영 (역), 『고대 그리스정치사 사료』 (서울: 신서원, 2002)에도 담겨있다. 여기에서는 '아테네 정치제도사'로 번역했다.
10) 9명의 집정관은 각 부분의 집행기관의 수장인 3명의 집정관으로 수석 집정관 에포니모우스(Eponymous), 제2집정관 바실레우스(Basileus), 제3집정관은 폴레마르크였다. 수석 집정관은 국가의 최고 수장으로서 입법과 행정업무를 총괄했다. 제2집정관은 기존의 왕에 해당하는 직책으로 시민 종교적 업무를 담당했다. 제3집정관은 군대의 사령관이었으며 아티카에 거주하는 외국인들(거류외인)에 대한 법적 소송을 처리했다. 3인 집정관 외에 테스모테테스(Thesmothetes)라고 불리는 사법담당의 6명의 하위 집정관(junior Archons)이 3인의 집정권을 보좌하게 되면서 집정권은 9명으로 늘었다.
11) Isocrates, ,Trans. by George Norlin, *Antidosis* 7.38 (Cambridge, MA, Harvard University Press, 1980); Demosthenes, Trans. by A. T. Murray, *Against Aristocrate* 23. (Cambridge, MA, Harvard University Press, 1939), pp. 65-66.
12) Aeschines, Trans. by Charles Darwin Adams, *Against Timarchus*, 1.92. (Cambridge, MA, Harvard University Press, 1919).
13) 이에 관한 자세한 내용은 최한수, 『그리스 신화와 종교』(서울: 명인문화사, 2022) 참조.

14) Pausanias, Trans. by W.H.S. Jones, Litt.D., and H.A. Ormerod, *Description of Greece*, 1.28.5. (Cambridge, MA: Harvard University Press, 1918).
15) Demosthenes, Trans. by A. T. Murray, *Against Aristocrates*, 26.5 (Cambridge, MA: Harvard University Press, 1939).
16) Demosthenes (1939).
17) Lycurgus, *Against Leocrates*, 1.12 Minor Attic Orators in vol. 2 (trans. by J. O. Burtt) (Cambridge, MA: Harvard University Press, 1962).
18) 이 용어는 호메로스 시대에는 아고라에서 사람들이 갖는 모임을 가리켰다. 기독교에서 'Ecclesia'는 전체라는 의미로 사용되었는데 '소집된 사람들의 모임'을 의미한다. 아테네의 민회는 자격을 가진 시민이 프닉스 언덕의 광장에서 정치 활동을 하는 시민총회다.
19) 솔론 시대에 관한 자세한 내용은 위의 솔론 정권편을 참조.
20) Thomas R. Martin, *Ancient Greece* (New Haven; Yale University Press, 1996), p. 69.
21) 민회는 초기에는 아크로폴리스 남쪽의 아프로디테 판데모스 성소 근처에서 모였다. 클레이스테네스 시대부터 프닉스(Pnyx)라고 불리는 언덕 광장으로 옮겼다. 프닉스는 숨이 막힌다는 의미다. 수천 명이 운집하기 때문에 붙여진 이름일 것이다. 프닉스는 아크로폴리스에서 서쪽으로 아레오파고스 바위산이 있고 약 1km 건너편에 나지막한 언덕인데, 이 언덕 위에 폭 70m, 길이 120m의 넓은 광장이 있다.
22) Hansen (1999), pp. 139-140.
23) 400명의 선발에 대한 구체적인 과정은 나타나지 않는다. 아마 4개 부족에 각각 동일한 수로 할당되어 제비뽑기로 선택되었을 것이다.
24) 4개의 부족은 각각 부족왕이 있었다. 각 부족은 지역적으로 트리티에스(trittyes)라는 단위의 3개 지역을 기초로 하여 12개의 '나우크라리스(naucraries)'로 구획되어 있었다. 따라서 아테네는 '나우크라리스'라고 부르는 48개의 행정구역으로 나뉜 것이다. 그리고 이 구역별로 징세와 행정을 담당했다. 각 부족별로 100인의 불레의원들도 이 기구를 통해서 추첨으로 선출된 것이다.
25) Plutarch, Trans. by Bernadotte Perrin, *Plutarch's Lives*: *Life of Aristides* 7.5 (Cambridge, MA: Harvard University Press, 1914), p. 2.
26) Philochorus, *Atthis* (fragments), book 3, 30.
27) Martin (1996), p. 145.
28) Kurt A. Raaflaub et al., *Origins of Democracy in Ancient Greece* (California: University of California Press, 2008).
29) Hansen (1999), pp. 91, 181.
30) Hansen (1999), p. 182.
31) A. H. M. Jones, *Athenian Democracy* (Baltimore: Johns Hopkins University Press, 1957), pp. 36-37, 124.
32) Hansen (1999), p. 187.
33) Hansen (1999), p. 187.

34) 아테네에는 현대 용어로 법(law)과 관련된 세 가지 단어 즉 테스모스(thesmos), 노모스(nomos), 프세피스마(psephisma)가 있었다. 테스모스는 어떤 것을 "정하다"는 의미로 셋 중에서 가장 오래된 단어다. 테스모스와 노모스의 차이는 순전히 발생연대 차이다. BC 621년의 드라코법과 BC 594년의 솔론법은 테스모이(thesmoi, thesmo의 복수)였고, 507년의 클레이스테네스의 법은 노모이로 불렸다. 노모이는 클레이스테네스가 아테네에 민주주의를 실시할 때 도입한 용어다 (AC 29.3). 따라서 고전 아테네 시대에는 법에 대한 두 가지 단어만 존재했다. 하나는 '노모스'로 사회적 관습이나 정치적 행태를 의미했고 다른 하나는 '프세피스마'로 '결정'이라는 의미였는데 BC 5세기 초에는 투표의 결정을 의미했으며 모두 동일한 규범의 법이라는 용어로 번역되었다. BC 4세기에 들어 노모스와 프세피스마는 두 종류의 의미로 나뉘었는데, 노모스는 기간의 제한이 없는 일반적 규범의 의미로, 프세피스마는 개인적이고 일시적인 규정이었다.

35) Reinhard Koerner, *Inschriftliche Gesetzestexte der frühen griechischen Polis* (Cologne: Böhlau, 1993) pp. no. 77, 90, 121; Mirko Canevaro, "legislation (nomothesia)," *Oxford Classical Dictionary*, https://doi.org/10., Published online: 09 June 2016에서 재인용.

36) Koerner (1993), pp. no. 31, 41.

37) Aeschines, trans. by Charles Darwin Adams, *Against Ctesiphon*, (Cambridge, MA: Harvard University Press, 1919), pp. 3, 38-40.

38) Demosthenes, Trans. by A. T. Murray, *Demosthenes, Against Timocrates* (Cambridge, MA: Harvard University Press, 1939).

39) Hansen (1999), pp. 167-168.

40) F. Carugati, R. Calvert & B. Weingast, "Constitutional litigation in ancient Athens Judicial review by the people themselves," *Memo*, retrieved (23 June 2017). https://link.springer.com/content/pdf/10.1007%2Fs40803-017-0054-1.pdf.

제2부
아테네 정치변동과 민주주의 발전

6장 솔론의 개혁과 티모크라시 _ 133

7장 페이시스트라토스의 참주제 _ 162

8장 클레이스테네스의 민주개혁 _ 174

9장 에피알테스와 페리클레스의
     급진적 민주개혁 _ 188

6장

솔론의 개혁과 티모크라시

1. 솔론의 등장

이 책의 제5장에서 아테네의 정치체계를 비교하면서 솔론시대의 정체 체계에 관한 내용을 기술했다. 여기에서는 솔론의 등장과 그의 개혁정 치에 대해 설명하기로 한다. 솔론(Solon, BC 638~558년)은 아테네 민주주의의 초석을 놓은 인물이지만 그에 대한 자료는 헤로도토스와 플루타르코스 그리고 아리스토텔레스와 같은 고대 저자들의 문헌에서 단편적으로 전하는 내용뿐이라 구체적으로 알려지지는 않는다.

솔론은 귀족 출신이라고 하지만 그가 유명세를 탄 것은 살라미스를 차지한 메가라군을 격파하면서 부터이다. 솔론은 명성이 높아지면서 주위로부터 군주의 제의를 받았다. 플루타르코스에 따르면 "부자들은 솔론이 부자라서, 가난한 사람들은 솔론의 정의감 때문에" 다 같이 자기편이라고 믿었다. 그러나 솔론은 "전제군주는 좋은 자리지만 한번 앉게 되면 떠날 수 없게 된다"는 이유로 거절한다. 솔론 시대에 많은 그리스 도시국가들은 참주가 지배했다. 기회주의적인 귀족들은 자신들의 이익을 위해 권력을 장악했다.[1]

아테네도 당시에 지리적으로 '언덕'과 '평원'과 '해안'지역을 중심으로 세 파벌로 분열되어 있었다. '언덕' 지역에 연고지를 둔 사람들은 민주주의를 찬성했고, '평원' 지역 사람들은 과두제에 찬성했으며, '해안' 지역 사람들은 두 제도 사이의 혼합제를 선호했다. 지역 분파주의는 아테네와 같은 상대적으로 큰 영토에서 불가피했다.

각각의 지역중심의 파벌들은 부유한 지주들의 주도하에 지역적 충성심, 즉 지역주의를 토대로 각각 하나로 묶였다. 이런 집단화는 각 지역 집단들 간에 다른 그룹들이 통제권을 갖지 못하도록 대립하고 견제했다. 각 파벌들의 목표는 아테네 중앙정부에 대한 영향력의 행사였고 아티카의 다른 지역의 경쟁자들에 대해 압도적인 지배력을 갖는 것이었다.

드라코법은 기울어져 있는 운동장을 고르기보다는 신분과 빈부의 격차를 절벽으로 바꾸어 놓았다. 아티카 일대는 인구가 늘어나면서 농경지가 부족하고 농사에 필요한 수자원의 고갈로 소출이 크게 감소했다. 귀족과 평민의 사회에서 대부분의 농경지는 귀족이 차지하고 평민들은 소규모 자작농이거나 소작농이었다. 대다수의 아테네 시민들은 극심한 빈부격차와 고리의 이자를 갚지 못해 가족과 함께 노예로 전락되거나 야반도주했다. 아리스토텔레스는 이 상황을 이렇게 기술한다.

> "다수의 사람들이 공공문제에서 겪는 가장 견디기 어렵고 가슴아픈 삶은 부자들에게 예속되는 것이다. 그들의 불만의 근원은 어느 것도

공유할 수 없다는 것이다"(AC 3).

그렇다고 부자가 이런 상황에 만족하는 것도 아니다. 많은 토지를 소유한 자들이라고 특별히 많은 소득을 내는 것도 아니었다. 특히 북동 및 남서 해안인 아티카 지역에 땅을 두고 있는 귀족들은 곡물 재배가 적당하지 않았다. 농사철에 날씨가 나쁘고 비가 오지 않으면 농업 생산량이 크게 줄어든다. 이런 상황에서 귀족들은 같은 귀족이나 부자들에 대하여 불만을 가졌고 평민들은 귀족 계급에게 생명을 연장할 물자를 빌리고 다음 해에 빌린 물자에 이자를 더하여 갚게 되면서 특히 아티카 지역의 귀족인 에우파트리다이(Eupatridae)의 권력독점에 대해 공격을 시작했다.

아테네인들은 자신들의 계급이 테세우스로부터 비롯되는 것으로 인식했다. 테세우스가 정치중심지로서 아테네 주변의 아티카의 인구를 에우파트리다이, 게오모리(Geomori), 데미우르기(Demiurgi) 등 3계급으로 구분하고 이를 토대로 아티카 연합을 창설한 것으로 전해진다. 이 중에서 에우파트리다이 계급은 왕손으로 도시에 거주하는 가장 부유한 계급이다. 반면에 게오모리는 평민계급이며 데미우르기는 상인 및 장인들이다. 경제 상황이 악화되면서 에우파트리다이 계급도 위기의식을 느끼기는 마찬가지였다.[2]

그리스에서 주화가 언제 통용되었는가에 대해서는 여전히 논쟁 중이다. 최초의 주화는 BC 640~630년경에 지금의 터키에 해당하는 리디아(Lydia)의 왕 크로이소스가 발행한 것으로 알려져 있다. 그로부터 약 반세기 후인 솔론 시대에 아테네에서도 주화가 통용되면서 경제지형뿐만 아니라 권력지도도 바꿔 놓았다. 농수산물을 현물로 보관하는 데는 한계가 있으나 주화가 등장하면서 물물 대신에 화폐로 교환하면 무한정 보관할 수 있다. 가장 큰 수혜자는 부자들과 귀족들이다. 이들에게 주화는 장기 보관의 대체 수단일 뿐만 아니라 화폐를 빌려주고 손쉽게 이자도 챙길 수 있는 무기였다. 일부 소규모 자작농들은 올리브 오일을 팔아서 수익을 창출했다. 상인들은 여러 지역을 다니면서 물건을 화폐로 거래해 돈을 모았다. 화폐는 처음에는 부자에게는 부를 더 증가시키고 가난한 사람은 더 깊은 가난의 나락으로 밀어 넣어 양극화를 더 심화시켰다.

19세기 프랑스의 작가인 르나르(Jules Renard, 1864~1910년)는 "나는 마침내 인간과 짐승을 구분하는 게 돈에 관한 고민이라는 것을 알았다"고 말한 바 있다. 돈은 인간의 고민을 만들기도 하고 해결하기도 하는 마술 같은 존재다. 이 마술 같은 존재가 등장하면서 물물 교환이 화폐를 매개로 하는 교환으로 바뀌었다. 상인들은 화폐를 만지면서 먼저 가난한 농부들의 땅을 사들였다. 평민들도 귀족에게 고리의 사채를 빌리는 것보다 같은 부류의 평민인 상인들에게 자신들의 땅이나 물건을 먼저 팔았고 상인들은 땅을 점점 확보해 나갔다. 돈을 모은 상인들은 돈에서 권력으로 눈을 돌렸고 평민들도 이에 가세했다.

보나르(Andre Bonnard)는 『그리스인 이야기』에서 돈의 기능을 "귀족들의 손에 들어가면 당연히 억압의 도구가 되지만, 선량한 시민들의 손에 들어가면 첨예한 계급투쟁을 승리로 이끄는 무기가 될 수 있는 것"이라고 설파한다. 결국 화폐는 귀족들의 입지를 줄이는 대신에 그만큼 상인의 공간을 확대하고 계급투쟁의 새로운 구도를 조성하면서 그리스 계급 사회의 구조적 변화를 가져오는 기폭제로 작용했다.

돈을 모으게 된 평민들은 돈으로 무기를 구입했다. 돈과 땅과 무기를 가진 상인들은 시민의 편에서 귀족에게 위협적인 존재로 등장한다. 시민도 위기지만 특권계급도 위기였다. 특히 귀족은 신분이라는 권위는 있지만 수적으로는 시민과 상인보다 훨씬 약해지면서 속으로는 경멸하면서도 자신들이 부를 늘리기 위해 거꾸로 이들을 이용했다. 아테네는 경제적 긴장뿐만 아니라 정치적 갈등도 날카로웠다. 킬론 사건으로 인해 킬론의 잔당과 메가클레스가의 갈등은 여전히 끝나지 않고 있었다. 헤로도토스는 킬론 사건에 대해(HH 5.71) 간략히 언급하고 지나가지만 플루타르코스는 좀 더 상세히 기술하고 있다.

아테네의 모든 계층은 결국 정치, 경제적으로 다협을 시도했다. 귀족은 귀족대로 자신들의 기득권을 지켜야 하고 시민은 시민대로 자신들의 이익을 확보하면서 위기를 헤쳐 나가려면 귀족계급과 시민계급 그리고 적대적인 정치인들 간의 모두로부터 신뢰를 가진 지도자가 필요했다. 그렇지 않으면 어느 한 쪽이 선택하는 인물을 다른 한쪽에서 거부할 수밖에 없다. 어느 때고 국민의 지도자에게 가장 중요한 덕목은 신뢰를 바탕으로 하는 화합 즉 조화의 능력이다. 그리고 난국에 처할수록 이 조화능력의 가치는 증대된다. 이런 상황에서 솔론은 최적의 지도자였다.

아테네 시민들은 결국 BC 594년에 솔론을 중재자 겸 아르콘으로 선출했고 그 해 집정관으로 취임한다. 플루타르코스는 그의 영웅전에서 솔론이 평화롭고 공정한 방식으로 아테네 시민들을 위해 아테네 시민들 사이의 차이점을 정리하는 '지혜'를 가지고 있다는 이유로 아테네 시민에 의해 수석 아크론에 선임되면서(BC 594/3년) 절대 권력을 갖게 되었다고 설명한다.

2. 솔론의 개혁정치

솔론은 BC 594년에 집정관으로 취임하면서 우선 원성의 대상이던 절도나 단순 폭행까지도 사형을 언도하는 '드라코의 법'은 살인죄에 대한 사형을 제외하고 모두 폐지했다. 대신 그로부터 1200년 전에 이미 바빌로니아의 왕 함무라비가 만든 성문법『함무라비 법전』대로 '눈에는 눈, 이에는 이'처럼 죄질별로 그에 상응하는 처벌을 하도록 했다. 솔론은 시민 법정을 설치해, 직업 법관들에 의한 재판에 만족하지 못한 사람은 항소하여 시민 배심원들에 의한 시민 법정에서 재판을 받을 수 있도록 했다.

솔론은 참정권의 기준을 '신분'에서 '재산'으로 바꾸었다. 평민들의 재산이 증가하고 그럴수록 평민들의 참여가 늘어날 것이라는 점을 간파했기 때문이다. 고위 공직자에 대한 피선거권이 재산 중심으로 구별되어 있다는 점은 당시의 상황이 갖는 한계지만 사람을 평가할 수 있는 객관적 기준인 학력이나 자격 기준이 없던 상황에서 이 재산 이외에 다른 수단이 없다면 재산은 필요한 기준일 수밖에 없다.

솔론의 재산 중심의 공직 충원은 결국 유산자 정치로서 재산의 정도에 따라 능력과 책임이 구별되는 것이다. 솔론의 지배체계를 어떤 유형으로 분류할 것인가에 대해서는 아주 논쟁적인 과제다. 대체로 금권정치의 범주에 포함시킨다. 그러나 당시의 정치과정이 유산자의 금권 만능체계라고는 할 수 없다. 그렇다면 플라톤의 티모크라시와 아리스토텔레스의 티모크라시를 융합한 제3의 개념을 담은 티모크라시는 어떨까? 다만 이글의 목적은 솔론의 지배체계가 어떤 정치체계에 해당하는 것인가에 대한 분석을 목적으로 하는 것이 아니기 때문에 일단 티모크라시로 부르기로 한다. 그리고 티모크라시가 당시로서는 필요하고 정당화될 수 있는 배경이 있었다.[3] 이러한 제도의 정비는 언뜻 보기에 부유층에게 일방적으로 유리한 정책으로 인식되었기 때문에 귀족층은 별다른 불만 없이 이를 받아들였다.

그런데 솔론은 일부러 법조문에 해석의 여지를 두어, 대부분의 분쟁이 어떤 식으로든 민회에 상정될 수밖에 없는 구조로 만들어 놓았다. 따라서 이후 민회는 아테네 정치에서 매우 중요한 기관으로 부상한다. 게다가 부당한 피해를 당한 시민이라면 누구나 민회에서 가해자를 고발할 수 있도록 했다. 따라서 최고 법정은 아레오파고스였지만 최종 법정은 민회가 되었다. 솔론은 모든 시민들이 에클레시아에 참여하고 법원(Heliaia)이 모든 시민들로 구성되도록 법을 개정했다고 기술한다.

3. 오로이와 세이사크테이아

솔론은 기존의 드라코법을 개폐하고 자신의 개혁법인 이른바 솔론 헌법(Solonian Constitution)을 만들면서 먼저 개혁의 칼을 겨눈 곳은 정치가 아니라 경제였다. 그는 아마 정치보다 경제를 국정의 우선 과제로 삼은 최초의 지도자일 것이다. 1992년 미국의 클린턴(Bill Clinton)이 대통령선거에서 "문제는 경제야, 바보야(It's the economy, stupid)"라는 슬로건으로 현직 대통령인 조지 H. W. 부시(George Herbert Walker Bush)를 누르고 승리한 사례보다 약 2500년 이전의 일이다. 솔론에게 다가온 가장 핵심적 과제는 부의 양극화 속에 빈익빈 부익부의 심화를 타개하는 것이다. 특히 평민들은 이런 가난 속에서 빚이 늘어나고 드라코법의 그물 속에서 노예로 전락된 상태였다.

당시에 아테네의 땅들에는 '오로이(Horoi)'라는 경계석이 여기저기 박혀 있었다. 오로이는 원래 그리스 전역의 국경, 신전 구역의 경계뿐만 공공장소 및 사유지에 박혀 있었다. 사람들이 돌에 비문을 새기는 경우도 있는데 이 돌을 제우스 호리오스(Zeus Horios)라고 부른다. 이것은 '제우스의 경계석'이라는 의미로 제우스가 경계를 보호한다는 생각에서 비롯된 것이다. 그러나 이 돌이 가난한 농민들의 저당 잡힌 땅에 세워지면서 오로이는 '저당이 설정된 땅'을 표시하는 저당 표지석이 되었다.

부채를 상환하지 못한 채무자는 '헥테모로이(hektēmoroi)'로 불렸다. 헥테모로이는 저당 잡힌 농토를 계속 경작하면서 소출의 1/6을 채권자에게 주고 자신은 5/6을 가졌다. 예를 들면, 쌀 6가마니를 추수했다면 1가마니를 소작료로 내고 자신은 5가마니를 가졌다.[4] 이 과정에서 채무자의 부채가 총 자산 가치를 초과하면 채무자와 그의 가족도 채권자의 노예가 된다. 채무자가 개인적으로 채무를 불이행했을 경우도 마찬가지다. 결국, 생산량이 떨어지고 다른 소득이 없는 빈민들은 자신의 땅을 두고 소작농으로 전락하면서 제대로 채무를 이행하지 못하면 땅을 빼앗기고 노예로 팔려가는 신세가 되어 '오로이'는 가난한 서민의 피눈물의 상징이 되었다.

솔론은 우선 채무자와 노예로 전락한 평민들을 구제하기 위해 채무의 상징인 '오로이'를 뽑아냈다. 채권자와 채무자 간의 담보와 부채 관계의 표시가 사라지면서 부채가 소멸되고 '헥테모로이(hectemoroi)'들은 다시 땅의 주인 자리를 회복하게 되었다. '빚'때문에 노예가 된 평민들에게 자유를 주고, 외국에 노예로 팔려 나간 시민들도 국고로 값을 지불하고 귀국시켜 시민권을 회복시켰다. 신체를 담보로 하는 빚은 법으로 금지했다.

여기에서 등장한 것이 '세이사크테이아(seisachtheia)'다. 세이사크테이아는 "부담을 털어내다"는 뜻에서 '부채탕감'의 의미로 사용되었다. 솔론이 빼어든 칼인 '세이사크테이아'는 미상환 부채를 탕감하여 자신의 땅이 저당 설정되어 '헥테모로이'가 된 지주에게 땅을 반환하고, 부채로 인해 노예가 된 지주를 소급하여 구제하여 자유와 땅을 되돌려 주며, 앞으로도 부채로 인해 개인적인 자유를 담보로 하는 것을 금지하는 일종의 법적 제도다.

'세이사크테이아'는 결국 국가가 귀족과 부자들의 일부 재산을 빼앗는 것이다. 귀족과 부자가 국가권력을 장악하고 있는 상황에서 이들의 코털을 뽑는 것이다. 솔론이 이런 결단을 내릴 수 있었던 배경은 무엇인가. 당시의 아테네 정정(政情)은 절벽의 가장자리까지 밀린 민중들에게는 더 물러설 공간이 없었다. 평민들은 정부에 대해 토지재분배를 요구할 태세였다. 반면에 귀족들은 서로 반목하면서 평민들의 토지 재분배 요구에 은근히 겁을 먹고 자신들의 재산을 지킬 궁리를 하고 있었다. 양측은 각자의 목표에 대한 실현 가능성과 방법에 대해 숙고를 거듭했을 것이다. 그러나 극단적 상황으로 가면 탄압이나 반란이다. 솔론은 이런 상황을 꿰뚫고 있었다. 다행히 귀족들이나 평민들은 모두 솔론이 중립적인 인물로 조화롭게 일을 처리할 것이라는 믿음을 가지고 있었다. 그는 일단 부자들에게 욕심 부리지 말라고 요구했다. 아리스토텔레스가 전하는 그의 시다.

"중도를 중시하고, 극단적 생각을 억제하라. 극단은 당신들에게도 도움이 되지 않을 것이며, 인정하지도 않을 것이다. 많은 재물을 충분히 가졌다." (AC 5)

"올림피아 신들 가운데 고귀한 어머니, 검은 대지의 여신이 최고의 증인이 될 지니,
나는 박혀있는 대지의 경계표지석을 뽑아냈다. 노예가 되었던 땅이 이제 자유를 찾았다.
나는 팔려간 많은 노예들을 조국의 신이 세운 아테네로 데려왔다. 어떤 이는 부당하게 팔려갔고 어떤 이는 당연하게, 그리고 어떤 이는 찌든 가난으로 어쩔 수 없어 고향을 떠나 이국에서 방황하는 사람들과 비천한 노역에 고통 받는 사람들을 자유롭게 만들었다." (AC 12.4)[5]

솔론의 이런 정책은 오히려 평민들의 토지 재분배 요구를 순화시켰다. 토지를 빼앗길까 조마조마하던 귀족들도 불안을 덜었다. 재분배를

실시할 경우 잃게 될 토지도 보호해준 것이다. 농민들은 귀족들로부터 자기 땅을 돌려받고 부채도 전액 탕감 받았으며 노예로 전락되었던 사람은 신원이 복권되었다. 농민들은 절박한 상황에서 벗어났지만 귀족과 부자들은 자신들의 기본 재산을 지켰다. 귀족과 부자는 역시 기득권을 지켰고 기울어진 운동장의 유리한 쪽에 계속 위치했다. 이런 점에서 솔론의 개혁은 한계가 분명한 미봉책이었다.

평민들이 토지 재분배를 요구하는 것은 나름대로 당위성을 갖고 있다. 귀족들의 토지는 그들의 노력으로 확보된 것이 아니라 신분에 의한 세습이다. 그리스인들이 그리스 반도로 이주해 올 당시에는 모든 땅이 부족의 공동소유였다. 물론 다른 대륙도 마찬가지다. 사유 재산이라는 개념이 등장하지도 않았고 양도, 양수나 상속도 불가능했다. 인구에 따라 재분배를 통해서 평등하게 분배되었다. 그러나 전쟁과 약탈을 통해서 땅을 차지하고 전리품으로서 이 땅을 분배하는 데 '사자의 계산법'이 적용되었다.[6]

솔론이 '오로이'를 제거한 것은 분명히 아테네에서 가장 억압받는 집단에 대해 즉각적인 경제적 구제조치를 취한 것이다. 이 조치는 또한, 같은 동포들에 의한 아테네인의 노예화에 종지부를 찍었다. 이로써 솔론은 디아스포라의 귀환을 그의 시를 통해 자랑스럽게 기록하고 있다. 그러나 어느 정책이나 어두운 면은 항상 따르게 마련이다. 부채탕감제도는 노예제도를 혁파하고, 축적된 부채를 제거했으며 도덕성도 제고했으나 일반 농부가 더 많은 융자를 얻을 수 있는 유일한 수단도 차단되었다는 사실도 관찰되었다. 세이사크테이아 제도하에서 탕감될 돈을 빌려줄 사람은 없을 것이다. 솔론은 이와 함께 '토지소유상한제'를 실시했다. 재산을 합법적으로 취득(예를 들면 결혼에 의한 증여)했더라도 재산의 최대한도를 설정하여 과도한 토지축적을 제한했던 것이다.

4. 화폐제도와 상속제도의 개혁

화폐제도의 개혁은 인체의 피의 흐름을 바꾸는 것과 같은 충격적인 경제조치다. 솔론은 1미나(Mina)가 70드라크마(Drachma)였던 것을 100드라크마로 증가시켰다.[7] 이렇게 되면 화폐가 평가절하된다. 화폐로 계산할 때 채무자에게는 화폐가치가 떨어지는 만큼 빚도 줄어드는 것이다. 아테네에서 당시에 가장 많이 통용된 주화는 오볼이었다. 특히 오볼은 무역의 수단이기도 했다.[8]

솔론은 또한, 상속제도의 개혁을 통해 부의 재분배를 확대했다. 기존의 상속제도는 토지의 소유권을 가문으로 한정해, 가문 이외의 사람에게는 매매나 분배도 불가능했다. 시간이 흐르면 가문의 토지가 늘어나게 되고 결국 소수의 귀족에게 집중된다. 특히 당시 스파르타에서는 여성이 자신 및 배우자의 재산권과 상속권 등 재산에 관한 광범위한 권리를 가졌으나, 아테네를 비롯한 대부분의 그리스 도시국가에서 여성은 재산을 소유할 수 없었다. 부친의 재산을 상속받으려면 에피클레로스(epikleros, 재산을 가진 부모의 외동딸)는 부친의 가장 가까운 친척(가장 가까운 친척은 삼촌부터 시작된다)과 결혼해야 한다. 재산을 문중으로 묶어 놓기 위한 제도다. 그리고 이 남성과 사이에서 낳은 아들이 상속자가 된다. 딸이 이미 기혼자이거나 집안의 결혼해야 할 남성이 기혼자인 경우 이혼이라도 하고 결혼해야 한다. 결혼은 수단이고 목적은 상속이었다. 위장 결혼을 막기 위해 결혼하면 최소한 1달에 3번은 합방을 하도록 했다. 불임 친척이 재산을 탐내어 결혼했을 경우 처벌을 받음과 동시에 여성은 다른 남성과 결혼하여 득남할 수 있고 이 경우 이 남자아이는 상속자가 될 수 있다.

솔론은 재산을 분산시키기 위해 유산을 자손들에게 균등 분배하고 재산의 처분권도 가문이 아니라 개인에게 귀속시켰다. 가족 이외의 사람에게 매도나 증여가 가능하도록 한 것이다. 또한, 에피클레로스와 관련한 제도의 남용을 제한하는 법률도 만들었다. 딸만 둔 가정에서 아버지가 죽으면 재산을 상속할 수 있는 길을 트기 위해 고안된 제도가 '에피켈라테(epiklerate)'로 에피클레로스 즉 딸에 대한 상속제도이다.

이러한 변혁으로 귀족 사회의 문턱이 허물어지고 사회 계급의 균열이 초래되었다. 신흥 상인계급들이 귀족의 토지를 귀족 개인으로부터 살 수 있는 길이 열려 토지 소유자가 광범위하게 분산되고 확산되었다. 이것은 곧 부(富)의 분산이며, 곧 부의 평등의 확대로 이어지게 된다. 상인계급의 부상으로 신분의 중요성이 재산의 중요성으로 이동되면서 신분사회가 점차 자본사회로 변화되었다. 솔론의 개혁은 언뜻 보면 경제의 한 부분을 개혁하는 것 같지만 실은 사회의 대변혁이다.

5. 공창제도

인간의 남녀 성관계는 인류 역사와 동시에 이루어진 행위다. 인간의 성적 욕망은 원시사회에서부터 현대까지 진화나 퇴화 또는 발전이나 쇠퇴 등의 변화 없이 지속되는 유일한 관습이다. 인간의 성행위는 쾌락적 본능이 생식적 기능을 통해 인간의 욕망 실현과 번식으로 이어진다. 인간의 성적 욕망이 통제되는 것은 '가정'이라는 문화적 울타리 안에서 성적 관계가 생식 작용과 연계되어 자식으로 이어지면서 '가족'이라는 본능적 욕구가 존속되고 있거나 또는 사회문화 또는 종교적 규범 때문이다.

고대 스파르타에서 성관계는 자식을 얻기 위한 수단으로 사적 욕망보다는 공적 필요가 우선이었다. 이 성관계가 남녀의 사랑과 결혼 그리고 가정과 자식이라는 구조적인 관계로 이어지면서 일정한 레일에서만 이루어지는 도덕과 윤리가 생성되었다. 그러나 대부분의 남성들은 물론이고 일부 여성들도 끊임없이 이 레일을 일탈하려고 시도했다. 신분과 계급 그리고 노예와 빈부의 사회에서는 귀족과 주인 그리고 돈이 남성들 혹은 일부 여성들의 성적 욕망을 실현하는 수단이 되었다.

그리스는 신들이 무분별한 강간과 간음, 자유분방한 성생활을 보여줌으로써 성문화를 '은밀'에서 '개방'으로 열어놓았다. 물론 역사는 성에 대한 욕구가 표면적 현상과 내면적 현상에 상당한 괴리가 있다는 것을 보여주고 있다. 심지어는 모범적으로 성을 억제해야 하는 신성한 신전에서 이런 일이 일어났다는 전언이 이를 반증한다.[9]

인간의 성욕은 활화산인 동시에 휴화산이다. 특히 여기에서 발생하는 '범죄'를 막기 위해 강간이나 간음 등의 성범죄에 대한 엄격한 제재가 가해지고 있다. 그러나 사적으로 대가를 매개로 하여 이루어지는 성관계 즉 매춘이 이어졌다. 젊은 시절 방탕한 생활을 경험했던 아우구스티누스(Augustinus, 354~430년)도 그의 저술『질서』(De Ordine, 386)에서 "매춘을 사회에서 추방하면 정욕 때문에 모든 것을 불안하게 할 것"이라고 지적한다. 그는 매춘을 필요악으로 인식하고 있다. 매춘은 몸 속에 만들어진 정액을 위한 안전밸브이며, 성(sex)과 질서의 조절자로서 필요악으로 본다. 이런 점에서 다수의 국가에서 성매매를 공식화하고 국가가 관리하는 '공창'제도를 도입하는 것은 매춘자들의 삶의 수단을 마련하는 경제나 복지정책이 아니라 인간의 존엄성을 상품화하는 대가로 사회의 성폭력범죄를 줄이기 위한 형사정책의 문제다.

흔히들 매춘은 "세계에서 가장 오래된 직업"이라고 말한다. 그러나 이 말은 근거가 없다. 인류역사에서 '매춘'이 언제부터 시작되었는지는 불명확하다. 미국의 정치학 교수인 패런티(Michael Parenti)는 그의 저서 중의 하나인 *Democracy: for the Few*에서 미국의 39대 대통령인 카터(Jimmy Carter)가 "정치는 세계에서 두 번째로 오래된 직업인데, 첫 번째 직업과 밀접히 관련되어 있다"고 말한 것으로 기술하고 있다. 패런티는 이 견해에 많은 사람들이 공감한다고 전제하고 "정치는 매춘처럼 스스로를 팔기 위해 겉모습을 조작하는 기술에 지나지 않는다"고 평가한다.[10]

수메르에서는 BC 2400년대에 매춘이 있었던 것으로 알려지고 있으며 바빌론을 비롯한 고대 근동, 그리고 고대 이스라엘에서도 매춘은 흔한 일이었다. 히브리어 성경에는 매춘에 대한 언급이 많이 나타난다. 창세기의 유다와 타마르(창세기 38:14-26)의 이야기는 그 당시에 행해진 매춘을 묘사한다. 여호수아서에 나오는 여리고 성 창녀 라합은 현대적 의미의 고급 콜걸이다.

공개적이고 고정적인 사창가가 최초로 문을 연 곳은 BC 7세기 리디아로 전해진다. 리디아에 BC 650년 전후에 화폐가 발명되면서 리디아의 도시인 사르디스에서는 소매시장과 함께 도박장과 사창가의 매춘이 번성했다. 화폐가 발명되기 전에는 매춘의 화대를 물건으로 지불했는데, 받는 사람이나 주는 사람 모두 부자연스럽고 번거롭다. 화대를 물건으로 받으면, 그 물건을 보관하기도 쉽지 않다. 주화는 이러한 쌍방 간의 불편을 일거에 해소한 것이다.

고대 그리스에서도 매춘은 흔한 일이었다. 중요한 도시들, 특히 많은 항구에서, 상당한 수의 매춘부들이 고용되고 경제 활동의 상당한 부분을 차지했다. 사창가는 당당한 곳이 아니었지만 은밀한 존재도 아니었다. 현재 매춘과 관련된 용어들이 그리스어에 기원을 두고 있는 것은 결코 우연이 아니다. 매춘에 대한 그리스어는 포르네(porne)인데 동사 페르네미(pernemi, 팔다)에서 파생되었다. 영어단어 외설물(pornography)과 다른 언어로 그런 의미를 갖는 단어들은 그리스어 단어 포르네(pornē)의 직접적인 파생어이다.

BC 6세기 아테네의 평균 결혼 연령이 남성의 경우 30세였다. 결혼

때까지 성적 갈증을 해소하려면 성매매 외에 다른 길이 없다. 그렇지 않으면 간통이나 강간이다. 중대한 사회문제이다. 여기에서 우선 지적되어야 할 점은 노예와의 성관계 문제다. 노예는 주인에게 모든 일에 절대복종해야 하는 처지다. 그리스 고대국가에서 노예 수는 시민 수의 배 정도였다. 노예는 대개 전쟁포로들이 많다. 노예라고 열등한 인종이 아니다. 노예들은 주인의 주선으로 노예끼리 결혼을 하게 된다. 이들은 사실상 동족끼리 결혼하는 것이다.

만일 주인이 노예를 자유로운 성적 대상으로 삼게 되면 노예의 부부관계는 파괴된다. 미혼인 노예를 성적 대상으로 삼는다면 노예들의 결혼 질서에 혼란이 온다. 노예들이 반감을 갖고 자칫 폭동으로 연결될 수도 있다. 이것은 사회적 불안 요인이다. 또한, 시민과 노예의 성관계는 호수나 하천이 바다와 만나는 '하구' 현상이 나타나게 된다. 성으로 얽히면 시민과 노예의 정체성이 희미해지고 통치의 기본이 흔들리게 된다.

로마 시대에 이르러 문란한 성문화로 주인과 노예 심지어는 여주인과 남자 노예의 성관계도 이루어졌지만 당시에 그리스에서 남성들의 노예와 성관계는 널리 퍼진 선택 사항이 아니었던 것 같다. 주인과 노예의 성관계에 관한 최초의 언급은 BC 390년까지는 나타나지 않는다. 자유 여성과의 혼외 관계는 심각하게 다루어졌다. 간통의 경우, 현장에서 잡히면 부인의 남편은 현행범으로 잡힌 간통남을 죽일 권한이 있었다. 강간도 마찬가지였다. 전쟁의 신 아레스가 자신의 딸을 강간하는 바다의 신인 포세이돈의 아들 할리로티오스를 그 자리에서 살해했을 때 올림포스 12신은 아레오파고스에서 재판을 열고 아레스에게 무죄를 선고했던 것을 기억하면 이해가 될 것이다.[11] 결국 당시 남성들의 성적 대상 여성의 선택폭은 매춘으로 집중될 수밖에 없는 상황이다. 그러나 매춘은 당시나 현재에도 파는 쪽이나 사는 쪽 모두에게 떳떳하지 못한 일로 여겨졌다.

솔론의 집권기인 6세기 말에 아테네에 매춘 업소 즉 사창굴인 '오이키스코이(oik'iskoi)'가 등장한 것으로 전해진다. 이것이 공창이라면 세계 최초의 일이다. 그렇다고 솔론이 이 공창을 실제 설치했다고 단정하기는 어렵다. 다만 이 오이키스코이가 공창이었다면 규제가 아니라 제도화이고 봉쇄가 아니라 출구의 확장이다. 현존하는 모든 고대 문헌에서 솔론이 공창을 설치했다는 거의 유일한 언급은 필레몬(Philemon BC 362~262년)[12]의 파편화되어 현존하는 작품의 하나인 『아델포이(Adelphoi, Brothers)』에 나오는 구절이다.[13]

필레몬은 『아델포이(Adelphoi)』에서, "솔론이 본능적인 충동과 바람을 피는 습관을 가진 청년으로 가득 찬 아테네를 보면서, 최초로 여자를 사서 여러 곳에 주둔시키고 모든 사람을 상대로 매춘할 준비를 했으며, 여성들은 솔론에게 이를 확인시키려고 벌거벗은 채로 서 있었고 가격은 1오불에 불과하다"고 기술한다. 솔론이 공창을 설치한 것으로 읽히는 내용이다. 그러나 필레몬의 뉴코메디는 BC 3세기 중엽의 그리스 특히 아테네에서 사회를 풍자적으로 다루는 드라마다. 따라서 실제 솔론이 사창가를 용인하고 세금을 거두었거나 사창가가 만연되는 것을 묵인하는 정책을 패러디한 내용일 수도 있다. 어느 경우든 당시에 사창가가 공개적으로 영업을 했다는 것은 솔론 시대에 들어서면서 경제적 상황이 호전되고 평민의 자유가 신장된 것과 관련되는 것은 분명하다.

필레몬은 솔론이 이 공창의 수익금을 사용하여 아프로디테 판데모스(Aphrodite Pandemos)의 신전을 최초로 건축했다고 말한다. 아프로디테는 미모와 성적인 사랑의 여신이다. 아프로디테의 기원에 대해서는 두 개의 버전이 있다. 하나는 헤시오도스의 버전으로 하늘의 신 우라노스의 잘린 성기에서 흐른 피가 바다에 떨어지면서 거품이 일고 그 속에서 아프로디테가 태어났다는 것이다. 이를 가리켜 바다의 거품에서 태어난 아프로디테로 '아프로디테 우라니아(Ourania)'로 부른다. 아프로디테라는 이름은 거품을 뜻하는 '아프로스(aphros)'에서 나왔는데, 그녀가 바다의 거품 속에서 태어났기 때문이다.

플라톤이 『향연』(180d)에서 파우사니아스의 입을 통해 말하는 바로 그 '아프로디테 우라니아'다. 여기에서 플라톤은 육체가 아니라 영혼의 사랑을 들고나온다. 호메로스는 아프로디테가 제우스와 바다의 정령 디오네(Dione) 사이에서 태어났다고 전한다 (호메로스, 『일리아스』 5.370). 여기에는 남성과 여성의 성적결합이 전제된다. 플라톤은 이 아프로디테에는 영적인 사랑보다 육체적인 쾌락이 따른다고 설명하며 이를 '판데모스'로 표현한다. 그리스어 'Pandemos'는 '사람들의(of the people)' 또는 '사람들에 속하는(belonging to the people)'의 의미다. 직역하면 '모든 사람의 또는 모든 사람에 속하는'이다. 결국, 아프로디테는 '모든 사람의 여자' 또는 '모든 사람이 가지는 여자'라는 의미다. 그렇다면 이것은 '매춘부'이거나 '스타'이다. 하늘(Urania)의 영적 사랑과 세속(Pandemos)의 육체적 사랑의 대비이다. 결국, 플라톤은 헤시오도스의 아프로디테와 호메로스의 아프로디테를 절묘하게 결합하고 있다.

신플라톤주의자들도 '아프로디테 우라니아'는 영적인 사랑과 연결지으며 '아프로디테 판데모스'는 육체적 사랑과 관련짓는다. 이 '아프로디테 판데모스'는 모든 평민의 아프로디테이다. 그리스인들은 '아프로디테 판데모스'를 사랑하고 숭배했다. 플라톤의 현학적 설명과 달리 민중들은 '아프로디테 우라니아'보다는 '아프로디테 판데모스'를 더 좋아했다. 어느새 '아프로디테 우라니아'는 사라지고 '아프로디테 판데모스'만 남게 되었다.[14]

이런 내용들은 필레몬으로부터 거의 2세기 후, 그리스 시인인 니칸드로스(Nikandros)가 필레몬의 이 말을 되풀이하면서 일반화되었는데, 프로스트(Frank Frost)는 필레몬의 농담을 니칸드로스가 냉정한 사실로 되풀이하여 정보를 추가했다고 평가한다.

사창가는 아테네의 항구인 피라에우스(Piraeus) 또는 아테네의 아크로폴리스의 북서쪽에 있는 케라메이코스(Kerameikos)와 같은 그 시기의 홍등(red-light)지역에 자리했다. 필레몬의 기술대로 화대는 1오볼(obole)로 1/6 드라크마였다. 이 금액은 당시 일반 노동자의 하루 품삯에 해당한다. 필레몬이 강조한 대로 공창은 수입에 관계없이 모든 사람이 이용할 수 있는 서비스를 제공했다. 창녀들에게는 수입에 따른 세금을 거두었다. 이 희극적 진술의 진실성은 의문의 여지가 있지만, 솔론이 죽고 300년이 지난 고전시대의 아테네에서 그의 개혁과 관련하여 이성 간의 성적 쾌락에 관한 증대된 이용성에 대한 담론이 존재한다는 사실이 중요하다. 또한, 이러한 일화의 역사적 정확성에 의문이 제기될지라도, 고전적인 아테네인들은 성매매를 민주주의의 일부로 간주했다는 것을 보여준다.

그리스의 매춘부들은 크게 3가지로 분류된다.

첫째, '포르나이(Pornai)'다. 이들은 서열이 가장 낮은 부류였다. 1회의 화대가 최대로는 일일 노동자의 하루치 임금이던 1오볼로스(6드라크마)에 달했다. 영어 단어 'porno'도 여기에서 파생되었다. 이들은 몸만을 팔았기에 옷 입을 일이 별로 없어 '알몸'이라는 뜻의 '김나이(gimnai)'로도 불렸다. gimnai는 gymno(벌거벗은)를 어원으로 한다. 여기에서 옷을 벗고 운동하는 체육관이라는 의미의 gymnasium도 파생되었다.

포르나이들과는 기간을 정해 동거도 가능했다. 고대 그리스의 고전시대에 포르나이는 이방인 노예 출신이었다. 헬레니즘 시대에 들어서면서 시민자격을 가진 아버지가 버린 어린 소녀들도 포르나이에 추가

되었다. 그렇지 않으면 입증될 때까지 그들은 노예로 간주되었다.

그리스인의 성관계 행태는 다양했던 것으로 보인다. 특히 2세기의 작가 아테나우스는 그리스인들이 후면 체위를 즐겼다고 전한다. 그러나 여성들에게는 성관계에서 터부시하는 행위가 있었다. 펠라티오(fellatio) 즉 구강 성교였다. 여성들은 구강성교는 모멸적인 것으로 생각하고 역겨움을 느꼈다. 이것은 창녀들에게도 마찬가지였다. 특히 다음에 기술할 헤타이라이는 공통적으로 구강성교를 거절했다.

둘째, '아울레트리데스(Auletrides)'다. 아울레트리데스는 '플루트 연주자'라는 의미다. 이 여성들은 음악과 같은 예능을 겸비하고 몸을 파는 부류였다. 일본의 게이샤나 우리나라의 기생과 부합한다. 아리스토텔레스는(AC10.2) 피리 부는 여자들, 하프 켜는 여자들, 현금 타는 여자들을 감독하여 2드라크마보다 더 많이 보수를 받지 못하도록 하고, 여러 사람이 한 여자를 원할 때는 추첨을 하여 뽑힌 사람이 고용하도록 한다는 내용을 기술하고 있다. 비록 규제의 노력에도 불구하고 화대는 시간이 지나면서 인상되었지만 성행위는 명백한 계약의 일부였다.

셋째, '헤타이라(hetaira)'다 (복수는 hetairai다. 두 단어는 상황에 따라 달리 사용된다). 헤타이라는 '동료'라는 의미다. 그리스에 헤타이라는 BC 7~6세기경에 등장했을 것으로 추정된다. 시민계층 출신 여성들이 주를 이루었다. 이들은 독립생활을 하고 애인들과 자신들의 집에서 즐겼다. 단, 법에 따라 신분을 표시하기 위해 '노란 머리(염색)', '꽃무늬 옷'을 착용해야 했다.

이 당시 그리스는 상업과 함께 지중해 해상무역이 번성해가고 있었다. 그러나 무역은 특권계층이 장악하고 있었기 때문에 상인들은 이 세력들과 교섭이 필요했고 여기에 헤타이라가 동원되어 양측의 분위기를 조성하는 역할을 했을 것이다. BC 5세기에 이르자 헤타이라의 활동무대는 점차 아테네가 중심이 되었다. 높은 지적 수준과 교양을 지닌 창녀들은 항구도시에서 아테네로 옮겨 헤타이라, 즉 고급 창녀로서 활동했던 것으로 보이다. 아테네에서 헤타이라는 전통 귀족계층과 교류하면서 포르나이와 구별되었다. 신흥 부자로 등장한 상인들과 지방 귀족들이 포르나이와 교제하자 전통적인 귀족층들은 헤타이라를 파트너로 삼았던 것 같다.

전통적으로 고대 그리스의 역사학자들은 헤타이라와 포르나이를 구분했다. 포르나이는 매춘업소나 거리에서 많은 수의 고객을 대상으로 성관계를 제공하는 데 비해, 헤타이라이는 언제나 소수의 남성만을 고객으로 삼았고, 그들과 장기간 관계를 맺고 있으며, 성적인 자극뿐만 아니라 교제와 지적인 자극을 제공했다. 그러나 최근에, 역사가들은 헤타이라이와 포르나이 사이에 실질적인 차이가 어느 정도 있었는지에 대해 의문을 제기했다. 비록 헤타이라라는 용어가 특정 부류의 창녀를 지칭하기 위해 사용되었더라도, 정확하게 경계선이 무엇인지에 대해 학자들의 의견이 다르다. 『옥스퍼드 고전사전(*Oxford Classical Dictionary*, 2nd)』은 헤타이라가 모든 종류의 창녀에 대한 완곡한 표현이라고 기술한다.

헤타이라는 지적 수준도 아주 높았다. 기예나 화술·철학·수사학에 이르기까지 전문적인 교육을 받았다. 능숙한 대화력을 갖추고 지성적이며 과거의 전통 문학과 당대의 그리스 문학에도 밝아야 했다. 이를 기반으로 주로 엘리트 계층과 교제하였던 것으로 드러난다. 따라서 헤타이라는 그리스 사회의 전반적인 영역에서 매춘여성이라는 이유로 소외나 천대의 대상이 아니라 그리스 사회의 중요한 공적 영역에서 적극적으로 활동했던 존재였다. 헤타이라는 연회에서 부유한 남성의 파트너 역할을 수행하면서 하룻밤 화대로 1미나(100드라크마)를 받았다. 이런 화대는 포르나이가 1회에 4~6드라크마를 받았던 것과 비교하면 대단한 차이다.

헤타이라의 사회적 지위는 솔론의 법으로 낮아지게 되었다. 솔론의 법률에 의해 공적인 영역에서 활동하던 여성들이 성적 욕구의 배출구로 인식되는 비천한 신분으로 추락한 것이다. 솔론의 법은 여성을 문학, 철학, 예술 그리고 여러 가지 기예를 갖춘 심미안적인 인간으로서가 아니라, 국가적인 차원에서 오로지 남성들의 성적 대상으로만 인식하도록 만들었다.

그러나 헤타이라의 사회적 인식은 개인의 역량에 따라 유지되었다. 특히 아테네의 민주 정치를 만개시켰던 페리클레스(Pericles)의 연인이었던 아스파시아(Aspasia)는 헤타이라였지만 논리적인 설득력을 갖춘 철학의 논쟁가로 평판이 높았다. 역사가 플루타르코스는 아스파시아를 가리켜 정치와 국가에 대해 폭넓은 이해력을 지닌 뛰어난 여성이라고 평가했다. 철학자 소크라테스는 그의 친구와 학생들을 데리고 그녀의 철학 강의에 참석했으며, 대중을 상대로 하는 거리 강의에도 참석했다. 페리클레스가 민주 정치를 꽃피우는 데도 그녀의 역할이 컸던 것으로 보인다. 아스파시아는 헤타이라 육성을 위한 가이나키움(gynaceum)이라는 학당을 소유하고 직접 가르치기도 했다. 특히 그리스사회에서 여성들은 재산권이 인정되지 않았지만, 오히려 창녀들은 자신들의 몸을 팔아 모은 돈을 개인 재산으로 할 수 있는 처지였다. 이것은 아이러니가 아닐 수 없다.

6. 솔론 개혁의 의의

헤로도토스(HH1.29)와 플루타르코스 그리고 아리스토텔레스(AC 7.2)는 솔론이 오랜 기간 불변하는 법을 만들었다고 기술했다. 그러나 솔론이 떠나자 4년이 지나기도 전에 잠복했던 사회적 갈등이 솟아올랐다. 양상은 합병증으로 더 복잡했다. 아테네 사회는 다시 파벌들의 갈등이 한 여름의 열기처럼 이글거렸다. 이를 호기로 솔론의 빈자리를 차지한 것은 솔론의 이종 사촌인 페이시스트라토스(Peisistratos)였다. 페이시스트라토스는 무력으로 파벌의 갈등에 종지부를 찍고 위헌적인 참주제를 도입했다. 솔론은 아테네로 돌아와서 페이시스트라토스의 참주제에 반대했지만 손에 권력이 없는 그는 어떤 역할도 할 수 없었다.[15]

솔론은 퇴장했지만 솔론이 이룬 개혁의 자취는 남아있었다. 아리스토텔레스는 솔론의 정치 개혁에서 가장 민주적인 것으로 1) 몸을 담보로 돈을 빌리지 못하도록 한 것, 2) 억울한 처지의 사람들을 위해 원하는 사람이 구제 조치를 취할 수 있도록 한 것, 3) 대중의 힘을 가장 강화한 것으로 재판에서 항소심 재판을 하도록 한 것들을 들고 있다 (AC 9.1). 아리스토텔레스의 지적처럼 솔론의 개혁은 약자의 경제 상황과 사회적 지위에 초점이 모아져 있다.

당시의 경제는 원시적인 생존 경제였다. 아테네의 전형적인 농가는 간신히 자신의 필요를 충족시킬 만큼 농산물을 생산했다. 더욱이 BC 7세기에 들어서면서 아테네도 다른 그리스 도시국가들과 마찬가지로 증가하는 인구 압력에 직면한다. 인구가 증가할수록 제한된 생산물의 분배가 줄어들고 가난은 깊어진다. 결국은 상업과 무역을 통해 농촌경제의 한계를 보완해야 한다.

솔론은 과감한 투자유치정책을 추진했다. 외국 상인들에게 아테네에 정착하도록 권고하고 정착민들에게는 시민권을 부여하는 동시에 가족을 데려오도록 허용하자 이들은 돈을 가지고 와서 소비할 뿐만 아니라 아테네의 수출 전사 역할을 했다. 올리브기름과 검은 문양 도자기가 수출 품목을 주도했다. 그러나 올리브 재배와 수출이 권장되면서 다른 농산물의 생산 토지가 줄어드는 바람에 곡물 생산량이 감소하여 아테네인들은 식량난으로 어려움이 가중되었다. 올리브는 심고 나서 처음 6년 동안은 열매를 생산하지 못하기 때문에 농민들은 몇 년 동안 올리브 나무만을 쳐다보고 배고픔을 참아야 했다. 다만 도자기는 생산량이 늘어나고 마침 코린토스 도자기의 무역 감소로 인해 수출이 더 증대되었다. 솔론은 다른 한편으로 가난한 사람들을 구제하기 위해 곡물을 비롯한 농산물 수출을 금지했지만 가난한 농민들의 어려움이 해소되지는 못했다.

모든 개혁이 공통적으로 부정적 측면과 긍정적 측면의 양면성을 갖는 것처럼 솔론의 개혁도 양면성을 가진다. 또한, 개혁의 결과에 대한 공과도 엇갈린다. 예를 들면 아리스토텔레스가 지적한 경제 및 정치제도의 개혁은 긍정적 측면을 보여주지만, 정치사회의 구조적 측면에 대한 개혁은 단기간에 성과를 내기가 어렵다. 특히 개혁을 주도한 인물이 퇴장하면서 정권의 연속성이 약화되면 일시적으로 고개를 숙이고 있던 반개혁적인 기득권 세력들은 다시 고개를 들게 된다.

그가 권력에서 내려오자마자 아테네는 다시 계급 간의 권력투쟁의 소용돌이에 빠져들었다. 이것은 솔론의 개혁이 귀족의 지위는 제한하고 평민의 정치참여는 확대했으며 빈민을 구제하는 시책은 추진했으나 귀족 간 그리고 귀족과 평민 간의 갈등을 해소하기보다는 미봉한 것으로 평가될 수 있다.

특히 아테네는 3개의 파당이 출현해 권력 쟁탈전을 벌이는 중에 내분과 무정부 상태까지 이르게 되었다. 솔론이 밟고 있던 용수철을 다음 지도자가 틈새를 주지 말고 계속 눌러야 했지만 지도자의 교체는 결국 용수철의 반작용을 가져오게 했던 것이다. 그러나 솔론의 개혁은 근본적인 수술을 하는 데는 미흡했음에도 아테네 민주주의를 위한 기반을 마련한 것으로 인정받고 있다.

솔론이 집권 기간에 보여주었던 리더십은 많은 교훈을 준다. 특히 그는 항상 배움 속에서 새로운 생각이 샘솟듯한 인물이다. 그의 아이디어와 지혜의 원천은 분명히 나이가 들어서도 늘 배우는 삶에 있었을 것이다. 그가 남긴 시의 한 구절에서 이를 잘 나타내 준다.

"나이는 하루하루 늘어가지만 배움의 길은 나날이 새롭구나. (플루타르코스, 영웅전)

이에 대해 플라톤은 "사람은 늙어가면서 많은 것을 배울 수 있다고 한 솔론을 믿어서는 아니 되기 때문일세, 늙어가면서 달리기보다도 더 할 수 없는 게 배우는 것이라네.…"(PR 7.536d)라는 반응을 나타낸다. 플라톤이 늙어서 배우려는 것을 달리기보다 더 어렵다고 비교한 저의는 조기교육에 대한 강조다. 플라톤은 통치자들은 연장자들이어야 한다 (PR 3.421c)고 강조하면서도 교육은 신체와 정신이 건전한 사람들을 데려다 하는 것이 나라와 정체를 보전하는 것 (PR 7.536b)이라고 주장하면서 '철인왕(哲人王)'을 내세우는 것은 교육 즉 배움을 강조하는 것이다. 다만 그는 유능한 지도자를 배출하기 위해 여러 남성들의 아내들을 공유하자는 일종의 공유제를 제기할 정도로 기능주의를 강조하다 보니 젊은 사람들을 교육시키는 것이 나이 많은 사람들을 교육시키는 것보다 중요하다는 점에서 접근하고 있는 것이다.

민주주의가 제도화되지 않은 나라에서 권력이나 개혁은 '총구'가 좌우할 수 있다. 솔론은 총구가 필요했던 개혁을 지혜를 바탕으로 소통을 통해 추진했다. 그는 기득권층과 평민들에 대한 소회에서 이렇게 술회했다.

"탐욕스러운 사람들은 지나친 욕망을 갖는다. 저마다 많은 부를 얻기를 원한다." (AC 12.3), "민중은 지도자를 따를 때 가장 좋게 된다. 너무 자유로워도 안 되고 너무 억압받아도 안 된다." (AC 12.2)

솔론의 개혁과제와 대상은 특정 소수의 이해가 아니라 전 국민의 이해가 걸린 과제였다. 전쟁 아닌 전쟁이었고 혁명 아닌 혁명이었다. 그러나 거기에 총구는 없었다. 마오쩌둥(毛澤東)은 "혁명은 저녁파티가 아니다"고 말했지만 솔론의 혁명은 저녁파티였다. 총 대신 그는 갈등집단 간의 화합과 소통으로 사실상 파티의 장을 마련했던 것이다.

집권자는 늘 자신이 당면한 권력의 상황을 항상 반추(反芻)한다. 집권자가 개혁을 주창하는 배경은 다양하지만 대개는 집권자의 애국적인 사명감이나 권력의 강화나 지속 또는 물러서기 어려운 국민의 거센 요구가 주요 배경이다. 그러나 장기집권자는 개혁의 방향과 진행 과정 그리고 결과가 자신의 권력에 어떤 영향을 미칠 것인가를 먼저 생각할 수밖에 없다. 여기에서 개혁은 퇴보하거나 굴절될 수 있다.

개혁은 항상 인민계급의 요구와 기득권 세력의 저항 및 피해를 전제로 한다. 따라서 다수로부터 지지를 이끌어 낼 수 있는 정의로운 명분이 분명해야 한다. 솔론이 모든 평민에게 선거권을 확대한 것은 선거권을 부여해야 하는 당위성과 함께 평민을 정치의 장으로 끌어내어 귀족을 견제하려는 계책도 담겼다고 볼 수 있다. 권력과 재산을 국민에게 나누어 주는 방향은 소수 기득권 세력을 제외하고 어느 누구도 반대할 수 없는 과제다. 또한, 당시 기득권 세력들이 스스로가 갈등을 겪고 있었을 뿐만 아니라 평민들로부터 지지를 얻지 못하는 상황이었다. 솔론은 이런 현실을 기민하게 잘 이용했고 '검'이나 '혁명' 대신에 법을 통해 법의 테두리 안에서 개혁을 시도한 것이다. 이런 점에서 솔론은 전제주의나 과두주의자가 아니라 입헌주의자였다.

솔론은 말년에 자신의 개혁에 대한 회상을 시로 남겼다. 솔론의 회고시는 지도자가 국가 개조나 개혁을 하려면 반드시 기득권 세력의 저항과 개혁 세력의 공격에 직면한다는 것을 보여준다. 이 상황에서 솔론은 적대적인 세력들을 설득하여 목표한 과제를 이루려면 어떤 입장에서 어떻게 추진해야 할 것인가에 대한 소회를 다음과 같은 시로 표현했다.

"나는 강한 방패를 들고 서서 양편 모두를 보호하고 어느 편도 부당한 승리를 거두지 않도록 하였다."(AC 12.1)

솔론은 본질적이고 철저한 중도인이었다. 그러나 그는 원칙 있고 강단 있는 중도인이었다. 개혁을 온건하면서 강단 있게, 유연하면서도 강력하게 추진했다. 플루타르코스는 솔론의 이런 처방과 표현으로 인해 "아테네 사람들은 거칠고 강한 말 대신 부드럽고 멋진 이름을 붙이기를 좋아했다"고 알려준다. 예를 들면 매춘부를 친구, 세금을 공납금 등으로 불러 단어에서 거부감을 빼 버린 것이다.

솔론의 개혁이 이해당사자들로부터 비판을 받으면서도 위기 상황을 극복한 것은 바로 그의 표현대로 "양편 모두를 위해 강한 방패를 들고서" '균형'과 '공정'을 통해 신뢰를 확보했기 때문이다. 두 계급이 눈에 쌍심지를 켜고 첨예하게 대립하는 상황에서 양쪽 모두로부터 신뢰를 받는 최대의 무기를 '균형'과 '공정'을 토대로 하는 '조화'로 압축할 수 있다. '균형'과 '공정'이 물리적으로 사용되면 측정될 수 있는 개념을 갖지만 정치적 담론으로 제기되면 모호하고 공허한 상징으로 남게 된다.

솔론은 금권정치의 프레임을 벗어나지 못했으나 금권을 절대적 기준으로 삼은 것은 아니었다. 오히려 선천적이고 고정적인 귀족계급을 가변적인 금권으로 타파하고 더 나아가 금권의 확산을 통해 평민들에게 정치적 자유와 평등의 제공을 통해 민주주의의 레일을 깔았다. 이런 점에서 솔론의 정치체계를 티모크라시를 개념화하는 내용으로 삼아 새로운 정치체계로 등장시키는 것이 필요하다. 솔론은 티모크라시를 통해 조화의 정치를 추구했던 것이다.

❖ 주

1) 예를 들면, 시키온에서 클레이스테네스(Cleisthenes)는 이오니아 소수 민족을 대신하여 권력을 찬탈했다. 메가라에서는 테아게네스(Theagenes)가 지역의 과두(寡頭)들을 제압하고 권력을 잡았다.
2) W. G. Forrest, *The Emergence of Greek Democracy 800-400 BC* (New York: McGraw-Hill Book Co. 1976), pp. 150-158.
3) 티모크라시에 관해서는 앞의 아테네 정치체계의 내용을 참조.
4) 구약성서 창세기(47:24-26)에도 이와 유사하게 1/5은 주인에게 주고, 4/5는 경작자가 갖는 유사한 제도가 나타난다. 이것은 그리스의 경우보다 경작자에게 훨씬 박한 배분이다.
5) 솔론의 부채탕감이 역사적으로 최초의 일은 아니다. 가장 오래된 기록은 메소포타미아의 수메르인들이다. BC 2400년, 지금으로부터 4500년 전, 솔론 시대보다 약 1500여 년 전에 메소포타미아에서는 부채탕감 법령이 있었다. 수메르인들의 부채탕감법은 많은 경우 그 전까지 있었던 모든 빚 관계를 무효화하고 차압한 토지를 원소유자에게 돌려주며, 노예의 신분으로 떨어진 가족들을 독립 자영농민의 신분으로 복귀시켜주도록 했다. 수메르인들의 이런 제도는 유대인들에게 이어졌다. 그들의 성서인 히브리성경(구약성서) 레위기(25장)에는 희년(禧年; year of Jubilee)에 부채를 탕감하고 노예를 풀어주는 제도가 있다. 희년은 50년마다 돌아온다. 신약성서에서 예수가 "수고하고 무거운 짐진 자들아 내게로 오라 내가 너희를 편히 쉬게 하리라(마가복음 11: 28)"로 말한 '무거운 짐'도 바로 부채였다. 예수의 부채(debt)는 '크레오스(chreos)'로, 원래의 의미는 필요한 것이나 부족한 것을 의미했으나 부채가 일반화되면서 부채의 의미로 확대되었다. 주기도문에도 "우리가 우리에게 죄지은 것을 사하여 준 것 같이"라는 대목의 '죄'는 곧 부채이며 유대인들끼리 이 부채를 탕감해준다는 의미다. 이런 해석을 하는 이유는 기독교에서 인간의 죄는 인간이 아닌 하느님만 사하여 줄 수 있기 때문이다. 유대인들의 희년 제도는 현대에도 이어져 부유한 서구 국가들이 가난한 나라의 부채를 탕감해주자는 '주빌리(Jubilee 2000) 프로젝트'가 있다.
6) 이 계산법은 이솝의 우화에 나타난다. "사자와 여우, 당나귀 셋이서 사냥을 나갔다. 사자가 당나귀에게 사냥한 먹잇감을 나누라"고 명령한다. 당나귀는 고지식하게 정확히 3등분으로 나눈다. 화가 난 사자는 그 자리에서 당나귀를 잡아먹었다. 사자는 이번에는 여우에게 먹잇감을 나누도록 한다. 여우는 먹잇감을 큰 덩어리와 아주 작은 덩어리로 나누고 사자에게 큰 덩어리를 가지라고 한다. 사자는 아주 좋아하면서 "어떻게 이렇게 제대로 나누는 법을 배웠냐?"면서 자신의 몫도 여우에게 준다. 이솝은 솔론과 함께 리디아의 군주 크로이소스를 방문했던 작가이다. 신분 사회에서 기득권 세력들이 사유 재산의 구조를 왜곡시켰기 때문에 정상화 즉 재분배는 당연한 요구다.
7) 'Mina'는 '계산하다'는 의미다. 미나는 기독교 성서에 언급되는데 달란트가 도입되기 전에 초기 수메르(Sumer)시기에는 무게의 단위였다. 달란트가 도

입되면서 미나는 달란트의 1/60의 가치로 평가되었으며 무게로는 0.57kg 이었다. BC 2세기의 로마작가 플라우터스(Titus Maccius Plautus)의 연극 'Pseudolus'에는 노예 값이 20미나로 계산된다.

8) 1드라크마는 6오볼이다. 1오볼은 포도주 3리터의 가치였으며, 매춘부의 화대는 3오볼이었다. 1드라크마는 약 4.3그램의 은으로 주조되었다. 학계에서는 일용 노동자들에게 하루 0.5~1드라크마를 줬다는 기록을 토대로, 이 1드라크마의 가치를 약 50$ 내외로 추산한다. 구약 시대에는 이런 화폐 단위가 등장하지 않는다. 그런데 신약 시대에 들어서면서 그리스 화폐와 유대 화폐가 신약성서에 동시에 등장한다. 신약성서에 등장하는 달란트(Talent)는 헬라어 '탈란톤(talanton)'과 관계가 있다.

탈란톤은 원래 '저울', '계량된 것'의 뜻으로 무게를 재는 단위의 명칭이다. 이 탈란톤이 라틴어의 달란트로 변한 것이다. 또 성서의 달란트는 '한 덩어리'를 뜻하는 히브리어 '키카르(kikar)'의 음역이다. 달란트는 후에 재능, 능력을 나타내는 뜻으로도 사용되었다. 달란트는 금화로서 6,000 드라크마에 해당하는데, 그리스뿐만 아니라 이집트, 바벨론, 그리고 로마 고대 등지에서 질량과 화폐의 단위로 쓰였다.

고대 이스라엘과 다른 레반트(Levant) 국가 즉 고대의 가나안(팔레스타인)과 시리아, 요르단, 레바논 지역 등에서는 바벨론의 달란트를 사용했으며 신약 시대에 사용된 무거운 달란트는 58.9kg이었다. 신약 시대의 달란트는 유통된 화폐가 아니라 단순히 화폐의 단위였다. "또 어떤 사람이 타국에 갈 때 그 종들을 불러 자기 소유를 맡김과 같으니 각각 그 재능대로 한 사람에게는 금 다섯 달란트를, 한 사람에게는 두 달란트를, 한 사람에게는 한 달란트를 주고 떠났더니"(마 25:14~15)라는 구절에서 달란트가 등장한다. 10여 년 후의 누가복음에는 달란트가 아니라 미나가 등장한다. "어떤 귀인이 왕위를 받아 가지고 오려고 먼 나라로 갈 때에 그 종 열을 불러 은화 열 미나를 주며 이르되 내가 돌아올 때까지 장사하라 하니라"(눅 19:13).

성서의 작성 시기의 차이 등을 토대로 추정하면 달란트가 사용되고 이어 미나가 통용되었던 것으로 보인다. 연대순으로 보아 아마 10여 년 전에 만들어진 마태복음의 달란트가 미나로 대체한 것으로 보인다.

9) 이에 관해서는 최한수 (2022) 참조. 영국의 사회인류학자인 프레이저 경(Sir James George Frazer, 1854~1941년)의 연구는 BC 4000년의 고대 도시 수메르(Sumer)의 우룩(Uruk) 시에는 수메르 사제들이 카쿰(kakum)이라는 사원에서 종교의식을 빌미로 사원의 여성들과 방문자들이 성적관계를 했다고 전한다. 이것이 의식을 가장한 섹스와 화대를 가장한 헌금이었는지는 확실하지 않지만 6천 년 전에 가정의 밖에서 남편과 아내관계가 아닌 남녀들이 종교를 배경으로 성관계를 한 것은 분명해 보인다. 헤로도토스도 바빌론의 여성들이 신전에서 매춘을 가장한 편법적 합법의 성관계의 모습을 전해준다 (HH 1.199).

10) Michael Parent (1995), p. 3.
11) 이에 관한 내용은 아레오파고스의 내용과 최한수 (2022)을 참조.
12) 필레몬은 유명한 코메디(Comedy) 극작가였다. 원래 시라쿠사 사람이지만 아

테네 시민권을 취득했으며 아테네의 연극공연에서 여러 번 우승을 차지한 인물이다. 그는 100세 전후까지 장수했는데 너무 많이 웃다가 죽었다는 이야기가 전해진다.
13) 이에 대한 자료는 다음의 문헌 Frank Frost, "Solon Pornoboskos and Aphrodite Pandemos," in *Syllecta Classica*, Volume 13 (2002), pp. 34-46을 참고함.
14) 이와 관련한 내용은 최한수 (2022)에 기술되어 있다.
15) 솔론은 80세의 나이에 키프로스에서 죽었다. 파우사니아스(Pausanias)는 솔론을 그리스 7인의 현자 중 한 명으로 선정했으며 그의 격언들이 델피의 아폴로 신전을 장식했다고 전한다 (Pausanias, *Description of Greece* 10.24.1, https://www.perseus.tufts.edu/hopper/text?doc).

7장

페이시스트라토스의 참주제

1. 페이시스트라토스 집권

아테네는 솔론이 떠난 뒤에 각 계급의 불만 속에 4년간은 탐색전 속에 평화를 유지했다. 그러나 다음 해에 계급 간의 갈등이 증폭되면서 아르콘을 뽑지 못해 무정부 상태가 되었다. 솔론의 정치 개혁 이전에는 귀족 회의인 아레오파고스에서 귀족을 대상으로 아르콘을 선출했으나 이제는 모든 자유인이 참여하는 민회를 거쳐야 한다. 선거권자가 다양한 계층으로 확대되면서 각계각층의 이익이 첨예하게 대립되어 혼란이 초래되었다. 여기에서 무정부를 뜻하는 '아나르키아(anarchia)'라는 새로운 용어가 등장한다. 결국은 BC 580년에 10명의 아르콘을 놓고 귀족 5명, 농부 3명, 수공업자 2명의 배분으로 타협을 보았다.

솔론이 물러나고 이어진 혼란 속에서 권력을 장악한 것은 페이시스트라토스(Peisistratos 또는 Pisistratus, BC 605~528/7년 사망)였다. 페이시스트라토스는 중도파인 메가클레스의 아들 클레이스테네스(Cleisthenes)의 처남으로 BC 565년 메가라 근처의 니사이아(Nisaea) 항구를 점령한 공적으로 아테네인들 사이에서 유명세를 타고 있었다.

이 시기에 리쿠르고스(Lycurgus)가 이끄는 페디에이스(Pedieis, '평원 사람들', 평원당)와 메가클레스(Megacles)가 이끄는 '파라리로이(Paralioi, '해안 사람들', 해안당)'가 권력다툼을 벌이고 있었다. 페이시스트라토스는 이 두 파벌과 대항하기 위해 히페라크리오이(Hyperakrioi, '언덕 사람들', 산악당)를 동원했다. 솔론의 개혁으로 부유한 상인 계급이 등장하면서 평민의 정치참여 기회가 확대되고 페이시스트라토스가 주도하는 파벌이 추가되어 사회는 3개의 파벌로 분화된 것이다. 헤로도토스(HH 1.59)는 이 세 파벌을 지리적 배경을 중심으로 구별했고 아리스토텔레스(AC 13)는 여기에 정치적 이념을 추가해, 페디에이스파를 과두파로 파라리로이파를 중도파로 그리고 히페라크리오이(혹은 디아크리오이)를 민주파로 분류했다.

아리스토텔레스에 따르면 페이시스트라토스가 주도한 히페라크리오이에는 가난하고 신분이 낮은 사람들이 대거 참가했는데 빚에서 풀려난 사람들은 가난 때문에, 출생이 순수하지 못한 사람들은 신분에 대한 염려 때문에 합세했다. 특히 헤로도토스는 페디에이스파와 파라리로이 사람들 간에 내분이 있을 때 페이시스트라토스가 참주가 되려는 생각으로 히페라크리오이파를 규합했다고 전한다.

페이시스트라토스의 최초 권력 장악은 한편의 드라마였다. 페이시스트라토스는 자신의 명성을 바탕으로 파벌을 조직한 뒤에, 헤로도토스에 따르면 교묘하고 비겁한 수단을 동원해서 권력을 차지했다. 헤로도토스는 페이시스트라토스가 권력을 장악하는 과정을 이렇게 기술하고 있다.

"그는 자신과 노새들에게 상처를 입히고, 적들에게서 도망쳐오는 것처럼 수레를 도시의 시장으로 몰고 갔다. 그는 자신이 수레를 타고 시골로 가고 있을 때 적들이 자신을 죽이려 했다고 말했다. 그는 시민들에게 자신에 대한 호위대를 붙여 달라고 요청했다. 핍박당하는 자에게 발로되는 동정심과 군중심리를 교묘하게 이용한 것이다. 그는 이전에 메가라 원정에서 장군직을 맡아 나사이아를 점령하고 다른 큰 공적들도 세웠던터라 호의적인 명성을 누리고 있었다. 이에 아테네 시민들은 그에게 속아 시민들 중에서 선발한 자들을 그에게 호위대로 내주었다. 이들은 나무 몽둥이로 무장해서, 페이시스트라토스의 창병대가 아니라 몽둥이 무장대가 되었다. 이들은 페이시스트라토스와 함께 봉기하여 아크로폴리스를 점령하여 집권하게 되었다." (HH 1.59)

권력쟁취를 둘러싼 생사의 게임이 코미디 같은 줄거리로 엮어진다. 헤로도토스의 이 이야기가 어느 정도 사실과 부합하는지는 알 수 없지만 다른 기록이 없기 때문에 그리스의 역사는 이 이야기를 토대로 이어져 오고 있다. 이야기의 내용은 허술하지만 그는 쿠데타에 실패한 킬론과는 달리 아테네인들이 그의 지배를 묵인함으로써 스스로 참주가 되는 데 성공했다. 페이시스트라토스의 집권은 결국 시민을 동원한 쿠데타지만 코메디 같은 과정으로 인해 킬론의 쿠데타에서 보여졌던 피로 얼룩진 모습은 드러나지 않는다.

페이시스트라토스는 집권하면서 일반 대중들의 지속적인 지지를 적극적으로 모색했다. 그러나 그의 집권 과정은 헤로도토스의 기록대로라면 비열한 속임수를 동원한 원초적인 한계로 정당성의 위기를 가지고 있었다. 게다가 민중만 쳐다보면서 자신의 권력을 강화하는 데 소홀했다. 너무 쉽게 권력을 장악한 자신감으로 방심한 결과였다. 이 사이에 귀족 중심의 해안당 주도 세력인 알크마이오니드(Alcmaeonid) 가문과 다른 저명한 귀족 중심의 평원당의 주도세력인 필라이드스(Philaids)가문이 연합하여 반(反)페이시스트라토스 세력을 결성했다. 이들은 페이시스트라토스가 자신의 권력을 공고히 할 충분한 시간을 확보하기 전에 행동을 개시하여 페이시스트라토스를 추방했다. 그가 정권을 장악한 지 1~2년 후인 BC560/59년 혹은 BC 559/8년이다.

연합이나 동맹은 외부의 적이 현존하는 상황에서만 작동하다가 공동의 적이 사라지면 동맹세력이 오히려 상호 적이 된다. 따라서 동맹에 너무 의존하거나 마음을 놓고 믿어서는 안 된다는 것이 정치권력의 공식이다. 페이시스트라토스가 추방된 이후 두 파벌의 정치 동맹에는 다시 틈이 생겼다. '적의 적은 동지'라는 명제가 이를 설명할 또 다른 공식이다. 알크마이오니드 가문의 지도자인 메가클레스는 필라이드스 가문을 제압하기 위해 이번에는 상대를 다시 바꾸어 페이시스트라토스에게 사람을 보내 협상을 벌였다. 자신의 딸과 결혼한다면 다시 참주로 추대해 주겠다고 제안한 것이다. 권력공유를 위한 혼인 동맹이다.

알크마이온 가문은 페이시스트라토스의 힘을 이용해 평원당을 제압하고 자신의 딸을 결혼시켜 손자를 참주에 오르게 하려는 원모(遠謀)였다. 페이시스트라토스는 남성이 기대하는 3요소 중에서 돈을 제외한 권력과 여인이 굴러 들어오는 것을 마다할 이유가 없다. 양측은 합의를 보고 페이시스트라토스가 귀환할 수 있는 헤로도토스가 말한 '정말 어리석기 짝이 없는'(HH 1.60) 다음과 같은 계략을 꾸몄다.

페이시스트라토스는 이번에도 또 다른 연출을 시도했다. 이들은 파이아니아 지역의 한 동네(데모스)에 사는 '피아(Phya)'라는 키가 훤칠한 미모의 여성을 아테나 여신으로 꾸미고 전차에 태운 뒤 시내로 들여보냈다. 그리고 전령들을 풀어 "아테네인들이여, 페이시스트라토스를 진심으로 환영 하시오. 아테나의 여신께서 인간들 중에 그를 가장 소중히 여기시어 손수 그를 자신의 아크로폴리스로 데려오고 계십니다"(HH 1.60)라는 메시지를 전파했다. 소문은 곧바로 여러 데모스로 퍼졌고 시민들은 그 여성이 진짜 아테나 여신이라고 믿고 이 인간 여성에게 경배하면서 페이시스트라토스를 환영했다. 현새의 관점에서는 만화지만 당시의 그리스 종교 실정에서 보면 가능한 이야기다. 그는 화려하게 귀환하여 집권했고 이것은 그의 인기가 여전했다는 것을 반증한다.

그는 BC 557/556년 두 번 째로 참주가 되고, 메가클레스의 딸과 결혼했다. 그러나 불행하게도, 페이시스트라토스와 메가클레스의 관계는 곧 뒤틀렸다. 헤로도토스는 페이시스트라토스가 메가클레스의 딸과 결혼은 했지만 메가클레스의 알크마이오니드 가문이 저주를 받았다는 소문이 있고, 이미 두 아들이 있었기 때문에 자녀 출산을 피하려고 '비정상적인 방법'으로 성관계를 가졌다고 전한다. 메가클레스의 딸은 처음에는 이 사실을 숨겼으나 결국 친정에 전해지면서 메가클레스가 분노한다. 자기의 자손을 참주로 만들려던 계획이 수포로 돌아가자 다시 리쿠르고스를 동지로 삼았다. 위협을 느낀 페이시스트라토스는 BC 556/5년에 에레트리아로 망명했다. 여기에서 페이시스트라토스는 히피아스를 비롯한 아들들과 상의하고 과거 긴밀했던 국가들로부터 기부금을 받아 용병을 조직하고 원군을 얻어 망명 10년째에 아테네를 향해 진군하면서 마라톤을 점령하고 진지를 설치했다.

페이시스트라토스가 돌아오자 민주적인 집정관보다 참주를 선호하는 시골의 농민들을 중심으로 지지자들이 모여들었다. 마라톤과 아테네의 중간 지점인 팔레네에 이르렀을 때 아테네 방어군과 마주쳤다. 대대수의 아테네인들은 페이시스트라토스와 싸움을 원하지 않았다. 알크마이오니드 가문과 그들의 적극적인 지지자들을 제외하고는 페이시스트라토스를 상대로 하는 전투에 가담하지 않았다. 결국 그는 권력에서 물러난 후 10년 만인 BC 547년에 무력으로 아크로폴리스를 다시 점령했다. 이번에는 술수의 연출이 아니라 자신의 힘으로 당당히 정권을 차지한 것이다. 패배한 알크마이오니드 가문 사람들은 망명했다. 페이시스트라토스는 세 번째 참주에 복귀하고 그의 여생에서 어떤 도전도 받지 않고 권력을 유지하다가 BC 527년에 생을 마감했다. 그의 사후에는 아들 히피아스(Hippias)가 그를 승계했다 (역사 5.65).

2. 통치방식

페이시스트라토스는 집권기간 동안 새로운 법을 만들기보다는 솔론이 만든 법에 따라 아르콘 및 민회와 시민 법정, 400인회를 존치했다. 그의 이런 통치 형태에 대해 헤로도토스와 아리스토텔레스의 평가는 유사하다. "그는 기존 지배체계를 유지했으며 법을 개정하지도 않았다. 이미 정해진 헌법에 따라 국가를 통치했고 공정하고 훌륭하게 정리했다"(HH 1.59). "그의 행정부는 온건했으며 … 폭정보다는 입헌정부와 더 유사했다"(AC 16.2). 그러나 기득권 세력의 벽도 여전히 두꺼웠다. 기득권 세력의 이익을 침해하는 개혁은 마키아벨리즘적으로 때로는 여우로 때로는 사자의 얼굴을 하고 단계별 여론의 지지를 얻어가며 하나하나 조여가야 한다.

당시 아테네가 직면한 과제는 여전히 해소되지 않은 경제적 계급 간의 긴장이었다. 페이시스트라토스는 이 갈등을 완화하려는 의도로 권력과 재력의 집중보다는 분산시키려는 전략을 추구했다. 우선 친서민 정책을 통해 밑으로부터 자신의 집권기반을 공고히 했다. 평민 특히 저소득자와 가난한 평민들을 위한 경제 정책 특히 농어민과 상인의 경제적 능력을 강화하는 정책을 추진했다. 솔론과 유사하게 올리브 재배와 아테네 무역을 장려하면서 특히 저소득층의 소득을 증대하고 하층계급에게는 세금을 감면해주면서 가난한 사람들에게 땅을 분배하고 융자를 해주었다. 영농 자금의 융자는 일자리가 없는 사람들을 농촌으로 분산시켜 인구 분산과 지역 발전을 촉진시켰다. 인구의 분산은 갈등을 줄이면서 폴리스의 정치적 안정 효과와 함께 대다수의 아테네인에게 경제번영 및 문화증진에 대한 희망을 주었다.

그는 공격적인 외교 정책으로 무역과 산업을 지원하고 도로를 건설하며 도시의 담수 공급 수단을 개선했다. 각 지방의 '데모스' 단위로 재판관을 보내 이동 재판소에서 재판을 하여 농민들이 도심에 올 필요가 없도록 했다. 페이시스트라토스의 이런 정책 추진에는 국가의 행정력이 동원되었다. 그렇다고 국가주의를 추구한 것은 아니었다. 국가주의적 의식이나 환경이 존재하지도 않았다. 국가주의의 형태는 다양하지만 일반적으로 국가의 권한이 강화되어 시장을 통제할 뿐만 아니라 국민의 자유도 제한하는 전체주의체계와 관련된다.

페이시스트라토스는 권력을 장악하고 있는 동안, 오히려 귀족들의 특권을 대폭 축소하고 그들의 토지를 압수하여 가난한 사람들에게 나누어 주었으며 많은 종교 및 예술 프로그램에 자금을 지원했다. 페이시스트라토스의 이런 행태는 포퓰리스트의 재능을 유감없이 발휘하여 포퓰리즘의 선구자로 평가할 만하다.

권력자는 가시적인 대형공사를 추진하여 변화되는 모습을 보여줄 뿐만 아니라 서민들의 소득증대와 함께 정권에 대한 불평불만을 근원적으로 잠재우려 한다. 페이시스트라토스도 예외가 아니었다. 여러 건축 등 대형공사를 펼쳐 영세민에게 일자리를 만들어주었고, 뉴딜정책과 성격은 다르지만 일자리가 없는 서민들에게 가계 수입을 올릴 수 있는 기회를 만들어준 일종의 복지건설사업이라는 점에서는 같다. 특히 신전 건축물들은 자신의 업적을 알리고 권위를 확립하려는 의도가 분명했다. 또한, 인민들에게 깊이 파고들 수 있는 선전도구로 아테네의 상징인 올빼미 문장(紋章)의 동전을 발행했으나 표준 은화처럼 정식 화폐에 이르지는 못했다. 페이시스트라토스는 집권 과정에서 보여준 기발하고 노련한 자질을 권력의 강화와 유지에 활용했다. 아리스토텔레스도 참주가 권력을 유지하는 데 신(神)을 활용하는 방법을 제기한다.

"참주는 신들을 공경하는 일에 항상 남다른 열정을 보여야 한다. 통치자가 경건하고 신을 두려워한다고 여겨지면, 사람들은 통치자에게 부당한 대우를 받지 않을까 하는 두려움이 줄어들 것이며, 신들도 도와주고 있다고 생각하면 통치자에게 음모를 꾸밀 마음이 덜 내킬 것이다"(AP 5.11, 1314b38).

아리스토텔레스의 말대로 그는 신을 숭배하고 종교 축제와 경연 등도 후원하였으며 아테네를 아름답게 만들고 예술을 증진하기 위한 인기 있는 프로그램도 주도했다. 또한, BC 566년에 날짜를 지정하여 파나테나이아(Panathenaea) 축제를 시작했는데 축제는 BC 566년부터 BC 3세기까지 아테네에서 4년마다 열렸다. 이 축제는 종교의식, 운동 경기 및 문화 행사가 포함되었으며 연극, 예술, 조각예술 발전의 견인차가 되었다.

페이시스트라토스의 친서민 복지정책은 아고라(Agora)의 건설에서도 잘 드러난다. 아고라는 "모이다"라는 뜻으로, 사람들이 모이는 곳이다. 사람들이 모이면 필요한 물건들을 서로 교환하거나 팔고 사는 시장이 형성된다. 아고라는 본래 시장에서 출발하여 많은 사람이 서로를 만나면서 정보와 의견을 주고받는 정보 교류장으로 결국 여론형성마당이 되었다. 페이시스트라토스는 BC 550~520년대에 아크로폴리스 아래의 주변 집을 철거하고 벽을 허물어서 약 550m에서 600m 정사각형의 넓은 공간을 확보하여 아고라의 모습을 갖추었다. 아테네에 아고라가 시민 센터로서 모습을 갖추기 시작한 것인 이때부터이다.

아크로폴리스가 신성한 종교의 중심지라면 아고라는 평민의 세속적 삶의 중심지였다. 더 나아가 이곳에서는 세속적 일을 처리하는 행정관서도 있었고 재판도 이루어졌다. 여기에서 민회도 열렸다. 프닉스(Pnyx) 언덕에서 개최되는 민회도 아고라에서 출발했다. 강론과 논쟁을 좋아하는 소크라테스가 이곳을 외면할 리가 없다. 그는 제자들과 함께 이곳의 단골손님이었으며 소피스트들도 아고라에서 논쟁을 벌였고, 후세에 사도 바울도 선교 장소로 이용했다.

페이시스트라토스는 또한, 아크로폴리스 남쪽에 올림포스 12신 중 최고의 신인 제우스에게 바치는 올림피아 제우스 신전(이하 제우스 신

▶ 사진 7.1 아고라 안의 연단 모습
하얀 돌 연단이 소크라테스가 서서 강론하던 곳으로 전해진다.

전) 건설 공사를 시작했다. 페이시스트라토스가 구상한 신전은 고대 세계에서 최대의 신전이었다. 그는 당대의 두 유명한 사찰인 사모스의 헤라이온(Heraion) 신전과 에페소스의 아르테미스(Artemis) 신전을 능가하는 신전을 지으려고 마음먹었다. 이 신전들은 고대 세계의 7대 불가사의에 해당한다. 사모스의 헤라이온은 그리스의 사모스 남부 시역의 헤라(Hera) 여신을 위한 신전이다. 이 신전은 1992년에 유네스코(UNESCO) 문화유산으로 지정되었다. 아르테미스 신전은 다이아나(Diana) 신전으로도 알려져 있지만 고대의 아르테미스 여신에게 헌정된 신전이다. 이 신전은 현재의 터키의 에베소에 위치해 있었다.

　페이시스트라토스가 죽고 그의 두 아들은 아버지가 건축을 시작한 신전을 철거하고 BC 520년경 새로운 거대한 신전의 건설을 시작했지만 신전의 건축은 BC 510년 히피아스의 참주정이 전복되고 히피아스가 축출되면서 포기되었다.[1]

　페이시스트라토스는 집권방식은 당시의 기준으로는 참주정이지만 통치과정에서 보여준 통치방식은 이른바 참주 개인의 권력욕과 관계되는 참주제라고 분류하기는 어렵다. 오히려 현대국가의 개념으로 행정국가의 관점에서 이해하는 것이 적절할 것 같다. 참주정은 그의 아들 대에서 나타나 결국 축출되고 만다.

3. 아테네의 정변과 스파르타의 개입

헤로도토스는 페이시스트라토스가 '현명하고 잘' 통치했으며 현존하는 관직체계를 변경하지 않았다고 기술한다. 페이시스트라토스의 아들 히피아스가 부친의 후광으로 참주 자리를 승계하여 동생 히파르코스와 함께 BC 527~510년 사이에 17년간 아테네를 다스렸다. 그러나

▶ 사진 7.2   아테네의 올림피아 제우스 신전

로마제국 황제의 파괴명령과 지진 등으로 파괴되어 현재는 사진에서 보는 것처럼 108개 기둥 가운데 15개의 기둥만 남아있다.

이 기간에 어이없는 일이 벌어졌다. 히피아스는 BC 514년의 파나테나이아 축제장에서 2명의 자객으로부터 공격을 받았다.[2] 히피아스는 죽음을 모면했지만 동생 히파르코스는 살해되었다. 이때부터 히피아스는 두려움에 휩싸여 범인으로 의심되는 수많은 아테네 사람들을 처형했다.

히피아스는 지금까지는 아버지에 이어 안정되고 유순한 정치로 아테네인들로부터 지지를 받았으나 저격사건 이후 폭군으로 변했다. 히피아스는 복수의 칼날을 마구 휘둘러 아테네의 귀족 가문 중 700명을 추방했으며, 수많은 사람을 처형했다. 히피아스의 광란이 지속된 4년간 민심은 반대방향으로 등을 돌렸다. 이후 집권하게 되는 클레이스테네스는 가문의 권토중래를 준비하면서 주도면밀하게 정권탈환의 계획을 마련했다. 히피아스는 쿠데타가 일어날 경우 피신할 곳을 찾으려고 외국으로 시선을 돌리기 시작했다 (TW 6.59.2).

❖ 주

1) 신전은 아테네 민주주의 시대에 미완성 상태로 남았다. 아테네인들은 그러한 규모로 건설하는 것을 오만함으로 생각했기 때문이다. 신전의 건축은 진전 없이 멎었다가 336년 만인 BC 174년에 재개되었다가 반쯤 마무리된 BC 164년에 다시 멈추고 건축이 시작된 지 약 680여 년 만인 AD 131년에 마무리되었나. 그러나 그 이후에 신전은 약탈과 파괴로 인해 현재는 원래의 108개 기둥 가운데 15개만이 서있다.
2) 월러 뉴웰 지음, 우진하 옮김, 『폭군 이야기』 (서울: 예문아카이브, 2017).

8장

클레이스테네스의 민주개혁

1. 클레이스테네스의 집권

클레이스테네스(Cleisthenes, BC 570~508년)는 BC 6세기 초에 고대 아테네의 헌법을 개혁하고 민주적 기반을 마련하여 '아테네 민주주의의 아버지'로 불리는 인물이다. 그는 귀족인 알크마이온(Alcmaeon)가문의 구성원이고 할아버지 메가클레스는 집정관으로서 킬론의 쿠데타를 진압한 장본인이다. 이때 그는 신전에서 항복한 킬론의 병사를 살해해 신전에는 피가 낭자했다. 이런 진압 작전은 피를 보면서 신을 모독했다는 비난을 불러와 결국 알크마이온 가문은 '저주받은 가문'으로 아테네에서 추방당했다. 그로부터 이들은 얼마의 시간이 흐르자 소문 없이 아테네로 들어왔다. 그의 아버지 메가클레스는 해안당의 지도자였으나 페이시스트라토스와의 권력투쟁에서 패배하고 다시 외국으로 망명했었다.

히피아스가 광란의 칼춤을 추는 4년 동안 반대파이던 알크마이온 가문의 클레이스테네스는 주도면밀하게 정권탈환의 계획을 마련해왔다. 그의 가문은 해외로 추방되어 있었기 때문에 국내에는 히피아스를 타도할 세력이 없었다. 클레이스테네스는 스파르타 세력을 등에 업기로 했다. 2원왕체제인 스파르타는 주변 국가들의 참주를 몰아내는 데 적극적이었다. 강대한 힘을 가진 스파르타로서는 이런 나라들에 개입할 명분도 된다. 그러나 그 상대가 아테네라서 망설이지 않을 수 없다. 아테네는 아티카 지역의 강국이었다. 사실상 펠로폰네소스에서 스파르타와 자웅을 겨루는 상황이었다.

당시에 그리스의 모든 도시국가 지도자들은 물론 개인들도 결정하기가 어려운 문제가 생기면 찾는 곳이 델피다. 클레이스테네스는 스파르타가 아테네의 내정 문제에 대한 답을 구하려고 델피를 찾을 것을 이미 짐작하고 델피에 아폴론의 새 사원 건설자금을 지원한다는 구실로 여사제에게 돈을 주었다. 떳떳하지 못한 돈을 건넬 때는 받는 사람에게 자존심을 지키면서 받을 수 있는 명분을 만들어 주어야 한다. '새 신전의 건설자금'이라는 것은 사제가 돈을 받을 명분이다. 아울러 주는 사람도 떳떳하게 보인다. 그러나 주는 사람이나 받는 사람 모두는 그 속뜻을 헤아리기 때문에 부연 설명은 오히려 화근만 만든다. 헤로도토스가 이 돈을 '여사제의 매수'(HH 5.63)라고 기술한 것은 예리한 지적이다.

델피의 여사제는 이에 대한 보답으로 알크마이온 가문을 돕기 위해 스파르타에 클레이스테네스를 돕도록 압력을 넣기로 했다. 스파르타는 마침내 델피로 가서 신탁을 구했다. 여사제의 답은 명쾌하고 단호했다. "아테네인의 해방이 먼저다." 돈발이 약발이 된 것인가. 스파르타인이 공적 질문을 하거나 사적 질문을 하거나 답은 하나였다. 결국 스파르타왕 클레오메네스는 직접 군대를 이끌고 아테네로 진격해 아크로폴리스의 히피아스를 축출했다. BC 511년이다. 이로써 페이시스트라토스 가문의 참주 정치는 2대 36년 만에 끝났다.

메가클레스의 아들 클레이스테네스가 스파르타군을 끌어들여 페이스트라토스의 아들 히피아스를 몰아낸 것은 대를 이어 물고 물린 악연의 연속이었다. 그러나 그게 끝이 아니었다. 히피아스는 이로부터 약 20여년 후인 BC 490년 다시 집권 기회를 잡으려고 시도한다. 아시아와 아프리카, 유럽 일부를 지배하던 페르시아가 아테네를 공략하기로 계획하자 히피아스는 페르시아 앞잡이가 돼 고국으로 돌아왔다. 그는 또 다시 참주를 노렸으나 그의 추악한 권력욕은 페르시아가 마라톤 전투에 패하면서 물거품이 되고 말았다 (마라톤 전투에 관해서는 전쟁편에서 상세히 기술한다).

클레이스테네스가 스파르타의 클레오메네스를 끌어들여 히피아스 정권을 축출하자 여기에 아테네 귀족인 이사고라스(Isagoras)가 끼어들었다. 그는 스파르타 왕 클레오메네스와는 그의 처가 연인 간이라는 소문이 돌 정도로 막역한 사이였다. 그는 히피아스가 축출되자 국내에 지지기반이 없는 상황이었지만 클레오메네스를 등에 업고 BC 508년에 참주에 선임되었다.

클레이스테네스는 곰 노릇만 하고 왕 서방은 이사고라스가 맡았다. 히피아스를 몰아내는 기획과 추진은 클레이스테네스가 담당했지만 권력을 차지한 것은 이사고라스였다. 그는 클레오메네스를 등에 업고 차려진 밥상에 숟가락만 들고 밥그릇을 차지한 것이다.

이사고라스는 참주에 오르자 클레오메네스의 꼭두각시가 되어 스파르타의 과두정체를 따라 정체를 변경했다. 클레이스테네스는 대다수의 지지를 업고 그를 반대했으나 군대가 없었다. 격변의 시대에 정권의 향방은 무력이 좌우한다. 그는 델피의 여사제를 매수하는 주도면밀함을 보였으나 무력을 확보하는 데는 소홀했다.

클레이스테네스와 그의 지지자들이 이사고라스에 대한 저항을 강화하자 이사고라스는 클레이스테네스에게 위협을 느꼈다. 이사고라스는 클레오메네스의 도움을 받아 알크마이온 가문이 '저주받은 가문'으로 평판이 나쁘다는 구실로 가족들은 물론 그와 관련되는 수백 명의 아테네인들의 집과 재산을 몰수하고 추방하는 일에 착수했다. 이사고라스는 정적들을 추방하고 나서 아테네에서 대적할 자가 없는 권력자가 되었다.

스파르타의 힘으로 과두제의 낙하산 집정관이 된 이사고라스는 결국 스파르타의 괴뢰정부 앞잡이였다. 스파르타인들은 점령군처럼 아테네 광장을 활보하며 행세하고 다녔다. 이사고라스는 이를 방치하면 민심이 떠날 것을 알고 그들을 철수하도록 했지만 스파르타인들은 오히려 기고만장했다. 스파르타인들에 대한 시민들의 끓어오르는 적개심은 이사고라스에 대한 분노로 번졌다.

이사라스는 귀족들에 의지하려고 환심을 사기 위해 친귀족 정책을 펴기 시작했다. 이어 의회인 불레(Boule)를 해산시키려고 시도했다. 불레는 각 부족과 지역에 뿌리를 둔 조직이다. 불레에 대한 해산 시도는 아테네 각 부족과 지역 주민에 대한 도전이다. 불레는 저항했고, 아테네 시민들은 불레에 대한 지지를 선언했다. 결국 시민 저항에 스스로 불을 당겨준 것이다. 클레이스테네스의 지지자들과 아테네의 일반 시민들은 이사고라스의 과도정에 반기를 들었다. BC 508년, 아테네 시민들이 일어나 이사고라스와 그의 스파르타 동맹자들을 아크로폴리스에 몰아넣었다. 이틀이 지나고 사흘 만에 그들은 휴전을 제안했다. 항복이었다. 이사고라스는 추방되고 클레이스테네스는 아테네로 다시 복귀하여 민주정의 집권자가 되었다. 여기에서부터 아테네의 민주정은 막을 올린다.

클레이스테네스는 집권과 동시에 아테네 정부를 개혁하기 시작했다. 그는 우선 자신의 정권의 정당성을 확보하기 위한 이미지가 필요했다. 히피아스 형제를 살해하려다가 동생을 살해하여 처형당한 하르모디오스(Harmodius)와 아리스토게이톤(Aristogeiton)을 그 대상으로 선정했다. 이들은 히피아스의 희생자이지만 그 동기는 참주제의 폐지나 히피아스의 축출 등 이른바 민주화운동이 아니었다. 히피아스와 히파르코스를 죽이려 했던 것은 일종의 치정극(癡情劇)이었다. 그러나 이 치정극의 결말이 치정(治政), 즉 정치극(政治劇)으로 둔갑되었다.

정치인들의 스토리텔링은 흑(黑)과 백(白)의 경계가 필요에 따라 수시로 변화된다. 동서고금의 역사에는 반정(反正)이나 쿠데타가 의거(義擧)로 포장된 사례는 허다하다. 권력을 장악한 자가 옳고 패퇴한 자는 반역자의 낙인이 찍힌다. 옳고 그름은 승패(勝敗)나 세력의 강약이 좌우했던 것이다.

클레이스테네스는 자신을 미화한 것이 아니라 히피아스 정권의 몰락을 가져온 원인을 만든 치정극의 두 주인공을 '민주의거'의 주인공으로 포장한 것이다. 클레이스테네스가 자신을 반정의거(反政義擧)의 주인공으로 전면에 내세우지 않은 것은 자신의 사실상의 쿠데타를 묻어두고 대신 히피아스 정권의 붕괴의 당위성과 자신의 정권의 정당성을 담보하는 제3의 상징물이 필요했기 때문이었을 것이다. 클레이스테네스는 조각가 안테노르(Antenor)에게 의뢰하여 이들의 청동 동상을 만들도록 했다.

클레이스테네스는 집권 과정과 집권 후의 통치에서 평민들의 절대적 지지를 받았다. 그러나 평민들은 제도권 밖에 존재했기 때문에 그의 권력을 뒷받침하는 데는 한계가 있었다. 오히려 권력은 귀족들 손에 있었다. 클레이스테네스는 우선 혈연기반의 권력기초를 지역기반으로 개편하여 공고한 혈연을 중심으로 하는 귀족들의 기반을 허물고자 했다.

2. 부족과 지역의 개편

아티카는 솔론 시대에 각각의 부족을 중심으로 4개 지역으로 나뉘어 있었다. 이 4개 부족(Achaeans, Aeolians, Ionians, Dorians)에는 각각 1/3을 의미하는 트리티스(trittys, 복수로는 trittyes)라는 3개의 지역이 있었다.[1] 이것은 곧 인구 분할 경계를 나타낸다. 솔론 시대에는 4개 부족이 각각 지역을 각각 3개씩 가지고 있었기 때문에 트리티스는 모두 12개였다. 정착촌, 마을 또는 도시 지구 등의 마을 단위의 '데모스'가 139개 혹은 140개가 있었던 것으로 추정된다.

이 부족들은 부족에 충성하는 시민들을 바탕으로 각기 독자적 세력을 구축하고 권력에 영향력을 행사했다. 이 부족들의 분쟁은 곧 권력 투쟁이었다. 부족 간의 분쟁을 해소하고 부족들의 권력에 대한 영향력 행사를 제한하기 위해서는 귀족 기반 권력을 타파하고 평민들을 제도권으로 끌어들여야 한다. 클레이스테네스는 우선 혈연 기반의 권력 기초를 지역 기반으로 개편했다. 부족과 지역을 동시에 뒤흔들어 개편하는 작업은 안정된 권력 기반과 시민의 절대적인 지지 그리고 강력한 리더십이 없으면 절대적으로 불가능한 일이다.

클레이스테네스는 전통적으로 유지되어온 4개 부족체계를 10개 부족체계로 개편하고 아티카의 자연 부락인 140(혹은 139)개 내외의 데메스(demes)를 추첨으로 가려 도시, 해안 및 산악의 3개의 트리티스에 배정하고 이 지역들을 10개의 부족에 할당하여 30개의 트리티스로 재편했다. 이 30개의 트리티스는 각각 최하위 행정단위인 데모스(demos)들로 구성된다. 하나의 트리티스는 최소 1개에서 최대 9개의 데모스로 구성되었다. 추첨으로 정하게 되면 30개의 트리티스가 한 지역에 모여 있는 것이 아니라 여기저기로 흩어져 있게 된다 (AC 212-4).

10개의 부족은 각각 그 지역의 전설적인 영웅의 이름을 따서 부족의 이름을 지었다. 아리스토텔레스(AC)에 따르면 영웅의 선정은 예비명단에 오른 100명의 영웅들 가운데서 델피의 피티아가 뽑은 10개를 채용했다. 예를 들면 판디오니스(Pandionis)라는 부족은 아테네의 전설적인 왕으로 전승되는 판디온(Pandion)의 이름을 따서 명명되었다. 이 10개의 집단 이름은 필레(phyle, 복수 phylai)로 불렸다.[2] 필레는 아티카를 10개 지역으로 분할한 지역행정단위를 나타낸다.[3]

행정구역으로서 이런 지역 구조는 여러 가지로 불편하다. 더구나 교통은 도보나 선박, 말을 이용하는 것이 전부이고 통신도 사람에 의해서 이루어지는 상황이었다. 다만 당시의 아테네가 그리 넓지 않았기 때문에 가능했을 것이다. 이런 기형적인 지역 구조에 대해 아리스토텔레스의 설명은 "사람들을 혼합하기 위해서"이다.[4]

하나의 지역을 중심으로 부족을 구성하다 보면 귀족들이 주민들을 통제하기 쉽다. 그리고 이들을 중심으로 권력 기반이 조성될 수 있다. 그러나 지역과 지역을 뒤섞고 여기저기로 분산시켜 놓으면 한 부족의 트리티스가 다른 부족의 트리티스 사이에 끼어 귀족들이 지역 기반을 중심으로 권력을 형성하기가 어렵게 된다. 또한, '도시', '해안', '산악'을 각각 10개로 쪼개어 아테네 전역으로 흩트려 놓으니 3개의 트리티스의 갈등도 해소된다. 클레이스테네스가 노린 것도 바로 이것이었다. 그러나 동일부족들의 행정 기반 지역의 근접성이 떨어지기 때문에 기능적으로 효율적일 수는 없다.

클레이스테네스 시대에 들어와서 이 마을들은 데메(deme)나 데모스(demos) 또는 데모이(demoi)라는 명칭으로 불렸다. 처음에는 행정구역 단위를 '데메(deme)'라고 불렀고, 특히 아티카 지방의 '데메'를 '데모스(demos)' 또는 '데모이(demoi)'로 불렀다. 이 '데모스'는 처음에는 '(행정) 구역', '촌락', '토지'를 가리켰다. 그리고 데모스에는 '데마르크(demarch)'라는 행정 책임자를 두었다.[5] '데모스'는 시간이 지나면서 그곳에 살고 있는 사람들을 가리켰다. 이들은 평민이었기 때문에 '데모스'는 '촌락민', '평민'의 의미와 힘께 '지역공동체들(communities)'의 의미로 확대되었다. 여기에서 데모스는 일반적인 사람 즉 '평민'으로서 귀족에 대한 대칭 개념이 되었다.

이로부터 '민주주의(democracy)'라는 용어가 등장하고 그 의미가 '평민지배(rule by the common people)'로 발전하게 된다.[6] 그러나 그리스의 민주주의는 모든 시민이 참가한 것이 아니라 프닉스 언덕의 광장에 모인 시민들의 민회(Ecclesia)를 중심으로 이루어졌다는 점에서 데모스를 시민 즉 '아테네의 전체시민'으로 보는 것은 상상적인 공동체로서 상징적인 의미이고 기능적인 의미로는 '민회에 참석한 사람들'을 가리킨다.[7]

클레이스테네스의 개혁 이전에는 데모스(인민)의 힘이 아니라 '게노스(genos)', 즉 혈연 조직에 바탕을 둔 가문 다시 말해 귀족이 사회적, 정치적으로 권세를 부렸지만, 데모스가 귀족에 대한 평민뿐만 아니라 시민전체를 의미하는 용어로 발전하면서 정치 행정의 주체가 된 것이다. 4부족제를 철폐한 뒤에는 어느 가문출신이라는 것을 드러내기 위해 아버지의 이름을 따는 혈족 이름제(patronymics)를 폐지하고 어느 지역 출신이라는 것을 나타내는 지역 이름제(demonymics)를 선호하면서 아테네인들에게 어느 데모스(demos)에 소속되어 있다는 의미가 강화되었다. 시민으로 18세가 되면 데모스의 구성원으로 등록된다. 데모스의 구성원에게는 공직 피선출권과 추첨권 및 투표권이 부여되었다. 각 부족별로 데모스에서 추첨된 공직후보자는 부족별로 10개의 트리티스에 모아져 다시 추첨으로 걸러진 다음에 아테네 민회에서 부족별 추첨으로 최종 공직자로 결정된다. 클레이스테네스 시대에 이런 선출과정이 어떻게 지켜졌는지에 관한 구체적 자료는 확인할 수 없지만 불레와 배심원의 충원은 당연히 이 방법을 따랐을 것이다.

클레이스테네스가 정치개혁을 단행할 때 아테네에는 '민주주의(demokratia)'라는 용어가 유행했다. 소수의 귀족계급이나 부자들 대신에 시민들이 자유롭고 평등하게 정치에 참여하는 구조와 과정에 대한 관념에서 비롯된 용어다. 그런데 클레이스테네스는 데모크라티아 대신에 '이소노미아(isonomia)'라는 용어를 사용했다. 그리스어 'isos'는 평등(equal), 'nomos'는 법(law), 관습(custom)을 의미한다. 클레이스테네스가 당시에 유행하던 'demokratia'라는 용어 대신에 'isonomia'라는 용어를 사용한 배경은 무엇일까.

데모크라티아를 사용했을 경우 후에 플라톤이나 소크라테스가 우려했던 가난한 다수 시민들에 의한 중우정치를 염려했을 가능성이 크다. 그러면서도 이미 둑이 무너져버린 신분이나 재산의 기준을 철폐하고 '평등'한 세상을 이룩한다는 의미를 강조하려는 의도였을 것이다. 헤로도토스(Herodotus)는 '이소노미아'를 '다수의 통치', 즉 민주주의로, 투키디데스는 인민의 정치적 평등을 의미하는 용어로 사용했다.

"가장 훌륭한 자가 군주제하에 들어선다 해도, 그는 자신의 평소 생각에서 벗어나고 말 것이다. 그가 지닌 장점들로 말미암아 오만함이 생겨나고 인간에게는 본디 시기심이 배어 있기 때문이다. 그는 이들 두 가지, 즉 오만함과 시기심을 품게 되고 그것들로 말미암아 모든 불행을 겪게 된다. (…) 그는 최고로 훌륭한 자들이 생존해 있으면 그들을 시기하고 가장 열등한 시민들의 대해서는 즐거워한다. (…) 반면 다수의 통치는 첫째로 그 이름이 모든 것 중에서 가장 훌륭한 이름인 이소노미아이고 둘째로 군주가 저지르는 일들은 절대 하지 않는다." (HH 3.80)

"이 모든 악의 근원은 탐욕과 야심해서 비롯된 권력욕이었으며 일단 투쟁이 시작되면 이것이 광신 행위를 부추겼다. 여러 도시의 정파 지도자들은 한 쪽에서는 대중의 정치적 평등을 다른 쪽에서는 건전한 귀족정치를 내세우며 그럴듯한 정치 강령을 표방했다. 그러나 그들은 말로는 공공의 이익에 봉사한다면서도 사실 공공의 이익을 전리품으로 여겼다."(TW 3, 82)

클레이스테네스가 당시에 유행하던 '데모크리티아'라는 용어 대신에 '이소노미아'라는 용어를 사용했다는 것은 시사하는 바가 크다. 즉 당시의 아테네 민주주의가 추구하는 가장 중요한 가치는 '자유'보다 '평등'을 더 우선했다는 것을 보여주는 것이다.

이 당시에 시민들은 상당한 자유를 구가하고 있었다. 따라서 필요한 것은 평등의 확대였다. 물론 이 당시의 평등은 귀족 및 부자와 평민 및 빈민 간의 간극을 줄이는 제한적인 평등의 추구였다. 따라서 클레이스테네스가 추구한 민주주의의 본질, 특히 아테네 민주주의를 통해서 자유를 강조하는 것은 자유주의적 관점에 한정된다고 할 수 있다.

당시의 철학자들도 클레이스테네스의 의도를 제대로 간파하지 못하고 당시의 문화 속에서 인간의 평등문제에 접근했던 것으로 보인다. 즉 플라톤에 따르면 소크라테스는 인간은 본래 대단히 불평등하다고 주장한다. 그에게 정의는 불평등한 사람들 사이의 명령과 복종의 관계이다. 그러나 BC 4세기에 플라톤은 평등의 문제가 아니라 '정의'의 문제를 담론의 과제로 제기했다. 이것은 플라톤도 신분과 재산의 계급 간 불평등에 대한 인식을 갖기보다는 사회의 보편적인 정의의 문제에 접근하였기 때문이다. 그나마 그이 정의에 대한 담론이나 그의 제자 아리스토텔레스의 정의에 관한 담론마저도 1000년 가까이 묻혀 있다가 르네상스 시대에 들어서야 재발견되었다. 1000년의 공백기가 없었다면 '정의'의 문제를 딛고 평등의 문제는 훨씬 일찍이 근대적 개념에 도달했을 가능성도 배제할 수 없다. 아리스토텔레스에게도 '정의'의 문제는 동등한 자유인들 간의 문제였지만 이를 토대로 평등에 대한 담론이 확대되었을 것이다.

'정의'에 대한 담론 속에 핵심은 '평등'이었지만 보편적 평등이 아니라 선택적 평등이었다. 따라서 이 담론 속에 '평등'은 오히려 계급 간의 '차등'을 정당화하는 논리였다. '차등'이 정당화되는 사회에서 '공정'은 오히려 반사회적 사고로 간주될 수 있다. 클레이스테네스도 계급구조를 벗어나지는 못했지만 그는 귀족의 영향력을 줄이고 평민의 영향력을 늘리려고 시도했다.

클레이스테네스가 시도한 정치체계는 데모스에서 추첨된 공직 후보자가 트리티스에 모아져서 다시 추첨되고 이들이 아테네 민회의 추첨을 거쳐 확정되는 상향식 체계였다. 이 공직자들의 대표적인 직책은 불레 의원과 배심원들이었다. 클레이스테네스의 데모크라티아는 아마 이 과정을 가리켰을 것이다. 결국 아테네 민주주의는 아테네 민회에서 이루어지는 직접민주주의와 추첨을 통해 선출된 대표에 의한 대의제가 결합된 민주주의였다.

3. 클레이스테네스의 쓸쓸한 퇴장

스파르타왕 클레오메네스는 클레이스테네스가 정권 초기에 아테네의 그의 친구 이사고라스와 자신의 세력을 아테네에서 쫓아낸 데 대해 앙심을 풀지 않고, 또한, 아테네에 귀족 과두정을 세우려는 야심도 버리지 않고 있었다. 헤로도토스(HH 5.73)에 따르면 이후 클레이스테네스는 스파르타의 외압을 막아 내기 위해 스파르타와 페르시아가 적대관계라는 점을 이용해 페르시아와 보호 동맹을 맺으려고 페르시아에 밀사격인 사절을 보냈다.

   사절단은 사르디에스에 도착하여 총독 히스타스페스의 아들 아르타프레네스를 만났다. 국제 정세에 어두워 아테네에 대한 실정을 모르던 그는 "도대체 당신들은 누구이며 어디에 살고 있는가"라고 묻고 약소국에 대한 자신들의 방식으로 협정을 맺으려면 '땅과 물'을 바치라고 요구했다. '복종과 충성'의 상징이었다. 아테네 사절들도 국제정치에 대해 무지하기는 마찬가지였다. 사절단은 그것이 무엇을 의미하는지를 뒤늦게 알았다. 그렇다고 합의서 없이 빈손으로 돌아가는 것도 난감한 일이라서 스스로 '상징적 요구'라고 자위하며 이 요구를 수용했다. 그러나 흔히 상징이 현실을 지배한다. 아테네 시민들은 상징적 복종을 의미한다고 하지만 독립 국가의 자부심을 무너트렸다고 반발했고 공격의 화살은 클레이스테네스를 겨누었다.

   클레이스테네스에게는 천추의 한이 될 어리석은 선택이었다. 물론 클레이스테네스가 속국의 조건을 수용한 것은 아닐 것이다. 교통 통신 수단의 열악으로 본국과 어떤 연락을 하는 것도 시간상 불가능했다. 스파르타의 침략을 페르시아의 힘을 빌려 억제해보려는 이이제이(以夷制夷)전법은 자칫 적을 안방으로 끌어들이는 화를 자초하는 위험성이 도사리고 있다. 정적들은 아테네인들을 선동했고 벼랑에 몰린 클레이스테네스는 아테네를 떠난 것으로 보인다. 그러나 이것으로 그의 행위는 더 이상 기록되지 않았다.

   그럼에도 아테네는 동맹 관계의 약속에 대한 매듭을 짓지 못했다. 아테네는 독립 국가이기 때문에 페르시아 왕에게 아무런 책임이 없다고 생각했다. 반면에 페르시아의 다리우스 왕은 그 관계가 유지되는 것으로 믿었다. 아테네의 미숙한 외교의 극치였다. 이런 허술한 외교로 두 나라의 갈등은 증폭되었다. 다리우스 1세는 이를 빌미로 BC 491년에 그리스 각지에 사신을 보내 땅과 물(페르시아의 지배권을 받아들이겠다는 상징적인 내용)을 요구한다. 자신의 지배권을 그리스까지 확장하려는 의도였다.

아테네가 페르시아와 동맹을 맺으려 했다는 사실은 스파르타의 클레오메네스의 분노도 촉발시켰다. 그는 펠로폰네소스 전역의 군대를 동원해 아티카 일부 지역을 침공했다. 그러나 동원에 참여했던 도시국가들은 스파르타가 강해지면 펠로폰네소스의 세력균형이 허물어져 자신들에게도 스파르타의 위협이 밀려올 수 있다는 판단으로 이탈했다. 국제사회는 어떤 경우라도 자국의 이익이 먼저이기 때문에 감성적 접근은 금물이다. 아테네에게는 다행스럽게도 스파르타 내에서의 권력투쟁이 일어나 클레오메네스는 스파르타로 귀국하고 말았다.

그러나 스파르타는 아테네에 대한 내정간섭을 멈추지 않았다. 스파르타인들은 이사고라스를 내세운 참주교체에 실패하자 이번에는 자신들이 쫓아냈던 히피아스를 불러들였다. 자신들이 히피아스를 참주 자리에서 몰아낸 것은 알크마이온 집안 사람들이 델피의 신녀를 매수하여 내린 거짓 신탁에 놀아나 저지른 큰 실수였다고 주장했다. 스파르타는 참주정을 경험한 적이 없다. 다만 자신들의 꼭두각시를 참주로 하는 괴뢰정부를 수립하려는 의도였다. 한편 코린토스는 스파르타가 강대해지는 것을 두려워하고 반스파르타에 앞장서면서 다른 동맹국들을 설득해 아테네에 개입하는 것을 막고자 했다. 결국 다른 동맹국들은 스파르타인들에게 다른 그리스 폴리스의 내정에 개입하지 말아 달라고 간청하면서 스파르타의 두 번째 기도도 좌절된다.

스파르타는 그러나 다른 도시국가들과 연합하여 아테네로 쳐들어왔고 클레이스테네스는 추방되었다. 클레이스테네스가 아테네를 떠난 것이 도편추방인지 아니면 망명인지는 명확하지 않다. 클레이스테네스의 말년에 대한 기록을 찾기가 어렵다. 더구나 클레이스테네스가 도편추방제로 추방되었는지에 관한 명확한 기술도 찾기 어렵다.[8]

❖ 주

1) 3개의 트리티스는 아스티(asty, 도시지역), 파라리아(paralia, 해안지역), 메소게이아(mesogeia, 내륙지역)이다.
2) 그리스어 필레는 '부족(tribe)'이라는 의미로 번역되지만 이런 사용은 오해의 소지가 있다. '필레'는 호메로스의 일리아스(2.363)에 사용된 것으로 보아 어원은 BC 8세기 이전으로 거슬러 올라가지만 구체적 시기는 불분명하다. 다만 고대 그리스 세계에서는 일정 규모의 시민의 주된 구성 요소 또는 부분을 나타내기 위해 사용되었다.
3) 우리나라의 모든 문헌이 필레를 '부족'이라고 표기하고 있는데 필자가 다른 용어를 사용하면 독자들이 혼돈을 겪을 수도 있기 때문에 여기에서도 '부족'으로 표기하기로 한다.
4) 앞의 정치구조와 과정의 불레편을 참조.
5) 데마르크는 dêmos + árkhein으로 마을(demos) + 지배(to rule)의 합성어이다.
6) 이 부분은 이 책의 앞에서 기술한 대의민주주의와 아테네 민주주의 내용을 참조.
7) Hansen (1999), pp. 154-155. 앞의 데모크라티아 부분을 참조.
8) 클레이스테네스와 도편추방제에 관련 내용은 '도편추방제'에 관한 기술을 참조.

9장

에피알테스와 페리클레스의 급진적 민주개혁

1. 에피알테스와 개혁

페르시아 침략을 물리친 뒤 15년이 흐르면서 강성해진 아테네는 대외적으로는 약소국에 대해 위협적인 존재가 되었고 대내적으로는 평민들의 정치참여 욕구가 증대하게 된다 (그리스와 페르시아전쟁에 관해서는 뒤의 전쟁편에서 자세하게 토론한다). 이 과정에서 보수파 대표 정치인 키몬(Cimon)이 스파르타의 노예반란을 진압하기 위한 지원군을 인솔해갔다가 오히려 거부당하는 모욕을 받았다. 그러자 새로 부상한 신예의 급진적 정치인 에피알테스(Ephialtes)로부터 공격을 당하고 궁지에 몰렸다.[1]

에피알테스에 대한 최초의 역사적 기록은 BC 465년 에게해의 아테네 함대 지휘관으로 나타난다. 그의 가계나 출생 및 성장 과정에 대한 기록은 없다. 다만 아리스토텔레스는 그를 "민중의 힘이 증가되면서 소포니데스(Sophonides)의 아들 에피알테스가 민중의 지도자가 되었는데, 그는 돈으로 매수할 수 없으며 국가 업무에 공정하다는 평판을 가지고 있다"(AC 25) 라는 내용으로 소개할 뿐이다.

다른 지도자들에 대해서는 가문이나 출생 배경들을 소개하는 것과는 달리 에피알테스에 대한 개인적 배경에 대한 소개가 없는 것은 그가 명문 가문 출신은 분명이 아니며 귀족이나 부자 집안 출신도 아니라는 반증이다. 따라서 그는 평민으로 전투에 참가해 세운 공으로 해군 지휘관으로 지위가 상승한 것으로 보인다. 에피알테스는 스파르타에 노예반란을 진압하기 위한 지원군을 파병하는 데 반대하는 '파병반대파'의 대표적 인물이었다. 스파르타는 아테네와 경쟁자이며, 아테네는 스파르타를 돕기보다는 불운을 기뻐해야 한다는 주장을 통해서, 아테네가 스파르타에 원군을 파견하는 문제로 시끄러운 상황에서 주목을 받았다.

에피알테스는 보수파에 대항하여 아테네를 민주적으로 개혁하려는 '민주파'의 지도자로서 급진적인 민주주의 운동에 박차를 가했다. 보수파의 지도자 키몬이 지원병을 이끌고 스파르타에 간 사이에 에피알테스와 그의 정치적 동지들은 BC 462/461년에 페르시아전쟁 이후 17년간 그들의 권력을 지켜온 귀족들로 구성된 아레오파고스(Areopagus)에 대한 공격을 시작으로 귀족 집단에 대해 혁명의 포문을 열었다.[2]

이 혁명에서 그는 페르시아 전쟁을 승리로 이끌었던 테미스토클레스(Themistocles)의 도움을 받았다.[3] 테미스토클레스는 자신이 아레오파고스의 일원이었지만 페르시아와 내통했다는 반역 혐의로 재판을 앞두고 있었다. 이를 걱정하고 분개하던 그는 아레오파고스를 전복시켜야 한다고 생각했다. 에피알테스에게는 아레오파고스가 그를 체포할

9장 에피알테스와 페리클레스의 급진적 민주개혁

계획이라고 경고하고, 동시에 아레오파고스 위원들에게는 헌법을 전복시키려는 음모를 꾸미고 있는 어떤 사람들을 그들에게 공개할 것이라고 알리는 이중 작전을 구사했다. 이어 그는 공모자들을 보여주겠다며 협의회에서 위임한 대표자들을 에피알테스의 자택으로 안내한다. 이런 눈치를 챈 에피알테스는 제단에 탄원하는 척하면서 피신했다. 테미스토클레스의 행동이 자신이 살려고 하는 기회주의적인 이중 플레이였을까? 그는 500인 회의가 열렸을 때, 에피알테스와 함께 의원들에게 아레오파고스를 비난하기 시작한 것(AC 25.4)으로 보면 어떤 전략이 숨어 있었던 것으로도 볼 수 있다. 특히 그는 에피알테스와 마찬가지로 귀족계급의 자손이 아니라 서민출신이었다는 점에서 에피알테스와 태생적인 공통성을 가지고 있는 처지였다.

에피알테스를 비롯한 개혁파들은 민회를 설득하여 아레오파고스의 권한을 박탈하고 한 걸음 더 나아가 기존의 아레오파고스 위원들을 부패와 월권 등의 혐의로 재판에 회부하여 제거했다. 이어 민회를 통해 새로운 법령을 제정하여 일단의 사법개혁을 단행한다. 이들의 정치적 권력을 민회와 불레, 그리고 배심원단으로 분산시켰다. 에피알테스의 아레오파고스와 배심원단에 대한 개혁은 민주파 정책의 시작 단계에 불과했다. 에피알테스는 개혁을 통해 아테네 민주주의의 최종 발전을 위한 길을 준비했다. 그의 시도들에 대해 현대 사학자들은 '급진적 민주주의'의 시작을 알리는 것으로 평가한다.

그러나 에피알테스는 BC 461년 암살당함으로써 그가 추진하는 새로운 정부 형태에서 오랫동안 참여하며 살지는 못했다. 그의 암살에 대한 자세한 내용은 알려져 있지 않다. 에피알테스의 새로운 개혁 조치들에 대한 반대와 관련이 있을 것이다. 입지가 흔들리는 과두제 주장자들의 선동에 의한 암살일 수도 있다. 그는 보수적이고 스파르타에 우호적인 정치인들로부터 반감을 샀기 때문이다.

에피알테스의 암살범을 특정한 유일한 인물은 아리스토텔레스다. 그는 범인을 타나그라(Tanagra)의 아리스토디코스(Aristodicus)라고 명시한다 (AC 25.4). 에피알테스의 암살범이 에피알테스 자신의 당파에서 나왔을 가능성도 제기되었다. 플루타르코스가 페리클레스는 아니라고 부정하는 것은 당시에 페리클레스 정파의 내부자 소행이거나 페리클레스에게 의심의 눈초리가 갔다는 것을 의미한다. 그러나 페리클레스가 개혁의 동지인 에피알테스의 암살과 관련되었다는 추론은 경쟁심, 시기심, 미래권력에 대한 쟁탈 등을 제외하고서는 이유가 분명하지 않다. 페리클레스는 에피알테스가 암살당하기 2년 전에는 에피알테스와 함께 키몬을 공격하는 데 앞장섰다. 또한, 이제 정계에서 두각을 나타내기 시작한 시점이라 미래권력을 놓고 동지를 암살할 절박한 상황도 아니다. 무엇보다도 동지를 암살하는 것은 정치인 이전에 인간의 도리가 아니다. 플루타르코스의 말대로 젊은 페리클레스가 그런 일을 하지 않았을 것이다.

어느 사회나 급진적 개혁은 노회(老獪)한 보수 세력의 저항에 부딪히게 되기 마련이다. 특히 개혁은 기득권 박탈을 수반하기 때문에 자칫 생사의 싸움으로 비화한다. 수구 세력이 자신들의 이익과 더 나아가 기득권을 잃게 될 때 이들은 전략을 실천에 옮긴다. 전쟁을 전후하여 격랑에 출렁이던 아테네 사회의 급진적 개혁은 전쟁 참여를 통해 늘어난 권력 지향적인 민중들의 지원으로 기존 사회체제를 송두리째 뒤엎을 기세였다. 아레오파고스 위원들이 속수무책으로 권력을 빼앗기고 쫓겨난 실상이 이를 잘 반증한다.

에피알테스는 이 아수라장에서도 법과 절차를 따라 개혁을 추진했고 페리클레스도 함께 했다. 그런데 왜 에피알테스만 암살당했나? 왜 페리클레스는 무사한가? 에피알테스의 모호한 출신성분 및 성장 배경과는 무관할까? 에피알테스는 키몬이 스파르타에 파병하자는 제안을 반대하면서 스파르타의 불행이 아테네의 행복이라는 식의 극단적인 이분법적 논리를 제시했다. 이런 연설은 감정적으로 당장은 설득 효과가 있을지 몰라도 신뢰성과 안정감 대신에 불신감과 불안감을 준다. 기득권 세력들은 당연히 명문가의 아들로 철학과 문화와 예술을 체계적으로 공부하고 배경이 든든한 페리클레스는 경시할 수 없을 뿐만 아니라 그의 개혁이 그리스 상류사회의 규범을 크게 벗어나지는 않을 것으로 안도했을 것이다. 그러나 신분이 불분명한 에피알테스가 권력을 장악하면 그 권력이 어떤 칼로 무엇을 벨지 몰라 두려움에 빠지면서 자신들을 지키기 위해 상대를 제거의 대상으로 인식할 수 있다. 정권이 바뀌고 변화와 개혁이 추진되면 기득권 수구 세력들은 자신의 살을 어느 정도는 떼어 낼 각오를 한다. 그런데 여기에 그 이상의 '불안 심리'가 발동하면 이성이 마비되고 극단적 행동의 절박한 상황에 몰리게 된다. 결국 개혁 추진자가 마음에 담아야 할 일은 개혁 대상에게 불안을 주어서는 안 된다는 점이다. 민중들은 군중이었을 때는 순간적으로 힘을 발휘하지만 흩어지면 자기 이익과 안전에 집착한다. 민중들이 흩어진 광장에는 에피알테스를 보호할 우군은 사라지고 적군만 존재했던 것이다. 당시로부터 2223년이 지난 1794년 7월 프랑스혁명의 급진파 지도자였던 로베스피에르(Maximilien de Robespierre)도 그를 지지하는 민중들이 시청 광장에 운집했다가 폭우로 흩어진 사이에 반대파에 피살되었다.

    에피알테스의 암살은 역설적으로 민주파의 페리클레스가 그의 권위를 공고히 하는 길을 열었다. 이 기간 동안 키몬은 스파르타 지원군 문제로 민심을 잃었고 특히 젊은 페리클레스로부터 회계감사를 통해 기소되어 결국 BC 461년에 10년간의 추방형을 선고받고 떠났다. 키몬에 대한 회계감사는 페리클레스를 일약 유명하게 만들었고 에피알테스가 암살당하면서 그의 개혁을 물려받았다.

2. 페리클레스의 등장과 개혁

페리클레스(Pericles, BC 495~429년)는 마라톤 전투를 승리로 이끈 귀족파의 우두머리인 키몬의 아버지 밀티아데스(Miltiades)에 맞서 민주파를 이끈 정치인이자 전쟁의 지휘관이었던 크산티포스(Xanthippus)의 아들이다 (페리클레스의 리더십과 삶에 관해서는 펠로폰네소스전쟁 편에 상세하게 기술된다). 그의 어머니 아가리스테(Agariste)는 클레이스테네스의 조카딸이다. 페리클레스는 이런 가정 배경에서 자신이 좋아하는 분야의 교육을 받고 자신의 가치를 정립함으로써 특히 철학의 중요성을 인식한 최초의 아테네 정치가로 인정받았다.

페리클레스는 아테네 관습에 따라 처음에는 가장 친한 친척 중 한 명과 결혼했으나 BC 445년경에 이혼했다. 그는 파라로스(Paralus) 그리고 부친과 동명인 크산티포스(Xanthippus) 등 두 아들이 있었지만 아테네에 몰아 닥친 역병으로 모두 잃었다. 그리고 그도 결국 BC 429년 가을에 전염병으로 죽었다.

사회적으로 명성을 지니고 있는 지도자가 반드시 가정이나 개인적으로 행복한 삶을 사는 것은 아니다. 페리클레스가 그의 아내와 사이에 두 아들을 두고 이혼한 것은 가정적으로 행복하지 않았다는 반증이다. 더구나 그는 밀레토스(Miletus)의 헤타이라로 여겨지는 아스파시아(Aspasia, BC 470~410년)와 장기간 관계를 맺었다. 정치지도자가 두 아들을 둔 조강지처와 이혼하고 고급 창녀와 관계를 갖는 것은 정치생명에 치명적이었고 페리클레스는 비록 자식들로부터는 미움을 샀지만, 그의 탁월한 리더십으로 시민들로부터는 정치생명을 이어갔다.

인류의 역사에는 권력의 야망과 추진력이 강한 자일수록 남성으로서 화려한 여성편력을 보여준다. 그렇더라도 아테네 시민은 이방인과 노예와는 엄격히 구별되는 상황에서 이방인인 창녀와 공공연히 관계를 이어가는 것은 매우 이례적이고 특이하다. 이런 일이 가능한 것은 그의 풍성한 상상력과 애틋한 감성에 자신감이 담긴 배짱의 표상일 것이다. 그러나 당시의 일반적인 감정과 관습적 사고의 기준에는 당연히 높은 파장을 불러 일으켰고 정치적 야심을 가진 페리클레스의 아들 크산티포스조차도 아버지를 비방하는 짓을 주저하지 않았다.

그는 귀족 출신이었지만 아버지처럼 귀족 부자들에게 등을 돌리고 다수인 가난한 민중 편에 섰다. 페리클레스가 정치에 관여하기 시작한 시기는 정확하게 알려지지 않았지만 펠로폰네소스전쟁이 시작된 BC 460년대로 여겨진다. 이 당시 아테네는 키몬(Cimon, BC 510~450년)을 중심으로 하는 보수파와 민주파의 갈등이 노정되어 있는 상황이었다.

페리클레스는 20대에 아이스킬로스(Aeschylus)의 비극 〈페르시아인들〉의 공연을 후원하는 '코레고스(chorêgos, 후원자)'로 공직생활을 시작했다. 코레고스는 사회적인 문화증진을 지원하는 자선사업가로, 축제의 경연에서 합창이나 연극의 한 팀을 맡아 필요한 도구나 연습에 소요되는 비용을 모두 부담했고 폴리스가 지불하지 않은 드라마 제작의 다른 측면을 위한 자금을 조달하는 사람이다. 경연 결과 그의 팀이 승리하면 잔치도 열었다. 이 직책은 아테네 시민들 사이에서 집정관과 부족에 의해 임명되었다. 코레고스는 봉사하는 명예직이었지만 부유한 시민들의 의무였으며 공공재를 조달하기 위해 개인적인 재산을 사용함으로써 도시국가의 경제적 안정을 개선하기 위해 고안된 형태였다. 아테네 페스티벌 경연 대회의 우승상은 극작가와 코레고스가 공동으로 받았으며 승리한 코레고스는 명성을 날렸고 이를 기리기 위한 기념비도 세워졌다. 테미스토클레스나 플라톤 등 몇몇 저명한 인물들도 코레고스의 역할을 맡았었다.

페리클레스는 BC 463년에 보수 세력의 대표인 키몬을 고발해 시민들의 관심을 끌었다. 에피알테스를 비롯한 민주파가 키몬을 뇌물수수

죄로 고발했을 때 키몬의 회계보고서를 조목조목 비판하면서 민주파를 대변한 활동은 그를 단숨에 아테네의 스타 정치인으로 만들었다.

밀티아데스-키몬 부자와 크산티포스-페리클레스 부자가 대를 이어가면서 벌인 권력대결에서 페리클레스 측이 승기의 고삐를 거머 쥐게 되었다. 페리클레스는 에피알테스가 암살낭하자 민주파의 지도자 자리에 올라 귀족파의 지도자이자 자신의 최대 정적인 키몬을 부패혐의로 고발하는 데 앞장섰다. 키몬의 혐의는 아테네의 마케도니아에 대한 중대한 이해관계를 소홀히 한 혐의였으나 구속은 면했다.

페리클레스는 2년 후인 BC 461년에 다시 키몬을 아테네를 배신하고 스파르타의 이익을 돕고 있다는 혐의로 고발했다. 페리클레스는 BC 461년에 도편추방제로 그를 10년 동안 도시에서 추방하는 데 성공했다. 페리클레스는 키몬 추방 이후 BC 429년에 그가 괴질로 죽을 때까지 아테네에서 도전자 없이 권력을 유지했다.

그러나 키몬의 추방 이후에도 보수파와 민주파는 계속해서 예리한 갈등을 키워나갔다. 보수파의 야심만만한 새로운 지도자인 키몬의 후계자인 투키디데스(『펠로폰네소스 전쟁』의 저자와 동명이인)는 페리클레스가 도시의 건축 계획을 계속 추진하면서 이에 돈을 쓰는 것을 비판하고 그를 낭비자로 비난했다.[4]

페리클레스 시대에 아테네의 장군은 10명이었다. 다른 공직과 달리 장군직은 추첨이 아니라 선거로 선출되며 회수에 제한없이 재선될 수 있고 군사를 지휘한다는 점에서 사실상 가장 영향력 있는 정치가이다. 보수파와 민주파는 BC 444년에 치열한 투쟁을 벌였다. 그러나 BC 461년에 키몬이 도편추방된 데 이어 투키디데스도 BC 422년에 그의 뒤를 따라 도편추방되었다. 이로부터 페리클레스는 14년 동안이나 연속으로 장군으로 선출되었다. 그뿐만 아니라 실질적인 최고의 권력자 자리인 최고사령관으로 선출되어 전권을 휘둘렀다.

페리클레스가 페스트에 걸려 죽는 BC 429년까지의 32년을 후대의 역사학자들은 '페리클레스의 시대'라고 부른다. 이 말은 좁게는 페리클레스가 아테네에서 지도자로 활동한 시기를 의미한다. 그러나 넓은 의미로는 그의 시대는 그가 실제로 아테네를 이끌었던 시기뿐만 아니라 그가 죽은 이후에도 그의 활동을 통해 영향을 받은 그리스 역사 전반을 나타낸다.

아리스토텔레스에 따르면 페리클레스는 공직자가 어느 개인으로부터 공직 수행의 대가를 받지 못하도록 한 대신에 최초로 재판관에게 보수제를 도입했다 (AC 27). 또한, 가난한 사람들이 무료로 연극을 관람하고 그 비용을 국가가 부담하도록 하는 법령을 제안했다. 집정관직의 재산 필요조건을 낮추고 아테네 시민 법정에서 일한 모든 시민들에게 넉넉한 임금을 지급했다 (AC 27). 서민에 대한 복지정책으로 서민에 다가서는 정책을 추진한 것이다. 지도자에게는 능력과 정당성도 중요하지만 지향하는 가치 즉 사상이나 철학이 더 중요하다. 지향하는 가치가 부적절하면 능력은 오히려 독이 되기 쉽다. 다행히 페리클레스의 지도자로서의 가치는 민주주의의 가치와 당시 사회에 부합했다.

아테네가 제국으로 성장하고 페리클레스 시대가 열리게 된 것은 역설적이게도 그리스가 페르시아와 전쟁을 한 결과였다. 아테네와 스파르타를 비롯한 그리스 연합군이 페르시아 침입을 격퇴하면서 그리스는 새로운 국면을 맞게 된다. 스파르타는 그동안 강력한 육군을 기반으로 그리스의 최강자 지위를 누려왔다. 그러나 아테네가 페르시아와 전투 과정에서 보여준 해군력을 비롯한 강력한 역량으로 그리스의 세력 판도는 변화의 격랑이 예고되었다. 전쟁이 끝나면서 아테네와 스파르타는 대등해진 힘을 바탕으로 그리스의 패권 쟁탈전을 향하고 있었고 약소 도시국가들은 두 강대국을 향해 촉각을 곤두세우게 되었다. 페르시아라는 강력한 공동의 적에 대해 양 진영은 힘을 모았으나 그적이 사라지면서 내부적으로 주도권 쟁탈전을 시작한 것이다.

특이한 것은 전쟁을 치르고서도 집권 세력이 권력을 집중시키고 강화하려는 시도가 나타나지 않았다는 점이다. 국제전이나 내전의 경우 전쟁 기간에는 권력이 행정부로 집중된다. 효율적인 전쟁 수행을 위해 행정부는 긴급명령권을 위임받아 독재 권력을 행사하다가 전쟁이 끝나면 정상적인 권력 구조와 과정으로 회복된다. 그러나 행정부에 집중되었던 권력이 전쟁 이전 상태로 회복되기보다는 행정부에 권력의 비민주적인 잔재가 남아있는 것이 보통이다.

안정적인 과두제가 지속되는 스파르타는 여러 기관이 견제와 균형의 관계일 뿐만 아니라 왕권도 분리되어 있어서 권력의 집중화가 쉽지 않다. 반면에 아테네는 파벌 갈등과 인민들의 주권행사로 리더십은 항상 유동적이었다. 그런데도 아테네도 전쟁 기간중에 권력이 집중되거나 집권 세력이 참주 등 권력을 강화하는 구조나 과정이 나타나지 않았다. 오히려 이 사이에 페르시아전쟁 영웅 테미스토클레스는 축출되어 망명길에 오르고 아리스티데스가 국정의 주도권을 잡았지만 권력 강화의 시도 대신에 오히려 페르시아 공격에 대항하기 위한 명분으로 델로스(Delos)동맹을 체결하는 등 내치보다는 외치에 주력했다. 이 시기에 델로스 동맹의 도시국가들이 내는 공물은 아테네를 부유하고 강력하게 만들었다 (델로스동맹은 뒤에서 토론할 것이다). 페리클레스는 델로스동맹을 기반으로 아테네를 제국의 위치에 올려놓았고 펠로폰네소스전쟁의 첫 2년 동안 아테네를 이끌었다.

페리클레스는 강력한 리더십을 확보하고 보이지 않는 독재자와 같은 전권을 휘둘렀던 것으로 보인다. 이런 점은 그의 친구인 투키디데스가 "그는 말로는 민주정을 이야기하지만, 실제로는 군주였다"고 평한 구절에서 잘 드러난다. 그러나 그는 아테네를 그리스 세계의 최고 국가로 이끌었으며 그리스의 최고의 인물 특히 민주정치를 이룬 인물로 평가된다. 페리클레스가 추진한 역점 정책은 첫째, 전쟁으로 황폐된 아테네의 도시와 문화 예술을 재건하고, 둘째, 또 다시 닥쳐올지 모를 전쟁에 대비하며, 셋째, 증대된 시민의 역량을 민주정치로 이끄는 일이었다. 페리클레스는 이 과제를 꿰뚫어 보고 강력히 추진했다.

아리스토텔레스에 따르면 키몬은 풍부한 개인 재산의 일부를 아낌없이 나누어 주어 공무를 수행했으나 페리클레스는 공직자가 어느 개인으로부터 공직 수행의 대가를 받지 못하도록 했다. 이를 위해 그는 최초로 재판관에게 보수제를 도입했다 (AC 27). 페리클레스의 이런 사회경제정책은 사실상 포퓰리즘의 경계를 넘나들었으나 계속 이어갔다. 그는 최초로 가난한 사람들이 무료로 연극을 관람하고 그 비용을 국가가 부담하도록 하는 법령도 제안했다.

그러나 그는 부모가 모두 아테네 시민인 사람으로 아테네의 시민권을 제한하는 법을 만들면서(BC 451년) 비판자들에게는 아테네 민주주의의 점진적 퇴보로 보였다. 테미스토클레스는 이미 아테네 군사력의 중추인 해군 함대의 선원들을 하층민들로 충원했었다. 따라서 페리클레스도 민중들의 역할을 증대할 필요를 느꼈다. 이 경우 여러 민족이 모여 살던 아테네의 시민권에 대한 기준이 낮아지면 혼란이 초래될 수 있다고 생각했을 것이다. 여성과 노예는 시민이 될 수 없었던 2500년 전의 생각이었다는 점을 염두에 두어야 한다. 그렇더라도 정치인들은 자신들이 내세우는 공개적인 언행이나 공공정책과 사적인 삶의 괴리나 이율배반을 가볍게 넘겨서는 안 된다. 페리클레스 자신은 밀레토스인 아스파시아를 애인으로 두고 있으면서 시민권의 여건을 남녀 모두 성골로 제한한 것은 그의 공적 행동과 사적 행동의 이율배반성을 여지없이 드러내는 일이었다는 점에서 당연히 비판의 대상이다. 반면에 페리클레스는 그 동안 하층민에게도 시민에게는 정치체계와 공공기관에 대한 접근이 제한되거나 금지되었던 규제를 푸는 법안을 제정하여 참여를 확대했다.

BC 5세기는 페리클레스와 더불어 아테네 민주주의가 절정에 이른 시기이다. 아테네가 페르시아와 전쟁에서 승리하고 민주주의가 증진되면서 사상과 예술이 융성하자 민주주의와 교육, 예술, 문화의 중심지로 번성했다. 페리클레스는 아테네의 다양한 문화 활동에 참여하여 주요 지식인들과 정기적으로 접촉했다. 조각가, 극작가와 시인, 건축가와 철학자 모두 아테네에서 자유롭고 다양하며 흥미로운 분위기를 체험했다.

페리클레스는 당대의 철학자인 프로타고라스, 제논, 아낙사고라스 등과 교류를 즐겼다. 특히 아낙사고라스와는 친구가 되어 페리클레스에게 많은 영향을 주었다. 실제로 아낙사고라스는 페리클레스의 아들이 전염병으로 죽은 후에 그의 공적인 태도와 운명의 수용에 영향을 미쳤다고 전해지고 있다. 소크라테스도 이 기간 동안 아테네에서 살고 가르쳤다. 플라톤도 마찬가지다. 비극작가 아이스킬로스, 소포클레스, 에우리피데스, 희곡작가 아리스토파네스 등 위대한 그리스 작가들은 현대에도 잘 알려져 있다. 의사의 아버지로 불리는 의사의 원조 히포크라데스는 이 당시에 아테네에서 의학을 공부했으며, 역사의 아버지인 헤로도토스는 이 당시에 여행하면서 '역사'를 저술했다.

탁월한 예술가들은 아테네의 위정자 페리클레스의 원대한 계획을 실행에 옮기기에 이르렀다. BC 447~406년의 수십 년 동안 아크리폴리스를 중심으로 계속해서 여러 건축물이 세워졌다. 완벽하게 균형을 이룬 장엄한 구조물들은 페이디아스, 익티노스, 칼리크라테스가 세운 파르테논 신전(BC 447~432년), 므네시클레스가 설계한 프로필라이온(BC 437~432년), 므네시클레스와 칼리크라테스가 설계한 아테나 니케 신전(BC 448~407년), 그리고 BC 406년 완성된 에레크테이온 등 BC 5세기의 완벽한 걸작 시리즈로 이루어져, 독특한 아름다움을 발산하면서 기념비적인 모습들이 지금까지 이어지고 있다.

다만 페리클레스는 자신의 문헌은 남기지 않았다. 투키디데스의 『펠로폰네소스 전쟁』에 그의 연설 몇 개가 인용되어 있을 뿐이다. 아테네가 고대 그리스 세계의 교육 및 문화 중심지라는 명성을 얻는 것은 그의 노력에 대한 결실이다. 그는 아마 인류 역사에서 최초의 진정한 민주주의 지지자였을 것이다. 그의 민주주의에 대한 지향은 그 이후 근대 민주주의로 발전하는 토대를 마련했다. 그를 '민주주의 아버지'라고 부르는 것은 이런 연유에서 비롯된 것이다. 그의 행적에 대한 관심은 곧 민주주의의 일생에서 민주주의의 태생을 되돌아보는 것이라는 점에서 중요한 의미를 갖는다. 페리클레스가 아테네의 정치, 사회, 문화에 남긴 영향력은 너무나 커서 투키디데스는 그를 다음과 같이 묘사한다.

"그는 명망과 판단력을 겸비한 실력자이다. 청렴결백으로 유명했기에 대중을 마음대로 주물렀으며, 대중이 그를 인도한 것이 아니라 그가 그들을 인도했다. 그는 또 부적절한 수단으로 권력을 손에 넣기 위해 아첨할 필요가 없었다. 실제로 그는 높은 명망을 누리고 있어 대중에게 화를 내며 그들이 한 말을 반박할 수 있었다. (…) 그리하여 이름은 민주주의지만 실제 권력은 1인자의 손에 있었다. (TW 2.65,8-9)

플루타르코스에 따르면 그의 죽음 직전에 친구들이 그의 침대 주위에 모여, 그의 전쟁 공적비가 아홉 개나 된다고 칭찬하자 그는 "그 정도의 공은 다른 장군들도 다 세운 것들이요. 그런 것은 칭찬해주면서 왜 내가 세운 가장 훌륭하고 위대한 공적에 대해서는 아무 말도 안 하는 것이요. 내가 한 일 가운데 가장 훌륭한 것은 아테네 시민 중에서 나 때문에 상복을 입은 사람은 하나도 없다는 것이요"라고 대답했다는 것이다. 그는 철저히 인명을 중시하고 아테네 시민의 생명과 재산을 지키려고 노력한 지도자였다. 투키디데스에 따르면, 그의 죽음은 그의 후계자가 그보다 열등했기 때문에 아테네에 재앙이 되었다는 것이다.

투키디데스는 페리클레스의 죽음이 아테네에게 무슨 재앙이었는지를 분명히 알려준다. 페리클레스이 후임자들은 효과직인 업무 처리보다는 대중들로부터 인기를 얻는 데 급급했기 때문에, 결국 아테네를 파멸로 이끌게 되었다는 것이다. 페리클레스의 친구로서 투키디데스의 페리클레스에 대한 찬미와 지지가 단순히 편견의 한 형태라고 결론을 내려서는 안 된다. 역사는 페리클레스의 죽음과 함께 아테네가 향후 30년 동안 문화 및 정신적 암흑의 나락으로 떨어졌다는 것을 보여준다. 이러한 현상은 BC 399년 소크라테스의 사형 집행에서 절정에 이르렀다는 점에서 투키디데스의 견해의 정당성을 보여준다.[5]

페리클레스에 대한 평가는 다양하다. 위기와 혼란 상황 속의 지도자는 해야 할 과제가 많기 때문에 공과도 엇갈릴 수밖에 없다. 일부 현대 학자들은 페리클레스를 포퓰리스트, 선동가, 매파라고 부르는가 하면 다른 학자들은 그의 카리스마 넘치는 지도력에 감탄한다. 플루타르코스는 페리클레스가 죽은 후에 아테네 시민들은 그가 "교만한 듯 하면서도 그처럼 온유한 사람이 없었고 … 그의 정치를 전제니, 독재니 하면서 비난했지만 그는 진정으로 나라를 위해 애썼던 사람이었다는 것이 … 증명되었다"고 기술한다. 투키디데스도 페리클레스는 "사람들에 의해 이끌리는 것이 아니라 사람들을 인도하는 사람이었다"고 주장한다. 그는 반대파들에 의해 장군직을 박탈당했다가 다시 선출되어 복직되었으나 전염병으로 그의 첫 번째 아내로부터 얻은 두 아들, 파라로스(Paralus)와 크산티포스(Xanthippus)를 잃었다. 그의 사기는 떨어졌다. 울음을 터트렸지만 연인 아스파시아의 위로도 소용없었다. 그리고 그도 곧 역병으로 숨졌다.

3. 페리클레스의 연설

미국의 오바마(Barack Obama)가 연설로 무명정치인에서 대통령이 된 것처럼 페리클레스는 명연설로 펠로폰네소스전쟁의 문턱에서 아테네인들을 하나로 뭉치게 만들었다. 투키디데스는 그의 『펠로폰네소스전쟁』에서 페리클레스의 연설들을 상세히 기록하고 있다. 그의 연설은 당시의 정치사회적 현안들을 문학적 수사를 풍부하게 사용하여 표현하고 있다. 이 연설 중에서 가장 유명한 것은 제1차 펠로폰네소스전쟁의 마지막에 거행된 참전희생자의 장례식의 추모연설이다. 이 연설에서 페리클레스는 전투에서 숨진 병사들, 아테네 조상들의 용기, 도시에서 사랑하는 사람들이 희생된 가족들을 위로와 함께 칭송하고, 생존자들에게 숨진 자들의 명예로운 희생을 기억하도록 권고한다. 그러나 그의 연설의 초점은 아테네의 영광이며 아테네가 세계의 다른 모든 도시 사이에서 얼마나 특별한 도시인지에 관한 것이다.

투키디데스가 기록한 그의 연설은 아테네 민주주의가 어떻게 개인의 자유를 장려하고 도시를 다른 도시와 구별하게 만드는지를 보여준다. 다음은 투키디데스가 기록한 전몰장병의 장례식에서 페리클레스가 행한 추모 연설의 요지다.

"(…) 행동으로 용기를 보여 준 사람들에게는 행동으로 명예를 높여주면 그것으로 충분하다고 생각합니다. 수많은 사람들의 미덕에 대한 우리의 믿음이 한 사람이 연설을 잘하느냐 못하느냐에 좌우되어서는 안 될 것입니다. (…)

청중에게 진실을 말한다는 믿음을 심어 주기 어려운 경우에는 균형감각을 유지하며 말하기가 쉽지 않기 때문입니다. 청중 가운데 사실을 잘 알고 있고 전사자의 친구였던 사람들은 연설이 자기가 알고 있는 것과 듣고 싶은 것에 미치지 못한다고 생각할 것이고, 사실을 모르는 사람들은 자신의 능력을 넘어서는 업적에 관해 들으면 샘이 나서 연사가 과찬을 한다고 말할 것입니다. 남들에 대한 칭찬은 각자가 자기도 들은 대로 할 능력이 있다고 자부하는 선까지는 용납되지만, 일단 그 선을 넘어서면 시기와 불신을 하게 됩니다. (…)

나는 먼저 우리 선조에 관해 언급하려 합니다. 우리가 자유 국가를 물려받은 것은 그 분들의 용기 덕분입니다. (…) 나는 먼저 지금의 우리를 있게 한 정신 자세와, 우리를 위대하게 만들어 준 정체(政體)와 생활 방식을 언급하고, 그런 다음 전사자들에게 찬사를 바칠까 합니다. (…)

우리의 정체는 이웃 나라들의 제도를 모방한 것이 아닙니다. 우리는 남을 모방하기보다 남에게 본보기가 되고 있습니다. 소수자가 아니라 다수자의 이익을 위해 나라가 통치되기에 우리 정체를 민주정치라고 부릅니다. 시민들 사이에 사적인 분쟁을 해결할 때는 법 앞에 만인이 평등합니다. 그러나 주요 공직 취임에는 개인의 탁월성이 우선시되며, 추천이 아니라 개인적인 능력이 중요합니다. 마찬가지로 누가 가난이라는 불리한 조건에도 불구하고 도시를 위해 좋은 일을 할 능력이 있다면 가난 때문에 공직에서 배제되는 일도 없습니다. (…)

우리는 정치 생활에서 자유롭고 개방적인데 일상생활에서도 그 점은 마찬가지입니다. (…) 사생활에서 우리는 자유롭고 참을성이 많지만, 공무에서는 법을 지킵니다. 그것은 법에 대한 경외심 때문입니다. 우리는 그때그때 당국자들과 법, 특히 억압받는 자를 보호하기 위해 제정된 법과, 그것을 어기는 것을 치욕으로 간주하는 불문율에 순순히 복종하기에 하는 말입니다.

라케다이몬인들은 어릴 때부터 용기를 북돋우기 위해 혹독한 훈련을 받지만, 우리는 얽매이지 않는 삶을 살면서도 그들 못지않게 위험을 맞을 각오가 되어 있습니다. (…) 우리는 고상한 것을 사랑하면서도 비용을 많이 들이지 않으며, 지혜를 사랑하면서도 문약하지 않습니다. 우리에게 부(富)는 행동을 위한 수단이지 자랑거리가 아닙니다. 가난을 시인하는 것이 부끄러운 일이 아니라 가난을 면하기 위해 실천적인 조치를 취하지 않는 것이 진정으로 부끄러운 일입니다. (…)

　이분들은 공익을 위하여 목숨을 바치고 그 대가로 자신을 위해 불멸의 명성과 가장 영광스러운 무덤을 받았습니다. (…)

　여러분은 이제 마땅히 이분들을 본받아 행복은 자유에 있고 자유는 용기에 있음을 명심하고, 전쟁의 위험 앞에서 너무 망설이지 마십시오. (…) 자긍심을 가진 사람에게는 희망을 품고 용감하게 싸우다가 자신도 모르게 죽는 것보다, 자신의 비겁함으로 말미암아 굴욕을 당하는 것이 더 고통스러운 법입니다 (TW, Ⅱ.35-43)."

페리클레스의 연설은 아테네의 자긍심과 이상 그리고 비전이 담겨있다. 그는 자유롭고 민주적인 국가와 그 제도가 제공하는 이점을 역설하고 있다. 그의 이 연설은 이후 아테네가 민주국가로 전진하는 데 추동력을 제공한다.

페리클레스의 또 다른 연설은 1차 펠로폰네소스전쟁이 발발하기 직전 스파르타의 마지막 사절단이 왔을 때다. BC 432년 8월경이다. 사절단은 아테네에 굴복을 강요하는 자신들의 요구에 대한 답변을 요구했고 이 답변을 위한 민회가 열렸다. 여기에서 여러 사람이 연설했다. 투키디데스는 이들 가운데 페리클레스의 최초의 유명한 연설을 기록하고 있다.

"아테네인 여러분! 펠로폰네소스인들에게 양보해서는 안 된다는 나의 의견은 늘 변함이 없습니다. (…) 그들은 협상보다는 전쟁으로 불만을 해결하기를 원하고 이번에도 와서 항의하는 것이 아니라 명령하고 있습니다. (…) 여러분이 양보하면 그들은 여러분이 겁이 나서 양보하는 줄 알고 당장 더 큰 요구를 해 올 것입니다. 그러나 여러분이 단호하게 거절하면 그들도 여러분을 대등하게 대하는 편이 더 좋다는 사실을 분명히 알게 될 것입니다. (…)

　대등한 국가가 중재를 거치기도 전에 다른 대등한 국가에게 명령할 경우 거기에 응한다는 것은 요구 사항의 크고 작음을 떠나 예속되는 것이나 다름없기 때문입니다. (…)

우리가 먼저 전쟁을 시작하지는 않겠지만 먼저 공격당하면 대항할 것이라고 말합시다. (…) 국가든 개인이든 가장 큰 위험을 통해 가장 큰 영광을 얻는다는 것을, 우리 선조가 페르시아인들에게 대항하였을 때 그분들에게는 지금 우리가 가진 것과 같은 물자도 없었습니다. 그렇지만 그들은 가진 것도 버리고 운보다는 지혜로 힘보다는 용기로 페르시아인들을 물리쳐 우리 국가의 오늘을 있게 했습니다.

우리가 우리 선조보다 못해서는 안 됩니다. 그러니 우리는 어떻게든 적을 물리쳐 우리 후손들에게 우리 국가를 줄어들지 않은 상태로 물려주어야 합니다." (TW 1.140-144).

투키디데스가 현장에서 이를 기록했을 가능성은 거의 없다. 행간에도 그런 뉘앙스는 찾기 어렵다. 그렇다면 투키디데스는 어떻게 해서 페리클레스의 연설을 기록했을까. 페리클레스가 연설문을 스스로 쓰거나 배포한 기록은 없다. 따라서 역사가들은 투키디데스가 그의 연설의 전문을 전하는 배경을 확실하게 대답할 수 없다. 다만 몇 가지 가능성이 제기된다.

첫째, 페리클레스가 평소에 자주 사용하는 용어나 구절을 투키디데스가 문장으로 구성했을 가능성이다. 둘째, 투키디데스는 페리클레스의 세 가지의 연설을 기억에서 재창조했다. 여기에는 페리클레스의 사고를 간파하고 있는 투키디데스가 자신의 개념과 생각을 추가했을 가능성이다. 셋째, 두 사람은 친구 사이로 페리클레스가 투키디데스에게 연설문을 부탁했을 가능성이다. 이런 방식은 현대에도 통용되고 있다. 대통령은 물론이고 정치인들이나 기업의 총수 그리고 각종 단체의 장의 연설도 준비팀이 자료를 수집하고 문장으로 구성하여 몇 번의 검토를 거친 다음에 연설한다.

펠리클레스가 '민주주의 아버지'로 불리고 투키디데스도 페리클레스의 인성과 리더십을 극찬한 반면에 소크라테스나 플라톤은 페리클레스를 '데마고그(demagogue)', 즉 선동정치가로 평가했다. 플루타르코스는 페리클레스를 파벌적인 지도자인 동시에 인민의 지지를 확보하기 위한 포퓰리즘을 구사한 정치가로 묘사한다. 정치지도자는 항상 양면성을 지니고 평가도 다양하다.

❖ 주

1) 아테네에는 2명의 에피알테스라는 이름이 있다. 한 명은 배신자 에피알테스이다. 이 인물에 대해서는 테르모필라이 전투를 참조. 여기의 에피알테스는 배신자가 아니라 아테네의 급진적인 민주파의 지도자다. 키몬이 거부당한 더 자세한 내용에 대해서는 제1차 펠로폰네소스전쟁 부분을 참조할 것.
2) Athenian Constitution - Wikisource, the free online library https://en.wikisource.org > wiki > Athenian_Constitution
3) 테미스토클레스에 관해서는 그리스와 페르시아전쟁편에 상세하게 기술되어 있다.
4) 여기에 등장하는 투키디데스는 펠로폰네소스 전쟁사를 쓴 역사가로 페리클레스 친구인 투키디데스와는 동명이인이다. 투키디데스는 보수파의 지도자인 키몬의 친척이었으며 키몬이 사망한 후에 그를 이어 보수파의 지도자로 등장했다. 그에 대해 에피알테스가 도전하고 이제는 사실상 페리클레스의 정치적 라이벌이 되어 오히려 그의 조사를 받게 된 것이다.
5) Joshua J. Mark , https://www.ancient.eu/pericles/:Wikipedia.

제3부

그리스와 페르시아전쟁

10장 제1차 페르시아전쟁: 전쟁 준비와
      마라톤 전투 _ 209

11장 아르테미시온 해전과
      테르모필라이 전투 _ 227

12장 살라미스 해전과 플라타이아 전투 _ 253

10장

제1차 페르시아전쟁:
전쟁 준비와 마라톤 전투

1. 페르시아의 권력변동과 침략 전쟁개요

페르시아 제국(Persian Empire)은 BC 6세기의 아카이메니드 제국(Achaemenid Empire)부터 20세기의 카자르 왕조(Qajar dynasty)까지를 지칭한다. 그러나 고대 페르시아 제국은 BC 6~5세기의 제국이다. '페르시아'라는 이름은 그리스어이고 라틴어로는 '페르시스(Persis)'이다. '페르시아'라는 이름은 본래 아카이메니드 왕조의 수도가 있었던 남부 이란의 한 주(州)인 '파르스'에서 유래했다.

  페르시아인은 오늘날 이란에 도착한 이란인이다.[1] 당시에 페르시아 지역은 엘람(Elam) 왕국이 지배하고 있었다. 엘람 왕국은 기록이 남아있는 가장 오래된 문명을 가진 나라들 중 하나로 BC 2700년경부터

BC 539년까지 존재했다.[2] 엘람 왕국은 아카이메네스(Achaemenes) 왕조가 BC 539년에 수도였던 수사를 점령하면서 멸망한다. 아카이메네스의 아들 테이스페스(Teispes)는 안샨(Anshan)시를 점령하고, 부친 아카이메네스의 이름을 딴 아카이메네스 왕조를 세웠다. 테이스페스는 왕국을 확장했으나, 그의 사후 왕국은 둘로 나뉘어 북부는 차남 아리아라메스(Ariarames)가, 남부는 장남 키루스 1세(Cyrus, BC 600~580 또는 BC 652~600년)가 통치했다.

남부를 통치하게 된 키루스 1세는 안샨(Anshan)으로 불리는 페르시아(Persia) 왕으로 페르시아인들을 통합했다. 당시 안샨 왕국은 메디아 왕국의 속국이었다. 키루스의 아들 캄비세스 1세(Cambyses I, BC 580~559년)는 메디아(Media)왕국의 공주 만다인(Mandane)과 결혼했다. 캄비세스 1세의 뒤를 이어 왕위에 오른 것은 캄비세스 1세의 아들인 키루스 2세(Cyrus II)다. 그가 즉위한 BC 557년부터 아카이메니드 왕조의 시작으로 본다. 아카이메니드 제국은 제1차 페르시아 제국으로도 불린다.

키루스 2세는 BC 539년 바빌론을 정복하고 바빌로니아 제국에 속해 있던 모든 영토를 물려받으면서 그의 이름에 '바빌론 왕'이라는 칭호를 추가했다. 키루스 2세가 확장한 영토는 동쪽으로는 아프가니스탄, 파키스탄의 일부에서부터 이란, 이라크 전체 흑해 연안의 대부분의 지역과 소아시아 전체, 서쪽으로는 발칸 반도의 트라키아, 현재의 팔레스타인 전역과 아라비아반도, 이집트와 리비아에 이르는 광대한 지역이었다. 그에 대한 칭호는 위대한 왕, 페르시아의 왕, 안샨의 왕 (King of Anshan), 메디아 왕(King of Media), 바빌론의 왕(King of Babylon), 수메르와 아카드 왕(King of Sumer and Akkad) 등으로 다양하게 불렸다.

키루스 2세는 페르시아 제국의 초석을 다지고 광범위한 영토를 확장한 용맹한 군주이다. 키루스는 메소포타미아 지방은 물론이고 그리스에서도 이상적인 군주이자 자비로운 대왕으로 존경받은 것으로 전해진다. 키루스가 이처럼 지혜로운 성군으로 추앙되는 것은 바로 크세노폰 때문이라고 할 수 있다. 크세노폰은 플라톤과 함께 소크라테스의 양대 제자이다. 소크라테스의 사상을 플라톤이 철학적 교의로 발전시켰다면 크세노폰은 정치적 교의로 발전시켰다. 그러나 플라톤이 자신을 철학에 철저히 위치시킨 반면에 크세노폰은 저술 외에 정치 행동에 뛰어들었다. 이 과정에 크세노폰은 아테네 이외의 페르시아나 스파르타로 망명 생활을 하기에 이른다. 그의 저작들이 저평가된 배경이다.[3]

키루스 대왕은 바빌로니아에서 바빌로니아인들의 신인 마루둑(Marduk)을 경배한 것처럼 그가 정복한 땅의 관습과 종교를 존중했다. 이것은 정복한 지역을 매우 성공적으로 통치한 전략의 모델로 평가된다. 그는 정복지에 총독(satraps)을 두어 행정을 맡도록 했다. 그는 비유대인이면서 성경에서 메시아로 불려진 유일한 인물이다 (구약성경 에스라 1: 1-4).[4] 키루스는 전쟁의 영웅이고 피정복지를 관대하게 대했다고 해도 평화보다는 전쟁을 통해 여러 나라를 침공한 정복자이다. 이런 인물을 '메시아'로 불렀다는 것은 아이러니가 아닐 수 없다.

키루스 2세는 특히 우리에게 관심의 대상 인물이다. 그는 주변국가들을 차례로 정복하고 BC 546년에는 우리에게 익숙한 리디아(Lydia)를 정복했다. 그뿐만 아니라 크세노폰이 쓴 『키루스의 교육』은 우리나라에도 번역 출간되어 관심을 모은 책이다.[5] 그의 사후에 아들 캄비세스 2세(Cambyses II)가 왕위를 계승했다.[6]

키루스는 형제 간에 권력투쟁을 우려하여 장남 캄비세스 2(Cambyses II)세는 페르시아 왕으로, 동생 바르디야(Bardiya)는 박트리아 총독으로 임명하였다. 형제는 부친의 권력 배분을 수용했다. 캄비세스 2세는 BC 525년 포오이나키아(Phoenicia)와 키프로스(Cyprus)를 정복하고 새롭

게 창건된 페르시아 해군으로 이집트를 침략할 준비를 하고 있었다.[7]

　캄비세스 2세는 왕립 재판관에게 법적 근거를 찾아내도록 하여 두 여동생과 근친혼을 하는 등 희대의 폭군인 동시에 호색한이었다.[8] 당시에 재판관이 들고나온 법리는 지금도 회자된다. 페르시아는 캄비세스와 동생 바르디야 간의 권력투쟁과 속국들의 반란이 이어지는 과정에서 다리우스 1세가 BC 522년에 반란을 모두 진압했고, 그 후 BC 521년 12월에 아케메네스 왕조의 왕위에 올랐다.[9]

　페르시아 제국은 이런 반란에 밀려 서쪽 해안을 따라 지배 범위를 줄여나가면서 BC 493년에 이오니아 지역을 평정했다. 그러나 이오니아 반란은 그리스와 아카이메니드 제국 즉 페르시아와 최초의 주요 갈등을 노정했다. 그리고 앞에서 기술한 아테네의 우물 안 개구리 식의 허술한 외교정책은 결국 그리스-페르시아전쟁의 도화선으로 작용한다. 소아시아는 페르시아로 귀속되었지만, 다리우스는 제국의 안정과 자신의 위신을 유지하기 위해 페르시아에 고분고분하지 않고 오히려 지지한 아테네와 에레트리아(Eretria)를 그대로 방치하기는 어려웠을 것이다. 그는 그리스의 정복에 착수했다. 그 침략의 첫 번째 군사작전은 이오니아 반란을 따라 느슨해진 발칸 지역에 페르시아의 장악력을 강화하는 것이었다.

　페르시아 장군 마르도니오스는 BC 492년 트라케를 다시 정복하고 마케도니아를 제국에 완전히 종속시켰다. 그리고 다리우스의 페르시아군은 고전시대(BC 500~323년)에 접어들면서 그리스를 침공하기 시작하여 BC 490년 및 BC 480~479년에 3차례의 전쟁을 겪었다 (여기에서 페르시아전쟁은 그리스와 페르시아 사이에 벌어졌던 모든 전투들을 포괄하는 용어다).

　페르시아군은 드디어 BC 490년에 그리스를 침공하여, 마라톤 전투가 벌어진다. '페르시아전쟁'은 1차는 아테네군이 마라톤 평원에서 페르시아군을 무찌른 마라톤 전투다. 그리고 얼마 후 다리우스 1세가 죽고 다리우스 1세를 계승한 크세르크세스 1세(Xerxses I, BC 486~466년 재위)가 BC 480년에 다시 그리스를 침공하여 전쟁이 벌어진다. 크세르크세스 1세는 그리스와의 전쟁에 종지부를 찍겠다고 다짐했다. 그는 그리스를 정복하려는 대규모 침공군을 조직했다. 당연히 페르시아의 승리로 예상되던 마라톤 전투에서 아테네는 의외의 승리를 거두면서 그리스의 강자 스파르타와 함께 도시국가의 양강체제를 구축한다.

2차 전투는 테르모필라이 전투와 살라미스 해전이다. 테르모필라이 전투는 스파르타의 레오니다스 왕이 이끄는 소수 정예부대와 레오니다스의 장렬한 전사로 유명하다. 또한, 살라미스 해전은 아테네와 스파르타를 중심으로 31개의 그리스 도시국가들의 연합이 단결하여 막강한 페르시아 함대를 격퇴시켰다. 3차 전투는 플라타이아(Plataea) 전투(BC 479년)다. 페르시아는 살라미스 전투에서 패배한 뒤 치욕을 씻으려고 1년 만에 다시 그리스를 침략해 플라타이아 지역에서 접전하지만 30만 대군 중 5만 명만 도주하고 나머지는 몰살되는 참패의 아린 쓴맛을 다시 경험한다. 여기에서는 이 전투들의 앞뒤를 고찰해 본다.

2. 아테네의 정치상황과 테미스토클레스의 전쟁 준비

페르시아가 침략을 준비하는 시기에 아테네의 버팀목은 바로 테미스토클레스(Themistocles, BC 524~460년)였다. 그의 초기 생애에 대해서는 알려진 것은 거의 없지만 귀족계급은 아니고 소박한 중산층 출신으로 전해진다. 플루타르코스에 따르면 그는 "너무나 미천한 집안에서 태어난 사람"(플루타르코스, 영웅전, 테미스토클레스)이었다. 왜냐하면, 그의 어머니가 아테네인이 아니었기 때문에 아테네 귀족 가문이 될 수 없었던 것이다. 아테네는 부모 모두가 아테네 시민이 아니면 귀족의 반열에 오를 수 없었다.

테미스토클레스의 삶은 고대 자료인 헤로도토스, 투키디데스, 플루타르코스 등의 저작에 기술되어 있다. 플루타르코스는 그의 재능에 대해서는 찬사를 하고 있지만 인성에 대해서는 비판적이다. 헤로도토스와 투키데스는 테미스토클레스에 대해 긍정적인 태도를 보였다. 투키디데스는 '테미스토클레스'에 대해 이렇게 쓰고 있다.

"그는 미리 준비하거나 학습을 통해 익히는 일 없이 타고난 지능만으로 잠시 숙고한 다음에는 당면 과제를 정확히 판단했으며, 먼 미래를 언제나 가장 정확히 예측했다. 그는 어떤 일을 하든 완전히 설명할 수 있었고, 자신의 전문분야가 아니더라도 적절한 판단을 내릴 수 있었으며, 무엇보다도 아직 드러나지 않은 미래에 가능한 이익과 손실을 어느 누구보다 잘 예견할 수 있었다. 한 마디로 그는 타고난 재능과 신속한 대응이 필요할 때 필요한 조치를 취하는 데서 타의 추종을 불허했다." (TW 1.138.3)

아테네는 솔론부터 클레이스테네스까지의 민주화로 인해 평민 세력이 증대했다. 이로써 전같으면 아테네의 권력에 접근할 수 없었던 테미스토클레스와 같은 남성에게도 권력에 접근할 수 있는 풍부한 기회가 열리게 되었다. 그는 BC 494년에 집권하게 되는데, 아크론이 된 것은 아마 30세쯤이었을 것이다. 그리고 다음 해(BC 493년)에 집정관에 선임되어 귀족의 배경이 없이 극히 이례적으로 최고 권력자의 자리에 오른다.

테미스토클레스는 페르시아의 제1차 아테네 침입인 마라톤 전투에서 10명의 장군 중의 1인으로 싸웠다. 이어 BC 480~479년 사이의 페르시아전쟁에서는 아테네의 가장 중요한 인물의 하나였다. 그는 페르시아전쟁 중에 해군력의 증강과 군사기술의 증진에 중점을 둔 정책으로 그리스가 겪게 된 미증유의 위험한 상황을 타개했다.

마라톤 전투가 끝나고 세상 사람들이 전쟁은 이제 끝났다고 말할 때도 그는 오히려 더 큰 전쟁이 시작될 것으로 예상했다. 그리스 전체가 언제든지 스스로 일어나 방어할 수 있도록 하기 위한 준비로 아테네 항구인 피라이오스(Piraeus)를 개발하여 요새화하고 그리스 최대의 해군기지를 건설했다. 이것은 아테네가 고대 지중해의 중요하고 지속적인 해상강국이 되는 시작이었다.[10]

해군력에 중점을 둔 테미스토클레스는 델피에서 신탁을 구했다. 신탁은 "나무 벽만이 당신을 안전하게 지켜 줄 것"이라는 답변을 내어놓았다. 애매한 내용이다. '나무 벽'을 놓고 의견이 분분했다. 테미스토클레스는 '나무 벽'이 요새의 벽이 아니라 나무로 된 배가 침략에 대한 아테네의 최고의 방위라는 뜻으로 해석했다. 테미스토클레스는 이 신탁을 자신의 주장에 대한 정당성을 입증하는 무기로 사용할 수 있는 주도면밀한 인물이었다.

BC 503년에 발견된 라우레이온(Laureion) 은광에서 BC 483년에 새로운 광맥이 발견되자 라이벌 정치인 아리스티데스(Aristides)는 아테네 시민들에게 분배하자고 제안했다. 반면에 테미스토클레스는 200개의 삼단노선의 군함을 건조하는 데 사용되어야 한다고 주장했다. 테미스토클레스는 페르시아의 침공에 대비하기 위해 배를 건조해야 한다고 생각하면서도 페르시아에 대해서는 언급하지 않고 아이기나(Aegina)에 관심을 집중시켰다. 아이기나는 아테네인들이 현실적으로 체감할 수 있는 위협이지만 페르시아의 침공은 당장의 일이 아니라서 아테네인들에게 실감나지 않는 위협이라고 판단했기 때문이다. 이것이 바로 테미스토클레스의 탁월한 현실감이다. 그는 그 돈을 모아 기존 70척의 함선을 200척으로 늘려 나중에 이 배로 페르시아와 싸웠다. 테미스토클레스의 정책은 지지를 받았다. 실제로, 페르시아의 다가오는 침략에 대한 준비를 인식하게 되면서, 아테네인은 테미스토클레스가 처음 요구한 것보다 많은 배를 건조하기로 표결했다.

테미스토클레스의 정책에 반대하던 정치적 라이벌인 크산티포스(Xanthippus)는 BC 485~484년에 도편추방 당했다. 아리스티데스도 BC 482년에 도편추방 당했지만 BC 480년부터 페르시아의 침략이 재개되면서 아테네 민회에서 특사로 귀환조치되면서 귀국하여 이후에 전개된 전투들, 특히 살라미스 해전에 참전하여 페르시아를 격파함으로써 크세르크세스가 퇴각하도록 하는 전과를 올렸다.

페르시아전쟁에서 테미스토클레스의 승리는 단순히 전투의 승리만이 아니었다 (이에 관해서는 뒤에 기술된다). 당시 전투에 참전하려면 각자가 갑옷과 무기를 자기 돈으로 구비해야 했다. 특히 아테네의 자랑인 중장보병은 많은 돈이 들었다. 전투에 참여하려면 일정한 재산이 필요했다. 가난한 사람들은 일정 금액의 세금을 낼 뿐 전쟁에 나가서 무공을 세울 길도 막혀 있었다. 테미스토클레스가 주도한 해군은 무구의 구입이 필요 없었다. 많은 사공이 필요한 삼단노선은 사공들이 빈손으로 배만 타면 되었기 때문이다. 최하위 계층도 전쟁에 참전하여 공을 세울 수 있게 된 것이다. 이것은 결국 재산에 의한 계급 구분을 붕괴시키는 결과를 초래했다. 전쟁 후에 참전 병사들이 그에 상응하는 정치사회적 권리를 요구하는 것은 당연하고 이 현상은 바로 사회적 평등의 수준이 증가하는 계기가 된다.

테미스토클레스는 살라미스 해전의 승리로 아테네의 영웅이 되었을 뿐만 아니라 출신성분을 박차고 일어선 사회적 혁명가로서 민중의 지지를 받았다. 전쟁 후 열린 올림픽에서 그가 경기장에 입장하자 관중들은 올림픽 경기는 뒷전으로 하고 그에게 박수갈채를 보냈다. 페르시아전쟁 중에는 연합군의 통합을 위해 연합군 총사령관직까지 스파르타에 양보했다. 그러나 외교전에서는 스파르타 눈엣가시였다. 스파르타는 아테네의 키몬을 내세워 정치적으로 테미스토클레스와 맞서게 했다. 키몬은 마라톤 전투를 승리로 이끈 밀티아데스의 아들로 BC 476년 장군으로 선출되었다. 귀족들은 테미스토클레스의 진보적인 정책으로 가뜩이나 불안한 상황에서 키몬은 바로 귀족의 이익을 대변할 보수의 대변자였다. 더구나 테미스토클레스의 정책과 군사전략은 당시 사회 계급구조의 커다란 변혁을 초래하는 요인으로 작용하면서 테미스토클레스를 아테네 귀족과 대립하는 상황으로 만들었고, 귀족들은 키몬을 중심으로 기득권을 강화하면서 테미스토클레스를 배척하기에 이른다.

3. 제1차 그리스 페르시아전쟁: 마라톤 전투

마라톤 전투는 페르시아 왕 다리우스의 침공으로 시작되었다. 다리우스 왕은 이오니아 지역에 대해 페르시아에 반항하지 않는다는 조건으로 참주제 대신에 민주제를 허용했다. 반면에 복종과 충성을 약속한 아테네가 아이오니아를 도왔다는 사실에 격분하고 배신을 응징하겠다고 다짐했다. 아테네가 다리우스에게 충성을 약속했다는 것은 아테네가 국제 외교에 미숙해서 벌어진 자업자득의 일이었다. 역사를 거슬러 올라가면 BC 507년 아테네의 클레이스테네스의 보호동맹을 둘러싸고 벌어졌던 갈등이 깔려 있었다. 다리우스 1세는 이를 빌미로 BC 491년에 그리스 각지에 사신을 보내 땅과 물(페르시아의 지배권을 받아들이겠다는 상징적인 내용)을 요구한다.

대부분의 도시국가는 페르시아의 위세에 눌려 이에 굴복했다. 그러나 아테네와 스파르타는 오히려 사신을 처형한다. 사신을 받지 않는 것도 도발인데 사신을 처형하는 것은 곧 전쟁 선포다. 아테네의 장군 테미스토클레스는 재판을 거쳐 사신들의 처형을 결정하고 바위 틈으로 던져버렸다. 스파르타의 왕 클레오메네스 1세는 재판 절차 없이 곧바로 우물 안에 넣었다 (클레오메네스는 2년 후에 동생 레오니다스에 의해 구금된 뒤 옥에서 의문사한다). 우물로 처넣으면서 스파르타가 사신들에게 했다는 말이 "거기 얼마든지 있으니 마음대로 가져가시오"였다 (역사, 7.133). 다리우스는 아테네와 스파르타를 응징하려고 BC 492년에 마르도니오스(Mardonius)의 지휘하에 원정군을 보냈다. 그러나 폭풍우로 인해 함대의 절반을 상실하고 마르도니오스 자신도 트라키아 일대에서 부상을 당하면서 원정은 중지되었다.

다리우스 1세는 BC 490년에 메디아 출신 장군인 다티스(Datis)를 사령관으로 하여 보병과 수병을 파견했다. 그 옆에는 아테네의 참주이던 페이시스트라토스의 아들이며 그의 사후에 참주를 지내다 페르시아에 망명 중이던 히피아스가 자리했다. 그리스의 전(前) 참주가 적군의 장수로 고국의 침범에 앞장선 것이다. 그는 다리우스로부터 아테네의 괴뢰 통치자를 보장받고 있었다. 예나 지금이나 고관대작이나 부자들은 자신들에게 좋은 세월에는 더 없는 애국자인 체 하지만 나라가 어려워지거나 자신이 불리해지면 나라와 국민을 헌신짝처럼 배신하는 경우가 허다하다.

다리우스는 BC 492년 그리스 접근로를 확보하기 위해 출정한다. 먼저 트라키아를 다시 점령하고, 이어 마케도니아 왕국을 속국으로 만들었다. 또 BC 490년 아테네와 에레트리아를 응징하기 위해 대규모 선단을 파견했다. 페르시아군은 7일 만에 에레트리아를 치고 마라톤에 상륙하여 아테네군과 마주한다. 마라톤 전투가 개시된 것이다.

그리스와 페르시아는 군대의 존립 형태부터 달랐다. 그리스는 페르시아와 달리 전쟁에 대한 고정된 부대가 없었다. 각 도시국가의 군대는 우리나라의 예비군이나 민방위대처럼 자신의 도시를 지키기 위해 그 지역을 차지하는 시민들(농민 또는 상인)로 형성되었다. 그러나 그들의 직업 때문에 오랜 기간 항상 군대에 소속되지는 않은 채 전투 때만 참전했다. 그리스인들에게 전쟁은 매우 짧아야 했다. 전투 중에도 그들은 모두 이웃들이있다. 중무장보병(Hoplites)으로 불리는 보병들은 헬멧, 가슴 판, 청동과 가죽 및 나무로 만든 둥근 방패, 가죽과 쇠로 덮인 둥근 나무 방패, 칼과 길고 단단한 창으로 무장했다. 기사(騎士)는 그리스 전선에서 그리스의 산악 지형에 적용하기 어렵기 때문에 사실상 존재하지 않았다. 조력자들은 수없이 많았지만, 전투에서 경미한 역할을 수행했다.

페르시아 군대는 기사들과 페르시아의 보병이 핵심이었다. 이 핵심 부대를 중심으로 제국의 각 속국에서 보조 부대, 선박 및 선원(바다와의 전쟁의 경우) 또는 말과 병참 등을 필요에 따라 징발했다. 이러한 자원들은 페르시아 제국의 전역에서 충원되었다. 헤로도토스는 페르시아 제국에 속한 47개의 관습과 언어가 다른 지역에서 지휘관, 군인 그리고 장비가 차출되어 아주 부실했다고 지적한다.

페르시아 군대의 엘리트 부대는 방위와 공격 모두에 아주 좋은 병기를 갖추었고, 초기부터 말 조련에 익숙해 있었기 때문에 궁수의 화살에 일정한 거리를 두고 전투를 벌일 수가 있었다. 보병은 페르시아 출신 종족의 후손인 1만 명의 '불사부대(Immortals)'로 구성되었다. 그러므로 페르시아의 전술은 기병 부대의 기동성과 힘, 궁수의 정밀도에 기반을 두었다.

아테네는 스파르타를 비롯한 그리스의 도시국가에 원군을 요청한다. 헤로도토스의 기록(HH 6.106-107)에 따르면 아테네군은 BC 490년 페르시아군이 마라톤에 상륙한다는 소식을 듣고 스파르타에 도움을 청하기 위해 전령 페이디피데스(Pheidippides)를 파견한다. 페이디피데스는 약 224Km의 거리를 달려 이틀 만에 스파르타에 당도한다. 스파르타는 아테네를 도와주기로 결의하지만 그 때는 현대의 8월 후반에서 9월 전반에 해당하는 달 상순의 9일째 날이었다. 스파르타에는 만월이 되지 않은 9일째 날에는 출정할 수 없다는 종교적 신앙이 있었다. 대신 헤로도토스는 페이디피데스가 스파르타로 질주하던 중 판(신)이 나타났다고 말한 것으로 기술한다. 그리고 이를 기리기 위해 아테네에서는 횃불 들고 달리기를 해마다 열었다고 한다.

다른 이야기도 전해진다. 절망적인 전쟁 상황에서 승리하자 사령관은 이 승전보를 전하려고 전령 페이디피데스를 아테네에 보냈다. 그는 쉬지 않고 엄청난 거리인 아테네로 달려갔다. 그리고 도착하면서 "우리는 이겼노라"고 외쳤다. 그리고 자리에서 숨졌다는 이야기다. 이 사건에서 마라톤이 생겼다는 '전설'이다. 그런데 마라톤 경기는 42.195km를 달려야 하지만 아테네에서 마라톤까지의 실제 거리는 30km 정도에 불과하다.[11]

이 전투에 원군으로 참전한 국가는 플라타이아(Plataia)뿐이다. 플라타이아는 고대 그리스 보이오티아 지방으로, 테바이 남쪽, 아티카 지방의 경계 부근에 위치해있던 작은 도시국가이다. 헤로도토스는 아테네가 다른 원군을 얻지 못한 채 절망과 공포에 휩싸여 있을 때 원군으로 플라타이아가 달려온 것으로 기록했다. 플라타이아는 6세기경 테바이 등의 공격에서 아테네의 지원으로 독립국가를 유지하였다. 이 은공을 갚기 위해 참전한 것이다. 플라타이아의 군대는 소위 '싸울 수 있는 모든 사람'(약 1,000명에 달했던 것으로 추측)이 참전했다.

이 마라톤 전투에서 아테네 명장 밀티아데스(Miltiades, BC 550년경~BC 489년)는 스파르타의 지원군이 올 때까지 기다리면서 수비하는 작전으로는 페르시아군에게 주도권을 빼앗길 것을 우려했다. 그는 마라톤 평원에서 페르시아군을 격퇴하자고 아테네 시민들을 설득하여 1

만 명의 시민군을 모아서 해안에서 야영하는 페르시아군을 굽어볼 수 있는 언덕에 진지를 편성했다. 한편 페르시아군은 1만 5,000명을 해안에 집결하고 나머지 1만 명은 아테네 공격을 위해 항해하도록 했다.

이 전투에서 밀티아데스는 자신이 창안한 전술 대형인 이른바 양익포위대형(兩翼包圍隊形)을 사용했다 (이 대형은 전쟁사에 자주 인용되며, 군대의 교재에도 빠지지 않는다). 밀티아데스는 접전에서 페르시아 궁병들의 활 공격을 무용지물로 만드는 전략을 짜냈다. 화살을 받는 시간을 최소화하는 것이다. 페르시아 궁병들의 사정거리(약 162m) 밖에서는 일부러 천천히 움직였다. 그리고 사정거리 내에 들어갈 즈음부터 좌우로 힘껏 달려 페르시아군을 양쪽으로 포위하고 공격했다. 정면으로 달려들 줄 알고 있던 페르시아군은 좌우로 달려드는 아테네군에게 허겁지겁하다가 혼비백산 후퇴했다. 아테네군은 이 전투에서 대승을 거두었는데, 페르시아 군대는 6,400명, 아테네 병사는 192명이 전사한 것으로 전해진다.

아테네 역사에서 마라톤 전투의 의미는 남다르다. 아테네가 이민족의 침략, 그것도 대제국 페르시아의 침공을 막아 내면서 페르시아의 콧대를 꺾었다. 그리스 도시국가들 내에서 아테네의 위상도 높아졌다. 무엇보다도 아테네는 마라톤 전투의 승리로 인해 이후 10년 뒤의 2차 원정이 있을 때까지 안전하게 되었다. 이 외에도 마라톤 전투가 우리에게 주는 교훈을 깊이 새겨야 한다.

첫째, 작은 도시국가인 플라타이아의 신의는 역사적 귀감이다. 호랑이와 개의 싸움에서 개의 편을 든다는 것은 죽음과 멸망을 의미한다. 그럼에도 플라타이아가 과거 자신의 독립을 지켜준 아테네에 빚을 갚기 위해 참전했다는 것은 국제사회에서 신의의 표본이다. 자신의 이념에 묶이고 이익에 집착하여 목표 달성에 조급하거나 정치적 목적으로 프로파간다를 하다 보면 동맹국과 소원해질 수 있고 국제사회의 고립을 자초할 수 있다.

둘째, 정치적 논쟁으로 늘 시간을 보내던 아테네인들을 설득하여 자신의 전략대로 전쟁을 치른 밀티아데스의 판단력과 지도력이다. 밀티아데스는 지도력뿐만 아니라 천부적인 전략가였다. 나라가 어려운 상황에 지도자들과 국민들의 소통은 단결과 협력을 만들어 낸다.

셋째, 페이디피데스의 활약이다. 전설적 이야기이지만 화살이 빗발치고 창검이 부닥치는 전쟁에서 단신으로 먼 길을 달려 임무를 완수하는 군인정신과 인간의 의지는 만고의 귀감이다.

▶ 사진 10.1 마라톤 전투 현장의 현재의 모습

위의 사진이 마라톤 전투 현장이다. 바다와 맞닿은 곳 중에서 잡초가 우거진 곳이다. 주변은 한가하고 평화롭다. 전쟁터였다고는 상상할 수도 없다. 시골 마을이 형성되고 포도 농장이 늘어서 있다. 바다 반대편의 남쪽에는 산맥이 막고 있다. 페이디피데스가 스파르타로 달려갔다면 이 산맥을 넘었을 것이다. 아테네로 달려갔다면 이 마을 오른쪽으로 달렸을 것이다. 전투 현장에는 박물관이 있고 여기에서 1km 거리에 병사들의 무덤이 있다. 마라톤 전투는 2500여 년 전의 국제전이다. 그럼에도 마라톤 전투는 현재에도 살아 있는 역사로 전해온다.

넷째는 아테네 시민들의 정신이다. 아테네 시민에게는 처음 맞는 이 민족과의 국제전이다. 명확히 실체가 드러난 전력의 열세에도 불구하고 죽음을 각오하고 전투에 나가 싸우고 결국 승리한 애국심에 겸허해진다.

마라톤 전투는 승리를 기리는 '마라톤 경기'를 탄생시켰지만 잔인하고 끔찍한 전쟁의 서막이었다. 다리우스는 그리스의 도시국가들을 정벌하기 위해 또 다른 계획을 수립하기 시작했다. 이번에는 다티스 대신 자신이 직접 군대를 지휘하기로 했다. 다리우스는 3년에 걸쳐 전쟁에 쓸 군함과 군대를 준비했다. 이 상황에서 이집트에서 반란이 일어났다. 이 반란의 여파로 그의 그리스 원정계획은 수포로 돌아갔다. 그리고 BC 486년 숨지면서 그의 장자인 크세르크세스 1세가 바톤을 이어받았다.

❖ 주

1) 이들은 BC 1000년경 이란 북서부의 자그로스(Zagros)산맥의 페르시스(Persis) 지역에서 원주민 엘라미테스(Elamites)인들과 함께 정착했다. 페르시아인은 원래 이란의 서쪽 고원에 유목민의 목축주의자였고, BC 850년까지는 자신들을 파르사(Parsa)로 불렀다. 페르시아 민족은 파사르가다이(Pasargadae), 마라피(Maraphii), 마스피(Maspii), 판티알라이(Panthialaei), 데루시아이(Derusiaei), 게르마니(Germanii) 등으로 구성되어 있다.
2) 고대 엘람 시대의 중심지는 고대 도시 안샨(Anshan)이었다. 그 후 BC 1500년경부터는 쿠제스탄 주 저지대의 수사(Susa)로 중심지가 옮겨졌다. 페르시아인들은 BC 17세기까지 서아시아와 중앙아시아에 있는 페르시아(이란)의 플라테아우(Plateau)의 남서부 지역에 정착했다. 이 곳은 그들의 심장부가 되었다. 그 이후 수 세기 동안 이들은 메소포타미아 북부에 기반을 둔 신 아시리아 제국(Neo-Assyrian Empire, BC 911~609년)의 지배하에 놓이게 되었다.
3) 헤로도토스는 키루스의 출생과 성장을 그리스의 건국 군주들의 신화와 유사하게 그려낸다. 즉 키루스는 어린 시절 할아버지인 메디아 황제 아스티아게스로

부터 고난을 받아 양치기에게 길러졌으며 폭군인 외할아버지를 타도하고 대제국을 세운다는 그의 일대기는 전형적인 영웅신화로 각색된 것이다. 그러나 크세노폰은 그의 저서 『키루스의 교육』에서 그가 그의 외삼촌이자 아스티아게스의 아들인 키악사레스에게서 메디아의 왕위를 물려받은 것으로 서술했다. 이는 그가 정통성을 물려받은 군주라는 점을 강조하는 관점에서 기술한 것으로 보인다.

키루스에 대해서는 이미 마키아벨리가 그의 명저 『군주론』에서 『키루스의 교육』 내용을 인용함으로써 더욱 세간의 주목을 받았다. 특히 마키아벨리는 『군주론』 14장에서 군주는 역사서를 통해 위인들의 행적에 관심을 가져야 한다고 전제하고 알렉산더 대왕이 아킬레우스를, 카이사르가 알렉산더를 그리고 로마의 군인인 스키피오(Scipo)가 키루스를 본받았다고 기술한다. 특히 마키아벨리는 크세노폰이 쓴 키루스의 생에 대한 저작을 읽어보는 사람이면 누구나 스키피오가 얼마나 키루스를 닮으려 했는지 즉 키루스 왕의 절제, 선의, 인간미, 관용을 철저히 본받으려 했는지를 깨달을 수 있다고 기술한다. 크세노폰의 『키루스의 교육』은 마키아벨리의 군주론 이상으로 지도자의 덕목을 중심으로 하는 일종의 세미다큐멘터리(semidocumentary)이다. 크세노폰 자신은 투키디데스의 『페르시아 전쟁사』나 자신의 『헬레니카』처럼 '역사'로 썼을 것이지만 현대적 평가로는 일종의 역사소설이다. 따라서 단순한 역사적 기록이 갖는 건조함보다는 오히려 흥미와 감흥이 더 우러나온다. 우리나라에는 두 종류의 영어 중역판이 있다.

4) 구약성서 에스라(1:1~4)에는 '고레스'로 나오는데 바빌론 유수로 바빌로니아에 잡혀 있던 유대인들을 해방시키고 예루살렘으로 돌아가 예루살렘 성전(제2성전)을 세울 수 있도록 하였다고 기록되어 있다. 구약성경 이사야(45:1~4)에도 등장하는데, "나 여호와는 나의 기름 받은 고레스의 오른손을 잡고 열국으로 그 앞에 항복하게 하며 열왕의 허리를 풀며 성 문을 그 앞에 열어서 닫지 못하게 하리라"라는 구절을 통해서 키루스를 메시아('기름 부음 받은 자'라고 불렸다.)라고 불러준다. Pierre Briant, *From Cyrus to Alexander: A History of the Persian Empire* (Penn.: Pennsylvania State University Press, 2000).

5) 키루스에 의해 리디아가 정복되고 리디아의 왕 크로이소스에게 무슨 일이 일어났는지에 대해서는 여러 이야기가 전해진다. 헤로도토스, 크테시아스, 그리고 크세노폰은 모두 키루스가 처음에는 크로이소스를 처벌하겠다고 협박했지만 그는 그를 불쌍히 여겼으며 심지어 개인 고문으로 임명했다는 데 동의한다. 지금까지 크로이소스가 이디아 왕국의 수도인 사르디스(Sardis)의 몰락에서 살아남은 것은 그럴듯한 것으로 보인다. 그러나 일부 학자들은 그런 설명을 전설적인 것으로 간주하고 키루스가 정말로 크로이소스를 처형했다고 믿는다. 키루스는 탄생 및 젊은 시절과 마찬가지로, 생애 마지막 9년에 대해서도 거의 알려져 있지 않다. 헤로도토스는 키루스가 이아크사르테스(Iaxartes) 강을 가로질러 살았던 유목민인 마사게타이(Massagetae)족과 싸우다 사망했다고 주장한다 (역사 1, 214). 그러나 헤로도토스는 키루스의 죽음에 대해서는 수많은 이야기가 나돈다는 점을 인정하면서 마사게타이족과 전투에서 죽었다는 이야

기가 가장 믿을 만하다고 주장한다.
6) 이 부분에 관한 참고자료: Daan Nijssen, https://www.ancient.eu/Cyrus_the_Great/
7) 이집트의 파라오(Pharaoh) 아마시스 2세(Amasis II)는 페르시아의 침공에 대비하여 그리스 국가들과 관계를 증진하고자 했다. 그러나 페르시아가 공격하기도 전인 BC 526년에 죽었다. 이어 아마시스 2세의 아들인 푸삼티크 3세(Psamtik III)가 왕위를 계승했다. 그는 페르시아의 캄비세스 2세가 침공하자 나일강 변의 펠루시움(Pelusium)에서 접전했으나 패하고 멤피스(Memphis)로 도주하다 잡혀 죽었다.
8) 헤로도토스에 따르면(역사, 3.30) 이집트에 원정 중이던 캄비세스는 꿈에 동생 바르디야(Bardiya)가 왕좌에 앉아 있는 것을 보았고, 또한, 그의 탁월한 활 솜씨에 놀라 그가 왕위를 차지할 것을 염려하여 심복을 시켜 그를 암살했다. 이로 인해 키루스 가문 이외의 야심가들의 권력 찬탈 기도도 차단되었다. 특히 캄비세스는 페르시아 관습에 없는 근친혼으로 두 누이 아토사(Atossa)와 록산느(Roxane)와 결혼했다. 캄비세스는 결혼 전에 왕립 재판관에게 누이와의 결혼을 할 수 있도록 규정한 법이 있는지를 물었다. 그들은 공정하고 안전한 답을 내놓았다. "남자가 누이와 혼인할 수 있도록 규정한 법은 찾지 못했지만 페르시아 왕이 자신이 원하는 일은 무엇이든 할 수 있도록 한 다른 법을 찾았다"(역사,3.30)는 대답이었다. 재판관들은 "그런 법은 없다"는 취지로 말했다. 즉 결혼할 수 없다는 것이다. 대신 "왕은 무엇이든 할 수 있다"는 규정이 있으니 당신이 알아서 하라는 것이다. 재판관들은 법관으로서 기본자세는 지켰다. 권력에 아부하여 궤변으로 법을 해석하지 않았다. 그러나 그들도 목숨을 보존해야 했기에 다른 법으로 빠져나갔다.
9) 제국의 반란은 그치지 않았다. BC 499년의 이오니아(Ionia) 반란과 아이올리스(Aeolis), 도리스(Doris), 키프로스(Cyprus) 및 카리아(Caria) 지역과 관련된 소아시아의 일부 지역에서 페르시아 지배에 대한 군사적 반란이 BC 493년까지 6년간 지속되었다. 반란의 핵심은 두 명의 밀레토스의 참주인 히스티아이오스(Histiaeus)와 아리스타고라스(Aristagoras)의 개별 야심에 더하여 페르시아에 의해 임명된 총독의 폭정 그리고 아시아계 소수 민족의 그리스 도시들이 페르시아의 지배에 대한 불만에서 촉발된 것이다. 밀레토스(Miletus)의 참주 아리스타고라스는 밀리토스에서 자신의 위상을 강화하기 위해 BC 499년에 낙소스를 정복하기 위해 페르시아 총독 아르타페르네스(Artaphernes)와 함께 원정을 감행했으나 실패했다. 또한, 아리스타고라스는 자신의 참주자리를 박탈하려는 낌새를 알고 페르시아의 다리우스 왕에 대항해 이오니아 전체를 반란에 감당하도록 선동했다.
10) 피라이오스 항구는 현재 그리스에서 가장 큰 항구로 그리스 3대 도시 중의 하나이다. 아테네 중심부에서 남서쪽으로 12km 떨어져 있다. 아테네를 중심으로 하면 리파나 항구에서 배를 타지만 서남쪽에서 배를 타려면 피라이오스 항구를 이용해야 한다.
11) 어느 이야기가 진실이든 1896년 올림픽에서 육상경기 종목으로 마라톤이 채

택된 것은 마라톤 전투와 관련이 있다. 이런 전설로 인해 마라톤 전투에서 패전한 페르시아의 후예국인 이란은 마라톤이 금기종목이다. 올림픽과 아시아 경기대회 등 세계대회에서 마라톤 종목에 출전한 선수는 단 1명도 없었다. 자국의 도시인 테헤란에서 열린 1974년 아시안 게임에서는 마라톤이 아예 제외되었다.

11장

아르테미시온 해전과 테르모필라이 전투

1. 페르시아의 침공과 그리스연합의 결성

"일찍이 이곳에서 펠로폰네소스의 4,000명 전사들이 300만 군대와 맞서 싸웠노라."(HH 7.228)

'역사상 최초의 인류학자였고 최초의 취재기자였으며 최초의 해외특파원'(홀랜드.32)이었던 헤로도토스가 테르모필라이 전투에 대해 증언한 내용이다. 테르모필라이 육상전투는 동시에 전개된 아르테미시온 해상전투와 함께 인류 역사에서 가장 빛나고 가장 의미 있는 전투로 평가되고 있다. 그러나 테르모필라이 전투가 신화적인 기술(記述)로 과장되고 과대 평가되면서 동시에 전개된 아르테미시온 전투는 가려져 있다. 이 글에서는 두 전투를 고찰해 보고 특히 테르모필라이 전투가 갖는 의미를 되새겨 보기로 한다.

마라톤 전투에서 패한 다리우스는 보복의 일념으로 전쟁 준비에 돌입했지만 BC 486년 75세로 죽는 바람에 그리스 침공은 수포로 끝났다. 왕위는 장자인 크세르크세스(Xerxes)가 이었지만 조정은 매파와 비둘기파로 갈렸다. 매파는 크세르크세스의 사촌인 마르도니오스(Mardonius)가 주도했다. 그는 최초의 그리스 총독직에 욕심을 내고 있었다. 비둘기파는 크세르크세스의 3촌인 아르타바누스(Artabanus)였다. 그는 마라톤 전투를 떠올리며 전쟁을 말렸다. 아르타바누스는 페르시아의 이익을 먼저 생각했으나 마르도니오스는 욕심의 포로가 되어 궁정 관리들을 부추기고 왕의 마음을 흔들었다.

크세르크세스는 왕위를 물려받고 얼마 되지 않아 권력 기반이 취약했다. 객관적 정세로는 비둘기파인 3촌의 의견이 타당하게 느껴졌으나 부왕의 유지를 들고 공세적으로 나오는 매파인 4촌의 주장도 부친의 유업을 이루고 싶은 그를 자극했다. 이런 상황에서 어느 꾀보가 아이디어를 제공했을 것이다. 선택의 기로에서 가장 편리한 무기는 '신팔이', 즉 '신'을 핑계 대는 것이다. 크세르크세스는 '계시'를 선택했다. 이 계시는 자신의 꿈으로 나타나기 때문에 자신이 필요한 대로 재단이 가능하다. 그리스와는 달리 페르시아에는 신탁의 관습이 없었다. 또한, 신탁은 신녀와 사전에 결탁을 하지 않는 한 자기의 의지가 아니라 신전의 신녀로부터 나오기 때문에 자칫 자신의 의사와 전혀 다른 방향으로 갈 수밖에 없는 경우도 있다.

크세르크세스는 결국 왕위를 계승한 지 2년만인 BC 484년 그리스 침공의 결단을 내린다. 그리고 3촌인 아르타바누스를 왕궁으로 귀환시키면서 당부한다. "나의 왕실과 왕국을 잘 지키도록 하시오. 내가 모든 사람 중에서 그대에게만 내 왕홀(王笏)을 맡기기에 하는 말이오"

(HH 7.52). 신임인가 유폐인가. 아르타바누스는 출정준비과정에서 "이오니아인들을 조상의 땅으로 데려가면 배신할 것이니 배제하라"는 건의를 크세르크세스에게 올렸다. 다행히 크세르크세스는 그의 건의에 대한 충심을 이해하고 예우하는 척하면서 그를 고립시키고 전쟁을 반대한 그의 간섭도 피하려는 외도가 담겨있었을 것이다.

크세르크세스는 이미 지난 4년간 제국 전역에서 군대를 모으고 무기와 군수품을 준비했다. 출병에 앞서 거행된 열병식에 참여한 인종의 수는 47개나 된다. 헤로도토스에 따르면 페르시아의 전체 전투병력이 264만 1,610명이다. 헤로도토스는 자신이 제시한 260만 명 이상의 군사들의 숫자를 10명 단위까지 적고 있다. 살아 움직이는 사람들이 수만 명을 넘으면 아무리 정확하게 세어도 10명 단위까지 맞추기는 쉽지 않다. 헤로도토스는 수사(修辭)의 대가임이 틀림없다. 200만 이상의 숫자에서 10명 단위까지 적은 것은 숫자에 대한 정확성을 과시하려는 의도가 분명하다. 헤로도토스는(HH 7.60) 육군의 전체 규모를 170만 명으로 전한다.[1] 헤로도토스의 계산으로는 수행한 시종들, 수송선의 선원들, 모든 선박의 선원들을 합치면 528만 3,220명이다 (HH 7.185-186). 대단한 과장이다. 그리스가 소수병력으로 항전한 점을 부각하려는 의도나 오산에서 비롯되었을 것이다. 하지만 헤로도토스의 이런 기술은 페르시아군의 정확한 숫자가 정확히 몇 명인가보다는 엄청나게 많다는 이미지는 잘 전달하고 있다.

현대 학자들은 12만 명에서 30만 명 정도로 추산한다. 이러한 추산은 대개 그 시대의 페르시아인의 병참능력, 각각의 작전기반, 병사들에 전체적인 통제 능력에 대한 연구를 토대로 한다. 테르모필라이 전투에 투입된 페르시아 군대의 수도 모든 침략군의 수와 마찬가지로 불확실하다. 예를 들어, 전체 페르시아 군대가 테르모필라이까지 행군했는지, 또는 크세르크세스가 마케도니아와 테살리에 수비대를 남겨두었는지 여부도 불분명하다. 한편 그리스의 병력 수에 대해서는 헤로도토스와 BC 1세기 그리스 역사학자 디오도로스 시쿨로스(Diodorus Siculus)가 제시한다. 그러나 현대 학자들은 헤로도토스가 제시하는 숫자에 더 관심을 갖는다. 이에 따르면 그리스의 병력은 약 7,000명 정도이다.

페르시아 병력의 실제 숫자가 얼마이든 크세르크세스는 육지와 바다에서 압도적인 군사우위로 성공적인 원정이 보장되기를 열망했다. 크세르크세스는 전쟁의 지휘권을 쥐고, 그의 아버지가 한 것처럼 BC 481년에 사절을 그리스 도시국가들에게 보내 페르시아에 복종의 의미로 흙과 물을 보내도록 요구한다.[2] 그런데 이번에는 아테네와 스파르타에는 사절을 보내지 않았다. 이 두 도시국가를 다른 그리스 도시국가들과 분리하려는 고도의 심리전으로 전쟁의 명분을 만들려는 획책이며 다른 도시국가들은 태도를 결정할 시간을 주되 아테네와 스파르타는 무조건 공격하겠다는 선전포고였다.

크세르크세스는 육지와 바다를 통해 동시에 파상공세를 시도했다. 원정 행렬은 BC 480년 4월 사르디스를 출발하여 4~5개월의 행군 또는 항해 끝에 8월 또는 9월에 그리스에 다다랐다. 크세르크세스는 왕위에 오른 지 6년째 되는 해에 헬레스폰토스 해협을 건너 드디어 아테네 땅에 들어선 것이다. 페르시아인들은 14년 전 이오니아 반란 때 그 지역 주민들을 닥치는 대로 도륙하고 여자들은 강간했으며 어린이들은 끌고 갔다. 이번 원정에서도 그들은 이러한 복수를 생각하면서 행군을 재촉했다.

아테네도 BC 480년대 중반부터 테미스토클레스의 지도하에 BC 482년 대규모의 함대를 건설하기 시작했다. 또한, 페르시아군이 내려오기 훨씬 이전에 주민들을 소개했다. 테미스토클레스는 이 계획을 민회에 제안했고 6,000여 명의 남자들이 모여 행동 계획에 대한 토론 끝에 병력동원이 포함된 포고령으로 통과되었다. 포교령의 효력은 아테네 시민뿐만 아니라 아테네에 거주하는 외국인에게도 미쳤다. 델피에 사절단을 보내 신탁도 구했다. 여사제는 다음과 같은 신탁을 내렸다.

"가련한 자들이여, 왜 여기에 앉아 있느냐? 그대들의 집과 원형의 도시의 높은 고지를 떠나 땅끝으로 달아나라." (…) (역사 7.140).

원형의 도시는 아테네를 말한다. 의뢰인들은 '땅끝으로 달아나라'는 이 신탁이 모호할 뿐만 아니라 맘에 들 리가 없다. 다시 의뢰했다.

"(…) 제우스께서 트리토게네이아(Tritogeneia)에게 나무 성벽을 내려주실 것이니(…) 성스러운 살라미스(Salamis)여, 그대는 곡식의 씨가 뿌려지거나 추수할 때에 여자들의 자식들을 파멸시킬 것이니라." (역사 7.141)

트리토게네이아는 아테네 신의 별칭이다. 아테네인들은 살라미스 해전을 한다면 반드시 패배할 것이라고 해석했다. 그러나 테미토스클레스는 만일 살라미스에서 패할 것이라면 '성스러운 살라미스'가 아니라 '잔인한 살라미스'라고 했을 것이라며 싸우는 쪽으로 여론을 몰고 갔다.

아테네에서는 노인과 아녀자들은 아테네를 떠나 살라미스로 피신 가고 젊은이들은 전장으로 갔다. 그러나 집단과 법을 중시하던 스파르타인들과는 달리 개인과 자유를 추구하는 아테네인들에게는 무질서가 수반되기도 했다. 일부는 아테네에 남아서 상황을 주시하는가 하면 당장 페르시아군이 눈에 보이지 않자 다시 아테네로 돌아오는 사람들도 있었다. 아테네는 유사 이래 국가 비상사태를 맞았다. 이로부터 아테네는 250여 년간의 민주 역사의 위기국면에 서 있게 된다.

테미토스클레스는 아테네 군대만으로는 전력이 턱 없이 열세였기 때문에 그리스 도시국가들의 연합을 추진했다. 그리스의 양대 강국인 스파르타와 아테네를 중심으로 연합전선을 구축하면서 대부분의 도시국가가 참전했다. 그리스인들은 동족인 헬라인인 동시에 특히 페르시아는 아테네와 스파르타의 공동적이기 때문에 공동 전선을 펴는 것은 어려운 일이 아니다.

그리스 도시국가의 대표들은 BC 481년의 늦가을에 코린토스에 모여 아테네와 스파르타를 중심으로 하는 그리스 도시국가 연합을 출범시켰다. 연합의 명칭은 '그리스 나라들의 연합체'를 의미하는 '헬라스 연합(Hellenion)'으로 정했다 (Pausanias, 3, 12.6.). 그리고 다음 해 봄에 다시 만나 결속을 다지고 페르시아 침략에 대한 대응책을 논의했다. 그리스 연합군에서 테살리아(Thessalía) 대표가 테살리아 경계에 있는 템페(Tempe)의 협곡에서 크세르크세스의 진격을 막을 수 있다고 제안했다. 이에 따라 민병대(hoplites) 1만 명을 그곳에 배치했다. 그러나 그리스 동족이면서 페르시아 속국이 된 마케도니아 알렉산더 1세는 크세르크세스가 강변 마을인 사란토포로(Sarantoporo)를 우회해서 침투할 수 있고 군대도 압도적으로 많다고 경고하는 바람에 일단 철수했다. 그리고 그들은 크세르크세스가 현재 튀르키예 서북부의 해협인 헬레스폰트(Hellespont)를 건넜다는 소식을 받았다.

이 상황에서 테미스토클레스가 연합군에 다음과 같은 새로운 전략을 제안하여 관철시켰다. 크세르크세스 군대가 남부 그리스(보이오티아, 아티카, 펠로폰네소스)로 가려면 테르모필라이(Thermopylae) 산악의 매우 좁은 길을 통과해야 한다. 페르시아 군대의 수가 압도적으로 우세해도 그리스 민병대가 그 통로를 쉽게 막을 수 있다. 게다가 페르시아인들이 바다로 테르모필라이를 우회하는 것을 막기 위해, 아테네와 연합군은 아르테미시온(Artemision)의 해협을 차단해야 한다는 내용이었다.

2. 아르테미시온 해전

아르테미시온 해전은 BC 480년 8~9월에 해상에서 벌어진 전투이다. 페르시아 군대는 속국들에서 군대와 배를 징발했기 때문에 국가와 민족이 혼합된 혼성군이었다. 그리스도 아테네와 스파르다를 비롯한 여러 도시국가가 참전했다. 그러나 페르시아 군대와 그리스 군대는 본질적으로 차이가 있었다. 페르시아 군대는 다른 종족들로 다른 언어를 사용했고 징발당한 사람들이었다. 반면에 그리스는 동족들이 자발적으로 뭉쳐 결성한 동맹군이었다.

페르시아는 육로와 해상을 통해 양면으로 공격해 왔다. 육로는 테르모필라이(Thermopylae)로 향했다. 해상침투는 1,207척의 함선이 BC 480년 여름이 끝나갈 무렵 에우보이아섬 북단의 해협인 아르테미시온(Artemision, Artemisium으로도 불린다) 해역에 접근하여 스키아토스섬으로 가는 아르테미시온 근처를 항해했다. 그런데 마그네시아 연안에서 이들을 맞은 것은 강풍이었다. 강풍이 이틀간 이어지면서 페르시아 함선 1,207척의 2/3를 강타해 800여 척이 난파 또는 반파의 피해를 당했다. 이들은 아르테미시온에 도착한 뒤에는 해안을 따라 200척의 배를 분리해서 그리스 해군에 대한 공격을 시도했다. 그러나 이번에도 폭풍이 막아 서면서 또 다시 배들이 난파되었다. 기상 예보체계가 없었던 당시에는 이른바 '운명'의 여신에 좌우되었다. 그리스의 함대에는 예언자인 만티스(Mantis)[3]가 동반했을 것이다. 그러나 이들도 시시각각으로 급변하는 해상날씨를 예측하는 데는 한계가 있었을 것이기 때문에 이 바다의 신을 자신들에게 유리하게 활용하지는 못했다.

그리스 연합군은 1년 전 회의에서 결정된 대로 아르테미시온 해전에서 스파르타의 사령관 에우리비아데스(Eurybiades)가 총사령관을 맡아 271척의 삼단노선으로 맞섰다. 연합군 함대는 아르테미시온을 향해 북쪽으로 항해하다가 칼시스(Chalcis)에서 폭풍을 피해 정박해 있다가 아르테미시온에 이르렀다. 페르시아 함선들은 800여 척이 폭풍으로 난파되었지만 그리스 연합군의 함선도 일부 파손되었다.

양측의 함대는 아르테미시온에 이르러 해상에서 2일간 서로 입질로 탐색전을 한 뒤에 치열한 접전으로 치달았다. 손실은 거의 비슷했지만 연합군 함대는 1/3으로 상대적으로 소수이기 때문에 전력에 치명적 손실을 입었다. 이 과정에서 페르시아 선박 15척이 이동 중에 실수로 그리스 연합군 함선 대열로 들어왔다 (HH 7.194). 낯선 바다인 데다가 여러 지역에서 징발되어 급조된 함대라서 지휘체계나 소통에 문제가 있었을 것이다. 연합군은 앞서서 제발로 들어온 15척의 함선을 나포하게 되었다. 연합군은 전투 당시까지만 해도 페르시아 함대가 폭풍으로 거의 괴멸된 줄 알았다. 그런데 나포된 함선으로부터 여전히 상당한 함선이 건재하다는 정보에 당황했다. 이런 식으로 전투를 계속하면 결국 수적으로 월등히 우세한 페르시아 함대가 최후의 승자가 되고 그리스 연합군은 최후를 맞게 될 수 있다.

모든 일에서는 수세에 몰리거나 약세라고 인식되면 남 탓하면서 꽁무니를 빼는 사람들이 등장한다. 그리스 연합군 진영에서도 안전하게 철수하자는 의견이 대두되었다. 그리스 연합군의 당초 전략은 테르모필라이와 아르테미시온의 합동 작전이었다. 이 두 지역에서 페르시아군을 저지하는 것이었다. 이 전략은 테미스토클레스가 원했던 것이다. 그런데 스파르타 사령관 에우리비아데스(Eurybiades)와 코린트의 사령관 아데이만토스(Adeimantus)는 철수를 고집했다. 페르시아 전력이 우세한 것을 파악하고 "겁을 집어먹은 것"(HH 8.4)이다. '철수' 소식에 이번에는 에우보이아(Euboea)인들이 당황했다.

그리스 연합군이 철수하고 나면 에우보이아 섬이 페르시아 수중에 떨어지게 되는 것은 명약관화하다. 에우보이아인들은 연합군 함대의 총사령관인 스파르타 사령관 에우리비아데스에게 섬 주민들을 안전한 곳으로 옮길 때까지 잠시 기다려 달라고 요청했으나 거절당했다. 에우보이아인들은 다시 테미스토클레스에게 간청했다. 이번에는 입으로만 간청한 것이 아니라 금품이라는 미끼를 들고 나왔다. 데미스토글레스는 철수하는 대신 에우보이아를 위해 전투를 벌인다는 조건으로 에우보이아인들로 부터 30달란톤(talanton, 영어로는 달란트)을 받았다(HH 8.4). 일종의 보호를 보장하는 보험금이었다.[4]

헤로도토스는 테미스토클레스가 이 돈 가운데 스파르타 사령관에게는 5달란트, 코린토스 사령관에게는 3달란트를 주면서 자신의 돈을 주는 것으로 속였다고 기록했다. 헤로도토스는 테미스토클레스가 "나머지 돈은 제 것으로 했다는 것은 아무도 모른다"(HH 8.4)고 쓰고 있다. 이 표현대로라면 테미스토클래스는 22달란트를 착복했다. 이 돈을 공적으로 사용했는지 또는 사적으로 사용했는지는 알 수 없다. 다만 여기에서 한 가지 의문이 제기된다. 헤로도토스는 이 사실을 어떻게 알았는가?

그리스인들은 상업과 해상무역이 발달해서 일찍이 돈맛을 알고 있었다. 소위 말하는 민주정치를 유지하는 데도 가난하고 무지한 시민들을 움직이기 위해 돈이 오갔다. 테미스토클레스가 돈을 받았을 것이라는 합리적 의심은 충분히 가능하다. 그리고 돈을 준 쪽에서는 자신들이 배달 사고를 내지 않았다는 결백성을 보여주기 위해 관계자들에게 이 사실을 알렸을 것이고 소문으로 돌았을 개연성도 아주 높다. 그러나 당시에 200억 원의 돈을 마련하기는 쉽지 않다. 더구나 테미스토클레스가 스파르타 사령관과 코린토스 사령관에게 각각 돈을 주었다며 구체적으로 5달란트와 3달란트를 적시한 것은 이야기꾼으로서 헤로도토스의 구색 맞추기 내용일 수도 있다. 테미스토클레스는 철수보다는 방어와 격퇴가 목표였다. 그런데 뜻하지 않게 에우보이아인들이 이를 거들은 것이다. 스파르타와 코린토스의 장수들은 돈을 받고 철수 의사를 철회했다.

그날 이후 스킬리아스(Scyllias)라는 그리스 사람이 페르시아 함대에서 탈출하여 그리스 연합군 진영으로 헤엄쳐왔다. 그는 연합군에게 나쁜 소식을 전했다. 페르시아 함대의 대부분이 수리중이지만, 연합군 함대의 탈출 경로를 막기 위해 항해가 가능한 200척을 따로 떼어 에우보이아 해안의 외각으로 항해하도록 했다는 것이다.

페르시아인들은 연합군이 도망갈 것이라고 생각했기 때문에 공격을 미루고 덫을 놓으려고 했던 것이다. 연합군은 원래 철수하는 경우 자신들의 계획을 페르시아인들이 알아차리지 못하도록 해 질 녘에 떠날 계획이었다. 봉쇄되면 정면 대결밖에 없다. 위기는 기회다. 이 상황이 오히려 페르시아 함대의 고립된 부분을 파괴할 수 있는 기회가 될 수 있다. 마침내 전투의 막이 올랐다.

첫째 날, 연합군 함대는 날이 저무는 시간에 페르시아 함대를 향해 진격했다. 연합군 함선들은 원을 그리며 밖으로 향해 나가는 전술을 구사했다. 페르시아 함선의 외곽으로 나가면서 경비선을 기습공격했다. 페르시아 함대는 수적 우세에 쉽게 이길 것으로 안일하게 생각하고 연합군 함대를 향해 일직선으로 진군하다가 기습공격을 당한 것이다. 기습공격은 연합군의 함대뿐만이 아니었다. 또 다른 폭풍우가 몰려왔다. 페르시아군은 그리스 연합군의 기습공격과 폭풍우로 배의 대부분을 잃었다.

둘째 날, 페르시아 함대는 연합군에 대한 공격 대신에 폭풍우 피해를 복구하고 있었다. 늦은 오후까지 기다리는 동안, 연합군은 퇴각하기 전에, 페르시아 함대를 파괴하고, 킬리키아(Cilicia) 함대의 순찰선을 공격할 수 있는 기회를 포착했다.

셋째 날, 페르시아 함대는 난파된 함선을 복구하고 총공격으로 연합군의 전선을 허물 준비를 갖추었다. 주변에 흩어져 있던 페르시아 함대가 속속 모여들었다. 이 모습을 본 연합군은 가능한 한 최선을 다해 아르테미시온의 해협에서 페르시아 함선들을 막아야 했다. 페르시아인들은 함선을 반원형으로 만들고 연합군이 함대를 에워싸리고 시도했고, 연합군이 전진하면서 교전이 시작되었다.

전투는 해 질 녘까지 하루종일 이어졌고 양측은 거의 비슷한 손실을 입었다. 연합군 함선들의 반이 손상되거나 분실되었다. 연합군 함대는 소수라서 그러한 손실도 감당하기 어려웠다. 연합군 함대는 아르테미시온으로 돌아갔다. 이런 피해를 가지고서는 다음 날에 그 대형을 유지하기 어렵게 되었다. 테르모필라이로부터 소식을 기다리면서, 아르테미시온으로부터 철수해야 하는지에 대해 논쟁했다. 이 논쟁은 테르모필라이로부터 연락병 아브로니코스(Abronichus)가 와서 연합군의 패배를 알림으로써 끝이 났다. 연합군은 아르테미시온의 해협을 지키는 것은 손실을 감안할 때 더 이상 전략적 의미가 없다고 판단하고 즉시 대피하기로 결정했다.

3. 테르모필라이 전투

BC 480년 8월 또는 9월에 그리스군과 페르시아 대군 사이에 벌어진 테르모필라이 전투는 2500년간 인류 역사에서 수없이 벌어진 전투 중에서 가장 많이 회자되는 전투이다. 2500년 전의 역사 속의 전쟁, 그것도 멀리 유럽의 남단 그리스의 작은 협곡에서 벌어졌던 이 전투가 어떻게 세계 각국이 전쟁사의 필수 교본에 넣어져 있으며 현대까지 전쟁의 귀감으로 여겨지고 있는가?[5]

그리스 연합군의 해군이 아르테미시온에서 페르시아의 해군을 막고 교전을 전개하는 동안 육군은 스파르타 왕 레오니다스 1세(Leonidas I)를 지휘관으로 하여 연합군 7,000여 명이 테르모필라이에 저지선을 설정하고 맞섰다. '테르모필라이'는 북쪽에 있는 테살리아 평원에서 아테네로 들어가는 작은 관문이다. 아테네에서 북동 쪽으로 150km 정도 떨어진 작은 마을로 한쪽은 바다에 면해 있고 다른 한쪽은 고산준령이다. 산맥의 끝에 바다와 접한 절벽이 테르모필라이다. 왼쪽으로는 깎아지른 듯한 절벽, 오른쪽으로는 바다로 떨어지는 낭떠러지의 협곡이다. '테르모필라이 전투'는 바로 이 지역의 이름을 따서 붙여졌다.[6]

테르모필라이 전투는 페르시아가 마라톤 전투에서 패하고 강산이 변한다는 10년 만에 재개된 육지전이다. 다만 이번에는 공수의 주장이 모두 교체되었다. 페르시아는 다리우스 왕에서 그의 아들 크세르크

▶ 사진 11.1   테르모필라이의 현재 모습

세스로 바뀌었고, 수비군인 그리스 쪽은 더 많이 달라졌다. 10년 전에는 아테네의 고군분투 속에 테바이 등 일부 동족 국가들은 오히려 페르시아편에 가담했었다. 스파르타는 국내 축제를 들먹이며 미적거리다가 기회를 흘려버렸고, 플라타이아만 아테네 쪽에 가담해서 사력을 다해 싸웠었다. 이번에는 그리스 도시국가들이 연합군을 소식했고 스파르타의 레오니다스 왕이 사령관을 맡았다.

  8월 중순 드디어 에게해의 서쪽에 있는 말리안 만 전역에서 페르시아 군대가 테르모필라이로 접근하는 것이 목격되었다. 이에 따라 일부 펠로폰네소스인들은 코린토스 지협으로 철수하고 펠로폰네소스로 가는 것을 차단하자고 제안했다 (HH 7.207). 이것은 자기 지역을 보호하려는 이기주의적 전략이었다. 반면에 테르모필라이 근처의 포키스인들과 로크리스인들은 테르모필라이의 방어를 주장했다. 레오니다스는 결국 테르모필라이를 방어 진지로 하기로 결단했다.

  페르시아군이 아테네를 향해 진군하려면 테르모필라이 협곡은 필수적으로 통과해야 한다. 산 쪽으로 트라키아 절벽과 바다 쪽의 절벽 사이의 간격이 마차 한 대 지나갈 정도의 넓이밖에 되지 않았다 (HH 7.200). 따라서 이런 비좁은 협곡은 많은 병력이 오히려 거추장스러울 수밖에 없다. 테르모필라이 남쪽의 산을 넘어 난 길로 우회하면 그리스 방어선 뒤에서는 큰길에 합류할 수 있게 되지만 대군이 이동하기에는 거의 불가능했다.

  페르시아 군대는 트라케와 마케돈을 통해 느리게 행군하여 8월에 그리스에 도착한 것 같다. 고대 자료들은 페르시아가 이 전투에 동원한 군대가 100만 명이 넘은 것으로 기술한다. 그러나 현대의 해석은 10만에서 15만 명 사이로 추정한다. 레오니다스가 지휘하는 그리스 연합군은 7,000여 명에서 출발하여 테르모필라이로 가는 도중에 여러 도시에서 파견된 사람들이 추가되어 증강되었다. 레오니다스는 포키스인들이 얼마 전에 방어벽을 설치한 테르모필라이 고개의 가장 좁은 곳에 중간 문을 설치했다. 그리고 그 안에 야영장을 만들고 방어에 들어갔다.

전략적 관점에서 보았을 때, 그리스인들은 테르모필라이를 방어함으로써 소수의 군대를 최대한 활용하여 대군을 막아 낼 수 있었다. 그들은 페르시아가 그리스로 진격하는 것을 육지와 바다의 두 개의 좁은 통로(테르모필라이와 아르테미시온)에서 막게 되면 결정적인 전투를 하지 않고서도 수비를 유지할 수 있었다. 따라서 그리스 연합군의 수적 열세는 중요한 요인이 되지 않았다. 반면에 페르시아인들에게는 시간이 지체될수록 거대한 군대의 보급품이 문제였다. 그들이 오랫동안 같은 장소에 머물러서는 안 되는 이유다. 그러므로 페르시아인들은 전진하거나 퇴각해야만 했다.

전술적으로, 테르모필라이의 언덕은 소수의 본토인이 다수의 이방인을 막아야 하는 그리스 연합군에게는 신이 구축해 준 방어선이었다. 창과 방패로 무장한 그리스 민병대인 호플리테(hoplite)를 중심으로 한 보병대는 협로를 쉽게 막을 수 있었다. 기병대에 의한 측면 공격의 위험성도 없었다. 다만 그리스군의 가장 중요한 약점은 테르모필라이 언덕과 평행을 이루며 가로지르고 있는 산악지대였다. 이 위치는 측면 공격에 노출될 수 있었다. 게다가 산꼭대기에서, 그리스의 중장보병대는 더 가볍게 무장한 페르시아 보병을 공격하기가 매우 어려울 수밖에 없다. 말을 탄 기병(騎兵)에는 적합하지는 않지만 산악전에 정통한 페르시아 보병이 이 길을 쉽게 가로질러 갈 수도 있다.

레오니다스는 트라키스 출신의 지역 주민들로부터 주변의 지세와 길에 대한 정보를 종합하여 이 경로들을 막기 위해 포키스 군대를 분리해 배치했다. 협곡의 길을 따라 3개의 '문(pylai)'이 연속적으로 있었고 중앙 문에는 테살리아의 침입을 막기 위해 포기스인들이 벽을 구축했다. 반면에 크세르크세스와 그의 군대는 이곳의 지형에 전혀 익숙하지 않았다. 산간 지방에서 왔음에도 불구하고, 페르시아인들은 공략할 나라의 실질적인 자연과 지형지물에 대해 사전준비가 거의 없었다. 골리앗처럼 대군의 힘만 믿었을 것이다. 속으로부터 마음대로 병사를 차출할 수 있는 제국의 오만이 아니고서는 무모한 출정이었다.

크세르크세스는 그리스에 도착하자 레오니다스와 협상하기 위해 사절을 보내 그리스인들에게 자유와 '페르시아인들의 친구들'이라는 칭호, 그리고 현재 보유한 것보다 나은 토지에서 다시 정착할 수 있는 기회를 제공하겠다는 제의를 했다. 레오니다스가 이 제안을 거절하자, 크세르크세스는 대사를 보내 "무기를 넘겨라"라는 친필 메시지를 전했다. 협상이 싫으면 항복하라는 요구였다. 이 메시지에 대한 레오니다스의 유명한 반응은 "와서 가져가라"였다. 페르시아 대사가 빈손으로 귀환하면서 전투가 불가피하게 되었다. 크세르크세스는 공격하기 전에 그리스 군대가 해산하기를 4일 동안 기다렸다. 침묵의 위협이었다. 그러나 시간이 지날수록 상황은 그리스 동맹군에게 유리하게 전개될 것이 분명했다.

페르시아 군대가 테르모필라이에 도착한 후 4일이 흘러가고 5일째가 되었다. 크세르크세스는 마침내 공격을 개시하기로 결심했다. 그리스와 페르시아의 첫 전투였다. 크세르크세스는 첫날에 5,000명의 궁수에게 화살을 발사하도록 명령했다. 그러나 효과는 없었다. 현대 학자들에 따르면 그들은 적어도 100m 떨어진 곳에서 활을 쏘았고, 그리스의 청동 방패와 헬멧은 이 화살을 막아 냈다. 다음에 페르시아 군대는 곧 약 1만 명으로 그리스 진영을 향해 정면공격을 시작했다. 그리스 연합군은 가장 좁은 길인 포키스 벽 앞에서 싸웠다. 이것은 가능한 한 페르시아 군인들이 전면으로 나와 동시 공격을 최소화하려는 전략이었다. 페르시아 군병력이 아무리 많아도 길이 좁기 때문에 직접 싸울 수 있는 공간이 없다면 수적 우세가 아무 의미가 없다.

둘째 날, 크세르크세스는 연합군의 수가 적기 때문에 상처로 인해 더 이상 저항할 수 없을 것으로 판단하고 다시 보병을 파견했다. 그러나 크세르크세스는 첫째 날 상황과 달라진 것이 별로 없는 것을 알고 철수했다. 그리고 다음의 전략을 숙고하고 있을 때 뜻밖의 횡재가 굴러들어왔다. 에피알테스(Ephialtes)라는 멜리스인이 보상을 받을 욕심으로 테르모필라이 주변의 산길을 알려주고 페르시아 군대를 인도하겠다고 제의한 것이다.[7]

이틀이 흐르고 밤으로 접어들었다. 크세르크세스는 그날 저녁 자신의 휘하 지휘관인 히드라네스(Hydarnes)에게 20만의 병력을 주고 페르시아 진영의 동쪽에서 산의 능선을 따라 이어지는 길을 통해 그리스인들을 둘러싸도록 지시했다.

3일째 새벽이 밝았다. 포키스인들이 밤을 새우며 테르모필라이 협곡을 지켰다. 새벽이 되면서 포키스인들은 오크나무 잎의 바스락거리는 소리로 페르시아군의 대열이 오는 것을 알아차리고 즉시 무장했다. 페르시아의 노장 히드라네스는 대항자가 없을 것으로 생각했다가 무장한 그리스 연합군을 보자 깜짝 놀라서 에피알테스에게 혹시 스파르타인들이 아니냐고 물었다. 에피알테스가 그들은 스파르타인이 아니라고 알려주자 병력을 전투대열로 배치했다 (HH 7.218). 포키스인들은 인근 언덕으로 후퇴하여 공격에 대비했고, 페르시아인들은 그리스 군대를 포위하기 위해 그들에게 화살을 발사했다.

레오니다스는 새벽에 참모회의를 소집했다. 진지를 고수할지 떠날지에 대해 의견이 양분되었다. 레오니다스는 자신을 비롯해 그의 군대가 포위되었다는 사실을 알고 자신은 스파르타인과 함께 그곳에 머물기로 결심하고 동맹국의 군인들에게 원한다면 떠나라고 말했다. 연합군인들은 대부분 기다렸다는 듯이 레오니다스의 제안을 받아들여 도망쳤다. 헤로도토스는 레오니다스가 그들을 돌려보낸 것은 그들이 죽게 될 것을 염려했기 때문이라고 기술한다 (HH 7.220). 레오니다스는 그들의 퇴각을 안전하게 지켜주기 위해 300명의 스파르타인과 700명의 테스파이아인들이 남아 결사 항전하기로 했다. 테바이 병사 400명, 스파르타 기마병 300명 그리고 동반한 헬로트(노예)도 남았다. 데모필로스(Demophilus)를 사령관으로 하는 700명의 테스페이아 파견대도 떠나기를 거부하고 스스로 참전했다. 이들은 싸우고 죽기 위해 머물렀다. 그리고 종말이 임박했다는 것을 알게 되었다. 레오니다스는 아침에 병사들에게 몸서리칠 정도의 비장함으로 아침 식사를 권했다.

"자, 아침식사를 하라. 귀관들의 저녁 빵은 저승에서 받게 될 것이다."

스파르타군을 비롯한 죽음의 결사대는 수비 중심의 협곡에서 나와 벌판으로 행군해 페르시아인들과 정면으로 부닥쳤다. 크세르크세스는 새벽에 종교의식을 거행한 후에 '이모르탈스(Immortals)'가 산을 내려갈 충분한 시간을 주기 위해 멈추었다가 전진을 시작했다.[8]

이모르탈스와 기병을 포함한 1만 명 이상의 페르시아 군대가 그리스 대형 앞으로 돌격했다. 그리스인들은 이번에는 되도록 많은 페르시아인들을 도살하려고 시도하면서, 협곡이 아닌 평지에서 페르시아인들을 만나기 위해 절벽으로부터 기습공격을 감행했다. 그리스인들은 모든 창들이 산산조각 날 때까지 창으로 싸우다가 창이 부러지면 단검으로 바꿨다. 헤로도토스는 이 전투에서 크세르크세스의 형제 중 두 명이 죽었다고 기술한다 (HH 7.224). 레오니다스는 돌격 과정에서 페르시아 궁사의 화살에 맞아 죽었다. 양 측은 그의 시체 위에서 싸웠다. 그리스군은 레오니다스 왕의 시체를 지키기 위해 격렬하게 저항했다.

테바이와 테스페이아 군대도 남아서 싸우다가 전사했지만 헤로도토스는 레오니다스가 인솔한 기마병인 히페이스(Hippeis) 300명만을 집중 조명한다. 헤로도토스는 여기에 더하여 조미료를 감칠맛 나게 뿌린다. 그의 기록(HH 7.229)에는 전투에 참여했던 300명 가운데 실제로는 마지막 전투에 두 사람이 불참했다면서 구체적으로 이름까지 밝힌다.

판티테스(Pantites)와 아리스토데모스(Aristodemos)다. 판티데스는 레오니다스의 명령으로 테살리아에 사자로 가느라고 마지막 전투 당시 현장에 없었다. 그는 스파르타로 생환한 이후 비겁자라는 손가락질을 당하는 등 모욕을 견디다 못해 결국 목을 매 자살했다. 아리스토데모스(Aristodemos)와 에우리토스(Eurytos) 두 사람은 안질로 인해 전투를 할 수 없기 때문에 레오니다스는 국가 노예에게 본국으로 후송하도록 명령했다. 그러나 에우리토스는 귀환 중 자신을 인도하던 국가 노예를 위협해 도로 테르모필라이로 돌아가 전사했다. 결국 아리스토데모스만 홀로 스파르타로 돌아왔다. 그러나 그도 '겁쟁이'로 불리며 어느 스파르타인도 그에게 말을 걸지 않았다. 그는 명예 회복을 위해 뒤에 벌어진 최종 결전인 플라타이아 전투에서 가장 큰 전공을 세우고 전사했다. 그럼에도 스파르타인들은 전열을 유지하지 않고 스스로 죽음을 구하는 과정에서 세운 공적이기 때문에 평가하지 않았다.

크세르크세스는 자신의 궁병대를 투입해 그리스군 전원이 사망할 때까지 화살 공격을 퍼부었다. 헤로도토스는 전장의 여유와 무용담을 전하고 있다(HH 7.226). 즉 스파르타 전사자 중 가장 용감했던 디에네케스는 전투 전야에 동맹국 트라키아의 주민 한 사람으로부터 페르시아 궁수들이 어찌나 많은지 그들이 일제히 활을 쏘면 화살비가 태양을 가릴 정도라고 말하자 조금도 놀라지 않고 "잘됐군. 그럼 우리 군대는 그늘에서 전투를 할 수 있겠군"이라고 받아넘겼다고 전한다. 1939년에, 그리스 고고학자인 마리나토(Spiridon Marinato)가 언덕 주위에서 많은 페르시아의 화살을 발견해 이 기술을 뒷받침해주게 된다.

4. 레오니다스의 용맹

레오니다스의 행동은 많은 토론의 대상이 되어왔다. 전쟁에서 전세가 기울면 왕은 호위 속에 제일 먼저 도주하는 것이 일상이다. 레오니다스는 오히려 목숨을 잃을 것이 뻔한 격전장에서 동맹국 병사들이 피신할 수 있도록 적과 맞섰다. 인류 역사를 통해서 스파르타의 레오니다스가 아닌 다른 인물이 이런 용맹과 애린을 실천하였는가?

일반적으로 스파르타인들이 퇴각하지 않는 것은 스파르타의 법에 순응하는 것이라고 진술된다. 그렇다고 실제 왕이 죽음 앞에 맞선 경우가 얼마나 되나? 레오니다스가 용맹과 부하들에 대한 사랑으로 자신의 목숨을 전장에서 초개같이 던질 수 있었던 배경은 무엇인가?

레오니다스가 참전한 시기는 스파르타 달력으로 군사행동이 금지된 스파르타의 국가적 축제인 카르네이아(Carneia)축제 기간이다. 스파르타군이 마라톤 전투에 너무 늦게 도착했던 것도 이런 상황 때문이었다. 따라서 스파르타 전체 군대가 참전하려면 축제 불참과 군사행동 등 이중적 신성모독에 해당된다. 이런 사정으로 인해 스파르타의 5인 평의회인 에포르스(ephors)는 페르시아군을 막기 위한 긴급 상황이기 때문에 왕들 중 한 사람인 레오니다스를 파견하는 것은 정당하다고 결정을 한 후에야 참전했다. 헤로도토스가 전한 이야기에 따르면 스파르타인들은 전쟁 초에 전쟁에 관한 신탁을 물었다. 이때 여사제는 육보격 시행들로 다음과 같은 신탁을 내렸다.

"광대한 스파르타 주민들이여!
위대하고 영광스러운 그대들 도시가 페르세우스 후손들에게 파괴되든지, 아니면 라케다이몬의 온 땅이 헤라클레스 후손인 왕의 죽음을 애통해 하리라.
황소나 사자의 힘도 적을 막아내지 못할지니. 그는 제우스처럼 강하도다.
둘 중 하나(스파르타 국가와 왕)가 완전히 조각나기 전에는 아무도 그를 막지 못하리라." (HH 7.230)

　레오니다스는 왕실 보디가드로 기마병인 히페이스 300명을 데려갔다. 그러나 레오니다스는 예언에 따라서 자신의 세력이 승리하기 어렵고, 자신이 어떤 죽음에 처하게 될 것이라고 확신했다는 것이다. 따라서 자신은 오직 스파르타만 선택했다고 헤로도토스는 전해준다. 즉 자신이 살면 스파르타가 망하고 자신이 죽으면 스파르타가 산다는 신탁을 믿었다는 것이다. 그러나 스파르타인들이 실제로는 퇴각하지 못한 것을 놓고 결코 퇴각하지 않았다는 관념을 야기한 것은 아닌가. 즉 퇴각하지 않은 것인가 퇴각하지 못한 것인가의 의문인 것이다.
　레오니다스는 사제의 말을 떠올리면서, 스파르타를 구하기 위해 자신의 목숨을 희생하겠다는 다짐을 했을 수도 있다. 그러나 예언은 그에게 특정한 것이었기 때문에, 이 예언을 근거로 다른 1,500명의 남자들을 사지에서 싸우도록 했다는 것은 빈약한 논거이다.[9] 가장 가능성이 높은 유추는 레오니다스가 다른 그리스 파견군들이 도주할 수 있도록 후방을 방어하기로 결정했다는 것이다. 그리고 왕인 자신이 호위를 받으며 먼저 달아난 것이 아니라 앞장서서 싸웠다는 것이다. 테르모필라이 전투와 레오니다스가 만세에 예찬(禮讚)되는 이유는 여기에 있는 것이다. 모든 군대가 퇴각했다면, 협곡을 벗어난 페르시아 기병은 그리스인들을 모두 추격했을 것이다. 또한, 그들이 모두 협곡 남아있었다면 포위된 그들은 결국에는 모두 죽었을 것이다. 퇴각하는 군대를 보호하고 길을 계속 차단함으로써, 레오니다스는 다시 싸울 수 있는 3,000명 이상의 남성을 구할 수 있었던 것이다.
　스파르타군의 전멸은 너무 무모하게 여겨질 수도 있다. 그러나 다른 한편으로는 아르테미시온 해전에서 큰 피해를 입은 그리스 해군이 그런대로 적군을 현혹시키면서 무사히 퇴각하여 살라미스 해전을 준비하고 페르시아군을 무찌를 수 있는 기회를 만들었다고 볼 수 있다. 헤로도토스에 따르면 페르시아 군대는 테르모필라이에서 최대 2만 명의 사망자를 대가로 아테네로 향하는 고개를 넘었다 (HH 8.24).[10]

페르시아인들이 레오니다스의 시신을 찾았을 때, 크세르크세스는 레오니다스에 대한 분노로 치를 떨었다. 머리를 자르고 몸을 십자가에 못 박으라고 명령했다. 헤로도토스는 전통적으로 '용감한 전사'를 대단한 명예로 대우하던 페르시아인에게는 이례적인 일이라고 전한다. 크세르크세스의 이런 행위는 당연히 레오니다스에 대한 그의 분노 때문인가. 오히려 그에 대한 열등의식의 발로는 아닌가. 페르시아인들이 출발한 후에, 그리스인들은 그들의 죽은 자를 모아서 언덕에 묻었다.

페르시아 군대가 철군한 후에, 레오니다스를 기념하기 위해 돌사자상이 테르모필라이에 세워졌다. 전투가 있은 지 40년이 지난 후, 레오니다스의 뼈는 스파르타로 돌아가서 스파르타에서 다시 장사의 예를 거쳐 안식에 들어가게 되었다. 그리스인들은 레오니다스가 사후에 영웅이 가는 낙원인 엘리시온(Elysion)에 갔다고 믿을 것이다. 그러나 관운장을 신으로 만들어 사당에 모시는 중국인들과는 달리 그리스인들은 레오니다스를 단지 영웅으로 추앙한다.

테르모필라이 전투에서 그리스인은 찬사의 대상이다. 테르모필라이에서 그리스 연합군의 패배는 오히려 레오니다스와 그의 명령하에 있는 사람들을 역사의 순교자로 만들었다. 또한, 그 이후의 페르시아와의 전쟁에서도 그리스 병사들의 사기를 드높이는 원동력으로 작용했다. 테르모필라이 전투의 명성은 전쟁의 결과에 대한 영향이 아니다. 확실한 죽음에 직면했음에도 불구하고 통로를 막고 싸운 불운한 후방부대의 영웅주의 때문이다.

테르모필라이 전투의 가치는 또한, 자기 나라와 자유를 위해 싸운 그리스 자유인들이 보여준 모습이다. 압도적인 병력 차이에도 불구하고 그리스인들은 죽음을 두려워하지 않고 불굴의 정신으로 맞섰다. 현대 그리스인들은 테르모필라이 전투를 아주 중요한 도덕 및 문화적 교훈으로 바라본다. 수적으로 열세지만 자유로운 사람들은 채찍을 맞으면서 전진하는 엄청난 수의 제국주의 신민들을 기꺼이 제압했던 것이다. 더 구체적으로 말하면 군인 스스로가 어디에서 어떻게 누구와 싸울 것인가를 결정하는 서구의 사고는 독재와 군주제하에서 기계적 인간이 되어야 하는 동양적 관념과는 대조적이다. 자유에 대한 더 강력한 사고는 테르모필라이에서 그리스인들이 더 용감하게 싸우도록 했고 후에는 살라미스와 플라타이아에서 입증되었다.

그럼에도 불구하고 테르모필라이의 행적들은 많은 문헌에서 과장된 찬사의 원천이 되어 왔다. 예를 들면, 16세기 프랑스의 사상가 몽테뉴(Michel Eyquem de Montaigne, 1533~1592년)는 "… 그리스가 다른 전쟁에서 거둔 승리가 하늘 아래 둘도 없는 승리라 해도 이 승리를 다 합쳐도 레오니다스 왕과 그의 부하들이 테르모필라이의 협로에서 패한 영광의 전투에는 미치지 못한다"고 주장한다.[11] 잉글랜드의 라젠바이(J. F. Lazenby)는 '자유인'이 '노예'와 싸워 이긴다는 패러다임이 오히려 과도한 일반화처럼 보이는 반면에, 많은 논평가들이 이 점을 보여주기 위해 테르모필라이를 사용해온 것도 사실이라고 기술한다.[12] 그러나 더 거스르면 그리스인들의 이런 용맹성과 명예를 소중히 여기는 정신은 호메로스의 사고로 거슬러 올라간다. 호메로스는 영웅의 삶을 아킬레우스를 통해 짧지만 비범한 인생과 길지만 평범한 인생 사이의 선택에서 전자를 가리킨다. 레오니다스와 그리스인들은 바로 비범한 삶을 선택한 것이다.

배신자 에피알테스는 페르시아군으로부터 보상받기를 기대했지만,

▶ 사진 11.2   시모니데스(Simonides)의 경구가 있는 석상

살라미스 해전에서 페르시아군이 패배하면서 무산되었다. 헤로도토스는 그가 BC 470년경 트라키스 출신의 아테나데스(Athenades)라는 사람에 의해 다른 이유로 살해당했다고 기술한다 (역사 7.213). 에피알테스는 오늘날 성경의 유다와 함께 배신자의 상징으로 전해지며 배신자에 대한 저주는 수천 년이 흘러도 결코 달라지지 않는다.

테르모필라이의 전장 주위에는 여러 기념물이 있다. 전투의 현장은 현재 라미아시의 근처다. 콜로노스 언덕의 맞은편, 고속도로 옆의 나지막한 산자락의 언덕 위에는 기념 석상이 외롭게 놓여있다. 테르모필라이 최후의 전투에서 전사한 스파르타인들의 시신이 매장되어 있는 곳이다 (HH 7.228).

석상에는 시모니데스(BC 556~468년)가 지은 것으로 알려진 경구가 새겨져 있다. 원석은 소실되었다. 1955년에 시모니데스의 경구가 음각으로 새겨진 돌이 새로이 놓였다. 헤로도토스는 그의 시를 기명으로 인용하고 있다 (HH 7.228). 시모니데스는 헤로도토스보다 70여 년 앞선 인물로 고대 그리스의 서정시인이다. 헤로도토스가 전하는 본문은 다음과 같다.

"나그네여, 라케다이몬인들에게 가서 알려주오, 우리가 그들의 명령에 복종하여 여기에 누워 있다고." (HH 7.228)

고속도로 갓길의 표지판 옆에는 스파르타 왕을 기념하여 '레오니다스 기념비'로 불리는 현대 기념물인 레오니다스의 청동 조각상이 있다. 레오니다스의 동상은 두 개가 있다. 하나는 스파르타 고도의 입구 그리고 다른 하나는 테르모필라이 언덕 입구 도로변이다. 조각상 기단에 있는 문구는 간단하다.

"와서 가져가라!(μολών λαβέ/몰론 라베)"

▶ 사진 11.3 테르모필라이의 현장에 건립된 동상

❖ 주

1) 이 숫자의 파악은 1만 명을 한곳에 모이게 하고 그들을 최대한 바짝 밀착시킨 뒤에 그들의 바깥 주위로 원을 그린다. 그렇게 원을 그리고 1만 명을 내보낸 다음에는 그 원을 따라 사람의 배꼽 높이의 담을 설치하고 담의 공간 안으로 다시 다른 사람들을 들여보냈으며 이런 식으로 결국 전체 인원을 세웠다는 것이다. 그러니 이린 산출이 정확할 수 없다는 데에는 더 이상의 설명이 불필요하다.
2) 다리우스는 10년 전인 BC 491년, 모든 그리스 도시국가에 사자들을 보내 흙과 물을 선물하도록 요구했었다. 땅을 바치고 속국이 되라는 요구였다. 그러나 아테네에서는 페르시아의 대사들을 재판에 회부하고 구덩이에 던져 처형했다. 스파르타에는 재판도 없이 그들을 우물에 던져버렸다. 다리우스에게는 치욕적인 일이다. 그의 아들 크세르크세스도 10년만에 BC 481년에 부친이 한 것을 따라 한 것이다.
3) 만티스에 관한 자세한 내용은 최한수 (2022)를 참조.
4) 30달란톤는 얼마인가? 당시 그리스 화폐단위로 1달란톤은 6,000드라크마였다. 중장보병의 용병으로 고용되면 하루 임금이 1/2 드라크마였다. 이런 근거로 추산하면 30달란톤은 약 200억 원에 해당한다. 앞에서 헤로도토스가 제시한 페르시아 군대의 수가 과장되었을 것으로 추정되는 것처럼 이 액수도 부풀려졌을 것이다.
5) 이 전투는 영화 〈300〉의 흥행에서 2500년 전의 역사가 오늘의 전쟁처럼 후에 대중에게 널리 알려진 계기가 되기도 했다. 스파르타의 전사 300명의 이야기인 영화는 잭 스나이더(Zack Snyder) 감독이 1998년의 『300』이라는 이름의 만화를 원작으로 2007년에 미국의 판타지 전쟁 영화로 제작했다. 다만 이 영화는 실제의 역사적 사실과는 거리가 있다. 특히 스파르타 전사들의 복장에 대해 논란이 많다. 그러나 이 작품은 위대한 화가인 다비드(Jacques-Louis David)가 그린 테르모필라이 전투에 등장한 병사들과 레오니다스 왕에 관한 이미지를 따온 것이라는 점을 인식하고 보아야 한다.
6) 테르모필라이(Thermopylae)의 'thermo-'는 온도계(thermometer)의 'thermo-'와 같은 어원이다. "뜨겁다"는 의미다. 'pylae'는 '관문(gate)'이란 뜻이다. 테르모필라이는 '뜨거운 문'을 의미한다. 이곳에는 고대로부터 알려진 유황 온천이 흐른다. 테르모필라이는 이 지역에 유황 온천물이 흘러서 붙여진 이름이다. 지금도 인근 개천에는 더운 유황 물이 유유히 흐르고 있다. 따끈한 김을 내뿜으며 흐르는 유황물, 우리나라는 당장 온천 개발에 법석을 떨 만한 곳이다. 그러나 그리스는 인구 밀도가 낮다. 이 지역의 관광자원도 희미하게 남아있는 테르모필라이 지역뿐이다. 온천 개발을 해도 수지 타산이 충족되기 어렵다. 그래서 유황 온천물은 유구하게 흘러왔고 지금도 그대로 흘러가고 있다. 2500년 전 테라모필라이는 천혜의 요새였다. 그러나 현재의 지형은 장구한 세월이 흐르면서 많이 달라졌다. 왼쪽의 험준한 산맥은 과거와 비슷하게 유지되고 있지만 바다로 떨어지던 절벽은 바다와 이어지는 평지로 변했다. 길 바로 옆은 바다가 아니라 올리브를 심은 평야로 가꾸어졌고 그 사이로 고속도로가 나 있다.

7) 에피알테스는 보상을 받을 욕심으로 이런 밀고를 했지만 그의 행동에 대한 대가는 비참하고 혹독한 주홍글씨로 돌아왔다. 이로부터 '에피알테스'는 그리스 언어에서 '악몽'을 의미하고 그리스 문화에서는 신약성서의 가룟 유다에 버금가는 전형적 '반역자'를 상징한다.
8) 이모르탈스는 페르시아 전사를 부르는 말이다. 헤로도토스는 페르시아 군대 중 1만 명 이상의 중장보병을 이모르탈스라고 불렀다.
9) JF. Lazenby, *The Defence of Greece BC 490-479* (Aris & Phillips Ltd., 1993), pp. 144-145.
10) 이 전투로부터 2500여 년 후, 이 전투를 모델로 제작된 영화 〈300〉은 스파르타의 '라코노필리아(Laconophilia)'에 대한 이미지를 현실로 구현하여 스파르타의 바람을 일으킨다.
11) Michel de Montaigne, *The Complete Essays*, trans. M.A.Screech (London: Penguin Classics, 1993), p. 238.
12) J. F. Lazenby, *The Defence of Greece: 490-479 BC* (Liverpool: Liverpool University Press 1993, pp. 248-253).

12장

살라미스 해전과 플라타이아 전투

1. 아테네 주민의 대피와 전투준비

아르테미시온의 연합군은 테르모필라이의 비보를 들었다. 테르모필라이가 페르시아군에 의해 점령되자 아르테미시온에 머물던 그리스 함대는 살라미스(Salamis)로 퇴각하기로 했다. 페르시아인들은 그리스 함대가 히스티아이아(Histiaea)에서 철수한다는 연락을 받았으나 처음에는 그것을 믿지 않았다. 그들은 이것이 사실인지 알기 위해 몇 척의 배를 보냈고, 철수하는 것을 보고는 아침에 모든 함대가 아르테미시온을 향해 출항했다.

   페르시아 함대는 그리스의 함대를 추격하여 히스티아이아로 항해하던 중 주변 지역을 약탈하면서 복종하지 않은 보이오티아의 도시를 불태웠다. 테미스토클레스는 이를 예상하고 점령지의 재산이 페르시아의 손에 들어가지 못하도록 에우보이아인들의 가축들을 도살하도록 이미 명령을 내렸었다. 연합군 함대는 남아있는 아테네 인들의 철수를 돕기 위해 아티카 해안의 살라미스로 항해했다. 테미스토클레스는 도중에, 가장 빨리 달리는 아테네 배들을 골라 식수가 있는 곳을 돌아다니며, 다음날 이오니아인들이 아르테미시온에 왔을 때 읽도록 바위들에 글을 새겼다.

"이오니아인들이여. 그대들이 선조들에 대해 전쟁을 벌이고 헬라인들을 예속시키려는 것은 부당한 일이요. 가장 좋기는 그대들이 우리 편으로 오는 것이요. 그러나 그렇게 할 수 없다면 이제 우리들에 대해 중립을 지키고 카리에인들에게도 그대들과 똑같이 행하도록 요청하시오. 만일 그대들이 이 두 가지 중 어느 것도 할 수 없고 강력한 압박 때문에 페르시아인들에게서 이탈할 수 없다면, 그대들이 우리들의 후손이며 우리가 이방인들과 전쟁 하는 것도 본디 그대들 때문임을 유념하고, 우리와 맞닥뜨려 교전을 벌일 때 일부러 비겁하게 굴도록 하시오." (역사 8.22)

헤로도토스는 이 메시지가 두 가지 의도를 가지고 있다고 평가한다. 첫째는 이오니아인들이 그리스 편을 들도록 하는 것이고, 둘째는 크세르크세스가 이오니아인들을 전투에서 빼도록 하는 이간계이다. 테미스토클레스가 전한 메시지는 이미 페르시아군 출정 당시에 아르타바노스(Artabanus)가 예견하고 페르시아군에서 이오니아인들을 배제시켜야 한다고 크세르크세스에게 건의했던 내용이다 (이에 관해서는 아르테미시온전쟁 참조할 것).

페르시아군대는 아테네인들이 철수한 아테네 도시로 행군했다. 아테네인들은 여성, 어린이 등 비전투 인원들을 펠로폰네소스의 해안으로 소개시켰다. 펠로폰네소스는 '펠롭스의 섬'이라는 뜻이다. 펠롭스는 그리스 신화의 인물로 펠로폰네소스 반도에 있던 피사의 왕이었다.[1] 현대 그리스에서 펠로폰네소스 반도는 세 개의 주로 구획되는데 대부분은 펠로폰네소스 주이고, 나머지는 서그리스 주와 아티키(아티케) 주이다.

　아테네 민회는 아테네에서 주민 대피령과 함께 그동안 노편주방제로 추방되었던 인물들도 특사로 귀환하도록 했다. 이때 테미스토클레스의 정적으로 추방되었던 아리스테이데스도 귀환하여 전투에 참전했다. 15만 명으로 추정되는 아티카 거주자들은 세 곳으로 분산 소개되었다. 이동은 아르테미시온의 병사들이 돌아온 9월 1일경부터 본격적으로 이루어졌다. 아녀자들은 펠로폰네소스 반도 동쪽 해안의 도시국가 트로이젠과 사로니코스만의 아이기나섬으로 떠났다. 이 두 곳은 아테네에서 배로 약 하루거리다. 이 피난길에는 장차 아테네의 일인자가 될 10대 소년인 페리클레스(Perikles)도 끼어 있었다. 18세 이상 전투연령의 남자들과 노인 그리고 가재도구들은 살라미스섬으로 향했다. 살라미스섬은 아티카 해안에서 불과 1.6km 아테네에서는 16km 떨어져 있을 뿐이었다.

　페르시아군대가 아테네에 도착했을 때 도시는 텅 비어 있었다. 다만 아크로폴리스에는 수백 명이 남아 있었다. 몸이 허약한 사람, 주인의 재물을 지켜야 하는 노비, 그리고 특히 델피의 신탁에서 "(…) 제우스께서 트리토게이아에게 나무 성벽을 내려주실 것이니 (…) (HH 7.141) 라는 내용에서 '나무 성벽'을 배가 아니라 아크로폴리스의 나무 울타리로 해석한 사람들이다. 이들은 아크로폴리스 진입로에 바리케이트를 치고 페르시아군과 맞섰다. 반면에 페르시아군은 아레오파고스 언덕 근처에 진지를 구축했다. 양 측은 아크로폴리스 주변에서 치열한 교전 끝에 그리스인들은 모두 사살되었다. 이 당시의 정황을 스트라우스(Berry Strauss)는 그의 저서에서 드라마틱하게 기술하고 있다.[2]

"아테네의 무명 용사들은 참으로 용감했다. 이들 모두 무장할 돈이 없거나 아크로폴리스를 지켜야 할 의무감 때문에 살라미스 대열에 합류하지 못했거나 혹은 지팡이 없이는 걷지도 못할 만큼 쇠잔한 노인들이었다. 그러나 테르모필라이 전투에서 싸운 스파르타군 못지 않게 목숨을 바쳐 그리스 영토를 지키려 했다. 그런데도 이들을 위해서는 단 하나의 기념비도 세워지지 않았다. 하지만 오래지 않아 페리클레스도 말했듯 용감한 자들에게는 이 세상의 모든 땅이 다 그들의 무덤이었다."[3]

크세르크세스는 드디어 아테네를 정복했다. 페르시아군은 남아 있는 아테네인들을 살육하고 신전의 재물을 약탈하고 불 질렀다. 페르시아군의 만행으로 적어도 천 년 이상의 자취가 송두리째 사라졌다. 아테네에 페르시아군의 쓰나미가 스쳐 갈 즈음 그리스 연합군은 총지휘관인 스파르타의 에우리비아데스를 중심으로 살라미스에 집결해 페르시아군을 어디서 맞을 것인가에 대한 협의를 하고 있었다. 회의 도중에 아테네가 점령되었다는 소식이 전해지자 일부 연합군 사령관은 달아나기에 바빴다 (HH 8.56). 코린토스 대표인 아데이만토스(Adeimantos)를 중심으로 남은 장군들은 이스트모스에 진지를 구축하자고 고집했다. 그러나 테미스토클레스는 살라미스를 주장했다.

당시 살라미스에는 22개의 그리스 도시국가에서 파견한 300척 이상의 함선이 모여들었다.[4] 정확한 함선 수는 헤로도토스도 오락가락하기 때문에 알 수 없다. 함선들 중에서 아테네 함대가 200척이고 코린토스 40척, 아이기나 30척, 스파르타 16척 등이었다. 그 이외의 나라들은 한두 척을 보낸 나라가 많았다.

이 와중에서 양다리 전략을 세운 나라도 있었다. 현재의 코르프인 그리스 서쪽의 케르퀴라섬 케르퀴라인들은 그리스 편에서 싸우겠다는 의지를 밝히고 삼단노선 60척을 발진시켰다. 그러나 이 배는 타이나룬곳까지 와서는 멈췄다. 크세르크세스의 코끝을 건드리지 않으려고 일부러 늦장을 부린 것이었다. 그리스 측에는 가을에 가끔씩 불어와 선박의 항해를 가로막는 그 지역의 계절풍 즉 북동풍으로 발이 묶여 있다고 둘러댔다. 국가 간의 거래는 자국의 실익이 염치를 앞선다. 다만 상황 판단이 정확하지 않으면 염치와 실리 모두를 잃게 된다.

2. 살라미스 해전과 삼단노선의 위력

테미스토클레스가 주도해 건조한 200척의 삼단노선이라는 전함이 진가를 발휘하게 되었다. 삼단노선은 배의 양옆에 노 젓는 사람이 3단 높이로 앉는다고 해서 나온 이름이다. 삼단노선은 길이가 긴 대신에 폭이 좁아 속도는 빠르나 선체의 안전성은 약하다. 배의 앞쪽에는 금속으로 둘러싼 타격봉(충각)이 있어서 다른 배를 들이받으며 공격한다. 아테네의 지형에 맞는 토종 무기인 셈이다. 배 한 척에는 200명의 선원이 승선했다. 170명이 노잡이고 10명이 수병이며 4명이 궁수이고 나머지 16명이 하급관리와 잡급 선원들이다. 테미스토클래스는 이제 그 전함들을 전투에 투입한 것이다.

살라미스섬 사이의 해협은 수로가 얕고 좁아서 육지의 테르모필라이 협곡과 유사한 전략적 요충지였다. 그러나 연합군들은 거대한 페르시아 전함들에 겁을 먹고 머뭇거렸다. 연합군 사령관들의 의견은 방어지역을 아래로 옮겨 이스트모스로 하자는 쪽으로 기울고 있었다. 살라미스 해협을 고집하여 관철시키기가 어렵게 되었다. 이러다가는 적전분열로 괴멸이 우려되었다.

3. 살라미스 해역과 살라미스섬의 전투

테미스토클레스는 페르시아 함대가 수적 우세에도 불구하고 해협이 좁아서 동시에 공격하지 못하고 열을 지어 늘어서야 하기 때문에 기동력이 떨어진다는 것을 갈파했다. 그리고 연합군에게 승산의 자신감을 불어넣고 독전(督戰)을 이어갔다. 그러나 겁을 먹은 지휘관들은 선뜻 응하지 못했다.

그는 지휘관들을 움직일 한 가지 지략을 짜냈다. 심복하인인 시킨노스(Sikinnos)를 첩자로 페르시아 진영에 보냈다. 그는 페르시아 진영에 가서 그리스 함대의 장군이 페르시아 왕의 편이고 페르시아가 승리하기를 바란다며 그리스 배들이 투항하고 퇴각할 것이라는 내용을 전하라고 보냈다며 거짓 정보를 흘렸다 (HH 8.75). 밀서를 받고 난 뒤 페르시아인들의 시야에 그리스의 함선 몇 척이 퇴각하는 모습이 포착된다. 페르시아군대는 이 거짓 정보에 속아 그리스 연합군 함대가 항복하고 투항한 뒤 퇴각을 준비하는 것으로 알고 모든 해군을 살라미스 해협으로 출동시켜 그리스군을 포위한다. 이 거짓 정보의 피드백에는 역으로 그리스 연합군의 장군들도 걸려들었다. 자신들을 포위한 페르시아 함대를 본 그들은 도주를 포기하고 이겨서 살거나 져서 죽어야 하는 처지로 몰린 것을 직감했다.

헤로도토스의 여러 이야기 가운데 특히 이 거짓 정보의 이야기는 개연성은 있지만 사실 여부는 미지수다. 페르시아군이 정체불명의 그리스 병사의 말을 듣고 과연 배를 움직였을까? 그러나 결과는 배를 움직였다. 그렇다면 시킨노스가 페르시아 해군에서 테미스토클레스가 페르시아 왕의 편이었다고 말한 내용을 페르시아군이 믿었던 말인가?

필자가 개연성을 제기한 것은 크세르크세스가 테르모필라이에서 승리한 것은 그리스군의 배신 에피알테스 때문이었다는 것을 생생하게 기억하고 있을 것이기 때문이다. 크세르크세스는 이번에도 그리스군에서 제2의 에피알테스가 나오기를 고대하고 있었을 것이다. 더구나 이번은 그 가능성이 더 크다. 왜냐하면, 이미 아테네가 초토화되었기 때문에 그리스인들은 겁에 질려 있고 살길이라면 어디든지 기어 들어갈 상황이라고 보았을 것이기 때문이다. 이런 기다림 속에서 적장 테미스토클레스가 보낸 첩자가 왔으니 얼마나 반가웠겠는가.

이 거짓 정보전의 진위 여부는 어떻든 페르시아군은 그리스군의 퇴각을 차단하려고 배를 이동했고 그리스군은 코린트 지협으로 움직일 시간 여유도 없게 되었다. 테미스토클레스의 사생결단 배수진에 걸려든 것이다. 그리스 연합군은 살라미스섬 앞바다에서 목숨을 걸고 싸워야만 하는 제2의 레오니다스 부대의 상황이 된 것이다.

헤로도토스에 따르면 테미스토클레스의 이 거짓정보가 페르시아군 외에 그리스군을 움직인 것은 당시에는 해전에 함께 참전했던 아리스테이데스(Aristeides)가 측면으로 지원한 영향도 컸다. 아리스테이데스는 BC 483년에 테미스토클래스가 라우레이온 은 광산에서 나오는 수익을 군함 건조에 충당하도록 민회를 설득할 때 이를 반대하고 주민에게 배당하자고 주장했던 인물이다. 테미스토클레스와는 정적 관계로, 테미스토클래스의 주도로 도편추방을 당했다. 페르시아전쟁이 이어지고 도편 추방자들의 귀환이 허용되자 귀국해서 참전했던 것이다.

연합군의 장군들이 논쟁을 벌이고 있을 때 아리스테이데스는 테미스토클레스를 불러 "다른 때뿐만 아니라 지금도 역시 우리는 누가 더 조국에 이바지할지를 놓고 경쟁을 벌여야 한다"고 말하고 그리스 연합군 함대가 페르시아 함대에 포위되어 있다는 것을 연합군 장수들에게 말할 것을 건의했다 (HH 8.79). 이에 테미스토클레스는 그에게 직접 들어가 상황을 그들에게 알릴 것을 제안했다. 아리스테이데스는 안으로 들어가 페르시아 배들이 헬라스의 모든 배들을 포위했으니 적들을 막을 준비를 하라고 조언했다 (HH 8.79-80). 이 얼마나 아름답고 고귀한 위국정신들인가?

아리스티데스에 대해서는 도편추방에서 그의 일화를 소개했었다. 아리스티데스는 도편추방으로 아테네를 떠날 때 그는 두 손을 치켜들고 아킬레우스와는 반대로 이렇게 기도했다. "아리스티데스를 그리워할 운명이 아테네를 찾아오지 말게 해 주십시오." 아리스티데스는 자신이 무고하게 희생당하는데도 아테네에 평화가 와서 자신이 장군으로서의 역할이 필요 없게 해달라고 기도하는 것이다.

아킬레우스와 반대라는 것은 『일리아스』 제1부에서 아킬레우스가 아가멤논과 언쟁할 때 "온 나라가 한결같이 아킬레우스를 그리워할 때가 올 것이요. 그러나 그때는 당신이 아무리 뉘우쳐도 아무 소용이 없을 것이요. 피에 굶주린 헥토르에게 무수한 사람이 죽임을 당할 것이요. 그때가 되면 천하에서 제일가는 사람을 존경할 줄 몰랐던 것을 한탄하게 될 것이요"라는 대사를 참고한 것이다. 여기에서 아킬레우스는 자신을 무시하는 처사에 자신이 필요한 상황이 올 것이라는 복수심과 자만심을 나타낸다.

아리스티데스는 페르시아의 침공에 대항하여 아테네의 방위에 도움이 되도록, 망명자들을 소환하는 법령이 선포되어, BC 480년 초에 아테네로 돌아올 수 있었으며, BC 480~479년에 장군으로 선출되었다. 살라미스 전투에서 그는 테미스토클레스를 성실히 도와주었다. 또한, 프쉬탈레이아(Pshitaleia)섬에 아테네 보병대를 상륙시키고 그곳에 주둔한 페르시아 수비대를 제거하여 승전을 마무리하였다. 페르시아 해군은 테미스토클레스의 거짓 정보로 그리스 연합군을 포위하자 그리스 연합군은 포위망을 저지하기 위해 필사의 일전을 벌여서 승리를 거두게 된 것이다. 전쟁에서 전황보다는 결사항전의 의지가 승패를 더 좌우한다는 귀중한 교훈을 주고 있다.

페르시아 측은 아르테미시에(Artemisie)라는 여성 지휘관이 눈부시게 진두지휘를 했다. 그녀는 현재는 터키 남부의 한 모퉁이에 위치한 카리아(Caria)의 통치자였다. 남자 군인들이 무력하게 무너지는 상황에서 여성으로 활약하는 것을 본 크세르크세스는 "내 부하들은 남자가 여자가 되었고, 여자가 남자가 되었디고"고 단식했나 (HH 8.88). 크세르크세스는 살라미스 해전이 패배로 기울자 전쟁을 계속하자고 주장하는 마르도니오스(Mardonios) 장군에게 그 휘하의 대규모 보병부대를 잔류시키고 자신은 철수하게 된다.

4. 페르시아 왕의 퇴각과 그리스 연합군의 승리

크세르크세스의 철수 소식을 들은 테미스토클레스는 그의 퇴로를 차단하기 위해 헬레스폰토스(Hellespontos)의 부교(浮橋)를 파괴하자고 제안했다. 이에 총사령관인 에우리비아데스는 크세르크세스가 속히 귀국하는 것이 그리스의 안전에 이롭다고 주장하여 무위로 그쳤다. 헤로도토스와 달리 플루타르코스는 테미스토클레스가 부교를 파괴하자고 제안한 것을 말린 것은 아리스티데스라고 기술하고 있다.

헬레스폰토스는 "헬레(Helle)가 빠져 숨진 바다"라는 뜻이다. 헬레는 신화의 인물이다. 그리스 북부 테살리아의 라피테스족의 왕이었던 익시온(Ixion)은 자신의 장인을 죽이게 되었다. 누구도 그를 용서하려 하지 않는 상황에서 제우스가 용서하고 올림포스로 데려왔다. 그러나 익시온은 제우스의 은혜를 배신하고 제우스의 아내 헤라에게 욕정을 품었다. 제우스는 익시온을 떠보기 위해 올림포스에서 잔치를 열고 그를 초대했다. 제우스는 구름으로 헤라의 형상을 만들어 익시온을 유혹하도록 했다. 이 헤라의 구름 형상이 바로 네펠레(Nephele)다. 익시온은 네펠레를 헤라로 알고 덮친다. 분노한 제우스는 익시온을 불의 수레에 묶어 놓았다. 네펠레는 상반신은 사람이고 하반신은 말인 켄타우로스를 낳는다. 네펠레는 이후 보이오티아의 왕 아타마스(Athamas)와 결혼하여 쌍둥이 남매 프릭소스(Phrixus)와 헬레를 낳았다. 그러나 아타마스는 매우 사악한 요정 이노(Ino)에 빠져 그녀와 결혼하고 네펠레를 버린다. 이노는 네펠레에게서 태어난 쌍둥이 남매를 죽이려는 계책을 꾸몄다. 이노는 여자들에게 밀알 종자를 볶게 한 다음 이듬해 남자들에게 그 씨를 뿌리게 해서 곡식이 발아되지 않도록 했다.

국왕 아타마스는 델피에 신탁을 받도록 했다. 이노는 이를 짐작하고 델피의 사제를 미리 매수해 "프릭소스의 목을 희생 제물로 바치면 기근이 멈출 것"이라는 신탁을 내리도록 했다. 아타마스는 아들 프릭소스를 화형시키려고 제단에 세웠다. 이때 하늘에서 황금색 털의 양 한 마리가 날아와 프릭소스와 헬레 남매를 등에 태우고 날아갔다. 이 황금양은 아이들의 생모 네펠레가 헤르메스 신에게 도움을 요청해 보낸 양이었다. 남매를 등에 태운 황금양은 오늘날 그루지아인 콜키스로 가려고 했으나 바다 위에서 헬레가 정신을 잃어 바다에 떨어지고 말았다. 이때 헬레가 빠져 죽은 바다를 '헬레의 바다'라는 뜻으로 헬레스폰토스라 불렀다. 헬레스폰토스는 현재는 다르다넬스 해협(Dardanelles Strait)으로 불린다. 이 해협은 넓이가 좁은 곳이 1.3km, 넓은 곳은 6km이며 길이는 65km이다. 현재 이 해협에는 페리호가 유럽 터키와 소아시아 터키사이를 왕복한다.

헤로도토스는 테미스토클레스가 연합군 장군들 앞에서는 크세르크세스의 퇴로를 차단하기 위해 부교를 파괴하자고 해놓고는 뒤로는 신킨노스를 비롯한 "온갖 문초를 받아도 … 발설하지 않을 것으로 믿는 사람 몇 명"의 심복을 크세르크세스에게 보냈다고 기술한다. 그들은 크세르크세스에게 테미스토클레스의 전갈이라면서 헬레스폰토스의 다리를 파괴하려는 것을 테미스토클레스가 저지했으니 편안히 귀한 길에 오르도록 하시라고 말했다는 것이다 (HH 8.110).

테미스토클레스는 우세한 전세에서 퇴각하는 적장에게 왜 밀자를 보냈을까. 그는 아테네를 초토화시킨 적장이다. 겉으로 보면 분명히 적과의 내통이고 이적행위다. 그러나 실제로 보냈다면 고노의 전략이며 외교술이다. 살라미스 해전에서는 패배했다고 해도 페르시아군은 그리스 연합군에 비해 수적으로는 절대 우위다. 자신이 페르시아군에게 거짓 정보를 보내 그리스 연합군의 퇴로를 차단하여 연합군이 생사 결단으로 저항하여 전세가 역전된 경험을 상기했을 가능성도 있다. 전략적으로 퇴로를 열어 주고 서둘러 철수하도록 하면서 승자의 여유를 보일 수 있다. 이런 전략은 또한, 시시때때로 이어지는 전쟁에서 강대국 군주가 생사가 달린 궁지에 몰려있는 상황을 교묘하게 이용하여 도와주는 체하는 전략을 구사하여 후일에 활용할 기회로 삼을 수도 있을 것이기 때문이다.

다만 헤로도토스의 기술은 의구심을 자아낸다. 살라미스 해전에서 페르시아군은 공교롭게도 시킨노스의 거짓 전갈을 받은 후에 대패했었다. 사실 크세르크세스가 시킨노스를 통해 전달한 테미스토클레스의 밀서에 대한 진위를 확인할 방법은 없다. 그러나 그 밀서를 전달한 장본인 시킨노스가 이번에 또 나타나 "편안히 귀국 길에 오르라"는 전갈을 주었을 때 믿었을까? 물론 이 상황은 믿고 안 믿는 선택의 문제가 아니었다. 그 전갈을 '믿는 구석'으로 생각했다면 퇴로가 차단될 수도 있다는 불안감을 줄여주는 효과는 있을 것이다. 그리고 무사히 해협을 건넌 다음에는 그 밀서를 믿게 될 것이다.

헤로도토스는 크세르크세스의 퇴각에서 테미스토클레스의 이중적 면모를 적나라하게 그려 내고 있는 것이다. 우연의 일치인가? 아니면 테미스토클레스 자신이 후일에 페르시아로 망명할지도 모른다는 생각으로 사전에 가입한 구두보험이었는가? 우연의 일치라기보다는 역사의 역설인가, 테미스토클레스는 도편추방뿐만 아니라 정치적으로 궁지에 몰리게 되어 페르시아로 망명했던 것이다 (그리고 그는 최후의 삶을 자결로 마무리 한다. 테미스토클레스의 말년의 행적에 대해서는 다음절(5)에서 자세히 기술한다).

그리스 연합군은 페르시아 대군을 맞아 결국 승리했다. 노련한 지략가 테미스토클레스의 절대적인 힘이었다. 그는 그리스 연합군이 전선에서 이탈하거나 머뭇거리는 것을 단결하여 싸우도록 유도했다. 그리스군은 홈그라운드인 살라미스의 특이한 지형을 최대한으로 이용했다. 중요한 것은 없는 것을 탓하기보다 가진 것을 유용하게 쓰는 것이다. 페르시아 대군을 맞아 그리스 연합군이 살라미스 전투를 승리로 이끈 요인은 다양하다. 여러 문헌 중에 스트라우스(Barry Strauss)는 살라미스 전투에서 페르시아가 진 이유를 몇 가지 거론한다.[5]

페르시아군대는 중앙집권적 요소가 강해 지휘관들이 전사하면 와해될 위험성이 상대적으로 높았다는 것이다. 이것은 육군과 해군이 마찬가지였다. 이 전투에서 페르시아군은 크세르크세스의 동생 아리아비그네스(Ariabignes) 등 여러 지휘관이 죽었다. 지휘관이 자리에서 빠지면서 군대는 방향을 잃게 되었다. 페르시아는 그리스, 특히 민주주의 사회였던 아테네와는 달리 개인의 독창성을 높이 사는 사회가 아니었다. 지휘관들도 당연히 전쟁의 대의에는 관심이 없고 단지 크세르크세스의 눈에 들기 위해서 전투를 해야 하는 처지였다. 한 마디로 그들에게는 죽도록 싸워야 할 이유가 없었던 것이다. 그리스 연합군 특히 아테네군은 개인들이 각자 지킬 가치가 있었다. 민주주의, 평등한 사회 그리고 자신과 가족이 있었다. 따라서 그들은 왕이 아니라 자신과 가족 그리고 자신이 속한 사회를 위해 싸웠던 것이다.

사르디스로 귀국한 크세르크세스는 아테네의 저력을 아는지라 먼저 동맹을 맺고자 했다. 크세르크세스는 마케도니아 왕 알렉산드로스 1세(재위: BC 498~454년)를 사절로 보냈다. 알렉산드로스는 페르시아와 전쟁을 통해 마케도니아 영토를 확보하고 왕국을 세운 인물이다. 알렉산드로스는 마케도니아 최초로 자신이 헤라클레스의 후손임을 주장하여 그리스와의 정체성을 밝히고 고대 올림픽 게임의 멤버가 되었다. 크세르크세스가 알렉산더 1세를 아테네의 사절로 보낸 것은 이런 배경 때문이었다. 우리가 잘 아는 알렉산더 대왕은 알렉산더 3세로 불린다. 언뜻 보면 알렉산더 대왕은 알렉산더 1세의 손자처럼 보이지만 인척들 간에 왕위 다툼이 치열해서 직접적 관계가 있는 것이 아니다. 알렉산더 대왕은 알렉산더 1세부터 17번째 왕이다.

크세르크세스는 알렉산더 1세를 통해서 아테네에 평화협정을 제안했다. 그러나 아테네를 속국으로 만들겠다는 기조는 바뀌지 않았다. 아테네가 페르시아에 복종하고 군사 동맹을 맺는다면 페르시아는 아테네의 자치권을 보장하고 아테네의 모든 영토를 회복시킬 뿐만 아니라 새로운 지역으로 확장하는 것을 허용하고 크세르크세스는 자신이 이전에 파괴했던 사원의 복원 비용을 지불하는 데 도움을 줄 것이라고 제안했다. 크세르크세스의 속셈은 아테네를 동맹이란 이름의 속국으로 묶어 두고 바다를 제압하려는 것이었다. 그러나 아테네 민회는 이 제안을 당연히 거부했다. 이 협정이 그리스인으로 구성된 다른 폴리스의 그리스인들을 노예로 만드는 것으로 판단했다. 오히려 신전을 태운 페르시아인들과 사생결단을 다짐했다.

아테네는 오히려 크세르크세스의 이런 전략을 스파르타에 대해 이용했다. 알렉산더 대사에게 협정에 대한 답을 주지 않고 계속 시간을 끌며 아테네에 머물도록 했다. 알렉산더가 협정을 맺으려고 아테네에 와있다는 것을 스파르타인들이 듣게 되면 스파르타가 이를 저지하려고 아테네에 대사를 보낼 것이기 때문이다. 스파르타가 아테네와 페르시아의 평화협정체결을 우려하는 것은 경쟁국 아테네가 강성해지는 것은 바로 스파르타의 위협이 되었기 때문이다. 두 나라는 페르시아에 대항해서 목숨을 걸고 함께 싸웠다. 이 과정에서 스파르타는 왕이 죽었다. 이보다 더 강한 혈맹이 어디 있겠는가. 그러나 그리스의 최강국을 자처하고 있는 스파르타의 입장에서는 아테네가 페르시아를 등에 업는다면 상대적으로 스파르타가 약화되는 것이다. 페르시아와 군사적인 대결도 피하고 아테네가 페르시아와 동맹을 맺는 것도 원하지 않는 이중적 행태를 묘사할 수 있는 말은 결국 "영원한 동지도 영원한 적도 없다"는 말일 것이다. 국제사회에서 '윈윈(win win)'은 있을 수 있어도 '실리외교(實利外交)'라는 말은 궁색한 변명이고 합리와의 명분이다. '윈윈'은 서로에게 필요한 것을 주고받는 것이다. 그러나 이득과 손해는 제로섬(zero sum)이다. 어느 한쪽에 이익이 되면 다른 한쪽은 그만큼 손해가 되는 것이다.

아테네의 예상대로 스파르타에서 사절이 달려왔다. 그러나 그들은 아테네가 페르시아와 협정을 맺는 것은 반대하면서도 페르시아에 대항해서 전쟁을 하자는 아테네의 요구에는 소극적이었다. 대신 스파르타는 아테네가 페르시아와 전쟁을 하는 동안 아테네의 여성과 비전투원을 보호하고 부양할 것을 약속한다면서도 군사적 지원에 대해서는 구체적인 제안을 하지 않았다. 군사적으로 페르시아와 엮이지 않으려고 발을 빼면서도 아테네가 페르시아와 동맹을 맺지 않기를 바랐던 것이다. 플루르타르코스는 스파르타의 경제적 지원의 제의에 대해 아테네인들은 아리스티데스의 의견을 따라 다음과 같이 답했다고 쓰고 있다.

"모든 것을 돈을 살 수 있다고 생각하는 것은 그것보다 가치가 있는 것을 모르기 때문이니 탓할 생각은 없다. 그러나 스파르타의 행동은 조금 심하다. 아테네가 지금 어렵게 지내는 것만 보고 우리들의 용맹과 도량을 잊고 양식을 구하려고 그리스를 위해 싸우라고 권하는 것은 가소로운 일이다."

헤로도토스에 따르면 아테네인들이 알렉산더에게 답한 내용은 아테네가 자유를 너무 많이 사랑하기 때문에 페르시아의 지배를 받아들일 수 없으며 아테네를 스스로 지키겠다는 것이었다. 아테네는 스파르타에게는 재정지원 대신에 페르시아를 대적하기 위해서는 펠로폰네소스에서 군대를 파견하도록 촉구했다. 알렉산더가 귀환하여 아테네가 협정을 거부했다는 소식을 전하자 마르도니오스(Mardonios) 군대는 아티카로 진입하여 아테네 도심으로 진격했다. BC 479년 여름이다. 크세르크세스가 아테네를 점령했던 때로부터 열 달 만이다. 물론 아테네의 지휘부는 페르시아의 재침에 대비하여 살라미스를 본부로 하고 있었다. 마르도니오스는 아테네에 대해 또다시 협정을 제안했다. 이제 자신이 아테네로 왔으니 아테네인들이 협정에 동의할 것으로 여기고 헬레스폰토스 사람인 무리키데스(Murychides)를 살라미스로 보내 기존의 제안을 다시 꺼낸 것이다. 이 제안에 대해 500인회 즉 불레의 일원이었던 리키데스(Lykides)가 수용을 주장하다가 동료의원들로부터 돌에 맞아 죽었다. 여성들도 집에 있던 부인과 자식들을 돌로 죽였다.

아테네를 다시 점령한 마르도니오스는 아테네에 서 있는 것은 모두 파괴했다. 아테네는 오늘날 철거에 들어간 재개발지역처럼 모든 것이 파괴되어 있었다. 다행히 아테네인들은 거의 모두 살라미스섬으로 대피했고 군대는 전투태세에 들어갔다. 그러나 스파르타인들은 자기들의 성안에서 칩거하고 있었다. 전투를 피해가려는 계책이었다. 이번에는 아테네가 발끈했다. 플루타르코스에 따르면 아테네는 아리스티테스를 스파르타에 사절로 보냈다. 만일 스파르타가 공동 전선에 참여하지 않으면 페르시아가 제안한 협정을 수락하겠다고 스파르타를 위협했다. 물리고 무는 국제외교전에서 스파르타는 결국 아테네에 물려 참전하게 된다. 그러나 테미토스클레스는 퇴장하게 되고 유럽의 역사를 바꾸는 플라타이아 전투가 벌어지고 역사의 전환이 이루어진다.

5. 테미스토클레스의 추방과 자살

아테네 민주주의에서 많은 저명한 인물에게 불운이 닥쳐왔던 것처럼 테미스토클레스에게도 짙은 먹구름이 몰려오고 있었다. 그 구름 속에는 자신의 오만과 타인의 시기와 질투 및 모함과 배척이 함께 했다. 그리고 그 먹구름은 결국 중우정치를 이용한 도편추방제가 동행했다. 테미스토클레스는 아마 BC 479년에 사령관직에서 물러난 것으로 보인다. BC 479년에 전개된 플라타이아 전투에 대한 기록에서 테미스토클레스에 대한 언급은 없다. 대신에 추방에서 돌아온 크산티포스와 아리스티데스가 사령관이었다.

그러나 테미스토클레스는 BC 479년 이후에도 상대적으로 긴 기간 동안 개인적인 인기를 누렸다. 주변 사람들이 자신을 칭송하자 그는 자만에 빠졌고 BC 470년대 후반 무렵에 그는 오만해졌고 적이 늘어나기 시작했다. 시간이 지나면서 시민들로부터 그의 겸손하지 못한 태도에 대한 비판의 소리가 커졌다. 테미스토클레스는 집정관에 있을 때도 자신의 업적에 대한 자만심이 커지면서 의회나 시민과의 소통을 등한시했다. 시민들은 귓가에 스치는 소리에 나뭇잎처럼 흔들린다. 그들에게 진실은 한참 후의 일이다. 또한, 그의 동료 시민들은 그의 명성과 권력에 질투를 느꼈다. 테미스토클레스에 대한 나쁜 소문들은 교묘하게 재생산되어 전파되고 확산되었다. 그에 대한 평판이 나빠지기 시작하자 시민들은 그를 시기하는 나쁜 소문을 모두 믿게 되었다.

테미스토클레스는 그럴수록 소문을 덮기 위해 자기 공로를 사람들에게 알리려 했다. '나쁜 평판'을 '자기 자랑'으로 잠재우려는 그의 태도에 사람들은 그를 더욱 미워하게 되는 악순환이 이어졌다. 미운 사람에 대해서는 나쁜 것은 더 나쁘게 보이고 좋은 것도 나쁘게 보인다. 그가 자기 집 옆에 아르테미스(Artemis)여신의 신전을 짓고 최고의 지혜가 있는 여신이라고 이름을 붙이는 것을 보고 사람들은 테미스토클레스가 스스로를 지혜롭다고 자랑하는 것이라고 침소봉대하여 비난할 정도였다.

아테네인들은 "그의 명예와 영광을 꺾기 위해" BC 471년 도편투표를 실시했다. 그리고 테미스토클레스를 결국 추방하고 말았다. 독재자를 미리 권력의 자리에서 끌어내리는 것이 목적이었던 도편추방제가 미운 오리 새끼를 찍어내고 정적을 제거하는 수단으로 오용된 것이다. 테미스토클레스는 국외로 추방되어 아르고스에서 살았다. 그리고 BC 471년경에 배척을 당했고, 아테네 정적들은 BC 466년경에 스파르타의 파우사니아스가 페르시아와 음모를 꾸몄다는 매국사건에 혐의에 그를 연루자로 몰고 가면서 그는 BC 465년경에 페르시아로 망명했다는 것이다. 그러나 이런 견해는 주로 투키디데스의 기록에 근거한 것이다. 새로 발견된 아리스토텔레스의 기록에 따르면 테미스토클레스는 에피알테스가 아레오파고스를 혁명적으로 개혁할 때 협력을 했던 것으로 나타난다. 이 주장이 받아들여진다면 그는 에피알테스가 개혁의 주도권을 쥐고 있던 BC 462년에 아테네에 있었던 것으로 볼 수 있다. 그렇다면 그의 추방은 BC 461년 이후이어야 하며 그가 BC 460년에 페르시아로 도피할 수는 없다.

플루타르코스의 기술을 보면 그는 이 사건과 직접 관련이 없다. 그러나 그는 기소되었고 어쩔 수 없이 여러 나라를 떠돌며 연명할 수밖에 없었다. 아테네는 페르시아에게 그를 잡아주면 현상금 200달란트를 주겠다고 제의했다. 그러나 그는 호랑이 굴로 들어갔다. 페르시아 크세르크세스 아들인 아르타크세르크세스(Artaxerxes) 왕은 테미스토클레스가 자기 발로 페르시아 궁으로 왔으니 현상금은 테미스토클레스 것이라며 오히려 그를 환대하고 이오니아(Ionia)의 마그네시아(Magnesia) 주지사를 맡겼다. 아르타크세르크세스도 이 정도면 만만치 않은 위인이다. 이런 사실은 마그네시아의 동전에 그의 이름이 새겨진 데서 입증된다. 테미스토클레스의 동전은 당시의 유일한 현대 문서이다. 테미스토클레스는 아마 BC 465~459년에 마그네시아의 주지사로서 그의 개인적인 초상과 함께 화폐를 발행할 수 있는 최초의 통치자였을 것이다.

이후로부터 그의 삶에 대한 이야기는 여러 갈래로 갈린다. 이 주화를 보고 아테네에서는 그를 반역자로 선언하고 사형에 처함과 동시에 그의 재산을 압수했다는 이야기가 있다.[6]

투키디데스는 그가 병들어 생을 마감했다고 전제하고 페르시아 왕에게 한 약속을 지킬 수 없을 것 같자 독을 마시고 자살했다고 주장하는 사람도 있다고 전한다 (TW 1.138,4).

플루타르코스에 따르면 테미스토클레스의 자살설은 이집트가 페르시아에 대해 반란을 일으키면서 그리스에 지원을 요청하자 페르시아 왕은 테미스토클레스에게 그리스군을 물리치는 데 도와달라고 요청하지만 전쟁에 참여하지 않고 스스로 목숨을 끊어 65세로 일생을 마친다는 이야기다. 왜 그는 자살을 선택했을까? 투키디데스는 "페르시아 왕에게 한 약속을 지킬 수 없을 것 같아"를 이유로 든다. 플루타르코스는 "과거에 자신이 세운 공적을 더럽힐까 봐 염려했는지, 아니면 그리스와 싸워 이길 자신이 없었는지"라는 의문만을 제기한다.

아테네의 장군들은 승패와 관계없이 싸워야 하는 전투에서는 목숨을 걸었다. 하물며 백전노장의 테미스토클레스가 페르시아를 등에 업은 전쟁에서 싸워 이길 자신이 없어 자결했다는 것은 사고의 출발부터 빗나갔다. 전쟁의 결과를 보자. 아테네는 이집트 반군들의 요청을 받아들여 BC 460년에 250척의 선단을 키프로스와 이집트에 파견한다. 그러나 아테네는 6년여의 전투 끝에 BC 454년에 이집트 원정에서 완패한다. 페르시아는 BC 451년에 키프로스에 대한 통세권을 다시 확보한다. 아테네는 이 전투로 많은 상처를 입었다.

투키디데스는 그의 친척들이 그의 유언대로 그의 유골을 고향으로 옮겨서 아티카 지방에 몰래 "묻었다고 한다"(TW 1.138,6)는 전언을 기록하고 있다. 그러나 그의 아들이 마그네시아에서 통치를 계속했고, 위대한 아테네인을 위해 무덤이 건설되었다는 내용으로 보아 그의 시체가 아테네로 옮겼다는 전언에 의구심을 갖게 한다.

테미스토클레스의 삶은 계급과 금권 사회에서 비천하고 가난한 가문을 극복하고 자신의 재능과 노력으로 국가 최고 지도자가 된 입지전적 인물의 표본이다. 탁월한 예지력과 정확한 판단력을 바탕으로 정치적 경쟁자들의 주장과 방해를 극복하면서 국방을 강화하고 그 힘으로 당시 최강 제국인 페르시아의 침공으로부터 그리스를 지켜낸 그의 지도자로서 능력은 현대 정치지도자들이 본받아야 한다. 그는 전쟁에서 국가를 보위하기 위해 도편추방된 정적들도 귀환시키는 포용력도 가졌다.

그러나 그에게 부족한 것이 있었다. 겸손이었다. 이것은 그의 출생과 성장배경이 제공한 태생적 한계였을 것이다. 그는 다른 역경은 극복하면서도 자신의 마음을 다스리는 데는 부족했던 것이다. 그의 자만은 오만으로 성장했고 오만이 성장할수록 그는 나락으로 떨어져 결국 회한의 마지막을 맞게 된 것이다. 개인적으로 그는 덕성이 부족하여 뛰어난 재능과 놀라운 치적에도 불구하고 고국을 등지며 적국에 몸을 의탁하고 살았다. 그래도 끝내 조국을 배신하지 않고 자진(自盡)으로 마지막 자존심을 지킨 풍운아다.

6. 페르시아의 재침과 플라타이아 전투

플라타이아(Plataea) 전투(BC 479년 8)는 페르시아가 살라미스 전투에서 패배한 뒤 1년 만에 다시 그리스를 침략해 벌어진 전투로 페르시아의 2차 그리스침공 마지막 지상전이다. 아테네와 스파르타, 코린토스 그리고 메가라 등 그리스 연합군과 그리스에서 보이오티아, 테살리아, 마케도니아가 페르시아군과 동맹으로 플라타이아 지역에서 진을 치고 싸웠기 때문에 지역 이름을 따서 플라타이아 전투로 부른다. 플라타이아는 오랫동안 아테네와 밀접한 동맹이었던 보이오티아(Boeotia)의 작은 도시국가로, 아테네와 어깨를 나란히 하고 마라톤 전투에 참전한 유일한 도시국가이다.

헤로도토스에 따르면 페르시아인은 30만 명의 대군으로 그리스를 재침공했다. 헤로도토스는 여기에는 테바이를 비롯한 페르시아군대를 지지한 그리스 도시국가의 병력을 포함시켜야 한다면서 그 수를 어림잡아 5만 명으로 추산한다 (HH 9.31) 페르시아의 30만 대군은 BC 480~479년 겨울이 지나면서 둘로 분리되었다. 페르시아 총사령관 마르도니오스는 테살리에서 24만 명의 군대를 거느리고 그리스 쪽으로 향했다. 나머지 6만 명은 헬레스폰토스로 가는 크세르크세스 왕을 호위했다.

광대한 페르시아 제국은 다뉴브강에서 이집트 그리고 이오니아에서 박트리아(Bactria)까지 뻗어 있어서 마르도니오스는 이 지역들에서 거대한 침략군을 모으고 참전시키기 위한 막대한 자원을 확보할 수 있었다. 마르도니오스 군대는 페르시아인과 메데스뿐만 아니라 박트리아인, 스키타이인 등 여러 속국의 군대로 구성되었다.

헤로도토스는 이 군대의 구성을 페르시아인 13만 명, 메디아인 9만 7,000명 친 페르시아 그리스인 5만 명, 기타 7만 3,000명을 비롯해서 합계 35만 명으로 잡았다. 여기에 5,000명의 기병이 있었다. 디오도로스 시쿠로스(Diodorus Siculus)는 그의 『역사 도서관』에서 페르시아군대의 수가 약 50만 명이라고 주장한다 (Diodorus Siculus, *Bibliotheca historica*, 11.30-1). 그러나 현대 학자들은 이러한 병력의 규모에 대해 이의를 제기한다. 페르시아 병력에 대한 현대의 추정은 약 25만 명이다. 페르시아의 병력 숫자는 헤로도토스가 페르시아군을 골리앗처럼 더 강력한 상대자로 만들기 위해 과장되었을 수도 있다.

페르시아군대는 그리스 군대와 다른 특징이 있다. 궁사가 장거리 공격을 하고 그 뒤를 기병 부대가 따르도록 했다. 페르시아 보병은 가벼운 고리버들 방패를 들고 긴 단검이나 도끼, 짧은 창, 활로 무장했다. 페르시아군대는 또한, 갑옷과 창으로 무장한 엘리트 군대로서 결사대인 이모탈(Immortal)과, 잘 무장한 이집트 해병대 특히 테바이를 비롯한 친페르시아의 그리스 국가들의 중장보병들이 포함되어 있었다. 페르시아군의 총사령관은 다리우스의 조카이며 크세르크세스의 사촌인 마르도니오스(Mardonius)였다. 그의 휘하에는 다리우스의 사촌인 아르타바조스(Artabazus)가 함께 했다.

그리스의 지휘관은 교체되어 데미스토클레스가 뒤안길로 물러나고 그의 정적이었던 아리스티데스가 전면에 등장했다. 또 한 사람은 페리클레스 아버지인 크산티포스였다. 페르시아 총사령관 마르도니오스는 살라미스에 머물고 있는 아테네 난민들에게 오만한 평화 제안을 되풀이했다. 일면은 위협이고 다른 일면은 이간계(離間計)다. 두려운 사람은 이탈할 것이다. 그리스군 내부에서 균열이 생길 수도 있다.

아테네는 페르시아 대군을 막기 위해 펠로폰네소스인들에게 북쪽으로 와서 함께 싸우자는 설득에 들어갔다. 아테네는 스파르타에게 사절단을 파견해 도움을 요청했다. 이 요청에 응하지 않으면 페르시아가 제시한 평화조건을 받아들이겠다고 위협했다 (HH 9.7-9).

이 당시 스파르타는 스파르타의 달력으로 초여름인 야킨티오스달을 맞아 종교 축제인 야킨티아(Hyacinthia)제를 열고 있었다. 아테네가 다급한 상황에서도 스파르타는 대답을 열흘 동안이나 미루었다. 스파르타는 결국 아테네가 실제로 페르시아와 협정을 맺을지 모른다는 우려에서 군대를 파견하기로 결정했다. 아테네가 페르시아와 협정을 맺으면 페르시아의 조종에 따라 아테네와 적대관계가 되어 적을 안방으로 끌어들이는 꼴이 된다. 페르시아의 평화 제안은 오히려 아테네의 적개심에 불을 당겨 전의를 강화했다. 더구나 아테네에 경계심을 품고 있는 스파르타가 연합군에 참전하는 빌미도 제공했다. 페르시아의 평화 제안은 제국의 오만에서 비롯된 실책이었다. 강자의 최대 적은 바로 오만이다.

마르도니오스는 아테네를 설득하지 못했다는 사실을 알자 그리스군이 코린토스의 근처 이스트모스(Isthmus)에 진입하기 전에 아테네를 불태우고 "똑바로 서 있는 것은 모두 무너뜨리고 파괴한 후" 철군했다 (HH 9.13). 테르모필라이 전투와 살라미스 해전을 치른 그리스 연합군도 둘로 분산되었다. 아테네인들은 여전히 살라미스에 남아 있었다. 안전하게 아테네로 돌아올 수 없었기 때문이다. 펠로폰네소스 지역 사람들은 고린토스의 지협을 방어하기 위한 당초의 계획으로 돌아가서 지협을 가로질러 건설한 방어벽을 바쁘게 개선하고 있었다.

스파르타는 아테네 사절단에게 통보도 없이 파우사니아스를 사령관으로 하여 군사를 파견했다. 아테네의 사절단들은 다음날 스파르타군이 이미 출정길에 올랐음을 듣고 놀랐다. 스파르타군대는 페르시아인들을 향해 행군하고 있었던 것이다. 스파르타인들의 이러한 비밀스러운 행동은 펠로폰네소스의 경쟁자들에 대한 불신 때문이었다. 스파르타인들이 움직인다는 것을 알면 다른 경쟁 국가들이 마르도니오스에게 이 사실을 알릴 것을 염려한 것이다. 테살리아와 보이오티아는 이미 페르시아와 동맹을 맺고 아테네와 스파르타의 적군으로 참전하고 있었다.

  헤로도토스는 그리스 연합군이 23개 도시국가에서 중무장 보병 및 경장보경과 스파르타 노예 등을 합쳐 최소한 총 10만 8,200명이 참전한 것으로 전해준다. 10만 8,200명은 6만 9,500명의 경무장 병력(그리스 전역에서 3만 5,000명의 노예, 그리고 그리스 이외의 지역에서 파견된 3만 4,500명의 병사)들과 테스피아이(Thespiae)에서 페르시아인들로부터 풀려난 1,800명의 비무장 생존자를 추가하여 합계가 11만 명으로 늘어난다 (HH 9.30). 현대 사학자 마틴(Thomas R. Martin)은 이 전쟁에 참가한 그리스 도시국가의 수가 31개라고 기술한다.[7]

  이 전투에서 스파르타가 보낸 병력은 4만 5,000명이다. 5,000명은 스파르타 시민이고 5,000명은 스파르타 중무장 보병이며 3만 5,000명은 피정복 노예(Helot)였다. 이 노예들은 스파르타 시민군 1명당 7명씩 수행한 것이다. 이것은 아마도 전에 소집된 어느 군대보다도 가장 규모가 큰 스파르타 군대였다 (HH 9.28-29). BC 1세기 그리스의 역사가 디오도로스 시쿠로스(Diodorus Siculus)는 그리스 군대의 수가 약 10만 명에 달했다고 주장한다 (Diodorus Siculus, *Bibliotheca historica*, 11.30-1).

  헤로도토스는 또한, 각 도시가 제공한 중무장보병 수와 정확히 똑같은 비무장 보병 수를 제공한다. 중무장보병은 무거운 둥근 청동 방패를 들고 창과 칼을 사용하여 가까운 거리에서 싸운다. 페르시아인들은 최근의 이오니아 반란 동안 그리스와의 접전에서 우위에 있었지만, 테르모필라이 전투는 조직화된 그리스의 중무장보병이 다루기 힘든 군대라는 것을 보여주었다.

  페르시아군과 그리스군은 각기 상반되는 무장으로 인해 전술도 달랐다. 페르시아 전술은 화살 세례를 퍼붓는 것이었지만, 화살이 가볍기 때문에 근거리에서 발사되지 않는 한 청동 장갑 갑옷에는 거의 효과가 없었다. 그리스 중장보병의 특징은 더 긴 창, 더 무거운 칼, 더 좋은 갑옷, 그리고 밀집 대형의 엄격한 규율을 가졌다. 따라서 평탄하지 않은 지형에서 지근 거리의 접전이 유리했다. 페르시아인은 기갑부대의 이점과 가볍게 무장한 군대의 신속한 이동성이 장점이었다. 따라서 그리스군은 적을 협곡으로, 페르시아군은 적을 평원으로 유인해야 했다.

마르도니오스는 스파르타군이 1진과 2진으로 출진했다는 소식을 접하고 스파르타의 두 군대가 합류하기 이전에 분리지배로 저지하려고 계획했다. 마르도니오스는 그리스에서 가장 친 페르시아 국가인 테바이를 지나 플라타이아 부근에서 다시 보이오티아를 가로질러 북동쪽으로 이어지는 아소포스(Asopus)강에 이르렀다. 그리고 강을 따라 에우보이아(Euboea) 맞은편 북쪽 해안에 도달했다. 페르시아군대의 전열은 남서부의 플라타이아 지역에서 8km 떨어진 맞은편 에리트라이(Erythrae)까지 이어졌다. 마르도니오스는 아소포스강 북쪽의 강기슭에 요새화된 야영지를 설치했다.

7. 그리스 연합군의 재결성

페르시아 대군이 아테네로 진격해 옴에 따라 그리스인들은 다시 연합군을 결성해 나갔다. 스파르타인들이 펠로폰네소스의 다른 파견대들과 합류하는 등 여러 갈래로 모여 형성된 연합군은 엘레우시스(Eleusis)까지 이동하여 아테네군과 합류하면서 그리스 연합군으로 확대되었다. 아테네인은 아리스티데스(Aristides)를 사령관으로 하여 8,000명의 중장보병과 플라타이아 망명자 600명을 연합군에 합류시켰다 (HH 9.28-29). 그리스 연합군은 스파르타의 파우사니아스의 지휘 아래 보이오티아에 있는 에리트라이로 이동했다. 여기에서 그리스 군대는 아소포스에 페르시아군대가 진지를 구축하고 있는 것을 알았다.

그리스 연합군은 아소포스에 있는 페르시아 진지 위로 뻗어 있는 키타이론(Cithaeron)산의 언덕길을 지나 보이오티아에서 플라타이아 근처에 도착하고 있었다. 키타이론산은 그리스 중앙에서 북쪽으로는 보이오티아와 남쪽으로는 아티카에 이르는 약 16km 길이의 산맥이며 해발 1,407m의 높이다. 그리스 연합군은 페르시아 진영의 맞은편에 진지를 구축했다. 페르시아군대의 진영보다 높은 위치였다.[8]

고대 그리스인은 무슨 일을 하든 신탁에 의존한다. 아리스티데스는 출정하면서 이미 델피에 사람을 보내 신탁을 주문했었다. 사제의 대답은 그가 플라타이아에 도착하면서 전해졌다. 플루타르코스에 따르면 그 신탁의 내용은 엘레시우스의 데메테르(Demeter)와 페르세포 두 여신의 벌판인 자기 나라 땅에서 승리할 것이라는 답이었다. 엘레우시스는 아테네 근교의 작은 도시로 데메테르와 페르세포네 여신의 신전이 있는 곳이다. 그렇다면 이 신탁은 플라타이아로부터 되돌아가라는 말인가?

아리스티데스는 이 신탁대로라면 전쟁에서 손을 떼라는 말로 생각이 들어 고민에 빠졌다. 이때 플라타이아 장군 아림네스토스(Arimnestos)의 꿈에 제우스가 나타났다. 제우스는 엘레우시스로 되돌아간다는 것은 신탁을 잘못 해석한 것이고, 지금 진을 치고 있는 곳을 잘 찾아보면 거기에도 신전이 있을 것이라고 알려주었다. 아림네스토스는 아리스티데스와 키타이론산 아래 울창한 숲속에 두 여신을 모신 오래된 사당을 찾아냈다. 그리고 아티카 쪽을 향해 있는 플라타이아 국경 표시를 제거했다. 국경 표시가 없으면 결국 아리스티데스에게는 자기 땅이 되기 때문이다.

페르시아의 마르도니오스는 그리스인들을 자신들의 전술에 맞도록 열린 지형으로 유인하기 위해 보이오티아로 철수하고 양측은 결국 보이오티아의 플라타이아 근처에서 마주쳤다. 처음에는 페르시아인과 그리스인 어느 쪽도 공격을 하지 않았다. 헤로도토스는 이것은 양측이 희생제에서 나쁜 징조를 받았기 때문이라고 주장한다 (HH 9.33). 양 측은 예언자들에게 의지했다. 예언자들은 지휘관들에게 공격하지 말고 방어하면 승리하게 될 것이라고 조언했다. 헤로도토스에 따르면, 양 측은 전쟁이 자신들에게 유리하게 전개되는 결정적인 전투를 원했다.

어느 쪽도 상대방에 대해 위험 부담이 있는 공격을 하지 않고 장기간의 교착 상태가 이어졌다. 이 교착 상태에 대한 이유는 주로 전술적이었고 마라톤 상황과 유사했다. 그리스 중장보병은 페르시아 기병으로부터 측면에서 공격당하는 위험을 피하려 했다. 페르시아의 경장보병은 잘 구축된 그리스 진지를 공격하고 싶지 않았다.

마르도니오스는 그리스 연합군의 동맹국들 간의 분열을 조장하거나 평원으로 유인하려고 했다. 그리스 진지를 성공적으로 공격할 희망이 거의 없다는 것을 알았기 때문이다. 양측은 새로운 그리스 군대가 도착한 지 8일 동안 그들의 위치에서 전투 없이 대치했다. 대치 국면의 배경이 무엇이었든 초기의 전략적 상황은 양국 모두가 식량을 공급할 수 있었기 때문에 전투를 연기할 수 있었을 것이다.

마르도니오스는 그리스 연합군이 아소포스 능선을 향해 이동하는 것을 보고 기습 공격을 시작했다. 그리스군을 평야로 유인하려는 시도였다. 이 전략은 초기에는 약간의 성공을 거두는 듯했으나 페르시아 기병 사령관 마시스티오스(Masistius)가 낙마로 사망하면서 기병대는 퇴각했다 (HH 9.22). 페르시아의 마시스티오스를 죽이고 기병대를 퇴각시킨 그리스군은 고무되었다. 그리스인들은 가르가피에(Gargaphie) 샘으로 가서 전열을 재정비했다 (HH 9.25). 이곳은 야영에 적합하고 물이 풍부하기 때문이다. 플라타이아 지역에 있는 스파르타와 테게에(Tegea)인들은 산등성이의 오른쪽에, 아테네인들은 왼쪽 언덕의 약간 낮은 지대에 진을 쳤다.

대치상황 속에서 아테네의 진영에서는 음모 사건이 발각되었다. 전쟁이 시작된 이래로 부와 영향력을 상실한 아테네의 일부 귀족 계급이 반역을 모의한 것이다. 플루타르코스는 저명한 몇몇의 아테네인들 사이에서 민주주의의 전복을 시도했다고 전한다. 더욱이 이들은 실패할 경우 페르시아로 탈출하기로 한 것 같다. 이 진언이 보편적으로 받아들여지는 것은 아니다. 그러나 마르도니오스가 그러한 사주를 한 것은 분명해 보인다.[9]

아리스티데스는 이에 대해 신중하게 접근했다. 그는 8명의 핵심 공모자를 체포하고 두 명의 남자들은 도망가도록 내버려 두었다. 그리고 다른 연루자들은 전투에 참여하여 잘못을 만회하도록 했다. 이로써 음모는 분쇄되었다.

그리스 연합군과 페르시아군은 가로지른 강을 경계로 서로 마주하면서 8일간 폭풍 전야의 긴 대치를 이어갔다. 그리스는 키타이론산을 통해 군수품을 보급받았다. 페르시아군에게는 테바이가 공급원이었다. 마르도니오스는 드디어 인내심이 한계에 이르렀다. 그는 초조함과 조바심 속에 안절부절못하고 있었다. 어떤 행동이라도 취해야 직성이 풀릴 것 같았다. 아부에 능한 간신은 이런 때 머리를 비상하게 돌려 권력자의 환심을 산다.

페르시아 편을 들고 있는 테바이인 티메게니다스(Timegenidas)가 마르도니오스를 찾았다. 그는 키타이론 고갯 길을 지키도록 조언했다. 그리스군의 보급로. 온몸이 근질거리던 마르도니오스는 대치 8일째 되는 날 밤에 기갑부대를 보내 플라타이아로 통하는 키타이론산의 고갯길을 차단하기 위한 공격을 시도했다. 이 급습은 그리스인을 위한 보급로를 차단하는 전과를 올렸다 (HH 9.39-41). 펠로폰네소스에서 군량미를 싣고 가던 마차 행렬이 이 공격에 걸려들었다. 노새 몰이꾼과 노새가 모두 도륙되었다. 테르모필라이의 배신자는 개인이었다면 테바이는 나라 전체가 페르시아 편에 섰고, 아부를 돋보이게 만들려고 이런 산길까지 알려준 것이다. 결국 이 습격으로 그리스군의 보급품이 약탈당하고 일부 군대도 피해를 입었다.

마르도니오스는 이어 아소포스강 진지로 또 다른 기갑부대를 보내 공격했다. 그리스군이 강가로 접근하면 화살을 날렸다 화살에 쓰러진 그리스군 시체가 아소포스강에 떠다녔다. 강물이 시체로 오염되어 그리스군은 갈증에 시달려야 했다. 페르시아 기병은 다음 날에도 출전하여 그리스군에게 남아 있는 유일한 우물의 원천이었던 가르가피아 샘을 파괴해 버렸다 (HH 9.49). 식량 부족과 함께 물 공급의 제한으로 그리스 진지는 더이상 지탱하기 어렵게 되었다. 그리스군은 전략을 다시 수립해야 했다. 공격을 감행하는 대신에 연락망을 확보하고 퇴각하는 방법을 모색했다 (HH 9.51-52). 그들은 산길을 지킬 수 있고 신선한 물이 공급되는 플라타이아 앞의 진지로 퇴각하기로 결정했다. 퇴각은 그날 밤 수행되었다. 퇴각하는 동안에 페르시아 기병의 공격을 피하기 위해서다. 그러나 그 퇴각은 체계적으로 진행되지 못했다.

페르시아 진영의 마르도니오스는 다시 이틀이 지나고 11일째가 되자 지지부진한 상황에 안달이 나서 지휘관회의를 열었다. 그의 주요 사령관 중 한 명인 아르타바조스는 충분한 보급품이 있는 테바이로 철수하자고 제안했으나 마르도니오스는 다음날 그리스 진지를 공격하기로 결정했다.

그날 밤 마케도니아 왕 알렉산더가 몰래 그리스 진영을 찾아와 내일 있을 페르시아군의 공격에 대한 정보를 주었다. 알렉산더가 왜 그리스 진영에 왔을까? 동족으로서 진정으로 그리스인을 도우려 한 것인가? 마르도니오스가 강을 건너는 동안 그리스인들이 강을 건너 퇴각하는 것을 막으려고 마르도니오스가 보낸 것인가? 어떤 경우든 모르고 침입을 당하는 것보다 알고 대비하는 것이 상책이다. 더구나 군사 작전에서 철저한 비밀리에 행동하는 것은 최고의 전략이다. 이런 점에서 알렉산더 왕의 정보 제공은 선의로 해석해야 할 것이다.

알렉산더 왕의 소식에 그리스 군대는 큰 혼란이 일었다. 드디어 접전의 날이 오는 것인가. 총사령관 파우사니아스는 아테네군이 페르시아군을 대적하도록 제안했다. 스파르타군은 페르시아군과 접선 경험이 없지만 아테네군은 이미 마라톤 전투에서 싸워본 경험이 있다는 것을 이유로 들었다. 일견 일리가 있지만 스파르타의 장군으로서 스파르타군을 일단 전투의 전면에 세우지 않고 한발 비켜서서 관망하려는 속내가 여실하다.

페르시아군도 스파르타와 직접 부닥치는 것을 피하고 싶었다. 아테네인들은 선뜻 이에 응했다. 어차피 전쟁터에 나왔으니 목숨을 걸고 싸워야 하는 것은 당연하다. 그러나 때와 장소에 따라 위험 정도가 다르다. 그런데 아테네군은 목숨을 건 접전에 선뜻 먼저 나가기로 한 것은 쉽지 않은 영웅의 행동이다. 그러나 페르시아가 먼저 스파르타를 피해 진영을 바꾸는 바람에 결국 아테네가 페르시아와 부닥치게 되었다.

마르도니오스는 이 순간 한껏 고무되었다. 페르시아와 아테네의 대진을 스파르타군이 페르시아군대와 싸우기를 두려워한다는 신호로 해석한 것이다. 그러나 마르도니오스는 대기 12일째 계획했던 공격을 감행하지 않았다. 그는 KO 펀치 대신 잽을 날리는 전술을 택했다. 그는 많은 기병대를 강 건너로 파견하여 그리스인들을 괴롭혔다. 페르시아 궁수들은 그리스인들이 강에 다가가지 못하게 막았기 때문에 그리스군은 식량 공급뿐만 아니라 물 공급도 차단되었다.

그리스군은 보급이 차단되고 군량이 바닥나가고 있었다. 현재의 진지에 더이상 머물게 되면 곧 굶어 죽을지도 모를 위급한 상황에 이르렀다. 그들은 플라타이아 도심지와 더 가까이 있는 육지 안의 '섬'이라고 불리는 지역으로 이동하기로 했다. 키타이론산에서 흘러내리는 물이 양쪽으로 나뉘어 흐르고 그 물줄기는 오에로에라는 두 강을 만들고 '섬'이 그 사이에 있기 때문이다. 그들이 섬에 도착하자마자 군대의 절반은 산길을 확보하기 위해 되돌아가도록 했다. 이런 이동은 12째와 13일째 밤에 이루어졌다.

8. 마르도니오스와 파우사니아스의 접전

마르도니오스는 그리스인들의 이동을 완전히 퇴각한 것으로 믿고 페르시아 군대에게 강을 건너 그리스인을 추격하도록 명령했다. 그러나 그가 본 것은 단지 스파르타인과 테게에인들이었다. 그는 이 부대를 전체 그리스 군대로 오인했다. 아테네인들은 평지 쪽으로 행진해서 구릉들에 가려있었기 때문이다. 그러나 명령을 받은 페르시아군 대다수는 서둘러 추격에 참가하기 위해 다소 무질서하게 강을 건넜다.

이 순간 그리스 군대는 공격당할 것을 예상하고 전투준비에 들어갔다. 그러나 파우사니아스는 적군이 당도하는 상황에서도 부하들에게 싸우라는 명령 대신에 기다리라는 명령을 내렸다. 병사들은 쏟아지는 화살 속에서도 싸우라는 명령을 기다리며 자기 위치를 끝까지 지켰다. 헤로도토스에 따르면, 이때 파우사니아스는 염소를 제물로 하는 희생제를 지내고 있었다. 그런데 좋은 전조가 나타나지 않았기 때문에 진격을 거부한 것이다. 이 시점에서, 그리스 병사들이 페르시아 궁수들의 화살 세례에 쓰러지기 시작했고, 테게에인들은 독자적으로 페르시아 전선으로 진격하기 시작했다.

파우사니아스는 신에게 재물을 계속 드리며 마지막 희생제를 지내고 헤라 신전 앞에서 기도를 끝내자 예언자들은 좋은 징조가 나타났으며 반드시 승리할 것이라고 말했다. 파우사니아스는 드디어 싸우라는 명령을 내렸다. 스파르타인들을 중심으로 하는 그리스군은 드디어 페르시아 전선을 향해 공격을 개시했다 (HH 9.61-62). 파우사니아스가 이런 의식 과정을 거친 전투명령은 병사들에게 필승의 신념을 심어주었다. 그들의 전투와 생사는 이제 신의 뜻이었다.

그리스인들이 진지를 포기하고 완전히 철수한 것으로 오판한 마르도니오스는 페르시아 엘리트 보병과 함께 즉각적인 추격을 명령했다 (HH 9.59). 마르도니오스는 전투는 이미 끝났다고 생각하고 있었다. 페르시아의 나머지 보병도 진격하기 시작하면서 그리스군과 접전이 시작되었다. 페르시아 보병은 무거운 스파라바라(sparabara)편대였다. 스파라바라는 고대 페르시아어로 '방패지기'를 의미한다. 방패를 들고 전투에서 가장 앞에 서는 보병이었다. 이들은 긴 방패 벽으로 앞을 가리고 2m의 긴 창으로 무장한다. 그러나 그리스 중장보병의 무장보다는 훨씬 가볍다. 그리고 이들은 제일 먼저 적과 직접적인 전투에 부닥치게 된다.

페르시아의 방어 무기는 큰 고리버들 방패였고 짧은 창을 사용했다. 대조적으로, 그리스의 중장보병대는 청동 방패 및 긴 창으로 무장되었다. 싸움은 치열하고 오래 계속되었지만 스파르타와 테게에인으로 구성된 그리스군은 계속해서 페르시아 전선으로 밀고 들어갔다. 페르시아인들은 그리스인의 창을 잡아 꺾으려고 했지만, 그리스인들은 대신 칼을 들어 대응했다. 전투는 고리버들 방패로 만든 바리케이드에서 벌어졌다. 이 바리케이드가 무너지면서 데메테르 성소 지역으로 이동했다. 이 단계에서 양측은 잘 싸우고 있었지만, 단거리 접전에서는 중무장한 그리스인들이 우세했다.

9. 마르도니오스의 사망과 페르시아군의 패퇴

마르도니오스는 백마를 타고 1,000명의 경호원에게 둘러싸인 채 전투 현장에 있었다. 그러나 스파르타인은 마르도니오스에 근접하고 헤로도토스에 따르면 "스파르타에서 이름이 높은 아에임네스토스(Aeimnestus)" (HH 9.64)라는 인물이 머리에 돌을 날려 마르도니오스를 명중시켜 즉사하게 만들었다. 장수가 죽으니 그의 경호인들도 전멸했다. 프루타르코스에 따르면, 그의 죽음은 신탁에 의해 예언되었다 (영웅전, 아리스티데스 편).

마르도니오스가 죽자, 페르시아인들은 흩어져 강 반대편에 있는 목조 야영장으로 도망가기 시작하면서 진영은 혼란에 빠졌다. 페르시아에 가담했던 그리스인들 가운데 테바이인들을 제외하고는 거의 전투를 하지 않고 철수했다. 아테네군은 테바이군을 격파하고 귀족 300명을 전투 현장에서 처형했다. 아르타바조스가 지휘하던 페르시아군대는 그리스와 접전하지 않고 있다가 전투가 끝나자 아르타바조스는 그의 부하들에게 테바이에서 멀리 포키스로 후퇴하도록 명령했다. 사기가 충천해진 그리스군은 이어 페르시아 본부진영을 습격했다. 페르시아인들은 처음에 목재 방책을 사이에 두고 격렬히 저항했지만, 결국 무너졌다. 진지에 갇힌 페르시아인들은 그리스인들에 의해 도살되었다. 페르시아의 30만 대군중 아르타바조스가 도주하면서 데려간 4만 명을 제외한 26만 명 가운데 살아남은 병사는 고작 3,000명을 넘지 못했다 (HH 9.70).

플루타르코스는 페르시아군대 30만 명 중 아르타바조스의 군대만 탈출하고 나머지 26만 명이 전멸된 것으로, 헤로도토스는 26만 명 중 3,000명이 탈출했다고 전한다. 여기에는 그리스인으로 페르시아에 가담한 인원은 포함되지 않는다. 그리스 사상자 수는 아주 적다. 헤로도토스와 플루타르코스가 집계한 각국의 사망자는 일치한다. 아마 플루타르크스가 헤로토토스의 기록을 수용했을 것이다. 스파르타인 91명, 테게에인 16명 아테네인 52명으로 집계한다. 플루타르코스는 아테네인 52명, 스파르타인 91명, 테게에인 16명 등 모두 1,360명으로 집계한다. 스파르타인의 사상자 중에는 테르모필리이 전투의 두 생존자 중 하나인 아리스토사다모스(Aristodamus)가 포함되었다. 플라타이아전투는 그리스군의 완승으로 끝났다. 그리스는 이 전투의 승리로 그리스 본토에 대한 페르시아의 위협을 끝내게 되었다. 이후 몇 년 동안 페르시아전쟁에 대한 지도력은 스파르타에서 아테네로 넘어갔다.

플라타이아전쟁은 그리스와 페르시아전쟁의 종막이었고, 플라타이아전쟁의 승리는 바야흐로 아테네의 제국주의가 발아하는 계기가 되었다. 그러나 더 거슬러 올라가서 마라톤 전투부터 이어지는 10여 년 이상의 전쟁에서 그리스 정치의 한 단면을 여실히 보여주었다.

우선 그리스는 동족이라고 하지만 모든 것을 힘으로 저울질해서 강자가 약자를 제압하고자 했다. 동족이라도 국경이 다르면 곧 적이었다. 또한, 아테네 지도부는 국가와 국민보다 자신의 권력이 우선이었다. 국가에 필요한 인물, 공로는 오히려 정적들에게는 불안요소였고 타도의 대상이었다. 멀리 갈 필요도 없이 테미스토클레스가 대표적인 사례이다. 그리스가 승리할 수 있도록 해군력을 다진 테미스토클레스가 이 전쟁에 참여하지 못하고 인생 후반에는 망명을 하게 되고 적국이었던 페르시아에 의탁해서 살다 죽은 것처럼, 플라타이아 전투를 이끈 장군들의 마지막도 쓸쓸했다. 아리스티데스는 BC 477년에 델로스 동맹 회원국들에 대한 자금할당관으로 활동했지만 그로부터 10여 년 후에 무일푼으로 죽었다.[10]

아테네에는 특히 동상이 많다. 곳곳에 신들의 동상이 즐비하다. 기억해야 할 위인들의 동상도 많다. 그러나 이 시대만큼은 영웅들을 싫어했다. 이것은 독재정치에 대한 반작용이었다. 그리고 도편추방을 통해서 이를 행동으로 보였다. 이런 행태는 결국 아테네 민주정치를 아리스토텔레스가 비판한 중우정치로 전락시켰다.

❖ 주

1) 이에 관한 내용은 최한수 (2022) 참조.
2) Berry Strauss, *The Battle of Salamis* (New York: Simon & Schuster, 2004). 이 책의 번역서는 이순호 옮김, 『살라미스 해전』(서울: 갈라파고스, 2006) 참조.
3) Berry Strauss (2004), pp. 131-132.
4) Berry Strauss (2004), pp. 131-132.
5) Berry Strauss (2004).
6) Mark Cartwright, https://www.ancient.eu/Themistocles/
7) Thomas R. Martin, *Ancient Greece: From Prehistoric to Hellenistic Times* (New Haven: Yale University Press, 1996), p. 136.
8) 톰 홀랜드 지음, 이순호 옮김, 『페르시아 전쟁』(서울: 책과 함께, 2007), pp. 543-546.
9) 톰 홀랜드 (2007), pp. 545-546.
10) B. Strauss 지음, 이순호 역 (2006), p. 400.

제4부
펠로폰네소스전쟁

13장 제1차 펠로폰네소스전쟁 _ 289

14장 제2차 펠로폰네소스전쟁 전초전 _ 320

15장 제2차전쟁의 개전과 메가라 법령 _ 344

16장 미틸레네 반란의 비극과
     멜로스의 참상 _ 364

17장 아테네의 주화파와 주전파의 갈등 _ 402

13장

제1차 펠로폰네소스전쟁

1. 전쟁의 배경과 개요

페르시아전쟁에서 그리스 연합군이 승리하면서 아테네는 스파르타의 펠로폰네소스 동맹에 맞서 델로스 동맹(Delian League)을 결성하여 그리스 도시국가들 거의 반을 끌어들인 뒤 맹주로서의 위상을 강화했다. 아테네는 이로부터 오만과 과욕 그리고 스파르타의 경계심과 공포심을 자아냈고 결국 그리스 내 동족 간의 전쟁인 펠로폰네소스전쟁을 유발한다.

'펠로폰네소스전쟁'은 투키디데스라는 탁월한 인물에 의해 역사로 살아서 생생하게 전해지고 있다. 그러나 '펠로폰네소스전쟁'이라는 용어는 투키디데스가 최초로 사용한 것은 물론 아니다. '펠로폰네소스'

는 그리스의 반도를 가리키는 지역 이름이다. 따라서 펠로폰네소스전쟁은 펠로폰네소스 지역에서 전개된 전쟁이란 의미다. 펠로폰네소스전쟁터는 펠로폰네소스 반도뿐만 아니라 에게해의 여러 섬들 그리고 시칠리아뿐만 아니라 그 북쪽까지 걸쳐 있다.

전쟁의 이름은 대개 후세 사가(史家)들의 몫이다. 저명한 역사가인 버리(J. B. Bury)는 펠로폰네소스인들은 이 전쟁을 '아티크전쟁(Attic War)'이라고 생각했을 것으로 추정한다.[1] 전쟁의 이름이 '펠로폰네소스전쟁'으로 보편적으로 사용되는 이유는 역사가들이 아테네 중심의 사고에서 나온 용어를 그대로 동조하기 때문이다.

전쟁은 단순히 스파르타와 아테네 두 나라만의 양호상투(兩虎相鬪) 또는 용호상박(龍虎相搏)의 형세가 아니라 두 나라를 중심으로 각각의 동맹에 가입된 도시국가들이 동원되었다. 이 과정에서 개별 국가들끼리 국지전을 벌이기도 했지만, 대부분은 스파르타와 아테네가 이 국지전에 끼어들어 확전으로 치달았다. 또한, 전세에 따라 두 강대국은 다른 동맹국들도 차출하여 자신의 동맹국을 지원하여 연합전을 펼치면서 국지전은 동맹대결로 확전되었다. 펠로폰네소스전쟁은 대개 1차전쟁과 2차전쟁으로 구분되지만 일반적으로는 1차와 2차 전쟁은 물론이고 이 기간 내에 발생한 모든 전쟁을 포괄하는 명칭이다.

펠로폰네소스전쟁을 기간으로 기술하면 길게는 BC 480년부터 기산하지만 실제는 그리스와 페르시아의 전쟁이 끝나고 아테네와 스파르타를 중심으로 그리스의 도시국가들이 나뉘어 BC 460년부터 BC 404년까지 56년간 일어난 전쟁들을 포괄적으로 함의한다. 이 기간 중에서 BC 446/445년에 '30년평화조약'이 체결되면서 전쟁이 멎었다. 이때까지의 전쟁을 제1차 펠로폰네소스전쟁(때로는 1차전쟁으로 표기)으로 구분한다. 그러나 조약은 14년 만에 파기되고 BC 431년부터 다시 전쟁이 시작되어 BC 404년까지 27년간 계속되었는데 이 기간에 일어났던 전쟁들을 제2차 펠로폰네소스전쟁(때로는 2차전쟁으로 표기) 또는 펠로폰네소스전쟁이나 대전쟁(great war)으로도 부른다. 제2차전쟁 중에서 전반 10년을 아르키다미아전쟁(Archidamia War) 또는 제1국면으로 부르는데 아르키다미아전쟁은 스파르타 왕 아르키다모스 2세(Archidamus II)의 이름을 따서 붙여진 것인데 그가 BC 431년과 430년에 아티카를 침범한 이래로 BC 421년까지 10년간 이어졌다. 이 전쟁은 아테네와 스파르타가 BC 421년에 니키아스 평화조약(Peace of Nicias)에 서명함으로 BC 421년 이후 BC 415년까지 6년간은 휴전 기간이었다. 그리고 아테네의 시칠리아 원정과 패배까지를 제2국면으로 분리하기도 한다.

1차전쟁은 스파르타와 아테네 또는 두 나라의 동맹국들이 관련되는 비교적 작은 규모의 국지전들이었다. 이 전쟁들은 승패의 순환이 이루어졌다. 그러나 2차전쟁은 모든 동맹국이 스파르타와 아테네 어느 한 편이 되어 벌인 전면전이었다. 이런 측면에서 대전쟁이다. 이 전쟁은 승자와 패자가 가려지고 승자가 패자를 지배하는 형태로 전쟁이 종식되었다. 제2국면은 휴전 기간을 제외하고 아테네가 시칠리아의 내전에 개입하고 원정군을 보냄으로써 다시 큰 전쟁으로 확대되는 BC 415년부터 아테네의 패망으로 끝나는 404년까지다.

투키데티스는 그리스 역사를 다루면서 BC 479년의 플라타이아 전투와 BC 431년의 펠로폰네소스전쟁의 시작에 이르는 약 50년의 기간을 '펜테콘타이티아(Pentecontaetia)'로 기술한다 (TW 1.118.2) 이 용어는 투키데스가 '50년간의 설명'이라는 의미로 최초로 사용했다 (TW 1.89-117). 이 따라서 '펜테콘타이티아'는 그리스가 페르시아와 얽힌 역사가 아니라 헬라인들만의 50년 역사를 의미한다. 오늘날 존재하는 이 시대의 설명은 투키데스의 전쟁사 외에도 디오도로스 시쿨로스(Diodorus Siculus)의 역사 도서관(*Historical Library*,

11.39-12.28)에도 부분적으로 담겨있다.

　이 기간 동안 그리스에는 여러 차례의 크고 작은 전쟁(전투)들이 이어졌다. 전쟁이 벌어지는 동안에는 인간이 상상하고 행동으로 옮길 수 있는 모든 일이 점철되어 일어날 수밖에 없다. 그러나 투키디데스가 분석한 전쟁의 원인과 결과는 의외로 간명하다. 투키디데스는 펠로폰네소스전쟁을 기술하면서 아테네가 어떻게 "매우 강력해졌는지"(TW 1.89.1)에 주목한다. 그리고 강해진 아테네가 개입된 핵심적인 사건들이 대부분 스파르타를 불안하게 만들어 펠로폰네소스전쟁으로 이끌었다는 것을 강조하려고 했다. 투키디데스가 간명하고 명쾌하게 요약한 전쟁의 원인은 이렇다.

> "아테네 세력이 성장하고, 이것이 스파르타를 불안하게 만들어 전쟁은 불가피하게 되었다." (TW 1.23)

　펠로폰네소스전쟁의 승자는 스파르타이고 패자는 아테네이다. 물론 이 두 강대국의 동맹국들도 승자와 패자의 범주에 들어가게 된다. 투키디데스는 '전쟁은 난폭한 교사'라고 말했지만 전쟁은 우리에게 다른 측면도 가르쳐 준다. 지혜나 지략 그리고 용기 외에도 신의와 배신도 자리한다. 전쟁은 인간 세상의 축소판인 동시에 확대판이다. 인간 세상에서 일어나는 모든 일이 쏟아져 나오며, 인간 세상에서 평상시에는 볼 수 없는 또 다른 일들, 예를 들면 동물의 왕국과 같은 판이 벌어진다.

　지금부터 2500여 년 전의 펠로폰네소스전쟁은 21세기에 다시 '투키디데스의 함정(*Thucydides's trap*)'이라는 워딩으로 되살아났다. 앨리슨(Graham Allison)은 『예정된 전쟁』[2]에서 투키디데스가 지적한 전쟁의 배경을 '투키디데스의 함정'이라는 한마디로 정리했고 이 워딩은 세계적인 용어가 되었다. 그는 투키디데스의 함정이 21세기 미국과 중국의 관계를 이해하는 데 최선의 렌즈라고 설명한다. 영국의 권위지 『파이낸셜타임스(Financial Times)』는 2018년의 '올해의 단어'로 '투키디데스 함정'을 선정했다.

국가 간의 동맹체계가 맺어지지 않았을 때의 개별 국가 간의 분쟁은 당사자들의 몫으로 한정된다. 그러나 동맹체계는 개별 국가들의 국경 분쟁이나 국지전도 동맹국들의 연합전과 전면전으로 확전된다. 특히 동맹의 맹주들이 자국의 이익에 대한 집착이나 어떤 야망 그리고 상대동맹의 맹주에 대한 어떤 의구심이나 불안감을 가지게 되면 '투키디데스의 함정'에 빠지게 된다.

그리스 도시국가들은 그리스 본토뿐만 아니라 여러 섬에 분포되어 있었다. 이 섬들의 도시국가 중에는 아테네나 스파르타와 끈끈한 동맹 관계를 유지하는 경우와 막연한 연고를 배경을 심정적인 동맹 관계에 머물고 있는 경우도 있었다. 또한, 어떤 도시국가는 다른 맹주를 이용하여 기존 동맹의 속박에서 벗어나려는 반란을 시도하기도 했다.

펠로폰네소스전쟁 중에 일어난 대표적인 사례로는 미틸레네 반란과 멜로스 도시국가의 참혹한 사건이다. 이 두 도시국가의 사례는 인류 역사에서 지금도 회자되고 있다. 이 사건들에 대해서는 뒤에서 상세하게 기술한다. 특히 이 두 사례는 동맹국의 맹주가 상대방의 동맹국에 대해 각자 어느 정도 독자적으로 간섭할 수 있는지에 대한 논쟁도 결국은 동맹국들보다는 맹주들의 이익이 우선한다는 점을 잘 보여주고 있다.

그리스의 다른 도시국가들이 전쟁의 소용돌이 속에서 국력이 쇠잔해진 상황에서 BC 350년대에 이르러 그리스 북쪽의 마케도니아 왕국이 세력을 떨치고 나왔다. 마케도니아 필리포스 2세는 스스로 왕이 되어 340년대에는 마케도니아를 강대국으로 부상시켰고 330년대에는 그리스 일대를 정복했다. 이로써 아테네는 민주주의와 함께 존망의 문턱에 이르게 된다.

2. 스파르타의 펠로폰네소스 동맹

스파르타는 BC 6세기부터 펠로폰네소스 동맹(Peloponnesian League, BC 550~366년)을 통해 펠로폰네소스 지역의 도시국가들을 지배해오고 있었다. BC 6세기 중반 그리스에 지역적 불안정이 초래되자 코린토스, 엘리스, 테게아 및 아르고스를 제외한 다른 국가들은 스파르타를 중심으로 펠로폰네소스 동맹을 결성했다. 펠로폰네소스 동맹은 고대 그리스 세계에서 가장 오래되고 가장 오랜 기간 지속된 정치 결사체로서 그리스 도시국가들의 느슨한 연합이었다. 동맹의 이름은 그리스 남부의 펠로폰네소스에 있는 동맹국들의 지리적 위치에서 붙여졌다.

그리스인들은 이 결사체를 '라케다이몬인들과 그들의 동맹국'이라고 불렀다. 라케다이몬은 스파르타와 그 인근의 그리스 사람을 부르는 용어다. 각 회원국은 스파르타와 함께 동일한 적과 맹방을 갖기로 서약했다. 동맹의 가입요건은 스파르타에 공물의 제공이 아니라 스파르타 지휘하에 병력의 제공이었다. 대신 동맹은 스파르타가 펠로폰네소스에 대해 패권적 지배권을 갖는 것을 허용했는데 이 동맹은 BC 4세기까지 이어졌다.

스파르타는 BC 7세기부터 강한 군사훈련을 통해 중무장보병을 양성했다. 군대의 규율은 엄격했고 전투력은 정교했다. 스파르타의 군대는 그리스 모든 지역의 두려움의 대상이었다. 이로써 스파르타는 아테네가 부상하기 전까지는 펠로폰네소스에서 거의 모든 도시국가를 지배하는 정치 및 군사적 패권국가였다. BC 510년에 이르러 동맹은 펠로폰네소스의 도시국가를 모두 포함했으며, 클레오메네스 1세(Cleomenes I)의 지도하에 메가라(Megara)를 비롯한 도시국가들과 아티카(Attica) 일부의 국가들까지 확대되었다.

동맹의 주목적은 회원국들의 방위와 안전의 담보였다. 동맹국에 전쟁이 벌어지면 스파르타가 동맹 회의를 소집한다. 그리고 현재의 위험에 처한 동맹국을 돕기 위해 다른 동맹국들의 군대를 파견하는 것을 결정한다. 동맹국의 군대는 항상 스파르타의 왕이나 원로 장군들이 지휘했다. 이것은 스파르타가 동맹을 절대적으로 지배하고 있다는 것을 의미한다.

동맹은 보수적이었고 구조는 과두제(Oligarchy)의 특성을 가지고 있었다. 이런 체계에서는 동맹의 선택이나 결정이 신속히 이루어질 수 있다. 스파르타를 비롯한 대부분의 동맹국의 정치체계도 민주제 대신에 과두제를 채택하고 참주제는 반대했다. 펠로폰네소스 동맹에 가입한 모든 국가는 횡적으로 수평적 관계가 아니라 스파르타를 중심으로 종적인 관계였다. 동맹 내에서는 각각의 국가들이 어떤 동맹을 결성할 수가 없었다.

동맹은 두 개의 운영체계 즉 동맹 회의와 스파르타 의회로 구성되는 동맹위원회에서 관리했다. 동맹 회의의 소집권은 스파르타만 가지고 있었다. 동맹국의 대표들은 동맹 회의에서 국가의 규모나 지역의 세력에 따라 투표수나 투표 가치가 달라지는 것이 아니라 각각 동등한 한 표를 행사했다. 그러나 이것은 형식적인 요식행위에 불과했다. 오히려 동맹 회의의 중요한 사항의 결정은 스파르타 의회에 위임되었다. 스파르타는 동맹 회의에서 투표도 하지 않았고, 동맹 회의의 결의안들은 스파르타에게는 구속력이 없었다. 스파르타의 입장은 스파르타 의회가 투표로 채택했다. 스파르타 의회는 자신의 이익에 반하는 행동을 하지 말아야 한다는 조항이 있었다. 따라서 펠로폰네소스 동맹은 문자 그대로 엄밀한 의미에서 '동맹'이 아니었다. 동맹의 다수로 결정되는 사안은 군사 작전과 새로운 회원 가입에 관한 내용이었다.

펠로폰네소스 동맹의 회원들은 필요할 때만 군사적으로 기여했다. 국가 군대의 1/3의 징집이 요구되는 전시(戰時)를 제외하고 공물을 납부하지는 않았다. 각 도시국가에 요구되는 군대의 정확한 수는 스파르타가 결정했다. 펠로폰네소스전쟁의 위험한 시기에 스파르타는 점령지에 동맹국의 군사 총독(harmosts)을 징발해서 관리했다. 페르시아전쟁 이후 동맹은 그리스 동맹(Hellenic League)으로 확장되어 아테네와 다른 나라들도 포함되었다. 그리스 동맹은 스파르타 섭정왕이었던 파우사니아스(Pausanias)가 주도하다가 그가 소환된 후에 아테네의 장군 키몬(Cimon)이 주도했다.

그리스 동맹의 기간은 짧았다. BC 5세기 그리스가 페르시아와 전개한 마라톤, 살라미스, 플라타이아전쟁에서 승리한 뒤 그리스 연합군은 페르시아에 대해 거꾸로 반격에 나선다. 그리스 연합은 소아시아 일대 그리스계 도시국가들의 반란을 후원하기 시작하면서 아테네와 스파르타 사이에 반란의 후원 범위를 놓고 갈등이 생겼다. 스파르타는 축소였고 아테네는 확대였다. 소아시아 국가들의 지원 범위를 늘리는 것은 해군의 영향력 강화이고 이는 곧 아테네 세력의 확장이다. 스파르타는 육군이 강세였다. 그러나 육군을 동원해 소아시아 원정에 참여하면 그동안 자주 발생했던 국내의 농노(헬로트)들의 반란이 염려된다. 스파르타가 해군력을 배경으로 소아시아의 그리스계 도시들의 반란을 계속 지원하자고 주장하는 아테네의 속셈을 모를 리 없다.

스파르타는 결국 페르시아전쟁으로 결성된 그리스의 반페르시아 동맹에서 BC 478년에 이탈하게 된다. 펠로폰네소스 국가들도 스파르타를 따라 나갔다. 스파르타의 탈퇴는 아테네가 자신들의 세력을 증강하려는 시도에 대한 스파르타와 그의 동맹들의 우려 때문이었다. 스파르타는 원래의 동맹들을 중심으로 펠로폰네소스의 동맹을 다시 조직했다. 파벌이든, 정당이든, 국가든, 더 나아가 국제관계도 외부세력이 등장하면 내부적으로 결속한다. 그러나 그 세력이 사라지거나 약화되면 내부세력이 경쟁하면서 분열하게 된다. '페르시아'라는 외부세력에 의해 결성된 그리스 동맹은 결국 페르시아 세력이 물러가고 스파르타와 아테네라는 대등한 두 세력이 등장하면서 분열된 것이다. 스파르타가 빠진 그리스 동맹은 이어 아테네가 주도하는 델로스 동맹으로 전환되었다. 두 동맹은 결국 펠로폰네소스전쟁에서 서로 충돌한다.

펠로폰네소스 동맹은 결국 BC 404년 스파르타가 펠로폰네소스전쟁에서 승리한 이후에 그리스 전체에서 지배력을 확보하게 되었다. 스파르타는 회원국에 대해 과거보다 더 엄격한 통제를 가했다. 새로 편입된 국가들에 대해서는 스파르타 정책에 유리한 과두체계를 권장했다. 스파르타는 패권적 권력에 취해 오만해졌다. 오만은 자신을 과대평가하고 필요 이상의 야망과 욕망을 만들어 낸다.

스파르타는 BC 400년까지 창검을 안으로 들이댔다. 옛 동맹국을 상대로 전쟁을 벌인 것이다. 그리스 중부와 북부, 소아시아와 시칠리아에서 계속된 스파르타의 야망은, 동맹국들을 또 다른 장기적인 갈등인 코린토스전쟁으로 끌고 갔다. 스파르타는 회원국가들의 국내 문제를 직접적으로 개입했다. 스파르타의 대표적인 개입정책은 BC 385년에 만티네아(Mantinea)를 고압적으로 다루고 마을을 나누었으며 BC 381~379년에 전쟁을 벌였다.

스파르타가 전보다 더 야심을 갖게 되면서 BC 382년에는 동맹의 공물을 무기나 병사가 아니라 돈으로 걷게 되었다. 스파르타는 오랜 기간 경쟁상대인 테바이를 압박하면서 테바이인들에게 적대적인 결과를 가져왔다. 그러나 스파르타는 BC 375년 테기라(Tegyra) 전투에 이어 BC 371년의 레우크트라(Leuctra) 전투에서도 패했다. 스파르타의 가장 강력한 동맹국들도 동맹의 효율성에 대한 신뢰가 상실되어 동맹에서 떠나가면서 동맹은 언덕의 내리막길에 브레이크 없이 서 있는 자동차가 되었다. 코린토스, 피레이우스(Phleious) 그리고 테바이 간에 새로운 조약이 체결되면서 펠로폰네소스 동맹은 BC 366년에 사실상 해체되었다. 이어 마케도니아의 필리포스 2세(Philip II)가 BC 338년까지 동맹을 완전히 해산하기로 결정한다. 펠로폰네소스 동맹은 마침내 끝났다.[3]

3. 아테네의 델로스 동맹

스파르타가 그리스 동맹에서 이탈하자 스파르타를 따르지 않은 많은 국가는 새로운 강자로 부상한 아테네 편을 들었다. 아테네는 자국 중심의 동맹을 결성하기 위한 목표로 BC 479년과 478년에는 에게해 군사 작전에서 훨씬 더 적극적인 역할을 수행하면서 이오니아 지역의 국가들과 함께 BC 478년에 새로운 동맹을 창설한다. 바로 델로스 동맹(Delian League)이다. 결국 BC 479~478년 겨울, 이오니아(Ionia)와 에게해 도시국가들은 델로스(Delos)에서 회의를 열고 델로스 동맹에 가입하기로 했다. 이 당시 아테네의 지도자는 테미스토클레스에서 아리스티데스로 이양되는 과정이었기 때문에 아테네의 주도자가 누구였는지는 분명하지 않다.

'델로스 동맹'이라는 명칭은 현대의 사학자들이 붙인 이름이다. 고대의 자료들은 단순히 '동맹(symmachia)' 또는 '아테네와 그 동맹국'이라고 지칭했다. 그러나 '델로스 동맹'이라는 이름은 매우 적합하다. 델로스섬은 에게해의 키클라데스(Cyclades)군도 중의 하나로 다른 섬들과 달리 성스러운 섬으로서 특성을 갖는다. 델로스는 길이가 5km 이내이며 폭이 1.3km에 불과한 작은 바위 섬이지만 BC 2500년경부터 주민이 살았던 긴 역사를 가지고 있다. 델로스섬은 고대의 모든 선원이 지도에 표시해 놓았을 정도로 항해에 중요한 요지이고 그리스 신화에서 아폴론과 아르테미스가 출생한 가장 성스러운 장소였다.[4]

이런 신화는 신성한 섬으로서의 명성으로 많은 숭배자를 끌어들이기 시작했으며 비잔틴 시대까지 계속되는 강력한 종교 정체성을 부여했다. 종교 축제가 경제적인 원동력이었던 시대에, 델로스는 수천 명의 순례자를 유치하고 건실한 경제성장을 이룩하였으며, 가장 부유한 상업 중심지 중의 중심지에 우뚝 서서 큰 이익을 보았다.

BC 9세기 이후부터 아폴로 성지로 여겨지면서 가장 활발한 무역 중심지의 하나로 발전해 BC 8세기 후 거의 1000년 동안 강력한 상업 항구였다. 이 섬이 무역 중심지로 성공할 수 있었던 또 다른 배경은 위치상으로 에게해 남부의 키클라데스의 한복판에 있기 때문이다. 에게해의 중요한 상업 중심지인 아테네(Athens), 밀레토스(Miletos), 코린토스(Corinth), 마케도니아(Macedonia), 타소스(Thassos), 사모스(Samos), 밀로스(Milos), 로데스(Rhodes), 크레테(Crete) 그리고 다른 작은 섬으로부터 항해하면서 중간에 만나는 지점이다. 또한, 섬에는 몇 개의 항구가 있어서 항해하는 선박들을 맞는다. 특히 항구는 맞은편에 작은 섬이 풍랑을 막아주고 안으로 둥글게 휘어진 해안선은 파도를 잠재우기에 안성맞춤이다.

델로스는 섬이지만 거주에도 도움이 되는 몇 가지 특징이 있었다. 섬은 연중 내내 작은 포핀스(Poppins)강에서 양질의 물이 공급되었다. 그러나 이 섬은 작은 크기(약 5 x 1.3km)로 인해 수 세기 동안 외부의 위험에 쉽게 노출되었다. 주민들은 이 위험을 신의 가호로 막기 위해 늘 기도했다. 낙소스(Naxos)와 파로스(Paros)가 고대 시대 초기에 델로스를 통제하려 했지만 거의 500년 동안이 섬을 지배하고 있던 것은 아테네였다.

아테네는 섬을 신의 숭배에 적합하게 만들기 위해 두 번에 걸쳐 '정화'했다. 첫 번째는 BC 540년에 참주 피시스트라토스(Pisistratus)의 지시로 아폴로 신전의 시야 내에서 모든 장례식을 금지하고 주변의 모든 무덤을 파내어 시체를 인근 섬으로 옮기도록 했다. 두 번째 정화는 펠로폰네소스전쟁 6년째인 BC 426/5에 델피 신탁의 지시로 섬 전체의 모든 무덤을 제거하고 섬에서의 출생과 사망도 금지했다. 이 정화 직후 델로스 경기의 4년제 축제의 제1회가 열렸다.[5]

동맹국들은 델로스섬에서 공식적인 회의를 개최하고 동맹의 금고도 이곳에 보관했다. 다만 페리클레스 시대에는 회합 장소와 금고를 아테네로 옮겼다. 델로스 동맹의 참가국은 330개 이상으로 전해진다. 이것은 공물 명부에 의존한 불완전한 자료이다.[6] 동맹국은 시간이 지나면서 변화가 있었기 때문이다. BC 440년에는 172개국으로 나타난다. 대부분의 참가 국가들은 이오니아와 섬들에 있는 국가들뿐만 아니라 서부 아나톨리아 지역에 있는 카리아(Caria) 도시국가와 같은 그리스에 속하지 않는 구성원도 있었다. 처음에 회원들은 공동의 적들에 대항하기로 맹세하고 서약했다. 델로스에서 개최된 회의에서 각 도시국가는 동등한 투표권을 가졌을 가능성이 크다.

동맹국들은 그리스에서 최강의 해군력을 가진 아테네가 외부의 적으로부터 보호해 주는 대가를 지불했다. 회원국은 아테네에 배를 제공하거나 아테네가 주도하는 해군 함대를 건조하고 유지하는 데 공물을 제공했다. 공물은 적은 금액이 아니었다. 초기 단계(BC 425년)에는 460달란트였지만 이후에 점차 1,500달란트로 인상되었다. 이 금액은 아테네의 장군 아리스티데스(Aristides)가 결정한 액수이다. 돈을 제공하는 대신에 선박 또는 재료(특히 목재) 등으로도 납부했다. 동맹의 가입 및 탈퇴와 공물의 납부가 회원국들의 자율에 맡겨진 것은 아니다. 회원국으로부터의 기여금은 처음에 자유로웠지만 나중에는 패권자의 간섭, 감시, 강압에 의지했다. 일부 국가는 탈퇴를 시도하고 탈퇴를 하기도 했다. 예를 들면 BC 467년에 낙소스가 동맹을 탈퇴하려 하자 아테네는 섬을 공격하고 자율성을 반으로 줄였다. 타소스(Thasos)

는 자국의 광산과 무역기지를 계속 관리하려고 아테네와 의견 충돌을 일으켜 BC 465년 군이 개입하면서 결국 항복했다 (타소스 반란에 관해서는 별도로 기술한다).

아테네는 이 동맹을 주도하면서 사실상 제국의 길로 나아갔다. 동맹을 점점 더 공격적으로 통제했고, 때로는 무력으로 회원 자격을 제한했으며, 돈, 선박 또는 재료의 형태로 공물을 계속 강요했다. 금고는 공동 금고였으나 관리는 아테네가 독점하여 결국 아테네 차지였다. 아테네는 헬레노타미아이(Hellenotamiae)라는 아테네 재무원 10명을 금고 관리원으로 위촉하여 이 금고를 통제하도록 했다. 델로스 동맹으로 탄력을 받은 아테네는 페르시아를 공격할 수 있는 힘을 갖추게 되었고, 에온(Eion) 전투와 가장 유명한 에우리메돈(Eurymedon) 전투에서 승리하면서 그 진가를 발휘했다.[7]

델로스 동맹의 성과는 군사적 측면 외에 경제적, 정치적 측면에서도 나타났다. 도시국가 간 무역 증가, 공동 화폐의 도입(아테네 은화), 세금의 중앙 집권화, 정부 형태의 민주화, 아테네 사법부를 회원국들 시민에게 개방, 에게해의 해적 근절 등이 그 예이다. 이러한 혁신은 페리클레스가 주도했다 (페리클레스에 대해서는 다른 장에서 별도로 기술했다).

델로스 동맹은 두 가지 사건으로 그 운명이 달라졌다. 델로스 동맹의 회원국은 BC 460년의 제1차 펠로폰네소스전쟁에 동원되었다. 페르시아에 대항하기 위한 동맹이 그리스인끼리 대항하는 데 이용된 것이다. 아테네의 페리클레스는 제1차 펠로폰네소스전쟁 중이던 BC 454년에 델로스 동맹의 금고를 델로스에서 아테네로 옮겼다. 구실은 페르시아군의 재침 우려였지만 속셈은 아테네가 동맹의 재정을 보다 강력하게 통제하려는 조치였다. 동맹의 재산에 누가 기여했는지와 각 도시국가가 얼마나 많은 재정을 부담했는지를 보여주는 비문도 마련되었다. 금고 위치의 변화는 종종 '아테네 제국'의 실현을 위한 아테네의 야심으로 지적된다.

그 이후 페르시아군이 재침하지 않는데도 금고는 계속 아크로폴리스에 묶어 두었다. 아테네에 운반된 금고는 여러 가지 목적으로 사용되었지만 동맹 회원국들의 방위와 관련된 것은 아니었다. 이 돈은 특히 페리클레스가 아테네의 도시재건과 아크로폴리스의 파르테논 신전의 건축을 비롯한 많은 다른 비국방 관련 항목으로 지출했다.

아테네는 자유를 지키기 위한 구실로 동맹국들에게 계속 공물의 납부를 요구했다. 동맹국들로부터 과거 페르시아에게 공물을 낼 때보다 돈이 더 든다는 불평이 나왔고 시간이 지나면서 동맹의 분위기는 더 악화되고 이탈이 늘었다. 투키디데스는 동맹국들이 동맹을 이탈하는 이유가 "분담금이나 함선을 제대로 대 줄 수가 없었기 때문이며, 때로는 지원의 부진 등이 이유가 되기도 했다"(TW 1.99)고 분석한다.

페르시아가 후원하는 스파르타에 대한 펠로폰네소스전쟁(BC 432~404년)은 결국 동맹의 해체로 이어졌다. BC 415년의 시칠리아 원정대의 비참한 패배와 다음에 기술하게 될 반항적인 멜로스의 모든 남성에 대한 잔인한 처형은 아테네인의 가치는 물론이고 본성까지 의심스럽게 만들었다 델로스 동맹은 분명히 아테네와 동맹국들에게 유리한 기구였지만 아테네가 전쟁에서 패한 BC 404년부터 그리스의 다른 도시국가들은 동맹에 남아있을 이유가 사라졌다. 펠로폰네소스전쟁의 승자인 스파르타 지휘관 리산드로스(Lysandros의 지시에 따라 델로스 동맹은 404년 해산되었다.

델로스 동맹은 가장 크고 가장 성공적인 고대 그리스 연합으로 다자 도시국가 동맹이었다. 델로스 동맹의 최고 번성기에 아테네는 700명의 해외 공무원을 배치했다. 델로스 동맹은 처음에는 동맹체계에서 나중에는 아테네의 명령 또는 지배체제로 변형되었다. 모든 독립적인 도시국가의 구성원들은 처음에 공동 협의회에 합류했지만 나중에는 아테네로부터 지시만 받았다. 동맹국들은 독립국에서 종속국으로 전락하였다. 충성의 맹세 즉 복종이라는 새로운 단어가 삽입된 것이다. 델로스 동맹의 역사는 아테네가 점차 제국주의의 형식을 실천하는 것을 보여준다. 델로스 동맹의 규칙은 다른 회원국의 공식 수용이나 공식적인 합의에 의한 것이 아니었다. 그럼에도 대부분의 동맹국들은 끝날 때까지 충성을 유지했다.

고대 그리스에는 아마 '제국(empire)'에 대한 단어가 없었을 것이다. 다만 그리스인은 지배, 간섭, 개입, 다른 국가 다른 사람에게 속하는 것을 가지려는 불안정한 욕망 등을 통해서 제국주의에 대한 생각을 간접적으로 표현할 수 있었을 것이다. 투키디데스는 동맹국에 대한 아테네 지배가 동맹국의 자유로운 동의에 의한 것이라고 시사하지는 않았다. 델로스 동맹의 공언된 목표는 페르시아로부터의 자유를 위한 투쟁으로 시작되었지만 그 목표는 아테네의 욕구를 발전시키고 이오니아 문화를 육성하는 방향으로 변화되었다.[8] 아테네는 BC 377년부터 해상 자위 연맹인 제2아테네 동맹(The Second Athenian League)을 주도했다. 이때에도 델로스 동맹의 일부 기존 회원들은 다시 아테네와 재결합하겠다는 의지를 보였다. 그러나 이미 아테네는 옛 영화를 회복하기에는 너무 노쇠했다.[9]

4. 아테네와 스파르타의 패권경쟁과 타소스 반란

그리스 도시국가들은 강력한 외적인 페르시아를 맞아 거의 대등한 관계에서 단결력을 과시했지만 아테네와 스파르타가 전반적인 지휘권을 갖고 결정적인 승리를 거두면서 특히 아테네의 위상이 크게 올라섰다.

이로 인해 그리스에는 사자(스파르타)에 맞설 호랑이(아테네)가 등장해 그리스 도시국가들을 상대로 패권 경쟁에 돌입했다. 급부상한 아테네가 성벽을 재건하고 해군력을 강화하기 시작했을 때, 스파르타와 동맹국들은 아테네가 너무 강력해지고 있는 것을 두려워했다. 불안정한 사회에서 개인이 감시의 대상이 되는 것처럼 불안한 정세의 국제사회에서 개별 국가도 감시나 주시의 대상이 된다. 특히 스파르타는 아테네에 대해 시기와 불안 등이 교차했으나 경계 이상의 "불만을 드러내지는 않았다"(TW 1.92).

강성해진 아테네는 펠로폰네소스 지역은 물론 에게해 지역의 도시국가들을 복속시키는 영토 확장의 야심을 드러냈다. 우선 기존 국경을 강화하기 위해 성벽을 재건하기 시작했다. 스파르타는 당연히 이를 반대했지만 아테네는 아랑곳하지 않고 추진했다 (TW 1.89-93). 성벽은 전쟁을 전제로 하는 공격이나 방어의 물리적 장치다. 아테네의 성벽 재건은 결국 스파르타와 일전을 준비하는 것이라는 점에서 스파르타의 경계심은 고조되었다.

스파르타는 또한, 아테네가 민주정치체계를 추진하는 것도 불안과 불만의 대상이었다. 아테네의 민주화는 군주제적 과두제인 스파르타 정치체계에 위협이 될 수 있다. 스파르타는 아테네 민주 정권의 퇴진을 획책한 반면에 아테네는 민주화를 계속 추진하면서 국제무대에서 에게해의 주도권을 가지려는 속내를 다져나갔다. 그럼에도 얼마 동안 아테네와 스파르타는 표면상으로는 우호적 관계를 유지했다. 서로의 힘을 가늠하기 어렵기 때문에 탐색전의 기간이 길어지며 국제관계의 풍랑은 잠잠했다.

그러나 BC 460년대에 다시 전쟁의 먹구름이 몰려들면서 파고가 일기 시작했다. 진원지는 북쪽 페르시아가 아니라 남쪽 펠로폰네소스였다. 펠로폰네소스 반도에서는 각각의 도시국가들이 국경을 사이에 두고 국지전이 일어났다. 도시국가들은 전쟁에 두 강대국 중 하나를 끌어들이기도 하고 두 강대국이 도시국가들을 전쟁으로 밀어 넣기도 했으며 강대국들이 직접 침공을 하기도 했다. 이런 국지전들은 펠로폰네소스의 전쟁을 향해 출발하는 신호였다.

이런 긴장 상황에서 아테네가 드디어 힘을 행사하기 시작했다. 아테네는 BC 465년에 에게해 최북단에 있는 그리스의 섬에 있는 도시국가로 델로스 동맹의 창립 멤버인 타소스가 트라키아(Thracia) 본토에서 채굴해 온 은을 통제하려고 시도했다. 타소스에게 광산과 시장은 수익성이 높은 재산으로, 아테네에 이것을 빼앗기는 것은 심각한 경제적 타격이었다. 나름대로 강력한 해군력을 확보하고 있던 타소스는 이러한 아테네의 강요에 굴종하기보다는 군사적 저항을 선택했다. 동맹국인 타소스를 속국처럼 여기던 아테네의 입장에서는 반란이었다.

반란(rebellion, revolt)은 억압적인 권력에 대한 복종을 거부하고 그에 수반되는 법률을 전복하고 파괴하려고 시도하며 투쟁을 통해 혁명과 독립을 추구하는 집단행동이다. 반란이라는 용어는 지배자 중심의 용어다. 강대국의 지배에서 벗어나려는 시도를 강대국 입장에서는 반란이지만 약소국 입장에서는 독립투쟁이고 혁명투쟁이다. 투키디데스가 약소국의 투쟁을 '반란'으로 기록한 것은 아테네 중심적 역사관의 반영이다. 그러나 여기에서는 이런 기술에 따라 '반란'이라는 용어를 사용하기로 한다.

타소스는 초기 전투에서 아테네 해군에 패하고 포위되자 스파르타에게 성동격서(聲東擊西)의 전략으로 아테네 외곽인 아티카 지방을 침입함으로써 자신들을 도와 달라고 간청했다. 스파르타가 아티카를 침입하면 아테네가 이를 방어하기 위해 타소스에서 철군하거나 병력이 분산되는 사이에 타소스는 아테네를 대항하여 이기는 전략이었다. 스파르타도 그럴 의중을 갖고 돕기로 아테네인들 몰래 약속했다 (TW

1.101.1-2). 만일 스파르타가 아티카를 침범하면 아테네는 타소스에서 회군할 것으로 판단했기 때문이다. 여기에서 한 가지 의문이 제기된다. 아테네는 당시에 스파르타와 함께 공식적으로는 그리스 동맹의 구성원이었다. 그런데 스파르타가 타소스를 돕기 위해 과연 아티카 즉 아테네를 공격할 수 있을까? 여기에서 투키디데스의 기술(記述) 프레임의 한 특징이 나타난다.

강대국 A와 S를 배경으로 하는 국가(T)를 놓고 보자. A가 T를 공격하면 T는 S에게 지원을 요청하고 지원 방법으로 S는 A가 자신의 방위를 위해 T에 대한 공격을 멈추고 철수하도록 하는 것이다. S가 T를 공격하는 경우도 마찬가지다. 또한, T의 내부에 A파와 S파가 서로 경쟁하는 경우 각기 A 또는 S를 배경으로 정권을 유지하거나 A 또는 S에 의지해 정권을 탈취하려 했다는 것이다.

여기에서는 아테네가 타소스를 공격하자 타소스는 스파르타에게 지원을 요청하고 그 방법으로 아테네의 영토인 아티카를 공격하는 것이었다. 그런데 투키디데스는 다른 경우에서도 이 프레임을 활용한다. 힘의 구조로 볼 때는 가장 개연성이 높다. 투키디데스는 스파르타가 "그렇게 하기로 아테네 몰래 약속했고 또 그럴 의향도 있었다"지만 타소스의 경우 스파르타의 아티카 침입은 일어나지 않았다. 이유는 스파르타의 천재(天災)와 인재(人災) 때문이었다. 야속하게도 이때 스파르타에 지진이 일고 헬로트(helot)는 이 틈을 타 반란까지 일으켰다. 스파르타가 무질서 상태로 빠졌기 때문에 자기 코가 석 자라서 타소스와의 약속은 지켜질 수 없게 되었다 (TW 1.101). 스파르타도 환란을 맞았지만 타소스에게도 불운한 시운(時運)이 닥친 것이다.

타소스는 심각한 고난 속에서 2년 이상을 버텼다 (TW 1.101). 타소스 군대는 전쟁 물자가 부족하여 여인들의 머리를 잘라 밧줄을 만들었다고 전해지는 일화는 아테네의 공격을 막아내려 절치부심한 타소스의 단면을 나타내 준다. 타소스인들이 이런 처절한 저항을 하게 된 것은 부분적으로 아테네가 엔에아 호도이(Ennea Hodoi)에서 패배했다는 소식에 고무된 배경도 있었다. 엔에아 호도이는 '9개의 길'이라는 의미로 아테네의 식민지인 트라케의 암피폴리스(Amphipolis)의 옛 이름이다. 여기에서 아테네는 지역 부족에게 패배하고 쫓겨났던 것이다. 그러나 타소스의 이런 저항은 무모함을 넘어 어리석은 행동이었다. 아테네가 엔에아 호도이에서 패배했다고 해서 타소스에서도 패배할 것이라는 기대는 단순한 형식 논리다. 아테네가 엔에아 호도이에서 패배한 것은 여러 전투 중에서 우선순위에 두지 않고 전투에 집중하지 않아서 패한 하나의 사례이지 아테네 자체의 전력이 한계에 이른 것은 아니다.

아테네는 타소스가 강력한 해군력을 보유하고 있다는 것을 알고 공격한 것이다. 엔에아 호도이의 침공과는 상황이 다르다. 또한, 타소스는 아테네의 전략 지역이다. 더구나 반란을 진압하지 않을 경우 그 영향은 다른 도시국가에 파급될 수 있다. 결코 방기할 수 없는 상황이다. 그런데 타소스인들은 너무 안이했다. 상대방의 전력에 대한 충분한 정보와 대비도 없이 강대국 아테네에 무력으로 저항한 것은 사려깊지 못한 경솔한 대응이었다. 결국 타소스는 아테네의 키몬이 지휘하는 진압군에 2년간 저항하다가 BC 463년에 항복했다.

아테네는 타소스에게 가혹한 합의 내용을 제시했다. 합의라기보다 패전국이 감내해야 하는 명령이었다. 타소스는 성벽을 허물고 본토의 분쟁지역에 대한 주장과 함대를 포기하고 아테네에 배상금과 공물을 제공하기로 했다 (TW 1.101). 성벽을 허물고 함대를 포기하라는 것은 무장해제와 국방의 포기다. 처음에는 공물이 연간 3달란트였지만, BC 440년 초에는 30달란트로 10배나 증액되었다. 아테네가 다른 지역에서 패배했다는 소식이나 스파르타의 지원 약속을 믿고 반란을 일으킨 타소스 지도부의 판단과 선택이 주는 교훈은 남다르다.[10]

노예의 봉기에 휩싸인 스파르타는 오히려 그리스 동맹국들에게 지원을 요청했다. 반란군과의 대치상태가 오래가자 아테네에게도 손을 내밀었다. BC 462년 스파르타의 지원군 파병 여부를 놓고 아테네인들의 의견은 둘로 갈렸다. 키몬을 선두로 하는 친스파르타 인사들은 당연히 파병을 주장했다. 파병파는 스파르타가 약해지면 그리스 전체가 취약해진다는, 이른바 순망치한(脣亡齒寒)논리를 제시해 관철시켰다.

아테네는 스파르타에 대해 우호적인 키몬을 사령관으로 하여 4,000명의 원군을 파견했다. 아테네 군대가 스파르타에 도착했으나 스파르타 조정은 아테네인들의 모험적이고 개혁적인 기질이 염려스러웠다. 스파르타인들은 아테네인들이 펠로폰네소스에 머물게 되면 반란군에 설득되어 어떤 정치적 변혁을 하지 않을까 두렵기도 했다 (TW 1.102.3). 스파르타는 아테네 군대가 헬로트와 한패가 되어 오히려 자신들의 적이 될 것을 염려한 것이다. 스파르타인들의 곤경이 아테네에 대한 두려움을 자극하고 극도의 경계심을 만들어 낸 것이다.

두려움과 경계심 또는 자존심은 자신의 힘이 약해지고 자신보다 약하다고 생각했던 상대가 힘이 늘어나 위협적인 존재로 인식될 때 생겨난다. 역경에 처하거나 궁지에 몰리면 이런저런 걱정이 샘물처럼 솟아나 자칫 피해망상증의 포로가 된다. 스파르타는 다른 동맹국들의 파견대는 그대로 둔 채 아테네의 파견단을 귀환 조치했다. 스파르타는 이를 통해 자신감을 내보이고자 했을 것이다. 아테네 지원군이 없어도 상황을 충분히 통제할 수 있다는 과시였다. 그러나 스파르타인들의 이런 태도는 아테네인들에게는 무시였고 조롱으로 읽혔다. 스파르타에서 일어난 헬로트의 반란은 10년의 세월을 끈 뒤에 결국 협상으로 타결되었다. 10년이나 끈 세월은 스파르타가 아테네군을 되돌려 보낸 것이 두려움을 자신감으로 포장한 허장성세(虛張聲勢)이었다는 반증일 수밖에 없다.

아테네인들이 결국 의심받고 무시당했다고 분개하는 것은 당연하다. 세상의 일은 정해진 것이 없다는 것만 정해진 것이다. 특히 정치는 더욱 그렇다. 사건의 불똥은 친스파르타 정치인 키몬에게 튀었다. 그는 아테네에서 떠오르고 있는 신예 정치인 에피알테스와 페리클레스가 이끄는 반대파로부터 거센 비난에 지면했다. 그의 정치적인 위상은 무너졌고 (TW 1.101), 추방으로 이어졌다. 이로써 아테네의 친스파르타체제는 허물어졌다. 키몬이 제거된 정치 공간은 에피알테스(Ephialtes)와 페리클레스가 차지했다.

5. 제1차 펠로폰네소스전쟁

BC 460년 아테네 동맹국 아르고스와 스파르타의 전투를 시작으로 오이노이 전투의 막이 오른 이래 타나그라 전투, 오이노피타 전투가 14년간 연속적으로 이어졌다. 사가들은 이 전쟁들을 제1차 펠로폰네소스전쟁으로 부른다. 평화협정 속에서 일어난 국지전인 오이노이(Oenoe) 전투는 펠로폰네소스전쟁의 시발점이다. 오이노이 전투는 BC 460년 아르고스의 오이노이 마을에서 아테네와 그의 동맹국인 아르고스를 한편으로 하여 스파르타와 벌인 전투로 전해진다.[11]

역사가들은 이 전투를 제1차 펠로폰네소스전쟁(1차전쟁)의 시작으로 본다. 1차전쟁은 BC 446년까지 14년간 이어졌다. 아테네는 이 전쟁에서 처음에 우월한 함대를 사용하여 전과를 올렸다. 3년여 화염이 일지 않다가 BC 457년에 다시 전투가 시작되었다. BC 457년에 아테네는 스파르타 및 스파르타의 동맹국인 코린토스와 다시 충돌상태에 돌입했다. 그러나 이 전투에 대한 자료가 빈약하여 전투의 실재성에 의문이 제기되고 있다.[12]

실질적인 전쟁은 아테네 동맹국인 포키스(Phocis)와 스파르타 동맹국인 도리스(Doris) 사이에서 일어났다 (TW 1.107-8). 아테네와 스파르타를 중심으로 하는 양측의 군대는 BC 457년에 보이오티아의 한 지역인 타나그라(Tanagra)에서 격돌했다. 이 전투의 아테네 진영에서는 특이한 일이 벌어졌다. 추방된 아테네의 정치가인 키몬(Cimon)이 이 전투에 참전하기 위해 무장을 하고 아테네 진영으로 왔다. 두 가지 목적이었을 것이다. 하나는 전공을 세워 아테네 민심을 등에 업고 조기 귀국하려는 것이다. 다른 하나는 조국을 위해 싸우고자 하는 충정이다. 그러나 그는 전장에서 퇴출되었다. 출국명령을 받은 것이다. 이 명령이 현장 지휘관의 독단이었는지 또는 페리클레스의 지시였는지는 알 수 없다. 그러나 키몬의 위상으로 보아 현장의 지휘관이 독단으로 결정하기는 어려운 과제다. 그렇다면 페리클레스의 지시를 받았거나 다른 지휘관들과 협의했을 것이다. 현장의 지휘관들로서는 추방된 자를 전쟁에 참여시키기는 어렵다. 그렇더라도 실제 전투가 벌어진 상황이다. 어차피 기간이 지나면 귀국할 대상이다. 한 사람이라도 아쉽다. 더구나 그는 일개 병사가 아니라 노련한 장수이다.

아테네 정계에서 키몬을 추방시킨 것은 에피알테스와 페리클레스였다. 그러나 에피알테스는 이미 암살되었고, 아테네 권력은 페리클레스의 손에 있었다. 페리클레스는 테미스토클레스의 정책을 옹호하고 계승함으로써 귀족 계급을 배경으로 하는 키몬을 견제했다. 만일 키몬의 퇴출이 페리클레스의 지시였다면 최소한 타나그라 전투에서는 파벌보다는 나라를 우선하며 나라를 위해서는 정적도 포용했던 테미스토클레스의 정신을 계승하지는 못했다. 권력자에게 권력은 신성불가침 그 이상이다. 이것은 만고불변(萬古不變)의 진리이다. 아무리 인자하고 관용의 정신을 가진 권력자라도 자신의 권력에 털끝만큼이라도 손상이 되는 일은 절대 용서할 수 없다. 이것이 권력의 생리다. 아테네의 위대한 지도자인 페리클레스도 이런 권력의 생리에 예외일 수는 없다.

테미스토클레스는 자신의 해상 정책에 반대한 아리스티데스를 도편추방으로 축출했으나 페르시아의 침공에 대항하여 망명자들을 소환하는 법령을 선포해 2~3년 만에 아테네로 돌아오도록 했다. 마찬가지로 아리스티데스는 살라미스 해전에서 자신을 추방했던 테미스토클레스를 성실히 도와 승전에 기여하고 BC 479년에 장군직에 다시 선출되어 플라타이아이 전투에서 승리를 견인했다. 테미스토클레스의 사례는 국가가 어려움에 봉착했을 때 정적에게 손을 내미는 지도자, 그리고 그 손을 기꺼이 맞잡는 지도자의 모습을 잘 보여준다.

키몬은 전장에서 발길을 돌렸다. 그는 떠나면서도 아테네의 승리를 기원했다. 그의 친구들에게 용감성을 통해 그들의 충성심을 증명하도록 당부했다 (플루타르코스, 키몬; TW 17.3-4). 이 전투에서 아테네는 결국 패했다. 키논이 참전했더라면 패배하지 않았을까? 당시의 전투는 순간의 단순한 전술과 작전이 승패를 좌우하는 경우가 많았다. 전투에 경험이 많고 유능한 키몬이 지휘권을 행사했더라면 패배하지 않았을 것이라는 가정도 가능하다.

양측은 서로 막대한 손실을 입었지만, 스파르타는 승리하여 아테네의 포위에서 벗어나 귀국했다. 만일 이 전투에서 스파르타가 승리하지 못했다면 스파르타는 고립되어 회복하는 데 상당한 부담을 가졌을 것이다. 이 전투는 제1차전쟁의 중요한 육상 전투였다. 스파르타는 결국 이 전투에서 스파르타 지상전의 우월성을 다시 입증하는 계기가 되었다.

아테네는 타나그라 전투의 패배를 거울삼아 타나그라 전투 2개월 후 (BC 457년) 보이오티아에 대해 기습 공격으로 즉각 반격을 개시하여 보이오티아와 접경 지역 마을인 오이노피타(Oenophyta)에서 보이오티아에 일격을 가하여 결정적 승리를 거두었다.[13] 아테네는 이 여세를 몰아 섬의 강력한 도시국가인 아이기나(Aegina)를 패퇴시키고 섬 국가들을 델로스 동맹의 구성원으로 만들었다. 스파르타가 반대하는 피라이오스(Piraeus)의 아테네 항구에 장벽 건설도 완료했다.

6. 아테네와 스파르타의 강온대결

페르시아의 지배를 받고 있던 리비아(Libya) 왕 이나로스(Inarus)가 인접 국가인 이집트에서 반란군을 조직하여 BC 460년 페르시아 왕 아르타크세르크세(Artaxerxes)에게 반란을 일으킨다. 이나로스는 아테네에 원군을 요청하자 페리클레스는 전선을 그리스 반도에서 페르시아로 확대하고 이나로스의 반란을 돕기 위해 이집트와 키프로스에 선단을 파견했다.

페리클레스는 키프로스를 공격하는 것이 페르시아에 더 큰 피해를 안긴다고 판단했지만 병력을 키프로스와 이집트로 분산시켜 전투에 돌입한 것은 치명적인 전략 실수였다. 대군을 거느린 대국 페르시아와 전투는 전력을 한 곳으로 집중해도 힘겨울 수밖에 없다. 전력의 분산이 전력의 약화를 초래한다는 것은 명약관화(明若觀火)한 일이며, 오만이고 오판이다. 스파르타와 대결국면에서 동맹국도 아닌 키프로스까지 원군을 보낸다는 것도 만용이다.

아테네와 동맹국들은 각 전쟁터에서 수세에 몰리고 많은 군사력의 손실(TW 1.104-5)을 초래했다. 아테네는 키프로스섬에서 페르시아 군대를 상대로 한 몇 년간의 해상 전투에서 BC 454년에 완패한다. 이때부터 아테네는 지중해 동부 해역에는 선단을 파견하지 않았다. 아테네는 또한, 델로스 동맹 회원국들의 반란을 염려하여 BC 453년에 델로스에 있는 동맹의 금고를 아테네로 옮겼다.

아테네는 해상권은 장악했으나 육군은 약세였다. 그리스와 페르시아 사이의 싸움은 BC 450년 이후 가라앉았지만, 아테네는 스파르타 뿐만 아니라 페르시아라는 또 다른 적을 만들었고 두 적들은 동지가 되어 아테네의 공동의 적이 되었다. 이런 피아(彼我)의 구도는 후에 펠로폰네소스전쟁에서 스파르타의 승리를 보장하는 하나의 배경으로 작용했다. 아테네의 판단착오와 전략적 실수는 이대네에 커다란 부담으로 돌아오고 있었다.

확전에 따른 힘의 한계에 도달한 아테네와 숨 고를 시간이 필요한 스파르타의 상황이 맞아떨어지면서 두 나라는 BC 451년에 5년간의 휴전을 맺게 된다. 휴전협정은 페리클레스의 제안에 따라 추방 기간이 끝나 BC 451년에 망명에서 돌아온 키몬의 주도로 이루어졌다 (Iodorus Siculus, Library 11.86).[14] 이것은 페리클레스의 정치 전략의 일대 전환이었다. 페리클레스는 펠로폰네소스 국가들과 페르시아인에 대한 계속되는 갈등에 키몬이 중요한 역할을 할 수 있다는 것을 깨달았을 것이다. 그러나 키몬은 이 협정을 마무리 짓고 질병으로 세상을 떠난다. 이 휴전협정으로 아테네는 그 이후 몇 년 동안은 전력을 에게해에 집중할 수 있게 되었다.

또한, 아테네는 페르시아와 '칼리아스 평화조약(Peace of Callias)'으로 알려진 협정을 맺은 것으로 전해진다. 아테네의 정치가인 칼리아스가 협상 대표를 맡아 칼리아스 평화조약으로 부르게 된 것이다.[15] 칼리아스의 평화조약은 BC 4세기의 변론 작가인 디오도로스(Diodorus), 이소크라테스(Isocrates), 데모스테네스(Demosthenes), 플루타르코스 등의 문헌에 나타난다. 그러나 고대 역사가 테오폼포스(Theopompus)는 조약의 존재를 부정하면서 조약에 적힌 글자는 가짜로 날조된 것이라고 주장한다. 즉 사용된 문자는 조약이 합의된 것으로 알려진 이후 반세기까지 실제 사용되지 않았다는 것이다.

테오폼포스의 주장이 아니라도 학계에서는 이 조약의 존재에 대한 확실한 근거에 목말라 하면서 조약이 체결되었을 가능성을 희박하게 본다. 페르시아 왕은 관습적으로 외국인과 조약체결을 하지 않았다는 점도 조약의 실제에 의문을 제기하는 배경이다. 더구나 투키디데스가 이 조약에 관해 전혀 언급하지 않고 있다는 점은 조약이 맺어졌을 가능성을 더 낮게 만든다. 부지런히 현장을 누빈 그가 그렇게 중요한 뉴스를 낙종했을까? 더구나 실제 조약이 이루어졌다면 페리클레스에게 우호적인 투키디데스가 이를 자세하게 기록했을 것이다.

전해지는 조약의 내용도 의아스럽다. 디오도로스 등의 문헌에 나타난 핵심은 두 가지이다. 첫째는 이오니아 국가들에게 자치권을 부여하고 침략을 금지한다는 것이다. 이 내용은 아테네에 유리한 내용으로 오히려 페르시아에게 부과하는 제약이다. 이오니아 지역은 이미 오래전부터 그리스의 식민지였고 당시는 아테네 동맹국들이었다. 둘째는 아테네는 소아시아, 키프로스, 리비아 또는 이집트에 있는 페르시아의 소유물을 간섭하지 않는다는 것이다. 새로운 내용이 아니다. 이 지역은 이미 페르시아가 지배하고 있는 곳으로 아테네가 간섭할 여지가 없는 곳이다.

승패가 갈린 전쟁 끝에 조약을 맺었다면 승자와 패자 간의 조약은 승자가 주도권을 갖게 된다. 다만 이 전쟁은 패자가 항복한 전쟁이 아니라는 점에서 예외적이지만 승전국과 패전국의 서로 다른 의무와 권리관계가 나타나야 한다. 패전국은 당연히 그에 상응하는 부담이 따라야 함에도 불구하고 칼리아스조약은 누가 승자이고 누가 패자인지 구별이 되지 않는다. 오히려 아테네가 승자이고 주도자로 보인다. 이런 점에서 이 평화조약이 '만들어진 이야기'일 수 있다는 합리적 의심이 제기되는 것이다.

페리클레스는 이집트 원정의 패전에 대한 아테네인들의 여론이 부담이었던 상황이다. 어떻게 피해 가야 하나? 패배에 대한 책임을 아테네에게 유리한 평화조약 체결이라는 성과로 덮어야 한다. 동맹국들에게는 동맹의 목적이 페르시아 침공에 대한 방어라는 점에서 동맹의 목적과 부합된다. 조약의 실체성과 별개로 이 전쟁으로 그리스와 페르시아의 전쟁은 종지부를 찍게 되었기 때문이다. 스파르타에 대해서는 이 이제이(以夷制夷) 즉 페르시아를 이용해서 견제할 수 있다. 평화조약이 날조된 것이라면 아주 교활한 계책이다. 그러나 정치에시는 충분히 가능한 일이다. 2500년 전의 교통과 통신 상황에서는 확인도 쉽지 않다. 그러나 현대 사회에서도 권력을 이용해서 국민을 속이는 일은 비일비재하다.

아테네는 이집트 원정의 패배로 인해 에게해에 대한 통제가 심각하게 흔들리면서 이후 몇 년 동안 델로스 동맹을 재조직하고 동맹국의 지역을 안정시키는 데 집중하지 않을 수 없었다.[16] 스파르타와 5년간 휴전협정을 체결했으나 두 국가의 직접적인 교전 대신에 두 국가의 동맹국들과 간접적인 국지전은 계속 이어졌다. 아테네는 오이노피타 전투에서 승리하면서 보이오티아와 포키스에 대한 통제권을 확보한다.

아테네는 더 나아가 일종의 종교 동맹인 암픽티오니(Ampictyony)에서 델피를 분리하여 포키스에게 인도했다. 이런 조치의 배경은 아테네가 성소인 델피 신전의 통제, 즉 프로만테이아(promanteia)를 확보하려는 것이었다. 프로만테이아는 델피에서 사제에게 신탁을 우선적으로 구할 수 있는 특권이다. 문전성시를 이루고 몇 날 며칠을 기다려야 하는 신탁 과정에서 우선권은 대단한 특혜다. 아테네가 이런 특권을 받아내는 데 구실로 내세운 것은 암픽티오니가 친페르시아 행동을 한다는 것이었다. 스파르타도 아테네의 이런 움직임을 보고만 있지 않았다. BC 449년에 군대를 동원하여 포키스와 델피를 장악하고 포키스에서 분리해 델피를 독립시켰다.

그러나 포키스의 동맹국 아테네는 스파르타인들이 떠나고 1년 만인 BC 448년에 페리클레스가 아테네군을 이끌고 들어가 포키스에게 델피의 신탁에 대한 주권적 권리를 회복시켰다 (TW I.112. 플루타르코스, 페리클레스 XXI). 델피를 둘러싼 아테네와 스파르타 대결에서 일단은 아테네가 승리했다. 이 사건을 제1차 신성전쟁(BC 595~585년)에 이어 제2차 신성전쟁(Sacred War, BC 449~448년)으로 부른다. 신성전쟁이라는 명칭은 성소인 델피를 두고 벌인 전쟁이기 때문이다. 이 전쟁은 제1차 펠로폰네소스전쟁에서 아테네와 스파르타 사이의 간접적 대결이었다는 점에서 관심이 있다. 포키스의 지배권은 BC 421년까지 유지되었고, 델피는 니키아스 평화조약으로 독립되었다.

아테네는 보이오티아를 계속 장악했지만 10년이 지난 BC 447년 보이오티아에서 반란이 일어났다. 오이노피타 전투의 패배로 보이오티아에서 추방되었던 보이오티아인들이 BC 447년에 귀국하면서 보이오티아 일부 지역을 차지하기 시작한 것이다. 그리스 본토에서 아테네의 '대륙 제국'의 종말을 알리는 신호였다. 아테네는 페리클레스의 군사적 경쟁자인 톨미데스(Tolmides) 장군을 사령관으로 하여 보이오티아로 진군했으나 코로네아(Coronea) 전투에서 패배하고 보이오티아에 대한 통제권을 포기할 수밖에 없게 되었다. 보이오티아는 패배한 아테네군의 귀국을 안전하게 보장해주는 대신 보이오티아가 델로스동맹을 탈퇴하는 것으로 합의했다.

아테네가 이 전투들에 패배하면서 에우보이아(Euboea)와 메가라(Megara)가 반란을 일으키는 등 보다 위험한 교란이 촉발되었다. 페리클레스는 에우보이아의 반란을 진압하기 위해 군대를 이끌고 에우보이아로 건너갔지만 스파르타 군대가 아티카(Attica)를 침공하면서 이곳의 방어를 위해 철군해야 했다. 페리클레스는 협상과 뇌물을 통해, 스파르타 왕 플레이스토나크스(Pleistoanax)를 설득하여 군대를 아티카에서 철수하도록 했다 (플루타르코스, 페리클레스 XXIII). 플레이스토나크스는 스파르타로 돌아가서 뇌물 사건이 드러나면서 벌금형을 선고받았으나 너무 많은 벌금을 낼 수 없게 되자 망명을 강요당하게 되고 왕의 조언자 클레안드리다스는 처형된다. 스파르타의 위협이 제거됨에 따라, 페리클레스는 50척의 전함에 5,000명의 군인들과 함께 에우보이아로 건너가서 모든 반대자를 분쇄했다.

5년간의 휴전협정에도 불구하고 도시국가들의 국지전이 계속되면서 그리스는 점점 더 확전의 위기로 치닫는 듯 했지만 다행히 이 위기는 '30년 평화조약(Thirty Years' Peace)'에 의해 공식적으로 해소되었다. 이 조약은 아테네와 스파르타 사이의 제1차전쟁의 종식과 또 다른 전쟁 발발을 방지하기 위해 BC 446~445년 사이의 겨울에 체결한 조약이다. 이 조약은 아테네와 스파르타 사이에 적어도 어느 한쪽이 중재를 원하면 무력 충돌도 배제하는 내용을 담고 있었다. 이 협정에 의해 제1차전쟁도 종식되었다. 이 조약에 따라, 메가라는 펠로폰네소스 동맹으로 복귀하고 트로이젠(Troezen)과 아카이아(Achaea)는 독립했다. 아이기나(Aegina)는 델로스 동맹에 공물을 제공하지만 가입과 탈퇴가 자유로운 자발적 회원국이 되었다. 또한, 스파르타와 아테네는 상대방의 동맹을 존중하기로 합의했다. 특히 양측은 각자의 제국의 주요 부분을 유지했다. 아테네는 바다의 지배권을 유지하는 반면에 스파르타는 육지의 지배권을 고수했다.

아테네는 이 조약으로 델로스 동맹으로부터 이탈한 에우보이아는 물론 코린토스와 테바이 등 다른 그리스 국가들로부터의 새로운 위협에 대처할 수 있었다. 자신감을 회복한 아테네는 동맹국들에 대하여 점점 더 많은 공물을 요구하고 정치 및 경제적 통제를 가했다. 델로스 동맹은 점점 더 진정한 아테네 제국이 되어 갔다. 이에 따라 아테네의 많은 동맹들은 불만 속에 반란을 일으키기 시작했다.

❖ 주

1) J.B. Bury, *A History of Greece to the Death of Alexander the Great* (1900).
2) Graham Allison, *Destined for War* (Boston: Houghton Mifflin Harcourt, 2017).
3) Mark Cartwright, https://www.ancient.eu, https://en.wikipedia.org./ 기타 관련 문헌 참조.
4) 제우스가 헤라와 결혼하기 전부터 사랑을 나눈 레토는 제우스의 자식으로 남매를 낳았다. 아들은 태양의 신 아폴로이고 딸은 달의 신 아르테미스이다. 레토는 질투심이 많은 제우스의 정실부인 헤라의 탄압을 피해 아기 낳을 곳을 찾았지만, 헤라는 레토에게 출산 장소를 제공하면 어느 누구라도 저주를 받을 것이라고 선포했다. 할 수 없이 제우스는 바다 한가운데에 작은 섬 하나를 떠올렸다. 이 섬이 델로스다.
5) BC 5세기 말에 성역 주변에는 약간의 집과 농장들이 들어섰다. 4세기 말 마침내 마케도니아의 그리스 왕국이 이 섬의 보호자가 되었다. BC 167년 이후 델로스는 자유항을 선언하고 미트리타데스인들의 상업활동으로 부흥의 기회를 맞았다. 부유한 상인들, 선박 소유주들, 은행들이 몰려들어 호화로운 집을 짓고 예술품을 만들었다. 작은 섬은 세계 최대의 상업 중심지가 된 것이다. 로마 제국의 그리스 정복 이후, 아테네인들이 다시 한번 이 섬을 지배하여 신속하게 모든 델로스인을 몰아냈다. 그러나 BC 88년과 69년에 로마인들과 이 섬을 관리했던 아테네의 동맹국이었던 폰토스(Pontus)의 왕 미트리타데스(Mithridates)와의 전쟁에서 섬이 파괴되었다. 재난을 당한 델로스는 그로부터 결코 복구되지 않았다. 몇 세기 동안의 주목에서 멀어지면서 인구는 줄어들었다. 3세기경에 작은 기독교 공동체만이 델로스섬을 그의 집이라고 불렀다. 그 후, 델로스는 8세기와 9세기에 여러 차례 노략질을 당했다. 오토만의 점령 기간 동안 거의 무인도가 되어 해적의 본거지가 되었다. 고대 유적 또한, 인근 섬 주민들이 건축에 쓰려고 대리석과 석재를 도려냈다. 프랑스의 고고학자들이 1872년에 델로스의 발굴이 시작되어 현재도 진행 중이다. 이제 찬란했던 옛 영화의 모습이 연결되고 있다. 오늘날 델로스는 파로스와 낙소스 사이의 미코노스(Mykonos)에서 불과 30분 거리라서 작은 배로 왕래가 가능한 고고학 유적지이다. 델로스섬의 안내서에는 100개의 유적지를 표지하고 있을 정도이다. 델로스에서 걷는 것은 유적을 밟는 것이다.
6) Mark Cartwright, https://www.ancient.eu/Delian_League/.
7) 에우리메돈 전투는 BC 466년에 소아시아의 팜필리아(Pamphylia)의 에우리메돈강 하구 수륙에서 아테나가 이끄는 델로스 동맹과 페르시아 제국 아케메네스 왕조 사이에 벌어진 전투이다. 이 전투는 하루 만에 결판이 났다. 아테네의 키몬이 페르시아의 육군과 해군을 괴멸시키고 승리를 거두었다 (이 전투에 대해서는 플루타르코스가 『영웅전』 '키몬 전'에 잘 소개하고 있다.
8) Christopher Planeaux, https://www.ancient.eu.

9) 이 글의 주된 참고자료는 Mark Cartwright, https://www.ancient.eu/Delian_League/, Wikipedia 및 기타 여러 문헌.
10) 오늘날 타소스는 관광명소로 각광을 받는다. 그리스 고대 유적과 낭만적인 해변이 고대와 현대를 함께 빚고 있다. 수도인 아테네까지는 거리가 310km가량이다.
11) 오이노이는 엘레우테라이(Eleutherae) 근처의 보이타이아와 아티카 범위에 속하며 플라타이아와 테바이로 가는 길목이다. 당시 이 지역은 아테네의 한 지방이었다. 호랑이로 강성해진 아테네는 오이노이 지방을 복구하고 펠로폰네소스 전쟁이 시작되기 전에 요새화했고 BC 460년 오이노이 전투(Battle of Oenoe)가 터진 것으로 전해진다.
12) 이 전투에 대한 이야기는 파우사니아스(Pausanias)의 『그리스 이야기(*Description of Greece*)』에 담겨있다. 파우사니아스는 아마 소아시아의 리디아(Lydia) 출신의 그리스인으로 2세기 로마 제국 시대의 여행가이며 지리학자였다. 그는 아티카 지역을 시작으로 여러 지역을 돌아보면서 『그리스 이야기』라는 작품을 남겼다. 그는 아르고스의 아고라에 세워진 건축물의 스토아 폴리킬레(Stoa Poikile) 즉 건물 복도의 벽화에 나타난 오이노이 지역을 아테네와 스파르타 간의 전투로 주장한 것이다. 그리고 이 전투에 관한 그 이상의 다른 언급이 없다. 이런 점에서 오이노이 전투는 펜테콘타이티아(Pentecontaetia)의 역사에서 아주 골치 아픈 대상으로 취급된다.
13) 보이오티아 지역은 현재의 그리스 중앙지역의 일부이다. 위치상으로 코린토스만의 동북부와 에우보이아만(Gulf of Euboea)의 짧은 해안선과 닿아 있다. 남쪽으로 메가리스 남동 쪽에 아티카 그리고 서쪽에 포키스와 접해 있다. 보이오티아는 코린토스만의 북쪽 해안지역으로 국경의 전략적 강점이 있어서 정치적으로 중요한 의미를 지녔다. 그러나 좋은 항구가 없기 때문에 해상개발이 빈약했다.
14) Donald Kagan, *Peloponnesian war* (New York: the Penguin Group, 2003), p. 103.
15) 만일 이런 조약이 실제로 맺어졌다면 아테네와 스파르타의 5년 평화조약보다 2년 후인 BC 449년에 체결되었을 것이다.
16) Kagan (2003), pp. 98-102.

14장

제2차 펠로폰네소스전쟁 전초전

1. 에피담노스의 분쟁

1차 펠로폰네소스전쟁 이후 스파르타와 아테네의 30년 평화조약(BC 445년에 체결)은 존속 기간이 30년의 절반에도 미치지 못했다. 국가 간의 평화조약이 마치 운동 경기의 작전 타임과 유사했다. 조약이라는 이름이 잠시 전쟁을 멎게 했으나 다시 이어진 것이다. 비동맹 약소국가들은 강대국의 품에서 안보를 위한 치열한 외교전을 전개하는가 하면 허점이 보이면 반란으로 자주권을 확보하려고 시도했다.

BC 446/445년에 '30년 평화조약'이 체결되면서 제1차전쟁이 막을 내린 사이 BC 441/440년에 사모스(Samos)전쟁과 반란이 일어났다. 사모스는 델로스 동맹에서 특권적 지위를 누리며 아테네에 함선을 제공하는 강력한 해상국가였으며 BC 440년까지는 아테네에 충성스러운 국가였다. 그러나 이오니아 해안의 작은 도시 프리에네(Priene)의 소유권을 놓고 밀레토스(Miletus)와 전쟁을 유발하자 밀레토스는 아테네에 지원을 요청했다. 아테네는 유화정책을 펴면서 처음에는 사모스에게 전쟁을 중지하고 아테네의 중재를 수용하도록 요구했으나 거절당했다. 아테네가 지역 문제를 심각하게 여기지 않을 것으로 오판했기 때문이다.

사모스의 반란은 페리클레스에 의해 곧 평정되었으나 휴전협정 중에 아테네가 휴전협정을 위반하고 군사 개입을 하는 결과를 가져왔다. 그러나 스파르타는 아테네의 군사개입을 통한 휴전협정 위반이라는 문제 제기 대신에 반란의 진압이라는 내부적인 문제로 치부(置簿)하고 넘겼다. 스파르타의 입장에서는 스파르타가 지배하고 있는 집단들에게 반란을 억제하는 타산지석(他山之石)이 되기를 바랐을 것이다. 강자는 약자에 대해 자기중심적 가치 기준을 적용하는 것을 당연시한다. 투키디데스는 이런 사건들을 펠로폰네소스전쟁의 발발 원인으로 지목한다.

투키디데스는 제2차전쟁(BC 431~404년)이 "아테네인들과 펠로폰네소인들이 에우보이아섬을 함락하고 맺은 30년 조약을 파기함으로써 일어났다"(TW 1.23.4)고 기술한다. 30년 평화조약의 파기는 그 이후에 이어지는 전쟁들의 신호탄이었다. 투키디데스는 펠로폰네소스전쟁의 진정한 원인을 이렇게 분석한다.

"나는 사실 눈에 보이지 않는 곳에 있다고 생각한다. 말하자면 아테네의 세력 신장이 스파르타인들에게 공포감을 불러 일으켜 전쟁을 불가피하게 만든 것이다." (TW 23.6)

투키디데스의 전쟁 원인에 대한 이런 패러다임은 '투키디데스의 함정'이라는 명제로 현대 사회의 강대국 분쟁 배경을 설명하는 모델로 활용되고 있다. 투키디데스는 또한, 직접적인 휴전협정 파기와 전쟁 선포의 원인을 아주 작은 식민지국가인 에피담노스(Epidamnus)를 둘러싼 분쟁(BC 436~433년)에서 끄집어낸다.

에피담노스는 이오니아(Ionian) 해협의 작은 섬이다. 정치적인 위상으로 본다면 코린토스의 식민지 케르퀴라가 만든 식민지로 코린토스 식민지의 손자뻘이 되는 식민지다. 이것은 에피담노스가 당시의 그리스 세계에서 차지하는 위상의 현주소 즉 위상이나 존재가치가 아주 미미하다는 것을 나타내 준다. 그런데 이곳의 분쟁과 전쟁들이 펠로폰네소스전쟁의 도화선이 될 것으로 예측한 사람이 있었을까? 투키디데스의 분석을 전제로 한다면 전쟁에 참여한 세력을 토대로 할 때 아주 작은 지역의 작은 일이 대전쟁의 시발이 된다는 교훈을 주고 있다.

2. 레우킴메 전투

케르퀴라(Kerkura)의 식민지 에피담노스는 얼마 동안 번영을 구가했다. 그러나 펠로폰네소스전쟁이 발발하기 몇 년 전에 내부적 갈등과 일리리아(Illyria) 부족에 의해 위기에 봉착한다. 발단은 민주파가 세력을 불려 과두파인 귀족들을 축출하면서 비롯되었다. 축출된 귀족들은 일리리아 부족인 타우란티안스(Taulantians)들과 연합하여 일종의 해적과 같은 공격을 감행하여 민주파와 전투를 벌인다. 내전에 돌입한 민주파와 과두파는 모두 모국인 케르퀴라에게 지원을 요청했다. 케르퀴라는 민주파가 보낸 대사는 공식적으로 만나주지도 않은 반면에 과두파인 귀족들에게는 지원을 약속했다. 귀족들은 케르퀴라에 있는 선조들의 묘지가 있는 등 강한 연고권을 가지고 있었다.

민주파들은 케르퀴라의 지원이 물거품이 되자 방향을 바꾸어 그들의 식민지 설립자인 코린토스의 지원을 기대했다. 지원 가능성 여부를 알기 위해 먼저 델피에서 신탁을 받기로 했다. 신탁은 그들에게 도시를 코린토스에게 넘기라는 답을 내렸다. 어차피 케르퀴라보다 강국인 코린토스가 응징을 벼르고 있으니 차라리 코린토스에게 맡기라는 취지로 해석했다. 아니나 다를까. 코린토스는 그동안 케르퀴라가 오만해졌다며 손볼 기회를 엿보고 있던 차에 이 제안은 덩굴째 굴러들어온 호박이었다. 코린토스는 기다렸다는 듯 즉시 에피담노스에 원정대를 파견했다. 이 소식이 케르퀴라인들에게 전달되었다. 케르퀴라인들은 귀족들 및 일리리안족들과 함께 작전을 개시했다. 우선 코린토스 원정대가 도착하기 전에 한발 빨리 함대를 파견해 에피담노스의 포위에 들어갔다.

에피담노스의 민주파는 코린토스 동맹들의 지원을 받아 75척의 함선과 2,000명의 중장보병으로 원정군을 구성했다. 케르퀴라 군대를 무찌르고 에피담노스의 포위를 해제하려는 것이다. 성공하면 에피담노스에는 민주파 정권이 들어서고 코린토스가 직접 통치하는 토린토스의 실질적인 식민지가 된다.

케르퀴라는 에피담노스의 포위와 함께 다른 한편으로는 코린토스의 지원 선단이 출항하기 전에 서둘러 코린토스에 외교사절을 보내 중재를 요청했다. 우선 식민지 주민들을 에피담노스로부터 철수하고 펠로폰네소스의 중립적인 도시국가의 중재에 맡겨 분쟁을 해결하자고 제안했다. 이에 코린토스인들은 협상 전에 먼저 에피담노스의 포위를 풀도록 요구했다. 케르퀴라는 다시 두 가지 대안을 제시했다. 첫째, 양측이 각기 군대를 철수하고 코린토스는 동시에 에피담노스의 식민지 주민들을 철수한다. 둘째, 양측은 이 문제가 중재 중인 동안에는 현재의 상태에서 머물기로 한다.

코린토스는 이 두 가지 제안 모두를 거부했다. 군대를 철수하는 것은 지정학적으로 케르퀴라에게 에피담노스를 맡기는 셈이다. 그리고 함대를 출항시켰다. BC 435년에 양측의 함선들은 암브라키아(Ambracia)만의 어귀 사이와 케르퀴라의 남쪽 끝에 있는 레우킴메(Leucimme) 곶에서 접전했다.[1] 레우킴메 전투는 케르퀴라의 승리로 끝났다. 코린토스인들은 귀국했고 에피담노스의 민주파는 항복했다.

3. 케르퀴라와 코린토스의 국제 외교전

전쟁의 첫 번째 단계는 케르퀴라의 명확한 승리였으나 코린토스는 패배로 전쟁을 마무리하기에는 자존심이 너무 상했다. 자신들이 세운 식민지와의 전투에서 패배한 것은 치욕이었다. 그것도 다른 식민지와 동맹들의 지원을 받아 구성한 파견단이 패배함으로써 위신이 추락되고 체면이 구겨졌다.

케르퀴라는 레우킴메 전투 이후 거의 일 년 내내 바다에서 코린토스의 동맹국들을 급습하면서 우위에 서서 활개를 쳤다. 반면에 코린토스는 모든 시간을 새로운 배를 건조하고 반격을 가할 준비에 몰두하면서 와신상담(臥薪嘗膽)의 시간을 보냈다. 코린토스인들은 BC 434년 여름에 함선들을 파견하여 악티움(Actium) 주변의 요새 지역에 자리를 잡았다. 반면에 케르퀴라인들은 레우킴메 주변에 주둔했다. 양측의 선단들과 군대는 케르퀴라와 육지 사이의 만을 가로질러 여름 내내 대치하면서 기싸움을 하다가 접전 없이 그해 겨울 초에 각각 빈손으로 귀국했다.

지금까지 케르퀴라는 아테네와 스파르타의 동맹 어느 쪽에도 가입하지 않고 중립을 유지해 왔다. 그러나 코린토스의 침공이 분명해지면서 케르퀴라는 아테네 동맹에 가입하기로 결정하고 아테네에 사절단을 보냈다. 이렇게 되면 코린토스는 케르퀴라를 놓고 아테네와 싸워야 할 처지가 된다. 코린토스도 아테네에 대표단을 파견했다. 코린토스는 이미 스파르타의 동맹국이다. 코린토스 대표단의 임무는 케르퀴라가 델로스 동맹에 가입하는 것을 저지하는 것이다. 케르퀴라가 델로스 동맹에 가입하면 케르퀴라 해군은 아테네 해군과 힘을 합쳐 코린토스 해군의 활동이 제한될 것을 우려한 것이다. 그뿐만 아니다. 코린토스는 괘씸한 케르퀴라의 전선이 아테네 더 나아가 델로스 동맹으로 확산되는 것도 신경이 쓰이는 일이다. 아테네는 케르퀴라와 코린토스의 불꽃 튀는 외교전쟁의 마당이 되었다.

양측은 아테네 민회에서 자신들의 입장을 개진했다. 투키디데스는 양측의 연설을 기록했다. 투키디데스가 이 연설들을 얼마나 사실적으로 취재해서 기록했는지는 알 수 없다. 아마 일반적인 논지는 당시에 제시된 내용일 것이지만 어휘는 투키디데스가 골랐을 것이다. 케르퀴라인들의 연설 내용은 이렇다.

"남들에게 도움을 청하는 사람은 도움을 주는 것이 도움을 주는 자기에게 유리하거나 적어도 손해는 아니고, 도움을 받는 쪽이 변함없이 고마워하게 될 것이라는 점을 보여주어야 한다. 우리가 도움을 청하는 것은 이런 조건을 충족시킬 수 있음을 확신하기 때문이다.

우리가 추구해온 중립주의는 전에는 현명한 정책이라고 믿었지만 지금은 그것이 어리석고 무기력한 정책으로 보인다. 그러나 그것은 나쁜 의도가 아니라 판단 착오에서 비롯된 것이다. 케르퀴라가 과거에 아테네의 동맹이 아니었다는 것은 잘못이었다는 것을 인정한다. 그러나 이제 우리는 강력한 위협에 맞서 우리의 자유를 보존하기 위한 도움이 필요하다.

아테네는 그리스 최강의 해군력을 가지고 있다. 우리는 제2의 가장 강력한 해군력을 가지고 있다. 그리고 코린토스가 세 번째이다.

아테네가 지금부터 우리와 합류하면 두 가장 강력한 함대들은 펠로폰네소스 해군에 대해 무적이 될 것이다. 그러나 만일 우리가 코린토스에게 정복되면 아테네는 미래의 전쟁에서 펠로폰네소스 해군에 더하여 그의 지휘를 받게 될 케르퀴라 함대와 싸워야 한다. 전쟁이 발발하는 것은 시간의 문제이다. 우리는 어느 장래에 스파르타와 전쟁에서 잠재적으로 아테네의 강력한 동맹이 될 수 있다. 아테네가 우리를 동맹국으로 받아들이면 아테네에 분명히 이익이 된다.

그러나 아테네인들이 이 동맹에 대해 펠로폰네소스 동맹의 대응을 두려워하여 거절한다면, 이 '유화정책'은 아테네를 그들의 적들에게 더 약하게 보이게 만들 것이다. 우리가 공통적인 적을 가지고 있다는 사실은 우리가 우리의 동맹에 충실할 것이라는 가장 큰 증거이다." (TW 1.32-1.36)

케르퀴라는 대부분의 내용을 아테네의 이익에 초점을 맞추고 있다. 그리고 이 논쟁은 누가 옳으냐의 문제가 아니다. 투키디데스의 정치에 대한 현실주의는 더 분명하다. 그는 지정학적인 동맹들은 각국의 공정성이나 정당성과 관계가 있는 것이 아니라 각 참가국의 이익과 관계가 있다고 주장한다. 케르퀴라의 "우리가 공통적인 적을 가지고 있다는 사실은 우리가 우리의 동맹에 충실할 것이라는 가장 큰 증거라는 사실"이라는 주장은 더 현실주의적이다.

한편 코린토스인들은 케르퀴라인들의 충심성을 공격하면서 대응했다. 그들이 개진(開陳)한 논지(論旨)는 이러했다.

"케르퀴라는 충성심이 없는 식민지다. 케르퀴라인들은 모국에 대해 배은망덕(背恩忘德)하다. 그들이 중립국으로 남아있는 것은 케르퀴라 선원들의 불법과 비행을 보호하려는 것이었다. 남들을 악행의 증인으로 부르기 창피했던 것이다.

그들은 우리에게 잘못을 저지르고 위태로워진 지금이 아니라 가장 안전했을 때 여러분에게 접근했어야 했다. 케르퀴라인들은 에피담노스의 전쟁에서 침략자였다. 우리는 7년 전(BC 441년)에 사모스 반란에 대해 아테네 편을 들었다. 아테네의 사모스 반란 처리에 대해 스파르타가 막 전쟁을 선포하려고 할 때 우리는 아테네가 그들의 동맹을 처벌할 권리가 있다고 옹호했다. 우리가 지금 케르퀴라의 식민지를 처벌하려는 것은 아테네가 사모스를 처벌한 것과 같은 것이다.

새로이 동맹을 맺는 것은 30년 평화협정의 위반이다. 우리가 지금까지는 최고의 관계는 아니었다. 그러나 만일 아테네가 지금 우리를 돕는다면, 우리는 모든 것을 잊고 매우 좋은 친구가 될 수 있다. 그러나 만일 아테네가 지금 케르퀴라인들을 돕는다면, 우리가 지금까지 좋은 친구였더라도, 그 이후 우리는 첨예한 적이 될 것이다. 만일 아테네가 케르퀴라를 델로스 동맹국으로 받아들이면 코린토스와 아테네 간에는 확실히 평화 대신 전쟁이 뒤따를 것이다." (TW 1.37-43)

코린토스인들은 아테네와 케르퀴라의 동맹 추진에 강력히 반대했으나 케르퀴라인의 주장을 뛰어넘지 못했다. 현실적으로 아테네가 케르퀴라를 동맹으로 받아들이지 않는다고 해도 코린토스가 평화조약에 따라 펠로폰네소스 동맹에서 탈퇴해 델로스 동맹으로 이적할 것도 아니었다. 아테네의 입장은 스파르타와 코린토스를 제어할 수만 있다면 '제로'이냐 '플러스'이냐의 문제였다. 케르퀴라의 동맹 요청을 받아들이지 않는 것은 하나를 버리고 다른 하나를 얻은 것이 아니라 하나를 잃는 것뿐이다. 그렇다고 스파르타의 동맹인 코린토스가 아테네와 동반자관계를 유지하지도 않을 것이 분명하다.

아테네는 결론을 도출하기 위해 두 차례의 민회를 열었다. 아테네인들은 두 번째 회의 후에 케르퀴라인과 손을 잡는 쪽으로 결정했다. 군중들은 연설에 즉각 반응한다. 아테네인들도 이 연설에서 케르퀴라의 주장이 아테네에 실익이 있다고 판단했을 것이다. 그러나 연설에 반응하는 군중과 달리 정치지도자는 '여론'이라는 인민들의 반응을 그대로 수용해서는 안 된다. 여론은 "지금 당장의 순간적이고 감정적인 의견"일 뿐이다. 지도자는 '지금 당장'이 아니라 '앞으로의 먼 미래'를 보아야 한다. 지도자는 여론을 토대로 미래에 대한 전략적 접근이 필요하다.

아테네는 지금까지 코린토스를 괄시하지 않았다. 펠로폰네소스 동맹과 관계를 악화할 수 있기 때문이다. 그렇다고 케르퀴라인들의 요청을 무시하는 것은 조만간 코린토스가 케르퀴라의 해군을 얻는 것을 의미한다. 그다음 코린토스는 아테네 해군의 우월성에 도전하게 될 것이다. 아테네가 딜레마를 해결하려고 내놓은 묘수가 이른바 '외교적 혁신(diplomatic innovation)'이라는 프레임의 '방위협정'이었다. 완전한 동맹 관계는 양측이 어느 전쟁에서나 서로 도와주어야 하지만 방위동맹은 어느 일방이 공격을 받을 경우에만 개입하는 제한적 동맹이었다. 아테네는 케르퀴라가 공격을 받을 때만 개입하는 것이다. 현대의 나토가 소련으로부터 침공을 당한 우크라이나를 지원하는 형식의 국제관계가 이미 아테네에서는 2,500여 년 전에 시작되었던 것이다. 이것은 케르퀴라의 공격에 아테네나 델로스 동맹이 개입하지는 않겠다는 것이다. 이것은 그리스 역사에서 최초의 완전한 방위조약으로 알려져 있다. 근대 역사가들은 이 사고(思考)가 페리클레스에서 나왔을 것으로 믿는다.

아테네에게 케르퀴라는 이태리와 시칠리아로 가는 해로에 중요한 정기 기항지이며, 주요한 곡물자원을 수입하는 곳이었다. 더구나 제1차전쟁을 종식한 30년 평화협정 기간은 어떤 중립국이라도 자국의 안보를 위해 어느 동맹에라도 가입해야 하는 상황이었다. 평화협정은 태풍 속의 고요에 불과했고 다가올 폭풍우에 대비하는 보험은 동맹이었다. 아테네가 제시한 케르퀴라와의 동맹조건에 케르퀴라도 그 이상 아쉬울 것이 없었다. 그들의 일차 목표는 코린토스가 공격하는 것을 막는 것이다. 케르퀴라의 아테네 동맹 가입 호소와 코린토스의 가입 저지에 대한 아테네를 무대로 한 외교전쟁은 케르퀴라의 승리로 끝났다. 그러나 그 뒤에는 코린토스와 케르퀴라 간의 해전인 시보타(Sybota) 전투가 다가오고 있었다.

4. 시보타 전투

전쟁의 첫 번째 단계인 레우킴메 전투에서 승리한 케르퀴라는 코린토스와 전투에 대비하여 시보타섬 인근에 진지를 구축하고 있었다. 코린토스는 1년 전의 패배를 설욕하기 위해 재무장을 하고 BC 434년 여름에 출항하여 악티움(Actium) 주변의 요새 지역에 자리를 잡았다. 양측은 지루한 대치 속에 탐색전으로 시간을 보내다가 그해 겨울에 접전 없이 헤어졌다.

아테네의 페리클레스는 코린토스의 침략에 대비해 BC 433년에 10척의 함대를 케르퀴라에 파견해 케르퀴라의 전력을 보강하도록 했다. 아테네인들은 사실상 동맹국인 케르퀴라를 보호하면서 또 다른 효과를 노리고 있었다. 즉 아테네가 케르퀴라와 동맹을 맺은 것에 대해 스파르타와 코린토스의 위협에 전혀 두려워하지 않고 있다는 것을 과시하려는 것이다. 아테네와 케르퀴라가 동맹을 맺으면 아테네는 코린토스의 적이되고 전쟁은 불가피하다고 했던 코린토스의 협박에 대한 대담한 대응인 것이다.

아테네 함대의 사령관은 친스파르타 정치인이었던 키몬(Cimon)의 아들 라케다이몬이오스(Lacedaimonius)를 비롯한 3명이었다. 스파르타라는 의미의 그의 이름은 키몬이 스파르타에 대한 친근감을 나타내려고 지은 이름이다. 페리클레스는 함대를 출항시키면서 코린토스가 케르퀴라의 영토에 상륙하려고 시도하지 않으면 코린토스 함대와 교전하지 말라는 밀명을 내렸다. 투키디데스가 페리클레스와 친구 간이었다는 점은 페리클레스의 이런 밀명에 대한 신뢰성을 제고시켜준다. 페리클레스의 이런 태도는 아테네의 피해를 최소화하고 코린토스를 지나치게 자극하지 않으려는 계책이었다. 투키디데스는 코린토스인들이 이 계책을 이심전심으로 이해하고 있었는지 여부에 대해서는 알려주지 않는다.

케르퀴라는 아테네 지원함선들이 오면서 미키아데스(Miciades)등 3명의 지휘관 하에 함선들을 모으고 시보타섬을 작전기지로 삼았다. 케르퀴라의 함선은 110척, 그리고 여기에 아테네 지원함선이 10척이었다. 한편 코린토스는 크세노클리데스(Xenoclides)의 지휘하에 함대를 집결하여 케르퀴라로 항진했다. 코린토스 함선은 동맹군의 배들을 모두 합쳐 150척이었다.

시보타 전투의 막이 올랐다. 사실상의 펠로폰네소스전쟁의 주사위가 던져진 것이다. 투키디데스는 이 전쟁이 그리스 도시국가들 사이에 일어났던 과거의 어느 전쟁보다도 가장 큰 전쟁이라고 평가한다. 이 전쟁은 펠로폰네소스전쟁의 직접적인 촉매 중의 하나였다. 양측의 함선들은 곧 케르퀴라의 남쪽 끝에서 서로 근접했다. 코린토스의 함대는 남쪽의 육지에 있는 키메리움(Chimerium) 항구에서 닻을 내렸다. 반면에 케르퀴라 함대는 아테네 동맹의 10척의 배와 함께 시보타섬들에서 약간 더 북쪽으로 육지에 더 근접한 곳에 정박했다.

양측은 마주 보면서 각각 전선을 형성했다. 케르퀴라의 오른쪽에는 아테네 선박들로 포진하고, 왼쪽과 중앙은 케르퀴라의 함선을 배치했다. 코린토스는 오른쪽에는 메가라(Megara)와 코린토스가 식민지로 세웠던 암브라키오츠(Ambraciots) 군대를 배치했다. 왼쪽에는 코린토스가, 그리고 중앙에는 코린토스의 나머지 동맹국들이 전선을 이었다. 양측의 함대들은 각기 좌측 진영이 상대방의 우측 진영을 공격했다. 따라서 아테네 함선들은 코린토스와의 직접적인 전투가 아니라 메가라와 암브라키오츠 선단과 접전하는 대형이었다. 양측의 배에서는 중장보병이 투키디데스가 '구식'이라고 부르는 방식으로 활과 창으로 싸웠다. 상대방의 선박들을 부닥쳐서 가라앉히는 통상적인 해전 대신에, 병사들이 상대방의 배에 올라 바다에서 본질적으로 '지상 전투'를 전개한 것이다.

아테네 배들은 전선의 일부를 구성하고 있었지만 코린토스 배들이 상륙을 시도하지 않았기 때문에 처음에는 전투에 참가하지 않았다. 왼쪽의 케르퀴라의 배는 코린토스 함선의 우측 진영으로 방향을 잡고, 해안에 있는 코린토스의 캠프로 돌아오는 모든 배를 추격하여 불태웠다. 그러나 코린토스의 좌측 함선들은 선전하여 아테네 함선들을 공격하는 바람에 오히려 케르퀴라가 지원을 하는 상황이 되었다. 아테네의 개입에도 불구하고 전투의 결과는 케르퀴라의 피해가 상대적으로 컸다. 70척의 배를 잃었다. 반면에 코린토스의 배는 30척이 난파되었다.

코린토스와 동맹들이 먼저 시보타를 점령했다. 다음날 케르퀴라와 아테네의 연합군이 시보타의 탈환을 위해 항진해 갔다. 그런데 이상한 상황이 전개되었다. 코린토스 함대는 새로운 전투를 위한 열의를 보여주지 않았다. 더 다급한 일에 관해 생각하고 있었다. 만약 아테네가 그들의 귀환을 가로막을 구실을 내세울 경우 목숨을 걸고 전투를 해야 한다는 부담을 걱정하고 있었던 것이다. 아테네는 우월한 전술의 평판을 가지고 있었기 때문에 아테네 삼단노선 30척이 자신들의 함선 120척을 추격할 경우 패배할 것이 두려웠기 때문이다. 그들은 호랑이 앞의 개였다.

결과적으로 코린토스인들은 아테네인들에게 전시 상황에서 협상자를 보호하기 위해 백기와 같은 고지자(herald's staff)없이 대사를 보내기로 결정했다. 양측은 전쟁을 계속할 생각이 없다는 것을 서로 털어놓았다. 코린토스인들은 이런 접촉이 자신들이 안전하게 귀국할 수 있다는 것으로 판단하고 안도했다. 양측의 해상 협상을 통해서 시보타 전투는 막을 내렸다. 코린토스는 승리했다고 생각했으나 아테네의 개입으로 승리의 과실은 따지 못했다. 케르퀴라는 자신들이 손실은 컸지만 대규모 함대의 공격에 대해 그들의 섬을 성공적으로 방어했다는 점에서 자신들이 승리라고 주장했다.

아테네의 지원을 받는 케르퀴라와 코린토스의 싸움은 일진일퇴의 공방전을 벌였고 협상을 통해서 전투를 끝내면서 표면적으로는 무승부였다. 코리토스는 케르퀴라에 대해 응징을 통해 묶은 감정은 쏟아냈지만 실리가 없다. 아테네는 펠로폰네소스 동맹의 가장 중요한 도시국가인 코린토스의 적을 도움으로써 코린토스를 적대국 자리에 놓았다. 작은 섬나라 케르퀴라는 강대국들의 틈에서 식민지를 탈피하고 독립을 유지하는 지혜와 전략을 보여주었다. 또한, 민주파는 시보타 전투의 승리를 통해서 정권을 장악했으나 케르퀴라인 250여 명이 코린토스에 포로로 잡혀갔다. 그런데 코린토스는 이 포로들을 회유하여 자신들의 주구(走狗)로 만들었다.

코린토스는 BC 427년에 이 포로들을 세작으로 세뇌시켜 케르퀴라로 귀환시켰다. 케르퀴라가 아테네와 동맹을 끊고 코린토스 편으로 돌려놓는 공작을 하려는 획책이었다. 이 귀환포로들은 프록세니(proxeny)[2]가 도와준 800달란트의 거금을 몸값으로 치르고 석방되었다고 속였다.

이들은 케르퀴라를 스파르타 동맹으로 넣으려는 목표도 갖고 있었다. 그리고 과두파에 침투하여 민주파와 대립했다. 시민들을 만나 다시 전통적인 중립국가로 돌아갈 것을 선동하면서 아테네와의 동맹 관계를 파기하려는 과두파와 이를 유지하려는 민주파 사이의 대립을 민회를 통해 결정하도록 하는 상황까지 몰고 갔다. 그러나 민회는 논쟁 끝에 표결을 통해 아테네와 방위동맹을 재확인하고 펠로폰네소스와도 우호관계를 유지하기로 결정했다.

아테네와의 협정 파괴의 획책에 실패한 귀환 포로들은 다음 공작으로 아테네에 케르퀴라를 예속시키려 했다는 죄로 페이티아스(Peithias)를 재판에 회부하려고 했다. 페이티아스는 민중파 지도자로 불레의원인 동시에 아테네의 프로크세노스(proxenos)였다. 그러나 페이티아스는 무죄 방면되면서 역공을 취했다. 정적 중에서 부유한 5명을 성역에서 포도 덩굴 받침대를 계속 잘라냈다는 죄로 고소해 벌금을 물도록 했다. 귀환 포로들은 신전에 가서 벌금을 분납하게 해달라고 탄원했지만 페이티아스의 제지로 무산되자 동료들을 규합해 불레 의사당으로 난입해 페이티아스와 약 60명의 의원들을 살해했다. 페이타이스 지지의원 소수만 항구에 아직 정박 중이던 아테네 삼단노선으로 피신했다.

귀환포로 세력들은 과두파와 합세하여 일단 현장을 장악하고 아테네에 사절단을 보내 이번 사태가 최선의 선택이었다고 설명했지만 아테네인들은 이들을 모두 반란죄로 체포하여 아이기나(Aegina)섬으로 유폐했다. 그러나 스파르타 사절단과 함께 코린토스 삼단노선이 섬에 도착하면서, 과두파들은 민주파를 몰아내고 실권을 장악했다. 민주파는 밤이 되자 반격에 나서서 아크로폴리스와 도시의 고지대 및 항구를 장악하고 과두파들은 아고라를 장악했다. 전면적인 내전이 시작된 것이다.

양 진영은 산발적인 전투를 하면서 노예들에게 자유를 공약하는 등 여론전을 전개했다. 노예들은 민주파를 지지했다. 날이 밝으면서 다시 전투가 시작되었다. 민주파의 여성들은 지붕에서 기왓장을 던지는 등 용감하게 싸웠다. 결국 전세가 민주파로 기울자 코린토스 함선은 항구를 빠져나갔고 용병들도 떠나갔다.

다음날 아테네 장군 니코스트라토스(Nicostratus)가 함선 12척, 중장보병 300명을 인솔하여 도착했다. 니코스트라토스가 사태를 진정시키고 떠나려 하자 민주파는 후일에 반대파가 또다시 내란을 부추길 때 제지할 함선 5척을 잔류시켜달라고 요구했다. 대신 자신들의 함선 5척에 케르퀴라인들을 태워 함께 보내겠다고 제의했다. 니코스트라토스가 이를 수용하자 민주파는 그 배에 탈 선원으로 정적들을 선발했다. 이 대상자들은 아테네로 보내질 것을 두려워하고 신전의 성역으로 도주했다. 니코스트라토스가 그들에게 안전을 다시 보장해 주겠다고 제의했지만 받아들이지 않았다. 민주파는 모든 과두파를 살해할 계획을 세웠으나 분별력 있는 니코스트라토스는 이를 제지하자 헤라 신전에 숨어있던 나머지 과두파 지지자들 400여 명을 신전 앞에 있는 섬으로 유폐(幽閉)했다.

아테네와 스파르타의 대리전으로 번진 케르퀴라 내전은 아테네의 지원을 받은 민주파의 승리로 일단락되었다. 민주파는 위험에서 벗어나자 반대파에 대한 증오와 분노를 폭발했다. 민주파의 모든 적은 사냥감이었다. 보이는 대로 닥치는 대로 죽였다. 신전 안에서 재판을 기다리던 사람들은 이 광경을 목도하고 서로 죽여주거나 온갖 방법으로 자결했다. 이어 당도한 아테네 장군 에우리메돈(Eurymedon)이 일주일간 머무는 동안 민주파는 적으로 간주되는 사람들은 모조리 죽였다. 아버지가 아들을 죽이기도 하고 채무자가 채권자를 죽이기도 했다. 신전의 탄원자들이 제단에서 끌려 나오거나 학살되었다. 이들에게는 민주 정부의 전복음모라는 죄명이 덮어 씌어졌다.

투키디데스는 내란이 이처럼 잔혹한 양상을 띠었고, 처음 발생했기 때문에 충격적이라고 기술한다. 그러나 이런 잔악한 행위는 앞으로 밀려올 거대한 전쟁에서 발생할 결과들의 시작에 불과했다. 각 국가마다 서로 경쟁 관계인 정파가 존재했다. 그리고 이 정파들 가운에 민주파는 아테네에, 과두파는 스파르타에 각각 도움을 요청할 수 있었다. 투키디데스는 케르퀴라 내전이 보여준 인간의 사악한 모습을 그의 통찰력을 담아 이렇게 기술하고 있다.

"평화 시 같으면 그런 개입을 불러들일 핑계도 없었고 바라지도 않았겠지만, 각 정파가 반대파에게 피해를 주면서 자신에게 유리한 동맹을 맺을 수 있는 전시에는 변혁을 꾀하는 자들이 외부에서 원군을 불러들이는 것은 자연스러운 일이 되었다.

이런 내란은 헬라스의 도시들에 크나큰 고통을 안겨주었다. 이런 고통은 사람의 본성이 변하지 않는 한 잔혹함에서 정도의 차이가 있고, 주어진 여건에 따라 양상이 달라져도 되풀이되고 있으며 언제나 되풀이될 것이다. 번영을 누리는 평화 시에는 도시든 개인이든 원하지 않는데 어려움을 당하도록 강요받는 일이 없으므로 더 높은 도덕적 수준을 유지한다. 그러나 일상의 필요가 충족될 수 없는 전쟁은 사람의 마음을 대체로 그들이 처한 환경과 같은 수준으로 떨어뜨리는 난폭한 교사다. (…)

사람들은 행위를 평가하는 데 통상적으로 쓰던 말의 뜻이 변화되어 새로운 의미가 부여되었다. 분별없는 대담함이 충성스러운 지지자의 용기로 간주되었다. 신중함은 비겁한 자의 핑계가 되었다. 온건함은 남자답지 못함의 다른 말이 되고, 문제를 포괄적으로 이해하는 것은 무엇 하나 실행할 능력이 없음을 뜻하게 되었다. 충동적인 열의는 남자다움의 증표가 되고, 등 뒤에서 적에게 음모를 꾸미는 것은 정당방위가 되었다.

과격파는 언제나 신뢰받고, 그들을 반박하는 자는 의심을 받았다. 음모를 성공적으로 꾸미는 것은 영리하다는 증거이고 음모를 미리 적발하는 것은 더 영리하다는 증거였다. (…)

반대편에서 훌륭한 제안을 해도 반대파가 더 우세할 경우 너그럽게 수용하기는커녕 그것이 필요성을 갖지 못하도록 온갖 대비책을 세우곤 했다. (…)

사람들은 대개 착한 바보라고 불리기보다 못된 현자라고 불리기를 좋아하는데, 후자는 자랑스럽게 여기고 전자는 창피스럽게 여기기 때문이다.

이 모든 악의 근원은 탐욕과 야심에서 비롯된 권력욕이었으며, 일단 투쟁이 시작되면 이것이 광신 행위를 부추겼다. 여러 도시의 정파 지도자들은 한쪽에서는 대중의 정치적 평등을, 다른 쪽에서는 건전한 귀족 정치를 내세우며 그럴듯한 정치 방향을 표방했다. 그러나 그들은 말로는 공공의 이익에 봉사한다면서도 사실 공공의 이익을 전리품으로 여겼다.

수치스러운 행위를 미사여구로 정당화 할 수 있는 자들은 명망이 높아졌다. (…) 이처럼 내란 때문에 헬라스 세계 전체가 도덕적으로 타락했으며, 고상한 성품의 특징인 순박함은 조롱거리가 되어 자취를 감추었다. 세상은 이념적으로 적대하는 두 진영으로 나뉘었고, 두 진영이 서로 불신하는 것이 유행이 되었다." (TW 3.82-83)

케르퀴라인들이 증오심으로 내전의 파장을 이어가던 BC 427년 여름이 끝나갈 무렵 아테네의 에우리메돈과 아테네 함대가 케르퀴라를 떠났다. 이 전쟁은 2년 후에 펠로폰네소스전쟁의 부분이 되면서 케르퀴라는 아테네 편에서 코린토스는 스파르타 편에서 싸웠다. 전쟁은 끝이 없었다. 시보타 전투가 끝난 직후, 아테네와 코린토스는 포티다이아(Potidaea) 전투에서 다시 싸웠다. 이 전투는 결국 스파르타의 공식적인 전쟁 선포를 견인하게 되었다.[3]

5. 포티다이아 전투

칼키디케(Chalcidice)는 그리스 북부의 마케도니아에 인접한 도시다. 칼키디케의 남쪽에 3개의 반도가 있다. 이 반도들의 서쪽의 가장 끝이 팔레네(Pallene) 반도다. 포티다이아는 팔레네 지협(地峽)의 육지 끝이면서 에게해로 나가는 관문이다. 반도의 현대 명칭은 카산드라(Kassandra)다. 포티다이아는 BC 479년에 페르시아에 의해 포위당한 적이 있으나 쓰나미가 닥치면서 페르시아군이 퇴각하고 다시 그리스 지배로 회복된 것으로 전해진다.

포티다이아 전투는 시보타 전투와 더불어, 펠로폰네소스전쟁의 또 다른 촉매였다. 투키디데스는 펠로폰네소스전쟁의 방아쇠를 당기는 사건의 하나로 이 분쟁을 인용했다. 이 전투는 BC 432년부터 3년여 동안 포티다이아 근처에서 아테네와 그의 일부 동맹국들을 한편으로 하고 코린토스와 포티다이아 및 여러 동맹국의 군대들이 한편으로 해서 싸운 전쟁이다. 결국 델로스 동맹군과 펠로폰네소스 동맹군의 전초전이었다. 실제 전투는 1년간 전개되었고 나머지 기간은 아테네군의 포위 기간이었다.

포티다이아는 펠로폰네소스 동맹국인 코린토스의 식민지로서 모국인 코린토스와 친밀한 관계를 유지했다. 코린토스는 약 200km나 떨어져 있는 포티다이아에 매년 고위 행정관을 파견하고 있었다. 포티다이아는 다른 한편으로는 델로스 동맹의 일원으로 매년 아테네에 공물을 납부했다. 이것은 적대적인 두 진영에 한 발짝씩 딛고 있는 양다리 외교였다. 아테네와 코린토스의 관계가 가장 좋을 때에도 어색한 관계가 될 수밖에 없었다. 양쪽으로부터 도움을 받을 수도 있겠지만 그보다는 아테네와 코린토스 사이에 분쟁이 일어나면 고래 등 사이에 낀 새우가 된다.

아테네는 반항적인 포티다이아인들이 트라케에서 광범위한 반란을 촉발시킬 수 있다는 불신과 공포감이 있었다. 특히 마케도니아의 페르디카스 2세(Perdiccas II)는 이미 트라케(Thrace)에서 아테네의 다른 동맹국들을 상대로 반란을 부추겼었다. 아테네는 또한, 코린토스가 포티다이아에게 반란을 사주할 수 있다고 의심했다. 의심은 의심을 낳는다. 의심은 대상에 대한 올바른 판단을 저해하는 정상 사고의 블랙홀이 된다. 부부 간의 의심은 이혼으로, 연인 간의 의심은 치정으로 달리듯, 결국 아테네의 불신과 염려는 포티다이아 전투를 불렀다.

코린토스-케르퀴라전쟁(BC 435~431년) 이후 아테네는 차제에 포티다이아에서 코린토스의 영향력에 쐐기를 박고 종지부를 찍어야 한다고 다짐했다. 특히 아테네는 만일 포티다이아에서 반란이 일어나면 곡물 공급에 차질이 빚어질 것도 걱정되었다. 아테네인들은 포티다이아에게 3가지를 요구했다. 첫째, 코린토스 행정관을 돌려보내고 이후부터는 받아들이지 말 것. 둘째, 아테네에 포티다이아인들을 인질로 보낼 것. 셋째, 팔라네 지협을 향해 남쪽으로 있는 도시 성벽을 해체할 것 등이다.

포티다이아는 아테네에 반기를 들면 마케도니아의 페르디카스 왕이 지원해줄 것이라는 사실을 간파하고 있었다. 사실 페르디카스는 이미 칼키디케인들에게 아테네에 대해 반란을 일으키도록 설득하는 시도를 하고 있었다. 아테네도 이런 사실을 모를 리 없다. 아테네의 3가지 요구사항은 이런 시도를 차단하려는 대책이었다. 그러나 포티다이아인들에게 원천적으로 불가능한 일은 코린토스의 행정관 철수다. 이것은 코린토스와 외교관계를 단절하고 배척하는 것이다. 우선 아테네에 대사들을 보내 이 요구의 부당함을 주장했다. 아테네가 거부할 것은 분명하지만 이 과정을 다른 세력들에게 보여주는 일종의 시위효과가 있다. 아테네에 간 포티다이아 대사들은 예상했던 대로 어떤 양보도 받아내지 못했다. 아테네인들은 양다리 중 한 다리를 절단하려는 확고한 방침을 세우고 있었다.

포티다이아 대사들은 양다리를 기린처럼 길게 늘였다. 아테네에서 스파르타로 방향을 바꿨다. 스파르타에 간 대사들은 만일 아테네가 폴리타이아를 공격하면 스파르타는 아티카를 침공할 것이라는 약속을 받았다. 육상전투에 강한 스파르타는 아티카가 단골 먹잇감이었다. 이 소식이 포티다이아에 전해지면서 시민들은 칼키디케인들과 합류하기로 결정했다. 반란으로 치닫고 있는 것이다. 아테네에서는 이런 상황에 대해 예측을 넘어 확신하고 있었을 것이다.

아테네는 아르케스트라토스(Archestratus)를 총사령관으로 하여 30척의 함선과 1,000명의 중장보병을 포티다이아로 보냈다. 아테네군을 맞은 것은 포티다이아인들과 페르디카스가 합세한 반란군이었다. 현지에 도착한 아테네의 지휘관들은 그들의 군대가 적과 대적하기에 역부족이라는 것을 알고 우선 전력을 하나로 집중하여 포티다이아 대신에 마케도니아의 페르디카스 군을 공격하기 위해 마케도니아 피드나(Pydna)로 향했다.

아테네 원정대의 이 전략으로 포티다이아 도시는 공수의 군대가 없이 잠시 무주공산이 된다. 이 사이에 코린토스는 아리스테오스(Aristeus)를 지휘관으로 1,600명의 중장보병과 400명의 경장보병을 포티다이아에 파견하면서 표면적으로는 '자원봉사자' 신분을 표방했다. 전쟁에 주도적으로 참전하여 싸우지 않겠다는 메시지였지만 전투에서 이런 전략은 속임수에 불과하다. 싸우거나 도망하거나 둘 중 하나 외에는 선택지가 없는 것이 전투이다.

아테네는 2차로 칼리아데스(Calliades)의 아들 칼리아스를 사령관으로 하여 2,000명의 중장보병을 추가로 파병했다. 이들은 마케도니아 도시인 피드나를 포위하고 있는 일진 파병단과 합류했다. 아테네 군대는 여기에서 코린토스가 포티다이아를 지원하기 위해 2,000명의 군대를 파병했다는 소식을 받고 이 새로운 위협을 막기 위해 거꾸로 포티다이아로 진군했다. 그러나 페르디카스는 조약을 파기하고 별도로 포티다이아로 행군했다. 조약의 파기라기보다는 처음부터 교활한 전략이었고 아테네는 다급한 상황에서 전후좌우의 고려 없이 독이든 생선을 물었던 것이다. 페르디카스 기병 200명도 코린토스의 지휘관인 아리스테오스와 합류해 연합군을 형성해 포티다이아로 향했다.

양측은 공방전을 계속했고 코린토스는 아리스테오스가 지휘하는 진영만 승리한 데 비해 아테네군은 다른 모든 전선에서 승리했다. 전쟁은 분명히 아테네의 승리였다. 코린토스와 포티다이아 동맹군은 300명의 전사자를 냈지만, 아테네는 총사령관 칼리아스와 함께 150명의 인명손실을 입었다. 그럼에도 아테네는 승리를 기념하기 위해 승리 탑을 세운 뒤에 포티다이아에 대한 장기적인 포위공격을 준비했다.

아테네 진영은 처음에 도시 북쪽의 지협 맨 위를 가로질러 하나의 장벽을 쌓았다. 아테네는 칼리아를 대신해 아소피오스(Asopius)의 아들 포르미오(Phormio)의 지휘하에 1,600명의 중장보병을 증파했다. 지금까지 3번째의 파병이다. 이 군대는 포티다이아 남쪽의 팔라네(Pallene)에 상륙해서 지협을 따라 전진하여 도시에 도착하자 남쪽으로 포위 요새들을 건설했다. 포티다이아 도시는 아테네군의 포위로 완전히 고립되었다. 코린토스의 사령관 아리스테오스는 포위된 도시는 더 이상 저항을 기대할 수 없다고 믿고, 시민들에게 우선 가능한 기회에 바다로 대피하도록 조언했다. 그 자신도 도시를 지키기 위해 500명의 수비대를 남겨놓고 도시로부터 도피했다.

아테네의 포위망은 완벽했으나 시간이 가면서 느슨해졌다. 투키디데스는 BC 431년 포티다이아에서 일어난 어떤 중요한 사건도 전하지 않는다. 1년 후 BC 430년 여름에 지금까지의 규모에서 최대의 아테네 군대가 포티다이아에 파견되었다. 4,000명의 중장보병과 300명의 기병 그리고 레스보스(Lesbos)와 키오스(Chios)로부터 100척의 삼단노선과 50척의 배가 동원되었다. 니키아스(Nicias)의 아들 하그논(Hagnon), 페리클레스의 동료 장군인 클리니아스(Clinias)의 아들 클레오폼포스(Cleopompus)가 사령관을 맡았다. 아테네는 모든 전력을 포티다이아에 쏟아부으면서 물량 공세로 포티다이아를 초토화시키거나 질식시킬 기세였다. 그러나 세상일은 작은 돌출이나 순간의 우연이 흐름을 바꾸는 일이 허다하다.

하그논의 군대가 BC 430년 아테네에 창궐한 전염병을 포티다이아를 포위하고 있는 군대로 옮긴 것이다.[4] 하그논은 이런 상황에서 도시를 공격할 수 있는 모든 장비를 사용했지만 성과는 없었고 오히려 전염병으로 4,000명의 중장보병 중 1,050명이 죽었다. 포티다이아 외곽에서 최소한 한 달을 보낸 후에 하그논은 더 이상의 포위를 포기하고 그의 군대를 아테네로 철수했다.

포티다이아인들도 아테네의 포위상태에서 더 이상 버틸 수 없는 극한 상황에 도달했다. 전쟁 2년 말인 BC 430/429년의 겨울에 상황은 참혹했다. 도시 안에서는 사람 고기를 먹었다는 일부 식인 사례까지 기록되었다. 아테네도 어려움을 겪기는 마찬가지였다. BC 430/429년까지 2년간 지속된 이 포위 공격으로 아테네 재정은 바닥이 드러나게 되었다. 1년간 군사 활동에 필요한 비용이 1,000달란트에 달해 2년간 비용으로 2,000달란트가 들었다. 또한, 정신적인 피로감이 몰아쳤다. 더구나 에게해 북쪽에서 대규모 군대를 유지해야 하는 상황이 부담을 더 가중시켰다.

서로 버틸 수 있는 힘의 한계에서 결국 포티다이아가 항복했다. 이에 따라 아테네는 이른바 관대한 항복 조건을 들어주었다. 포티다이아 군인들의 부인과 자녀 그리고 지원군들은 자유롭게 도시를 떠나 그들이 원하는 대로 어느 곳이든 가도록 허용되었다. 여성은 한 사람당 2점의 의복을, 남성은 한 벌의 의복을 지참할 수 있었다. 여행을 위한 일정한 액수의 돈도 허용되었다. 이 관용 조건은 아테네에서 약간의 불평을 야기했으나 아테네는 포티다이아를 그들의 식민지로 유지하는 전과를 올렸다. 그러나 세상사는 항상 양면성과 명암이 엇갈린다. 아테네는 코린토스의 입에 거품을 더 품게 만들었다.

이 전쟁에는 아테네 군인으로 철학자 소크라테스가 참전한 것으로 나타난다. 플라톤은 여러 대화에서 소크라테스가 포티다이아 전투의 참전용사였다는 것을 드러내고 있다. 그뿐만 아니다. 이 전쟁에서 그는 후에 아테네의 정계와 군대를 휘두르게 되는 알키비아데스 (Alcibiades)의 생명을 구했다.[5] 플루타르코스는 소크라테스가 알키비아데스와 한 천막에서 지내며 함께 전투를 했고, 전투 중에 알키비아데스가 손을 다쳐 쓰러지자 그의 앞을 막고 서서 적을 물리쳐 그의 생명을 구해주었다고 전한다.[6]

❖ 주

1) 암브라키아만은 후에 악티움 전투(Battle of Actium)가 벌어진 곳으로 잘 알려져 있다. 이 해전에서 아우구스투스(Augustus)의 군대가 안토니우스(Antonius)와 클레오파트라(Cleopatra) 군대를 무찔러 두 사람의 사랑을 비극으로 끝내게 만든 곳이다.
2) 고대 그리스 사회에는 프록세니(proxeny) 또는 프록세니아(proxenia)라는 제도가 있었다. 프록세니 제도는 국가가 다른 나라의 시민에게 발급하는 위촉장과 같은 것이다. 이것은 다른 나라 시민에게 자기 나라를 위해 봉사해 달라는 요청이다. 다른 나라의 주민 즉 외국인을 명예 대사나 홍보대사로 위촉하는 것과 같다. 그리고 이런 직함을 가진 시민을 프록세노이(proxenoi, 복수는 proxenia, proxeni)로 불렀다. 프록세노이는 로마시대의 콘술(consul)과는 약간 다르다. 프록세노이는 자기가 살고 있는 나라에서 관련국과의 관계를 맺지만 콘술은 오늘날의 대사나 공사처럼 정부가 임명하여 해당 국가로 나가서 거주하며 활동하는 것이다. 다만 콘술이 대사와 다른 것은 대사는 파견된 나라에서 국가를 대표하는 유일한 직책을 가진 인물이지만 콘술은 여러 사람이 될 수 있고 공식적으로 국가를 대표하는 것은 아니다. 특히 대사는 국가 간의 외교적 업무를 중심으로 하지만 콘술은 시민들의 일상생활이나 기업의 활동을 중개하고 도와주는 역할을 한다. 프록세노이는 자신의 국가에서 가진 영향력이 무엇이든 그가 자발적으로 대표하는 나라에 우의나 동맹의 정책을 증진하는 활동하게 된다. 예를 들면 키몬은 아테네에서 스파르타의 프록세노이였다. 프록세노이는 공개적인 사람이다. 현대 사회에서 위장하거나 공개되지 않은 사람으로 활동하는 고정간첩과는 다르다. 미틸레네의 프록세노이는 정치적 반대자들의 작은 파벌이었다. 그들의 성향은 아테네의 민주주의를 지지했다. 아테네는 이 관리들을 내부적으로 아테네의 입장을 강화하고 궁극적으로 과두제의 제거를 준비하기 위해 선발했었다.

3) 케르퀴라에 관한 내용은 Stefanos, *Thucydides 1.24-1.55: Epidamnos' dispute between Corinthos and Corcyra and Athens' role* (https://medium.com/political-arenas). J. Rickard, *Corinth-Corcyra War*, 435-431 BC(http://www.historyofwar.org/) (https://en.wikipedia.org/)글과 관련 문헌을 토대로 하였다.
4) 전염병에 관해서는 메가라 법령과 페리클레스의 대응에 관한 글을 참조.
5) Symposium (219e-221b). J. Rickard, *Siege of Potidaia, BC 432-430/29* (http://www.historyofwar.org/).
6) https://www.bible-history.com/links; https://en.wikipedia.org/wiki/외 여러 관련 문헌 참조.

15장

제2차전쟁의 개전과 메가라 법령

1. 메가라 법령과 스파르타의 위협

펠로폰네소스전쟁의 또 다른 도화선은 메가라 법령(Megarian Decree)이었다. 메가라는 그리스의 서쪽 지역 아티카에 있는 역사적인 도시이며 아티카 4지역의 하나로 살라미스(Salamis)섬의 반대편인 코린토스 지협의 북쪽, 아티카의 서쪽 끝에 있으며 아테네로부터는 서쪽으로 34km 떨어져 있다.[1]

메가라는 초기에 코린토스의 종속 국가였다. 그러나 메가라의 식민지인들은 시칠리아에 있는 시라쿠사(Syracusa)의 북쪽 작은 도시국가인 메가라 히블라이아(Megara Hyblaea)를 세웠다. 메가라는 이어 코린토스와 독립전쟁을 일으키고 후에 두 곳 즉 칼케돈(Chalcedon, BC

685년)과 비잔티움(Byzantium, BC 667년)에 식민지를 개척했다. 메가라에는 두 개의 무역항이 있었다. 하나는 코린토스만의 서쪽에 있는 페가이(Pegae)항이고 다른 하나는 에게해의 사로닉(Saronic)만의 동쪽에 있는 니사이아(Nisaea)항이다. 메가라의 이런 위치는 무역에 이상적이어서, 메가라의 경제는 무역에 바탕을 두었다. 메가라는 특히 직물로 유명했으며 말 등의 특산품을 수출했다.

그리스-페르시아의 두 번째 전쟁(BC 480~479년)에서 메가라는 펠로폰네소스의 동맹국으로 스파르타와 아테네 편에서 싸웠다. 그러나 메가라는 같은 동맹국인 코린토스와 국경 분쟁을 겪게 되면서 펠로폰네소스 동맹에서 탈퇴해 델로스 동맹에 들어왔다. 그리고 BC 446/445년의 30년 평화조약의 조건에 따라 메가라는 델로스 동맹에서 다시 뛰쳐나와 펠로폰네소스 동맹에 복귀하자 아테네는 메가라의 이런 변색(變色)을 배신으로 읽고 응징과 보복을 노렸다.

그러나 만일 아테네가 공개적으로 이 스파르타 동맹국을 공격한다면 평화조약의 위반이다. 스파르타와 전쟁으로 번질 수도 있어 오히려 메가라에 대한 응징의 본말이 전도될 수 있다. 아테네가 생각한 응징은 전쟁을 피하면서 메가라를 옥죄는 방법으로 침공이 아닌 경제제재였다. 경제제재는 '메가라 법령'으로 나타났다.

아테네의 페리클레스는 BC 432년에 메가라에 대해 '메가라 법령(메가라 포고령으로도 표현한다)'을 선포했다. 펠로폰네소스전쟁이 발발하기 직전이다. 법령 선포의 표면적인 이유는 메가라의 신성모독이다. 페리클레스의 이 법령 선포는 30년 평화조약을 위반하는 것이었지만 변명의 구실은 있었다.[2] 메가라가 곡물 수확과 성장의 여신인 데메테르(Demeter)에게 헌납된 성지를 경작하여 도주한 노예들에게 피난처로 주었고, 이런 처사는 불의한 것이라는 주장이었다.[3]

이 법령은 메가라 상인들에게 아테네의 통제를 받는 국경과 항구,

시장에 출입하는 것을 금했다. 이 금지령은 메가라의 경제를 질식시켰고 아테네와 스파르타 사이의 실낱처럼 연약한 평화의 끈을 위태롭게 하면서 긴장을 감돌게 했다. 통상적으로 전쟁을 통해 분쟁을 해결하던 시대에 '경제제재'는 새롭고 독특한 방식이었다. '경제제재'는 현대적 용어다. 아테네의 메가라 법령은 21세기에 현대 국가들이 취하는 조치보다 2,500여 년 전의 일로, 결국 '메가라 법령'은 사상 최초의 '경제제재' 조치가 되었다. 아테네는 이 조치로 무력 침공이 아니더라도 밉보이는 국가들을 제재할 수 있는 대용 수단이 있다는 것을 모든 국가에게 보여주었다. 더구나 교역 중심 국가인 메가라에게는 심각한 타격이 아닐 수 없다.

그러나 이 법령은 메가라 시민들에게만 한정되었다. 당시에 메가라의 대다수의 무역은 메틱(metic)들 즉 이방인들이나 외국인들이 담당했다. 이들은 메가라 시민들에게 부과된 제재에 영향을 받지 않는 대상들이다. 따라서 메가라 법령이 실제 메가라에게 얼마나 영향을 미칠 것인가도 의문이었다. 따라서 메가라가 이 법령을 이유로 전쟁을 주장하기도 어려운 상황이었다.

스파르타는 동맹국들과 협의 끝에 아테네에 사절단을 보내, 아테네에 대해 메가라 법령을 해제하도록 최후통첩을 보냈다. 요구사항은 대단히 도발적인 내용이었다. 메가라 법령의 철회는 물론이고 그보다 훨씬 더 나아가 집권자 페리클레스뿐만 아니라 그의 가문의 즉각적인 추방을 요구했다. 이 요구사항이 충족되지 않을 경우 전쟁이 일어날 것이라는 위협도 뒤따랐다. 아테네가 포티다이아에게 요구했던 사항보다도 더 강한, 타협의 여지가 없는 내용이다. 오히려 아테네가 선포한 법령을 철회하면서도 사정을 해야 하도록 절벽으로 몰고 간 것이었다.

스파르타의 이런 요구사항은 코린토스에 떠밀려 나온 형식적인 행동이었다. 정치적인 제스처일수록 강경하고 현실성이 없는 제안을 늘어놓게 된다. 그렇더라도 한번 내뱉은 말이 흔적 없이 사라지는 것도 쉬운 일은 아니다. 코린토스는 케르퀴라 전투, 포티다이아 전투에서 아테네에 불만이 쌓였고 되받아칠 기회를 노리고 있었다. 메가라 법령에 대한 반발은 스파르타를 끌어들여 아테네에게 보복을 하는 이이제이(以夷制夷) 전법이다. 코린토스는 케르퀴라가 아테네와 동맹을 맺을 때 전개했던 동맹논리를 스파르타에 적용했다. 스파르타가 자신들을 돕지 않으면 자신들도 아테네에 전함을 넘기겠다고 위협했다. 스파르타는 동맹국들 중에서 가장 강한 코린토스의 반발을 그대로 넘길 수 없는 처지다. 특히 취약한 해군력으로 인해 코린토스의 해군력이 절대 필요한 상황에서 코린토스의 위협적 반발을 무마하고 메가라의 비위를 맞춰야 하는 벼랑으로 몰린 것이다.

스파르타의 요구사항은 페리클레스보다는 아테네의 반페리클레스 진영과 전쟁을 두려워하는 시민들을 선동하여 페리클레스와 국민 사이의 대립을 부추기려는 이간계의 의도가 분명했다. 아테네의 도편추방제를 염두에 두고 페리클레스를 추방하려는 전략이었다. 아테네도 장군멍군식의 역제안을 했다. 메가라 법령을 철회하는 대가로 스파르타가 그들의 영토로부터 주기적인 외국인의 추방을 포기하고 동맹국의 자치를 인정해야 한다는 요구로 맞섰다. 스파르타에 거주하는 외국인들의 불만과 불안에 불을 당기고 스파르타의 동맹국들에 대한 통제에 불만을 부추기려는 의도였다. 스파르타와 아테네 모두 이간계로 정권과 국민 그리고 동맹국들의 틈새를 벌이는 전략이었다. 이 주장들은 스파르타에 의해 당연히 거부되고, 어느 쪽도 기꺼이 양보하지 않고 두 나라는 전쟁에 대비했다.

그러나 상대국에 대한 무리한 요구나 간섭은 오히려 그 나라 국민의 반감을 불러와 내부적 결속을 다지게 만들 수 있다. 연설에 뛰어난 페리클레스도 이 점을 파고들어 받아쳤다. 강압적인 요구에 복종하기보다는 전쟁을 선택하자고 역설했다. 페리클레스는 시민들의 동요보다는 동맹들의 동요가 더 우려되었다. 아테네가 스파르타에 약해 보인다면 제국의 반란이 확산될 수 있기 때문이다. 따라서 그는 "아테네가 그 쟁점에 대해 인정한다면, 스파르타는 앞으로 더 많은 요구를 할 것이라고 주장했다."[4]

양측 사이에 이미 평화가 불안정한 상황에서 BC 431년에 스파르타 왕인 아르키다모스 2세(Archidamus II)는 아테네에 새로운 대표단을 파견하여 아테네가 스파르타의 요구에 복종하도록 요구했다. 아테네는 이미 스파르타가 적대적인 군사 행동을 시작한 경우에는 스파르타 사절단을 받아들일 수 없다는 결의안을 통과시킨 상황이었다. 스파르타 사절단은 아테네에 들어올 수 없었고 두 나라의 공식적인 대화 채널 자체도 막힌 상황이 되었다.

2. 페리클레스의 대응과 전염병의 창궐

아테네의 페리클레스는 다른 한편으로 30년 평화조약을 근거로 메가라 사태의 '중재'를 들고나와 스파르타를 압박했다. 30년 평화조약의 합의 사항에는 스파르타와 아테네가 분쟁은 '중재'에 의해 해결한다는 내용을 담고 있었다. 그러나 이번에는 스파르타가 거부했다. 중재안이 스파르타에 불리하게 나오면 코린토스가 동맹을 떠날 것이라는 우려 때문이었다. 그럼에도 스파르타는 내심 불안했다. 중재를 거부한 것은 결국 신에 대한 맹세를 위반한 것이기 때문이다. 반면에 아테네는 당당했다. 페리클레스는 시민들에게 이렇게 연설했다.

"(…) 스파르타인들은 협상보다는 전쟁으로 불만을 해결하기를 원하고, 이번에도 항의하는 것이 아니라 명령하고 있습니다. (…) 만약 여러분이 적들의 요구에 양보한다면 당장 더 큰 요구사항을 들고 나올 것입니다. 그들은 우리가 겁을 먹어서 요구를 들어준다고 생각하기 때문입니다. 하지만 우리의 입장을 굳세게 지킨다면 그들은 우리를 동등인으로 대해야 한다는 것을 분명히 알 것입니다. (…) 만약 (…) 우리에게 일방적인 요구를 해온다면, 그리고 우리가 그런 요구에 굴복한다면, 우리는 노예나 다름없는 처지가 될 것입니다."
(TW 1.140-141)

메가라 법령을 철회하라는 스파르타의 요청에 아테네가 굴복하게 된다면 사실 아테네는 스파르타가 아테네에게 명령을 내릴 수 있도록 허용하게 된다는 것이다. 이것은 페리클레스의 전쟁 불사론의 표명이었다. 스파르타는 진퇴양난으로 몰렸다. 막다른 골목으로 몰린 스파르타의 선택은 전쟁의 선언이었다. 개인이나 국가나 가다 보면 어쩔수 없이 떠밀려서 마음에 없는 길로 들어서는 경우가 적지 않다. 스파르타가 제시한 개전 명분은 아테네의 억압으로부터 그리스를 해방시키기 위한 것이었다. 정치나 전쟁이나 또는 다른 인간관계에서도 명분은 대부분 창작이다. 명분은 진실은 물론 사실과 거리가 먼 구실일 수 있다. 따라서 명분은 필요한 자가 그럴듯하게 만들어 내는 화장에 불과한 것이다.

명분은 신과 같다. 인간이 신을 만들어 놓고 신의 노예가 되는 것처럼 명분을 만들어 놓고 명분에 밀려 의도하지 않았던 방향으로 떠밀리게 되는 것이다. 명분은 국가를 전쟁의 늪으로 밀어 넣는 악마의 손이 될 수 있고 늪에서 인명을 구하는 천사의 손이 될 수도 있는 것이다. 아테네와 스파르타의 전쟁도 불가피한 사실이 아니라 각자가 만들어 낸 명분의 노예가 된 것이다.

스파르타가 내세운 명분은 델로스 동맹을 토대로 아테네가 제국화되는 것을 저지해야 한다는 것이다. 여기에는 아테네의 국력이 강화되는 것에 대한 불안심리가 그대로 배어 나온다. 아테네는 페르시아 제국에 대한 방어적인 동맹이었던 델로스 동맹을 아테네 제국으로 전환했기 때문에 정당성을 갖고 있다고 대응했다.

메가라 법령이 어느 정도로 펠로폰네소스전쟁의 발발에 영향을 미쳤는지는 토론의 대상이다.[5] 전쟁의 주요 자료를 제공하는 투키디데스는 전쟁의 원인에 대한 분석에서 메가라 법령을 거의 강조하지 않는다. 투키디데스가 메가라 법령에 대한 경미한 언급에도 불구하고 그 중요성에 대해서는 간과하지 않는다. 즉 스파르타인들이 "아테네가 메가라 법령을 철회하면 전쟁을 피할 수 있다"고 말한 것으로 전한다 (TW 1.139). 그러나 투키디데스는 스파르타인들이 메가라 법령이 선포되기 전인 BC 440년의 사모스의 반란 동안에 펠로폰네소스의 동맹으로부터 전쟁 선포를 시도했다고 기술함으로써 메가라 법령과 스파르타의 전쟁 선포의 관련성을 피해가려는 모습이다. 아마 친구인 페리클레스의 대응에 대해 다른 판단을 하고 있었기 때문에 슬쩍 넘긴 것은 아닌가. 케이건(Donald Kagan)도 이 법령은 아테네가 스파르타와 30년의 평화 조약을 파기하지 않으면서 문제를 해결하려는 시도로 해석한다.

메가라 법령의 중요성에 대한 주된 증거는 당시의 고대 극작가이자 풍자 작가인 아리스토파네스(Aristophanes)가 제공한다. 그의 연극 〈아카르니안스(*Acharnians*)〉는 그 법령이 어떻게 메가라인들을 천천히 굶어 죽게 남겨두는지 그리고 스파르타인들의 지원을 호소하게 만들었는지를 언급한다. 아리스토파네스의 또 다른 연극인 〈평화(*Peace*)〉는 메가라에서 전쟁의 신에 의해 어떻게 전쟁이 태동되었는지도 언급한다. 메가라 법령이 펠로폰네소스전쟁의 몇 가지 요인 중의 하나일 가능성은 충분하다.[6]

스파르타 군대는 이 시점에서 코린토스에 모였다. 스파르타는 아테네가 사절단의 입국을 불허하는 것을 적대적 행동으로 몰아붙였다. 최후의 협상시도가 거부되면서 스파르타의 아르키다모스는 아티카를 침공했다. 그러나 그곳에 아테네 사람들은 없었다. 스파르타의 전략이 아테네 영토를 침범하고 유린하려는 것임을 알고 있는 페리클레스는 사전에 농촌의 인구를 비롯한 이 지역의 전체 인구를 아테네의 성벽 안으로 대피시켰다 (TW 2.14).

그러나 이런 이주는 기존의 삶의 터전과 방식을 완전히 바꾸는 것으로 페리클레스의 또 다른 도박이었다. 따라서 이곳의 농촌 주민들이 선뜻 응하기는 쉽지 않다. 페리클레스는 주민들에게 전쟁에 대비하여 나가서 싸울 것이 아니라 재산을 성안으로 들여오도록 했다. 생명과 재산을 동시에 보존하는 길이다. 그러나 이주민들은 스파르타군이 아티카로 진격해 온 것을 보고는 더 이상 참지 않고 싸우려 했다. 자신의 농토와 작물이 유린되고 파괴되는 것을 보면서 울분이 토해지지 않을 수 있겠는가.

이주민들은 곧 페리클레스에 대한 불만을 간접적으로 표현하기 시작했다. 이들은 페리클레스가 그들을 전쟁에 빠뜨린 것으로 간주했다. 그러나 이런 압력과 비난에도 페리클레스는 방어 중심의 초기 전략을 수정하지 않았다. 적이 어떤 행동을 유발하도록 유도하지도 않았다. 그는 또한, 자신들의 농장이 파괴되는 것을 지켜보면서 분노한 대중이 무모하게 현장에서 스파르타 군대에 도전할 것을 염려하여 민회의 소집도 피했다. 다수가 모이는 민회는 군중을 장악할 분명한 의제가 있지 않은 경우 자칫 소피스트들에 의해 방향을 상실한 채 표류하게 된다.

페리클레스는 대신 스파르타 군대가 아티카에 남아있는 동안 아테네가 우월한 수단을 활용했다. 어느 경쟁이든 상대방이 우월한 재능이나 무기에 매달리면 힘에 겹다. 자기에게 유리한 수단을 동원하여 상대를 제압해야 주도권을 잡게 된다. 페리클레스는 아테네가 우월한 100척의 함대를 펠로폰네소스의 해안에 보내 침탈작전을 전개했다.

기병대도 도시의 벽 가까이에서 황폐화된 농장을 지키도록 했다.

BC 430년 스파르타 군대는 아티카를 두 번째로 약탈했다. 그러나 페리클레스는 위협을 느끼지 않고 침착했다. 응전 대신 방어 집중의 초기 전략을 수정하지 않았다 (TW 2.55). 대신에 그는 육지를 비워 두고 또다시 100척의 함선을 거느리고 바다로 나갔다. 플루타르코스에 따르면, 배를 항해하기 바로 직전에 태양의 일식 때문에 병사들이 두려워하자 아낙사고라스로부터 배운 천문 지식을 사용하여 그들을 진정시켰다.

BC 430년 여름, 아테네에는 인간이 예기치 못한 사건이 터지면서 재앙이 닥쳤다. 전염병이 창궐하여 아테네를 황폐화시킨 것이다 (TW 2.47). 병명도 몰랐다. 이 병이 장티푸스로 의심된다는 것은 후의 일이다. 전염병이 아테네 성내에서 발생했다는 것은 농촌에서 대피해온 피난민이 성곽 주변의 불결한 곳에서 혼잡하게 살던 상황과 무관하지 않을 것이다. 어찌 보면 필연적 인재였다.

투키디데스에 따르면 이 역병의 증상은 말로는 다 표현할 수 없을 지경이었다. 시민, 선원, 군인, 노예와 이방인 그리고 페리클레스와 그 아들들을 비롯해 많은 사람의 목숨을 앗아갔다. 목숨을 부지한 사람들도 기진맥진하게 만들었다. 페리클레스 자신도 이를 피하지 못하고 BC 429년에 사망한다. 포티다이아 전투에서도 1,000여 명이 죽었다. 너무나 많은 사람이 죽어가면서 해군 함선의 인원 조달도 어려울 지경이었다. 대략 1/3에서 2/3의 아테네 인구가 사망한 것으로 추정된다. 그리고 전쟁에서 아테네 패배의 최종적인 원인이 되었다.

투키디데스가 묘사한 실상을 보면 처참하고 참담하다. 어떤 사람은 지극한 보살핌 속에서 죽어갔는가 하면, 다른 사람은 방치 상태에서 죽었다. 농촌에서 도시로 전입한 사람들은 집이 없어 여름에 숨 막힐 것 같은 오두막에 살다가 걷잡을 수 없이 마구 죽어갔다. 죽은 사람의 시신이 겹겹이 쌓였고 반쯤 죽은 사람들이 거리에서 비틀거리거나 물을 마시려고 샘가에 떼 지어 모여있었다. 그들이 거처로 정한 신전들에는 그 안에서 죽은 사람의 시신으로 가득 찼다. 신전에서 죽는다는 것은 신에 대한 불경이고 모독이다. 그러나 엄청난 재앙에 압도되어 자신이 어떻게 될지 알 수 없는 처지인지라 사람들이 종교나 법률의 규범 따위에는 무관심해졌다 (TW 2.52). 신은 결국 살아있을 때, 살 수 있다는 희망이 있을 때 갖는 어쩌면 사치스러운 존재다. 절망 앞에서, 죽음 앞에서 신은 경배의 대상에서 벗어나는 거추장스러운 존재라는 것을 보여준다.

아테네 인구는 급격히 감소하고 심지어는 외국인 상인들조차도 전염병으로 벌집 들쑤셔 놓은 것 같은 도시에서 일하는 것을 거절했다. 전염병의 공포가 널리 퍼지면서 스파르타인들까지도 아티카 침공을 포기하고 전염을 우려해 적군과의 접촉 자체를 위험하게 생각했다.

국토가 유린당하고 전쟁과 역병에 동시에 시달리자 아테네인들의 생각은 변해갔다. 스파르타와 평화조약이 맺어지기를 원했다. 실제로 사절단을 파견했다. 아무 성과도 없었다. 완전히 절망감에 빠졌다. 배출구는 페리클레스였다. 페리클레스를 비난하는가 하면 자기들이 당한 불행을 모두 그의 탓으로 돌리기 시작했다. 그에게 분통을 터뜨렸다. 페리클레스는 절벽을 뒤로하고 섰다. 물러설 곳이 없었다. 민회를 소집했다. 민회는 불꽃 앞의 기름이냐 물이냐의 위기 상황이었다. 정공법을 선택했다. 용기를 북돋우어주고 노여운 마음을 달래 그들이 자신감을 되찾게 해 주기 위해서였다 (TW 2.59).

그는 시민들에게 역설했다. 국가가 똑바로 서야 개인도 설 수 있다. 굴복하고 예속될 것이냐, 위험을 무릅쓰고 버텨낼 것이냐, 하나를 선택하라면 위험을 무릅쓰는 것보다 위험을 피하는 것이 더 비난받는다. 이런 그의 연설은 일시적으로 시민들의 분노를 누그러뜨리고 기름 대신에 물로 불을 잠재울 수 있었다. 그러나 그의 내부의 적은 포착된 기회를 놓치지 않고 고양이가 쥐를 낚아채듯 기민하게 덤벼들었다. 중우(衆愚)들을 선동하여 그의 장군직을 박탈하고 15~50달란트로 추정되는 벌금을 부과했다. 그러나 그의 빈자리는 너무 컸다. 시민들은 BC 429년에 그를 장군으로 다시 뽑았다. 그는 아테네 군대의 사령관으로 복직되었고 429년 모든 군사 작전을 주도했다. 다시 한번 그는 권력을 장악한 상태에서 전염병으로 두 자식들에 이어 자신도 전염병을 비켜가지 못했다.

스파르타도 아테네의 장성을 중심으로 철통같은 수비 때문에 아티카의 육지로 침공하는 것에 한계를 느꼈다. 더구나 우월한 해군력에 대한 불안감이 커갔다. 아테네 입장으로서는 다행스러운 일이다. 디오도로스(Diodorus)의 기록에 의존하면, 결국 스파르타는 아테네를 치기 위해 페르시아에 도움을 요청할 수밖에 없었다. 이것은 스파르타가 전쟁을 선포하고 페르시아에서 도움을 청하기로 결정했다고 언급하는 디오도로스에 의해서만 기록되었다 (Diodorus, *World History* 12.41.1). 투키디데스도 스파르타인들이 동쪽으로 대사를 보냈다는 것을 나중에 인정한다. 그러나 그들은 아테네인들에 나포되었기 때문에 목표를 달성하지 못했다는 것이다 (TW 2.67).

3. 약소국 플라타이아의 비극

아테네에 의존했던 약소국 플라타이아가 아르키다미아전쟁에서 스파르타와 테바이에 짓밟혔다. 아르키다미아전쟁은 스파르타의 아르키다모스 왕이 BC 431년에 테바이를 앞세워 아티카(Attica)의 플라타이아(Plataea)를 공격한 것에서 시작되어 BC 421년까지 10년간 이어진

전쟁을 나타낸다. 15년 전인 BC 446년에 전쟁을 예방하기 위해 체결된 아테네와 스파르타 간의 30년 평화조약의 효력 기간이 반이 남아있는 상황이었다.

테바이는 소포클레스의 유명한 비극 『오이디푸스 왕』의 무대다. 테바이는 페르시아전쟁 때 페르시아 편에 가담했던 반헬라 도시국가였고, 이 때문에 그리스와 페르시아전쟁 끝에 아테네로부터 지도부가 처형되는 등 호된 응징을 당했다. 이런 연유로 테바이는 페르시아전쟁 후에 스파르타의 새로운 동맹의 품에 안겼다. 반면에 플라타이아는 페르시아전쟁 때도 그리스 연합군 편에서 분투한 도시국가이며 아테네의 오랜 동맹국이다.

플라타이아와 아테네는 오랜 인연이 있다. 헤로도토스는 플라타이아가 "스파르타의 손에 자신을 맡기겠다"고 제안했다고 기록했다. 스파르타는 이 제안을 거절하고 아테네와 동맹을 맺도록 제안했다. 플라타이아를 놓고 보이오티아와 아테네 사이의 갈등을 조장할 이간책이다. 플라타이아와 아테네가 이 제안을 수용하여 동맹을 맺자 테바이가 플라타이아를 제재하기 위해 군대를 보냈다. 그러나 아테네가 이를 제지했고 코린토스의 중재로 테바이와 플라타이아 사이의 경계를 설정했다. 코린토스 중재단이 떠나고 아테네 군대가 귀국하자 이번에는 보이오티아가 습격했으나 아테네의 개입으로 플라타이아는 이웃의 예속을 피하고 자유를 유지할 수 있었다. 플라타이아는 이 은혜를 갚기 위해 마라톤 전투에서 아테네의 편에서 싸웠다. BC 479년 플라타이아는 페르시아의 제2차 그리스 침공 때도 그리스 연합군에 가담하여 용감하게 전투에 참여했기 때문에 스파르타와 같은 동맹이었다.

그러나 이 침공은 이미 예고된 수순이었다. 테바이는 아티카에서 세력 확장을 꾀하면서 오랫동안 플라타이아를 먹잇감으로 침을 흘렸지만 매번 뜻을 이루지 못했다. 그런데 페르시아와 전쟁이 끝난 뒤 동맹을 맺은 스파르타가 등을 떠민 것이다. 이런 상황에서 투키디데스의 전쟁사는 300명의 테바이 군대가 야간에 도시를 기습적으로 함락시키려고 시도하면서 펠로폰네소스전쟁의 불티가 되었다고 설명한다. 스파르타와 테바이군은 예상대로 플라타이아를 쉽게 포위했다. 플라타이아는 아테네로 구원군을 요청했다. 그러나 아테네는 현장에 나타나지 않았다.

아테네인들은 수비대를 설치하고 플라타이아의 민간인들을 아테네로 대피시켰지만 BC 429년에 스파르타의 왕 아르키다모스 2세가 직접 출정해 BC 427년까지 2년간 플라타이아를 포위했다. 플라타이아가 스파르타에 대해 2년간이나 결사 항전으로 버틴 것은 아테네의 지원을 믿고 기다렸기 때문이다. 그런 기대가 없었다면 합리적인 조건에서 전쟁을 마무리했을 것이다. 그런데 이 전쟁에서 아테네는 수치스럽게도 꽁무니를 뺐다. 아테네가 한 일은 도주한 플라타이아인들을 수용하고 유례가 드문 시민권을 준 것뿐이다. 현대적 개념으로 보면 난민을 받아준 것이다. 결국 플라타이아는 보급품이 바닥나서 스파르타에게 공정한 재판을 받는 조건으로 항복하고 도시를 넘겨주었다. 그러나 5명의 재판관들은 기소는 하지 않고 "이번 전쟁에서 스파르타인들과 스파르타의 동맹군들에게 도움을 준 적이 있는지만 물었다"(TW 52.3). 전쟁에서 적군에게 도움을 주었다면 이적행위다. 재판이 아니라 일방적으로 사형선고를 내려놓고 최후진술을 말하라는 것이었다. 플라타이아인들의 대답은 당연히 "없다"다. 결국 200명 이상의 플라타이아인들과 함께 아테네인 25명은 처형되었고 여성들은 노예가 되었다. 그로부터 약 1세기 후인 BC 338년, 마케도니아의 필리포스 2세가 플라타이아를 "페르시아에 저항하는 그리스의 용기의 상징"으로 재건하고 그의 아들 알렉산더 대왕은 BC 335년에 테바이를 완전히 멸망시켰다.

플라타이아가 테바이와 스파르타 및 펠로폰네소스 동맹군들에 단독으로 맞서 싸운다면 백전백패라는 것은 뻔하다. 패전 후에 수많은 인명이 희생되는 것도 분명하다. 페르시아와의 전쟁에서 페르시아 편을 들었던 테바이 지도층도 전쟁이 끝난 후에 그리스 연합군에 의해 처형되었다. 테바이가 이에 대한 보복을 벼르고 있을 것도 분명하다. 그런데 동맹국 아테네는 플라타이아이 예고된 비극을 외면했다. 어찌 된 일인가.

페리클레스의 철저한 지상 수비전략 때문이었다. 아테네는 이미 이 당시로부터 33년 전인 BC 460년대 후반부터 15년여에 걸쳐 도시의 중심을 돌벽으로 둘러싸기 시작했고 BC 445년경에는 세 번째 성을 쌓아 페이라이우에스 항구로부터 아테네 도심까지 이었다. 페리클레스는 아테네에 대한 침공에 대비하여 성 밖의 아티카 주민들을 모두 성안으로 이주시켜 아티카를 스파르타군의 전쟁놀이 마당으로 내줬다.

스파르타군은 텅 비어 있는 농촌을 무차별 파괴했다. 아테네 군대가 격분하여 나올 것으로 기대하는 유인책이었다. 그러나 아테네는 응전하지 않았다. 처음부터 스파르타와 싸움을 피하려 했던 것이다. 아테네는 아티카 주민들의 집과 재산 그리고 농작물을 모두 잃으면서도 주민들의 생명을 보호하는 것이 최선이라고 생각했다. 집을 버리고 간단한 가재도구만 들고 성내로 들어와 성곽 주변에서 피난 생활을 하고 있는 농촌 주민들은 자신들의 집과 농지가 불타고 황폐화되는 것을 멀쩡히 보고만 있어야 한다. 생활 여건이 조성되어 있지 않은 열악한 환경에 집단 수용됨으로써 질병과 사고에 그대로 노출되었다. 페리클레스가 전략적으로 아티카 농민을 이주시킨 아테네 도시도 비참해졌다.

페리클레스는 강박관념 속에 전후좌우를 보지 못했다. 자신을 보고 아테네 정치권을 보고 아티카 농촌의 아테네 주민들만 생각했다. 동맹국인 플리타이아 주민들은 외면했다. 여기에서 국제사회의 동맹의 본질과 한계가 보인다. 국가 간의 동맹은 자국의 이익이 침해되지 않은 전제에서 협력이 시작된다는 것이다.

페리클레스는 대신 바다를 통해 함대로 보복했다. 그렇지만 이런 전략은 근본적인 대책이 될 수는 없었다. 이런 전략은 너무나 고비용이었다는 것이 곧 드러나게 되었다. 아테네의 삼단노선 군함 한 척에는 200여 명의 노잡이가 필요했다. 이들은 하루에 1드라크마(drachma, 원래 고대 그리스어는 '드라크메'지만 로마식 표현인 드라크마로 널리 통용되어 드라크마로 표기한다)를 받았다. 그렇다면 함선 한 척에 지급되는 급여는 한 달에 6,000드라크마로 1달란트에 해당한다. 아테네는 전쟁 첫해의 8개월 동안 130척의 함선에 1,040달란트, 그리고 12개월 동안 70척의 함선에 840달란트 등 모두 1,880달란트, 그리고 포티다이아를 포위하는 데 군사에 지급금으로 420달란트를 합쳐 총 2,300달란트를 지출했다.

투키디데스가 알려주는 동맹국들로부터 매년 들어오는 평균 공물은 600달란트(TW 2.13.3)다. 크세노폰(Xenophon)은 국내외 수입을 1,000달란트로 전한다. 전쟁 개시 당시에 아테네는 6,000달란트의 전쟁 자금이 있었다. 매년 1,000달란트가 들어온다고 해도 BC 430년 봄에 4,700달란트 이상이 남아있기는 어렵다. 아테네가 페리클레스의 전략에 따라 전쟁을 계속했다면, 전비지출이 배를 넘기 때문에 전쟁 4년째에는 전쟁을 포기할 수밖에 없었을 것이다.

투키디데스는 외면했지만 페리클레스의 행태는 인민 독재의 성격이 엿보인다. 그는 델로스 동맹 자금을 아테네 도시재건사업비로 지출했다. 농촌 주민을 강제로 도시로 이주시켰다. 라이벌 키몬을 배척하여 아테네를 적전 분열의 내부 혼란으로 몰고 갔고 스파르타를 전략적으로 이용했다. 그러면서도 전쟁에서 신축적인 공수전략 대신에 어느 하나의 전략, 예를 들면 육상의 경우 수비 중심의 전략과 해상의 경우 과도한 고비용구조, 그리고 선택과 집중 대신에 과도한 의욕과 욕심으로 전력을 분산시켜 피해를 가중시켰다. 그럼에도 그의 강력하고 일관된 추진력은 아테네인 및 동맹국들을 결속시키고 강화하는 데는 유효했다. 그는 위기상황을 배경으로 하여 빈약한 정보를 가진 시민을 언변으로 설득하여 정책을 밀었고, 스파르타와 중재와 타협의 노력 대신에 시민을 선동하여 전쟁으로 몰고갔다. 아테네는 속으로 골병이 들어가고 있었던 것이다. 그럼에도 아테네인들의 전의는 꺾이지 않았다.

4. 페리클레스의 퇴장과 클레온의 등장

나우파크투스는 코린토스만의 북쪽 해안에 있는 해군의 전략적 요충지다. 펠로폰네소스전쟁 중에는 아테네의 중요한 해군기지였다. 나우파크투스를 점령하는 것은 코린토스만에 접근을 통제하는 전략적으로 중요한 의미가 있다. 아테네가 리움(Rhium) 전투 또는 칼키스(Chalcis) 전투(BC 429년)에서 승리하고 1주일 만에 나우파크투스 전투가 발발했다. 리움 전투는 펠로폰네소스 동맹들이 여러 나라에서 47척의 삼단노선을 동원하여 공격을 개시하고 아테네는 20석으로 맞섰지만 아테네가 승리했다. 스파르타 측은 배의 숫자로는 두 배 이상 많았으나 대부분 수송선을 개조한 배였다. 반면에 아테네의 배는 전투를 위한 함선이었다. 특히 스파르타 배들은 여러 국가에서 징발되어 여러 명이 지휘를 맡았다. 전투경험도 적었다. 반면에 아테네는 노련한 포르미노(Phormio)가 지휘했다.

포르미노는 10여 년 전 포티다이아에 파견되었을 당시에 자신의 사비까지 털어 병사들의 식량을 제공하는 등 청렴한 지휘관으로 활약했다. 그럼에도 그의 정적들은 시민조사위원회를 통해 그가 원정 중에 취한 행동들을 꼬투리 잡아 100미나의 벌금을 물렸다. 금의 무게로 환산하면 2억 3,000만 원 정도이다.

그는 체납자가 되어 시민권을 박탈당하고 산중의 가족 농장으로 들어갔다. 그가 세상을 등지고 사는 중에 그리스 서해안 지방의 아카르나니아 사람들이 그를 용병 대장으로 초빙했지만 그는 거절했다. 아테네는 이 사실을 알고 포르미노가 자칫 다른 곳으로 갈지 모른다며 벌금을 탕감해 주고 그의 시민권을 회복시켜줄 계책을 마련했다. 우선 디오니소스 축제의 신전준비 담당관으로 그를 임명한 뒤에 공적 자금 중에서 100미나를 준비 비용으로 지급하고 그 비용으로 그의 벌금을 납부토록 했다. 대신 디오니소스 신에게는 싸구려 선물을 바치는 것으로 정리했다. 그는 이 곡절 끝에 시민권을 회복하고 장군으로 선출되어 이 전투를 지휘하게 된 것이다. 해전의 명장인 그는 이 전투에서 삼국지의 제갈량이 동남풍을 이용한 것처럼 바람의 방향을 적절히 이용하여 승리를 거두었다. 그러나 제갈량은 AD 3세기 초(181~234년) 인물이다. 포르미노가 최소한 500여 년 앞선다. 아테네는 리움 전투에서 승리했고 패배한 스파르타는 충격에 빠졌다.

더구나 스파르타에게는 코린토스만의 나우파크투스에 있는 아테네의 기지가 눈엣가시였다. 아테네는 이곳을 기반으로 코린토스의 해군을 저지하고 있었다. 따라서 스파르타는 우선 이 기지를 점령하고자 했다. 스파르타는 나우파크투스의 해전 준비를 위해 펠로폰네소스 동맹국들 가운데 코린토스와 메가라 등 8개국으로부터 모두 77척의 배를 모은 뒤 스파르타의 크네모스(Knemus)를 비롯한 동맹국의 장군들이 지휘를 맡았다. 스파르타는 그러나 이 전투에서도 패했다. 나우파크투스에서 아테네의 승리는 코린토스만과 그리스 북서 쪽에서 아테네에 도전하려는 스파르타의 시도를 허물었다. 이런 승리의 여세를 몰아 아테네는 제해권을 확보했다.

한편 전쟁을 지휘하던 페리클레스가 전염병으로 사라진 자리는 새로운 리더십의 공간이 마련되었다. 등장한 인물은 클레온(Cleon)이었다.[7] 클레온은 귀족이었음에도 상인 계급을 대표하는 아테네 장군이었다. 그는 BC 431년에 펠로폰네소스 동맹의 침략자들과 아티카 전투를 거부하고 수비에 전념하는 페리클레스의 전략에 강력히 반대했다. 주민을 성안으로 대피시키고 방치한 성 밖의 농촌 지역들이 스파르타에 초토화되는 상황에서 그의 주장이 관심을 끄는 것은 당연하다. 그는 이를 통해 페리클레스의 반대자로 부상했다.

BC 430년, 페리클레스가 펠로폰네소스에 대한 원정에서 실패하고 도시가 전염병으로 황폐화되었을 때, 클레온은 페리클레스의 통치 자체에 대한 반대에 집중했다. 정책에 대한 반대에서 전면적인 정권 투쟁으로 전선을 확대한 것이다. 클레온은 강경한 반대의 대변인이자 신랄한 비평가였다. 그는 아래는 공무원에서부터 위로는 페리클레스까지 비판과 비난의 화살을 쏘아 댔다. 페리클레스가 전염병으로 죽기 1년 전인 BC 430년에 그의 공금 사용의 실책을 밝혀내 공직에서 한동안 물러나 있도록 했다. 그런데 정적이 전염병으로 BC 429년에 급작스럽게 죽으면서 과녁이 사라졌다.

클레온은 재야의 비판자에서 일약 조야의 공언된 대변가이자 민주주의 지도자로 변신해 아테네의 정치를 지배하게 되었다. 그는 거칠고, 세련되지는 않았지만 자연스러운 웅변과 강력한 목소리로 카리스마가 넘쳤다. 아테네 인민 대중의 감정에 어떻게 대처할 것인지를 알고 있었다. 전형적인 데마고고스(Demagogos)이고 포퓰리스트(Populist)이며 민족주의자였다.

클레온은 진영 논리로 피아를 갈랐다. 그의 지배원리는 대척점의 자리에 귀족과 스파르타를 놓고 맹렬하게 증오심을 일으키는 것이었다. 그는 가난한 배심 원단에 대한 임금을 인상함으로써 아테네인들의 생계를 도왔다. 배심원제는 더 가난한 아테네인들에게 생계 제공의 한 수단의 기능도 담당하고 있었다. 이를 통해 그는 가난한 시민들의 강력한 지지를 구축했다. 그는 이런 부문에 필요한 재원을 마련하기 위해 BC 425년에 '동맹국'의 공물을 두 배로 높였다. 그러나 BC 422년에 암피폴리스(Amphipolis) 전투에서 스파르타의 명장 브라시다스(Brasidas)와 함께 죽었다. 평화 대신에 전쟁을 외쳤던 이들이 죽으면서 평화에 대한 주요 장애물이 제거되었다. 그리고 BC 421년에 아테네와 스파르타 간에 니키아스 평화조약이 체결되었다.

투키디데스와 희극작가 아리스토파네스는 클레온의 특성을 매우 부정적 시각에서 묘사한다. 그를 무원칙하고 전쟁 광인으로 낙인찍어 버린다. 투키디데스는 전쟁사에 등장하는 모든 사람 중에서 클레온을 "아테네에서 가장 폭력적인 남성"(TW 3.36)으로 묘사하는 등 가장 비판적으로 취급한다. 아리스토파네스는 주로 『기사단(The Knights)』과 『말벌(Wasps)』(664-712)에서 그를 언급한다. 기사단에서는 그를 '뱀장어 낚시꾼'으로 비유한다. "뱀장어 낚시꾼들은 잔잔한 물속에서는 아무것도 잡지 못한다. 그러나 만일 그들이 끈적끈적한 점액을 퍼트려 놓는다면 낚시는 잘 된다. 마찬가지로 난세에서 당신은 오직 당신의 주머니만을 챙긴다"(기사단 864-867). 그리고 『말벌』(특히 664-712)과 다른 연극에서 그에 대해 가장 많이 언급한다.

투키디데스 및 아리스토파네스가 클레온을 비판적으로 묘사하는 것은 클레온과의 악연에서 빚어진 것이다. 투키디데스는 지역 군사령관이었을 때 그의 배가 스파르타군보다 전투가 벌어지고 있던 섬에 늦게 도착했던 일로 군사 무능력으로 기소되고 추방되었다. 클레온이 제안한 법령의 올가미에 걸린 것이다.

작가인 아리스토파네스도 클레온에 대해 원한을 가졌다. 클레온이 정부 위원회에서 그를 공개적으로 비난했기 때문이다. 클레온은 아리스토파네스가 연극 『바빌로니아인』에서(현재는 소실됨) 국가적으로 대단히 위험한 도시에 외국인이 존재하는 정책과 제도를 조롱했다는 이유로 그를 비난했던 것이다. 두 작가가 물려준 묘사를 토대로 할 때 클레온이 이들에게 부당하게 대했을 개연성은 뚜렷하다. 그러나 이들의 클레온에 대한 부정적 묘사가 오로지 악연에 따른 반감 때문이라고 간주하는 것은 성급히다. 클레온이 빈약한 증기로 시민을 선동함으로써 아테네에 불신의 감정을 조장했다는 비판을 고려하면 그에 대한 부정적 기술이 정당화될 수도 있다. 클레온은 도시를 감시하기 위해 고용된 과격한 정보원으로부터 들은 내용을 가지고 시민들을 선동했던 것이다. 그렇지만 아리스토파네스나 투키디데스 모두 그들의 기술이 편향된 증거나 사고에 의한 것이라는 의심을 벗어나지는 못했다.

❖ 주

1) 신화에는 아레스(Ares)의 아들인 아테네의 판디온 2세(Pandion II)의 네 아들 중의 한 명인 니소스(Nisos)가 지배자였다.
2) George Cawkwell, *Thucydides ans Peloponnesian War* (London: Routledge, 1997), p. 33.
3) Terry Buckley, *Aspects of Greek History 750-325 BC* (London: Routledge, 1996), p. 322.
4) Athanasios G. Platias & Koliopoulos Constantinos, *Thucydides on Strategy* (Turkey: Eurasia Publications, 2006), pp. 100-103.
5) T. Buckley, *Aspects of Greek History*, 2nd. (London: Routledge, 2010), ch. 17.
6) Sarah B. Pomeroy, Stanley M. Burstein, Walter Donlan and Jennifer Tolbert Roberts, *Ancient Greece: A Political, Social, and Cultural History* (Oxford: Oxford University Press, 1999).
7) https://www.livius.org.

16장

미틸레네 반란의 비극과 멜로스의 참상

1. 미틸레네 반란과 전투

미틸레네(Mytilence, 그리스 발음은 '미틸리니'지만 '미틸레네'로 널리 일반화되어 그에 따른다)는 레스보스(Lesbos)섬 최대의 도시국가로 아테네 당시에 델로스 동맹으로 아테네가 제국으로 변하기 전에는 레스보스와 함께 중요한 자치 국가였다.[1] 레스보스는 델로스 동맹의 다른 국가들과 몇 가지 점에서 달랐다. 델로스 동맹의 회원국이지만 과두제였고 자신의 군함을 독자적으로 관리하면서 아테네가 다른 국가와 싸울 때 공물 납부 대신 함대를 보냈다. 이런 특징들은 다른 동맹국들에 비해 특전이었으나 미틸레네는 아테네 제국의 지배를 벗어나 레스보스섬의 5개의 도시국가를 하나로 통일하려는 야심을 가지고 있

었다. 아테네가 미틸레네인들이 권력을 강화하려는 시도를 좌시하지 않을 것임은 불을 보듯 뻔하다.[2]

아테네의 지배에서 벗어나려는 미틸레네는 BC 430년에 펠로폰네소스 동맹에 가입을 신청했지만 스파르타는 이 요구를 거부했다. 메가라 법령, 케르퀴라의 전쟁, 포티다이아 봉쇄 등이 모두 동맹 관계의 조정에서 비롯되었기 때문에 스파르타로서는 분명한 이익이 없는 한 멀리 떨어진 섬의 작은 도시국가로 인하여 물에 빠져 허우적댈 이유가 없었을 것이다.

미틸레네의 독립계획은 진전을 보지 못했다. 배후 세력을 확보해 놓지 않은 상황에서 델로스 동맹을 탈퇴하는 것은 앉아서 아테네의 철퇴를 맞는 길이다. 그러나 스파르타의 거절은 펠로폰네소스전쟁이 발발하기 이전이다. 이런 상황에서 펠로폰네소스전쟁 발발은 그들에게 기회였다.

미틸레네는 스파르타가 평화 시에는 거절했지만 전쟁 시에는 받아줄 것으로 판단했다. 어차피 전쟁판에는 한 자루 칼, 한 척의 배라도 긴요하다. 더구나 적군이 아군으로 넘어오면 한 자루의 칼, 한 척의 배가 실은 두 배가 된다. 특히 스파르타로서는 레스보스섬을 차지하여 아테네가 장악하고 있는 에게해의 교두보로 만들 수 있다.

아테네는 전염병이 창궐하고 있었다. 절대적인 지도자 페리클레스가 이 전염병으로 죽은 지 1년이 지났다. 인적, 물적 자원도 부족했다. 미틸레네의 지도자들은 아테네의 이런 정황이 반란을 위해 신이 준 기회로 판단했다. 미틸레네 지도자들은 욕망으로 무모해지고 자기중심적 상황 판단으로 희망의 노예가 되어 있었다.

미틸레네는 펠로폰네소스 동맹으로부터 지원을 요청하기 위해 BC 428년에 올림피아에 사절단을 보냈다. 그러나 스파르타는 그해 여름에 올림피아에서 열리는 올림픽 축제 때까지 미틸레네에 관한 결정을 미루었다. 스파르타가 지원에 소극적인 것은 아테네를 의식하는 배경 외에도 반란에 대한 계획이 스파르타가 아닌 보이오티아로부터 비롯 되었기 때문이다.[3] 보이오티아는 이미 BC 428년부터가 미틸레네의 반란 계획에 동참한 것으로 보인다.[4] 펠로폰네소스 동맹의 맹주가 들러리나 서는 입장에 자존심이 상했던 것이다.

미틸레네인들은 펠로폰네소스 동맹의 지원을 기대하면서 반란 준비에 들어갔다. 일단 김칫국을 먼저 마시고 떡을 기대하는 꼴이었다. 도시를 요새로 구축하고 항구들을 점검하며, 해군을 증원하고 전함도 추가로 건조했다. 장기전에 대비해 여분의 곡식도 수입했다. 생필품과 용병은 폰토스(Pontus)에서 주문했다.[5]

반란 준비는 주위의 관심을 끌기 시작했다. 정보원들은 아테네에 세부 사항 보고를 시작했다. 정보는 여러 출처에서 나왔다. 그들의 지역 즉 메팀나(Methymna)와 에게해의 북쪽 섬인 테네도스(Tenedos) 인들 그리고 그 도시에서 아테네의 이익을 대표하는 미틸레네인들의 집단들이 이 소식을 아테네에 넘겼다. 프록세노이(proxenoi, 제14장 주 2 프록세노리를 참조할 것)를 맡은 일부 미틸레네인들도 아테네에 정보를 넘겼다. 머나먼 길에 소식은 어떻게 전달했을까? 지금처럼 빠르고 편리한 통신이나 교통수단이 있었던 것이 아니었다. 전서구(傳書鳩) 즉 훈련된 비둘기의 다리에 통신관(通信管)을 끼고 그 안에 서신을 넣어 전달하는 방법이 그 당시에 사용되었을까? 가장 확실한 것은 사람이 직접 배를 타고 가는 것이다.

미틸레네를 중심으로 하는 레스보스섬의 반란 추진은 섬의 모든 도시국가는 물론 모든 사람의 지지는 받을 수 없었다. 레스보스섬의 미틸레네를 비롯해 다른 4개의 도시국가 중에서 안티사(Antissa), 에레수스(Eresus) 및 피르라(Pyrrha) 등 3개 국가는 과두체계로 반란에 뜻을 같이했다. 그러나 메팀나(Methymna)는 민주체계였고 인근 테네도스(Tenedos)섬과 함께 아테네에 계속 충성하고 있었다 (테네도스는 현재 터키령으로 보츠카다[Bozcaada]로 불리는 곳이다).

메팀나와 테네도스는 왜 반란을 거부했을까? 아테네에 대한 충성의 문제였을까? 레스보스섬의 다른 도시국가들에 비해 아테네에 대한 충성심이 강할 수는 있다. 그렇다고 그 충성심이 전부는 아니다. 국제 사회에서는 국가 이익이 최우선이다. 우선 정세의 판단에서 반란 성공률이 낮다고 보았을 것이다. 반란에 성공해도 레스보스의 입장에서는 결국 아테네에서 스파르타로 맹주만을 옮기는 것이다. 그리고 섬나라에게는 해상 강국의 보호가 필요하다. 이 점에서는 스파르타보다 해상 강국인 아테네에 기대는 것이 유리하다. 그뿐 아니다. 특히 메팀나에게는 또 다른 걱정이 있다. 반란에 성공해도 주도권은 미틸레네가 차지한다. 아테네나 스파르타 대신 담 하나를 사이에 두고 사자 대신 여우의 통제를 받아야 한다. 멀리서 사자의 감시와 가까이서 여우의 통제를 받는 것 중에서 차라리 멀리 있는 사자의 감시가 편할 수 있다.

아테네는 미틸레네의 반란 준비 계획이 전달되자 포기를 종용했지만 나름대로 전쟁 준비까지 해놓은 상황이라 미틸레네는 듣지 않았다. 아테네는 미틸레네에 대해 군사적 대응의 필요성을 운명으로 받아들이고 함선 40척을 미틸레네에 파견했다. 아테네 함대의 지휘관은 미틸레네에게 항복하고 성벽을 허물 것을 명령했다. 미틸레네 군은 이 명령을 거부하고 전투를 개시하는 듯하다가 갑작스레 휴전과 협상을 요구했다. 아테네 사령관은 휴전에 동의했다. 싱거운 접전이었다. 무엇인가 이상했다. 아테네 사령관은 미틸레네의 협상 대표들에게 아테네로 가도록 했다.

그러나 지극히 정상적이지 않은 배경에는 분명히 곡절(曲折)이 담겨있기 마련이다. 미틸레네 정부의 내심(內心)은 화해가 아니라 시간을 벌려는 지연 전략이었다. 펠로폰네소스 동맹의 가입과 지원을 요청했을 때 올림픽 축제가 열리는 여름까지 기다리라는 말을 들었기 때문에 이 때에 스파르타와 보이오티아와 협상의 결실을 맺으려고 시간을 끄는 것이었다.[6]

아테네로 간 미틸레네의 협상 대표들은 레스보스에서 아테네 함대를 철수한다면 계속 충성을 하겠다고 제의했다 (TW 3.4). 속뜻은 아테네가 메팀나를 포기하라는 것이다. 메팀나는 레스보스에서 미틸레네와 경쟁적인 도시국가이다. 아테네에 동조적이며 델로스 동맹의 회원국이었다. 반란을 진압하러 간 아테네가 레스보스에서 함대를 철수하면 미틸레네는 당장 메팀나를 장악할 것이다. 그리고 곧 펠로폰네소스 동맹의 힘을 얻게 되면 독립을 선언할 것이다.

아테네가 미틸레네의 얕은꾀를 간파하지 못할 리가 없다. 미틸레네가 메팀나를 장악하는 것을 방치하면 아테네의 동맹국가들은 아테네에 공물을 납부하고 충성할 의미가 사라지게 된다. 동맹국을 보호해 주지 못하는 아테네의 요구를 누가 받아들이고 충성하겠는가. 제국의 지배자로서 아테네의 위상은 흔들릴 것이기 때문에 미틸레네의 제안을 받아들일 수 없다. 미틸레네인들도 이 정황을 왜 모르겠는가? 수용이 원천적으로 불가능한 요구 사항을 제시하는 것은 협상의 결렬을 염두에 두거나 항복을 요구하는 것이다. 아테네는 거절했고 협상은 빈손으로 끝났다.

미틸레네 협상 대표가 레스보스로 돌아와 이 소식을 전하자 메팀나와 테네도스를 제외한 레스보스의 모든 시민은 분노했고, 반란주도자들은 이런 여론에 기름을 부으며 공개적으로 아테네에 전쟁을 선포했다 (TW 3.5-6 참조). 미틸레네는 군대를 소집하여 아테네의 진지를 공격했다. 전투는 치열했고 전투 결과는 미틸레네의 승리로 끝나는 듯했다. 그러나 그들의 전투 성과는 여기까지였다. 그들은 승리의 여세를 몰아 아테네군 진지를 초토화해야 한다. 현지 지리를 잘 아는 주민들에게는 야간 전투가 오히려 홈그라운드의 이점을 살릴 수 있다. 그런데 미틸레네 지도부는 기선장악을 승리로 오판하고 야간 전투에 임하지 않은 채 함대로 퇴각했다. 반면에 아테네군에게 이 전투는 반면교사(反面教師)가 되었다. 아테네군은 수적으로 열세였다. 원정군이 갖는 한계다. 증원군이 필요했다. 그들의 동맹국에게 증원 부대를 요청했다.

미틸레네군은 두 번째 공습을 시도하기 전에 감나무에서 입을 벌리고 있듯 펠로폰네소스로부터 증원군이 오기만을 기다리면서 호기(好機)를 무위(無爲)로 흘려보냈다. 미틸레네 과두 정부의 지도자들은 여전히 의존적 태도에 빠져 있었던 것이다. 그동안의 방위는 아테네에 의존해 왔다. 이제는 펠로폰네소스 동맹 그리고 스파르타의 몫으로 생각하고 있었다. 그렇지 않고서야 어떻게 적을 패퇴시킬 절호의 기회를 스스로 포기할 수 있는가? 권투선수가 그로기 상태의 상대를 놔두고 자기 코너에서 두 손을 번쩍 드는 꼴이다. 그 당시에 마오쩌둥(毛澤東)이 있었다면 일침을 가했을 것이다. "혁명은 저녁 파티도, 그림을 그리는 것도, 자수를 놓는 것도 아니다" 미틸레네 장군들은 삼단노선 안에서 승리를 자축하는 선상 저녁 파티를 열었던 것은 아닌가. 자신의 의지와 힘으로 사생결단을 하겠다는 각오가 없이 반란 성공 후에 권력의 향유에 대한 환상으로 가득 차 있었던 것은 아니었나? 그렇다면 그 반란은 이미 실패로 가는 무모한 모험이다.

아테네 진지를 공격한 직후, 미틸레네에 당도한 것은 미틸레네가 고대하는 스파르타와 보이오티아 그리고 테바이로부터 지원군이 아니라 사절단이었다. 이들은 반란 전에 출발했지만 1차 전투가 끝난 후에야 뒤늦게 도착해 삼단노선에 몰래 들어왔다. 그리고 미틸레네인들에게 삼단노선 한 척으로 자신들과 함께 사절들이 올림피아로 가자고 권유했다. 선택의 여지가 없는 미틸레네인들은 그대로 따랐다 (TW 3.5). 이들은 아테네 군인들의 눈을 피해 험난한 항해를 거쳐 펠로폰네소스로 갔다. 펠로폰네소스 동맹들은 BC 428년 8월에 올림픽 제전을 마치고 제우스(Zeus)의 성소에서 회의를 열고 있었다. 미틸레네 사절들은 여기에서 이렇게 말했다.

"전시에 한 국가가 반기를 들고 이전 동맹국을 배반한다면 그 국가를 동맹국으로 받아들이는 국가들은 당장은 쓸모가 있으니 반가워하겠지만 그 국가가 이전 친구를 배신했으니 멸시할 것입니다. 이러한 판단은 부당하다 할 수 없습니다. 만약 배신한 국가와 배신당한 국가가 정책과 의도가 같고, 힘과 자원에서 대등하며, 배신할 만한 이유가 없다면 말입니다. 그러나 우리와 아테네인들의 경우는 다릅니다. 따라서 어느 누구도 우리가 평화 시에 그들에게 존중받다가 어려울 때 그들을 배신했다고 우리를 멸시해서는 안 됩니다.

우리는 무엇보다도 여러분과의 동맹을 추구하는 만큼 먼저 정의와 정직에 관해 논하지 않을 수 없습니다. 양쪽이 서로 정직하게 대하지 않고 서로 생각이 같지 않으면 개인 간의 우정도 국가 간의 협력도 공고할 수 없다는 것을 알기 때문입니다. 생각이 다르면 행동도 달라지게 마련이니까요. 우리가 아테네인들과 처음 동맹을 맺은 것은 페르시아전쟁이 끝난 뒤 여러분은 철수하는데 그들은 그대로 머무르며 남은 일들을 처리해주면서부터였습니다. 그러나 우리가 동맹을 맺은 것은 아테네인들이 헬라스인들을 노예로 만들기 위해서가 아니라 헬라스인들을 페르시아에서 해방하기 위해서였습니다.

아테네인들이 우리의 독립을 존중하며 지도하는 동안에는 우리도 기꺼이 따랐습니다. 그러나 그들이 페르시아에 대한 적대감은 점점 늦추고 동맹국을 노예로 삼는 데 점점 열을 올리자 우리는 겁이 나기 시작했습니다. 하지만 동맹국은 표가 분산되어 단결해서 대항하지 못하고 우리와 키오스인들을 제외하고는 모두 노예가 되었습니다. 우리는 명목뿐인 자주독립국가로서 그들의 군사작전에 군대를 파견했습니다. 그러나 지금까지의 여러 선례를 보면서 우리는 지도자로서 아테네를 더는 신뢰할 수 없게 되었습니다. 우리와 같은 동맹에 가담한 국가들을 예속시킨 것으로 미루어 언젠가 그럴 수만 있다면 우리들 남은 동맹국에도 같은 짓을 하지 않으리라고 보기 어려울 것입니다.

(…) 동맹의 유일한 담보는 서로에 대한 두려움입니다. 그래야만 어느 한쪽이 맹약을 위반하고 싶어도 공격해 보았자 유리할 것이 없다고 생각하고 그만두기 때문입니다. (…) 전시에는 그들이 우리를 두려워하여 좋은 관계를 유지하기 위해 최선을 다하고, 평화시에는 처지가 바뀝니다. 다른 사람들의 경우 대개 호의가 신뢰를 공고하게 해 주지만 우리 경우에는 두려움이 안전을 보장해줍니다. 우리의 동맹은 우호관계보다는 두려움에 의해 유지되기 때문입니다. 따라서 어느 쪽이든 먼저 안전에 자신감이 생기는 쪽이 동맹을 이탈할 것입니다. (…)

(…) 여러분은 우리를 동맹국으로 받아들이고 신속히 원군을 보내, 도와주어야 할 자들은 도와주되 적에게는 타격을 가한다는 것을 보여 주어야 합니다. 그러니 (…) 부디 우리 동맹군이 되어 주시고, 우리 혼자 목숨을 건 모험을 하지 않도록 우리를 버리지 마십시오. 우리가 성공하면 모든 헬라스인들에게 혜택이 돌아갈 것이나, 여러분이 우리의 요구를 거절하여 우리가 실패하면 그 피해는 모두의 몫이 될 것입니다. 그러나 여러분은 헬라스인들이 요구하고 곤경에 빠진 우리가 바라는 그런 사내대장부가 되어 주십시오." (TW 3.8-14)

미틸레네인들의 연설은 자기중심의 아전인수(我田引水)다. 다만 펠로폰네소스 동맹국들의 공동의 적인 아테네를 헐뜯는 내용은 구미가 당겼을 것이다. 스파르타와 그의 동맹국들은 아테네와 일전을 앞둔 상황에서 다른 선택의 여지가 없었다. 결국 표결을 통해 레스보스를 동맹으로 받아들이고 반란을 지원하기 위해 즉시 아티카를 공격하기로 결정했다 (TW 3.15). 아티카가 공격당하면 레스보스의 병력을 빼낼 것으로 기대한 것이다. 스파르타는 모든 동맹국에게 각기 코린토스 지협으로 파견단을 보내 함께 모인 다음에 아티카로 진격하도록 했다 (TW 3.15-16). 제일 먼저 스파르타 파견대가 도착했다. 그리고 배를 코린토스 만으로부터 지협을 가로질러 항해하기 시작했다. 육지와 바다를 동시에 공격하기 위한 준비였다. 스파르타가 매우 열심히 이 일을 하는 동안 다른 동맹국들은 그들의 파견대를 느리게 천천히 보냈다. 동맹국들의 군대는 이미 5월 초에 한 달간의 아티카 침공에 참전했었다 (TW 3.15.2). 동맹국들은 계속되는 군대 소집에 지쳐 있는 데다가 각 가정마다 수확이 한창 진행 중이었다.

2. 아테네의 대응

아테네는 펠로폰네소스 동맹이 아티카에 대한 공격을 준비하는 것은 아테네가 아주 유약하다는 확신에서 비롯되었다는 것을 간파했다. 그들이 오판했다는 것을 보여 주어야 한다. 특히 펠로폰네소스의 위협 때문에 레스보스섬으로부터 함대를 빼 내오지 않아도 문제없다는 것을 과시할 필요가 있었다. 펠로폰네소스 해안을 습격할 100척의 삼단노선을 준비했다. 위기의 국면에서 아테네인들은 자유를 확보하고 제국을 건설한 정신의 강인함과 결단을 보여 주고자 했다. 이것은 대단한 확신과 능력의 과시지만 다른 한편으로는 아테네의 자원들을 한계 상황에 이르게 하는 부담스러운 일이었다. 아테네는 결국 현재의 재정적 위기 상황에서 계속되는 전쟁의 비용을 지불하고 인력을 동원하기 위한 극단적인 3가지 조치를 취했다.

첫째, 시민들에게 특별세(eisphora) 또는 직접세를 부과했다 (TW 3.19). 고대 그리스인들에게 이런 조치는 최후의 수단이었다. 특별세는 전쟁이나 재정위기 때 부유한 아테네인에게 부과하는 부유세를 말한다. 특별세의 부과는 아테네 민회의 의결로 이루어진다. 이 세금은 솔론 시대에 이미 존재했던 것으로 보이지만 사실상 이런 세금이 아테네인들에게 부과된 것은 처음 있는 일이다.[7] 투키디데스에 따르면 특별세는 BC 428/7년에 최초로 200달란트가 부과되었다.

둘째, 동맹국가들의 공물액수를 상향조정한 것이다. 동맹국가들의 부담이 가중되었다. 아테네는 새로 평가한 내용에 따른 공물을 수납하기 위해 12처의 배를 출항시켰다. 이런 정책은 당연히 저항을 촉발시켰다. 이 배를 지휘하는 장군 한 명이 아나톨리아(Anatolia) 서쪽 지역에 있는 카리아(Caria)에서 살해되는 일까지 발생했다.[8]

셋째, 아테네에 거주하는 모든 남성에게 총동원령을 내렸다. 함대의 선원으로 근무할 수 있는 테테스(thetes)가 충분하지 않았다. 대신 제우기타이(zeugitae)와 메틱(metic)이 노잡이로 보충되었다.[9] 이런 신분의 구분은 BC 594/593년 이전에 시작되어 BC 322년까지 이어졌다. 테테스는 사회적으로 계급이 가장 낮은 신분의 시민이다. 이들은 주로 임금 노동자이거나 1년 생산량이 200메딤노이(medimnoi) 이하인 자들이다. 메딤노이는 마른 곡물을 담는 용량의 단위이다. 1메딤노이의 가치가 어느 정도인지는 확실하지 않지만 5인 가족의 1년 생활비가 약 25메딤노이로 추산된다. '200메딤노이 이하'는 이들의 생산량의 최고치일 뿐이다. 이에 해당하는 시민들의 실제 평균 생산량의 중앙값은 알 수 없다. 따라서 생활비를 제외하고 충분한 재산을 비축하는 것으로 추정하기는 어렵다. 테테스는 민회에 참석할 자격과 시민법정의 배심원이 될 수 있었다. 그러나 불레(Boule) 즉 의회 의원이나 장관직은 허용되지 않았다. BC 460~450년경에 에피알테스(Ephialtes)와 페리클레스(Pericles)는 이들에게도 공직의 문을 활짝 열어주었다.

제우기타이는 1년에 200메딤노이 이상 가치의 상품을 생산할 수 있는 사람들이다. 이 용어는 그리스어 '요케(yoke)'에서 유래했는데 의미는 '멍에'다. 현대 학자들은 제우기타이는 황소의 멍에를 좋아하거나 밀집군단에서 함께 멍에를 메었던 사람 즉 그들 자신의 중장병기를 가진 사람을 의미하는 것으로 간주한다. 제우기타이는 아테네 군인에서 중장보병으로 근무할 수 있지만 스스로 장비를 조달할 수 있어야 한다. 따라서 200메딤노이 이상을 생산해도 중장비를 구입하고 세금을 납부하는 데 상당한 돈이 들어갔을 것이다. 솔론의 개혁시대에 이들은 하위의 정치적 직위에 오를 수 있는 자격이 인정되었다 (관련 내용은 솔론시대의 정치에서도 일부 기술되었지만 여기에 종합적으로 다시 기술한다). 이들의 신분은 BC 457/456년에 정부의 9명의 장관인 집정관까지 가능한 신분으로 향상되었다.

메틱은 아테네에 거주하는 외국인이다. 아테네의 시민권이 없을 뿐만 아니라 다른 그리스 도시국가의 시민권도 갖지 않은 사람들이다. 즉 헬라인이 아니다. 시민권은 현재의 미국처럼 속지주의가 아닌 혈통주의였기 때문에 메틱은 그리스에서 태어났어도 부모가 시민권자가 아니면 시민권을 취득할 수 없었다. 가족의 몇 세대가 도시에 살았는지에 관계없이, 도시국가가 특별한 혜택으로 시민권을 부여하지 않는 한 시민이 되지 못했다. 그러나 BC 480년대에는 아테네로 이민 온 자는 아테네 시민이 될 수 있었다.

메틱은 시민으로서의 어떤 권한도 없으면서 시민과 같은 의무를 이행했다. 이들은 정치공동체에서 아무런 역할이 없었다. 배심원 및 의원이 될 수도 없었고 민회의 참석도 배제되었다. 아티카(Attica)에서 자신의 부동산을 소유할 수도 없었다. 다만 메틱은 다른 사람을 기소하고 시민처럼 재판을 받을 수는 있었다. 메틱이 유죄 판결을 받으면 재산은 압수되고 노예로 팔렸다. 모든 메틱들은 그들이 살고있는 지방공동체인 데메(deme)에 등록하고 시민을 후원자 또는 후견인으로 지명해야 했다. 후원자가 없는 메틱은 특별 기소에 취약했다. 그럼에도 시민과 마찬가지로 병역을 수행해야 했고 세금도 납부했다.

메틱들은 메티키키온(meticikion) 이라고 불리는 세금을 냈다. 메틱

남자들과 그들의 가정에 대해서는 1년에 12드라크마(drachmas), 독립된 메틱 여성에게는 6드라크마가 부과되었다. 이 외에 메틱들을 포함하여 비아테네인들이 아고라에서 물건을 팔려면 크세니카(xenika)라는 또 다른 세금을 내야했다.

그러면 이들은 그렇게 차별적인 아테네에 왜 왔나? 돈을 벌기 위해서다. 그러다 보니 이들은 아테네 경제에 필수적 존재가 되었다. 도시국가별로 메틱의 체류 기간은 다양했다. 대개는 한 달이고 아테네도 마찬가지였을 것이다. 그렇다고 기간이 경과하면 출국해야 하는 것은 아니다. 메틱들은 경제적 제약보다는 문화적인 배경으로 인해 주로 사회적 지위가 낮았다. 일부는 가난한 장인이거나 해방된 노예였다. 다른 일부는 도시의 가장 부유한 주민이 되었다. 그러나 도시의 사회경제적 생활에는 완전히 통합될 수 있었다.

플라톤의 『공화국』은 메틱의 가정에서 대화가 벌어지는 것으로 시작된다. 그러나 시민으로서나 메틱으로서의 화자의 신분은 결코 언급되지 않는다. 고대 그리스어에서 메틱은 '변화' 혹은 '거주'를 나타냈다. 이 단어는 프랑스어로 'métèque', 즉 프랑스에 이민 온 사람들이라는 외국인 혐오증의 용어로 소생했다. 이 의미는 민족주의 작가 모우라스(Charles Maurras)에 의해 19세기 후반 대중화되었다. 이 경멸적 감각은 프랑스 언어로 현재까지 남아 있다.

총동원령하의 아테네 함대는 펠로폰네소스 해안을 따라 마음대로 여기저기를 휘젓고 다녔다. 아테네의 이런 반응은 스파르타인들에게 의외였다. 스파르타인들은 레스보스인들이 진실을 말하지 않은 것으로 생각할 수밖에 없었다. 더구나 펠로폰네소스 근처에서 30척의 배가 스파르타 근처의 육지 이곳저곳을 유린한다는 소식과 함께 동맹들이 나타나지 않아 당황스러웠다. 스파르타군은 결국 동맹군들을 기다리다가 귀국했다 (TW 3.16).

3. 스파르타의 개입

아테네의 100척 함대의 기세에 눌렸던 스파르타는 1년 동안 숨 고르기를 했다. 전염병과 전쟁에 시달리는 아테네의 자원들을 옥죄기 위해 육지와 바다에 대한 집중된 노력을 시도했다. 1년 후인 BC 427년 여름이 왔다. 여러 동맹국들로부터 레스보스에 보낼 함선 42척을 모으고 알키다스를 사령관으로 임명하여 출항시켰다. 아테네의 미틸레네에 대한 포위를 풀고 아테네에 대한 반란을 지원하기 위한 것이다.

다른 한편으로 스파르타와 그들의 동맹국으로 구성된 연합군은 어린 아들 플레이스토아낙스(Pleistoanax)를 왕위에 앉히고 섭정을 하고 있던 파우사니아스(Pausanias)의 조카인 클레오메네스(Cleomenes)를 사령관으로 하여 아티카를 공격했다. 이번 스파르타의 침공은 3년 전인 BC 430년의 침공에 비해 파괴가 더 심해(TW 3.26) 아티카 지역이 초토화되었다. 아테네도 과거보다 이 공격을 심각하게 받아들였다. 스파르타는 이 공격과 함께 레스보스로 떠난 함대가 목적을 달성했는지에 관한 소식에 귀를 쫑긋 세우고 있었다.

이와 비슷한 시기에 레스보스에서 미틸레네와 그들의 동맹들은 반란에 동참하지 않는 메팀나에 대한 공격을 시작했다. 이들은 공격을 개시하면 메팀나의 도시 내부에서 반란을 일으키기로 내통한 세력이 있었다 (TW 3.18). 그러나 막상 닥쳐보니 약속된 배반은 나타나지 않았다. 배반은 영악한 자들의 특허다. 흔히 눈동자 굴림이 빠르고 안테나가 예민하다. 아테네 군대의 움직임을 이미 알고 있었다면 어느 쪽에 줄을 서야 할 것인가를 판단했을 것이다. 오히려 메팀나는 미틸레네의 공격을 격퇴했다. 미틸레네가 일단 물러가자 메팀나는 보복으로 미틸레네 동맹국의 하나인 안티사(Antissa)를 공격했으나 패배했다. 아테네인들은 일련의 이 사건들을 보고 포위를 강화할 시점이라고 판단했다.

아테네는 BC 428년 가을 초에 미틸레네를 포위하기 위해 에피쿠로스(Epicurus)의 아들 파케스(Paches)의 지휘하에 1,000명의 중장보병을 파견했다. 이 새로운 군대는 미틸레네를 완전히 봉쇄할 수 있는 세력이었다. 그들은 도시를 에워싸고 핵심적인 위치에는 요새를 설치했다. 항구는 이미 봉쇄했고 포위선은 철통같았다. 지상 전투에서 레스보스군도 격파했다. 미틸레네는 아테네 요새에 둘러싸여 육지와 바다로부터 고립되었다.

겨울이 끝나 갈 즈음에 스파르타의 장군 살라이토스(Salaethus)가 미틸레네에 도착했다. 그는 미틸레네에게 펠로폰네소스군이 아티카를 침략하려 한다는 것과 봄이 되면 42척의 함선이 그들을 지원하기 위해 도착할 것이라고 전했다. 이 소식에 미틸레네인들은 사기가 진작되었다. 미련을 가졌던 아테네와 협상할 생각은 아예 털어버렸다. 살라이토스 말대로 스파르타는 아티카를 침공했지만 레스보스로 온다는 함대는 도착하지 않았다. 식량 공급선이 막히고 식량이 고갈되었다. 빠져나갈 수도 없는 궁지에 몰렸다. 살라이토스의 소식이나 위무(慰撫)는 사지(死地)의 섬 주민들에게는 거의 도움이 되지 않았다.

미틸레네에게 남은 유일한 희망은 알키다스(Alcidas)가 지휘하는 스파르타의 42척 함대였다. 그러나 이 함대는 BC 427년 여름까지 항구에서 떠나지도 않은 채 머뭇거렸다. 미틸레네는 살라이토스가 와서 함대가 오는 중이라고 전했을 때 저항 의지가 살아나는 듯했다. 아테네의 포위선을 몰래 빠져나가도록 하자는 계책을 제시했을 때 풀이 죽어 있던 사기가 오르는 듯했다. 그러나 이것은 순간이었다. 정신이 물질을 지배할 상황은 이미 지나버렸다. 스파르타로부터 어떤 실질적 도움이 없는 한 의지나 사기는 거품일 뿐이다. 오히려 상대적 허탈감은 깊은 좌절의 뜰을 지나 자포자기의 수렁에 빠질 수 있다.

스파르타가 알키다스를 사령관으로 하여 42척의 배를 미틸레네로 출항시킨 것은 이런 상황 속에서 이루어졌다. 스파르타는 지상전뿐만 아니라 해전에도 개입한 모양을 갖추긴 했지만 모든 일에서 중요한 것은 타이밍(timing)이다. 이 출항 계획은 스파르타가 아티카를 침공하면 아테네인들은 아티카에 집중하게 될 것이고, 알키다스의 함대에는 충분한 주의를 기울일 수 없을 것이라는 전제에서 출발된 것이었다. 바다에서 미틸레네로 함대를 보내고 지상에서 아티카를 공격하는 양동작전(陽動作戰)인 동시에 동쪽에서 소리를 내고 서쪽에서 적을 치는 성동격서(聲東擊西)였지만 실기(失機)했다. 그러나 아테네는 이런 전략에 익숙하게 길들여있었다. 오히려 미틸레네에 화력을 집중했다. 지상전에 가담했던 스파르타 연합군은 더 이상 버틸 이유가 사라졌다. 결국 퇴각해서 각자의 도시국가로 흩어졌다.

한편 레스보스에서 아테네 함대와 맞서도록 파견된 스파르타 동맹의 알키다스는 펠로폰네소스 해안을 도는 데 아주 많은 시간을 허비했다. 일부러 꾸물댄 것이 아니면 그렇게 오래 걸릴 일이 아니었다. 그의 함대는 천천히 그리고 조심스럽게 전진했다. 아테네의 감시망을 피해서 몰래 펠로폰네소스 반도를 빠져나와 델로스에 도착했다. 아이오니아 해안의 에리트라이(Erythrae)에 이르는 데 며칠을 흘려보냈다. 에리트라이는 레스보스섬 남쪽에 있는 소아시아의 작은 반도로 앞으로는 키오스섬과 마주하고 있다. 상당 기간 아테네의 종속국이었으나 BC 453년경에 공물 납부를 거부하고 델로스 동맹에서 탈퇴했다.

알키다스는 에리트라이에서 미틸레네가 항복했다는 소식을 들었다(TW 3.29). 알키다스에게는 귀가 번쩍 뜨는 기다렸던 낭보였을 것이다. 엘리스(Elis)에서 파견된 지휘관이 미틸레네로 가서 아테네인들을 공격하자고 제의했다. 제의를 받기 전에 명령을 내렸어야 할 당연한 수순이다. 아테네는 최근에 이 도시를 점령했기 때문에 경비는 약화되고 갑작스러운 공격에 취약할 것이라는 설명도 첨가했다. 그리고 이렇게 강조했다. "우리는 위험에 몸을 사려서는 안 된다. 전쟁에서 근거 없는 공포는 오히려 하나의 기회이다. 훌륭한 장군은 이 공포들로부터 자신을 지키고 적에 대해서는 공격의 기회로 삼는다는 것을 명심해야 한다"(TW 3.30-33).

그러나 알키다스는 고개를 저었다. 그런 유혈 행동은 시도하고 싶지 않았다. 아테네에 대한 반란을 조장할 기지로써 이오니아 도시의 어떤 섬을 포위하자는 의견도 나왔다. 그러나 그는 이것도 거절했다. 그렇다면 그가 바라는 것은 무엇인가?

미틸레네의 전황에 대해 알게 된 알키다스의 우선 목표는 아테네 함대와 충돌 없이 귀국하는 것이 분명했다. 그는 방향을 엉뚱하게 잡았다. 이오니아 해변의 남쪽으로 항해하기 시작했다. 사실은 도주였다. 이오니아 해변에 있는 성소인 클라루스(Clarus)를 떠날 때 그의 함대는 아테네의 연락선에 발견되었다. 연락을 받은 아테네의 함대는 그를 추격하기 위해 미틸레네에서 출발했다. 알키다스는 추격자들을 피해 달아나기 시작했다. 에페소스(Ephesus)를 출발하여 스파르타에 안전하게 도착할 때까지 전속력으로 달렸다. 바다에 정지하거나 육지에 정박하지도 않았다. 알키다스를 추격하던 아테네 함선은 레스보스로 되돌아왔다. 그리고 남아있는 반란군 도시들을 진압했다 (TW 3.35).

알키다스는 미틸레네가 포위당한 것을 알고 구원하기 위해 출항했었다. 이 과정에는 당연히 전투가 벌어진다. 또한, 포위 속에서 미틸레네가 함락되고 군인과 주민의 생사가 경각에 달렸다는 것을 그가 모를 리 없다. 그런데 항복한 뒤 며칠이 지나서, 그것도 레스보스섬으로 오다가 에리트라이에서 머뭇거리고, 결국은 전투를 피해서 펠로폰네소스로 되돌아갔다. 그것도 아테네 함선의 추격에 줄행랑을 쳤다. 투키디데스는 알키다스의 이런 행태의 배경에 대해 특별한 심층적 보도를 하지 않았다.

알키다스가 어정쩡한 행동을 취한 것은 면밀한 전략의 소산이었을 것이다. 스파르타가 아티카를 공격하여 아테네가 당황하여 미틸레네 함대를 철수시키면, 무혈입성하여 생색을 내며 숟가락만 들려고 했을 것이다. 그런데 오히려 아테네의 증파된 1,000명의 중장보병이 도시를 포위했던 것이다. 스파르타는 처음부터 몇 가지 경우의 수를 가지고 있었을 것이다. 손자병법으로 설명하면 '인리이제권(因利而制權)'이다. 아군에게 유리한 쪽으로 구사하는 변화무쌍한 임기응변의 전략 전술이다. 병법에서 임기응변은 상황변화를 좇아 재빨리 그에 부응하는 전략 전술을 구사해 계속 주도권을 쥐는 것을 말한다. 손자병법은 또한, 승산이 서지 않으면 싸움을 피하라고 가르친다. 플랜 A는 당연히 무혈입성이거나 전투를 승리로 이끄는 것이다. 그러나 알키다스는 처음부터 플랜 A는 난망하다는 것을 알았을 것이다. 그다음은 당연히 플랜 B다. 이런 가정은 알키다스가 늦장을 부리며 상황이 다 끝난 뒤에 그것도 현장이 아니라 현장의 부근에 잠시 머물다 줄행랑을 친 행태에서 확연히 드러난다.

4. 미틸레네의 항복과 생사의 갈림길

미틸레네는 어떻게 함락되었나? 포위에 갇혀있던 미틸레네에게는 실낱같던 희망의 불빛마저 사라졌다. 어쩌면 그 불빛은 애초부터 망상이 만들어낸 신기루가 아니었던가. 슬라이토스는 스파르타의 구원 함대가 제시간에 도착하지 않자 초조했다. 초여름에 들어서면서 포위망 안의 미틸레네인들 진지는 식료품도 고갈되었다. 셰익스피어가 햄릿(Hamlet) 3막 1장에서 '사느냐 죽느냐, 그것이 문제로다'라고 한 말대로 절체절명(絶體絶命)의 상황이다. 슬라이토스는 이제 햄릿의 독백을 하면서 최후의 수단을 강구해야 할 상황에 처했다. 그가 생각한 것은 탈출 시도라는 도박이었다 (TW 3.27-28). 그는 아테네의 포위선을 뚫자고 제의했다. 그리고 자신이 군대를 이끌겠다고 했다. 살라이토스는 주민들에게 중장병기를 공급했다. 그들의 대부분은 종전까지는 단지 경장군인으로 복무했었다.

시민들은 중장병기로 무장을 하자 태도가 돌변했다. 정부의 명령에 불복하면서 남아 있는 식료품의 배분을 요구했다. 이들은 만일 이 요구를 들어주지 않으면 아테네인들과 타협을 보겠다고 위협했다 (TW 3.27). 이런 아사리판이 또 있으랴. 항명이고 반란이었다. 계급 사회에서 어떻게 이런 반란이 가능했을까? 미틸레네인들의 이런 돌변의 배경은 무엇인가?

주민들이 동요했을 가능성은 충분하다. 굶주림에 허덕이고 있는 상황에서 중장병기로 무장하는 것도 쉬운 일이 아니다. 더구나 목숨을 거는 전투를 해야 한다. 모든 전투는 다 목숨을 건다. 여기에는 희망이 있어야 한다. 그러나 이번은 상황이 더 암담하다. 참담한 결과가 뻔하다. 그러니 정부가 보유한 식량을 고르게 배분하라는 요구는 당연하다. 여기까지는 호소이고 요구이다. 그러나 단서 조항이 문제다. 요구가 관철되지 않으면 항복하겠다는 것은 항명이며 이적 행위이고 반란이다.

아테네에 대한 반란을 주도했던 과두정부 지도자들은 오히려 국민으로부터 반란에 직면했다. 이것을 놓고 '반란의 아이러니'로 불러야 하나. 정부 당국자들은 이것을 막을 수 없다는 것을 알아차렸다. 결국 다음 수순은 평화조약이었다. 다만 그들이 참가하지 않은 상황에서 평화조약이 맺어지는 것은 확실히 그들에게 치명적이 될 것이라고 판단했다. 약자에게 허세를 떠는 자일수록 강자에게 비굴하며 자기 살길을 찾는 데는 쥐새끼처럼 약삭빠르다. 정부의 관리들은 아테네 사령관 파케스(Paches)와 접촉하고 항복했다. 무모한 시도는 허무한 결말로 끝났다. 자신들의 힘도 제대로 판단하지 못했다. 장단기 계획도 없었다. 펠로폰네소스 동맹의 지원에 대한 막연한 기대와 확실한 권력욕뿐이었다.

그들이 제시한 항복의 조건은 미틸레네의 대표들이 아테네에 가서 사건의 전말을 설명을 할 때까지는 미틸레네인들의 어느 누구도 투옥되거나 노예가 되거나 사형 집행이 되지 않는다는 것이었다. 아테네 사령관 파케스는 이 조건을 수용했다. 대신에 아테네가 결정하는 처벌은 무엇이든 받아들이기로 동의하는 전제였다. 미틸레네인들은 자신들의 사정을 설명하기 위해 아테네에 대사를 보냈다.

아테네의 장군 파케스는 미틸레네를 완전히 제압한 후에 그의 군대 대부분을 아테네로 되돌려 보냈다. 반란에서 특별히 비난받을 만한 과실이 있는 것으로 확인된 미틸레네인들과 체포된 스파르타 장군 살라이토스도 아테네로 압송했다. 살라이토스는 즉시 처형되었다. 그는 플라타이아에서 아직도 포위되어있는 펠로폰네소스인들을 철수시키겠다고 하는 등 살기 위해서 발버둥치며 여러 제안을 했지만 소용없었다 (TW 3.36).

미틸레네의 포위 작전은(BC 428~427년) 아테네가 레스보스섬의 반란을 제압하면서 아테네의 힘을 다시 한번 보여 주는 계기가 되었다. 이 사건은 다른 동맹국들에는 분명히 타산지석(他山之石)이 되었다. 동맹국들이 반란을 엄두도 내지 못하게 만들었다. 아테네는 BC 427년에 항복한 미틸레네인들의 처리 문제로 민회를 열었다. 투키디데스는 미틸레네 반란 사건과 항복한 미틸레네인들의 처리를 둘러싼 아테네의 논쟁을 정리했다. 그는 이 논쟁에 대한 기술을 통해서 아테네 시민들이 가지고 있는 전쟁과 반란에 대한 정치 및 이념적인 성향에 대한 그의 견해를 나타낼 수 있는 중요한 기회로 사용한다.

아테네인들은 미틸레네인들이 다른 나라처럼 속국도 아닌데 반란을 일으켰다는 점에 특히 분노했다. 아테네인들이 특히 격분한 것은 반란이 펠로폰네소스 동맹의 함대를 이오니아 영해로 오게 했다는 것이었다. 정상적인 상황에서는 스파르타 함대는 절대로 지나갈 수 없으며 지난 20년 동안에 걸쳐 적의 어떤 함대도 항해하지 않았다는 것이다.

아테네 민회는 또 다른 반란이 두려워 급히 미틸레네에 있는 남성들뿐만 아니라 아테네에 와있는 모든 남성에게 사형을 선고했다. 여성과 어린이는 노예로 팔려 가도록 했다. 이렇게 되면 미틸레네 도시국가에는 성인 남성은 사라진다. 여성과 어린이만 남는다. 한 도시국가의 모든 남성을 모두 참살한 사례는 전무후무하다. 아테네의 민회는 일종의 군중집회다. 군중집회는 십중팔구 선전 선동에 좌우되어 의제는 감정이 결정한다. 그러나 이미 그런 결정이 내려졌다. 투키디데스에 따르면, 결정이 내려진 후에, 민회의 결정을 수행하기 위한 명령을 전달하기 위해 삼단노선이 미틸레네로 급파되었다. 일촉즉발(一觸卽發)의 상황이다. 이 배가 레스보스섬에 도착하면 처참한 인간도륙이 벌어진다.

군중집회가 끝나고 대중으로 돌아가게 되면 각자 지난 일을 되새기게 된다. 다행히 아테네인들은 하룻밤을 지내면서 자신들이 무슨 일을 저질렀는지를 되돌아보기 시작했다. 그들의 행동이 전례없이 잔인했다는 것을 깨달았다. 이런 결정 과정으로 어림잡아 1만 명을 죽였다면 아마 아테네인은 만고(萬古)의 야만인으로 각인 되었을 것이다. 다행히 아테네인들은 한 국가의 주민 전체를 죽이는 것이 얼마나 야만적이고 가혹한 처사인지를 알아차렸다 (TW 36.4).

다음 날 아테네의 분위기는 미묘하게 변화되면서 술렁거렸다. 아테네인들은 그들이 바로 어제 가결한 조치의 참혹함을 재고하기 시작했다. 항복조건으로 아테네에 파견되어 있던 미틸레네 대표단은 이런 기류를 재빠르게 감지했다. 상황을 반전시키기 위해 민완(敏腕)하게 움직였다. 현재 상황에서 가장 중요한 일은 민회를 다시 소집해서 어제의 결정을 번복하는 것이다. 다행히 일말의 가능성이 점지되고 있지 않은가.

대표단은 아테네의 친미틸레네 인사들과 접촉했다. 아테네 불레(Boule)의 집행부인 프리타네이스(Prytaneis)에게 민회의 소집을 요구해주도록 설득했다. 여론의 촉각이 발달한 당국자들도 이를 받아들였다. 다시 민회가 열렸다. 미틸레네인들의 운명을 결정할 논쟁이 다시 시작되었다.

5. 미틸레네인의 생사를 건 논쟁

미틸레네인과 멜로스인의 운명을 결정한 대 논쟁들은 아테네 민주주의 역사에서 가장 유명한 논쟁들(debates) 중의 하나로 전해진다. 특히 아테네 민회의 논쟁은 1만여 명의 성인 남성을 처형하고 1만여 명 이상의 성인 여성을 노예로 삼으며 그들의 자녀들을 노예로 하기로 결정한 법령을 그대로 집행하느냐 아니면 뒤집어서 관용을 베푸느냐의 상반된 논쟁이었다. 과연 상반된 주장에 동원되는 논리와 증거는 무엇인가?

이 논쟁은 민회에서 대립되는 연설들의 내용이지만 기록자는 투키디데스다. 아마 어떤 내용이나 단어들은 실제 현장의 언어일 것이지만 투키디데스의 문장이다. 이 논쟁은 강경한 내용과 온건한 내용의 양단의 줄기로 전개되었다. 이 두 주장을 대표하는 인물은 클레온(Cleon)과 디오도토스(Diodotus)였다. 클레온은 당시 아테네의 저명하고 영향력이 막강한 장군이며 정치인이다. 반면에 디오도토스는 투키디데스가 소개한 내용 이외에는 알려지지 않은 인물이다. 투키디데스도 그의 개인적인 정보는 전하지 않는다. 다만 그는 에우크라테스(Eucrates)의 아들로 알려져 있다. 그러나 그의 아버지로 등장하는 에우크라테스에 관한 확실한 정보도 없다. 학자들은 '에우크라테스'라는 이름을 추출하여 두 명으로 압축해서 관련성을 추론했지만 가능성이 희박한 것으로 보고 있는 실정이다.

디오도토스의 아버지에 대한 정보가 없는 것은 그가 명문 귀족도, 아테네의 장군도, 이름있는 정치인도, 또는 소피스트나 철학자도 아니었다는 의미이다. 디오도토스도 마찬가지였다. 그의 정체성은 그의 인구학적 배경보다는 투키디데스가 전하는 그의 주장이다. 즉 그는 BC 427년에 미틸레네의 반란이 실패한 후에 미틸레네인의 모든 성인 남자를 죽이고 여성과 어린이들은 노예로 삼자는 클레온의 제안에 반대자였다는 것이다. 또한, 그는 아테네에서 페리클레스의 정책을 지지하면서 온건 노선을 대표하는 것으로 보였다.[10] 어느 사회든 조용한 민중 속에는 늘 세상을 새롭게 바라보면서 용기를 갖고 그 주장을 펴는 사람이 존재한다. 디오도토스는 바로 그런 부류의 인물이었을 것이다.

투키디데스가 전한 논쟁은 이틀간 이어졌다. 첫째 날은 아테네인들은 화가 치밀어서 미틸레네의 전체 남성을 죽이고 여성과 어린이들은 노예로 삼자고 결의한 집회였다 (TW 3.36). 둘째 날은 투키디데스가 '미틸레네의 논쟁'으로 부른 격론이 벌어지고 전날의 결정이 번복된 회의였다. 이 집회는 아테네인들이 취해야 할 행동의 과정을 재평가하기 위해 개최되었다. 논쟁은 전날 결정한 내용을 지지하는 사람들과 온건한 처벌을 요구하는 사람들 간에 벌어졌다.

연설은 클레온이 포문을 열었다. "아테네인들 가운데 성격이 가장 난폭했으며, 이 당시에 인민들에게 가장 큰 영향력을 행사하고 있었던"(TW 36-6) 그는 민주주의의 가치에 의문을 품는 것으로부터 연설을 시작했다.

"개인적으로 나는 민주주의가 다른 사람들을 지배할 능력이 없다는 것을 관찰할 수 있는 아주 충분한 기회를 이미 가졌다. 그리고 나는 여러분이 지금 미틸레네인들에 대한 여러분의 마음을 어떻게 변화시키고 있는지를 볼 때 그것을 더 확신한다.

여러분은 일상에서 음모를 꾸미는 일이 없기 때문에 동맹국도 같은 태도로 대한다. 동맹국들은 마지못해 복종하며 (…) 그들이 여러분에게 복종하는 것은 그들의 충성심이 아니라 오직 여러분이 더 강하기 때문이다.

가장 걱정스러운 일은 (…) 집행되지 않는 좋은 법을 가진 국가보다 엄격하게 집행되는 나쁜 법을 가진 국가가 더 낫다는 사실을 알지 못한다는 것이다. 영리한 불복종보다 무지한 충성이 더 유용하다. 재능 있는 사람들보다 평범한 사람들이 공무를 더 잘 처리한다. 지식인들은 법과 논쟁에서 승리하는 것보다 현자가 되는 것을 좋아한다. 일반 민중은 지식인들보다 법을 더 지혜롭게 생각한다. 일반 민중은 너무 똑똑한 연설에 관심이 없다. 우리는 서민을 따라야 하고 영리함에 넋을 잃어서는 안 된다.

시간이 지나면 가해자를 향한 피해자의 분노는 무디어질 것이고 피해를 당했을 때 바로 응징해야 가장 합당한 처벌이 이루어진다. 이 말을 반박하는 자는 (…) 여러분을 오도하기 위해 그럴듯한 논리를 전개하도록 뇌물을 받았을 것이다. 아테네는 훌륭한 미사여구를 계발하여 스스로 피해를 당했다. 여러분이 개최한 수사 경진 대회는 나쁜 습성을 만들었다. (…)

훌륭한 연설은 가능한 것이 아니라 그럴듯한 것이다. 여러분은 당신의 눈으로 직접 본 것보다 연설에서 제시된 것이 더 확실하다고 생각한다. (…) 여러분은 재치 있는 말이 입 밖에 나오기도 전에 훌륭한 연설가의 핵심에 갈채를 보낸다. 그러나 여러분은 그것이 어떤 결과를 가져올지를 내다보는 데는 느린 편이다.

(…) 반란은 억압받는 사람들이 일으킨다. 미틸레네인들은 억압받지 않았다. 그러나 그들은 우리의 가장 나쁜 적들과 연합했다. 그러므로 그들은 반란의 죄가 아니라 배반의 죄다. (…) 그들의 번영은 그들을 오만하고 무모하게 만들었다. 그들은 자신들의 이웃 나라들이 반란을 일으켰다가 예속되어 고통받는 것을 보고도 배우지 못했다. 지금까지 누리던 행복에 도취되어 망설이지 않고 위험 속으로

뛰어들었다. 자신들의 미래를 과신하고 또 그들 뜻대로 이루어질 수 없는 실력 이상의 희망을 품고는 우리에게 선전포고를 했다. 그들은 정의보다는 힘을 더 중시하기로 작정한 것이다. 너무 큰 행운은 만용과 무모함으로 이어진다. (…) 만일 여러분이 스스로 반란을 일으킨 사람들을 어쩔 수 없이 반란한 것으로 대우한다면 모든 사람은 스스로 반란할 것이다.

그러므로 우리는 어떤 이유에서라도 반란에 대한 희망을 주어서는 안 된다. 우리는 반드시 미틸레네인들을 처벌해야 한다. 그들에게 반란을 할 수 있다는 생각조차 못 하게 만들어야 한다. (…) 그러므로 우리는 그들 모두를 죽이기로 한 앞서의 결정을 고수해야 한다. (…) 그들을 용서하는 것이 그들의 호의를 얻는 것이 아니다. 그것은 그들의 반란 권리를 인정하는 것과 마찬가지이다. (…) 만일 그들이 이기면, 그들은 여러분을 제거하려 할 것이므로 여러분이 이겼을 때 여러분은 그들이 여러분을 대하는 것과 같게 그들을 대해야 한다." (TW 3,37-40)

클레온은 군중에게 "자신에게 반역자가 되지 말 것"(TW 40-7)을 촉구하면서 연설을 마쳤다. 클레온의 연설은, 법의 일관된 집행은 비록 그 법이 부당해도, 질서를 유지하기 위한 유일한 길이라고 주장한다. 그의 주장에 반대하는 연설자에 대해 집중적으로 비판하며 아테네인들은 궤변가의 웅변으로 지칠대로 지쳐있다는 것을 은연중 내비치고 자유언론의 가치에 의문을 제기했다. 클레온의 연설 다음에 투키디데스는 디오도토스(Diodotus)의 연설을 전해준다. 그 요지는 이렇다.

"나는 미틸레네인들에 대한 우리의 결정을 다시 심의하자고 제안한 사람들을 비난하지 않는다. 중요한 문제들에 대한 거듭된 논쟁을 반대하는 것도 찬성하지 않는다. 성급함과 분노는 현명한 결정을 가로막는 두 가지 장애물이다. 졸속은 사려 깊지 못한 것이다. 분노는 마음이 잘못 형성되고 좁은 것이다.

토론은 행동하기 전에 필수적이다. 만일 누가 어떤 일에 토론을 원하지 않으면 두 가지 이유 때문일 것이다. 첫째는 어리석다. 그는 미래에 대해 숙고할 다른 길이 없기 때문이다. 둘째는 개인적 이익의 속셈을 가지고 있다. 그는 여러분들에게 어떤 끔찍한 일을 하도록 설득하고자 하면서 선량한 주장 대신에 중상모략을 하기 때문이다.

뇌물을 받았다고 반대자를 비난하는 것은 모든 것 중에서 가장 나쁘다. 그것을 막아낼 수가 없다. 어떤 사람이 설득에 성공해도 여전히 의혹이 남는다 (…) 사람들은 그가 어떤 것을 취득하려는 것이라고 의심한다. (…)

그래서 공개적으로 아테네에게 가능한 이익이 될 수 있도록 하는 사람이 없다. 이런 의심들은 국가에 해악이다. 그런 의심을 두려워하여 올바른 조언을 하는 사람이 나타나지 않을 것이기 때문이다. 솔직하고 좋은 조언도 나쁜 조언 못지않게 의심을 받게 된다. 그 결과 최악의 정책을 권하는 연설가도 속임수로 민중의 환심을 살 수 있는 것처럼, 훌륭한 조언을 하는 사람도 신임을 받으려면 거짓말을 하지 않을 수 없다.

훌륭한 시민은 반대자들에게 겁을 주는 것이 아니라 공정한 논쟁을 통해서 이겨야 한다. 현명한 국가는 (…) 조언이 받아들여지지 않는다고 해도 그를 처벌하지 않으며 불명예를 안겨주는 일도 없다. 그러면 성공한 연설가는 더 높은 명예를 바라고 인기를 끌기 위해 신념에 배치되는 발언을 하려 하지 않을 것이다. 성공하지 못한 연설가도 아부하는 발언으로 군중의 환심을 사려고 하지 않을 것이다.

연설가는 평민보다 더 책임감을 가져야 한다. 평민은 결정에 책임을 지지 않는다. 그들의 결정 토대는 연설가의 조언에 따라 만들어진다. 평민들은 스스로 결정하거나 책임을 지기보다는 하나의 나쁜 결과에 대해 연설가를 비난한다.

나는 미틸레네인이 심각한 과오를 저질렀다는 것을 입증할 수 있어도 우리에게 이익이 되지 않으면 그들을 사형에 처하라고 권하지 않을 것이다. 그들이 용서받을 만하다는 것을 입증할 수 있어도 우리의 이익이 되지 않으면 그들을 용서하자고 권하지 않을 것이다. (…) 이곳은 무엇이 옳은지 그들과 따지는 법정이 아니라 어떻게 해야 그들이 우리에게 유익해질 수 있는지를 논의하는 자리다.

개인이든 공동체든 인간은 누구나 실수하게 마련이며 그것을 막을 법은 없다. 전에는 가장 중대한 범죄에 대한 처벌도 지금만큼 엄중하지 않았다. 범죄가 계속되고 세월이 흐르며 사형이 일반화된 것 같다. 그럼에도 사람들은 여전히 범죄를 저지른다. 따라서 사형은 범죄를 막는 데 영향을 미치지 못한다.

빈곤은 사람들을 대담하게 만든다. 돈은 교만과 자만심을 통해 사람을 더 탐욕스럽게 만든다. 투케(tuche) 즉 운은 사람들에게 모험을 부추긴다. 도시들은 특히 이런 동기들에 민감하다. 도시 공동체가 이런 욕망에 유혹되다 보니 개인들도 덩달아 자신들의 능력을 과대평가하여 더 큰 희망을 갖도록 만든다.

인간이 일단 무슨 일을 하기로 작정하면 법의 힘이나 다른 억지력으로 그것을 막기는 불가능하다. 그러므로 우리는 사형의 효과를 과신하고 잘못된 결정을 내려서도 안 되고, 자신들의 잘못을 신속히 회개하고 속죄할 기회도 주지 않음으로써 반란자들이 절망감에 빠지게 해서도 안 된다. 우리는 온건한 벌을 내리는 방법을 찾아야 한다 (…) 법의 엄격한 적용은 그들을 억누르는 데 영향을 미치지 못할 것이다.

(…) 클레온은 사형이 정당하며 유리하다고 주장하지만 이번 경우 그 두 가지가 동시에 만족될 수 있을 가능성은 희박하다. 만일 우리가 그들 모두를 처벌하면 한번 반란이 있었던 다른 도시들의 민주주의자들은 장래에 우리를 지지하지 않을 것이다. 왜냐하면 그들은 반란을 시작한 모든 과두제 관료들과 함께 처벌받게 될 것을 알기 때문이다. 나는 동정이나 공정성을 주장하는 것이 아니라 아테네의 이익을 주장하는 것이다. 미틸레네인들을 살려 두도록 하자. 그리고 주모자들의 처벌도 충분한 시간을 갖고 천천히 하자. 자신의 적에 대해 현명한 정책을 받아들이는 사람들은 힘과 어리석음으로 적을 공격하는 자들보다 더 강력하다." (TW 3. 42-48)

디오도토스는 기록된 역사에서 이번 한 번만 나타난다. 디오도토스는 연설의 초기 부분에서 자신의 논쟁 상대인 클레온을 상당히 의식하는 면모가 보인다. 아테네에서 최고의 영향력을 가진 클레온의 주장을 논박하는 부담이 담겨있다. 따라서 그는 "성급함과 분노가 … 현명한 권고에 두 가지 가장 큰 걸림돌"이라는 말로 반론의 필요성과 당위성을 역설한다. 또한, 연설자는 정당한 대우를 받아야 한다는 점을 강조한다.

이미 민회에서 확정된 내용을 뒤집으려는 그의 논리는 상대방에 대한 비난보다는 논박을 통해서 자신의 주장을 담대하게 개진하는 쪽으로 모아진다. 그는 미틸레네인의 처형에 대한 클레온의 주장을 인용하면서 사형의 형벌이 정말로 반란의 억제 또는 반대의 정당한 억제 수단인지 의문을 제기했다. 또한, 미틸레네인에 대한 처리의 문제는 미틸레네인의 죄에 대한 문제가 아니며, 아테네가 복수할지 여부의 문제로, 무엇이 아테네의 최고의 이익인지에 관한 문제라고 주장했다.

그는 인간은 어떤 일을 하기로 작정하면 법의 힘이나 억제하기는 불가능하다고 전제하고 사형의 효과를 과신하고 잘못된 결정을 내려서도 안 되기 때문에 오히려 회개하고 속죄할 기회를 주는 것이 낫다고 주장하면서 온건한 벌을 내리는 방법을 찾을 것을 주문한다. 특히 그는 격정주의를 배격한다. 미틸레네의 남성들을 모두 죽이는 것이 아테네에 이로운가 아니면 그들을 살려 두고 공물을 받는 것이 이로운가라는 문제를 던진다. 민회에 대해 온건한 처리를 주장하면서 제국 전체를 통해서 제국의 잠재적 친구들을 소외시키는 것을 반대하도록 요구한다. 그는 아테네인에게 무엇이 옳고 정당한지에 대한 근본적인 문제에 대해 묻고 적극적인 처벌보다는 온건한 방법을 찾도록 제안하면서 아테네인에게 동맹을 창출하기 위한 노력으로 미틸레네인에게 죽음을 피하게 하도록 촉구하면서 연설을 맺었다.

투키디데스가 전한 모든 연설을 망라하여, 그가 기록한 클레온과 디오도토스의 논쟁은 많은 학술적 분석의 주제가 되어 왔다. 이러한 연구의 목표는 그 당시에 아테네 내부의 정치와 미틸레네 반란의 상황 모두를 더 자세히 설명하려는 것이다. 또한, 그가 기술한 연설들은 연설 그 자체뿐만 아니라 당시의 역사적 상황을 고찰하며 많은 토론의 대상이다.

투키디데스는 연설의 내용을 전하기 위해 그가 자신의 방법을 설계한 유명한 구절에서 "나의 습관은 여러 기회에서 연설자에게 요구된 것을 나의 의견에서 만들어 왔다는 것이다. 물론 그들이 실제로 한 말의 일반적 의미에 가능한 한 가까이 이르도록 한다"고 진술한다 (TW 1.22). 이 말은 투키디데스가 소재를 중심으로 자신이 창의적으로 기술했다는 것을 의미한다. 투키디데스의 이 연설을 분석하는 여러 역사가는 이 문장의 첫 구절을 강조한다. 투키디데스가 하고 싶은 말을 연설자가 한 것처럼 말한다는 의미이다. 두 번째 구절을 강조하면 그가 묘사한 여러 기회에서 실제로 행한 연설의 기본적 의미를 유지한다는 결론에 도달한다.

찬반에 대한 연설이 끝난 후에 민회는 표결을 했다. 근소한 차이로 어제의 법령은 뒤집혔다 (TW 3.49-50). 클레온의 제안에 따라 파케스가 주동자로 지목하여 아테네로 보낸 미틸레네인들만 처형하는 것으로 결정했다. 아테네에 와있는 미틸레네 대표들은 초주검에서 이제 겨우 한숨을 돌렸다. 그러나 그것이 끝이 아니었다. 또다시 애간장이 탔다. 어제의 결정을 전달할 전령의 배가 이미 떠났기 때문이다. 새로운 결정을 전달할 전령의 배가 전날 떠난 배보다 늦게 도착하여 사형이 집행되면 만사는 허사다.

미틸레네 대표들은 지혜롭고 기민하게 움직였다. 전령들에게 만일 새로운 결정을 갖고 새로 떠날 배가 어제 떠난 배를 따라 잡아서 형집행을 막게 되면 선원들에게 꽤 많은 보상을 하겠다고 제안했다. 수정된 명령서를 전달하기 위해 배가 즉시 미틸레네로 떠났다. 전령들은 보상보다도 자신들의 행동이 수많은 사람의 목숨을 살린다는 사명감과 책임감을 떠올렸을 것이다. 이런 상황에서 어느 누구나 최선을 다하지 않을 수 없다. 사람의 능력은 어찌 보면 극한 상황에서는 무한하다. 그러나 직접적인 이해관계가 없는 일에 단지 사명감과 책임감만으로는 극한 상황의 무한한 능력을 발휘하기가 쉽지 않다. 이런 때는 보상을 제시해야 한다. 이런 점에서 미틸레네 대표들의 행동은 아주 적극적이고 영리한 대응이었다.

삼단노선의 노잡이들은 하루 앞서서 떠난 첫 번째 배를 따라잡으려고 진력했다. 노잡이들은 자신들에게 미틸레네인들의 목숨이 달려있다는 것을 알고 사력을 다했다. 노잡이들은 교대로 자면서 주야로 노를 젓고, 노를 저으며 식사했다. 만 하루 뒤에 출발했음에도 두 번째 배는 첫 번째 배 바로 뒤를 따랐다. 첫 번째 배는 내키지 않는 임무를 받았다. 자신들이 미틸레네에 도착하면 1만여 명의 목숨이 사라지게 된다. 항해를 서두를 이유가 없다. 오히려 늦게 도착하는 것이 그들의 생명을 조금이나마 연장하는 것이다. 반면에 두 번째 배는 만일 첫 번째 배보다 늦게 도착하여 형이 집행된다면 자신들의 노력이 헛될 뿐만 아니라 죄책감에 사로잡히고 보상도 날아간다는 무거운 사명감과 책임감이 짓누른다. 결국 이들은 앞의 배를 따라잡았다.

두 번째 배가 미틸레네에 막 도착했을 때 이미 하루 먼저 떠난 배로부터 첫째 날 결정된 명령서가 파케스에 전달되었다. 그리고 파케스는 미틸레네인들 앞에서 첫째 날 결정된 명령문을 막 읽고 있었다. 다 읽고 나면 처형이 시작된다. 아직은 명령문을 읽고 있는 중이라 명령이 효력을 발생하기 직전이다. 두 번째 배에서 둘째 날의 새로운 명령문을 전달했다. 미틸레네인들은 목숨을 구했다. 부녀자와 아이들도 노예를 면했다. 아마 이런 아슬아슬한 시차는 투키디데스가 극적 효과를 노리려는 의도를 갖고 긴박한 상황으로 기술했을 것이다.

사령관 파케스가 첫 번째 배가 전한 명령서를 받았어도 당장 처형하지는 않았을 것이다. 나름대로 고뇌하고 사형집행의 전략을 세우려면 상당한 시간이 필요하다. 미틸레네인도 모든 남성을 몰살할 것으로는 생각하지 않았을 것이다. 그런데 실제 처형이 시작되면 그들이 순순히 목을 내놓았을까? 1만여 명을 처형하는 과정에서 처형당할 사람들이 어차피 죽을 목숨이라고 판단되면 목숨을 건 저항을 할 수 있다. 그렇다면 또 다른 전투가 발생한다.

그러나 아테네로 압송된 주모자들은 재판 없이 처형되었다. 투키디데스는 처형된 숫자가 1,000명이 조금 넘었다 (TW 50-1)고 전해준다. 그러나 이 숫자는 불확실하다. 숫자는 실제 30명에 근접했다는 주장이 있다.[11] 그렇다면 필경사가 사본을 필사하는 과정에서 오독했거나 오기했기 때문에 일어난 일로 보인다.

미틸레네의 시민들은 처형은 모면했으나 반란에 가담한 자들에게는 가혹한 처벌이 부과되었다. 레스보스의 전체 섬은 아테네의 충성스러운 동맹국 메팀나 소유의 땅을 제외하고 3,000필지로 분할되었다. 이 중에서 300필지는 성역화되어 신들에게 할당되고 나머지는 아테네인들에게 추첨으로 배분되었다.

아테네인들은 배정받은 땅을 레스보스인들에게 1년 단위로 임대했다. 임대료 중 10달란트는 매년 아테네 금고로 납부했다. 나머지는 아테네 식민지의 경비로 보조해 주었다.[12] 미틸레네는 아테네가 직접 통치했다. 미틸레네의 과두제는 제거되고 민주주의가 수립되었다. 성벽은 허물어졌고 배도 압수되었다. 레스보스 영토의 장악으로 인해 아테네는 몇 가지 당면 문제에 돌파구가 생겼다. 아테네인 일부가 레스보스로 이주했다. 레스보스의 수비대원을 아테네로부터 차출했다. 이런 정책들로 아테네의 과잉인구도 어느 정도 해소시켜 주었다.

6. 멜로스의 대화와 대학살

멜로스(Melos, 혹은 Milos) 사태는 비록 2,500년 전의 일이지만 현대 사회에서도 많은 교훈과 과제를 제공하고 있다. 강국의 국내 정치 탈출구로 약소국이 당하는 피해, 강자와 약자의 위치의 차이에서 약자의 대응, 인간의 잔인성, 국제 정세에 대한 면밀한 진단의 긴요성, 중립 및 비동맹 외교의 한계, 국제 사회에서 명분과 실리 외교, 극한 상황에서 인간이 어떻게 삶을 영위할 수 있는가 등 생각에 따라 아주 많은 것들을 떠올리게 한다.

멜로스는 에게해의 키클라데스(Cyclades)에 속해 있으며 크레타 해(Sea of Crete)의 바로 북쪽에 있다. 키클라데스 군도의 가장 큰 섬은 낙소스(Naxos)이다. 멜로스는 주변에 파로스, 산토리니, 델로스가 모여 있다. 키클라데스 중에서 멜로스는 유일하게 델로스 동맹에 가입을 거부한 섬이다. 그들은 아테네의 공물 납부자 명단에 포함되어 있지만 독립을 유지했다. 멜로스는 스파르타와 같은 도리안 종족이라서 오히려 스파르타와 특별한 관계를 갖고 있었다. 이런 연고로 그들은 표면적으로는 중립을 유지했으나 스파르타에게 안전을 위탁하고 있었다.

아테네는 BC 426년에 멜로스의 교외를 급습하고 공물을 요구했다가 거절당했다. 아테네 입장에서는 키클라데스의 작은 섬 하나가 자신들의 권위에 복종하지 않는 것이 괘씸했다. 이를 그대로 방치하면 다른 섬들도 딴생각을 가질 수 있을 것을 우려했다. 더구나 멜로스와 동족인 스파르타가 이 섬을 에게해의 교두보로 확보하면 해상 작전에 걸림돌이 될 수 있다. 스파르타와 평화조약이 맺어진 지 5년이 지난 BC 416년에, 아테네는 다시 3,400명의 군대로 멜로스를 침범했다. 아테네의 공격은 최근 스파르타의 조약 위반과 공격적 행동에 강력한 성동격서의 메시지를 보내는 것이다. 이 원정에 당시의 아테네 실세들이었던 니키아스나 알키비아데스는 직접 참가하지 않았다. 대신 주전 멤버가 빠진 채 1군이 아니라 2군인 티시아스(Tisias)와 클레오메데스(Cleomedes)를 보냈다. 이 작전 자체의 의미를 평가절하하면서 아테네 해군의 위용을 과시하려는 것이다.

아테네는 스파르타와의 관계를 끊고 자신들과 동맹을 맺자고 요구했다. 그렇지 않으면 파괴될 것이라고 경고했지만 멜로스는 이 요구를 거절했다. 결국 아테네 군대는 도시를 포위하고 그해 겨울에 도시를 장악했다. 아테네는 더 이상의 군사 행동 대신에 협상을 통해 복속시키고자 했다. 우선 멜로스에 사절단을 보내 자발적으로 아테네에 항복하여 평화롭게 사태를 해결할 것을 종용했다. 멜로스 관리들은 우선 아테네 사절단이 대중 앞에서 연설하는 것은 허락하지 않았다. 시민들이 항복하라는 설득에 동조할 것을 걱정했을 것이다. 대신 사절단이 정부대표들과 회동하도록 준비했다. 이때 아테네의 사절단과 멜로스의 대표들 간에 오고 간 대화가 바로 '멜로스인의 대화'다. 멜로스인의 대화는 투키디데스를 통해 전해진다 (TW 5.85-113). 이 대화 내용은 국제 정치에서 강대국과 약소국이 힘을 바탕으로 한 대결에서 어떻게 대처하는 것이 가장 지혜로운 해법인가에 대한 귀중한 교훈으로 여겨지고 있다.

아테네인: (…) 여러분은 먼저 우리의 이 제안에 따라 대화를 할 것인지를 말해 달라.

멜로스인: 조용하게 서로 의견을 교환하자는 여러분의 합리적인 제안에 우리는 이의가 없다. 그렇지만 여러분이 실제로 군대를 이끌고 와 있다는 것은 그런 제안과 명백히 모순된다. 우리가 보기에 여러분은 이 논의의 재판관으로 여기에 와 있는 것 같다. 그래서 결국 우리가 옳다는 것을 증명해도 복종하지 않으면 이 협상의 결과는 전쟁이며 우리가 복종하면 여러분에게 예속될 것이다.

아테네인: 여러분이 눈앞의 현실에 근거하여 여러분의 도시를 구할 방법을 강구하기 위해서가 아니라 여러분의 장래에 관해 제멋대로 억측을 늘어놓기 위해 여기에서 우리를 만난 것이라면 우리도 회담을 중단할 것이다.

멜로스인: 사람들이 우리처럼 곤경에 빠지면 무슨 말인들 못 하고 무슨 생각을 못 하겠는가. 그건 당연하고도 이해할 수 있는 일이다.

아테네인: (…) 여러분은 우리 양쪽이 의도한 바가 무엇인지를 감안하여 여러분이 얻을 수 있는 것을 얻도록 해 보라. 세상에서 흔히 말하듯이 정의는 힘이 대등할 때의 문제이다. 실제로 강자는 할 수 있는 것을 관철하고, 약자는 거기에 순응해야 한다는 것 정도는 여러분도 우리 못지않게 알 것이다.

멜로스인: 여러분이 바른 길을 도외시하고 득실에 관해서만 논의하자고 하니 하는 말인데, 우리가 보기에는 보편적인 선이라는 원칙을 지키는 것이 여러분에게 이익이 될 것이다. (…)

아테네인: (…) 지금 우리가 여기 온 이유는 우리 제국의 이익을 위해서이며 우리가 말하고자 하는 것은 여러분의 도시를 구하기 위해서라는 점을 분명히 하는 것이다. 우리는 힘들이지 않고 여러분을 우리 제국에 편입시키고 싶다. 양쪽의 이익을 위해 여러분이 살아남기를 바란다.

멜로스인: 여러분이 우리의 주인이 되는 것이 여러분에게 이익이 되듯 우리가 여러분의 노예가 되는 것이 어떻게 우리에게 이익이 될 수 있다는 말인가.

아테네인: 여러분은 항복함으로써 무서운 재난을 면하고, 우리는 여러분을 살육하지 않고 살려 두는 것이 이익이기 때문이다.

멜로스인: 여러분은 우리가 어느 쪽에도 가담하지 않고 적대적이 아니라 호의적인 중립 국가로 남는 것을 용인할 수 없다는 말인가?

아테네인: 용인할 수 없다. 여러분의 호의가 여러분의 적대감보다 우리에게 더 위험하고 여러분의 호의는 우리가 무력하다는 증표로, 여러분의 증오심은 우리가 강력하다는 증거로 우리 속국들에게

받아들여질 테니까.

멜로스인: (…) 지금 중립국이 몇 나라인데, 그들을 모두 적국으로 만들기를 원하나? 그들이 여기서 벌어지는 일을 보고 나면 머지않아 여러분들이 자신들에게도 쳐들어올 것이라고 생각할 것이다. 그것은 곧 여러분이 기존의 적국 수를 더 늘리고, 그럴 의도가 없던 나라들을 본의 아니게 여러분의 적국이 되게 강요하는 결과가 되지 않을까?

아테네인: (…) 우리에게 위협이 되는 것은 여러분처럼 아직도 굴복하지 않는 섬 주민이나 우리 제국의 억압에 이미 분개한 자들이다. 그런 자들이야말로 무모한 행동으로 그들 자신과 우리를 모두 명백한 위험에 빠뜨릴 가능성이 가장 많은 자들이다.

멜로스인: 그렇다면 여러분이 제국을 유지하기 위해, 여러분의 속국들은 거기에서 벗어나기 위해 그런 극단적인 모험을 하는데, 아직 자유를 누리는 우리가 노예가 되기 전에 온갖 수단과 방법을 강구해 보지 않는다면 그야말로 야비하고 비겁한 자가 되는 것이다.

아테네인: 잘 생각해보면 그렇지만도 않다. 여러분은 대등한 상대와 싸우는 것이 아니므로 체면을 세운다든가 치욕을 면하는 따위의 문제와는 아무 상관이 없다. 이것은 여러분이 살아남느냐 하는 문제이며, 그러기 위해서 여러분은 여러분보다 압도적인 강자에게 저항에서는 안 된다.

멜로스인: 하지만 때로 승패는 수의 과다보다 운에 따라 결정된다는 것을 알고 있다. 그리고 우리가 항복하면 우리의 희망은 모두 사라지지만 우리가 행동하는 동안에는 우리가 바로 설 수 있다는 희망이 남아 있다.

아테네인: 희망, 그것은 위험한 위안자다. 다른 재원을 충분히 갖고 희망에 기댄다면 희망 때문에 해를 입기는 해도 파멸하지는 않을 것이다. 그러나 가진 것을 한 판에 모두 거는 사람은 망한 뒤에야 희망이 무엇인지 알게 된다. 그래서 희망이 무엇인지 알고 조심할 수 있을 때는 이미 그들에게 남은 것이라고는 아무것도 없다. (…)

멜로스인 : 여러분도 알겠지만 우리가 귀국의 힘과 아마도 월등한 행운에 맞서 싸우기는 어렵다는 것을 물론 잘 안다. 하지만 우리는 불의에 대항해 정의의 편에서 있는 만큼 신들께서 우리에게도 여러분 못지않은 행운을 내려 주시리라 확신한다. 그리고 우리의 미약한 힘은 스파르타의 동맹이 보충해 주리라 믿는다. (…)

아테네인: (…) 우리가 알기에 여러분이나 다른 누구도 우리와 같은 권력을 잡게 되면 우리처럼 행동할 것이다. 따라서 우리가 신들에게 불이익을 당할 것이라고 두려워할 아무런 이유가 없는 듯하다. 스파르타인들이 명예심에서라도 여러분을 도우러 올 것이라는 여러분의 기대에 관해서 (…) 여러분의 순진함에 감탄하면서도 여러분의 어리석음에 동정을 금할 수 없다.

멜로스인: (…)

아테네인: 도움을 요청받은 국가가 믿는 것은 도움을 요청한 나라의 호의가 아니라 월등한 실력이다. 스파르타인들은 특히 그 점을 중요시한다. 아무튼 그들은 자국의 군사력도 불신하여 이웃 나라를 공격할 때 수많은 동맹군을 데려간다. 따라서 우리가 제해권을 장악하고 있는 한 그들이 섬으로 건너오는 일은 아마 없을 것이다.

멜로스인: (…)

아테네인: (…) 여러분이 살아남기 위해 협상하겠다고 해놓고는 이토록 긴 논의를 하면서도 이렇게 말하면 살아남을 수 있겠구나 싶은 것은 한 마디도 말하지 않는 것에 놀라움을 금할 수 없다. 여러분의 주된 논거는 미래의 희망과 관계가 있는 데 반해, 여러분의 현재 실력은 지금 여러분과 대치할 세력에 맞서기에는 너무 미약하기 때문이다. (…) 대등한 자에게는 양보하지 않고 강자는 존중하고 약자는 온건하게 대하는 자들이 대개 성공하는 법이다. 우리가 밖에서 기다리는 동안 이점을 숙고하기 바란다. (…)

아테네 사절단은 이 말로 마무리를 했다. 멜로스인들은 이에 대해 다음과 같은 답변을 내놓았다.

"아테네인들이여. 우리의 결정은 처음과 똑같다. 우리는 우리가 700년을 살아온 이 도시의 자유를 이토록 짧은 순간에 박탈당하지 않을 것이다. 지금까지 우리 도시를 지켜 주신 신들의 호의와 스파르타인들의 도움을 믿고 우리는 이 도시를 구원해 보겠다. 그러나 우리도 조건을 제시하겠다. 우리는 여러분이 우리를 친구로 중립국 시민으로 받아들이고 양국의 이해의 가장 부합하는 조약을 맺은 다음 우리나라를 떠나기를 요청하는 바이다." (TW 5.112)

아테네인들은 회의장을 떠나며 다음과 같이 말했다.

"여러분의 결정으로 미루어 짐작하건대 미래의 일을 눈앞에 있는 것보다 더 확실한 것으로 간주하고, 단지 그렇게 되기를 바라기 때문에 불확실한 것을 현실로 보는 사람들은 세상에 여러분밖에 없는 듯하다. 하지만 여러분이 스파르타인들, 신들의 호의, 희망이라는 세 가지를 믿고 거기에 더 많이 걸수록 그만큼 더 깊이 추락하게 될 것이다."

이 대화도 투키디데스가 쓴 것이다. 투키디데스가 에게해 한복판의 작은 섬까지 가지는 않았을 것이다. 아테네의 참전자로부터 전후의 사정을 들었을 것이다. 그리고 긴 대화가 오갔다는 이야기와 그 이후의 전말을 통해 대화의 내용을 구성했을 것이다. 케르퀴라와 코린토스가 아테네 민회에서 국력과 자국의 이익을 우선하는 입장이었는데 여기에서도 투키디데스의 현실주의가 그대로 묻어나고 있다.

멜로스는 결국 항전을 결정했다. 처음에 멜로스인은 잘 싸웠다. 아테네는 증원 부대를 파견해야 했다. 이 상황에서 멜로스 진영에서 배신자가 생겼다. 전세는 멜로스에게 불리하게 전개되었다. 멜로스인은 어쩔 수 없이 항복했다. 아테네는 남자는 모두 죽이고 여자와 아이들은 노예로 팔기로 결의하고 그대로 집행했다.

이 결의는 알키비아데스가 제안 혹은 지지하는 것으로 전해지는데, 니키아스나 다른 누가 이에 반대했다는 증거도 없다.[13] 이 상황에서 디오도토스와 같은 인물은 나타나지 않았다. 거의 비슷한 상황이다. 오히려 미틸레네는 반란을 일으켰다. 반면에 멜로스는 친스파르타와 같은 혈족으로 구성된 국가로 아테네에 복종하지 않는다는 이유로 침략을 당한 것이다. 전형적인 약육강식이다.

멜로스 지도자들도 무모했다. 자유, 목숨을 건 용감한 전투는 정신적으로는 고귀하다. 그러나 전쟁에서 지면 죽거나 노예가 된다. 항복을 통한 얼마간의 굴종의 삶은 자유와 항전의 기회를 다시 잡을 수 있다. 목숨이 사라지면 아무것도 존재하지 않는다. 강경파의 선명한 주장은 늘 정당성을 갖는 듯 하지만 힘을 바탕으로 하지 못하면 공허한 메아리다. 한때의 비굴함으로, 힘없는 여성들과 어린 자녀들을 보호할 수만 있다면 그 길을 택해야 한다. 멜로스인들은 유능제강(柔能制剛)의 도(道)를 터득하지 못했다.

아테네인들은 이 섬에 500명의 아테네인을 이주시켜 식민지로 만들었다. 남편을 잃은 여인들은 이 500명의 아테네인들의 노예가 되어 점령자들을 섬겼거나 다른 곳으로 팔려 갔다. 아테네인들의 야만성에 대한 비판은 당연하지만 약소국의 지도자는 위기의 상황에서 전후좌우로 생각을 거듭해야 한다. 아테네가 작은 섬나라 멜로스를 무자비하게 제압한 것은 두 가지 의미다. 첫째는 스파르타에 대한 무력시위다. 둘째는 델로스 동맹의 다른 폴리스에게 타산지석의 우회적인 압력이었다.

멜로스의 참사에 대한 파장은 바다의 여울물처럼 그리스 세계로 퍼져 나갔을 것이다. 눈으로 보는 것보다 소문이 더 과장되게 마련이다. 소문을 듣는 순간 아테네에 대한 증오와 저항과 복수심이 복받쳤을 것이다. 이 여파는 결국 아테네 동맹국들에게 가시 돋친 미소 속에 아테네와의 관계를 소원하게 만들어 소극적 협력관계로 가게 만드는 배경이 된다.

아테네인들은 만고(萬古)에 씻을 수 없는 죄악을 저질렀다. 인간의 감춰진 야만성과 약육강식의 동물적 본성을 극명하게 드러냈다. 수치스러운 역사는 일시적으로 가려질 수는 있지만 영원히 감춰질 수는 없다. 멜로스 도심에서 버스로 30여 분 거리의 플라카(Plaka)의 지역 박물관에 단편적이나마 당시의 기록들이 역사의 증거를 보여주고 있다.

❖ 주

1) 현재 레스보스섬은 남쪽으로 바로 밑에 있는 키오스(Chios)섬과 함께 에게해의 대표적인 섬이며 미틸레네는 이 섬의 수도이자 항구이며 북 에게해의 거점 도시이다.
2) Donald Kagan, *Peloponnesian war* (New York: the Penguin Group, 2003), pp. 100–101.
3) Kagan (2003), p. 102.
4) Kagan (2003), p. 100.
5) 폰토스는 흑해 연안 아나톨리아 지방 북동부에 있던 옛 왕국의 이름이다. 오늘날 터키의 영토에 위치한다. 고대 그리스인들은 아나톨리아 북동부 지역을 폰토스라고 불렀다.
6) Kagan (2003), p. 101.
7) Kagan (2003), pp. 104–105.
8) Kagan (2003), p. 104.
9) Kagan (2003), p. 103.
10) Kagan (2003), p. 109.
11) www.wikipedia.org.
12) J. Rickard (16 June 2011), *Siege of Mytilene, 428–427 BC*, http://www.historyofwar.org/.
13) Kagan (2003), p. 249.

17장

아테네의 주화파와 주전파의 갈등

1. 피로스 전투

페리클레스가 사망한 후에 급부상한 클레온은 아테네 민주주의의 매파였다. 그가 권력을 장악하면서 아테네는 주전파가 득세하기 시작했다. 주전파는 페리클레스의 보수적이고 방어적인 전략에서 스파르타와 그 동맹들에게 전쟁을 부르는 공세적인 전략으로 전환했다. 클레온은 영리한 신임 장군인 데모스테네스(Demosthenes)가 지휘하는 군대를 바탕으로 펠로폰네소스에서 해군 공습으로 기세를 올리면서 여러 전투를 이어갔다.

아테네는 군사 활동을 보이오티아(Boeotia)와 아이톨리아(Aetolia)까지 넓혔다. 미틸레네의 반란을 진압한 여세를 몰아, 펠로폰네소스 주변의 요지들을 요새화하기 시작했다. 이 과정에서 BC 425년에 필로스(Pylos) 반도에서 전투가 발발하게 된다. 필로스는 현재 메세니아(Messenia)의 나바리노(Navarino) 해협이다. BC 425년 여름, 아테네 함대 40척이 출항했다. 이 함대는 에우리메돈(Eurymedon)과 유명한 희곡작가인 소포클레스(Sophocles)가 지휘했다. 시칠리아에서 피토도로스(Pythodorus)를 지원하고 케르퀴라에서 민주파를 도우라는 지시를 받고 출항한 것이다. 이 함대에는 데모스테네스가 고문으로 함께 탔다. 데모스테네스는 아카르나니아(Acarnania)작전과 암브라키라(Ambracia)의 승리로 상종가를 치고 있었다. 그는 당시에 공식 직함은 갖고 있지 않았으나 여름부터 임기가 시작되는 BC 425년의 선출직 장군이었다.

함대가 대양에 이르자 데모스테네스는 숨겼던 그의 계획을 털어놓았다. 필로스에 정박하고 요새를 설치하기를 원했다. 그는 "이곳이 항구에 인접해 있고 다른 곳보다 유리하다"(TW 4.3.3)고 생각했다. 그러나 두 장군은 이 계획을 거부했다. 그런데 데모스테네스에게 행운이 다가왔다. 폭풍우가 몰아쳐 아테네 함대는 필로스에서 해안으로 밀려 출항이 어렵게 되었다. 데모스테네스는 이곳을 요새화하자고 다시 제안했으나 장군들은 또 거부했다. 데모스테네스는 부대의 지휘관과 부대원에게 직접 호소하려 했으나 마찬가지로 거부당했다.

폭풍우가 계속되고 기다리는 동안 지루함이 파도처럼 밀려왔다. 무엇이라도 해야 하는 상황에 이르자 데모스테네스는 지루함을 피하기 위해 장병들을 요새화 작업으로 유도했다. 요새가 완성되고 방어진지가 구축되었다. 폭풍우가 그치자 아테네 함선 60척은 케르퀴라를 향해 떠났다. 대신 데모스테네스가 5척의 삼단노선과 약간 명의 병력을 남겨 받아 필로스의 이 새로 만든 요새를 지키기로 했다.

스파르타는 필로스에 있는 아테네군의 존재에 관심이 별로 없었다.

곧 떠날 것으로 생각했기 때문이었다. 그러나 데모스테네스와 그의 부하들이 이 장소를 고수하려는 것이 분명해지자, 아티카를 침공해 황폐화시키고 있던 스파르타 왕 아기스(Agis)는 아테네 영토에서 15일 만에 침략을 중단하면서 귀국했다. 그가 귀국하자마자 스파르타군대는 즉시 필로스로 이동하면서 펠로폰네소스 주변의 동맹국에 군대를 파견하도록 징발령을 내리고 케르퀴라에 있는 함대도 즉각 필로스로 항해하도록 했다.

데모스테네스에게는 5척의 삼단노선 및 수비대 외에 메세니아에서 보낸 배와 40명의 중장보병이 보강되었다. 데모스테네스에게는 아마도 약 600명의 군인이 있었을 텐데, 이 중 90명만이 중장보병이었다. 그는 스파르타 함대의 접근 소식을 듣고 두 척의 삼단노선을 소포클레스와 에우리메돈의 아테네 함대에 보내 자신의 위험을 알렸다. 데모스테네스는 자신의 군대가 수적으로 열세인 것을 알고 남아있는 세 척의 삼단노선을 해안으로 끌어 올렸고, 선원들에게 닥치는 대로 어떤 무기라도 무장하도록 독려했다. 그는 스파르타군이 반도의 서남쪽 모퉁이를 공격할 것으로 예상했다. 방어벽이 가장 약하고 상륙하기에 가장 적합한 곳이기 때문이다. 그는 군대 중에서 가장 많은 인원을 육지와 인접한 요새에 배치하고 60명의 중장보병과 소수의 궁수를 선발하여 공격이 예상되는 곳으로 집중 배치했다.

스파르타군은 데모스테네스가 예상했던 곳으로부터 시작하여 수륙양면으로 공격을 했으나 이미 대비가 된 곳이라서 방어가 가능했다. 또한, 해안은 접근이 어려워 삼단노선 43척 가운데 몇 척만 접근할 수 있었고 한 번에 43명 중 3명밖에 해변으로 오르지 못했다. 접전은 3일간 이어졌다. 스파르타 사령관 브라시다스(Brasidas)는 배를 바위가 많은 해안으로 몰아넣어서 군인들을 상륙시켜 아테네군을 후방에서 공격하도록 했지만 방어선을 뚫지는 못했다. 스파르타군은 공격에 대한 성과가 없자 공격 대신에 포위망을 짰다. 아테네군대가 "준비가 부족하고 식량이 달려서(TW 4.8.8)" 함락시킬 수 있을 것으로 판단했기 때문이었다.

한편 소포클레스와 에우리메돈 함대는 데모스테네스가 보낸 2척의 함신을 자긴도스(Zacynthus)에서 발견했다. 자킨토스는 이오니아 군도에서 세 번째로 큰 섬으로 아테네의 동맹이다. 이들은 데모스테네스의 전갈을 듣고 급히 기수를 필로스로 돌렸다. 스파르타스의 포위 공격 준비가 진행되는 동안, 아테네의 50척의 강력한 삼단노선 함대가 자킨토스로부터 다음날 저녁 때에 도착했다. 그 사이에 스파르타군은 항만 입구를 봉쇄하지 못해 아테네군은 항구를 드나들 수 있었다. 넓이가 1,280m, 수심이 60m라서 봉쇄하기에는 역부족이었다.[1]

양측은 치열한 접전을 이어갔고 아테네군이 항만을 장악하면서 필로스 해협에서 필로스만 초입에 있는 아주 작은 섬인 스팍테리아에 상륙한 스파르타의 420명의 중장보병과 헤일로타이들을 에워쌌다. 스팍테리아는 펠로폰네소스의 필로스만 초입에 있는 짠물밖에 나지 않는 아주 작은 황량한 섬이다.

스파르타는 에피타다스(Epitadas)를 지휘관으로 하여 중장보병을 섬으로 파견했다. 그러나 데모스테네스가 스파르타군을 무찌르고 항만을 완전히 장악했다. 아테네는 추가로 전함 20척을 보내 섬의 봉쇄를 강화했다. 데모스테네스는 초기에 스팍테리아의 스파르타인을 굶기려고 시도했다. 그러나 섬을 안전히 봉쇄할 수는 없었다. 스파르타군은 아테네의 봉쇄선의 빈틈을 뚫고 식량과 물을 공급하는 사람에게, 자유인이면 보상을, 헤일로타이이면 자유를 주었지만 상황은 더 악화되어 갔다.

스파르타인들이 스팍테리아섬에 고립되면서 스파르타정부는 충격과 공포에 빠졌다. 불과 420명이 봉쇄로 발이 묶인 것에 대해 스파르타 전체가 들썩이는 이유는 무엇인가? 사실 이 420명 가운데에는 스파르타 정부의 기반이 되는 스파르타 엘리트계급 120명이 포함되어 있었다. 120명은 스파르타 엘리트계급 전체의 10%에 해당한다.

스파르타는 이들을 구출할 수 없다고 판단되자 즉시 휴전을 제의했다. 모든 스파르타 함대는 아테네에 항복했으며, 스파르타 대사가 항구적 평화를 추구하기 위해 아테네에 파견되었다. 이 협상이 실패했을 때를 대비해, 아테네는 스파르타 함선 60척을 담보로 잡았다. 아테네에 도착한 스파르타 대사들은 아테네의 민회에서 자신들의 평화 조건을 제시했다. 아테네가 좋은 조건으로 스파르타와 평화를 이루기 위해 이 기회를 잡아야 한다고 역설했다. 그러나 아테네의 클레온은 이런 제의를 조롱으로 응대했다. 그는 메가라에 대한 통제권을 아테네에 부여하고 스파르타는 몇몇 중요한 동맹을 포기하도록 강요하는 훨씬 더 엄격한 조건을 요구했다. 그는 BC 445년의 30년 평화조약에서 아테네가 강요당해 양보한 것을 회상했다.

스파르타가 이러한 제안은 비공개로 논의할 것을 요청했다. 클레온은 스파르타인들이 명예로운 것을 이야기하고자 한다면 공개된 민회에서 제시하라고 요구했다. 그러나 스파르타에게는 자칫 자신의 동맹에 대한 배신행위가 될지 모를 일을 공개적으로 할 수는 없었기에 협상을 포기하고 귀국했다. 필로스의 휴전 협정은 아무 성과 없이 끝났다. 아테네는 스파르타가 조건을 위반했다고 주장하면서 담보로 잡았던 배들의 반환도 거부했다. 양쪽 모두 스팍테리아섬에서 들려오는 전투 개시의 초침 소리에 귀를 기울이게 되었다.

2. 스팍테리아 전투 그리고 암피폴리스 전투와 투키디데스의 추방형

스팍테리아 전투는 BC 425년에 아테네와 스파르타 사이에서 싸운 펠로폰네소스전쟁의 지상 전투다. 필로스 전투와 뒤이은 평화 협상이 실패하면서 스팍테리아섬에 계속 발이 묶여있는 스파르타 군인들도 풀려나지 못하고 있었다. 아테네는 단기간에 항복을 받아낼 것으로 기대하고 고자세를 취했지만 시간이 길어지자 초조해졌다. 만일 교착 상태가 신속히 해소되지 않으면 겨울이 온다. 아테네군이 오히려 식량과 물 부족에 곤란을 겪게 되었다.

매사는 목표대로 진행되지 않으면 우려와 불만이 터져 나오게 된다. 아테네에서는 자신들의 실책을 알아차리기 시작했고 평화 제안을 거부했던 클레온에게 책임을 넘기는 여론이 일기 시작했다. 봉쇄를 신속히 풀어야 한다는 의견마저 속출했다. 이런 상황에서 데모스테네스가 요청한 증원군 파견을 결정하기 위해 민회가 열렸다. 그러나 민회는 클레온과 그의 정책을 공개적으로 비난하는 자리로 바뀌었다. 이 틈에서 협상파인 니키아스가 스팍테리아 습격을 위한 증원군 요청에 반대했지만 민회는 증원군 파견을 결정하면서 니키아스와 클레온 사이에서 오락가락하던 지휘권은 클레온에게 넘어왔다. 클레온은 데모스테네스를 동료 지휘관으로 임명하여 소수의 경장보병과 400명의 궁수만을 데리고 20일 안에 작전을 성공적으로 마무리하겠다며 떠났다. 물론 현장에는 메세니아 등 동맹국 병사와 기존의 아테네 군대를 포함하여 1만 명 남짓의 군대가 진을 치고 기다리고 있었다.

클레온은 스팍테리아에 대한 공격을 시작했다. 작전과 지휘는 데모스테네스의 계획대로 추진되었다. 약한 방어 지점에 강력한 군대를 상륙시키고 해변가를 습격하면서 내륙으로 이동하여 공격했다. 아테네군이 압도적으로 우세한 전력으로 스파르타군을 포위하는 바람에 스파르타군은 퇴로도 차단되었다. 스파르타군은 전투에 지치고 허기로 이제 더 이상 버틸 힘이 없게 되자 본국에 전령을 보내 명령을 기다리기로 했다. 클레온도 시체보다는 살아있는 포로가 더 가치가 있기 때문에 이들에게 시간을 주었다.[2]

스파르타에서 온 대답은 "스파르타인은 불명예스러운 일을 하지 않는 한 자신의 운명을 스스로 결정하라(TW 4.38.3)"라는 것이었다. '불명예'라는 단서가 붙었지만 "알아서 하라"는 내용이고 결국은 아무도 "책임을 지지 않겠다"는 책임 회피의 답변이었다. 이에 따라 군사들은 항복했다. 420명 중 128명이 죽고 292명이 살아있었다. 이 가운에 120명은 스파르타의 엘리트계급이었다.

투키디데스는 스파르타인들의 체포에 대해 "전쟁 중에 일어난 일 중에서 그리스인들에게 가장 경악스러운 사건"(TW 4.40)"으로, 케이건(Donald Kagan)은 "결과는 그리스의 세계를 흔들었다"[3]고 묘사한다. 그리스 세계에서 스파르타인의 미덕은 어떤 경우라도 항복이 아니라 싸우다 죽는 것이었기 때문이다. 이 전투 결과로 BC 425년부터 424년까지 장군으로 선출된 클레온의 인기는 치솟았고 영웅으로 추앙되었다. 아테네의 위상도 높아졌다. 클레온은 강화된 아테네의 위상을 배경으로 동맹들이 납부하는 공물도 인상했다.

아테네가 스파르타의 중장보병을 체포한 사건은 전쟁에서 세력의 균형을 근본적으로 바꿨다. 아테네는 스파르타가 아티카를 침략하면 체포된 자들을 처형하겠다고 위협하면서 전쟁 선포 이래 연례적으로 발생한 침략은 중단되었다. 아테네는 높아진 명성과 자신감을 가지고 이니셔티브와 전쟁을 추구했다.

BC 425년 이후, 스파르타는 전략을 바꾸었다. 그동안 육군은 노예들의 반란을 염려하여 국외의 장기체류를 지양했지만 이제 아테네 성

밖의 농촌 대신에 아테네 제국의 북쪽을 공격하기로 했다. 스파르타의 지휘관인 브라시다스는 BC 424년 12월 초에 동맹국 군대와 헤일로타이들을 이끌고 트라케(Thrace)에 있는 아테네의 식민지 암피폴리스(Amphipolis)를 점령했다. 인근에는 은광이 있었는데 이 은은 아테네의 전쟁자금으로 공급되었으나 이제 스파르타 자금으로 바뀌게 되었다.

아테네는 투키디데스가 지휘관으로 군대와 함께 파견되었다. 그러나 그는 현장에 너무 늦게 도착했다. 그가 현장에 도착했을 때는 이틀 전에 이미 브라시다스가 암피폴리스를 점령한 뒤였다. 투키디데스는 이로 인해 클레온이 제정한 법에 따라 군사적 무능력자로 기소되었다. 판결은 20년의 추방형이었다. 인간 만사는 새옹지마(塞翁之馬)인가. 투키디데스가 전장을 누볐다면 언제 어느 전쟁에서 목숨을 잃었을지 모를 일이다. 수많은 전쟁에서 수많은 장군들이 목숨과 함께 이름 석 자도 잊혀지는 상황에서 그는 전장을 벗어나 자신이 처한 역경에서 자신의 역할을 모색했다. 결과적으로 그는 추방 기간 전쟁터를 누비며 양측 목격자들을 면담하고 전쟁의 모습을 기술했다. 이것이 바로 『펠로폰네소스 전쟁사』다. 그의 전쟁사는 헤로도토스의 역사와 함께 고대 그리스 역사의 유일무이한 필수적 자료이며 불후의 저작으로 평가되고 있다.

이 당시 클레온은 필로스와 스팍테리아 전투의 승리에 고무되고 칭송에 들떠 있었다. 춤추는 고래가 된 그는 자신을 냉정하게 통제하지 못한 것 같다. 샘물처럼 분출하는 욕망과 오만에 사로잡히면 늦추고 머무는 것을 치욕을 여긴다. 그는 투키디데스가 놓친 암피폴리스를 탈환하기 위해 BC 422년에 직접 출정했다. 그러나 이번에는 스파르타 장군 브라시다스에 의해 허를 찔렸다. 결국 클레온은 스파르타 지휘관인 클레아리다스(Clearidas)에게 자신의 목을 바쳤고 스파르타의 지장인 브라시다스도 부상으로 여기에서 죽으면서 암피폴리스는 장군들의 죽음의 땅이 되었다.

3. 니키아스 평화조약과 매와 비둘기의 대립

평화 대신에 전쟁을 외쳤던 아테네와 스파르타의 호전적 매파들의 사망으로 평화에 대한 주요 장애물이 제거되면서 다시 평화조약에 대한 여론이 형성되었다. 스파르타 왕 플레이스토나크스(Pleistoanax)와 아테네 장군 니키아스(Nicias)의 주도로 BC 421년에 니키아스 평화조약이 체결되었다.

니키아스는 아테네 귀족 가문의 후손으로 귀족 진영의 저명한 정치지도자인 동시에 장군이었다. 그는 은광까지 소유한 부유한 보수파의 대표자로서 종종 클레온과 충돌했다. 클레온과 알키비아데스(Alcibiades)와 같은 인기 있는 지도자들의 강경한 반스파르타 정책의 회오리 속에서도 굳건히 친스파르타 입장을 포기하지 않았다.

그는 장군으로서 역량과 함께 신중함과 조심성을 겸비했다. 그러나 그의 지나친 신중함은 호기(好期)를 실기(失機)로 날려버리는 우를 범하기도 한다. 그에게는 전공(戰功)의 운이 따르지는 않았다. 전투에서 이렇다 할 승리를 거두지는 못했다. 그렇다고 재앙을 겪지도 않았다. 그러나 그는 10년간 장군으로 선출되었다. 권모와 술수, 모함과 배척이 난무하는 아테네 정치판에서 내놓을 만한 전투 업적이 없는 그가 장군으로서 장수할 수 있었던 것은 바로 그의 신중함이었다. 그는 살얼음판의 정치에서는 과격함보다는 온건함이, 성공보다 실수가 없는 것이 개인의 정치생명에는 더 안전하다는 것을 보여주고 있다.

BC 427년에 니키아스는 살라미스(Salamis) 맞은편 메가라(Megara)와 가까운 섬인 미노아(Minoa)를 공격했다. 그러나 섬을 장악하지는 못했다. BC 425년 클레온은 니키아스를 지나치게 조심스럽게 일 처리를 한다고 공격하고, 아테네가 대담한 장군들을 가지고 있다면 스파르타로부터 필로스를 확보할 수 있다며 비판했다.

그러나 그의 온건하고 조심성 있는 태도는 결국 평화협정의 산파역할을 했다. 유능제강(柔能制剛)의 전형으로서 그는 클레온이 죽으면서 스파르타와 평화협정의 필요성을 민회에서 역설하여 지지를 이끌어 냈다. 그리고 평화조약을 이루어 냈다. 결국 그는 평화조약에 자신의 이름을 넣는 영광을 안았다.

 니키아스는 자신이 반대하는 일이라도 결정되면 순응했다. 온건한 인물의 특성이다. 그는 시칠리아의 원정에 반대했다. 그럼에도 그는 원정에 동참했다. 그리고 지나친 신중함으로 승기를 패기로 만들고 결국 아테네에 대재앙을 초래했다. 그도 시라쿠사에서 잡혀 동료장군 데모스테네스와 함께 처형당했다. 이 상황은 뒤에서 다시 기술할 것이다.

 플레이스토나크스와 니키아스 두 사람은 협상에서 아테네가 지배하고 있는 메가라의 중요한 항구 도시 니사이아(Nisaea)와 테바이의 통제하에 남아있는 플라타이아를 제외하고는 전쟁 중에 정복한 모든 것을 반환하기로 결정했다. 암피폴리스는 아테네로, 스팍테리아에서 잡힌 포로는 스파르타로 귀환시키기로 합의했다. 양국은 상대편의 동의 없이는 다른 나라들과 평화조약을 맺을 수 없도록 했다. 아테네는 아리스티데스 시대(BC 530~468년) 이후에 받아온 동맹국의 공물을 계속 받되, 이들에게 동맹국이 되도록 강요할 수는 없도록 했다. 공물은 기존 질서지만 새로 동맹국이 되도록 강요하는 것은 양국이 관련되는 상대적인 문제이기 때문이다. 아테네는 또한, 스파르타에서 노예 반란이 발생한다면 스파르타의 원조에 동의하기로 했다. 스파르타의 모든 동맹국도 평화에 서명하기로 합의했다. 그리스 전역의 신전들은 모든 국가의 참배자들에게 개방하고 특히 델피의 신전은 자치권을 부여하기로 했다. 이로써 델피의 아폴로 신전은 독립성을 갖게 되었다. 양측 17명의 대표는 50년 동안 지속될 조약을 지지한다는 맹세를 했다. 그러나 협상 막판에 아테네의 주요 목표인 암피폴리스는 제외되었다. 스파르타 장군으로 암피폴리스 2차 전투에서 아테네의 클레온을 살해했던 클레아리다스가 반환조항을 제외하자는 구절을 받아 낸 것이다.

한편 펠로폰네소스 동맹국인 보이오티아, 코린토스, 엘리스, 메가라 등 4개국이 이 조약을 거부하면서 반발하고 나섰다. 이 틈에 코린토스의 관리가 아르고스의 관리를 부지런히 만났다. 아테네와 스파르타가 각기 소속된 동맹국가들을 보호하기보다는 동맹국들 위에 군림하면서 노예화를 촉진할 것이라는 이유였다. 동맹은 공동의 적이 존재해야 서로 필요하고 존중하며 상의하게 된다. 그러나 적대적인 두 강대국이 동맹을 맺게 되면 그에 소속된 동맹국들은 복종 이외에 다른 탈출구가 없다. 결국 아르고스와 코린토스는 제3의 동맹 결성을 시도하기에 이른다.

그러나 아르고스와 코린토스는 동상이몽(同床異夢)이었다. 코린토스는 스파르타를 통해 아테네를 견제해야 할 입장이었다. 아테네와는 그동안 여러 지역에서 충돌해온 적이었다. 그런데 스파르타가 아테네와 한 편이 되면 코린토스가 설 땅은 사라지게 되는 셈이다. 따라서 코린토스에게는 평화조약이 깨져야 한다. 코린토스의 속내는 스파르타가 평화조약을 파기할 수밖에 없는 상황을 만들어 가는 것이었다.

코린토스의 판단으로는 아르고스와 동맹이 결성되면 스파르타가 우려할 것으로 생각했다. 이를 이용하여 아테네와의 평화조약을 파기하도록 하려는 전략이었다. 이것은 반아테네 동맹이 강화되고 아테네를 위협할 수 있는 길이기 때문이다. 코린토스는 스파르타와의 거래 품목이 필요했던 것이다. 코린토스는 아르고스를 부추겼다. 새로운 동맹의 결성을 제안한 것이다. 펠로폰네소스를 지배하겠다는 야망을 가져온 아르고스에게 코린토스의 부추김은 무르익은 홍시가 입으로 떨어지는 것이었다. 아르고스는 들뜬 마음으로 제3세력의 기치를 내걸었다. 여기에 제일 먼저 가담한 나라는 스파르타 공격을 두려워하던 만티네아(Mantinea)였다. 아르고스를 꼬드기며 추진 상황을 지켜보던 코린토스는 만티네아의 가담을 보고서 엘리스의 등을 떠밀었다. 코린토스는 엘리스가 순수히 들어가자 어느 정도의 세력이 확보되었다고 판단했다. 그리고 이제는 밖에서 남의 등을 떠미는 것보다는 안에서 필을 끌어덩기는 편이 더 효과적이리고 편단히고 스스로 합류했다.

여기까지는 순조로운 듯했다. 다음 목표는 테게아를 끌어드리는 것이었다. 테게아가 넘어오면 펠로폰네소스 동맹국들이 요동칠 것으로 예상했다. 코린토스도 스스로 야망의 덫에 감염된 것이다. 그러나 여기에서 제동이 걸렸다. 메가라와 보이오티아는 일찌감치 거부했었다. 이 나라들의 주된 이유는 아르고스의 정치체계였다. 아르고스는 민주제를 택하고 있었다. 과두제인 이 나라들이 민주제와 동맹을 맺게 되면 자칫 민주제의 전염으로 과두체제가 흔들릴 수 있다. 국가의 이익보다 정권의 이익이 우선이었다. 체제보호가 중요했던 것이다. 테게아도 결국 말을 듣지 않았다. 이렇게 되면 참가국 수가 아주 제한되어 스파르타에 맞서기가 불가능하다.

스파르타는 BC 421년 선거를 통해서 매 5년마다 선출되는 새로운 감독관(Ephor)들이 탄생한다. 이들은 두 명의 왕들과 권력을 공유하는 막중한 직위다. 감독관들 중에서 새로 등장한 클레오불로스(Cleoboulos)와 크세나레스(Xenares)는 주전파들로 니키아스 평화조약의 파기를 원하고 있었다. 그러나 다른 감독관들은 스파르타가 아테네와 평화조약을 맺은 요인 중의 하나는 오히려 아르고스의 위협 때문이라고 생각하고 있었다. 따라서 아테네와의 조약 파기보다 우선 아르고스 동맹을 파괴할 수순으로 스파르타는 펠로폰네소스에 있는 만티네아가 차지한 파라시아(Parrasia)를 공격하여 독립시키고 요새를 파괴했다. 아르고스에 대한 압박이었다.

제3의 동맹결성은 코린토스가 설계한 상황과는 엉뚱한 방향으로 흘러갔다. 자칫하면 스파르타의 적이 될 수 있다. 그렇다면 두 맹주로부터 왕따가 된다. 코린토스는 영악할 정도로 자신의 힘을 잘 저울질했다. 코린토스는 아르고스 동맹의 창설에 열을 내다가 슬그머니 꼬리를 내리고 꽁무니를 뺐다. 그 이후 사태는 오히려 코린토스가 바라는 대로 진행되었다. 스파르타와 아테네는 평화조약의 이행을 둘러싸고 갈등이 고조되었다. 원인은 서로 땅뺏기 싸움이었고 아테네는 민회를 의식하고 스파르타는 동맹국들을 의식한 오기였다. 아테네와 스파르타의 내부가 각각 주전파와 주화파로 갈리어 갈등이 격화되면서 이미 금이 간 니키아스 평화조약보다는 새로운 동맹에 대한 기대와 전쟁에 대한 불안감이 솟아올랐다.

BC 420년 아테네, 아르고스, 엘리스, 만티네아가 동맹을 체결하였고, 다음 해인 BC 419년 아르고스가 에피다우로스를 침공해 점령했다.[4] 스파르타와 아테네 및 아르고스의 긴장 관계는 높아져 갔다. 스파르타의 미적지근한 태도에 다른 동맹국들은 불만과 불신 그리고 회의(懷疑)에 빠졌다. 반면에 아테네는 스파르타가 전쟁을 재개할 것이라는 공포에 휩싸였다. 이러한 기류는 BC 418년의 장군 선출 결과를 변화시켰다. 주전파인 알키비아데스가 제외되고 주화파인 니키아스와 그의 동료들이 선출되었다. 주화파의 등장은 아테네 시민들이 전쟁을 기피한다는 증표이다. 그러나 민심은 깃털이다. 미풍에도 방향 없이 떠다닌다. 아테네 민심도 금세 변했다. 주변 국가에서 전쟁이 일고 스파르타가 공격적 자세를 취한다는 소문에 아테네 기류는 불과 1년 사이에 주화파인 니키아스와 주전파인 알키비아데스가 모두 장군으로 선출되는 결과로 이어졌다. 아테네는 주화에서 화전양면으로 가다가 다시 주전파가 부상하고 있는 시그널이 작동되기 시작한 것이다.

주전파의 선봉장은 야심만만한 알키비아데스였다. 알키비아데스는 아테네의 정치가이자 장군이었다. '알키비아데스'라는 이름은 스파르타에 기원을 둔다. 알키비아데스의 가문은 스파르타의 프록세노이(proxenoi)로서 아테네에 왔다.[5] 그는 아테네 정치가인 클레이니아스(Cleinias)를 아버지로, 고대 귀족 가계인 알크메이오니다이(Alkmeonidai)출신의 어머니 데이노마케(Deinomache)의 아들로 태어났다. 페리클레스의 어머니도 이 가문 출신이다. 따라서 알키비아데스는 페리클레스의 외조카다. 페리클레스의 동료 장군이었던 그의 아버지가 코로네아(Coronea) 전투에서 BC 447년에 전사하자 페리클레스가 보호자가 되어주어 알키비아데스는 삼촌인 페리클레스의 집에서 어린 시절을 보내면서 일찍부터 아테네 정치에 눈을 뜨게 되었을 것이다. 게다가 그는 출중한 외모로 귀족 가문의 여성들로부터 선망의 대상이었다.

플루타르코스는 알키비아데스가 소크라테스의 제자이자 친구였다고 소개한다. 이어 소크라테스는 모처럼 좋은 꽃을 피울 열매가 익기도 전에 떨어지는 것을 막기 위해 그를 늘 가까이에서 지켜보았다. 알키비아데스도 다른 모든 사람을 경멸하면서도 소크라테스만은 두려워하고 존경하였다. 그는 재능있는 미남이며 부자로서 사치스러운 생활 방식과 느슨한 도덕으로 유명하다. 플루타르코스는 알키비아데스가 "좋은 환경에 둘러싸여 있었고 사람들은 그에 대해 비난하거나 듣기 싫은 말을 하지 않았으므로 그는 진실한 충고와 비난을 들을 기회가 거의 없었다"고 기술한다.

알키비아데스는 BC 420년에 30세 이상에 자격이 부여되는 장군이 되어 15년 연속 장군의 지위를 유지했다. 의회의 의제를 제안할 수 있는 아테네의 영향력 있는 군사위원회의 위원이기도 했다. 알키비아데스는 장군으로 임명되자 곧바로 100년 동안 지속될 아테네, 아르고스(Argos), 엘리스(Ellis), 만티네아(Mantineia)와의 동맹을 주선했다. 플루타르코스는 이를 계기로 펠로폰네소스 반도에 있는 아테네 동맹국들이 힘을 합치게 되었고 스파르타에 대항하여 아테네와 멀리 떨어진 만티네아에서 전쟁이 일어나게 되었다고 기술한다.

플루타르코스에 따르면 알키비아데스는 니키아스가 아테네 시민들에게는 물론 아테네와 경쟁하고 있던 나라로부터도 존경을 받고 있다는 사실 때문에 몹시 불안해했다. 그 당시 아테네가 전쟁을 시작한 것은 페리클레스인 반면에 휴전을 성사시킨 것은 니키아스라고 하여 '니키아스의 평화'라는 말까지 생겨났다. 알키비아데스는 자기의 경쟁자가 이름을 떨치는 것을 보자 질투를 느끼게 되었고 그가 세운 평화조약을 뭉개려는 시도를 하게 된다.

그러나 그의 경쟁심은 일관된 규칙에 의한 것이 아니었다. 그의 명예심은 정의와 진실이 아니라 사치스럽고 위선적인 것이었다. 그는 뛰어난 재주와 높은 교육을 세상을 자기 마음대로 살아가는 무기로 사용했다. 그는 권문세가의 아들로 자라면서 양지만 알지 음지를 몰랐다. 그는 고난과 역경을 헤쳐본 경험이 없다. 이런 그에 대해 플루타르코스는 "경쟁심과 명예심은 그가 가진 많은 정열 중에서도 가장 돋보이는 것이었다"고 묘사한다. 따라서 그는 펠로폰네소스전쟁 당시에 나름의 이유가 있지만 나라를 등지고 이편저편으로 오락가락하여 교활한 배신자라는 평판을 얻었다. 그는 적도 많고 찬미자들도 많은 고대 아테네의 역사에서 가장 다채로운 지도자 중의 한 명이었다. 알키비아데스의 행적은 전쟁의 전개 과정에서 함께 드러나게 된다.

알키비아데스는 주전파의 선두에 서자 새로운 변화를 추구했다. 변화의 가장 큰 동인은 전쟁이다. 온건하고 소극적인 니키아스는 스파르타와의 평화를 지속하면서 현 상태의 유지를 바랐다. 결국 아테네는 두 지도자가 국가정책을 둘러싸고 반목하면서 정책추진은 교착상태를 벗어나지 못했다. 사회가 혼란스러우면 민심이 흉흉해지고 별별 인물이 튀어나오고 별별 일이 벌어진다. 선동가인 히페르볼로스(Hyperbolus)라는 인물이 이 혼란국면을 이용해 자신의 입지를 강화하고 클레온의 뒤를 잇겠다는 야심을 가지고 등장했다. 아리스토파네스(Aristophanes)는 BC 421년에 공연된 『평화』에서 히페르볼로스를 민회의 지배자로 불렀다. 그러나 투키디데스는 그를 '비열한 악당(scoundrel)'으로 칭했다 (TW 8.73.3).

어느 사회나 주류세력이 존재하지 않고 이념이나 이익에 의해 호각지세(互角之勢)로 대립하면 제3세력이 출현하거나 선동가가 사회를 어지럽히게 된다. 이들은 대중을 선동하고 대중들과 영합해서 자신들의 입지를 획책하다가 결국은 마른 논의 송사리 신세가 되기 때문에 대개는 지속되지 못하고 일시적이다. 히페르볼로스도 이런 아류였다.

알키비아데스는 니키아스의 평화조약에 반대하고 그 비준 이후 수년 동안 펠로폰네소스전쟁을 재개하려고 시도했다. 이런 그의 태도는 니키아스와 점점 더 격렬한 경쟁을 불러일으켰다. 두 사람의 정치적 반목은 곧 아테네 정치의 반목이고 분열이며 파국의 길이었다. 아테네인들은 이 파국을 해소하려면 알키비아데스나 니키아스 둘 중 한 사람이 물러나야 한다고 생각하게 되었다. 히페르볼로스는 이 여론 속을 헤집고 들어가 이들 중 한 명을 10년 동안 추방하는 도편투표로 몰고 갔다.

BC 416년 3월에 도편투표가 실시되었다. 두 사람의 지지세가 혼전 양상이었기 때문에 둘 다 불안한 상황이었다. 상황 판단이 예리하고 행동이 기민한 알키비아데스가 선수를 치고 나왔다. 니키아스와 협력하여 오히려 히페르볼로스를 추방하기로 합의했다. 투표결과는 알키비아데스와 니키아스 대신 선동가인 히페르볼로스가 추방되어 BC 411년 사모스 반란 당시에 살해되었다. 그는 조직화된 지지세력도 없이 자신의 웅변에 모래알 같은 군중이 반응하자 고무되어 도편추방제라는 도끼로 제 발등을 찍은 것이다.

아테네인 사이에서는 히페르볼로스를 추방시킨 결과를 놓고 도편추방제가 조롱당했다며 추방제의 무용론이 제기되었다. 아테네의 저명한 인물들에 대한 도편투표가 일개 하찮은 인물을 추방하는 데 사용되었다는 점에 자괴감을 갖게 된 것이다. 결국 아테네인은 더 이상 도편투표를 하지 않기로 했다. 결국 이 도편투표는 아테네에서 실시된 마지막 투표였다. 4반세기 만에 재개된 도편추방제는 이를 계기로 막을 내리게 된다.

도편투표가 실시된 이후 알키비아데스와 니키아스는 다시 장군에 선출되었다. 두 사람의 세력이 여전히 쌍벽을 이루고 있다는 증표다. 그러나 두 사람 모두 언제까지나 열차의 레일 위를 달리며 평행선을 이루기보다는 어떤 정거장이 필요했다. 니키아스가 추구하는 스파르타와의 평화조약은 이미 플러그가 뽑힌 전자기계였다. 알키비아데스는 펠로폰네소스 동맹의 재편을 통해서 스파르타를 고립시키려고 시도했으나 허사가 되었다.

스파르타의 어정쩡한 행동은 평화파인 니키아스의 입지를 축소하고 아테네의 전쟁파가 부활하는 계기를 만들었다. 히페르볼로스가 대표적 인물이었으나 도편추방되는 바람에 주전파는 알키비아데스가 대표하게 되었다. 앞에서 기술한 멜로스(Melos)인에 대한 처참한 도륙사태도 아테네의 이런 출구전략과 관련되었을 것이다.

❖ 주

1) Donald Kagan, *Peloponnesian war* (New York: the Penguin Group, 2003), p. 140.
2) Kagan (2003), p. 152.
3) Kagan (2003), p. 152.
4) 에피다우로스(Epídauros. 또는 에피다브로스Epídavros)는 펠로폰네소스 반도의 동부에 위치한 고대 그리스의 항구 도시이다.
5) Kagan (2003), p. 211.

제5부

아테네의 시칠리아 원정

18장 아테네의 시칠리아 원정 _ 421

19장 아테네와 시라쿠사의 전투 _ 437

20장 펠로폰네소스전쟁의 마지막 전투와
　　　아테네의 패전 _ 456

21장 전쟁과 민주주의 _ 492

18장

아테네의 시칠리아 원정

1. 시칠리아 원정과 아테네의 정치적 갈등

'시칠리아 원정'은 시칠리아를 정복하려는 아테네의 시도에 관한 명칭이지만 실제는 '아테네의 원정'으로 서로 적대관계에 있는 아테네와 스파르타를 중심으로 각각의 동맹들이 참가하여 시칠리아의 동남쪽 모퉁이인 시라쿠사(Syracuse)에서 벌어진 대전쟁이다. 시칠리아는 고대 그리스어로는 '시켈리아(Sikelia)', 영어로는 시칠리(Sicily)다. 그러나 '시칠리아'로 널리 불리고 있어 혼란을 줄이기 위해 그대로 따른다.

'시칠리아'라는 이름은 선사시대의 종족이던 시칸족(Sikans)과 시켈족(Sikels) 등에서 유래하는 것으로 전해진다. 이들이 BC 1100년경에 이탈리아 본토에서 뗏목으로 메시나(Messina) 해협을 거쳐 이곳에 도착하여 거주함으로써 시칠리아라는 이름이 생겼다고 한다. 현재의 시칠리아섬은 지중해에서 가장 큰 섬으로 이탈리아의 20개 지역 중 하나이다. 시칠리아는 이탈리아반도 남쪽의 중앙 지중해에 위치해 있으며 좁은 메시나 해협에 의해 분리되어 있다. 시칠리아의 그리스 문명은 시라쿠사에서 비롯된다.

시라쿠사는 BC 734년경에 그리스인들 특히 코린토스인들이 시칠리아에 세운 도시국가다. 원래 고대 그리스에서는 시라쿠사이(Syrakousai)로 불렸다. 시라쿠사는 라틴어에서 유래된 영어 발음이다. 여기에서는 범용화된 시라쿠사로 표기한다. 시라쿠사는 시칠리아섬의 동남쪽 모퉁이에 위치하고 있으며 이오니아해(Ionian Sea) 옆의 시라쿠사만(Gulf of Syracuse) 옆에 있다. 시라쿠사는 스파르타 및 코린토스와 동맹을 맺고 마그나 그라키아(Magna Graecia) 즉 이탈리아 남부와 시칠리아 전체 지역에 영향력을 행사하는 부유한 도시국가였다. BC 5세기에는 아테네에 버금가는 국가 규모였다. 현대에 이 도시는 유네스코에 세계 유산으로 등록되어 있다. 시라쿠사는 성경 사도행전(28:12)에도 바울이 머물었다고 언급되어 있다.

당시에 시라쿠사는 시칠리아의 맹주로 아테네 인구에 버금가는 2만 5,000명의 도시국가였다. 시라쿠사의 역사가 시칠리아의 역사로 보일 정도로 강력한 세력이었다. 시라쿠사는 스파르타와 동맹관계였으며 코린토스와 깊은 유대관계를 갖고 있었다.

시라쿠사는 오르티기아(Ortigia)섬을 중심으로 발전했다. 오르티기아섬은 현재 시라쿠사 땅과 2개의 다리를 놓아 육지로 변했다. 오르티기아는 시칠리아섬의 일부인 시라쿠사섬의 섬인 셈이다. 그리스인들은 BC 734년에 오르티기아섬에 식민지를 세웠다. 오르티기아는 당시에 시라쿠사의 중심이었다. BC 6세기경에 세워진 것으로 보이는 아폴론 신전이 여기에 있다.

▶ 사진 18.1 시라쿠사 유적지의 두 극장
그리스형은 반달모양이지만 로마형은 원모양이다.

　오르티기아섬은 확장되면서 시라쿠사의 내륙으로 뻗어나갔다. 시라쿠사 내륙의 고고학 공원에는 그리스 고대 극장이 있다. 이 극장은 1만 6,000명이 수용될 수 있는 시칠리아 최대의 극장으로 BC 5세기의 유적이다. 이 극장의 특징은 언덕을 골라서 그 위에 돌로 의자를 만든 것이 아니라 돌을 깎아 내려가면서 의자를 만들어 무대까지 이어지게 한 것이다. 따라서 다른 극장들은 수많은 돌을 놓아 만들었지만 이 극장은 하나의 돌로 이루어졌다. 반면에 인근의 로마시대의 원형 경기장은 돌을 쌓아 만들었다. 그리스 극장은 연극을 공연하고 관람하는 곳이라서 무대는 객석 앞에 있는 반원형이다. 반면에 로마의 원형 경기장은 사람이나 동물들의 시합이 목적이라 무대가 중앙에 있고 객석은 360도의 원형으로 이루어져 있다. 조각공원에는 또한, 펠로폰네소스전쟁 이후에 만들어진 디오니소스(Dionysus)귀로 명명된 동굴과 이른바 천국의 채석장 등 유적들이 있다.

시라쿠사는 BC 4세기에는 참주인 디오니시오스 1세(Dionysius I or Dionysius the Elder, BC 432~367년)가 지배하고 있었다. 그는 하급 관리로 시작해서 BC 409년의 카르타고(Carthage)전쟁에서 무훈을 세운 뒤에 BC 406년에 최고 군사령관으로 선출되고 다음 해에 참주가 되었다. 그는 시칠리에 있는 여러 도시와 이탈리아 남부를 정복하고 시라쿠사를 서부 그리스의 가장 강력한 식민지로 만들었다. 그러나 그는 가장 나쁜 폭군의 예로 간주된다. 반면에 폭군답지 않게 그는 예술의 후원자라는 양면성을 지니고 있었다. 여기에서 디오니시오스 1세를 거론하는 것은 플라톤이 그를 철인왕으로 만들어 철인정치를 구현하려던 사연 때문이다.[1]

아테네의 매파와 비둘기파는 이전투구의 갈등으로 시간을 보내고 있었다. 멜로스에서 피 맛을 본 아테네의 주전파는 또 다른 먹잇감을 찾고 있었다. 주전파에게 평화는 곧 고립이다. 전쟁을 해야 가치가 인식된다. BC 416년 겨울에 주전파에게 때아닌 낭보가 날아들었다. 시칠리아의 작은 도시국가 에게스타(Egesta)와 렌티니(Lentini)로부터 아테네에 긴급한 지원 요청이 온 것이다. 두 나라는 수십 년 동안 아테네의 동맹국이었다.

에게스타(Egesta 혹은 Segesta)는 시칠리아의 북서쪽 모퉁이 위치하여 BC 7세기부터 중요한 무역의 도시국가로 BC 5세기 중엽에 번영의 절정에 도달했다. BC 458년에 아테네와 상호 협력 조약을 맺었으나 시칠리아 남서해안에 있는 셀리노스(Selinus)와 경쟁 관계가 지속되면서 BC 416년에는 전쟁으로 치달았다. 셀리노스는 재빨리 시칠리의 맹주 시라쿠사에 지원을 요청했다. 마찬가지로 에게스타도 아테네의 지원을 요청했다. 그런데 셀리노스가 시라쿠사에게 지원을 요청하면서 아테네의 시칠리아 상대는 셀리노스에서 시라쿠사로 확대되었다. 에게스타는 아테네의 지원을 요청하면서 아테네의 참전을 유도하기 위해 금고와 신전에 군자금은 충분히 비축하고 있다고 떠벌렸다. 아테네 민회는 에게스타에 사절단을 보내 전쟁 상황과 전비가 실제로 준비되어 있는지를 확인하도록 했다.

에게스타인은 아프로디테의 신전에 있는 봉헌물들을 보여주고, 만찬에는 금, 은잔들을 즐비하게 늘어놓아 사절단의 눈을 어리둥절하게 만들고 마음을 움직였다. 그러나 눈가림이었다. 이 금과 은붙이들은 여러 지역에서 빌려온 것들이었다. 에게스타인은 아테네 사절단에게 함선 60척의 한 달 전쟁 비용으로 은 60달란트(24억 원 정도)를 건넸다. 은 60달란트는 금으로 환산하면 10달란트 조금 넘을 것이다. 미리 뇌물 공세를 위한 것이다. 에게스타인이 아테네 사절단을 아주 잘 주물러 보낸 것 같다. 이들은 아테네 민회에 엄청난 양의 재물을 보았다고 보고했다.

아테네 민회는 기왕지사 60달란트를 받은 만큼 그 돈에 해당하는 60척의 함선을 파견하기로 결정했다. 잘못 문 미끼였다. 민회는 알키비아데스와 니키아스 그리고 라마코스(Lamachus)를 전권 장군으로 임명했다. 주화파인 니키아스는 자신의 의사에 반해 선출되었다 (TW 6.8.4). 라마코스는 여기에서 처음 등장하는 인물이다. 라마코스는 BC 435년경부터 군사활동을 시작해 BC 420년 중반에 명성을 높인 중도파 인물이었다. 라마코스를 끼워 넣은 것은 주전파인 알키비아데스와 주화파인 니키아스 사이에서 중심을 잡도록 한 취지였다.

아테네 민회는 1차 회의 4일 후에 2차 회의를 열었다. "함대의 장비를 신속히 갖추고 장군들의 추가 요구 사항을 결정"하려는 것이었다. 여기에서 니키아스는 아테네인들의 마음을 바꿔보려고 원정의 반대 논리를 제시했다. 1) 위험한 적들이 아테네 가까이에서 아테네를 공격할 준비가 되어 있는데 시칠리아에서 새로운 적과 싸우기 위해 함대를 보내는 것은 무모한 짓이다. 2) 시칠리아의 정복은 훨씬 어려운 일이고 정복한다고 해도 너무 멀어서 장기적으로 안전하게 유지하기도 어렵다.

반면에 알키비아데스는 다음과 같은 논리로 참전을 강력히 주장했다. 1) 시칠리아가 분열되고 약하기 때문에 쉽게 정복할 수 있으며 후에 카르타고를 지배할 발판이 될 것이고 지중해 전체를 통제할 수 있는 교두보가 될 것이다. 2) 최악의 경우라도, 아테네는 우월한 해군력을 보유하고 있기 때문에 스파르타가 아테네를 위험에 빠트리지는 못할 것이며, 그런 경우 함대와 군대는 시칠리아에서 언제든지 회군할 수 있다.

니키아스는 아테네인들을 설득하여 원정을 취소하도록 마지막 노력을 기울이면서 이번에는 설득의 전술을 바꿨다. 시라쿠사를 패배시킬 수 없다는 주장 대신에, 원정에는 대규모의 육군과 해군력이 필요하다는 논리를 내세웠다. 그만한 육군과 해군을 확보할 수 없으니 원정을 단념해야 한다는 취지였다. 그러나 니키아스의 주장은 오히려 긁어 부스럼을 내는 역효과를 가져왔다. 민회는 전제 조건을 건너뛰고 "가능하다"는 내용에 관심을 가졌다. 민회가 신중하게 주의를 기울이는 니키아스조차도 원정 규모를 늘린다면 시칠리아의 정복이 가능하다고 믿는다면 그렇게 해야 한다고 결론을 낸 것이다. 6,000명의 군대와 60척의 배가 출정하는 것으로 원정이 확정되면서 아테네의 분위기는 고무되었다. 투키디데스는 그 상황을 이렇게 묘사한다.

"모두들 출항하고 싶은 욕망에 사로잡혔다. 장년층은 자신들이 공격하러 가는 도시들을 정복하거나 적어도 그런 대군이 해를 입지는 않을 것이라고 생각했다. 청년층은 나라들을 보고 겪고 싶었으며 자신들은 무사히 귀환할 것이라고 확신했다. 일반 병사들은 당장에는 일당을 받고 제국을 키워 놓으면 앞으로도 항구적으로 일당을 받고 근무하게 될 일이라고 생각했다." (TW 6.24.3)

그런데 시칠리아 원정의 출정 날짜 전야에 심각하고 기이한 사건이 터졌다. BC 415년 6월 7일 아침 아테네인들은 충격에 싸였다. 도시 전역의 '헤르메스(Hermes)' 신의 머리가 잘려 나간 것이다. 헤르메스는 행운과 풍요, 여행의 신이다. 그리고 큰 직립 남근상이 있는 동상인 '헤르마이(Hermai)' 신의 동상도 손상되었다.[2]

당시의 모든 지역과 마찬가지로 아테네 함선의 선원들도 늘 미신적인 운명에 의존하고 있었다. 헤르메스가 여행자의 후원자 신이었기 때문에 출정을 앞둔 선원들은 동요할 수밖에 없었다. 그렇다면 이는 원정을 저지하려는 음모의 일단이 분명하다. 아테네인들은 이 사건을 심각하게 받아들였다. 이 사건을 "변혁을 통해 아테네의 민주주의를 전복하려는 음모의 서곡으로 보았기 때문이다" (TW 6.27).

아테네인들의 이런 정서에 부채질을 한 것은 알키비아데스의 정적들이었다. 정적들은 알키비아데스가 돈 많은 귀족 신분을 배경으로 방종하고 방탕한 생활을 해왔다며 이 사건과 연루시켰다. 설상가상으로 알키비아데스는 음주 파티나 향연(symposium) 중에 엘레우시스(Eleusis)의 의식을 모독했다는 더 심각한 비판에 직면했다 (그리스 신화에서 엘레우시스는 엘레우시스 도시의 영웅이다).[3] 결국 알키비아데스는 여러 다른 사람과 함께 용의선상에 오르게 되었다. 그러나 전후 사정을 감안하면 알키비아데스가 그런 일을 할 이유가 없다. 신상 훼손 사건은 오히려 출정을 방해하는 요인이다. 그렇다면 그 배후 세력은 시칠리아 출정을 반대하는 세력 즉 주화파일 가능성이 크다.

알키비아데스는 즉각적인 재판을 요구했다. 자신의 무죄를 입증하겠다는 결의였다. 어차피 재판은 실체적 접근을 통한 법률적 판단이 아니라 배심원단이 담당한다. 영리한 알키비아데스는 자신이 아직 대중들의 지지를 받고 있으며 자신의 군대가 아테네에 있는 상황에서 재판을 받는 것이 유리하다고 판단하고 재판 일정을 독촉했다. 그러나 정적들은 원정대의 출발을 연기할 수 없다는 구실로 재판을 미뤘다. 핑계였다. 훤히 들여다보이는 얕은 수다. 알키비아데스와 그 세력들이 바다로 나간 뒤에 자기들 입맛에 따라 재판을 하려는 속셈이었다.

2. 아테네 함대의 출정

원정대는 BC 415년 여름에 피라이오스 항을 뒤로하고 북쪽으로 향했다. 그동안 그리스 도시국가의 어느 원정대보다 큰 규모였다 (TW 6.31). 선단 규모는 삼단노선 134척이었다. 이 중에 아테네 함선은 60척이고 나머지는 동맹국에서 보낸 배들이었다. 아테네는 일단 에게스타로부터 받은 은화 60달란트로 건조한 배를 출항시켰기 때문에 군선에 추가 비용은 들지 않았다.

중장보병은 아테네인 500명을 포함해서 5,800명이었다. 그 외에 경장보병 1,300명, 기병 30명 등 전투원이 7,100여 명이었다. 이 외에 삼단노선 승무원은 아테네의 700명을 비롯해 여러 나라에서 많은 인원이 참가했다. 또한, 30척의 수송선에는 식량, 군수품, 석공, 목수, 성벽 건축 도구들이 적재되었다.

원정군은 시칠리아에 도착해서 우선 군자금을 확인했다. 돈은 얼마든지 있다던 말은 속임수였다. 그러나 에게스타인들은 지혜로웠고 아테네는 우둔했다. 몇 사람을 속이면 거짓말쟁이 사기꾼이지만 대중을 속이면 정치꾼이며 자기 나라를 위해 다른 나라를 통째로 속이면 애국자다. 돈은 고작 30달란트뿐이었다. 이미 받은 은 60달란트는 한 달치 전비였다. 첫 번째 사절단이 왔을 때 에게스타인들은 속임수를 썼던 것이었다. 그렇다고 대군을 이끌고 철수할 수도 없는 일이 아닌가. 속은 사람이 바보지 속인 사람이 나쁘다고 할 수 없는 상황이었다. 제우스를 비롯한 많은 신, 그리고 헤라클레스도 목적 달성을 위해 속임수를 썼다. 그리스 신화에서 속임수는 때로는 거짓말이나 부정직이 아니라 지혜의 일종이었다.

장군들은 진퇴양난의 상황에서 난감해졌다. 대처 방안을 놓고 의견도 삼색으로 갈렸다. 니키아스는 원정의 목표 지점인 셀리누스로 전군(全軍)을 이끌고 가자고 주장했다. 여기에서 에게스타가 전군을 위한 군자금을 대면 재고해 보고, 아니면 그들이 요청한 60척의 함선 유지비를 요구하며 힘으로든 합의로든 에게스타와 셀리누스 사이의 평화조약이 성사될 때까지 기다려보자는 의견이었다. 대부분의 군대를 시라쿠사 북쪽에 있는 카타니아(Catania)에 진지를 구축하고 기다리면서 관망하는 정책을 유지하기를 원했지만 결국은 싸움을 피하자는 것이었다.

알키비아데스는 스파르타 편의 도시국가를 제외한 모든 지역에 전령을 보내 군량과 병력을 받아내자는 의견을 냈다. 그리고 셀리누스가 애게스타와 평화조약을 맺지 않고 시라쿠사가 렌티니의 재건을 받아들이지 않을 경우 시라쿠사와 셀리누스를 공격하자고 제안했다. 이것은 알키비아데스가 시칠리아 원정을 통해 아테네 동맹에 대한 자신의 영향력을 확대 강화하려는 의도를 노골적으로 드러낸 것으로 볼 수 있다. 그러나 자기 지갑을 열고 억지로 돈을 꺼내 가는 사람에게 호의적일 사람이 있을까? 동맹들은 당연히 불만을 표출하고 이런 소문은 아테네 정가에 전파되었을 것이다.

라마코스는 시라쿠사에 대한 즉각적이고 직접적인 공격을 선호했다.

그는 모든 군대는 처음에 가장 두려운 법이며 모습을 드러내는 데 시간이 걸리면 사람들은 사기가 되살아나서 나중에 실제로 군대를 봐도 우습게 보인다고 강조했다. 주민들이 아직 준비가 되지 않아 전전긍긍하면서 두려워하고 있을 때 신속히 도시를 기습공격해야 승리할 가능성이 가장 많다고 강조했다. 그는 정치적 고려나 외교적 교섭이 아닌 순수하고 단순한 자신의 군인 경험을 토대로 한 제안이었다. 현대 학자 케이건(Donald Kagan)은 세 사람의 제안들 가운데 라마코스의 전략이 먹혀들 가능성이 충분하다고 평가한다.[4] 그러나 라마코스의 제안이 채택될 수 있는 상황이 아니었다. 라마코스는 공동 사령관이라고 해도 경륜이 제일 짧고 권위가 제일 약했다. 알키비아데스는 자기 도취적이라서 자기 제안 이외는 거들떠보지도 않는다. 라마코스는 아무것도 하지 말고 되어가는 대로 지켜보면서 기다리자는 니키아스의 무사주의(無事主義)가 싫었다. 그래서 무엇이라도 하기 위해 알키비아데스의 의견에 동조했다. 결국 알키비아데스의 제안이 아테네군의 전략이 되었다.

시라쿠사에 아테네 함대가 공격해 온다는 소문이 전해졌다. 그러나 시라쿠사는 반신반의했다. 시라쿠사인들이 아테네 함대의 침공 사실을 인정한 것은 함대가 레기움(Rhegium)에 도착한 뒤였다. 레기움은 이탈리아 본토 끝자락으로 시칠리아와 가장 가까운 지점이다. 원정군은 레기움에서 카타니아를 거쳐 시라쿠사로 내려오게 된다. 따라서 라마코스의 제안대로 시라쿠사인들이 방어 준비를 하기 전에 서둘러 공격했더라면 기선을 제압하고 항복을 받아냈을 가능성은 충분하다. 시라쿠사는 전쟁 준비도 안 되어 있을 뿐만 아니라 실제 해군 장비 등은 아테네 함대에 비해 조족지혈(鳥足之血)이었다. 아테네 원정군은 알키비아데스의 전략대로 주변 지역을 돌며 외교전 또는 무력행사를 통해 일부 지역을 근거지로 확보했으나 대부분의 도시는 동조하지 않아서 별 소득이 없었다.

3. 알키비아데스의 망명과 니키아스의 지휘

아테네의 알키비아데스의 정적들은 시칠리아 원정군이 해상으로 나가자 곧바로 신상 훼손 사건에 대한 조사를 본격화했다. 이른바 목격자라는 사람들을 등장시켜 진술을 받아내고 매수된 증인의 증언이나 조작된 증거를 토대로 인민재판을 준비하고 있었다. 알키비아데스를 재판에 회부해 처형하려는 수순이었다. 그리고 관용선(官用船) 살라미니아(salaminia)호를 시칠리아에 파견했다. 알키비아데스 및 밀고자가 지목한 사람들을 호송하려는 것이었다.

그러나 현장에서 이들을 체포할 경우 동행하는 군인들이 저항할 것은 뻔하다. 특히 알키비아데스가 동원한 아르고스와 만티네아인들은 그가 체포되어 압송되면 철수할 것이 분명하다. 정적들은 머리를 기민하게 굴렸다. 호송관들에게 현장에서 체포하지 말고 임의 동행 형식으로 데려오라고 지시했다. 알키비아데스가 카타니아로 가자 살라미니아호가 기다리고 있었다. 그는 살라미니아호의 선원들로부터 아테네에 대한 이야기를 듣고 아테네는 자신의 처형장이라는 것을 직감하고 순간적으로 기지를 발휘했다. 자신의 배에 함께 소환된 사람들을 태우고 살라미니아호를 따라가겠다고 약속했다. 그러나 알키비아데스 일행은 이탈리아의 투리(Thurii)지역에 이르러 호송선을 따돌리고 육로를 통해 펠로폰네소스로 건너갔다. 망명한 것이다. 법원은 궐석 재판을 통해서 사형을 선고하고 재산도 압류했다.

신상 훼손이 어느 배후 세력의 주도면밀한 공작이었다면 어차피 사건은 영구 미제로 남게 된다. 패거리들의 술주정이었다면 해프닝이다. 그러나 알키비아데스의 정적들은 처음부터 사건의 결말을 정해놓고 형식적인 절차를 통해 한 편의 드라마를 만들었다. 증거는 합리화의 자료였다. 증인은 잘 기용된 배우였고 이들의 진술은 짜 맞춰진 대본이었다. 어느 경우이든 사건의 본질은 조작이라는 비판을 피하기 어렵다.

알키비아데스의 입장에서는 36계가 최선으로 판단했을 것이다. 이미 그물망에 걸려든 자신이 아무리 결백을 주장해도 망을 피해 갈 수 없다는 것을 판단하고 죽음 대신에 전쟁상대국인 스파르타로 피신한다. 파스칼의 말대로 국경 하나를 넘으면 역적이 충신으로 부활한다. 스파르타로 간 알키비아데스는 스파르타인에게 자신을 유용한 인물로 인식되도록 노력했다. 소크라테스의 동료였던 크세노폰(Xenophon, BC 430~354년)에 따르면, 알키비아데스는 아테네인들에게 포위된 시칠리아 사람들을 돕기 위해 스파르타의 장군인 길리포스(Gylippus)를 파견하도록 자문하는 등 활동했다.

4. 니키아스의 지휘

니키아스와 알키비아디스는 1년 전의 도편추방투표에서 절묘하게 손을 잡아 둘 다 추방을 면했었다. 두 사람의 경쟁은 무승부였다. 시칠리아 원정 결정은 알키비아데스의 판정승이다. 그러나 두 사람은 3인 공동 지휘관으로 선임되어 결과적으로는 승부를 다시 원점으로 돌렸다. 더욱이 '공동지휘권'은 니키아스의 성품으로 보면 허울뿐이고 알키비아데스의 단독 지휘권이나 마찬가지였다. 그런데 알키비아데스가 아테네의 소환에 불응하고 스파르타로 달아나면서 니키아스는 최후의 승자가 되었다. 이제 그는 전쟁 지휘의 확실한 주도권을 쥐게 되었다. 그러나 평화주의자의 전쟁지휘권은 교전을 통해 승리를 낚은 것이 아니라 대기(待機)를 통해 세월을 낚았다.

그는 스파르타와 BC 421년의 평화조약을 성공시킨 데 대해 대단한 자부심을 가지고 있었을 것이다. 그가 침략의 선봉장으로 피비린내 나는 교전을 한다는 것은 스스로의 자가당착(自家撞着)이라고 고뇌했을 수도 있다. 그렇다면 평화협정을 통해서 전쟁을 끝낼 전략을 구사했어야 한다. 시라쿠사와도 교전이 아닌 교섭을 통해서 갈등을 평화적으로 해결하고자 했다면 그에 상응하는 전략이 필요하다. 가장 중요한 것은 강력한 군대를 배경으로 상대를 벼랑 끝으로 몰고 가서 요구사항을 관철하는 것이다. 니키아스에게는 무적의 함대가 있다. 오르티기아섬을 먼저 봉쇄하여 내륙과 연결을 차단하면 시라쿠사는 모든 것이 두 동강이 나서 제대로 힘을 발휘하기 어렵다. 이를 위한 원정군의 최대 무기는 선공(先攻)이다. 그럼에도 니키아스는 필요한 어느 조치도 취하지 않았다. 간헐적으로 세작들로부터 입맛에 맞는 정보를 듣고 시라쿠사가 스스로 두 손 들고 찾아올 것으로 기대하면서 차일피일 시간을 보냈다. 결국 그는 공격은커녕 적으로부터 멀리 떨어진 해안을 돌면서 시간을 바다에 버리며 기회를 죽였다. 니키아스의 안이하고 우유부단한 태도는 결국 시라쿠사에게 전쟁을 준비하고 군대를 동원할 수 있는 시간을 벌어 주는 결과를 가져왔다.

니키아스는 여름이 다 가도록 시라쿠사에서 꿈쩍도 하지 않았다. 플루타르코스는 니키아스 군대가 역으로 시라쿠사인들의 조롱거리가 되었다고 전한다. 더 나아가 사기가 높아진 시라쿠사인들은 아테네군을 공격하기로 결정하고 선수를 치기 시작했다. 아테네 함대의 침략에 망연자실(茫然自失)했던 때와는 상황이 급반전되었다.

시라쿠사인들의 조롱으로 내부에서 동요가 일자 니키아스는 더 이상 세월의 흐름만 바라볼 수는 없게 되었다. 그는 시라쿠사를 치기로 마음먹고 카타니아를 떠나서 시라쿠사로 항해하며 무방비 항만을 공격했다. 니키아스는 항만공격은 순조로웠지만 기병대가 약했기 때문에 지상전을 통해 승리를 마무리 짓지는 못했다. 카타니아에서 시라쿠사까지는 에트나산을 중심으로 해안선이 이어지고 있다. 따라서 현지의 기병대가 에트나산 계곡으로 들어가면 외지인이 추격하기는 쉽지 않다.

니키아스는 곧 낙소스(Naxos)로 퇴각했다. 원정군은 출발 당시를 기준으로 하면 중장보병과 전투원이 1만 3,000여 명, 그리고 아테네 승무원 700명과 동맹국에서 파견된 승무원을 합치면 1,000명은 되었을 것이다. 그렇다면 시라쿠사 인근에는 1만 4,000여 명의 대군이 안전하게 정박해서 오랜 시간을 보낼 마땅한 섬이 없다. 그는 병사들에게 필요한 군수품을 조달하기 위해서는 낙소스가 적지라고 판단했을 것이다.

낙소스는 디오니소스가 수호자다. 디오니소스는 포도주와 풍요, 다산과 황홀경, 죽음과 재생의 신이다.[5] 낙소스는 풍요로운 섬이라는 이미지를 준다. 신과 일종의 미신에 대한 신심이 남다른 니키아스가 낙소스를 주둔지로 정한 것은 나름대로 이런 배경이 작용했을 것이다.

니키아스는 겨울을 이곳에서 무위도식(無爲徒食)으로 시간을 보냈다. 아테네의 1만 4,000여 명의 대군이 작은 섬 낙소스에 머무는 것은 낙소스에게는 제국의 갑질이다. 오히려 시라쿠사 군인들이 아테네군 진지를 간헐적으로 공격했다. 드디어 병사들은 니키아스에 대한 불만을 터트렸고 이 불만은 곧 비난으로 번졌다. 그러나 니키아스는 실제 전투에서는 용맹스러웠다. 다만 결정하는 시간이 길었기 때문에 호기를 상실하는 것이 문제였다.

❖ 주

1) 플라톤은 40세가 되던 해에 2년간 남부 이탈리아와 시칠리아를 여행한다. 그리고 시라쿠사에서 디오니시오스 1세의 처남인 디온(Dion)을 만난다. 디온은 플라톤의 철학에 열렬한 관심을 가지고 있었다. 플라톤도 디온이 자신의 철인통치의 이념을 구현해 줄 재목으로 여겼다.

플라톤은 아테네에 아카데미아를 BC 387년경에 설립하고 이어 디온의 초청으로 시칠리아를 2~3차례 더 방문한다. 그러나 이 당시의 플라톤의 행적에 대해서는 알려진 것이 없다. 60세이던 BC 367년에 시켈리아로 와 달라는 디온의 요청을 받는다. 디오니시오스 1세가 죽고 뒤를 이은 나이 어린 참주 디오니시오스 2세를 가르쳐 철인정치를 구현할 좋은 기회라는 것이 그 이유였다 그러나 디온은 모반 혐의로 추방당하고 플라톤은 귀국길이 막힌다. 우여곡절 끝에 아테네로 돌아오지만 2년을 허비한다. 4년 뒤에 디오니시오스 2세의 초청으로 다시 시라쿠사를 방문하지만 자기의 목적을 이루지 못한다.

그런데 그리스 문명의 전문가인 보나르(Andre Bonnard, 1888~1959년)는 그리스 문명에 대한 그의 역작인 그리스 문화(Civilisation Grecque, 한국어는 그리스인 이야기로 번역됨)흥미있는 이야기를 기술하고 있다. 즉 플라톤이 시라쿠사에서 쫓겨나 노예시장에서 팔리는 신세가 되었다는 것이다. 플라톤은 디오니시오스 1세에게도 철학을 주입시켜 그가 강조하는 '철인 왕'으로 만들고자 시도에 디오니시오스 1세가 격분해서 플라톤을 스파르타의 배에 태워 아이기나섬에 버렸다는 것이다.

플라톤은 여기에서 노예시장에서 팔리는 신세가 되었고, 웬 너그러운 사람이 그를 사서 친구들과 철학의 세계로 돌려보냈다는 것이다. 이 이야기가 과연 개연성이 있는가? 2500년 전으로 타임머신을 돌려보자. 당시 아이기나는 스파르타 동맹의 일원이었으나 아테네와 해상 전투에서 패해 아테네의 지배하에 아테네인들이 이주하여 살고 있었다.

디오니시오스 1세가 플라톤을 이 섬에 버렸다면 그 시기는 플라톤이 3번째 방문 때였을 것이다. 플라톤은 시칠리아에서 와서 몇 년을 아테네에 지낸 뒤 다시 2~3차례 시칠리아를 방문한 것으로 알려졌다. 노예시장에 팔리는 수모를 당했다면 몇 년 후에 다시 그곳을 방문했는가? 그런데 이 당시 플라톤의 행적이 알려지지 않는다. 이 가려진 2~3년간을 노예와 관련시키는 것은 아닌가. 만일 플라톤이 노예로 팔렸다면 그 과정을 어떻게 이루어졌을까? 플라톤을 섬에 버렸다면 그 집행은 시라쿠사의 관리가 맡았을 것이다. 이때 가정될 수 있는 상황은 추방 형식으로 이 섬에 내려놓거나 노예상인에게 넘기도록 지시를 받고 따랐거나 그 관리가 개인적으로 플라톤을 노예로 팔았을 가능성이다. 그대로 내려만 놓았어도 노예로 팔릴 개연성은 충분하다. 당시에는 사람을 납치해서 시장에 노예로 파는 일이 예사였기 때문이다. 이때 어떤 사람이 플라톤을 알아보고 값을 치르고 아테네로 돌려보냈다는 것이다. 플라톤을 알아보고 돈이 있는 인물이라면 충분히 개연성이 있다. 플라톤은 전쟁포로나 이방인이 아니고 아테네 시민이라서 노예시장의 매물대상은 아니기 때문에 돈을 주고 풀려나면 바로 자유인이다.

그런데 여기에서 제기되는 의문이 있다. 디온이 이 사실을 모르고 있었을까? 디오니시오스 1세가 어떤 음모를 품고 저지른 일이 아니라면 굳이 숨길 일이 아니다. 더구나 자신의 성정을 이기지 못했거나 자신의 리더십에 대한 도전이나 비판이 원인이라면 오히려 성동격서의 전략으로 공개했을 것이다. 그렇다면 당연히 디온이 말렸을 것이다. 디온이 죽은 것은 BC 354년이기 때문에 당시 디온은 디오니시오스의 각료로 신임을 받고 있었다. 만류할 상황이 못되었다면 비밀리에 사람을 보내 섬에 내리자마자 보살피도록 했을 것이다. 그러나 플라톤은 디오니시오스 1세가 죽고 그 아들이 참주가 되었을 때 60세의 나이로 다시 그곳을 찾는다. 이런 전후의 정황으로 추정하면 플라톤이 노예로 팔렸다는 이야기는 행적이 드러나지 않는 기간을 그렇게 연관시킬 수 있다. 더욱 궁금한 것은 플라톤이 고르기아스(Gorgias)를 통해서 참된 정치가와 불의를 논하면서도 이와 관련된 언급이 없다는 것이다. 필자는 플라톤에 관한 문헌을 통해서는 이를 확인하지 못하고 있다.

2) 헤르메스에 관해서는 필자의 『그리스 신화와 종교』(서울: 명인문화사, 2021)를 참조.
3) 엘루시스에 관해서는 최한수 (2021) 참조.
4) Donald Kagan, *Peloponnesian war* (New York: the Penguin Group, 2003), p. 270.
5) 디오니오스는 아테네 영웅 테세우스가 크레타에서 미노타우로스를 죽이는 데 도움을 준 아리아드네를 데리고 탈출한 뒤 그녀를 낙소스섬에 버리고 떠나버린다. 이후 디오니소스가 그녀에 반해 둘은 사랑에 빠진다. 낙소스는 이들의 사랑의 보금자리다. 현재 낙소스에는 아폴로 신전과 꽃, 과일 및 곡물을 포함한 수확 이미지를 담고있는 데메테르 신전과 함께 디오니소스 사원이 있다.

19장

아테네와 시라쿠사의 전투

1. 스파르타의 아테네 공격

알키비아데스가 빠진 아테네군은 전세를 가다듬고 라마코스 중심으로 시라쿠사에 대한 공격을 개시했다. 양측은 일진일퇴의 공방전을 벌였다. 자신들이 차지한 지역에는 서로 요새를 구축하여 방비했다. 그러나 양측의 전투에서 KO 펀치는 나오지 않았다. 포인트 중심의 전투로 시간이 이어져다. 전황은 대체적으로 아테네 우세였다. 이 과정에서 아테네의 지휘관 라마코스가 전사했다. 그러나 아테네의 포인트가 우세한 상황으로 드러나자 지금까지 조마조마한 마음으로 관망하던 주변의 여러 부족이 아테네 쪽으로 줄을 서기 시작했다. 보급품을 보내고 자발적으로 동맹군이 되었다.

반면에 시라쿠사는 펠로폰네소스로부터 아무런 도움이 없자 자신들이 전쟁에서 더는 승산이 없다고 생각하고 유일한 지휘관인 니키아스와 교섭하면서 항복 조건을 논의하기 시작했다 (TW 6.103.3). 이때의 시라쿠사 진영의 상황을 투키디데스는 이렇게 묘사한다.

"(…) 궁지에 몰리고 전보다 더 엄중하게 포위된 자들에게서 예상할 수 있듯 그들은 니키아스에게 수많은 제안을 했으며, 시내에서는 더 격렬한 토론이 벌어졌다. 그런 불행을 당하자 그들은 서로 의심하기 시작했다. 그리고 자기들이 이 지경이 된 것은 자신들을 지휘하던 장군들이 불운 또는 음모 탓이라며 장군들을 해임하고 대신 새 장군들을 선출했다." (TW 6.103.4)

전투 중에 '음모'를 들먹이며 장군들을 교체하는 것은 패전으로 달리는 자중지란이다. 니키아스도 시라쿠사에 박아 놓은 세작들로부터 시라쿠사가 곧 항복할 것이라는 정보를 받고 있었다. 전쟁은 마무리 국면에 접어드는 듯했다. 이제 전군에게 총동원령을 내리고 항복을 받아낼 기세로 압박할 차례다. 이렇게 하면 협상의 칼자루를 쥐고 유리한 조약을 맺을 수 있다. 그럼에도 불구하고 니키아스는 꽃놀이 패를 쥐고서도 자만심에 빠져 더 이상의 액션 플랜없이 시간을 허비하고 있었다.

아테네가 시칠리아에 대규모 원정단을 보내놓고 있는 사이에 스파르타 왕 아기스 2세(Agis II)는 스파르타 동맹군들과 함께 BC 413년 봄에 데켈리아를 점령하고 요새화했다. 아테네 북쪽으로 21km의 거리인 데켈리아는 테바이에서 아테네로 가는 중요한 길목이다. 페르시아의 마르도니오스(Mardonius) 군대가 BC 479년에 아테네를 재점령할 때도 데켈리아를 경유했다. 아테네는 평지에 자리 잡았지만 산들로 둘러싸여 있다. 동쪽은 히메토스(Hymettos)와 펜텔리콘

(Pentelikon), 서쪽은 아이갈레오스(Aigaleos) 그리고 북쪽은 파르네스이다.

아테네는 에우보이아(Euboea)로터 가축과 곡물 등을 운반해 올 때 파르네스를 거쳐 데켈리아를 통과했다. 그런데 스파르타가 데켈리아를 요새화하여 통과가 불가능해 졌다. 어쩔 수 없이 바다를 통해 수니온곳을 거쳐야 했다. 이렇게 되면 운송비용이 더 들 뿐만 아니라 시간도 훨씬 길어진다. 데켈리아가 스파르타 손에 들어가면서 아테네의 노예 2만여 명이 데켈리아로 도주했다. 이 노예들 가운데는 우수한 장인들도 포함되어 있었다. 이 사태에 대해 디오도로스(Diodorus) 등 다른 고대의 역사학자들은 '데켈리아전쟁'으로 부르지만 투키디데스는 이 사태가 전쟁이라는 것은 인정하면서도(TW 7.19) '데켈리아전쟁'라는 표현을 사용하지 않고 '이오니아(Ionia)전쟁'으로 부르기도 한다.

투키디데스는 스파르타가 데켈리아를 점령한 것은 아테네의 변절자 알키비아데스로부터 아이디어를 얻은 것으로 기술한다. 그러나 스파르타가 데켈리아의 중요성을 스스로 알아차리지 못했을 가능성은 희박하다. 그러나 당시에는 알키비아데스의 조언에 따른 것이라는 소문이 돌았고, 알키비아데스가 행동으로 몰고 가도록 충동질했을 개연성은 충분하다. 알키비아데스가 조국을 떠나 적국으로 달아나고 어느 정도의 이적 행위를 하는 것은 살기 위한 피치 못할 행위라고 하더라도 나름의 지켜야 할 선이 있어야 한다. 이 선을 넘은 알키비아데스의 행태는 교활한 기회주의자의 이적 행위였다.

그는 스파르타 민회에서 이렇게 연설했다. "진정한 애국자는 조국에서 부당하게 쫓겨났는데도 조국을 공격하기를 망설이는 사람이 아니라, 조국을 사랑하기 때문에 조국을 회복하기 위해서 수단과 방법을 가리지 않는 사람이다"(TW 6.92.4). 조국을 등진 조국의 배신자가 적국에서 하는 전형적인 궤변이다. 인간이 살아남기 위해 자신이 추구하는 가치를 허물면 무슨 짓이든 할 수 있다는 것을 보여준다.

궤변에는 거짓말이 따르게 된다. 그는 이어간다. "만약 내가 여러분에게 적으로서 큰 손해를 입혔다면 나는 또한, 친구로서 여러분에게 그에 해당하는 많은 이익을 안겨줄 수 있다"(TW 6.92.5). 은근히 자신의 역량을 드러내는 교묘한 속임수다. 그는 더 나아가 "여러분은 위험한 일이나 힘든 일에 주저 없이 나를 이용하기 바란다"(TW 6.92.5)는 비굴한 말도 덧붙인다. 이쯤 되면 자존심을 팽개친 매춘부의 홀림이다. 스파르타인들이 이 배신자의 언행을 어느 정도 믿을까? 배신자는 영원한 배신자다. 저쪽의 배신자가 이쪽의 배신자가 되는 것은 시간 문제이다. 배신자는 이용물일 뿐이다. 이용가치가 있을 때까지만 인정된다.

알키비아데스는 스파르타인들의 인정을 받고 더 나아가 스파르타인들 사이에 영향력이 있는 인물로 자리잡는 것이 필요했다. 그는 민주주의가 불합리한 제도라고 혹평하면서 아테네의 민주제에 대한 비판을 통해서 스파르타의 과두제를 추켜세웠다. 그는 아테네의 시칠리아 원정이 동맹국을 보호하려는 것이 아니라 시칠리아와 이탈리아 전 지역을 정복하고 그 힘으로 펠로폰네소스 지역을 차지하려는 속셈이라는 주장으로 스파르타인들을 자극했다. 이 주장은 실은 자신의 생각이었고 시칠리아 원정의 충동자는 바로 자신이었다. 그는 스파르타가 시라쿠사에 지원군을 보내 아테네를 패퇴시키고 더 나아가 펠로폰네소스에서 전면전이 벌어지기를 기대했다. 자신이 그 틈새에서 새로운 기회를 잡을 수 있다고 판단했을 것이다. 막다른 골목에 몰린 사람은 판이 흔들려 어떤 변화가 야기되는 상황에서 자신의 역할을 찾아낼 수 있다는 망상에 허우적대기 때문이다.

아테네군에는 동맹국들이 보낸 650명의 기병이 보강되었다. 니키아스는 드디어 BC 414년 3월 시라쿠사를 포위했다. 그러나 포위 공격

도중 니키아스는 병이 들었다. 그럼에도 불구하고 시라쿠사인들의 사기는 낮았다. 항복할지 여부에 대해 논쟁을 벌이기까지 했다.

스파르타는 시라쿠사를 보호할 필요가 있었기에 지원할 계획을 세우고 있었으나 현지에서는 좋은 소식 대신에 나쁜 소식에 이어졌다. 그럴수록 스파르디에 얹혀있는 알키비아데스는 스파르타가 시라쿠사의 저항을 이끌 원군을 보내도록 재촉했다. 알키비아데스에게는 자신을 처형하려는 아테네에 대한 보복인 동시에 사실상 니키아스에 대한 도전이다. 그렇다고 스파르타가 배신자의 말을 듣고 '올인'할 수는 없다.

이런 상황에서 스파르타가 커내든 카드는 길리포스(Gylippus)를 지휘관으로 원군을 파견하는 것이었다. 고스톱 게임에서 낼 카드가 없을 때는 일단 '비'를 던지라는 말이 있다. 가지고 있어도 효용가치가 크지 않고 버려도 큰 손실이 안 되는 카드를 말한다. 알키비아데스의 훈수도 있었지만 길리포스는 아버지인 클레안드리다스(Cleandridas)가 스파르타 왕 플레이스토아낙스(Pleistoanax)의 자문관이었으나 아테네로부터 뇌물을 받아 추방되었고 어머니도 헬로트 출신으로서 스파르타 시민으로서 성골이 아니라 열등한 시민인 모타크스(mothax)로 알려졌다. 모타크스는 스파르타 남성과 노예계급인 헬로트 여인 사이에 출생한 자로 스파르타에서는 '이복형제(stepbrother)'로 불렸다. 클레안드리다스가 스파르타 부인 외에 노예와 관계에서 길리포스를 낳았다는 의미다. 길리포스가 인솔하는 병사에도 완전한 시민은 넣지 않았다. 함선도 코린토스 배 2척과 라코니아 배 2척이었다. 따라서 이들은 잃어도 애석할 것이 없는 고스톱의 '비' 같은 존재들이었다.

길리포스는 BC 414년에 현지로 출발했다. 길리포스와 코린토스 사령관 피텐(Pythen)이 각각 함선 2척씩을 인솔했다. 이들은 아테네 함대를 피해서 이탈리아 남부의 로크리(Locri)를 거쳐 히메라(Himera)로 향했다. 니키아스는 이 정보를 알고 있었다. 니키아스는 이들이 로

크리에 도착했다는 소식에 4척의 배를 보내 중간에 차단하도록 했으나 너무 늦어서 실기했다. 그렇더라도 끝까지 추격해서 나포하든지 침몰시켜야 했다. 싸움에서 씨는 자르고 물은 말려야 한다. 니키아스는 길리포스 군대를 너무 얕잡아 보았다. 자신감에서 자만에 빠져 너무 안일하게 대처했다. 길리포스의 배를 도중에서 차단했더라면 단 4척의 배는 아무 힘도 쓸 수 없었을 것이고 당시의 사정으로 보아 전세는 판이하게 달라졌을 가능성이 농후하다.

길리포스는 오히려 히메라에서 인근 지역 도시국가들로부터 지원군을 얻어 보병 3,000명과 기병 200명으로 불려서 시라쿠사로 향했다. 길리포스의 도착은 시라쿠사의 투쟁의 전환점이 되었다. 풀이 죽어있던 시라쿠사인들의 사기는 증폭되었다. 도박의 베팅이 강자에게 몰리는 것처럼 코린토스인들, 스파르타인들, 그리고 펠로폰네소스 동맹의 다른 도시국가 사람들은 아테네인들을 쫓아내려는 희망에서 시라쿠사에 더 많은 지원군을 보냈다. 길리포스 지휘 아래서, 시라쿠사와 그들의 동맹국들은 육지에서 아테네군을 결정적으로 궁지에 몰아넣을 수 있었다. 길리포스는 시라쿠사인들에게 아테네가 철수할 때 격퇴할 수 있도록 해군을 준비하도록 주문했다.

다른 한편으로는 스파르타는 알키비아데스의 조언에 따라 아테네 인근의 데켈리아를 요새화했다. 그리고, 아테네인들이 일 년 내내 그들의 땅을 사용하는 것을 막았다. 아테네는 심각한 경제난에 직면하면서 자신의 동맹국들로부터 더 많은 공물을 요구했다. 제국 내에서 더 심각한 긴장과 더 많은 반란의 위험이 증가하게 되었다. 그럼에도 아테네는 시칠리아에 또 다른 100척의 배와 5,000명의 병력을 보냈다.

그러나 아테네는 시칠리아 원정을 앞두고 모집했던 1,300명의 트라케(Thrace) 용병들은 그대로 되돌려 보냈다. 도착이 늦은 데다가 아테네의 열악한 재정 사정으로 수당 지급이 어렵게 되었기 때문이다. 대신 아테네는 인솔 책임을 맡은 아테네 장군 디에이트레페스(Dieitrephes)에게 이들이 아테네로부터 되돌아가면서 항해하는 중에 해안가에서 적군에게 되도록 많은 피해를 입히도록 하라는 지시를 내렸다.

전쟁에서 배제된 용병들은 노략질을 하면서 여러 지역을 거쳐 BC 413년에 미칼레소스(Mycalessos)에 도착했다. 고대 도시 미칼레소스는 보이오티아 동부에 자리 잡고 있는데 도시국가로서 BC 6~5세기에 번영했다. 미칼레소스에 상륙한 트라케인들은 태평스럽게 생활하는 주민들을 무자비하고 끔찍하게 학살했다. 펠로폰네소스전쟁(BC 431~404년)의 사건에 대한 서술에서, 투키디데스는 이때의 상황을 이렇게 기술한다.

"트라케인들은 시내로 쳐들어가 집과 신전을 약탈하고 노소 불문하고 주민을 도륙하기 시작했다. 그들은 아이든 여자든 만나는 족족 죽였고, 짐 나르는 가축과 다른 생명체도 보이는 족족 죽였다. 이들은 두려워할 것이 없을 때는 야만족 중에서도 가장 피에 굶주린 부족이기 때문이다. 그들은 사방이 아비규환이고 온갖 형태의 죽음이 널브러져 있는 것으로도 모자라, 그곳에서 가장 큰 학교로 쳐들어가 교실에 들어간 아이들을 모조리 도륙했다. 그리하여 지금까지 겪은 어떤 재앙보다 더 크고 더 갑작스럽고 더 무시무시한 재앙이 온 도시를 덮쳤다." (TW 7.29)

트라케인들의 만행을 전해 들은 테바이인들이 긴급 출동해서 이들을 진압했다. 이 과정에서 트라케인들 1,300명 중에서 250명이 살해되었다.

스파르타의 길리포스는 몰려드는 펠로폰네소스 동맹군들과 함께 지상전에서 아테네군을 격파하면서 승승장구했다. 아테네군은 지치고 해이해지고 승리에 대한 기대나 희망이 식으니 싸울 의욕도 잃었을 것이다. 아테네 지휘관 니키아스는 아테네에 전갈을 보냈다. 자신은 건강이

좋지 않으니 명령을 면제해달라며 자신을 소환하고 군대를 증원해 달라고 요구했다. 아테네 민회는 니키아스 소환은 거부하는 대신에 증원군 파병과 함께 지휘관으로 노련한 데모스테네스를 급파했다.

데모스테네스는 전함 73척과 중장 보병 약 5,000명을 인솔해 BC 413년에 현지에 도착했다. 그는 도착하자마자 시라쿠사에 즉각적인 공격을 제의하면서 만일 패배한다면 아테네로 돌아가지고 주장했다. 니키아스는 이 계획에 또 반대했으나 군대는 데모스테네스 편을 들었다. 데모스테네스는 공격을 개시했다. 처음에는 잘 싸웠으나 승리를 눈앞에 두고 보이오티아군과 맞닥트려 무너졌다.

데모스테네스는 완전 철군을 주장했다. 이 상황에서 철수가 정답이었다. 그러나 공격을 반대했던 니키아스는 퇴각도 거절했다. 플루타르코스에 따르면, 그가 거절한 것은 만일 그가 아테네 의회의 승인을 얻지 않고 철군하면 아테네 의회가 그에게 어떤 책임을 부과할지에 대한 두려움 때문이었다. 그는 결국 전쟁의 책임에서 비켜서서 현상을 유지하다가 아테네로 돌아가는 보신책을 생각하고 있는 것이 분명했다.

시라쿠사가 동맹국들로부터 증원을 받으면서 전세는 역전되고 아테네의 입장은 점점 악화되어 갔다. 니키아스는 마침내 포위 공격을 끝내기로 결정했다. 그러나 그는 철군 명령을 내리는 대신에 BC 414년 가을에 아테네 민회에 편지를 보냈다. "여러분은 반가운 소식을 듣기 좋아하지만, 나중에 예상과 다른 결과가 나오면 보고자를 비난한다. 그래서 나는 사실대로 보고하는 것이 더 안전하다고 생각했다" (TW 7.14.4). 이 편지에서 나타난 것처럼 그는 자신의 안위가 우선이었다. 그렇다고 그의 보고가 '사실대로'인 것도 아니다. 예를 들면, 그의 편지에 "여러분은 군대도 장군들도 아무런 잘못이 없었다고 확신해도 됩니다"(TW 7.15.1)라는 구절이 이를 반증한다. 모든 잘못은 니키아스 자신에게 있었는데도 그는 이를 덮고 넘어가고 있다. 그리고 만

약 그가 "정직하게 자신의 판단으로는 승리의 가망이 없다고 말했다면 아테네인들은 철수에 동의했을지도 모른다."[1]

2. 월식

니키아스는 1년 가량을 기다리다 결국 어쩔 수 없이 철군하기로 결정했다. 아테네 군대가 막 철수하려던 때 월식이 일어났다. BC 413년 8월 27일 밤 9시 41분에서 10시 30분 사이였다.[2] 미신적인 태도를 가진 니키아스는 이것이 신으로부터의 경고라고 믿었다. 그는 점성가가 정해준 대로 9일씩 3번을 경과하기 전에는 철군을 논의조차 하지 않겠다고 했다 (TW 7.50.4). 군대가 퇴각하려면 달이 다시 찰 때까지 한 달을 더 기다려야 하는 것이다. 이 기간 동안 니키아스는 모든 일을 제쳐 놓고 신에게 제사를 지내는 일에만 몰두했다.

    니키아스는 원정 초에 시칠리아에 도착해서 곧바로 공격했더라면 손쉽게 이길 싸움을 질질 끄는 바람에 시라쿠사에게 대항할 준비할 시간을 벌어주더니 이제는 퇴각할 시기에 전열을 완비한 시라쿠사군에게 공격의 기회를 마련해 주고 있었다. 아테네 군대가 퇴각 명령을 기다리는 동안 시라쿠사 군대는 계속해서 더 강해지고 전투의 가장 강한 무기인 자신감이 넘쳐났다. 그들은 아테네 배를 공격하기 시작했고 항구의 출입구를 막았다. 니키아스는 육지로 후퇴하는 대신 봉쇄를 깨고 바다로 도피하기 위한 최후의 노력으로 아테네 전체 함대를 발진시켰다. 처음에는 배수지진(背水之陳)으로 싸웠다. 그러나 선박으로 빽빽하게 들어찬 항구에서 아테네 선원은 우왕좌왕할 수밖에 없었고 시라쿠사 군대는 끊임없이 공격을 퍼부었다. 투키디데스는 해안에서 패퇴하면서 그 자리에서 죽어가는 장병들의 처참한 모습과 그들을 둔 채 떠나는 아테네 군인들의 참담한 모습을 이렇게 전한다.

"어느 모로 보나 통탄스런 광경이었다. 함선을 모두 잃고 퇴각하는 단순한 상황만이 아니었다. 그들의 큰 포부가 사라졌다. 자신들과 아테네 국가가 위기에 빠져 있었다. 그러나 막상 군영을 떠나자니 눈에 보이는 것은 슬픈 장면이요 마음에 떠오르는 것은 슬픈 생각뿐이었다. 시신은 묻히지 못했고 각자는 아는 친구가 시신 사이에 누워 있는 모습이 보이면 슬픔과 두려움을 동시에 느꼈다. 그리고 환자든 부상자든 산 채로 뒤에 남겨진 자들은 살아남은 전우들에게 죽은 자들이 당했던 고통보다 큰 고통을 안겨주었다.

산 채로 뒤에 처진 사람들은 전우든 친척이든 보는 사람이면 누구에게나 큰 소리로 자신들을 데려가달라고 간청하면서 애통해했고 절망감에 휩싸였다. 그들은 같은 천막을 쓰던 전우들이 떠나가는 것을 보면 목에 매달려 안간힘을 다해 따라가다가 체력이 소진되면 반복해서 신을 부르고 부르짖었다. 전군은 눈물바다가 되었고 이런 절망과 연민 때문에 그들은 이미 눈물을 흘리기에는 너무나 큰 고통을 당했고 또 그들 앞에 놓인 불확실한 미래에 더 많은 고통을 당할 것을 두려워하면서 적국을 떠나고 있는데도 좀처럼 발이 떨어지지 않았다." (TW 7.75)

이것이 전쟁의 실체이고 패전의 실상이다. 아테네 군대는 바다가 막히는 바람에 배로 탈출하려는 마지막 희망도 잃었다. 남은 유일한 선택은 땅으로 퇴각하는 것이었다. 시라쿠사군이 항구에서 승리를 축하하는 동안 무사히 탈출할 수 있는 최선의 기회는 즉각적인 퇴각이었을 것이다. 그러나 니키아스는 여전히 갈피를 잡지 못했다. 시라쿠사의 첩자로부터 시라쿠사가 매복을 준비했다는 첩보를 받았다. 속임수였다. 정보에는 역정보가 있다. 허위 정보다. 전쟁에는 이런 정보가 난무한다. 따라서 정보 라인은 다변화해야 한다. 그렇더라도 객관적 판단 능력이 없으면 우왕좌왕하다가 모든 것을 잃게 된다. 니키아스가 첩자에 속아 아테네 군대가 머뭇거리는 동안 시라쿠사군은 그들의 잠재적 탈출로마저 차단했다. 참으로 어이없는 일이었다. 아테네 군대는 육로를 통해 다른 더 우호적인 시칠리아 도시들로 철수하려고 시도했지만 도시들이 이미 분열되어 성공하지 못하고 결국 무릎을 꿇게 되었다.

4만 명의 사람들이 "도시의 이민자들처럼 해안에서 각자의 짐을 가득 싣고 적대적인 사람들로 가득찬 도시로 들어갔다. 뚜렷한 목적지도 충분한 음식도 없고, 궁극적인 생존 가능성에 대한 믿음도 없이 두려움에 고통스러워하며, 무감각한 절망이나 침묵에 빠지거나 혹은 인간과 신을 향해 막연한 분노를 터트렸다. 하지만 이 중에서도 가장 끔찍했던 건 황량한 해안에 두고 온 많은 부상자와 병자들이었다. 그들은 자신들의 친척과 전우가 떠나갈 때 큰 소리로 통곡하며 슬퍼하거나 그들의 옷자락에 매달려 스스로 일어설 수 있게 될 때까지만 잠시라도 함께 데려가 달라고 애원했다."[3]

3. 항복

최후의 퇴각은 데모스테네스와 니키아스가 이끄는 두 그룹으로 나뉘었다. 데모스테네스의 그룹은 먼저 포위되었고 항복했다. 6,000명이 포로로 잡혔다 (TW 82.6). 니키아스 군대는 화염 속에서 계속 후퇴했다. 결국, 나머지 아테네군은 아시나로스(Asinarus)강을 건너면서 공격을 받았다. 아시나로스강은 시칠리아의 동해안으로 시라쿠사와 40km 떨어진 헬로로스(Helorus)사이의 작은 강이다. 도강으로 퇴로를 열려고 하던 아테네군은 강둑에서 시라쿠사군과 펠로폰네소스군에 무참히 도륙되었다. 그 상황에서도 갈증을 풀기 위해 동료들의 피로 물든 강물을 서로 마시려고 다투는 기막힌 모습까지 나타났다.

"일단 강에 도착하자 그들은 강물 속으로 뛰어들었고 이제 질서는 종적을 감추었다. 그들은 저마다 먼저 건너려 했지만, 적군이 공격해 고삐를 늦추지 않아 강을 건너기가 이미 어려워졌다. 그들은 무리를 지어 건널 수밖에 없었기 때문에 서로 걸려 넘어지기도 하고 발에 밟히기도 했다. 더러는 그 자리에서 자신의 창이나 다른 장비에 목숨을 잃기도 하고 더러는 화물에 뒤얽혀 하류로 떠내려가기도 했다. 시라쿠사인들은 맞은편에 있는 가파른 강둑에 자리 잡고 위에서 아테네군을 향해 활을 쏘거나 창을 던져 댔다. (…) 펠로폰네소스인들이 (…) 강 쪽으로 내려와 주로 강에 있는 자들을 도륙했다. 그러자 물이 오염되어 있지만 그럼에도 아테네인들은 온통 피로 물든 흙탕물을 계속 마셔댔고 대다수는 그런 물을 마시려고 서로 싸우기까지 했다. 마침내 수많은 시신이 강바닥에 겹겹이 쌓이고 군대의 일부는 강에서 죽고 일부는 간신히 강을 건너 기병대에 살육되자 니키아스는 길리포스에게 항복했다." (TW 7.84-5)

아테네는 시칠리아에서 완패했다. 이길 수 있는 전쟁에서 처참하게 무너져 무릎을 꿇었다. 이기지는 못했더라도 신속하게 퇴각했더라면 무고한 생명의 희생은 줄일 수 있었을 것이다. 그런데 지휘관의 잘못으로 사실상 몰살당했다. 싸울 수 있을 때 미적거리고 협상할 상황에서 느긋하게 시간을 보내고 퇴각할 때 세월을 허송하다가 참담한 결과를 가져온 것이다.

아테네도 전쟁 중에 뒤에서 정파 싸움에 도낏자루 썩는 줄 모르면서 전쟁의 지휘관을 처형하려고 소환하는가하면 현장의 지휘관이 보낸 서신에 대해 현지 확인이나 검토 없이 군대만 증원했다. 아테네가 패배하면서 아테네 제국의 종말이 가까워졌다는 인식이 확산되었다. 아테네의 금고는 거의 바닥이 나고 있었다. 젊은이들은 외국 땅에서 죽거나 투옥되고 노예가 되었다. 그들은 자신들의 제국의 힘을 과대평가했다.

길리포스는 니키아스와 데모스테네스를 죄수로 스파르타로 압송하고 싶었지만 시라쿠사 군대가 살해했다. 산 채로 잡아가면 자신에 대한 전공이 더 빛날 것으로 기대했으나 시라쿠사 지도층 인사들에게는 불리한 일이 걸렸을 것이다. 그간 니키아스와 오간 여러 일이 니키아스 입에서 터져 나와 자신들에게 불리하게 작용할 것을 우려해 씨를 잘라버렸을 것이다. 다른 아테네 포로들은 노예가 되었다. 고통스럽고 괴롭게 살아남은 패잔병들이 도착한 곳은 시칠리아의 데이 카푸치니 채석장(Latomie dei Cappuccini)이었다. 이곳은 또 다른 생지옥이었다. 그들은 여기에서 강제 노역에 처해졌다. 투키디데스는 채석장에서 노역에 종사하는 아테네 포로들의 상황을 이렇게 묘사한다.

"시라쿠사인들은 처음부터 채석장의 포로들을 가혹하게 다루었다. 죄수들은 좁은 구덩이에 다수가 한꺼번에 갇혔는데, 처음에는 지붕이 없어서 낮 동안에는 뙤약볕과 숨 막히는 답답함에 고생이 극심했다. 가을로 접어들면서 밤공기가 싸늘해지자 급변하는 기온 탓에 환자가 속출했다. 공간이 협소한 까닭에 그들은 모든 것을 한 곳에서 처리하지 않을 수 없었다. 게다가 부상이나 기온 변화 등으로 죽은 자들의 시신이 겹겹이 쌓여 있어 악취가 진동했다. 그들은 또 굶주림과 갈증에 시달렸다. 8개월 동안 그들에게는 한 사람당 하루에 물 약 0.23리터, 곡식 0.57리터씩이 지급되었다. 그들은 그런 곳에 갇힌 자들이 겪을 것으로 생각되는 온갖 고통을 겪었다. 약 70일 동안 포로들은 모두 그렇게 살았다. 다만 플루타르코스에 따르면, 시라쿠사인들은 아테네의 극작가 에우리피데스(Euripides)를 아주 좋아해서 그의 라인을 암송할 수있는 모든 아테네 포로에게는 관대한 대우를 했다.[4] 그 이후에 아테네인들과 그들 편에서 싸운 시켈리아인(Siceliots) 또는 이탈리아의 헬라스인 이주민을 제외하고 나머지는 모두 노예로 팔렸다. 포로들의 수를 정확히 말하긴 어렵겠지만 분명 7,000명을 밑돌지 않았다." (TW 7.87)

▶ 사진 19.1 참혹한 비극을 간직하고 있는 카푸치니 채석장의 현재의 모습

현재 카푸치니 채석장은 시라쿠사에서 오르티기아섬으로 건너가기 전 왼쪽으로 200m쯤의 거리에 있다. 뒤쪽으로는 집들이 있고 왼쪽에는 성당과 호텔이 채석장과 연결되어 있다. 현재 채석장터로 남아있는 면적은 어림잡아 200여 평정도로 보인다. 깊이는 최소한 50m는 됨직하다. 채석장은 안전 철망이 둘러있을 뿐만 2500년 전의 역사적 흔적을 애써 감추고 있다. 그렇더라도 이 비통한 역사를 아는 나그네에게는 을씨년스럽게 보이지 않을 수 없다.

4. 패배의 원인과 영향

스파르타와 자웅을 겨루는 아테네, 더군다나 해상의 패자(覇者) 아테네가 많은 동맹군을 이끌고 간 원정에서 시칠리아의 도시국가에게 완전히 침몰한 이유는 무엇인가? 아테네의 시칠리아 원정은 원정의 결정과정부터 아테네의 오판과 파벌싸움 그리고 주도권 다툼을 안고 출발한 위험한 곡예였다. 그렇더라도 충분하고 완전한 승산을 장담할 수 있는 강력한 무력은 전투시작 전에 위협만으로도 항복을 받아낼 수 있었다. 그러나 스파르타의 레오니다스가 테르모필라이 전투에서 인류 최대의 용감한 전투 끝에 장렬하게 전시했디면 이대네의 니기아스는 시라쿠사 전투에서 대군을 이끌고 인류 최대의 졸전 끝에 인류 최대의 참혹한 패배 속에 항복하고 자신도 처형되었다.

　니키아스가 참패와 참상을 초래한 배경은 그의 자질과 보신 태도가 원인이다. 플루타르코스와 마찬가지로 투키디데스도 시칠리아아에서 아테네의 재앙은 니키아스의 개인적 자질이 큰 원인이었다는 사실을 피하지 않았다. 그러나 투키디데스는 시칠리아에서 니키아스의 비참한 최후에 "우리 시대의 모든 헬라인들 중에서는 그에게 가장 어울리지 않는 것이었다. 그는 평생토록 덕을 함양하고 실천하는 일에 헌신했다"(TW 7.86)며 동정적으로 두둔한다. 투키디데스는 펠로폰네소스전쟁 초기에 니키아스와 암피폴리스에서 동료 장군이었기 때문에 서로 잘 아는 사이로 그의 펜에는 이 관계가 묻어나 보인다. 니키아스는 플라톤(Plato)의 철학적 대화인 『라케스(Laches)』에서 대화 인물로 등장한다. 여기에서 패장들인 니키아스와 라케스는 용기와 인내에 대한 의미를 소크라테스와 함께 전개해 나간다. 더구나 그의 명성과 지위는 그의 신분과 재산도 힘이 되었지만 시칠리아 원정 이전에 쌓아올린 탁월한 군사 경력 때문이다.

　그럼에도 불구하고 니키아스가 시칠리아에서 보인 태도는 의외다. 결국 그의 평화주의는 전투에 대한 두려움과 보신주의의 가림막으로 막을 내렸다. 특히 시칠리아 원정에서 보인 그의 나약함과 우유부단함은 그의 자질뿐만 아니라 그가 전투에 임하는 자세에 큰 원인이 있어 보인다. 그는 처음부터 반대했던 내키지 않는 전쟁이라서 전투 내내

이 마음의 포로가 되었을 가능성이 크다.

시칠리아 원정에서 니키아스 휘하의 2만여 명의 군사 중 일부 달아난 군사를 제외하고 7,000명이 포로로 잡혀 노예가 되거나 죽었다. 이 전쟁이 끝난 BC 413년 아테네는 중장보병 9,000명, 테테스(thetes) 1만 1,000명 메틱스(metics) 3,000명 정도만 남아있는 상황이었다. 이 숫자는 전쟁이 시작되었을 때 동원 가능했던 수의 절반에도 미치지 못했다.[5] 투키디데스는 이 전쟁의 종말을 이렇게 전한다.

"대다수는 도륙되었다. 그들은 후퇴하던 중 강에 이르러 이번 전쟁에서 유례를 찾아볼 수 없을 만큼 대량학살 되었기 때문이다. 또 상당수는 행군 도중 끊임없이 적군의 공격을 받아 죽었다. 그렇지만 도주한 자들의 수도 많았는데 더러는 그 당시 달아나고 더러는 노예가 되었다가 살아났다." (TW 7.85.4)

아테네인을 포함하여 많은 사람이 시칠리아 재앙 이후 델로스 동맹의 종말이 가까웠다고 믿었다. 아테네는 많은 돈과 많은 배와 최고의 군인을 잃었다. 설상가상으로 이제 경륜있는 지도자들도 사라졌다. 알키비아데스는 스파르타에 망명했다. 데모스테네스, 라마코스 및 니키아스는 죽었다. 잠시나마 인기를 끌었던 히페르볼로스는 도편추방된 뒤에 사살되었다.

경륜을 갖춘 리더십의 부족을 메우기 위해 아테네 정국은 40세 이상의 원로들로 예비자문단인 프로불로이(probouloi)로 행동할 현명한 10명의 현자(극작가 Sophocles 포함)를 임명했다. 현자들이 위기를 극복하기 위한 충고를 하고 조치를 제안해야 한다는 취지였다. 예나 지금이나 위기가 닥치면 으레 '자문위원회', '대책위원회' 등을 구성하는 것은 다르지 않다.

아테네가 힘이 빠지자 동맹인 에게해의 키오스(Chios)가 BC 412년에 반란을 일으켰다. 키오스는 BC 546년부터 페르시아 제국의 지배를 받아왔으며 이오니아 연맹 12개 회원국 중 하나로 BC 499년 페르시아에 대한 이오니아 반란에 합류했다. 키오스는 그 이후 페르시아에 꾸준히 저항해서 BC 479년에는 페르시아를 물리치고 페르시아 통치에서 독립했다. 아테네가 델로스 동맹을 결성할 때는 동맹에 공물 대신에 배를 공급하기로 했었다. 이런 키오스가 반란을 일으킨 것이다. 아테네는 즉각 섬을 포위했다. 스파르타는 기세는 등등했지만 여전히 바다의 경험은 한계가 있었기 때문에 반란군의 지원 문제를 놓고 고심하다가 아테네에서 도주해 와있는 알키비아데스에게 도움을 청했다. 그런데 마침 BC 412년 2월경 스파르타에 지진이 일었다. 이 순간 아기스 왕의 아내 타미이아의 침실에서 알키비아데스가 뛰쳐나왔다.[6] 바람둥이의 허둥대는 모습을 문밖에서 여러 사람이 목격했다. 둘 중 누가 먼저 유혹했던 아기스가 전쟁터에서 창검을 번득이는 사이에 침실에서는 비밀리에 또 다른 불꽃이 튀었던 것이다.

아기스는 분노를 넘어 기가 찼다. 자기에게 목숨을 유지하고 있는 망명자가 자기 부인의 침실에 들락거리는 것을 목도(目睹)한 것이다. 그렇다고 이를 공개적으로 처리하면 자칫 누워서 침 뱉는 꼴로 웃음거리가 된다. 이런 일일수록 은밀하고 주도면밀하게, 절대로 겉으로 표가 나지 않으면서도 확실하게 처리해야 한다. 알키비아데스에 대한 살해 지령이 내려왔다 (TW 8.45.1). 그러나 영리한 알키비아데스가 이 공기를 눈치채지 못하겠는가. 그에게 이제 스파르타는 자신의 도피처가 아니라 무덤이 될 수도 있다. 그는 스파르타를 떠나야 했다.

스파르타 당국은 알키비아데스에게 키오스의 반란을 지원하는 해군 사령관직을 맡으라는 제의를 했다. 싸우다 죽으면 그만이고 살아 돌아오면 그때 죽일 것이다. 알키비아데스는 당연히 수락했다. 현재의 위기를 모면할 수 있는 호기다. 앉아 죽기보다는 서서 모험을 해봐야

19장 아테네와 시라쿠사의 전투

한다. 알키비아데스에게 키오스의 출정은 지옥열차를 타고 하데스에게 불려가다가 꽃마차로 환승하여 아프로디테의 침실로 향하는 기분이었을 것이다. 이 원정에는 스파르타에서 칼키데오스(Chalcideus)가 동행했다. 이들은 키오스에서 반란에 부채질을 하면서 반란군들을 지원했다. 반란은 아시아의 가장 큰 그리스 도시인 밀레토스(Miletus)를 비롯한 다른 도시로 즉시 확산되었다.

페르시아의 티싸페르네스(Tissaphernes)는 밀레토스가 아테네에 대한 반란에 가담했다는 소식을 접하고 달려왔다. 다리우스 2세의 대리인 역할을 할 수 있었던 그는 스파르타의 칼카데오스를 만나 동맹조약을 체결했다. 여기에는 페르시아가 스파르타 해군에 대해 임금을 지불하는 내용이 포함되었다. 스파르타에게 재정적 지원을 하는 대가로 아테네에 대해 반란을 일으킨 이오니아해역의 섬 국가들을 기존의 페르시아 영토를 인정받는 내용이었다. 페르시아-스파르타 연대를 통해서 스파르타는 아테네를 견제하고 페르시아는 과거에 지배했던 나라들의 지배권을 다시 확보하는 것이다.

아테네는 시칠리 패배 이후에도 스파르타나 다른 도시국가들의 도전에 적극 응대했다. 오히려 사모스섬에 기지까지 설치했다. 그리고 프리니코스(Phrynichus)를 사령관으로 하여 밀레토스를 정벌하려고 상륙했다. 그러나 경험이 부족한 아테네의 프리니코스는 더 이상의 전투를 벌이지 않고 사모스기지로 떠났다. 프리니코스는 밀레토스를 철저히 정복할 수도 있었음에도 미완으로 남기고 떠난 것이다. 이런 대처로 인해 아테네에서 10인 원로의 프로불로이의 민주정은 힘이 빠졌다. 만일 승리를 쟁취했더라면 "민주정의 위엄과 신뢰성을 높여줄 수 있었을 것이고, 아테네에서 조성되고 있던 과두파의 음모를 저지할 수 있었을 것이다."[7]

❖ 주

1) Donald Kagan, *Peloponnesian war* (New York: the Penguin Group, 2003), p. 295.
2) Kagan (2003), p. 310.
3) 아서 스탠리 리그스, 김희정 역, 『시칠리아 풍경』 (부산: 산지니), pp. 145-146.
4) 아서 스탠리 리그스는 그의 저서 『시칠리아 풍경』에서 영국의 역사학자 그로트 (George Grote, 1794~1871년)의 『그리스 역사(History of Greece)』 (1861) 의 내용을 인용한 쿠르티우스(Ernst Curtius, 1814~1896년)의 『그리스의 역사(The history of Greece)』 (1899)에서 이 이야기를 인용하고 있다.
5) John Bloxham, https://www.ancient.eu.
6) Kagan (2003), pp. 337-338.
7) Kagan (2003), p. 346.

20장

펠로폰네소스전쟁의 마지막 전투와 아테네의 패전

1. 알키비아데스의 술수

알키비아데스는 밀레토스 전투 때 스파르타군에서 이탈해 페르시아의 티싸페르네스 총독에 합류했다. 아테네에서 처형을 피해 스파르타로 망명했던 알키비아데스는 스파르타로부터 피살 대상이 되자 이번에는 페르시아로 달아나 또 한 번 위기를 모면했다. 알키비아데스는 페르시아의 티싸페르네스의 환심을 사야 자신이 설 자리가 생긴다는 것을 직감했다. 그 방법 중의 하나는 정보와 아이디어를 제공하는 것이다.

동서고금에 걸쳐 권력의 주변에는 정보와 아이디어 보따리를 들고 권력자에게 눈도장을 찍으려는 사람들로 북적인다. 중국의 공자나 이탈리아의 마키아벨리도 그런 인물 중에 속한다. 알키비아데스는 티싸페르네스에게 스파르타 선원에게 지급하기로 한 일당을 반으로 줄이도록 건의했다. 아티카 드라크마로 1드라크마(drachma) 즉 6오볼스(obols)인 것을 3오볼스로 줄이라는 것이다. 당시 1오볼은 3리터 와인 1병 값이다. 3오볼스는 매춘여성의 1회 평균 화대이다. 그래도 경험이 풍부한 아테네 선원이 노인과 같아진다는 것이다. 그것도 불규칙히게 지급해야 선원들을 통제하기가 쉽다고 알려주었다. 티싸페르네스에게는 귀가 솔깃한 정보인 동시에 아이디어였다.

스파르타의 지휘관이라면 오히려 임금을 더 주라고 요구해야 하지만 이제 그는 스파르타로부터 살해 대상이 되어 스파르타를 배신해야 하는 상황에 직면했다. 티싸페르네스는 예산을 반으로 줄이며 선원들의 목을 죄는 아이디어에 구미가 당겼다. 플루타르코스에 따르면 티싸페르네스는 원래 음흉하고 야만적인 장군으로 이름이 나 있었다. 임금을 반으로 줄이면 예산이 반이 남는다. 장수들을 회유하고 선무할 공작금 등의 명목으로 빼먹는 떡고물에 비교할 바가 아니다. 예산의 수입과 지출에 투명하고 철저한 제도가 마련되어 있지 않으면 돈을 주무르는 사람이 다소간의 돈을 빼먹게 마련이다. 그런데 알키비아데스는 티싸페르네스에게 다른 풍족한 지갑을 마련해준 셈이었다.

임금의 삭감은 스파르타 장수들의 불만은 높이고 선원들의 사기는 떨어트린다. 장수들은 선원들의 수를 부풀리거나 선원들로부터 어떤 명목으로 돈을 빼돌리려면 일당이 많을수록 좋다. 선원들도 일당이 반으로 줄면 신이나기보다는 반감이 생기게 된다. 이런 묘수는 알키비아데스에게는 양수겸장(兩手兼將)이다. 티싸페르네스로부터는 환심을 사고 스파르타군에게는 불만과 사기 저하를 초래하기 때문이다.

티싸페르네스는 알키비아데스의 변신과 교활함을 보고 오히려 탄복하면서 충분히 이용가치가 있다고 판단하고 알키비아데스의 다음 아이디어가 기다려졌을 것이다. 알키비아데스는 다음으로는 페르시아가 아테네와 스파르타 모두와 우호적인 관계를 유지하도록 조언했다. 이이제이(以夷制夷) 전략을 통해서 서로가 견제하면 페르시아가 두 나라의 목줄을 쥐게 되는 것이다. 그는 또한, 사모스에 있는 아테네 함대를 대상으로 자신이 아테네-페르시아 동맹의 협상을 이끌어 낼 사람이라고 설득했다. 페르시아에는 아테네를, 아테네에는 페르시아를 지렛대로 자신의 위치를 강화해나갔다. 이런 과정을 거쳐 알키비아데스는 곧 주위에 있는 사람 중에서 가장 큰 신임을 얻게 되었다.

알키비아데스는 아테네가 망하지 않는다면 언젠가는 아테네가 자기를 다시 불러 주도록 아테네인들을 설득할 수 있을 때가 올 것을 기대하고 있었다. 또한, 자기가 티싸페르네스와 친한 친구로 보여야 그들을 가장 잘 설득할 수 있다고 생각했다. 알키비아데스는 티싸페르네스에게 스파르타와 아테네가 둘 다 지치고 아테네의 힘이 최대한 약화되면 펠로폰네소스인들을 내쫓고 아테네와 힘을 합치는 것이 나을 것이라고 조언했다 (TW 8.46-48).

알키비아데스의 이런 조언은 페르시아를 위한 것처럼 보이면서 아테네에게는 유리하고 스파르타에 불리한 내용이다. 자신을 살해하라는 명령을 내린 스파르타는 다시 갈 수 없는 저승이지만 아테네에는 아직 희망을 걸고 있다는 반증이다. 아테네에서 자신에게 사형을 선고한 민주정부가 전복되고 새로운 과두정부가 들어서면 자신의 자리가 생길 수 있다는 계산이었을 것이다. 그는 페르시아 쪽에도 아테네에 과두제가 들어서야 지배하기가 쉽다고 말했다. 페르시아 힘을 빌어 아테네 민주정부를 축출하려는 것이고 곧 자신의 정적들을 몰아내는 것이다. 아테네 쪽에는 페르시아가 과두제를 요구하며, 아테네가 과두제로 바꿔야 페르시아의 도움을 받을 수 있다고 조언했다. 알키비아데스는 아테네 당국자들이 페르시아에 직접 확인하기가 어렵다는 점을 최대한 이용했다.

그러나 아테네는 민주주의의 탑을 100년간 쌓아온 저력을 가지고 있었다. 아테네는 시간이 지나면서 시칠리아 재앙의 늪에서 빠져나오려는 노력에 모든 시민이 힘을 합쳤다. 제해권도 빠르게 회복해 갔다. 문제는 기득권을 틀어쥔 귀족들이었다. 귀족 신분은 기득권 중에서도 기득권이다. 민주정에서도 귀족들은 정치적, 경제적 지위를 계속 유지했으나, 자신들에게 불안한 민주제 대신에 과두제를 선호했다. 시민들 사이에서도 전쟁의 효율적 수행을 위해 체제를 바꿔보려는 생각이 퍼졌다. 사회가 불안할수록 독재에 의존하려는 시민의 심리는 미래가 두려울수록 신을 찾는 것과 같다.

알키비아데스는 이 분위기에 재빨리 바람을 불어댔다. 그는 사모스에 있는 군대의 지휘관들에게 서신을 보내 티싸페르네스를 그들의 지원자로 만들어주겠다고 제의했다. 그리고 자신을 추방한 부패한 민주정부 대신에 과두정부가 들어서면 자기는 동포들에게 돌아가겠다는 뜻을 지휘관들에게 전해 달라고 요청했다 (TW 8.47.2). 다행히 사모스에 있는 삼단노선 선장들과 가장 유력한 인사들이 민주정부를 전복하기로 자발적으로 마음을 굳히고 있었다. 이들 중 몇 사람이 대륙으로 알키비아데스를 찾아왔다. 알키비아데스는 그들에게 처음에는 티싸페르네스, 그리고 다음에는 대왕과 친선관계를 맺어주겠다고 약속하면서 민주정부가 폐지되면 대왕이 그들을 더욱 신뢰하게 될 것이라는 호언장담을 늘어놓았다.

사람이 궁지에 몰리면 자존심을 잃는다. 천박해지면 거짓말하는 데 부담을 느끼지 않는다. 알키비아데스는 자존심을 점점 잃어가는 모습이었다. 티싸페르네스를 고리로 페르시아 왕을 허공의 달처럼 띄워 놓고 호가호위(狐假虎威)하고 있었다. 알키비아데스를 만난 사모스 지도자들은 사모스로 돌아와 동조 세력을 중심으로 파당을 결성했다. 그리고 만약 알키비아데스가 아테네로 소환되고 민주정부가 폐지된다면 페르시아 다리우스 2세는 그들에게 군자금을 대 줄 것이라고 병사들에게 공언했다. 병사들은 군자금이 나오면 일당을 받을 수 있다는 데 마음이 흔들렸다. 병사들의 마음을 돌려놓은 사모스의 과두제파는 아테네로 사절단을 보냈다.

알키비아데스는 아테네 장군인 페이산드로스(Peisandros)에게 아테네에서 불만을 가진 귀족들을 사주하여 쿠데타를 시도하도록 종용했다. 페이산드로스는 BC 420년대에 과두제를 선호하기보다는 급진적인 민주주의 활동에 가담했던 선동가였다. BC 415년에는 헤르마이 훼상절단 사건의 조사위원 중의 한 명으로 범인의 색출과 처벌을 선동한 인물이었다 (TW 6.27-29,53,600). 이런 점에서 알키비아데스와는 견원지간이다. 이런 활약으로 그는 다음 해(BC 414년)에 1년 임기의 9명의 집정관중 1명으로 선출되었다 (Diodorus Siculus. *Bibliotheca historica*, 13.7)그런데 이제는 알키비아데스의 조종으로 역주행에 동참했다. 페이산드로스는 인민들 앞에서 연설했다. 아테네는 알키비아데스를 소환하고 민주주의를 수정해야 페르시아 대왕을 동맹군으로 삼고 스파르타와의 전쟁에서 승리할 수 있다는 요지였다. 처음에는 많은 사람들이 어리둥절해하면서 반대했다. 알키비아데스의 정적들은 범법자의 귀환을 허용하는 것은 언어도단이라고 항의했다.

그러나 페이산드로스는 물러서지 않고 오히려 목소리를 더 높였다. 아테네는 지금 자금마저 바닥난 상태인데, 페르시아 대왕을 설득해 아테네 편으로 만드는 것 외에 아테네가 살아남을 가망이 있느냐고 물었다. 페이산드로스는 이어 그러려면 소수만이 관직에 취임할 수 있게 하여 대왕의 신임을 받는 것 말고는 다른 방법이 없으며, 지금 우리가 생각해야 할 일은 우리가 살아남는 것이지 정부 형태가 아니라고 주장했다. 시민들에게 위기감을 심어 공포분위기로 몰아넣은 뒤에 자신의 의도대로 끌어 당기는 선전법이다. 그리고 그의 본심을 드러냈다. 우리는 산 사람 중에서 이 일을 해낼 수 있는 유일한 인물인 알키비아데스를 데려와야 한다는 제안을 내놓았다.

민중은 처음에는 소수만이 관직에 취임할 수 있게 하는 과두제를 도입해야 한다는 말을 듣고 분개했다. 그러나 살아남기 위해서는 달리 방법이 없다는 말에 일단 과두제를 하다가 다시 민주제로 복귀하기를 바라며 뒤로 물러섰다. 미끼를 문 것이다. 그리고 페이산드로스와 다른 10명이 알키비아데스를 만나서 티싸페르네스와 가장 좋은 협정을 맺도록 알키비아데스에게 위임하기로 결의했다 (TW 8.53-54). 그러나 티싸페르네스는 아테네와 스파르타가 모두 지쳐서 나가 떨어지기를 바랐기 때문에 아테네와 협정에는 별 관심이 없었다. 알키비아데스는 협정의 성사가 어렵다고 판단하고 그 책임을 아테네인들에게 돌리기 위해 무리한 요구를 계속하는 바람에 결국 대표단은 알키비아데스에게 속았다는 것을 알아채고 사모스로 돌아갔다.

2. 쿠데타와 400인 과두제

페산드로스를 비롯한 과두제 추진자들은 이제 되돌아갈 명분이 없었다. 민중들을 어느 정도 설득하고 BC 411년 6월에 민주정부를 전복하는 쿠데타를 결행했다. 사모스에도 정부가 재정난으로 더 이상 자금을 제공할 수 없기 때문에 자급자족해야 한다고 통보했다. 이런 흉흉한 상황에서 사모스에서도 동시에 쿠데타를 시도했으나 민주파에 밀려 실패했다. 그러나 아테네에서는 쿠데타 세력인 400인의 무리가 권력을 장악했다. 아테네의 권력은 쿠데타 세력의 수중으로 빠르게 옮겨갔다. 권력 이양의 과정에서 쿠데타 세력이 자행하는 폭압과 시민들의 공포 분위기를 투키디데스는 현실감 있게 그려낸다.

"민회와 500인 회의가 여전히 개최되었지만 의제는 쿠데타 세력의 승인을 받아야 했다. 발언자와 발언 내용도 이들이 조종했다. 아무도 감히 반대 의견을 말하지 못했다. 누가 반대 의견을 말하다가는 편리한 방법으로 살해되었다. 그러나 범인을 수사하는 사람은 아무도 없었다. 그러니 피의자도 없었다. 민중은 겁이 나서 침묵했다. 주민들은 쿠데타 세력이 실제보다 훨씬 많다고 생각하며 자포자기 상태로 빠졌다. 그들은 실상을 파악할 수 없었기에, 전혀 모르는 사람이나 아니면 알아도 신뢰할 수 없는 사람에게 어떤 말도 할 수 없었다. 민주제 지지자는 서로가 서로를 의심했다. 저마다 자기가 만나는 사람이 지금 벌어지고 있는 사태에 관여하고 있다고 생각했다. 실제로 변혁을 꾀하는 자들 중에는 과두제 지지자가 되리라고는 아무도 예상하지 못한 자들도 더러 있었다. 이들이 대중 사이에 상호 불신을 조장했으며 민주주의 지지자들이 서로 불편하게 함으로써 과두제 지지자들의 기반을 굳히는 데 크게 기여하였다." (TW 8.66)

BC 411년은 참주제에서 민주제로 전환한 지 100년 만이다. 아테네는 이제 쿠데타로 민주주의 100년의 역사는 붕괴되고 과두체제로 후퇴했다. 피산드로스를 중심으로 한 쿠데타 세력은 먼저 민주정을 흉내내어 민회를 소집한 다음 절대권력을 지닌 10인의 부족 사령관을 선출하여 민주적이고 온건한 테라메네스(Theramenes)를 포함한 10인 위원회를 구성했다.

테라메네스는 펠로폰네소스전쟁의 마지막 10년 동안 두드러진 활동을 한 정치가이다. 그는 온건한 과두제 지지자이면서 다른 한편으로는 민주주의자였다. 예를 들면 그는 중장보병(hoplite)신분이나 그 이상의 신분을 가진 모든 사람이 선거권을 갖는 정부를 주장했다. 과두제를 지지하되 선거권을 확대하여 참여 범위를 늘리자는 것이었다. 그는 쿠데타의 다른 지도자들과 의견이 갈라지면서 그들의 지시에 반대하기 시작했고 그들이 주장하는 극단적 과두제를 온건적 과두제로 대체하기 위한 주도권을 잡았다.

그는 이후 몇 년 동안 장군으로 재직했지만 BC 407년에는 다시 재선되지 못했다. 아테네가 BC 405년에 아이고스포다미(Aegospotami) 전투에서 패배한 후 테라메네스는 아테네가 스파르타에 항복하는 조건들을 마련했다. 펠로폰네소스전쟁에서 아테네가 항복한 이후에는 스파르타가 패배한 국가에 부과한 30인 참주(Thirty Tyrants)로 알려진 극단적 과두정부의 일원이 되었다. 그는 과두제가 출범했던 BC 411년과 마찬가지로 곧 참주정부의 극단적인 구성원들과 충돌하게 되었다. 그가 공포 통치에 항의하면서 30인 참주 중에서 그를 제거할 모의가 시작되었다. 참주들은 그를 비난했고, 시민권 명부에서 그를 지웠으며 30인 참주정치가 전제정치의 칼날을 번득이던 BC 404년에 극단주의자들에 의해 재판 없이 처형되는 운명을 안고 있었다.

아테네의 상황은 프랑스 혁명의 공포정치를 2200여 년 전으로 되돌려 놓은 상황이었다. 테라메네스가 죽은 후에 그에 대한 평가는 엇갈렸다. 당시의 연설문 작가인 리시아스(Lysias)는 그를 비난했다. 그러나 다른 사람은 그의 활동을 옹호했다. 그에 대한 평가는 원칙적으로 온건주의자 또는 이기적 기회주의자로 평가된다.

쿠데타 세력은 10인 위원회가 국가를 위해 최선의 정체라고 생각하는 제도를 정해진 날짜에 민회에 제출하도록 했다 (TW 8.67). 민의(民意)를 팔고 민의(民意)를 이용하는 수법은 지금이나 2500년 전이나 같다. 이들은 이제 아예 노골적으로 속성을 드러내면서 자신들의 구상을 제안했다. 이 구상은 당시에 똑똑한 인물로 알려졌던 안티폰(Antiphon)이 준비했고 제안은 페이산드로스의 몫이었다.

이 새로운 안은 1) 현재의 모든 관직은 폐지되고 2) 관직에는 급여가 지급되지 않으며 3) 5인의 의장단이 선출되어 이들이 100명을 선출하고 4) 이 100과 함께 100명이 각각 3명씩을 선출하여 400인 위원

회를 구성하여 5) 이 400인 위원회가 최선이라고 생각되는 방법으로
국가를 다스리기 위해 전권을 갖고 6) 400인 위원회가 정하는 시기에
민회를 가장한 5,000인 회의를 소집해야 한다는 안을 내놓았다 (TW
8.67, AC 29.5). 민회는 이 안을 만장일치로 가결한 뒤에 해산했다.

아테네는 이제 400인 과두정부가 들어섰다. 쿠데타 주모자들은 이
런 과두정부 수립에 참여한 배경에 대해 나름의 이유를 들었다. 난국에
는 항상 사실과 허위, 정당과 부당, 합리와 불합리, 충정과 위선, 신의
와 배신 등이 뒤엉켜 가늠하기 어려운 경우가 허다하다. 이런 상황에
서 안티폰은 과두제가 민주주의보다 낫다는 것을 진심으로 믿었다. 안
티폰은 당시에 연설문 작성자이자 웅변가였다. 테라메네스는 민주주의
의 유보가 페르시아의 지지를 가져올 것으로 믿고, 그렇다면 시도해 볼
만하다고 주장했다. 또 다른 인물들은 과두제가 비용이 적게 든다는 이
유를 들이댔다. 아테네와 동맹국들이 그동안 전쟁에서 재정이 고갈 상
태였으나, '비용'을 들고나오는 것은 궁색한 자기변명이다. 순수한 충정
운운하는 것도 기회주의적인 자기 합리화에 불과하다. 자신들이 오직
권력을 장악하기 위해서라는 말이 오히려 솔직한 고백이다.

400인 과두정은 사모스의 민주정도 과두제로 변혁하려고 시도했
다. 페이산드로스가 사모스의 기회주의자들과 공모하여 300인회를
만들어 아테네의 400인회가 자행했던 공포정치를 시도했으나 민주파
에 밀려 실패했다. 사모스의 민주파들은 오히려 과두제 쿠데타의 주모
자들을 숙청하고 민주정을 확립했다 (TW 8.73.6). 그럼에도 사모스에
있는 아테네 장군 트라시불로스(Thrasybulus)가 아테네군을 설득하
여 알키비아데스의 사면과 소환을 이끌어 냈다. 그리고 민회에서 이를
확정한 뒤, 대륙으로 가서 알키비아데스를 사모스로 데리고 왔다.

사모스에 온 알키비아데스는 민회에서 연설했다. 그의 혀는 검보다
강했다. 그는 자신이 페르시아의 티싸페르네스에게 강력한 영향력이

있다는 것과 그가 아테네를 도우려 하고 있다고 말했다. 또한, 티싸페르네스가 펠로폰네소스인에게 보내기로 약속했던 페니키아 함대를 아테네로 데려올 것이라고 장담했다. 그는 이를 위해서는 자신이 무사히 귀국하여 그들을 위해 보증을 서야만 그가 아테네인들을 믿을 수 있을 것이라고 자기에게 약속했다고 주장했다 (TW 8.81.3).

투키디데스는 그의 연설 내용을 과장과 허풍으로 규정했다 (TW 8.81.2-3). 그러나 아테네군 병사들은 자신들이 무사히 아테네로 돌아가고 아테네에서 폭정을 일삼는 400인을 응징하게 될 것이라는 희망을 믿고 싶었다. 그래서 즉시 알키비아데스를 장군으로 선출하고 모든 일에 대한 권한을 넘겨주었다 (TW 8.82.1).[1]

알키비아데스는 장군으로 선출되자마자 전쟁 수행 계획의 수립을 핑계로 곧장 티싸페르네스에게 달려갔다. 도망자 신세에서 장군으로 등장한 그는 티싸페르네스에게 "그를 이롭게 할 수도 있고 해롭게 할 수도 있다"(TW 8.82.3)는 것을 인식시키려는 의도였다. 알키비아데스는 한편으로는 아테네인들을 티싸페르네스에 대한 압력 수단으로 사용하고, 다른 한편으로는 티싸페르네스를 아테네인들에 대한 압력 수단으로 이용한 것이다. 대단한 수완가이고 외교적 책사이다 (TW 8.82.3).

알키비아데스가 사모스에 돌아왔을 때 아테네 사절단이 사모스에 도착했다. 이들은 그간의 과정을 사모스 민회에서 보고하려고 했지만 사모스의 아테네인들로부터 제지를 당했다. 그리고 오히려 아테네의 과두파를 공격하자는 의견이 지지를 받았다. 이 상황을 어느 누구도 통제할 수 없었고, 알키비아데스만이 가능했다 (TW 8.86.5). 알키비아데스가 동포들을 공격하는 것은 있을 수 없다면서 제지하여 다행히 중지되었다.

투키디데스는 알키비아데스가 처음으로 조국에 크게 공헌했다고 쓰고 있다 (TW 8.86.4). 알키비아데스는 사절단에게 스파르타에 항복하지 말고 버틸 것과 자신은 5,000인회에 대해서는 반대하지 않지만 400인회는 해산하고 500인회의 복원을 요구했다 (TW 8.86.6). 사모스인들이 반대하는 400인회의 해산을 요구하는 것은 절묘한 더블 톡(Double Talk)이다. 400인회의 구성을 주도한 것은 페이산드로스다. 그가 쿠데타를 결행한 것은 알키비아데스의 사주가 크게 작용했다. 둘은 한패다. 특히 알키비아데스를 아테네로 데려와야 한다고 주장한 사람도 바로 페이산드로스다. 결국 400인회는 어떤 형태로든 사형선고를 받고 망명했던 알키비아데스가 아테네에 금의환향(錦衣還鄕)하도록 해주는 원군이다. 그럼에도 알키비아데스가 400인회의 해산을 요구한 것은 자신을 장군으로 선출해준 사모스에 있는 아테네인들이 아테네 400인회를 반대하는 것에 편승하여 환심을 사려는 얄팍한 계책이었을 것이다. 사절단도 이를 직감했을 것이다.

알키비아데스가 400인회를 해산하라고 요구했다는 내용을 400인회에 그대로 전달했을 경우 어떤 일이 벌어질까? 400인회에서 온건파와 강경파 그리고 중도파 간에 극심한 자중지란이 일 것이다. 400인회가 이를 수용하지도 않을 것이다. 이 자중지란은 자칫 사절단에 불똥이 튈 수 있다. 알키비아데스와 페이산드로스는 서로 배신자라며 동지에서 적으로 돌아설 수도 있다. 400인회에 자중지란이 일면 알키비아데스는 아테네와 전쟁을 하거나 땅을 밟지도 못할 수가 있다. 아테네에 귀국이 우선인 알키비아데스로서는 400인회를 잘 구슬려야 한다. 사모스를 방문했던 사절단은 알키비아데스의 스파르타에 항복하지 말고 버티라는 내용만 보고하고 다른 내용 즉 400인회의 해산요구는 숨겼다. 연설 내용을 편집해서 전달한 것이다. 결국 사절단의 편집이 알키비아데스와 교감으로 이루어진 것인지에 대해 투키디데스는 전하지 않는다. 그러나 개연성은 충분하다.

스파르타에 항복하지 말고 싸우라는 메시지는 400인회가 스파르타와 평화조약을 준비한다는 정보를 갖고 이를 제지하려는 것이다. 알키비아데스는 400인회가 단독으로 스파르타와 평화조약을 맺어서 아테네를 넘겨주는 일을 막고자 했다. 평화조약은 사실상 항복이다. 평화조약의 조건 중에는 자신을 스파르타로 인도하라는 요구가 담길 것이다. 그렇게 되면 자신이 갈 곳이 없게 되고 목숨이 또다시 흥정의 대상이 될 것이다.

실제로 400인회가 스파르타와 협상하려고 시도했다는 증거가 드러났다. 다행히 협상을 위한 사신들은 스파르타에 가는 도중에 사신들을 탄 배의 선원들이 반란을 일으켜서 그들을 아르고스 군대에 넘겨주었고 아르고스는 다시 사모스로 그들을 이송하는 바람에 좌절되었다. 인간의 삶에는 다양한 역사가 쌓인다. 이 역사들의 상당 부분은 우연으로부터 시작되는 경우가 허다하다. 난국을 극복하기 위해 출범한 과두정이 스파르타와 싸워 이길 전략을 수립한 것이 아니라 항복을 준비했다는 사실은 쿠데타의 명분을 일거에 쓸어버리고 과두정의 존재 의미를 송두리째 무너트렸다.

이 사건에 대한 여론을 무마하기 위해 400인회는 알키비아데스가 필요해졌고, 알키비아데스가 400인회에 영향력을 행사하는 계기가 되었다. 알키비아데스의 영향력이 아테네 400인회에 미치면서 400인회의 중도파의 움직임이 활발해지고 400인회 위원 중 상당수는 400인에서 빠지려는 움직임이 노골적으로 일어났다. 400인회의 구성원 중 테라메네스가 400인에 대한 반대파의 주도적인 인물로 자리 잡았다. 이들은 반혁명적인 언어들은 피했다. 아테네인들의 공포를 촉발시켜 내전으로 비화되면 아테네가 스파르타의 손쉬운 정복 대상이 될지 모른다는 우려 때문이었다. 대국적 판단이었고 대단한 자제력의 발휘였다. 이들의 요구사항은 400인회가 약속을 지키라는 것뿐이다. 아울러 5,000인회를 명목뿐인 존재가 아니라 실제로 활동하도록 하고 더 공정한 정체를 세우도록 촉구했다 (TW 8.89.2). 민주정의 회복을 완곡하게 에둘러 요구한 것이다.

400인회의 강경파 즉 고수파들은 특히 스파르타와 평화협상을 반대하는 알키비아데스의 요구와 사모스의 반응에 당황했다. 이들은 피라이오스(Piraeus) 항구에 요새를 건설하기 시작했다. 표면적으로는 평화협상이 물 건너가면서 스파르타의 공격에 대한 대비지만 속으로는 사모스의 공격이 걱정이었을 것이다. 테라메네스와 중도파는 요새를 건설하는 목적이 "육상과 해상으로 적을 끌어들일 수 있게 하려는 것"(TW 8.90.3)이라고 항의했다. 투키디데스는 강경파들의 음모를 예리하게 간파하고 있었던 것 같다. 그는 강경파들이 "민주정의 복원을 받아들이기보다는 차라리 적군을 끌어들이고 배들과 성벽을 포기하고, 오직 자신들의 생명을 구하기 위해서 아테네와 관련된 어떤 조건이라도 받아들일 것"(TW 8.91.3)이라고 판단했다. 스파르타가 요새 건설을 트집 잡아 공격해 올 것은 명약관화하다. 강경파가 시도하던 성벽요새의 건설은 민주정을 지향하는 중장보병 군인들에 의해 파괴되었다.

아테네 시민들은 민주정을 원했다. 강경파는 고립되었다. 아테네인들은 민주정에서 정기적인 민회 장소였던 프닉스(Pnyx)에 모여 현재의 지배가 끝났음을 분명하게 선언했다. 그들은 공식적으로 400인회를 해산했다. 4개월의 단명이었다. 이어 5,000인회에 업무를 넘겨주었다 (TW 8.97.1)

5,000인이라는 숫자는 실제의 숫자라기보다는 상징적이었다. 여기에는 스스로 무장을 갖추고 중장보병이나 기병으로 참여할 수 있는 모든 남성이 포함되었기 때문이다. BC 411년에 그 수는 거의 1만 명에 달했을 것이다.[2] 따라서 5,000인회는 사실상 민회의 부활이었고 이것은 민주정의 회생이었다. 여기에 500명의 위원회가 있었다. 민주정의 불레에 해당하는 기구다.

5,000회는 출범과 함께 국민통합을 기치로 내걸었다. 정권이 교체되면 구정권을 끌어안기 위해 사용하는 제스처다. 그러면서 서서히 구정권 세력을 제거해 나가는 것이다. 명분은 여러 가지다. 가장 대표적인 것이 부정부패의 척결이다. 또 다른 방식도 적용된다. 새로운 권력의 패러다임으로 프로크루스테스의 침대를 만들어 재단하는 것이다. 이 경우 이 패러다임에 벗어나거나 모자라면 '적폐(積弊)'라는 딱지를 붙여서 청산 대상으로 삼는다.

　5,000인회가 해야 할 일은 400인회에 소속되었던 이런 과격분자들을 처리하는 것이다. 쿠데타를 주도했던 페이산드로스는 탈출했다. 안티폰 등 주도적인 인물들은 반역죄로 처형되거나 방면되었다. 그 외의 과격분자들에 대한 무자비한 숙청에 숨죽여 지내던 사람들을 선무하여 새로운 정권의 우군을 늘려나가야 한다. 그리고 400인회 이전에 민주정권에서 심한 파벌경쟁으로 피해를 본 세력들을 원상회복시키는 것이다. 5,000인회는 이 조치의 일환으로 알키비아데스 및 그와 함께 추방자로 몰렸던 사람들의 귀환을 의결했다.[3] 5,000인회는 10개월을 맞아 완전한 민주정에 평화적으로 정권을 넘겨주었고, "인민은 재빨리 국가에 대한 지배권을 가져갔다"(AC 34.1).

　아테네에서 5,000인회가 알키비아데스의 귀환을 의결했지만 사모스에서 해군에 의해 장군으로 선출된 알키비아데스는 선뜻 아테네로 향하지 않았다. 귀국에 신중했다. 겉으로 읽히지 않는 또 다른 함정을 꼼꼼히 살폈다. 아테네는 그의 정적들로 가득했고 일부는 그의 반역을 기억하고 있었다. 특히 그의 라이벌들은 그의 야심을 경계하면서 경쟁을 두려워했다. 반면에 알키비아데스는 일반시민들에게는 인기가 높았다. 그를 배척하지 않았더라면 시칠리아에서 그토록 비참한 패배를 맞지도 않았을 것이며, 그들이 희망했던 다른 기대들도 무너지지 않았을 것이라고 생각했다 (Plutarch, Alcibiades).[4]

3. 알키비아데스의 귀환과 망명

알키비아데스의 귀환을 놓고 아테네 정가가 갈등에 휩싸인 가운데 그는 일단 BC 410년 헬레스폰트(Hellespont)의 키지코스(Cyzicus) 전투에 참전했다. 투키디데스의 전쟁기록은 BC 410년 초에 끝난다. 이 후의 기록은 크세노폰과 디오도로스가 바톤을 이어 받아 크세노폰은 『헬레니카(Hellenica)』에 그리고 디오도로스는 『역사 도서관(historical Library)』에 기록을 남겼다.

알키비아데스는 아테네 함대의 지휘관으로 임명되어 BC 411년의 키노세마(Cynossema) 해전을 비롯해 아비도스(Abydos) 해전(BC 410년), 키지코스 해전에서 승리한다. 키지코스 전투에서 알키비아데스는 최고사령관으로 아테네의 전체 함대를 지휘했고, 테라메네스와 트라시불로스가 그 밑에서 부장의 역할을 하면서 긴밀히 협력하고 있었다.[5] 아테네는 이런 승리를 바탕으로 헬레스폰트의 바다를 완전히 통제할 수 있었다. 이를 알아차린 스파르타는 아테네에 평화를 추구하는 대사를 보냈으나 아테네는 거부했다. 아테네는 전체를 볼 수 있는 안목있는 지도자가 없었다. 멈추어야 할 때 멈출 수 있는 지혜를 가진 자가 없었다. 민주파와 과두파의 갈등에서 411년 이후 통치했던 과두제 정부가 전투 후 몇 개월 만에 회복된 민주주의로 바뀐 것이 전부였다.

연속된 전투에서 승리를 거머쥔 후, 알키비아데스와 트라시불로스는 BC 409년에 약 190척의 배로 소아시아의 북서에 위치한 해안 도시 칼케돈(Chalcedon)을 포위하기 시작했다. 알키비아데스는 결정적인 승리를 거두지는 못했지만 지상전에서 승리했다 (Diodorus, Library, xiii, 67.1). 그 후 이들은 파르나바주스(Pharnabazus)와 임시 동맹을 맺고 군대에 필요한 현금도 바로 확보했다.

알키비아데스는 일련의 전쟁 승리를 발판으로 BC 407년 봄에 마침내 아테네로 돌아가기로 결심했다. 그러나 알키비아데스는 신중했다. 최근의 승리에도 불구하고 과거 자신이 아테네에 끼쳤던 이적행위나 자신에게 부과된 혐의 그리고 현재의 정부 등을 면밀히 검토하는 주도 면밀함을 보였다. 알키비아데스는 곧바로 아테네로 가기 전에 먼저 사모스(Samos)로 가서 배 20척을 거느리고 세라믹만(Ceramic Gulf)에서 100달란트를 모았다. 이어서 기테이온(Gytheion)으로 항해하여 스파르타인들의 대응과 그의 귀환에 대한 아테네의 정서를 알아보았다 (XH 1, 4, 8-12). 다행히 아테네인들이 그를 환영한다는 판단에 이르자 귀국길에 올라 자신을 보기 위해 군중이 모인 피레우스로 항해했다 (XH 1, 4, 13). 그는 그의 사촌 및 친구들과 지인들이 그를 육지에서 환영하는 모습을 보면서도 두려운 마음으로 항구에 들어갔다. 항구에 도착하자 시민들은 그를 영웅으로 환영했다 (Plutarch, Alcibiades, 32).[6] 그에 대한 모든 형사 소송과 신성 모독 혐의는 공식적으로 취하되었다. 그의 재산은 회복되었고 민회는 그를 육지와 바다의 최고 사령관으로 선출했다 (Plutarch, Alcibiades, 33).

알키비아데스는 이적 행위로 참수형의 대상이었다. 스파르타에서 시라쿠사에 길리포스를 파병하도록 사주했다. 또한, 스파르타가 데켈리아를 공격하도록 권고했다. 이런 인물이 다시 아테네에 돌아와 아테네 군대의 사령관직을 맡았다. 참으로 변화무쌍하고 특출한 인물로 아테네의 역사에서 유일한 사례를 만든 것이다. 알키비아데스를 경계하는 정적들은 알키비아데스가 시민들의 지지를 배경으로 절대권력을 꿈꾸고 있을 것이라는 의심도 지우지 않았다. 따라서 해상 전투를 빌미로 알키비아데스를 한시바삐 배에 태워 바다로 내보는 것이 상책이었다. 이들은 알키비아데스를 아테네에서 내보내기 위해 그가 원하는 모든 것을 들어주었다.

알키비아데스는 감회에 빠지고 우월감에 들떠 있었으며 교만하고 기고만장했고 자신의 본분을 잊었다. 조심성 대신에 방심이 그를 지배했다. 그가 없는 8년 동안 아테네는 그를 반역자로 낙인찍었던 세력들이 아직도 건재하다. 그의 정적들이다. 그는 시민들의 인기를 바탕으로 이 정적들을 정리하는 일을 위해 먼저 손에 피를 묻혔어야 했다. 자신이 손을 잡을 수 없는 인사는 그럴듯한 족쇄를 채워 내치고 손을 잡을 수 있는 사람은 우군으로 만들어 어느 정도의 권력 기반을 다져 놓은 다음에 아테네를 비웠어야 한다. 아테네 민심은 선동에 의해 동서남북으로 나부낀다. 그럼에도 우쭐한 그는 100척의 함선을 거느리고 다시 노티움 전쟁터로 출항했다.

4. 노티움 전투

아테네는 키지코스 전투 이후 비잔티움(Byzantium)을 다시 점령하고 칼케돈(Chalcedon)으로부터 공물 징수를 재개했지만 승리 이후에도 아테네 재정은 대규모 공세 작전을 지원하기가 어려웠다. 반면에 스파르타는 페르시아 자금으로 신속히 함대를 재건하고 계속해서 아테네를 약화시키려고 했다. BC 407년 스파르타의 해군 지휘관 리산드로스(Lysandros; Lysander)가 90척의 함선을 인솔하고 소아시아 지역에 도착했다. 리산드로스는 그의 전임자 중 일부와 달리 스파르타 왕가의 구성원이 아니었으며 해군 전략에서 뛰어난 인물이었다. 그는 동시에 교묘한 외교관으로, 능란한 수완가로 페르시아의 다리우스 황제 II 세의 아들인 키로스(Cyrus)와 좋은 관계를 형성했다.

리산드로스는 에페소스(Ephesus)에 기지를 두기로 결정했다. 알키비아데스는 리산드로스 함대와 교전하기 위해 아테네 함대를 에페소스로 인솔해 공격을 시도했으나 리산드로스는 응전을 하지 않자 함대를 노티움 근처로 이동했다. 노티움은 현재 터키 서부지역인 아나톨리아(Anatolia) 서쪽 해안에 있던 그리스 도시국가이다.

알키비아데스는 군자금을 마련하려고 아나톨리아 서쪽 해안을 따라 카리아(Caria)로 가면서 그의 하급장교였던 안티오코스(Antiochus)에게 한대의 지휘권을 일시적으로 넘겨주었다. 안티오코스는 알키비아데스 배의 키잡이였다. 대개 이 정도 규모의 함대 지휘관은 장군급이 맡는다. 그것도 한 명이나 두 명 정도를 보임해야 한다. 그런데 알키비아데스가 장군들을 배제하고 키잡이에게 지휘권을 넘긴 것은 분명히 파격이었다. 안티오코스는 자신의 순종적인 오랜 부하일 뿐만 아니라 플루타르코스에 따르면 알키비아데스가 소유하고 있는 함선의 주인이기도 했다. 따라서 알키비아데스는 배의 소유자에게 사적 연고로 함선의 지휘자를 맡겼다고 볼 수 있다. 플루타르코스는 안티오코스가 "숙련된 선원이었지만 오만하고 무모하며 경솔한 인물"이었다고 평가한다. 알키비아데스는 지휘권을 이양하면서 리산드로스를 공격하지 말라는 명확한 명령을 내렸지만 그는 이를 듣지 않았다. 안티코스가 이러한 명령을 무시한 것은 알키비아데스처럼 자신도 스파르타 함대에 대해 승리를 거두어 보고 싶었기 때문이었을 것이다.

그는 알키비아테스가 리산드로스를 공격하지 말하는 명령을 내렸음에도 노티움전투에서 스파르타 해군 사령관인 리산드로스에게 오히려 교전을 유발했다. 리산드로스의 함대는 완전한 진형을 갖추고 노티움의 아테네 기지로 향했다. 아테네 함선은 바다로 나가기 위해 서둘렀고 소규모로 분리해서 전투에 참가했다. 그 결과 심각한 패배를 당했다. 아테네 함대는 15~20척의 함선을 잃었다. 대부분의 승무원들은 겨우 해안으로 헤엄쳐 갔다. 리산드로스는 승리를 자축하며 에베소로 돌아왔다. 아테네 병사들은 사모스로 퇴각하여 알키비아데스와 곧 만났다. 알키비아데스는 전체 함선을 에페소스로 몰고 가서 전투를 시도했다. 그러나 리산드로스는 소득없는 전투를 거부했다. 아테네군은 빈손으로 다시 사모스로 퇴각해야 했다.

노티움(Notium)전투는 아테네 해군의 사소한 패배였으나 이에 대한 소식이 아테네에 전해지자 아테네인들은 곧바로 알키비아데스로부터 등을 돌렸다. 아테네의 정적들은 온갖 내용으로 알키비아데스를 비난했고 민중들은 이 말에 자극받아 알키비아스 대신에 코논(Conon)을 장군으로 선출했다.[7] 알키비아데스는 아테네로부터 또 다시 버림받았다. 시칠리아 원정에서 패배한 뼈아픈 교훈은 정파 싸움에 또 다시 함몰되어 버렸다. 노티움 전투에서 스파르타의 노련한 장군 리산도로스가 승리를 거두어 스파르타의 기세가 올라가고 아테네에서는 파벌 다툼의 기세가 올라갔다.

사령관의 지위를 잃은 알키비아데스는 이번에도 재판에 직면하게 될 아테네로 돌아가지 않았다. 삶은 습관의 천조각들이다. 그는 습관처럼 또다시 망명 생활을 떠나 트라케(Thrace)의 요새로 물러났다. 아테네로서는 펠로폰네소스전쟁의 최고의 지휘관 중 한 명이 사라지게 되다. 플루타르코스는 영웅전에서 알키비아데스의 당시의 상황을 "만일 자신의 명성 때문에 멸망한 사람이 있다면 알키비아데스가 바로 그런 사람"이라고 평한다. 플루타르코스는 또한, 사람들은 그가 너무 용감하고 현명한 인물이라서 성공했다고 여기고 있었다고 기술한다. 반대로 그가 실패하는 것은 노력을 하지 않은 것으로 의심했고, 그가 할 수 없는 일이 있을 것으로 믿지 않으려 했으며, 그가 노력만 하면 어떤 일도 할 수 있을 것으로 믿었다는 것이다.

알키비아데스는 망명 중에 펠로폰네소스전쟁의 마지막 전투이며 아테네가 패배하고 항복한 BC 405년의 아이고스포타미(Aegospotami) 전투를 지켜보았다. 그는 아테네 함대의 진지 구축이 위험하다고 판단하고 진지에 찾아가 몇 가지를 제의했으나 코논에게 면박을 당했다.

그 제안 중에는 진지의 설치에 관한 의견도 있었지만 자신이 공동으로 함대를 지휘하겠다는 요구도 포함되었다. 자신의 과거에 취해 있다 보면 면박의 대상으로 전락되기 쉽다. 알키비아데스는 사모스로 갔으나 사모스인들도 그를 박대했다. 그는 BC 404년 프리기아(Frygia)에 정착했다. 프리기아는 고르디움(Gordium)에 수도를 둔 서부 터키에 있는 고대 국가이다.

알키비아데스의 죽음에 대해서는 여러 견해로 갈린다. 스파르타의 리산드로스가 아테네 30인 참주의 리더였던 크리티아스에게 지시하여 자객을 보내 살해했다는 이야기가 있다. 또는 크리티아스가 암살을 명령했다는 전언도 있다. 반면에 리산드로스가 파르나바조스(Pharnabazus)에게 알키비아데스를 제거하라고 보낸 비밀문서에 따라 파르나바조스가 보낸 자객들에 의해 살해되었다는 이야기도 있다. 플루타르코스는 알키비아데스가 어느 높은 가문의 소녀를 유혹했기 때문에 그 친척들에 의해 살해되었다고 전한다. 그렇다면 그는 스파르타에서는 아기스 왕비와 정을 통해서 쫓겨나고 프리기아에서는 여염집 딸을 유혹해서 결국 목숨을 잃은 여난(女難)의 주인공이 된 것이다.

알키비아데스는 분명 아테네와 스파르타 그리고 페르시아를 오가며 일세를 풍미한 장군이었다. 그러나 그는 불타는 야망으로 개인적인 정적들을 만들어 냈다. 그렇다 보니 이들을 압도할 수 있는 성과가 필요했다. 이 과정에서 그는 장벽에 부닥치면 변신에 변신을 거듭하면서 배신자에서 영웅의 범주를 들락거렸다. 특히 민중이나 군인의 지지를 확보하고 유지하기 위해 그들이 확인할 수 없는 무지개 같은 약속을 남발했다.

5. 아르기누사이 전투

스파르타의 해군 지휘관은 2년 임기제다. 노티움 전투에서 승리한 리산드로스 사령관은 2년 임기를 채우고 30대의 칼리크라티다스(Callicratidas)로 교체되었다. 스파르타는 동맹국들로부터 함대와 기금을 모아 약 140대의 삼단노선을 건조했다. 아테네의 알키비아데스의 빈자리는 코논(Conon)이 메웠다. 코논은 우선 사모스에서 선원들의 사기 문제로 100척의 삼단노선 가운데 70척을 출항시켰다 (XH 1.5.20). 이어 레스보스를 방어하기 위해 수적으로 열세인 함대를 사모스에서 메팀나 근처의 에카토톤네시(Hekatonnesi)섬으로 옮기려고 했다.[8] 그러나 칼리크라티다스가 170척의 배로 코논을 공격하자 미틸레네(Mytilene)로 도망갔다. 그리고 미틸레네 전투에서 30척의 배를 잃은 후 함대와 함께 봉쇄되었다. 육지와 바다에 둘러싸인 코논은 그를 둘러싸고 있는 세력에 대항하여 행동할 힘이 없었으며 아테네로 전령을 보내어 그의 처지에 관한 소식을 간신히 전달할 수 있었다.

연락선이 아테네에 도착해 코논의 상황을 전달하자 민회는 서둘러서 인력을 구하고 배를 건조하는 극단적 조치를 승인했다. 니케(Nike)의 황금 동상까지 녹여 선박 건조자금으로 투입되었다.[9] 노예와 메틱스(metics)도 함대에 승선했다. 다수의 충성스러운 승무원 그룹을 확보하기 위해 아테네는 함대의 노꾼인 수천 명의 노예에게 시민권을 확대하는 급진적인 조치까지 취했다. 이 조치를 통해 백 척 이상의 배가 준비되고 선원들이 확보되었다. 그리고 동맹국들로부터 징발된 배를 합쳐 150척의 삼단노선을 확보하여 8명의 장군 인솔로 사모스에 도착했다.

아테네 함대는 사모스를 떠나, 레스보스(Lesbos)에 있는 말레아(Malea) 곶 맞은편 즉 레스보스섬 동쪽의 아르기누사이(Arginusae)섬으로 항해 하면서, 그곳에서 저녁에 야영을 했다. 스파르타의 칼리크라티다스는 아테네 함대의 이동을 알고 대부분의 함대를 거느리고 말레아를 향해 남쪽으로 항해하다가 아테네 함대의 신호를 발견하고 밤에 그들을 공격할 계획을 세웠다. 그러나 천둥 번개로 공격을 아침까지 미루었다.

    칼리크라티다스는 다음날 새벽에, 그의 함대를 인도하여 아테네 함대와 마주했다. 그는 미틸레네에 봉쇄되어 있는 코논을 감시하기 위해 50척을 남겨두고 140척으로 아테네의 150척과 맞섰다. 이 전투에서 처음으로 스파르타 선원들과 사령관들이 아테네 함대의 선원들 및 사령관들보다 더 경험이 많았다. 아테네 최고의 선원들이 코논과 미틸레네에 있었기 때문이다.[10] 스파르타 함대의 우수한 기술과 기동성에 맞서기 위해 아테네 지휘관은 몇 가지 새롭고 혁신적인 전술을 구사했다. 아테네 함대는 8개의 자율적인 분대로 편성하여 지휘했다. 1인의 총사령관이 아니라 8명의 사령관이 각각 자신의 함대를 지휘하는 분권형 편대를 이룬 것이다.

    격렬한 싸움이 얼마간 지속되었다. 스파르타는 120척 중에서 약 70척의 배를 잃었고 아테네는 155척 중에서 25척을 잃었다. 아테네는 큰 승리를 거두어 한숨을 돌리게 되었다. 만일 아테네가 이 전투에서도 패배했더라면 전쟁에서 지게 되었을 것이다. 이제 아테네는 다시 바다의 제왕의 자리에 오를 발판을 마련하게 되었다. 그러나 그 기저에는 좌초선의 아비규환이 있었다. 케이건(Donald Kagan)은 이렇게 묘사한다.

"피해를 당한 아테네 함선 25척 중에서 좌초된 12척은 여전히 수면에 떠있었다. 바다 위에는 1,000명 정도가 살기 위해서 애쓰고 있었다. 많은 이들은 난파선의 잔해에 매달려 있었다. 수많은 시체들이 부서진 배 위와 주변에 흩어져 있었다. 승리한 삼단노선의 선장들은 생존자를 구하거나 시신을 수습하기 위해서 멈추는 대신에 다음 단계를 논의하려고 아르기누사이로 급히 귀환했다."[11]

함선의 좌초상황에서 아테네 지휘관들은 몇 가지 중요한 일 들 가운데 우선순위와 집중대상을 결정해야 했다. 첫째는 바다에 빠져서 허우적거리는 1,000여 명의 군대를 구조하는 일이다. 인명의 중요성뿐만 아니라 구조 자체가 모든 병사에게 지도부에 대한 신뢰를 쌓고 싸울 용기를 북돋아 준다. 둘째는 스파르타의 배들이 한데 모이기 전에 이를 중간에서 저지하는 것이다. 코논은 50척의 스파르타 함선에 포위 속에 미틸레네에서 여전히 발이 묶여 있었다. 아테네 지휘관들이 해야 할 결정적인 행동의 하나는 이 50척의 배들이 칼리크라티다스의 나머지 함대와 합류하기 전에 파괴하는 것이었다. 합류 전에 파괴하지 못하면 스파르타 함선은 90척 이상의 규모가 된다. 또 다시 도전해 올 수 있는 규모다.

장군들은 이 두 가지 과제 사이에서 의견이 갈렸다. 8명의 장군들 가운데 구조 작업을 포기하자고 제안한 인물은 에라시니데스(Erasinides)였다. 결국은 함대의 8명의 장군은 모두 서둘러 미틸레네로 가고 47척의 배는 뒤에 남아서 8명의 장군에 포함되지 않은 트라시불로스와 테라메네스의 지휘하에 구조작업을 하기로 했다. 그러나 갑작스럽게 폭풍이 휘몰아쳤다. 미틸레네의 스파르타 함대도 달아났다. 그리고 바다에 빠진 선원들을 구출할 수도 없게 되었다. 스파르타 함대의 격파도 선원의 구조도 모두 이루지 못한 것이다.

아테네는 승리에 대한 박수가 선원을 구출하지 못한 책임에 대한 비수(匕首)로 전환되었다. 8명의 장군은 선원 구조나 스파르타 함대의 섬멸에 실패한 이유를 '폭풍우'로 돌리기로 했다 (XH 1. 7. 6). 이것은 일부분은 사실이지만 일부분은 거짓이다. 잘못된 판단이고 행동이었다. 당연히 구조를 최우선으로 해야 한다. 모든 함대가 구조를 최우선으로 했더라면 폭풍이 몰아치기 전에 구조에 돌입해서 희생자를 최대한 줄일 수 있었을 것이다. 스파르타 함대가 공격해 오고 있는 것도 아니었다. 이유는 발이 묶여있는 총사령관 코논의 구출에 더 방점을 찍었기 때문이다.

아테네에서는 멀리 바다에서 일어난 일이었기 때문에 구조과정에 대한 세부 사항을 제대로 알지 못했다. 트라시불로스와 테라메네스가 먼저 아테네로 돌아왔다. 전장에 있는 장군들은 처음에는 어떤 비난이나 고소도 당하지 않았다. 그러나 생존자들이 한두 명이 아니다. 이들 가운데 트라시불로스와 테라메네스를 따라 들어온 사람도 있을 것이다.

결국 아테네에서는 8명의 장군들에 대한 비난이 일기 시작했다. 장군들은 아테네의 이런 기류가 이미 아테네로 돌아온 트라시불로스와 테라메네스로부터 비롯되었다고 속단했다. 막다른 골목에 이르자 서로 살려고 발버둥치면서 각자가 선수를 쳤다. 먼저 트라시블로스와 테라메네스를 비난하는 편지를 민회에 보냈다. 장군들은 선원 구조의 임무를 테라메네스와 트라시불로스가 담당했다는 사실을 밝히면서 이전투구(泥田鬪狗)가 일어났다. '죄수의 딜레마 게임'에 빠진 것이다. 이 게임은 각 행위자가 자신의 이익을 극대화하기 위해 행동하는 경우 모든 사람에게 최악의 결과가 생긴다. 장군들이 이전투구를 벌이지 않았더라면 아테네에 강력한 정치적 기반을 가지고 있던 테라메네스와 트라시불로스가 앞장서서 비난과 분노의 불길을 막았을 것이다. 그러나 이들은 장군들이 자신들을 비난하는 것에 맞서 자신들을 방어해야 했다.

장군들은 각기 자신을 변호하다보니 동료들을 비난하게 되고 그 비난은 시민의 분노로 연결되었다. 군인다운 면모보다는 각기 기소를 피하기 위해, 살기 위해 각개약진으로 각자도생했다. 그렇다 보니 강자는 살고 약자는 먹혀 죽는 약육강식의 동물의 왕국 생존 법칙이 적용되었다. 테라메네스와 트라시불로스는 화살을 비켜갔으나 나머지 8명의 장군은 아테네 시민들의 분노의 표적이 되었다.

6. 장군들의 처형과 소크라테스의 반대

아테네 불레는 8명의 장군을 면직시키고 재판을 위해 아테네로 송환 명령을 내렸다. 소환된 장군 8명 중 2명은 사태를 파악하고 도망갔지만 6명은 돌아오자 투옥되었다. 개선장군들이 귀국과 동시에 감옥으로 간 것이다. 그들 중 생존자 구조를 포기할 것을 제안했던 에라시니데스가 먼저 재판에 회부되었다. 난파로 수중에서 사투를 벌이던 군대의 구조유기혐의에 대해서는 현장에 대한 충분한 증거채집이 이루어지지 않았기 때문에 판결을 내릴 수 있는 증거가 부족했다. 이런 때는 고대나 현대나 목표한 혐의를 밝혀내기 위해 피고인을 압박하거나 신병을 확보하는 수단으로 '별견수사(別件搜査)'의 방식이 동원된다. 이들에게도 사령관으로서 몇 가지 부정 행위에 대한 혐의로 일단 유죄 판결을 내려 신병을 확보했다.

민회는 장군들이 생존자를 구출하지 못한 문제에 대한 재판 절차를 마련하도록 500인회 즉 불레에 요구했다. 불레는 첫째 날의 논쟁에서 장군들은 구조 시도가 폭풍우 때문에 좌절되었다며 비극적 결과를 폭풍우에 돌림으로서 군중의 동정을 살 수가 있었다. 그러나 불행하게도 이 첫날 토론회에는 가족이 함께 모이는 아파투리아(Apaturia)축제가 열렸다. 아파투리아는 고대 그리스의 축제로, 아테네에서는 매년 11월 12일과 13일에 열린다. 이 축제는 씨족들과 친척들이 만나 각자 자신의 일에 관해 의논한다. 그런데 전투에서 익사한 사람들은 물론 그 가족들도 이 축제에 참석하지 못함으로써 축제에 참석한 사람들의 가슴을 아프게 했다. 더구나 일부 참석한 유가족들과 친지들이 숨진 군사들의 빈자리를 만들어 놓았다. 아테네는 전쟁에서 숨진 유가족에 대해서는 최대한으로 최고의 예우를 한다. 모든 희생제나 축제에서는 가장 앞자리를 배정한다. 따라서 빈자리들은 맨 앞줄에서 두드러지게 보였다. 이 빈자리를 보는 가족과 부족 그리고 친지들의 감정들이 복받치는 것은 당연하다. 군중은 유가족들이 비통한 슬픔을 이기지 못하고 불참한 것으로 짐작하면서 생존자를 구출하지 못했다는 주장은 구출하지 않았다는 여론으로 비화되었다. 가족과 부족 그리고 친지들의 감정이 복받치는 것은 당연하다. 이런 감정은 결국 다음의 민회 분위기를 변화시켰다.

500인회의 위원인 칼리크세이노스(Callixeinus)라는 정치인은 중국의 전국시대 도삼촌설(掉三寸舌)로 나라를 쥐고 흔들던 경위지사(傾危之士)였던 장위(張儀 ,BC ?~310년)같은 인물이었다. 그는 군중의 슬픔과 분노의 감정에 편승해 장군들을 함께 재판에 회부하고 장군들이 "해상전투에서 승리를 거둔 병사들을 구조하지 않은 것"(XH 1.7.9)이 유죄인가 아닌가에 대한 '예, '아니오'의 선택으로 몰고갔다. '예'의 경우 사형과 재산 몰수형이었다. 장군들에 대한 재판은 그의 선동대로 흘러갔다. 알키비아데스의 사촌인 에우리프톨레모스(Euryptolemus)를 비롯한 여러 사람은 위헌이라는 이유로 반대했지만, 민심은 법적 논리보다 감정논리에 휩쓸리고 법은 여론에 흔들렸다. 500인회의 대부분의 의원도 위헌이라는 것을 알면서도 여론에 떠밀려 이를 승인했다.

이제 장군들의 목숨은 민회의 단 한 번의 표결에 좌우되는 상황이 되었다. 장군들은 자신을 위한 변호의 기회조차 박탈당했다. 장군들의 고소인들은 이제는 그들의 동의를 표결에 붙이려고 했다. 민회의 사회는 프리타네이스(prytaneis)가 담당한다. 프리타네이스는 500인의 불레의원 중에서 10개 부족에서 각각 5명씩을 추첨으로 선발하여 1년의 1/10씩 돌아가면서 국정 전반에 걸쳐 상근하는 50명의 상임위원이다. 프리타네이스 중의 한 명은 추첨에 의해 해당 상근 기간에 개최되는 민회의 의장을 맡는다 (자세한 내용은 앞의 민주주의 불레를 참조할 것).

6명의 장군을 기소하는 민회의 의장으로 선출된 인물은 소크라테스였다. 소크라테스는 이 해에 평생의 유일한 공직이었던 500인회의 의원이었다. 그가 의원이 된 것은 추첨에 의한 우연이었다. 게다가 장군들을 재판하는 민회가 열리는 달은 바로 소크라테스의 부족이 프리타네이스를 맡는 달이었다. 소크라테스에게는 또 한 번의 우연이 찾아든 것이다.[12] 소크라테스는 "법에 위배되는 것은 아무것도 하지 않을 것"(XH 1. 7. 35)이라고 선언하고 그 법안을 투표에 회부하지 않았다. 몇 년 후 전쟁이 끝난 뒤에 플라톤은 소크라테스가 아테네 법정에서 자신을 변호할 때 했던 자신의 행위에 대한 진술을 『변론』을 통해 전해주었다.

"아테네인 여러분! 실은 제가 이 나라에서 일찍이 다른 어떤 관직도 맡아 본 적이 없습니다만, 의회(Boule)의 의원이 된 적은 있습니다. 그런데 해전에서 생존자들을 건져 올리지 못한 10명의 장군들에 대해 여러분께서 한꺼번에 재판할 것을 결의했을 때는, 우리의 안티오키스(Antiochis) 부족이 협의회의 업무를 관장하게 되었습니다. 그건 나중에 여러분 모두에게도 그렇게 판단되었듯, (민회가) 법을 어기고서 한 것이었죠. 그때 의회 업무를 관장하던 부족 사람들 가운데서는 저 혼자서만 여러분께서 법률에 어긋나는 그 어떤 것도 하지 말도록 반대했으며, 또한, 반대 투표까지 했습니다. 그래서 연설가들은 저를 고발하고 체포할 태세였고, 여러분 또한, 그리 하도록 촉구하며 고함을 질러댔지만 제가 구금이나 죽음을 두려워하여 올바르지 못한 결정을 내리려는 여러분 편이 되기보다는 오히려 법과 정의의 편이 되어 온갖 위험을 무릅써야만 한다고 저는 생각했습니다." (변론 32b-c)

소크라테스의 저항에 힘을 얻은 에우리프톨레모스는 다시 발언권을 얻어 장군들이 개별적으로 재판받도록 명령하는 동의안을 통과하도록 민회를 설득했다. 그러나 결국은 원래의 안대로 투표가 실시되어 페리클레스의 사생아를 비롯한 6명의 장군 모두 유죄 판결을 받고 처형되었다.

아테네인들은 곧 장군들의 사건에 대한 그들의 결정을 후회하게 되었다. 장군들이 생존자 구조와 사망자 시신 수습에 대해 판단을 잘못하고 실제 구조활동에 최선을 다하지 못한 점은 당연히 비판과 분노의 대상이다. 그러나 이 전투에서 패배했더라면 아테네는 펠로폰네소스전쟁에서 패전국이 되었을 것이다. 다행히 이 전투를 승리로 이끌면서 아테네는 다시 제해권을 장악할 수 있는 기회를 마련했다. 이 전투의 승리는 군사적 측면뿐만 아니라 정치 외교적으로 중요한 의미를 가지고 있었다. 그런데 이 전쟁의 개선 장군들을 무더기로 단죄한 것은 바로 당시의 직접민주정치가 갖는 한계를 극명하게 보여주었다. 이후에 여론은 다시 출렁거렸다. 이번에는 장군들에게 사형집행을 선동한 인물들이 과녁이 되었다. 이 사람들은 재판에 회부되기 전에 도망쳤지만, BC 403년에 일반사면으로 아테네로 돌아왔다. 그러나 칼리크세이노스는 그의 동료 시민들에게 경멸을 받아 굶어 죽었다 (XH 1.7.35).

스파르타는 아르기누사이(BC 406년) 전투에서 패배하면서, 키지코스(BC 410년)에 이어 다시 한번 에게해의 전쟁에서 좌절을 맛보았다. 키오스에 주둔한 함대는 경제적으로 궁핍한 상태였다. 귀국한 스파르타인들은 낙담해 있었다. 칼리크라티다스의 지지자들은 전쟁이 계속될 경우 리산드로스가 다시 권력을 쥐게 될 것이라는 생각에 꺼림직했다. 이러한 모든 염려를 염두에 두고 스파르타정부는 아테네에 대사를 파견해서 평화조약을 제안했다 (AC 34).

그러나 11년 전인 BC 421년에도 스파르타는 평화조약의 조건을 제대로 이행하지 않았었다. 이 점을 파고든 인물이 당시 아테네의 선동정치인이었던 클레오폰(Cleophon)이다. 그는 과두제를 반대하는 확고한 민주주의자로 아리스토파네스(Aristophanes)의 작품 『개구리』에 의해 풍자의 대상이 된 인물이다. 아테네 민회는 결국 클레오폰의 선동으로 이 평화 제안을 거부했다. 이런 결과에 대해 아리스토텔레스는 이렇게 기술한다.

> "이는 화를 부추기는 자들에 의해 민중이 기만당한 것이었다. (…) 일부는 이를 받아들이려 했으나 민중은 클레오폰에게 속아 이를 거부했다. 클레오폰은 강화를 방해했다. 그는 술에 취해 갑옷을 가슴에 두른 채 민회로 들어와 만일 스파르타가 모든 도시를 다 넘겨주지 않으면 강화를 수용해서는 안 된다고 말했다. 이들은 그때 사태를 현명하게 처리하지 못했으며 오래 가지 않아 실수를 깨닫게 되었다." (AC 34.1)

전쟁은 계속되었다. 아테네는 전년도의 아르기누사이 군도의 전투에서 승리했지만 8명의 장군 중 2명은 망명하고 6명이 처형되면서 지휘관은 코논(Conon), 아데이만토스(Adeimantus) 및 피로클레스(Philocles)로 대체되었다. 스파르타도 전년도(BC 406년)에 아르기누사이 군도 전투 중에 죽은 사령관인 칼리크라티다스(Callicratidas)를 대신할 새로운 지휘관이 필요했다. 리산드로스가 적임자였지만 당시에 스파르타의 관습은 동일인을 동일 직에 두 번 임명할 수 없었다. 스파르타는 편법으로 아라쿠스(Aracus)를 공식적인 사령관으로, 리산드로스를 부사령관으로 임명했다. 그러나 실제로 함대의 지휘는 리산드로스의 몫이었다.

7. 최후의 전투: 아이고스포타미 전투

BC 405년에 제2차 펠로폰네소스전쟁의 마지막 전투인 아이고스포타미(Aegospotami)의 전투가 시작되었다. 아테네와 스파르타는 각기 함선을 보강하기 위해 그 해의 상당 기간을 보냈다. 그리고 마침내 리산드로스는 헬레스폰트로 이동하기로 결정했다. 그는 최근에 빼앗긴 여러 개의 아테네가 지배하고 있는 도시를 장악하고 여러 섬을 공격했다. 그러나 그는 사모스에 있는 아테네 함대의 위협으로 인해 헬레스폰트 북쪽으로는 이동할 수 없었다. 대신 아테네 함선을 따돌리기 위해서 서쪽으로 공격하기로 했다. 아테네 함대에 아주 가까이 접근하여 아이기나(Aegina)와 살라미스(Salamis)를 공격하고 심지어 아티카(Attica)에까지 이르렀다. 아테네의 함대가 추적을 시작했지만 리산드로스는 헬스폰트에 도달하고 아비도스(Abydos)에 기지를 세웠다. 그곳에서 그는 전략적으로 중요한 람프사코스(Lampsacus)의 마을을 점령했다. 여기에서 보스포루스(Bosporus)에 진입하여 아테네가 곡물의 반을 충당하는 무역로를 차단했다. 이 무역로가 회복되지 않으면 아테네인들은 굶주림에서 피하기 어렵게 된다.

아테네군은 리산드로스가 헬레스폰트로 이동하는 것을 알고, 180척의 함대로 추격했다. 헬레스폰트는 에게해와 마르마라해 사이의 좁은 통로다. 현재는 다르다넬레스(Dardanelles)로 불린다. 아테네의 180척의 함선은 리산드로스가 람프사코스를 점령한 직후에 따라잡았고 세스토스(Sestos)에 기지를 설립했다. 아테네 함대는 리산드로스를 가까이에서 지켜보려고 헬레스폰트로 가는 도중에 람프사코스(Lampsacus)로부터 약 5km, 헬레스폰트로부터 약 19km 정도 떨어진 아이고스포타미(Aegospotami)해변에 진지를 구축했다.

그러나 이 지역은 해변이 하나밖에 없었고 적당한 항구가 부족했다. 또한, 3만 6,000명에 이르는 함대의 병사들을 먹일 식량과 식수를 공급하기가 어려웠다. 아테네군은 물자 조달을 위해 병력을 분산하여 38km 떨어진 곳을 다녀야 했다.[13] 그럼에도 이 지역에 진지를 구축한 것은 스파르타 함대와의 근접성이 가장 중요한 배경이었을 것이다.

다음날 아침 아테네 함대는 바다로 나가서 람프사코스 외곽에서 전투 진용을 갖추었다. 리산드로스는 응전하지 않았다. 대신 몇 척의 쾌속선으로 아테네 함선을 따라가도록 했다. 아테네 군대의 일상생활을 관찰하려는 것이었다. 같은 형태의 관찰을 3일간 반복했다. 그런데 4일째 되는 날 알키비아데스가 아테네 진영에 나타났다. 그는 갈리폴리(Gallipoli)반도의 자신의 땅에 건설한 성에서 망명해 살고 있었다. 그는 이곳에서 당시의 상황을 작벽상관(作壁上觀)하면서 전황이 걱정스럽게 느껴져 조언과 도움을 주려고 나온 것이었다. 그는 아테네 장군들에게 진지를 더 안전한 장소인 세스토스 도시의 해안으로 이동하도록 권고했다. 또 트라케 왕이 자신에게 군대 지원을 약속했다고 공언했다. 그러나 그에게는 조건이 있었다. 아테네군에 대한 공동 지휘권을 요구한 것이다.

아테네 장군들에게 알키비아데스의 제안은 받아들일 수 없는 내용이었다. 우선 그는 여러 차례 허언(虛言)으로 이미 언어의 신용불량자가 되어 있었다. 게다가 지금은 망명자 신세다. 그에게 누가 군대 지휘권을 주겠는가? 이에 대한 아테네 장군들의 경계심은 당연하다. 장군들은 현실적으로도, 감정적으로도 그의 개입이 탐탁하지 않았다. 그에게 떠나도록 명령했다.

5일째 되는 날에 리산드로스는 드디어 움직이기 시작했다. 이로부터 아테네 함대는 전멸된다. 그런데 이 과정에 대해 디오도로스 시쿨로스(Diodorus Siculus)와 크세노폰(Xenophon)의 기술이 다르다. 디오도로스 시쿨로스에 따르면 당시 아테네 함대는 6명의 장군이 돌아가면서 교대로 병력을 지휘하고 있었다. 세스토스에서 제5일째 되는 날 지휘담당 사령관인 필로클레스(Philocles)는 30척의 배로 항해하며, 나머지는 그를 따르도록 명령했다 (Diodorus Siculus, Historical Library 13.106.1). 일부 탈영병들이 아테네 함대의 이런 상황을 리산드로스에게 전했다. 리산드로스는 아테네 함대가 분리되어 있는 사실을 알았다. 그는 분리된 아테네 함대를 역으로 이용하기로 결정했다. 펠로폰네소스 전체 함대는 바다로 나가서 필로클레스를 물리치고 이어 준비되지 않은 아테네 함대를 공격했다. 리산드로스가 아테네 함대를 바다로 끌어내 나포하려고 시도하는 동안 펠로폰네소스 군대가 해안에 상륙하여 아테네 함대를 점령했다.

케이건은 이 설명이 정확하다면, 아테네의 전략은, 펠로폰네소스인들을 소규모 군대로 공격하면서 끌어내고 이어 대규모 군대가 나서서 공격하면 스파르타인들을 놀라게 할 수 있었을 것이라고 주장했다. 그러나 소규모 군대는 즉시 격파되면서 나머지 함대는 해안에서 준비가 되지 않은 채로 잡혔다.

반면에 크세노폰의 기술은 다르다. 리산드로스는 교착 상태에 빠져든 기간에 아테네 병사들의 일상생활을 3일 동안 관찰했다. 그 결과 아테네 함선들은 음식을 구하기 위해 저녁 무렵에는 흩어져서 항해를 한다는 사실을 알았다. 리산드로스는 5일째 되는 날, 아테네 선원들이 저녁을 먹기 위해 배에서 내렸을 때 주력 부대에게 신호를 보냈다. 평상시에는 쾌속선을 파견했지만 5일째 되는 날은 전투용 함대를 모두 준비했다.

아테네 병사들은 진지로 돌아와 흩어져 음식을 먹기 시작했을 때 리산드로스는 헬레스폰트를 가로질러 가서 흐트러진 아테네 병사들을 무찔렀다. 거의 모든 아테네 해군은 저녁을 먹으려고 무장이 해제된 상태였다. 싸울 준비가 안 되어 저항하지 못하고 잡히거나 살해되었다. 무기 한번 휘둘러보지도 못한 어이없는 참패였다. 그렇다보니 어떤 배반이 있었던 것이 아닌가 하는 생각까지 들었을 정도다. 고대와 현대의 일부 역사가들은 이 전투가 아마도 배반의 결과로 진 것으로 의심한다. 이 전투에서 스파르타인들은 아테네의 사령관이었던 아데이만토스(Adeimantus)를 포로로 잡았다. 그리고 아테네에서 과두제를 옹호하는 파벌들은 아테네의 민주주의를 전복하기 위해 자신들의 도시가 패배하기를 바랬다. 그러나 이런 모든 이야기들은 추측에서 벗어나지 못한다.

디오도로스 시쿨로스와 크세노폰은 아테네 함대가 격파된 과정은 달리 기술하고 있지만 전투결과에 대한 기술은 다시 같은 내용으로 이어진다. 코논이 이끄는 9척의 배만 도주하여 이 재앙에서 벗어날 수 있었지만 나머지 170척의 배는 모두 나포되거나 전멸되었다. 리산드로스는 나머지 아테네 함대의 선원 3,000~4,000명을 포로로 잡았다. 피신한 9척의 배 중 하나로 삼단노선 연락선인 파라로스(Paralus)가 아테네에 재앙을 알렸다. 코논은 자신의 패전을 깨닫고 아테네로부터 책임 추궁이 두려워 터키 남부의 지중해에 있는 섬인 키프로스(Cyprus)로 망명했다.

이 재앙의 여파로 아테네의 위상은 허물어졌다. 아테네가 지배하고 있는 도시국가 가운데 비잔티움(Byzantium)과 칼케돈(Chalcedon)이 제일 먼저 스파르타에 항복했다. 패전에 대한 소식이 삼단노선 연락선인 파라로스를 통해 아테네로 전해졌다. 아테네인들은 그들이 육지와 바다에서 포위되는 것을 각오할 수 밖에 없었고 항복하더라도 자비를 기대할 수 없다는 것도 알았다. 아테네는 곧 펠로폰네소스의 군대에 의해 포위되고 리산드로스의 함대에 의해 봉쇄되었다. 그리고 펠로폰네소스전쟁의 마지막 행동인 아테네 포위 공격이 시작되었다.[14]

8. 아테네의 항복

리산드로스와 그의 함대는 과거 아테네의 잔학 행위를 내세우면서 나포한 2척의 함정에 승선해 있는 선원들을 배 밖의 물속으로 던졌다. 리산드로스와 그의 동맹국들은 다른 그리스 포로들은 살려 주면서

3,000명의 아테네 포로들을 학살했다. 이어서 도시를 장악하기 위해 아테네를 향해 서서히 움직였다. 아테네인들은 그에 맞설 힘이 없었다. 오직 사모스에서만 리산드로스에게 저항했다. 사모스의 민주정부는 아테네에 강력히 충성하면서 굴복을 거부했다. 리산드로스는 사모스를 포위할 군대를 남겨두고 아테네로 향했다. 크세노폰은 패배 소식이 아테네에 전해졌을 때의 모습을 이렇게 전한다.

> "패전 소식이 피라이오스에서부터 입에서 입을 통해 장벽을 지나 아테네 시내로 달렸다. 비통한 소식을 접한 그 날 밤에는 아무도 잠을 이루지 못했다. 희생당한 사람들에 대한 안타까움보다는 앞으로 닥칠 자신들에 대한 걱정이 더 컸기 때문이다. 멜로스섬을 포위하여 승리를 거두고 그곳 스파르타 이주민들을 모조리 죽이고 노예로 팔아버린 일이나 (…) 그 밖의 많은 헬라스인들에게 저지른 만행이 그대로 자신들에게 되돌아올 일을 생각하니 기가 막혔다." (XH 2.2.3)

아테네인은 포위 공격을 막으려고 결심했지만 절망뿐이었다. 흑해에서 곡물을 수입하는 함대가 없고, 스파르타가 점령한 데켈리아가 지상 운송을 차단한 상태에서 아테네인들은 굶어 죽기 시작했다. 문자 그대로 거리에서 굶주림으로 죽어 가고 있었다.[15] 전쟁의 승패는 이제 결정되었다. 남은 것은 아테네 함락이었다. 스파르타 왕 아기스는 데켈리아를 떠나고, 그의 동료인 파우사니아스(Pausanias)가 펠레폰네소스로부터 육군과 함께 아테네에 도착했다. 리산드로스는 피라이오스 항을 차단했다.

겨울 동안 아테네 장군 테라메네스는 협상을 진행했다. 테라메네스 스스로가 자신을 협상대표로 보내줄 것을 민회에 요청하여 승인을 받고 사신이 되었던 것이다. 아테네는 초기에는 비타협적이었다. 스파르타가 요구한 대로 장벽이 붕괴될 것이라고 시사한 사람을 투옥하기까지 했다

(XH 2.2.15). 상황파악을 제대로 하지 못했기 때문이다. 테라메네스는 아테네의 저항때문에 3개월 이상을 리산드로스 곁에 머물면서 아테네인들이 식량이 떨어져 더 이상 버틸 수 없을 수 없을 때까지 기다렸다.

몇몇은 여전히 버티자고 했지만 민회는 스파르타가 요구한 요구사항을 받아들이는 것으로 표결했다. 장기간 포위된 상황에서 굶주림과 질병에 직면한 아테네는 BC 404년 3월에 항복했다. 28년간의 제2차 펠로폰네소스전쟁이 드디어 끝났다. 동맹국들도 곧 항복했다. 크세노폰(XH 2.2.24)에 따르면, 스파르타인은 "큰 기쁨의 장면과 플루트 소녀들의 음악에 장벽을 허물었다."

격렬한 최후로 충성스러웠던 사모스의 민주주의자들은 약간 더 길게 참아 냈고, 각자 달아날 수 있었다. 아테네의 신들도 침묵했다. 델피의 여사제에게 신탁을 들을 겨를도 없었다. 모든 것이 운명적인 것처럼 여겨졌다. 이제 남은 일은 아테네의 앞날에 대한 불안이었다.

❖ 주

1) Donald Kagan, *Peloponnesian war* (New York: the Penguin Group, 2003), p. 389.
2) Kagan (2003), p. 399.
3) Kagan (2003), p. 400.
4) Kagan (2003), pp. 432-433.
5) 케이건(Donald Kagan)은 키지코스에서 알키비아데스가 최고사령관이라는 점에 이의를 제기한다. 트라시불로스가 키노세마 전투와 아비도스 전투의 승리자로서 시지코스 전투에서 지휘권을 가지고 있었던 반면에 알키비아데스는 자신의 편대만을 지휘할 수 있었다고 주장한다. D. Kagan, *The Fall of the Athenian Empire* (New York: Cornell University Press, 1987), p. 245.
6) Plutarch, *Plutarch's Lives*. with an English Translation by. Bernadotte Perrin (Cambridge, MA. Harvard University Press, 1916).

7) J.Rickard, Battle of Notium BC 407(2011), www.historyofwar.org.
8) Kagan (2003), p. 451.
9) Kagan (2003), p. 451.
10) Kagan (2003), p. 454.
11) Kagan (2003), p. 454.
12) Kagan (2003), p. 465.
13) Kagan (2003), p. 473.
14) J. Rickard, Battle of Aegospotami, BC 405 (2011년), http://www.historyofwar.org) http://www.historyofwar.org/articles/battles_aegospotami.html
15) J. Rickard, Battle of Aegospotami, BC 405 (2011년), http://www.historyofwar.org)

21장

전쟁과 민주주의

1. 패전국가 아테네의 운명

아테네는 페르시아와 3차례의 전쟁을 겪으면서도 민주주의를 굳건히 유지했다. 전쟁이 민주주의를 무너트리지 않음을 보여준 것이다. 그리스와 페르시아의 전쟁이 BC 480년 끝나고 BC 460년 아테네 동맹국 아르고스와 스파르타의 전투를 시작으로 막이 오른 14년간(BC 460~445년)의 제1차 펠로폰네소스전쟁도 아테네 민주주의를 파괴하지는 않았다.

민주주의 파괴는 오히려 망명자 알키비아데스의 사주를 받은 페이산드로스를 비롯한 아테네의 과두제 추진자들의 쿠데타에 의해 빚어졌다. 쿠데타 세력의 명분은 스파르타와 전투에서 이기려면 페르시아의 도움을 받아야 하고 페르시아의 도움을 받으려면 알키비아데스가 귀국해야 하며 알키비아데스가 귀국하려면 민주정부가 아니라 과두정부여야 한다는 궤변이었다. 이들은 민중들에 대한 설득과 무력으로 민주정부를 붕괴시키고 쿠데타를 통해 400명의 지배 그룹을 중심으로 하는 과두제를 출범시켰다.

'400인회'라는 과두제는 아테네가 참주제 이전과 민주제로 전환한 후 100년간의 정치체계에서 가장 무자비한 독재체계로 사회전체를 암흑 속의 공포로 몰아갔다 (TW 8.66). 그러나 과두제는 결국 아테네 시민들의 저항으로 민주정치가 회생되면서 4개월 이상을 버티지 못했다.

56년간의 세월에서 41년간 전투 중에 아테네는 BC405년의 아이고스포타미 전투를 마지막으로 무릎을 꿇었다. 아테네는 비기거나 이길 수도 있는 전력을 가지고 허술한 전략전술로 패배하면서 아테네와 그 동맹들을 패전으로 몰고 갔다. 전투가 전쟁을 패배하게 만든 것이 아니라 정치가 전쟁을 지게 만들었다. 아테네는 항복과 함께 종전협정을 맺었다. 아테네의 협상대표 테라메네스는 리산드로스와 긴 시간 협상 후에 아테네로 돌아와 아래와 같은 종전조약을 민회에 제출했다.

첫째, 피라이오스(Piraeus)에 대한 긴 성벽과 요새를 허물고 12척을 뺀 나머지 배를 모두 스파르타에 넘기며, 스파르타에 대한 방어를 포기할 것, 둘째, 모든 망명자를 소환하고 다른 모든 도시국가의 영토에서 아테네의 치안판사와 정착민들을 모두 철수할 것(망명자들은 400인 과두제를 비롯해 정치적으로 친스파르타 인사들을 중심으로 한다. 이들을 다시 불러들여 아테네 사회에서 친스파르타인들이 활동하도록 하려는 의도다). 셋째, 아테네인은 이제 스파르타와 '동일한 친구와 동일한 적'(XH 2.2.20; Diod. 13.107.4; 14.3.2)을 가질 것. 이것은 운명공동체로서 모든 일을 스파르타에 따라서 스파르타의 의도대로 움직이는 속국이 될 것을 주문하는 것이다. 넷째, 아테네는 과두제에 유리하도록 법을 개정할 것(AC 34.3)이다.

아테네인들은 BC 404년 4월 초에 이 조건들을 받아들였다. 스파르타는 이어 델로스 동맹을 해산시키고 펠로폰네소스 동맹에 가입시켰다. 고대사회에서 패전국은 정부가 붕괴되고 국민은 노예로 전락한다. 아테네도 그런 운명에 놓여있었다. 아테네에 구원(舊怨)을 가지고 있던 테바이와 코린토스를 비롯한 다른 도시국가들은 아테네의 파괴를 주장했다. 정부를 붕괴시키고 아티카 지역은 목축지로 전환하며 모든 시민을 노예로 삼자고 제안했다. 그러나 다행히 스파르타가 그리스인은 "그리스의 두 눈 중 하나를 뽑을 수 없다"고 거부했다.[1)]

페르시아전쟁 중에 그리스가 가장 큰 위험에 처했을 때 그리스에 큰 봉사를 한 도시를 파괴할 수는 없다는 것이 이유였다. 그러나 속을 들여다보면 다른 이유들이 쌓여 있다. 아테네가 없어지면 스파르타는 순망치한(脣亡齒寒)의 처지에 빠진다. 그 다음에는 코린토스와 테바이가 스파르타의 경쟁국가가 될 것이 뻔하다. 그럴 바에야 아테네를 위성국가로 만들어서 스파르타를 지키고 다른 나라를 견제하는 것이 상책이다.

아테네를 붕괴시키고 시민을 노예로 삼을 경우 테바이와 코린토스가 자신들의 몫을 요구할 것이다. 그뿐 아니다. 스파르타는 노예가 시민보다 많다. 노예들의 반란을 감시하는 것이 국정의 우선과제다. '민주'에 익숙한 아테네인들을 노예로 만들어서 스파르타의 노예와 통합하면 노예반란이 일어날 것은 불을 보듯 뻔하다. 이것이 바로 민주주의의 위대한 힘이다. 결국 스파르타가 고안해낸 방안은 아테네를 스파르타의 괴뢰정권으로 만드는 것이다. 스파르타는 이런 기대를 이미 여러 번 가졌고 시도하였지만 미완에 그쳤던 경험이 있다. 이번에는 과거의 실패를 거울삼아 새로운 체계를 모색했다. 그것이 이른바 '30인 참주제(Thirty Tyrants)'다.

아테네에는 친스파르타 과두정부로 '30인참주제'가 수립되었고 민주주의는 중단되었다. 스파르타는 승리의 여세로 에게해에서 자신의 제국을 개척하려고 시도했다. 우선 아나톨리아(Anatolia)에서 파르나바조스(Pharnabazus)와 티싸페르네스(Tissaphernes)의 관할 구역을 습격하기 시작했다. 긴장한 페르시아의 파르나바조스는 BC 397년에 페르시아 왕 아르타크세르크세스(Artaxerxes)를 설득하여 300척의 페니키아(Phoenicia)와 키프리오트(Cypriot) 함대를 징발했다. 숫자로는 압도적인 위치에 있지만 숙련된 사령관이 필요했던 차에 그들은 키프로스에 망명해 있던 아테네의 장군 코논을 찾아 냈다. 코논은 오직 스파르타인에게 복수할 기회가 찾아온 것이 너무 기뻤다.

코논은 몇 척의 함선을 인솔하여 아나톨리아 서쪽 지역인 카리아(Caria)를 거쳐 로도스(Rhodes)에서 친스파르타 과두정부를 민주정부로 대체하고 이집트로부터 오는 식량 공급선을 장악했다. 스파르타는 다타카(Dataca) 반도의 크니도스(Cnidus)에서 코논에 패하면서 에게해의 도시들은 스파르타 주둔군을 추방하고 페르시아 통치를 받아들였다.

이 승전 이후 코논은 이제 안전하게 아테네로 돌아갈 수 있다고 판단했다. 파르나바조스는 그에게 함대의 일부를 떼어주었을 뿐만 아니라 피라이오스의 요새화와 피라이오스 항을 아테네와 연결시키는 장벽의 재건을 위해 돈도 제공했다. 아테네로 스파르타를 견제하려는 이이제이(以夷制夷) 포석이다. 코논은 페르시아를 등에 업고 안전하게 아테네로 귀국했다. 코논의 귀국은 스파르타가 아테네의 항복은 받아냈지만 아테네가 여전히 그리스의 주요 권력으로서 위상을 가지고 있으며 아테네는 제국은 잃어버렸지만 스파르타는 아테네를 접수하지 못했다는 것을 나타낸다.

다음 해(BC 398년)에 스파르타는 페르시아와 협상을 시작했고 그리스에서 패권적 지위를 확보하는 대신에 아나톨리아의 모든 도시를 페르시아에 넘겨주겠다고 제안했다. 아테네는 코논을 비롯한 대표단을 보내 이 제안을 받아들일 수 없다고 알렸다. 아테네 입장에서는 아나톨리아가 그리스의 영토로 남아있어야 언젠가는 다시 수복할 수 있을 것으로 생각했다.

여전히 페르시아 제국의 회복을 바라는 파르나바조스는 코논이 이를 반대하자 분노하며 코논을 포함한 대표단을 감옥에 넣으려고 했다. 코논의 최후에 대해서는 아시아로 보내져 처형되었다는 설과 키프로스로 가서 살다가 죽었다는 이야기가 있다. 그의 아들인 티모데우스(Timotheus)가 나중에 또 다른 유명한 장군이 되었다.

2. 30인참주제

승전국 스파르타의 주도로 패전국 아테네는 새로운 사회가 형성되고 새로운 정치 시스템이 마련되고 있었다. 쿠데타를 통해 400인 과두제를 주도했다가 민주회복과 함께 달아났던 망명자들이 아테네로 돌아왔다. 전쟁 막바지에 아테네를 패망으로 몰았던 스파르타 장군 리산드로스가 BC 404년에 감독관으로 아테네에 왔다. 아테네는 스파르타의 지시에 따라 과두정치 사회 모임을 결성했다. 아테네는 피라르코이(Phylarchoi) 즉 각 부족 통치자를 통해 모든 투표자를 조직하기 위해 5명의 에포르스(ephors, 통치위원)를 임명했다.

에포르스는 그리스어로 '감독자'의 의미다 (에포르스의 복수형은 에포로이[ephoroi]다). 에포르스는 스파르타의 정부 구조의 한 부분이다. 스파르타에서 5명의 에포르스는 2명의 왕과 권력을 공유하는 최고 선출직 관리들이었다. 이들은 입법, 사법, 재정 및 행정, 군사 업무를 담당했다. 또한, 왕을 기소할 수 있는 권한도 가지고 있었으며 매년 민회에서 단임으로 선출되었다. 시민 누구나 피선거권을 가지고 있었지만 귀족 중심이었다.

아테네의 정치에 에포르스를 임명하는 것은 스파르타 제도를 아테네에 이식하는 것이다. 그러나 아테네는 스파르타와 같은 왕이 존재하지 않기 때문에 5인의 에포르스가 왕이 아닌 동등한 신분이다. 따라서 이들의 권한은 제도적인 견제와 균형 대신에 각자의 의도에 따라서 오히려 더 강력한 권한이 행사될 수밖에 없다.

아테네는 세 진영으로 분열되었다. 즉 선대로부터 내려오는 헌법을 지지하는 사람들, 민주주의의 유지를 원하는 사람들, 과두 정치를 원하는 사람들이다. 아테네 민회는 BC 404년 9월까지 논쟁을 하거나 또는 활동없이 시간을 보냈다. 헌법 제정이 계속 지연되자 스파르타가 개입했다. 스파르타는 아테네에 국가의 모든 일을 처리할 30인 즉 '30인참주제'의 채택을 지시했다.[2]

리산드로스는 만일 이 안을 수용하지 않으면 아테네가 신속하게 장성을 해체하지 못한 데 대해 아테네인들을 처벌하겠다고 위협했다. 전쟁의 승전국이 패전국에 대해 통제하는 상황에서 패전국은 숨쉬는 자유마저 제한될 수밖에 없다. 민주파의 사실상의 리더인 테라메네스가 10명, 에포르스가 10명 등 20명을 지명하고 민회가 선출한 20명 중에서 리산드로스가 10명을 선정하여 30명이 채워졌다. 이 30인으로 '30인참주제'를 구성했다. 이들은 민주정부 이전의 이른바 "선대의 법(patrios nomoi)을 명문화하고 그에 따라 통치하도록 했다"(XH 2.3.2). 이 30인정부 즉 '30인참주'는 아테네에 대한 통제력을 확립하기 시작했다. '30인참주(Thirty Tyrants!)'라는 용어는 아테네의 소피스트였던 폴리크라테스(Polycrates, BC 440~370년)가 최초로 사용한 것으로 전해진다. 그는 펠로폰네소스전쟁 이후 아테네를 통치한 짧은 8개월(BC 404년 늦여름부터 BC 403년 초여름)의 과두정부를 묘사하기 위해 트라시불로스(Thrasybulus)를 찬양하는 연설에서 처음으로 이 용어를 사용했다 (아리스토텔레스, 수사학.1401a). 단순히 '30인(The Thirty)'이라고도 불린다.

당시에 활동했던 크세노폰(Xenophon)은 '30인참주(Thirty Tyrants)'라는 용어 대신에 '군림(tyrannein)', 즉 '유일한 통치자'로 표현했다 (XH 2.4.1; cf. 23.16; 6.3.8). 잔인하고 억압적인 정부나 통치자를 의미한다. 일반적으로 권력(power) 또는 지배자(lordship)라는 의미의 'dynasteia'라는 용어도 사용되었다 (AC36.1). 그럼에도 불구하고 '30인참주'라는 명칭은 디오도로스(Diodorus)에게도 당시의 표준적인 명칭이 되었다.[3]

30인참주제는 민주정에 반대하는 스파르타의 앞잡이들을 중심으로 구성된 스파르타의 괴뢰 과두 정권이다. 30인참주는 처음에는 명확한 헌법을 만들지 않고 1) 과도적 기능을 수행하는 정부를 설립하고 2) 반대자를 제거하고 3) '문제'라고 생각하는 법률을 개혁하는 것을 내세웠다.

30인참주제는 500인회(불레)를 재건하고 민주주의의 여러 기관 가운데 9명의 집정관(Archons), 11인(The Eleven)의 교도관(Prison Magistrates, 아테네의 각종 기관은 대부분 구성원수로 나타낸다. 11명의 교도관은 the Eleven 즉 11인이라는 이름으로 불렸다), 스트라테고이(Strategoi) 즉 군 사령관, 아테나 여신과 다른 신들에 관한 10인 재무이사와 같은 다른 행정관도 임명했다. 또한, 피라이오스를 지배할 '10인(The Ten)'을 30인참주의 감독하에 두었으며 경찰역할을 담당할 300명의 무장 수행원(Mastigophoroi)을 고용했다. 에피알테스 등이 만든 법을 삭제하여 아레오파고스(Areopagus)의 권력을 확대했다. 또한, 프닉스 민회의 참석인원을 제한하기 위해 프닉스의 장소를 축소했다.

30인참주는 500인회가 구성되기 이전에 더 많은 재판을 통해 절도범, 아첨꾼, 뇌물 관련자 그리고 기타 '바람직하지 않은' 자들을 처형했다 (XH 2.3.12; AC 35.3). 현대식으로는 사회악의 제거다. 그러나 이런 조치는 반대자를 숙청하고 공포 분위기를 조성하여 반대 심리를 차단하는 동시에 시민의 환심을 사려는 전략이다. 500인회가 구성되면서 과거의 군 사령관과 부사령관 그리고 스파르타와의 평화를 반대했던 잡다한 사람들에 대해 500인회(불레)에서 재판을 받도록 했다. 재판을 빙자한 숙청이고 군중을 이용한 인민재판이다. 정권 변동기에는 공식처럼 등장하는 과정이다. 많은 사람이 처형되었다. 그러나 재산을 몰수하지는 않았다. 아테네 사람들은 일반적으로 이러한 초기 행동을 불가피하게 받아 들였다 (XH 2.3.12; AC 35.3). 그러나 아리스토텔레스는 당시의 상황을 이렇게 기술한다.

> "막상 그들이 도시를 장악하게 되자 시민 가운데 누구도 가만히 내버려 두지 않았고 재산과 출생과 명성에서 뛰어난 사람들을 없앴다. 이는 두려움을 제거하고 재산을 탈취하기 위한 것이었다. 얼마 되지 않은 기간 동안 1,500명의 사람들을 제거했다." (AC. 35.4)

3. 30인의 활동

전쟁이나 혁명 또는 쿠데타에 의한 사회변동 과정에서는 변동 전후의 의식이나 태도가 교차하기 때문에 권력 내부에서 갈등이 노정되기 쉽다. 30인참주제도 예외가 아니었다. 사회개혁을 추진하는 과정에서 내부 균열이 발생하기 시작했다. 강경파들은 더 급진적인 변화를 바랬다.

30인참주는 아테네 사회를 스파르타 모델로 개조하기로 했다. 스파르타 사회의 '게루시아(gerousia)', '호모이오이(homoioi)', '페리오이코이(perioikoi)'를 모방하여 아테네 사회의 계급을 재편하는 것이다. 게루시아는 스파르타에서 60세 이상 30명과 2명의 왕으로 구성된 원로위원회다. 원로위원회는 민회에서 통과된 안건을 통제하고 대법원의 기능을 수행했다. '호모이오이'는 사회의 시민집단에 포함된 동등한 동료를 의미한다. '페리오이코이'는 시민집단에서 배제된 즉 자유인이지만 시민이 아닌 주거자를 의미한다. 30인참주는 아테네의 게루시아의 위치를 차지했다. 다음에 아테네인 중에서 가장 적당한 남성을 호모이오이에 해당하는 아테네인으로 지명하고 나머지 인구는 자유인이지만 아테네 시민이 아닌 거주자로 분류했다.

30인참주는 참주정부의 역할과 권력의 범위를 놓고 의견이 갈렸다. 그러나 불레를 해산하지는 않았다. 30인참주는 더 큰 집단으로부터 승인을 받기를 바랐기 때문이다. 500인의 불레는 30인참주의 꼭두각시에 불과한 집단으로 전락했다. 30인참주는 시민권자를 최소한으로 줄여 자신들의 수중에 넣고 정치를 요리하려고 마음먹었다. 그러나 시민권자를 몇 명으로 할 것인가에 대해 내부갈등이 나타났다. 테라메네스가 주도하는 세력은 선거권의 확대를 주장하면서 사회에 포함되는 인구를 5,000명으로 하여 이들에게 선거권을 부여하도록 추진했다. 그러나 크리티아스(Critias)와 카리클레스(Charicles)가 이끄는 강경파는 아테네의 30인참주정부를 지지하는 것으로 판단되는 3,000명에게만 시민권을 부여하였고 그 나머지는 이 범주에서 배제시켰다. 일종의 인간 청소다. 기존의 수만 명의 시민들은 시민권이 박탈당했다.

이에 따라 30인참주정은 과두제를 지지하는 부유한 시민 3,000명에게만 투표권과 공직 담당의 권리를 주었다. 이런 조치는 BC 403년에 아테네에서 살 수 있는 시민이 고작 3,000명으로 한정되었다는 것이다. 이 3,000명은 아테네의 일정한 도시에서 거주할 수 있었지만 이 범주에서 제외된 사람들은 아테네 이외의 다른 곳으로 이주해야 하는 아테네로부터 추방을 의미한다. 배제된 자들은 재산도 몰수당했다. 이러한 행동의 결과로 많은 아테네인들은 보이오티아, 코린토스, 아르고스, 칼키스, 메가라 등지로 도피해 난민의 신세가 되었다.

30인참주는 정적들을 무자비하게 탄압하면서 불법적으로 빈번한 사형선고를 내리고 반대 세력의 재산을 폭력적으로 약탈했다. 아테네 민중의 저항이 거세지자, 스파르타 군대를 아테네에 주둔시킬 것을 요청했으며, 스파르타군의 지원을 받아 반대파를 축출하면서 30인참주제에서 크리티아스(Critias)와 카리클레스(Charicles)가 다시 부상했다.

30인참주의 충견이 된 500인회가 30인참주에게 시민들의 생사여탈권을 헌납했다. 이제 권력은 30인참주의 극단주의자인 크리티아스의 손에 쥐어졌다. 크리티아스는 과거에 자신이 추방당했던 일을 되뇌며 사적인 원한을 공적으로 폭발시키면서 많은 사람을 적으로 몰아 처형했다. 그의 처형 충동에 제동을 건 인물이 온건파인 테라메네스다. 테라메네스는 '훌륭한 사람들'을 전혀 괴롭히지 않은 사람들까지 닥치는 대로 죽이는 것은 옳지 않다고 주장하면서 방자함을 삼가고 우수한 사람들을 실무에 동참시키도록 권했다 (XH 2.3.15).

크리티아스와 다른 참주들은 테라메네스의 주장이 민중들의 지지를 받자 혹여 그가 민중의 지도자가 되어 자신들을 반대하는 대중 운동을 일으키고 과두정을 허물지나 않을까 두려웠다. 크리티아스는 이를 제지하기 위해 3,000명을 시민으로 하여 이를 제압하려고 했고 테라메네스는 여전히 이 숫자를 더 늘리자고 주장했다. 강경파 참주들은 스파르타 주둔군의 도움으로, 조력자 3,000명에 속하는 무기를 제외한 모든 무기를 몰수했다 (XH 2.3.17-20). 이것은 스파르타에서 시민이 노예와 비시민 자유인을 통제하는 수단이었다. 따라서 아테네에서 3,000명 이외의 아테네인을 노예나 이방인으로 취급하여 더 강한 폭정의 시작을 알리는 신호였다.

스파르타 주둔병사의 임금을 지불하기 위해 크리티아스와 지도자들은 30명참주 각자에게 메틱(metic) 즉 아테네 거주 외국인으로 그리스의 시민권을 가지고 있지 않은 사람을 체포하여 처형하고 그들의 재산을 압수하도록 명령했다. 테라메네스는 이 조치가 민주주의의 최악의 폭정보다 더 나쁘다고 항의하면서 이 명령을 따르지 않았다 (XH 2.3.21-22).

크리티아스와 그의 동료들은 이제 테라메네스가 그들의 지배와 규칙에 위협이 된다고 판단하고 3,000명의 총회에 앞서 테라메네스를 순간의 편의를 위해 항상 정치적 충성을 바꿀 준비를 하고 있는 태생적 반역자로 낙인찍고(XH 2.3.23-34) 자신의 이익을 더 추구하기 위해 민주적 조직이거나 과두적인 조직 어디에서나 일할 준비가 되어 있다고 비판했다.

테라메네스는 자신의 정치가 일관적이지 않았다는 것을 부인했다. 그는 항상 중도 정책, 극단적인 민주주의, 극단적인 과두제가 아니라 온건 정책을 선호한다고 주장했다. 그리고 국가에 효과적으로 봉사할 수 있는 중장보병(hoplites)신분 혹은 그 이상의 신분의 사람들로 구성된 정부의 이상에 충실했다고 주장했다. 이 연설은 청중들의 열렬한 지지 속에 실질적인 영향을 미쳤다. 크리티아스는 이런 상황을 보고 이 사안이 표결에 부쳐지면 테라메네스는 죄를 뒤집어쓰기는커녕 민중의 절대적 지도자가 될 것이라고 보았다.

크리티아스는 30인참주들과 상의한 후에 단검을 가진 사람들에게 청중의 앞에 있는 무대를 장악하도록 명령했다. 이어 3,000의 명부에서 테라메네스의 이름을 삭제해버리고 재판받을 권리도 박탈했다. 즉결 처형을 하겠다는 의도였다. 테라메네스는 인근의 성소 제단으로 뛰어 오르면서 그에 대한 살인을 허용하지 말도록 군중들에게 소리쳤지만, 아무 소용이 없었다. '치안 판사들'이 들어와 그를 끌어내고 그에게 독미나리즙 한 컵을 마시도록 강요했다. 테라메네스는 마신 사람이 사랑하는 사람을 취하게 하는 술 마시기 시합을 흉내 내면서 독약 컵을 쭉 들이켜고 마루에 찌꺼기를 던지면서 "여기 내 사랑하는 크리티아스의 건강을 위하여 건배!"라고 소리쳤디 (XH 2.3.56). 이것이 그의 마지막 이었다.

소크라테스의 학생으로서 역사가인 크세노폰(Xenophon)은 아르기누사이(Arginusae) 전투 이후 테라메네스의 행동에 대한 비판적인 글을 썼지만 30인참주에 대한 그의 저항에 대해서는 호의적으로 묘사했다. 테라메네스에 대한 마지막 묘사는 아리스토텔레스(Aristotle)의 『아테네 헌정(Constitution of the Athenians)』에 나타난다. 여기에서 테라메네스는 온건하고 모범적인 시민이다 (AC 36). 아리스토텔레스의 테라메네스에 대한 기술은 전적으로 그에 대한 재평가이다.[4]

반면에 크리티아스는 30인참주들 사이에서 강경파로, 무자비한 피의 철권을 휘두르는 잔인한 인물로 등장했다. 크리티아스(BC 460~403년)는 소크라테스의 제자이며 플라톤(Plato)의 사촌이다. 또한, 알키비아데스의 추종자로 알키비아데스가 망명할 때 함께 망명했다가 BC 404년에 아테네로 돌아와서 30인참주의 일원이 되었다.

4. 30인참주정치에 대한 저항

30인참주는 그들의 안전을 보장하기 위해 스파르타의 수비대를 소집하고, 시민의 무장은 해제하여 아크로폴리스에 무기를 보관했다. 반란을 차단하기 위해서다. 그리고 공포정치를 이어갔다. 또한, 주도권을 행사할 수 있다고 생각되는 사람이나 그들에게 도전할 만한 충분한 추종자를 가지고 있다고 생각되는 사람들은 누구든 가차없이 처형했다 (XH 2.3.11-14). 30인참주제하에서 약 1,500명의 아테네인이 죽은 것으로 전해진다. 스파르타는 다른 그리스 도시국가에게 아테네의 피난자들을 30인참주정권에게 넘겨 주어야하는 법령을 선포했다. 대부분 국가들은 이에 응했지만 아르고스와 테바이는 거절했다.

30인참주정이 사회 변혁을 명분으로 무자비한 폭압 정치를 자행하면서 수만 명의 시민을 추방한 것은 실책이다. 반대세력을 늘려 놓은 것이다. 자기 세력보다 반대 세력이 강해지면 저항운동이 일게 된다. 차라리 권력의 통제하에 놓는 것이 유리하다. 결국 이들에게 저항 세력이 등장하기 시작했다. 민주주의자들은 아크로폴리스 주변에 앉아 목을 드리운 채 처형을 기다리지는 않았다.

국제관계에서는 신의나 약속은 사치이고 자국의 이익이 우선이다. 패전국 아테네를 파괴해 버리고 아테네인들을 노예로 삼자던 아테네의 전통적인 적이었던 테바이, 코린토스와 메가라가 아테네 민주주의자를 가장 환영하는 역설적인 일이 벌여졌다. 승전국 스파르타를 견제하려는 의도때문이었다. 이러한 계책은 스파르타가 먼저 사용했다. 테바이와 코린토스가 패전국 아테네를 파괴해버리자고 제안했을 때 스파르타가 거부한 것은 아테네를 통해 이 나라를 견제하기 위한 전략이었다. 이제 거꾸로 이 나라들은 스파르타의 힘을 빼고 자신들의 입지를 강화하기 위해 아테네 민주주의를 도왔을 것이다.

30인참주제가 폭압정치로 치달을 때 트라시불로스(BC 440~388년)가 BC 403년 2월에 저항에 앞장섰다. 트라시불로스는 다채로운 경력자이다. 그는 부유한 가정을 배경으로 고위직에 진출했고 어떤 경우 개인의 재산으로 공적 활동의 필요한 자금을 충당했다. 페리클레스 시대에 핵심적인 지도자는 아니었지만 민주적 진영에 가담했다.

그는 펠로폰네소스전쟁 기간에 활동적인 인물로 두각을 나타냈다.

그는 트리에라르크(trierarch)의 역할을 해냈다. 트리에라르크는 자신의 재산을 들여 삼단노선을 건조하고 승무원을 고용하여 전투에 임하는 사람이다. 따라서 배의 건조비와 승무원의 노임 등 많은 돈이 들어가게 된다.

그는 또한, 계속해서 10명의 아테네 스트라테고스(strategos) 즉 사령관중의 한명으로 선출되었다. 'Strategos(복수형은 strategoi)'는 그리스어의 일반적인 용어이다. 아테네에는 매년 선출되는 10명의 스트라테고스가 있다. 이들은 일반적으로 장군으로 불린다. 그런데 이 장군들은 전투를 지휘하는 사령관이다. 이 10명은 각기 다른 역할이 부여된다. 이 10명중에서 한 사람은 아테네에서 중장보병을 지휘한다. 또 한 명은 아티카(Attica)의 방위를 지휘한다. 두 명은 피라이오스(Piraeus)의 중장보병을 지휘한다. 그리고 한 사람은 트리에라르크와 해군을 지휘한다. 그리고 나머지 5명은 필요가 생기면 의무가 부과되었다. 그는 전쟁의 육상 및 해상 작전에 참여했으며 성공한 장군으로 간주되었다.

아테네는 BC 413년의 시칠리아 원정에서 대재앙으로 불리는 참패를 당하면서 아테네의 많은 명목상의 동맹국이 반란을 일으켰다. 또한, BC 411년에 과두적 쿠데타를 촉발시켰다. 아테네의 귀족들은 시칠리아의 패배를 기회로 민주적 정권을 붕괴시키고 400명의 귀족들이 운영하는 과두정부를 세웠을 때 사모스는 민주파가 장악했다. 이때 트라시불로스는 민주파들인 레온(Leon), 디오메데온(Diomedon)등과 함께 아테네 해군들에 의해 장군으로 선출되었다. 이로 인해 그는 쿠데타에 저항하는 민주적 지도자의 위치에 올라서게 되었다. 그는 또한, BC 411년과 BC 410년에 알키비아데스를 비롯한 다른 장군들과 몇 차례 중요한 해전 승리를 지휘한 바도 있다.

트라시불로스는 30인참주제에서 테바이로 달아나 테바이 지도자 이스메니아스(Ismenias)의 도움을 받았다. 그곳에서 그는 돈과 군대를 모으고 30인참주의 격퇴준비에 들어갔다. 트라시불로스는 약 70명 정도의 사람들을 이끌고 방어가 가능한 아테네 북쪽의 보이오티아와 아티카 사이 국경지역인 필레(Phyle) 언덕에 진을 쳤다. 아주 작은 세력이었지만 시민의 기반이 약한 30인참주 세력은 당황했다. 초전에 싹을 잘라야 한다는 강박관념에서 3,000명을 이끌고 가서 야영지를 봉쇄했다. 시간이 흐르면 모두 체포되거나 몰살될 위기에 처했다. 이 때 눈 폭풍이 휘몰아쳤다. 참주의 군대는 더이상 진군하지 못하고 아테네로 돌아 가야했다. 날씨가 가져다 준 이 위기의 모면은 '승리'로 전파되었다.

인류의 역사에서 중요한 고비마다 '날씨'가 상황을 바꿔준 경우는 허다하다. 이 시점으로부터 80여 년 전에도 그리스를 침공했던 페르시아의 크세르크세스 1세가 지휘하는 페르시아 대군은 몰아친 폭풍에 속수무책으로 당하고 퇴각해야만 했다. 트라시불로스에게도 '날씨'가 30인참주의 군대를 물리쳐준 것이다. 이 사건은 민주주의자들과 새로 충원된 대원들을 고무시켰다. 아울러 트라시불로스의 무력 위협은 30인참주 세력의 내부에서 강온파의 갈등을 부추겼다. 온건파는 아테네인의 선거권을 늘리기를 바랐다. 반면에 강경파는 소수의 과두제를 고수하고자 고집했다. 강온파의 대립에서는 일시적으로 강경파가 득세하기 마련이다. 더구나 민심의 저항이 있지만 정복자인 스파르타가 지원하고 있는 상황이다.

스파르타는 트라시불로스가 스파르타와 싸우면서 지난 30년을 보낸 백전노장이라는 것을 간과했다. 70명 대원으로 출발한 그의 저항군은 BC 403년 5월에 이르러 어느새 700명 이상으로 성장했다. 700명에는 아테네인 약 100명, 외국인 300명 그리고 메틱 즉 외국인 거주자가 고용한 300명의 용병으로 이루어졌다. 스파르타의 괴뢰정권인 30인참주는 소수의 추종자들을 제외한 다수 시민의 추방과 처형으로 겨우 권력을 유지했다. 결국 민주파는 물론 온건한 과두파 시민마저도 등을 돌리면서 그들은 불안해졌고 그 불안은 점점 더 잔인한 수단에 이끌리었다.

30인참주는 불안과 초조 그리고 내부 분열 속에서 방향감각을 잃고 광분하고 있었다. 강수(强手)는 점점 더 고강도의 강수를 필요로 한다. 30인참주는 3,000명의 투표로 300명을 추가로 처형했다. 한편으로는 드라시불로스에게 이미 처형당한 테라메네스의 자리를 제시하면서 회유했으나 거절당했다. 스파르타는 30인참주의 간청에 따라 트라시불로스의 증가하는 위협에 대처하여 아테네에 무장한 수비대를 보냈다. 또한, 30인참주가 필레를 점령하는 것을 지원하기 위해 스파르타군이 이끄는 소규모 군대를 파견해 트라시불로스를 공격했다. 트라시불로스는 스파르타의 전투력을 꿰뚫고 있었다. 1:1로 맞서면 전사들을 당해 내기 어렵다. 그는 스파르타 군대가 전투 대형을 형성하기 전에 조조 기습의 감행으로 허를 찔렀다. 트라시불로스는 우월한 정당성과 아테네 시민의 지지로 항구가 내려다보이는 가장 높은 언덕에 요새를 구축하고 다음의 격전을 준비했다. 약 1,200명의 남성과 함께 모우니키아(Mounichia) 언덕으로 오르면서 결국 스파르타를 물리치고 일부의 군대를 보내 피라이오스를 점령했다. 30인참주는 3,000명의 무장 군인으로 트라시불로스를 공격했으나 패배했다. 특히 30인참주 세력은 피라이오스를 점령한 트라시불로스 세력을 이기지 못해 도심의 지척에서 반군과 대치하게 되었다. 반군이 아테네 도심을 넘보자 도심에 있는 일부 아테네 시민은 이제 30인참주를 퇴출시키려는 생각을 갖게 되었다. 반면에 여전히 공포에 질려 있는 많은 사람들은 피레이오스에 있는 반정부군에게 대항했다.

그러나 전세는 이미 기울었다. 상황이 위급하면 줄행랑을 치는 것은 지도자들인가. 피레이오스에서 병사들은 싸우는데 30인참주에 속한 사람들 그리고 아직도 피레이우스를 통치하는 10인 위원회, 치안 판사인 엘레벤 등은 아테네 자체를 담당하는 새로운 '10인 위원회'를 구성해 놓고 엘레우시스(Eleusis)로 도주했다.

아테네에 남겨진 이 새로운 10인 위원들은 피라이오스에 대한 공격을 한 번 더 시도했지만 트라시불로스 군대에 의해 포위되었다. 스파르타도 내부 분열로 인해 이 사건에 미온적인 반응을 보였다. 스파르타는 이제 아테네의 내전에 피로감이 밀어닥쳤다. 그들은 피라이오스 해상 봉쇄를 시작했지만, 피라이오스를 점령한 군대와 전투에서 패배했다. 스파르타 지원군은 지루함에 패배가 겹치자 의욕이 상실되었다. 더욱이 스파르타 내에는 갈등이 이어지고 결국 스파르타 동맹(Spintan League)의 분열을 초래하기 시작했다. 즉 코린토스와 보이오티아인들은 페이라이오스에서 아테네와 싸우는 데 참전하기를 거부했다. 이제 아테네의 내전은 저항군에게 유리한 국면으로 전환되었다.

30인참주 세력은 구멍난 둑처럼 권력의 누수가 더 심각해졌다. 그들은 스파르타 주둔군과 힘을 합쳐 트리시불로스를 제압해야 한다는 생각을 가지고 있었지만 실제의 행동이 따르지 못했다. 과두파들은 이미 사기가 떨어졌고 민주파들은 더 열정적으로 반군에 동조했다. 트라시불로스는 BC 403년에 전투에서 크리티아스의 목숨을 거머 쥐었다. 수괴가 죽자 나머지 참주들은 도주했다. 그러나 아테네는 트라시불로스의 손에 들어오지 않았다. 스파르타의 수비대가 남아있었다. 스파르타의 개입으로 새로운 과두정치의 참주들이 선출되었다. 이 새로운 지도자들은 저항군과 협상을 시도했지만 트라시불로스는 거부했다.

스파르타의 리산드로스는 트라시불로스의 모든 대원을 죽이려고 했다. 이를 저지하는 세력이 없었다면 아테네는 다시 한번 피바다가 되었을 것이다. 그러나 권력에는 항상 명암과 음양이 따르게 마련이다. 다행히 스파르타의 파우사니아스(Pausanias)가 이끄는 중도파의 생각은 달랐다. 그는 아티카에 대규모 수비대를 영구적으로 주둔시키려 하지 않았다. 수비대가 철수하면 곧 과두제가 숨을 거둔다는 것을 알고 있었다. 파우사니아스와 리산드로스는 내부적으로 치열한 권력 암투를 전개하고 있었다. 파우사니아스는 오만하고 도도한 리산드로스의 권력을 그대로 두고 볼 수 만은 없었다. 30인참주가 리산드로스의 피조물이라는 점에서 리산드로스의 권력이 약해지면 30인참주가 기댈 언덕이 사라지고 30인참주제가 붕괴되면 리산드로스의 영향력도 영향을 받게 되는 것이다.

스파르타인들은 일단 트라시불로스 세력을 진압하기 위해 군대를 추가로 파견했지만, 공교롭게도 그 인솔자는 리산드로스와 견원지간인 파우사니아스였다. 트라시불로스는 스파르타 군대에 맞서 대결했다. 아테네 중장보병은 아주 잘 싸웠다. 그렇지만 중과부적(衆寡不敵)으로 결과는 트라시불로스의 패배였다. 다행히 그 상처는 심하지 않았다. 파우사니아스의 체면을 세워줄 정도였다.

파우사니아스는 아테네군을 이상 더 밀어붙이지는 않았다. 만일 파우사니아스가 패배했다면 전투는 더 심각한 국면으로 번질 우려도 있었다. 자존심이 강한 스파르타가 총력전을 전개하면 결국 아테네는 쑥대밭이 되었을 것이다. 트라시불로스는 지고도 이긴 게임이었다. 파우사니아스는 '승전자'의 여유를 가졌다. 트라시불로스는 피해를 최소화했다. 승전으로 체면이 선 파우사니아스는 트라시불로스와 과두제 참주들이 합의에 도달할 것을 요구했다.

트라시불로스는 패배에도 불구하고 타협을 거부했다. 조일 때는 더 바싹 조여야 한다. 과두 정치인들은 이미 퇴로가 차단된 상황이었다. 결국은 트라시불로스의 조건에 굴복하고 민주주의 회복을 강요당했다.

패배자 측이 오히려 당당하고 자기의 주장을 밀어붙이는 것이 어떻게 가능한가. 트라시불로스는 전투 후에 파우사니아스를 만났던 것이다. 트라시불로스가 신의를 존중하는 사람이라는 평판과 그의 계획이 극도로 온건하다는 점에서 파우사니아스의 호감을 샀다.

5. 30인참주제의 붕괴와 민주주의 회복

스파르타는 파우사니아스와 트라시불로스의 협상을 계기로 이제 아테네의 30인참주나 10인 위원회에 대한 더 이상의 분명한 지지를 철회했다. 이로써 사상누각의 과두제는 BC 403초 여름에 8개월의 단명으로 붕괴되었다. 스파르타는 페이라이오스를 점령한 반군 측과 아테네의 아직 남아있는 3,000명의 스파르타인의 귀국문제를 조정하고 철수했다.

양 측은 평화를 이루었다. 아테네 상황은 급반전이 이루어졌다. 모든 아테네인은 30인참주, 치안판사 및 원래 10인 위원을 제외하고는 자신의 소유물을 되찾게 되었다. 과두정부 그룹과 지지자들은 모두 엘레우시스(XH 2.4)에 남아있을 수 있었다. 그들 중 누구라도 아테네로 돌아 가기를 원한다면, 그들은 공직에 있던 동안 그들의 행위에 대해 조사에 응해야 했다. 마지막으로, 아테네인은 과거의 잘못을 기억하지 않도록 사면의 맹세를 했다.

트라시불로스의 계획은 모든 아테네인, 민주파와 과두파 모두를 위한 전반적 용서와 사면이었다. 아무도 처형되지 않고, 어느 누구도 추방당하거나 재산을 압류당하지 않을 것이고, 심지어 30인참주도 마찬가지다. 민주주의의 복구 이후에 도시에서 철수하기를 원하는 과두제의 참주는 엘레우시스(Eleusis)의 도시로 은퇴하면서 평화롭게 살 수 있도록 했다. 트라시불로스는 평화와 사면 그리고 대타협에 대한 그의 말을 지켰다. 그가 도시에 들어와 권력을 잡자, 많은 추종자는 보복의 피에 굶주려 있었다. 그러나 그는 이런 보복의 요구를 막았다.

그러나 트라시불로스의 손이 미치지 않은 일부 지역에서는 보복의 악순환이 이어졌다. 엘레우시스에서 활동하던 아테네 과두세력과 복원된 아테네의 민주주의 세력사이에서 갈등이 발생했다. 칼자루를 바꿔쥐고 아테네로 귀환하는 망명자 중 일부가 사면 약속을 무시하고 엘레우시스에 거주하는 생존자들에 대한 복수를 원했다. 이런 소문이 아테네에 남아있는 시민들에게 전해지자 과두파들은 용병을 고용하여 전투태세를 갖추기 시작했고, 아테네인은 엘리우시스를 포위하기 위해 대규모 군중이 행군했다.

다시 권력을 장악한 민주파는 과두체제의 주요 인사들과 지지자들의 재산도 압수했다. 살아 남은 30인참주, 치안 판사, 10인 위원회의 마지막 운명은 알려지지 않는다. 트라시불로스는 공공질서를 유지하고 민주적 헌법을 회복했다. 그는 페리클레스가 옹호한 정치로 복귀할 것을 주장했다. 그러나 아테네 시민은 그런 이상에 대한 생각에 미치지 못했다. 전쟁과 참주의 고통을 모면하게 되는 현재의 상황을 더 선호했다. 지도자는 미래를 설계했지만 시민들은 당장의 현실만을 보고 있었다.

시민들은 민회에서 트라시불로스 대신에 아르키노스(Archinus)를 선택했다. 트라시불로스는 그의 선거 패배를 받아 들였고 평화적으로 물러났다. 트라시불로스는 승리를 거두었을 때, 개인적인 이익이나 복수를 위해 그 승리를 이용하지 않았다. 그는 적들을 용서하고, 유혈사태를 피하고, 아테네 시민들이 그들을 이끌어 갈 다른 사람을 선택했을 때 평화롭게 물러났다. 그는 BC 388년에 죽었다.

스파르타는 아테네 괴뢰정권(30인참주제)을 통해 아테네 사회를 스파르타식으로 개조하고 주민을 청소하여 지배하려고 했으나 그 야심은 8개월 만에 종언을 고했다. 8개월이 지나면서 스파르타의 손에 남은 것은 아무것도 없게 되었다. 승전국 스파르타가 위약했는가 패전국 아테네의 잠재력이 강했는가. 8개월의 과정을 되돌아보면 스파르타는 아테네를 속국으로 지배할 능력이 약했다. 소수의 호모이오이를 통해 다수의 페리오이코이를 지배하는 스파르타사회도 병영국가로서 긴장의 연속이다. 지유가 몸에 밴 아테네인을 무력으로 억압하는 것은 일시적으로는 가능할지라도 장기적으로는 불가능하다는 것을 모를 리 없다. 스파르타가 지진과 노예반란이 발생했을 때 아테네의 지원군을 거부했던 배경의 하나는 자유의 사고가 몸에 밴 아테네 지원군이 오히려 노예들과 합세할 것에 대한 우려가 담겨있었다.

그러나 아테네의 민주주의는 자유를 지키려는 의지는 강했지만 세련되지는 못했다. 이런 현상은 아테네의 민주회복 과정에서 주목할 만한 2가지 사건으로 나타난다. 첫째는 트라시불로스는 이방인과 노예를 비롯하여 민주주의를 복원하기 위해 싸운 모든 이들에게 시민권을 부여할 것을 주장했으나, 끝내 뜻을 이루지 못했다. 노예 해방은 아테네의 부유층들에게 재산의 막대한 부분에 타격을 입히는 것을 의미했다. 결국 노예들에게 시민권을 주는 것은 기존의 법에 위반되므로 있을 수 없는 일이라는 반론이 제기되었으며, 트라시불로스가 제기한 노예 해방은 성공하지 못했다.

아테네의 노예는 역설적이지만 시민들이 민주제에 참여할 수 있는 시간과 권리 행사에 필요한 경제적 여건을 뒷받침해주었다. 시민들이 시민적 생활에 충실하기 위해서는 그들을 대신해서 생업을 꾸려가고 가내 노동을 담당할 대체 인력이 필요했다. 이러한 대체 인력을 노예들이 대행해 준 것이다. 결국 노예들은 고전기 아테네의 민주정의 발전을 위한 물질적 토대였다. 둘째로, 소크라테스의 처형이다.

6. 소크라테스의 처형

아테네의 30인참주제는 소크라테스가 재판에서 사형을 받고 처형되는 배경으로 작용했다. 소크라테스의 죽음은 그의 제자들인 플라톤 대화편의 '변론'과 크세노폰의 '소크라테스에 대한 회상'에 잘 나타나 있다. 아테네 시민 멜레토스(Meletus), 아니투스(Anytus), 리콘(Lycon)이 BC 399년에 소크라테스를 고발했고 배심원의 재판 결과, 그해 5월 7일 사약으로 숨을 거두었다. 혐의는 소크라테스가 국가가 인정하는 신을 거부하고 이상한 신을 데려오고, 젊은이를 타락시킨 죄를 지었다는 것이다.[5]

크세노폰은 소크라테스가 공개적으로 집이나 공공 신전에서 끊임없이 제사를 드렸으며 다만 최소한의 비밀로 점을 사용했을 뿐이라고 반박했다. 다만 소크라테스가 '신'의 인도를 받는다는 일련의 행동과 언변들로 인해서 신앙심이 의심을 받았다는 것이다. 그는 기소장에서 언급된 것처럼 '신들을 거부'하지 않았으며, 신들을 섬기는 일에 대해 이보다 더 눈에 띄는 사람은 없었다고 항변한다 (Memorabilia 2. 1. 64). 또한, 소크라테스가 젊은이들을 타락시켰다는 혐의에 대해서는 소크라테스가 자신의 정욕과 식욕을 통제하는 데 있어 가장 엄격한 사람이었고, 추위와 더위와 모든 종류의 수고를 견디는 데 가장 단호한 데다가 필요한 것이 많지 않기 때문에 아주 적게 가지고도 매우 만족했다고 전한다.

아테네 시민의 여론은 아리스토파네스가 희극 구름(Clouds, BC 416년)과 새(Birds, BC 414년) 그리고 개구리(Frogs, BC 405년) 등을 통해 소크라테스를 공격하면서 도시의 젊은이들에게 해로운 영향을 미쳤다는 주장도 일정 부분 영향을 미쳤을 것으로 생각되지만 소크라테스에 대한 이런 혐의들은 구실이었다. 고발인들이나 아테네인들의 여론은 소크라테스에게 반역 혐의를 씌우고 싶었다.

소크라테스의 치명적 약점은 그의 인맥이었다. 소크라테스 개인은 민주주의에 적대적인 인물은 아니었지만 거의 반역자가 된 알키비아데스나 30인참주를 이끌고 스파르타에 붙어 매국노가 되어 반민주적인 온갖 만행을 자행한 크리티아스 등이 그의 제자였다. 또한, 소크라테스의 주변에 반민주주의 귀족-부유층-과두정 지지자들이 결집해 있었다. 소크라테스의 고발자들이 소크라테스가 청소년을 타락시킨 자라고 배심원을 설득하는 데 하나의 모델이 필요했고 그 대상으로 4년 전에 죽은 크리티아스가 소환되었으며 이런 문제는 법정에서 소크라테스에게 오히려 불리하게 작용했다.

특히 크리티아스가 30인참주로 권력을 가지고 있을 때 소크라테스를 보호한 것으로 알려져 있었다. 이런 소문은 소크라테스가 기득권층을 약화시켰으며 30인참주의 통치 기간 동안 발생한 일종의 혼돈의 가능성을 허용했다는 모함으로 이어졌고 소크라테스는 이 내용 하나만으로 배심원들의 미움의 대상이 되었다. 더우기 크리티아스의 무신론은 그리스 종교에 의문을 제기하도록 권유한 소크라테스에게 비난이 모아질 수있다. 크리티아스의 무신론은 소크라테스에 의해 영감을 얻었거나 단순히 자신의 관찰과 신념에 의해 발전되었다고 해도 소크라테스의 탓으로 돌려졌다.

신의 존재 여부에 관한 주제는 인간에 의해 적절히 알려질 수 없다는 소피스트 철학자 프로아트고라스(Proatgoras, BC 490~420년) 와는 달리, 크리티아스는 신은 존재하지 않으며 더욱이 신들은 사람들이 다른 사람들을 통제하기 위해 창조한 단순한 구조물일 뿐이라고 주장함으로써 범신들이나 유일신 모두를 부정했다. 그에게 종교는 마르크시즘적이었다. 지배 계급이 권력을 유지하고 의제를 추진하는 데 사용할 수 있는 가장 효과적인 도구인 동시에 단순히 약자에 대한 강하고 권위있는 통제수단 일뿐이었다.[6] 그는 신성(神性)의 개념은 다른 사람들 보다 권능을 갖기를 희망하는 사람들에 의해 발명되었으며 이를 위해 엘리트의 의제에 부합하는 행동을 보상하거나 처벌할 초자연적인 존재들의 우화를 지어 냈다고 주장했다. 플라톤의 작품들에서는 크리티아스가 매우 다르게 표현된다. 아마 친척이라서 그럴 수도 있다. 플라톤의 프로타고라스, 카르미데스, 티마이오스, 그리고 크리티아스에 대한 대화는 세련되고 잘 교육받은 철학적 역사가, 분명하고 사려깊은 인물로 나타난다.

크세노폰은 소크라테스가 죽음에 이른 이유 중의 하나를 크리티아스와의 관계로 분석하며 그를 비도덕적이고 사악한 정치인으로 꾸준히 묘사한다. 그 당시의 다른 작가들도 크세노폰의 의견을 조건없이 반복하고 그에 대한 후대의 평가도 크세노폰의 패러다임에 따라 그가 부도덕한 무신론자라는 주장이 되풀이되었다. 그러나 이것은 결국 완전히 확증될 수는 없다.

다만 스파르타와 공식적으로 사면과 불기소를 약속했기때문에 소크라테스를 명목상으로는 반역죄나 내란죄로 기소하지는 않았다. 고소인들도 시인이며 철학자였던 크리티아스가 잔인한 정치인으로 변신한 과정에서 소크라테스가 어떤 역할을 했을 것으로 여기지는 않았다. 그러나 30인참주제가 붕괴되면서 어떤 형태로든 참주들과 관련이 있었던 인물들은 누구나 의심을 받았다. 아테네는 표현의 자유를 보장해 왔고 소크라테스는 노년기까지 이를 향유해 왔지만 아테네 민심은 이제 소크라테스에게 침묵하거나 아테네를 떠날 것을 요구한 것이다.

소크라테스는 배심원 501명의 특별 재판에서 1차는 281명이 유죄로 판단했고 2차 재판에서 소크라테스의 변론을 들은 배심원들은 오히려 361명이 소크라테스에게 유죄 판결을 내려 사형이 확정되었다. 소크라테스가 자기 변론 과정에서 너무도 당당하게 자기주장의 피력하다보니 오히려 배심원들의 심기를 건드렸기 때문이다. 소크라테스는 자신의 무죄를 변호하는 데 실패하자 침묵하거나 추방당해서 사느니 순교를 택했다.

그 후 친구와 제자들이 탈옥 및 망명을 권유했다. 플라톤의 대화편

『크리톤』에는 돈 많은 친구 크리톤(Kriton)이 뇌물을 써서 풀려나게 해주겠다고 제안했으나 "나에게 이런 운명이 닥쳤다고 해서 내가 이전에 말한 원칙들을 지금 내던져 버릴 수는 없다"면서 거절한다. 일본의 도모오(尾高朝雄)는 1930년대에 출판한 그의 『법철학』에서 이 말을 소크라테스가 죽으면서 "악법도 법이다"라는 말을 했다고 각색하여 실정법 근거로 사용한다. 이 말은 결국 일제치하에서 일본의 사법만행의 근거로 악용되고 한국의 독재권력에 의해서도 정권의 정당화도구로 사용되었다.

소크라테스의 처형은 정치사회적 혼란의 와중에서 30인참주가 벌인 범죄에 대한 증오와 원한의 분출이었다. 아울러 당시의 배심원제도의 한계를 극명하게 보여주는 사건이었다. 28세의 청년 플라톤은 스승의 죽음을 지켜보면서 어리석은 대중의 민주주의보다 철인정치가 바람직하며 이를 위해 유능한 엘리트 출산을 위한 부부 스와핑 제도까지 도입하는 것이 필요하다고 주장한다. 그는 철인정치의 실현을 위해 시칠리아로 여행하면서 노예로 팔리는 수난을 겪는다. 소크라테스의 사약은 아네테 민주주의의 겉과 속을 보여주는 대표적 사례다.

❖ 주

1) Marcus Junianus Justinus, *Epitome of the Philippic History of Pompeius Trogus*, translated, with notes, by the Rev. John Selby Watson (London: Henry G. Bohn, 1853), 5.8.4.
2) 30인참주에 관한 원고는 Christopher Planeaux, "the Thirty Tyrants", https://www.worldhistory.org/The_Thirty_Tyrants/를 많이 참조하였다.
3) 제도로서 '30인참주제'라는 명칭은 개별구성원을 나타낼 때는 '30인참주 중의 1인'이라는 의미로 '30인참주'로 표기하기로 한다. 다만 30인은 복수이지만 전

체를 하나의 단위로 보고 '30인참주들'로 표기하지는 않는다.
4) Christopher Planeaux, The Thirty Tyrants, https://www.worldhistory.org/The_Thirty_Tyrants/
5) Xenophon, *Memorabilia* (Recollections of Socrates), 1.1.1 (Book 1, chapter 1, section 1) Translated by E. C. Marchant (Cambridge, MA : Harvard University Press, 1923). http://www.perseus.tufts.edu
6) Joshua J. Mark, "Critias", https://www.ancient.eu.

22장

민주주의의 미래

아테네의 아크로폴리스에 있는 파르테논 신전은 지금도 미술과 건축의 바이블이다. 아테네의 소크라테스나 플라톤 그리고 아리스토텔레스를 비롯한 많은 철인의 사상들은 지금도 사상의 기초다. 그렇다면 아테네 민주주의도 현대 민주주의의 초석이 될 수 있다. 현대 민주주의의 기원을 아테네 민주주의와 연결 짓는 것은 바로 이런 배경이다. 그러나 사실은 아테네 민주주의는 현대 민주주의의 논리를 전개하는 데 양념으로 사용될 뿐 융합된 것이 아니다.

그렇다고 현대 민주주의가 만족스러운 것도 아니다. 현대 민주주의 중에서 여러 나라가 보편적으로 채용하고 있는 대의민주주의나 사회민주주의 등은 많은 흠결을 가지고 있다. 그런데 현대 민주주의에 관한 많은 이론은 아테네의 직접민주주의를 토대로 하는 것처럼 설명하거나 기술하고 있지만 실제는 아테네의 데모크라티아를 피상적으로 이해하는 경우가 많다. 그렇다면 우리의 과제는 두 가지로 명료해진다. 첫째는 아테네 민주주의를 더 구체적으로 고찰하여 이해하는 것이다. 둘째는 현대 민주주의보다 더 나은 민주주의 모델을 모색하는 것이다. 여기에서 "더 낫다"는 것은 인간의 자유와 평등이 더 신장되는 것을 의미한다.

지금까지 이 책은 아테네 민주주의의 본질에 관해 탐구해왔다. 그 결과 아테네 민주주의의 진면목을 만났다. 이미 앞에서 토론했지만, 다시 한번 강조하면 아테네 민주주의는 모든 시민에게 자유와 함께 평등한 기회가 보장되는 평등 지향적인 직접민주정치라는 점이다. 반면에 대의민주주의나 입헌주의는 소수의 대표를 중심으로 한다는 점에서 아테네 민주주의와는 근본적으로 다르다. 따라서 현대 대의민주주의의 기원을 아테네민주주의에 두는 것은 자칫 아테네민주주의의 본질이었던 실질적인 정치적 평등의 특성을 간과할 염려가 있다. 그러나 민주주의가 자유와 평등을 핵심으로 한다는 점에서 앞으로 추구하는 새로운 민주주의 모델이 어떤 형태가 되든 아테네 민주주의는 필요조건일 수밖에 없다.

사상이나 이념은 인스턴트 식품과는 다르다. 모든 이론, 그리고 민주주의이론도 마찬가지다. 백지상태에서 새로운 민주주의를 그리는 것보다 우선 기존의 여러 민주주의 이념 중에서 가장 이상적인 이념과 방식을 가진 민주주의 모델을 골라서 이리저리 고치고 보완하는 것이 효율적인 방식일 것이다. 이것은 현재 보편화되어 있는 대의민주주의나 사회민주주의 등을 바탕으로 하여 박물관에 있는 아테네 민주주의를 다시 소환하여 접목하는 길이다.

그렇다면 현대 민주주의 중에서 어떤 모델이 필요할까? 필자는 아테네 민주주의와 전쟁에 대한 고찰을 통해서 '인민주의(populism)'라고 판단한다. 그렇다고 이 글에서 아테네 민주주의와 인민주의를 토대로 새로운 민주주의의 방향을 모색하려는 것은 아니다. 이런 작업은 필자의 능력을 훨씬 벗어난다. 다만 대의민주주의와 사회주의에 대해서는 많은 토론이 이어져 오고 있기 때문에 그동안 소원하게 밀려나 있던 인민주의의 개념을 토론하면서 새로운 민주주의 모델을 추구하는 데 기본적 모델로 유용하다는 점을 남기려고 한다.

링컨(Abraham Lincoln)의 게티스버그(Gettysburg) 연설(1863)인 "Government by the people, of the people, for the people" 즉 "인민에 의한 인민을 위한 인민의 정부"가 민주주의 정의의 금과옥조로 여겨진다. 그러나 이 구절은 민주주의의 정의라기보다는 정치적 구호다. 이런 구절은 링컨의 연설 훨씬 이전인 19세기 초부터 전해졌다. 다만 이 말을 링컨이 함으로써 그의 업적을 토대로 민주주의와 관련짓고 있는 것이다. 현대 사회에서 누가 이 말을 처음 꺼냈건 그 아이디어는 아테네의 '데모크라티아'에서 비롯되었을 것이다. 특히 링컨의 말한 people은 그의 성장 배경을 통해서 보면 아테네의 demos와 공통적으로 '인민', 즉 평민을 의미한다고 볼 수 있다. 결국 민주주의의 주체는 인민이다.

아테네의 직접민주주의는 르네상스 전후로부터 유럽인들의 뜨거운 관심의 대상이 되었다. 대표적으로 프랑스 혁명의 이론적 지주인 루소(Jean-Jacques Rousseau)와 미국 건국의 아버지인 제퍼슨(Thomas Jefferson), 당대의 진보적 이론가인 페인(Thomas Pain) 그리고 독일의 헤겔(Georg Hegel) 등은 아테네 민주주의와 문명에 열광했다. 이들의 직접민주주의의 사상은 결국 아테네 민주주의를 모델로 하며 현대 인민주의의 다리가 되었다.

우선 일반적으로 사용되는 '인민주의'는 매우 혼란스러운 개념을 가진 용어다. 인민주의 즉 'populism'은 인민을 중심으로 하는 정당과 관련하여 19세기 후반부터 사용되기 시작했지만 그 어원은 훨씬 이전으로 거슬러 올라간다. 인민과 인민주의를 나타내는 people과 populism은 모두 라틴어 popul(us)라는 같은 뿌리에서 유래된 혈족 언어다. 인민주의는 people을 바탕으로 하며 우리의 언어로는 '인민' 또는 '국민'으로 번역되는데 원래는 독일어 인민(Volk)과 같은 개념이었다.[1] 여기에서는 'people'을 인민으로, populism은 인민주의로 번역하기로 한다.

인민(people)은 어원적으로 '주권자로서 국민', '민족으로서 국민', '반(反)지배자로서 평민(common people)'의 3가지 기본적인 의미를 갖지만, 인간 그 자체인 일반적인 개인을 의미하기도 한다. 이런 점에서 인민의 의미는 1) 국민 혹은 전체의 정치적 공동체로 '뉴질랜드인' 또는 '폴란드인'과 같은 의미와 2) 제한적 의미 즉 엘리트나 상류계급에 반대되는 의미로, "국민의 한 사람'처럼 전체 구성원들 가운데 낮은 계급의 다수를 나타내는 경우 3) 불특정 다수를 나타내는 인민으로 그 모임에는 많은 사람이 있다"와 같은 일반적 의미 등 3가지로 구별하는 경우도 있다.[2]

사회적 범주로 인민을 지적(知的), 문화적, 사회적, 경제적으로 열등한 지위의 하층 분야 사람들로 구분하기도 한다.[3] 인민의 계급적 해석을 거부하고, 비합리적인 감정과 관련되는 '동경의 나라(heartland)'라는 대안적 용어를 도입해 '인민'을 구체화하려는 시도[4]와 상상적 공동체라는 관점도 있다.[5] 1917년 러시아혁명을 통해 등장한 사회주의 국가에서는 인민을 계급적·민족적 모순을 안고 있는 존재이면서 그것을 극복해 나가는 주체로서, 국가와 사회의 진정한 주인으로 인식되었다. 인민이 모든 사람을 의미하는 것이 아니라 단지 어떤 계급적 분파로 보기도 한다.[6]

정치적 의미에서 인민은 특권 시민의 배타적 집단이나 혹은 그 반대로 엘리트를 제외한 '평민'을 의미한다. 인민은 근대 유럽에서는 귀족에 대립되는 개념으로 '피지배자'라는 의미로 사용되면서 1789년 프랑스혁명 당시에는 소시민·노동자·농민을 지칭했다. 프랑스 혁명 이후로 인민은 사회나 국가를 구성하는 피지배자에서, 피지배자가 지배자를 통제할 수 있다는 인민주권사상이 확립되었다.

고대 그리스에서는 사회적으로는 귀족과 평민의 계급구조가 존재했지만 '인민(demos)'이라는 용어에서는 대립개념이 아니라 둘을 포괄하고 있었던 것과 대조적이다. 따라서 정치참여에서 계급과 재산에 따라 영향력은 다를 수 있었지만 정치참여의 권리는 평등했다. 다만 인민은 가난한 다수를 의미했으며 오히려 이런 의미는 인민주의의 인민과 궤를 같이한다. 물론 여기에 여성과 노예 또는 이방인은 제외된다는 점에서 선택적 평등이었다.

인민주의의 'populism'은 특별한 사고의 유형을 나타내기 위해, people에 접미사 -ism을 결합시키는 언어적 관행을 통해 만들어진 용어다. 'people'이 '주의(主義)'나 행동의 결과를 나타내는 '-ism'과 함께 사용된다는 점에서 populism(인민주의)은 다른 개념들과 언어적으로 구별되는 사고유형이다. 여기에서 '인민주의'는 일반 정치 현상과 구별되는 일단의 특징들, 그것이 적용되는 현상의 범위, 원동력(예를 들면 선거)이나 그런 징후를 유발하는 것처럼 보이는 정치의 의미를 전달한다.

인민주의의 본질에 대해서는 파시즘의 핵심개념이라는 주장에서 입헌적 민주정치와 관련된다는 주장까지 다양하다.[7] 언어적인 측면에서도 포퓰리즘을 우리나라 말로 흔히 '민중주의'나 '인민주의' 또는 '대중영합주의' 등으로 사용하는가 하면 아예 '포퓰리즘' 그대로 사용하기도 한다.[8] 리프맨(Walter Lippmann)이 제시한 고정관념(stereotype)이나 알포트(Gordon W. Allport)의 정의[9]에 나타나는 편견은 어떤 현상을 개념화하는 데 일정한 방향을 사전에 고정하게 만든다. 개념이 개념화하는 사람의 고정관념이나 편견에 좌우되면 그 개념은 그 사람만의 개념으로 한정될 수밖에 없어 마치 프로크루스테스의 침대(Procrustean bed)와 같아진다. 어떤 현상을 자신들이 원하는 대로, 자신들이 믿는 대로 개념화하면 그 현상의 본질은 묻혀버리게 된다. populism에 대한 우리말 번역이나 개념들이 바로 그런 경우에 해당하다.

그러나 인민주의를 대중영합주의로 정의하는 것은 인민주의와 본질적으로 다른 의미다. 대중영합주의는 엘리트를 상정하는 대의민주주의를 전제로 하기 때문에 인민주의와는 구별되는 개념이다. 인민주의가 필요로 하는 주체는 '인민'이다. 인민주의는 이런 점에서 '인민'을 대표하는 운동으로 정의되는가 하면[10] 특별한 계급과 관련해 정의되기도 한다.[11]

인민과 관련이 없는 인민주의는 없다. 인민주의자들이 인민에 관한 언어를 수사적으로 사용하는 것은 '인민'이 중심을 차지하고 있고, 인민주의자들이 동원하려고 시도하는 것이 본질적으로 인민이기 때문이다.[12] 인민주의의 특징은 인민이 정치의 주체이고 인민에 대한 호소이며 동원인 동시에 일종의 전략이다. 인민주의자는 '인민'과 '엘리트' 간의 전형적인 적대적 관계에 집중하고, 권력의 기존 구조와 사회의 지배적인 가치 및 사고에 반대하면서 '인민'에 호소한다.[13]

인민주의자들은 기존의 구조들을 특권으로 간주하고, 그것의 부패와 특히 인민에 대한 책임성의 결핍을 공격한다. 엘리트는 단지 자신들의 이익만을 대표하고, 보통 사람의 실질적 이익 및 가치와 의견을 멀리한다고 비난한다.[14] 또한, 정치는 인민의 일반의사의 직접적인 표현을 기초로 하고, 권력을 인민에게 되돌려주어 인민의 지배를 회복하려고 시도한다.[15]

인민주의이론에 영향을 미친 최초의 인물은 루소였다. 루소에게 "인민들 스스로의 의사는 항상 선하다."[16] 인간의 의지가 정상적으로 선하다면, 인간의 의지에 대해 제도적인 견제는 불필요할 것이다. 루소의 입장에서 사회와 법의 기원은 약자에게는 족쇄가 되고, 부자에게는 새로운 세력이 되며. 언제나 자연적 자유를 파괴하고, 영원한 재산 및 불평등한 법을 수립하며, 영리한 불법침해를 최종적인(되돌릴 수 없는) 권리로 바꾸고, 소수의 야심가의 이익을 위해 이후로는 전체 인류를 노동, 노예상태, 궁핍하고 비참한 상태에 둔다.[17]

루소가 사회계약론에서 "인간은 자유롭게 태어났다. 그러나 여기저기의 사슬에 묶여 있다"[18] 고 소박하게 목가적인 언급으로 시작할 때, 인습적인 사회의 복잡성이 자연 상태에서 향유하는 자유로운 인간을 제거했다는 것을 의미한다. 사회계약의 목적은 "모두 공동의 힘을 가지고 구성원 각자의 신체와 재산을 방어하고, 그 자신 스스로가 다른 사람들과 연합함과 동시에, 각각의 개인은 자신 이외는 절대 복종하지 않고 전과 같이 자유롭게 되는 것"[19] 이다. 새로운 시민사회의 모든 법과 규칙들은 일반의사(general will)에 의해 탄생된다. 일반의사는 천부적 충동을 따르는 개인들의 의사다. 루소는 엄밀한 의미에서 자치(self-governing)가 되어야 한다고 믿으며, "인민은 대표를 선택하는 순간, 더 이상 자유롭지 않다. 자유는 더 이상 존재하지 않는다"[20]고 주장한다. 루소는 가장 순수한 형태의 직접민주주의를 주창한 것이다.

제퍼슨은 다수에 의해 확립된 규칙을 통해 직접적, 개인적으로 활동하는 일반 시민에 의한 정부를 지지하면서, 시민에 의한 직접적이고 한결같은 통제에서 멀어질수록 공화주의의 특성은 줄어든다고 보았다.[21] 제퍼슨의 대의에 관한 사고는 인민이 가능한 한 직접 정부에 참여해야 한다는 루소의 아이디어를 공유한다. 제퍼슨은 인민에 대한 신뢰를 중요시하면서도 루소와는 달리, 인민의사에 대한 모든 견제를 포기하지는 않는다.

페인의 생전에는 인민주의라는 용어가 사용되지는 않았지만 그에 의해 만들어진 인간 본성과 인민 정부에 관한 가정들은 인민주의의 지적 뿌리의 토론에 적합하다. 페인에게 정치적 공동체는 정부가 탄생하기 이전에 존재하며, 자연법에 의해 형성되고 질서가 부여된다. 페인도 루소처럼 개인이 본능적으로 합리적이라는 것을 믿는다. 자연법은 인간에게 평화와 조회 속에 살도록 요구하기 때문에, 정부는 시민사회에서 없어도 되는 구성요소다. 그는 모든 국가에서 사회는 축복이지만, 최소 국가라 할지라도 정부는 오직 필요악이라고 주장한다.[22] 페인의 주장은 이상적이고 감성적이지만 정부의 타당한 구성과 적절한 기능에 대해 되돌아 볼 수 있는 계기를 제공한다.

페인은 인간과 사회는 자연법에 의해 질서가 유지되기 때문에 인간의 의지를 금하기 위한 제도적 견제는 거의 불필요하며, 모든 의견에 관한 문제에서 절대다수가 전체를 지배해야 하고 소수는 실질적으로 복종해야 한다고 보면서 인간의 문명화된 자기 이익에 대한 확신으로 다수독재에 대한 가능성은 고려하지 않았다. 그는 그런 상황이 때로 발생할 수 있다는 것을 인정하면서도, 이것이 경험적으로 증명되자마자 소수는 다수가 될 것이고 기존의 잘못은 평등한 권리와 의견의 자유에 관한 차분한 작용 그 자체로 개혁될 것이라고 주장했다.

인민주의는 전통적으로 선한 인간에 의한 직접적인 자기 결정을 이상으로 하는 숭고한 사상에서 출발하고 있다는 점에 주목해야 한다. 인민주의는 그 이름이 등장하기 이전부터 항상 입헌주의와 경쟁 관계를 지속해 왔다. 인민주의와 민주주의는 모두 인민의 최고 주권적 지배와 관계가 있지만 둘 사이에는 민주주의 개념의 모호성에서 상반된 견해로 나타난다.[23] 즉 인민주의를 민주주의의 순수한 형태로 환영하는 입장[24]과 민주적 정권의 핵심적 요소의 어떤 것에 잠재하는 압제적이고 분열적인 것으로 거부하는 입장[25]으로 대별된다.

인민주의의 주창자들은 민주주의를 무엇보다도 인민의 직접 지배로 개념화하기 때문에 민주주의와 인민주의를 동일화하는 경향이다. 즉 입헌주의자들에게 민주주의는 대의민주주의지만 인민주의자들에게 민주주의는 인민주의다. 따라서 대의민주주의자들은 대표, 개인적 권리, 권력과 이익의 균형을 강조하면서 민주주의 입헌적 개념을 강조한다.[26]

인민주의가 순수한 형태에서 인민 의사에 의한 직접 지배를 지지하는 것은 결국 대의민주주의 대신에 인민이 직접 참여하는 직접 민주정치를 지향하는 것이다. 직접민주주의는 직접, 걸러지지 않은 대중압력에 의한 정부, 국민투표, 대중 청원, 심판에 관한 인민소환에 의한 정부, 여론에 일치하는 정부를 구성하는 것이다.[27] 걸러지지 않은 정부의 의미는 공공정책이 인민의 대표가 아니라 인민에 의해 직접 창안되고 결정되는 것을 의미한다.

인민주의는 자유민주주가 강조하는 대의민주주의에 가장 강력하게 도전하는 이데올로기다. 현재는 대의민주주의가 정치구조와 과정의 대세지만 이론적으로는 직접민주주의 즉 인민주의는 대의민주주의와 함께 정치의 두 축을 형성한다. '자유민주주의'는 개인의 자유, 보편적 원리와 법의 지배, 성문헌법에 바탕을 두는 반면에 '인민주의'는 인민 의사에 의한 지배, 제한 없는 다수지배로 이해되고 전형적으로 국민투표를 통해 표현되어야 한다고 주장한다.

인민주의는 본래 반정당, 반엘리트적이지만, 대의민주주의와 보완적인 경쟁 관계로 발전되고 있다. 인민주의와 대의제도의 경쟁 관계는 이상과 현실이 적절히 조화된, 그러면서도 인민의 지위가 강화되는 새로운 유형의 민주절차를 불러올 수도 있다. 이것은 대의민주주의를 인민주의로 대체하는 것이 아니라 인민주의의 필요하고 당위적인 부분을 기존의 대의제도에 과감히 도입하는 것이 필요하다는 것이다.

정당과 선거, 의회를 뛰어넘은 혁신적 사고에 대한 과감한 도전이 필요하다. 이것은 곧 회의 및 실용의 정치와 믿음 및 구원의 정치를 융합해 자유와 평등의 정치를 구현하는 길이다. 인민주의는 분명히 자유민주주의가 간과하거나 외면하거나 대립되는 '인민'중심의 정치이념을 가지고 있다. 인민주의는 자본주의와 사회주의처럼 자유민주주의와 양단의 대치되는 이념이 아니라 혼합 또는 융합될 수 있는 이념이라는 점에서 자유민주주의의 반면교사이고 발전방향이며 점진적인 대안이며 동반자다.

인민주의는 정치방식으로는 아테네 민주주의를, 가치와 이념으로서는 18세기 계몽주의적 민주주의를 추구한다. 이것이 인민주의가 인간 본성 및 인민 정부에 대한 이해에서 입헌주의 즉 대의민주주의와 다른 점이다. 인민주의자들의 기본 사고는 인민과 직접 접촉하고 동시에 중간구조(정당)를 배제하는 것이다. 인민주의가 자주 직접민주주의와 동의어로 묘사되는 것은 이런 이유 때문이며 실제로 인민주의는 직접민주주의가 방향이지만 두 개념이 일치하는 것은 아니다. 이런 점에서 인민주의는 아테네민주주의와 결합가능성이 아주 높은 모델이라고 할 수 있다.

아테네의 직접민주주의는 2500여 년 전의 일이지만 인민주의는 근대의 현상으로 인민주의가 아테네 민주주의를 토대로 발전한 것이 아니라 오히려 입헌민주주의의 반제로 등장한 것이다. 그러나 인민주의의 사상적 배경은 아테네 민주주의에서 비롯되었다. 인민주의는 상이한 문화, 상이한 역사적 기간, 상이한 정치체계에서 대의제의 위기에 대한 반응으로 출연했다. 이것은 아테네 민주주의가 귀족제의 위기와 함께 발전한 것과 같다. 그렇다고 정치 및 경제적 위기가 반드시 인민주의 정치가 초래되는 것은 물론 아니다.[28]

서구 민주국가들의 광범위하고 다양한 발전은 인민주의의 운명에 영향을 미쳤다. 후기 산업사회의 발전은 많은 유권자의 태도를 다양하게 흩어 놓았고 이념성이 약한 정당에 끼어들 공간을 만들었다. 냉전의 종식은 자유민주주의 국가들의 국내외의 정치적 관계를 변화시켰다. 가장 극적인 중요한 변화는 자유민주주의의 최대의 적이었던 공산주의가 사라진 것이다. 공산주의의 붕괴는 새로운 유럽 좌파 인민주의에 공간을 개방했고, 권위주의의 붕괴와 민주화의 순환은 인민주의가 번창하는 토대가 되었다. 이러한 요인들은 변화된 미디어의 역할 및 시민의 자유와 결합되어 정치의 신비성 말살로 이어졌다. 대통령제의 '위임민주주의'의 출현도 인민주의의 범위를 증대했다.[29]

전통적으로 정치, 문화, 사회 및 경제적 대변동 시기에, 권위와 순종의 관계가 상대적으로 불안정하고 일탈될 때, 그에 상응하는 새로운 형태가 개막될 때, 현존 사회 및 정치제도를 질서있고 안정되게 제한하고 규제하지 못하는 경우 대의제는 실패하고 대신 인민주의 환경이 조성되는 것으로 본다.[30] 아테네의 인민주의도 귀족주의와 빈부의 차이에서 평민의 참여가 확대되면서 막이 열리게 되었다는 점에서 같은 맥락이다.

인민주의는 결국 아테네 민주주의를 토대로 하여 대의제를 최소화하고 정치과정에 시민이 직접 참여하는 것을 본질로 하는 민주주의다. 여기에는 아테네 민주주의가 말단 행정 단위부터 추첨을 통해 대표를 선발해 왔던 것처럼 대표를 선출해 오며 가능한 범위에서 모든 시민이 참여하는 민주주의를 상정할 수 있다. 이것을 참여 민주주의로 부르기도 한다. 직접민주주의를 거론할 때 인구가 적은 규모에서나 가능하다는 말이 먼저 나온다. 아테네의 소수시민처럼 루소도 그의 고향인 스위스의 소규모 인구를 머리 속에 담고 있었다는 것이다. 이런 주장들은 모든 시민이 한 자리에 모인다는 것을 전제로 한다.

그러나 현대사회는 루소가 상정한 스위스의 작은 나라가 아니고 2500여 년 전의 아테네도 아니다. 대신 현대사회는 경이적으로 발전한 과학 문명이 새로운 가능성을 열어주고 있다. 바로 인터넷과 TV이다. 이 과학 문명의 총아는 인간에게 시공을 초월하여 소통을 할 수 있도록 만들었다. 현대정치는 소통을 통해 이루어진다. 헤로도토스가 아테네 민주주의를 이세고리아(isegoria)로 표현한 것은 결국 현대사회의 '소통'이다. 소통은 자유와 평등을 전제로 하고 당사자가 아니라 제3자가 소통의 매개가 되는 경우 '언론'이라는 매체가 담당하고 인터넷이나 TV매체가 곧 이세고리아의 수단이다.

'민주주의'는 그 자체로서 모든 가치를 담고 있다. 민주주의 앞에 어떤 수식어가 추가되면 가치의 방향 즉 자유와 평등의 방향이 달라진다. 그러나 20세기에 들어서면서 민주주의라는 단어 앞에 붙는 새로운 형용사와 문자가 넘쳐나게 되었다. 이런 형용사는 가치나 이념의 방향이 아니라 이념을 구현하는 방법을 나타낸다. 그 중의 하나가 E-민주주의(E-democracy)이다. 이것은 컴퓨터 네트워크를 통해 민주주의 이념을 구현하려는 시도이다. 여기에서 더 나아가 획기적인 방법이 '원격민주주의(Tele democracy)'다. 원격민주주의는 첨단 통신 네트워크를 통해서 가능하다.

이미 우리나라에서 정당의 선거는 부분적으로 모바일을 통해서 이루어지고 있다. 원격민주주의는 TV 프로그램과 전화 접속 여론 조사로 구성된다. '데모스'같은 작은 단위의 집단에서부터 인터넷을 통해 정책을 토론하고 결정하는 일도 충분히 가능하다. 원격민주주의는 기존의 정치과정을 근본적으로 변화시키고 진정한 '데모크라티아'를 실현시킬 수 있는 도구가 될 것이다 (다만 이 글에서는 이에 대한 더 구체적인 토론은 생략하기로 한다).

정치인들은 선거에서 이기는 기술만을 개발해왔지 실질적인 국민의 참여 방법에 대한 개발은 외면해왔다. 이런 기술이 발전하면 자신들의 지배력이 약화되고 오히려 지배가 아니라 피지배 상황으로 전도될 것을 우려하는 것인가. 현대사회의 인터넷 매체의 발달은 오히려 공간을 초월한다. 대부분의 대화는 SNS(social networking service) 즉 온라인(online)으로 이루어진다. 아마존이나 이베이 등 대형 온라인 몰이 상거래의 중심 플랫폼(platform)이 되고 있다. 페이스북과 트위터, 카카오톡 및 유튜브 등 인터넷 매체는 국민이 참여하는 정치 플랫폼을 구축하여 직접민주주의의 토대가 될 수 있다. 대부분의 직장에서는 화상회의가 일상이고 학교 강의도 화상으로 이루어지고 있다. TV의 공연도 화상으로 이루어지면서 쌍방 커뮤니케이션이 이루어진다. 모든 스마트폰은 쌍방 커뮤니케이션이 가능하다.

이제 가정의 모든 TV도 쌍방 커뮤니케이션의 도구가 될 수 있을 것이다. 이렇게 되면 공간이 사라진다. 언제 어디에 있던 온라인을 통한 대면접촉이 가능하다. 대면접촉은 곧 직접 참여다. 20세기 초반의 상상과 꿈의 대상이었던 전자민주주의 즉 안방에서 인터넷 매체를 이용하여 직접 정치에 참여하고 추첨하거나 투표할 수 있는 환경이 조성되었다. 여기에서 인민주의를 구현할 수 있는 직접민주주의의 가능성이 드러나게 된다. 이런 정치 현상을 염두에 두고 직접민주주의 원조인 아테네 민주주의에 대해 역사적으로 고찰하는 것이 중요하고 긴요하다.

❖ 주

1) Paul Taggart, *Populism* (Buckingham: Open University Press, 2000), p. 48.
2) Margaret Canovan, "'People', Politicans and Populism," *Government and Opposition* 19-3 (1984), pp. 314-315.
3) F. Panizza, "Introduction: Populism and the Mirror of Democracy," F. Panizza (ed.), *Populism and the Mirror of Democracy* (London: Verso, 2005), p. 14.
4) Taggart (2000), p. 95.
5) Mudde, "The Populist Zeitgeist," *Government & Opposition* 39-3 (2004),

p. 546; Benedict Anderson, *Imagined Communities: Reflections on the Origins and Spread of Nationalism* (London: Verso, 1983).
6) Cas Mudde, "The Populist Zeitgeist," *Government & Opposition* 39-3 (2004), p. 545.
7) Catherine Fieschi, "Introduction," *Journal of Political Ideologies* 9-3 (2004), p. 235 참조.
8) 철학연구회 엮음, 『디지털시대의 민주주의와 포퓰리즘』 (서울: 철학과 현실사, 2004). 인민주의를 그대로 사용하는 경우는 서병훈, 『포퓰리즘: 현대민주주의의 위기와 선택』 (서울: 책세상, 2008)이다. 우리말로 된 인민주의에 관한 유용한 단행본은 바로 이 책이다.
9) Gordon W. Allport, *The Nature of Prejudice* (New York: Doubleday Anchor Boos, 1958), pp. 6-16.
10) D. Westlind, *The Politics of Popular Identity: Understanding Recent Populist Movements in Sweden and the United States* (Lund: Lund University Press, 1966), p. 99.
11) T. S. Di Tella, "Populism and Reform in Latin America," in C. Veliz(ed.) *Obstacles to Change in Latin America* (Oxford: Oxford University Press, 1965); L. F. Conway, "Populism in the United States, Russia and Canada: Explaining the Roots of Canada's Third Parties," *Canadian Journal of Political Science* 11 (1978), pp. 99-124.
12) Paul A. Taggart, *populism* (Buckingham: Open University Press, 2000), p. 95.
13) Margaret Canovan, "Trust the People! Populism and Two Faces of Democracy," *Political Studies* (1982) 특히 그의 이런 주장은 다음의 문헌을 바탕으로 한다. Cas Mudde, "The Populist Zeitgeist," *Government and Opposition* 39-4 (2004); Taggart (2000).
14) Andreas Schedler, "Anti-Political-Establishment Partiesm," *Party Politics* 2-3 (1996).
15) Y. Meny and Y. Sure, "The Constitutive Ambiguity of Populism," Y. Meny and Y. Sure(eds.), *Democracies and the Populist challenge* (Houndmills: Palgrave, 2002), p. 9.
16) Jean-Jacques Rousseau, *The Social Contract*, trans. Maurice Cranston (New York: Penguin, 1968), p. 83.
17) Jean-Jacques Rousseau, (trans.) Roger D. Masters, trans. Roger D. and Judith R. Masters, The First and Second Discourses (New York: St. Martin's, 1964), p. 160.
18) Jean-Jacques Rousseau, (trans.) Maurice Cranston, *The Social Contract* (New York : Penguin, 1968), p. 49.
19) Rousseau (1968), p. 60.
20) Rousseau (1968), p. 15

21) Thomas Jefferson, Andrew A. Lipscomb (ed.), *The Writings of Thomas Jefferson*, vol. 15 (Washington, DC: Thomas Jefferson Memorial Association, 1903), pp. 18-20.
22) Thomas Pain, "Common Sense," in Nelson F. Adkins (ed.), *Common Sense and Other Political Writings* (New York: Bobbs-Merrill, 1953), p. 4.
23) 이 부분에 관한 기술은 Michael Federici, *The Challenge of Populism* (New York: Praeger, 1991)에 크게 의존했다.
24) T. Tannsjo, *Populist Democracy: A Defence* (London: Routledge, 1992).
25) A. Taguieff, "Political Science Cinfronts Populism: From a Conceptual Mirage to a Real Problem," *Toles*, 103 (1995), pp. 9-43; Koen Abts and Stefan Rummens, "Populism versus Democracy," *Political Studies* 55-2 (2007), p. 405에서 재인용; Nadia Urbinati, "Democracy and Populism," *Constellations* 5-1 (1998), pp. 110-124.
26) Nadia Urbinati, "Democracy and Populism," Constellation 5-1 (1998), pp. 110-124.
27) Peter Viereck, *The Unadjusted Man* (Boston: Beacon Press, 1956, reprint, Westport, Conn.: Greenwood Press, 1973), p. 131.
28) Luke March, "From Vanguard of the Proletariat to Vox Populi: Left-populism as a 'Shadow' of Contemporary Socialism," *SAIS Review* 27-1(2007), pp. 71-72. 이에 대한 사례는 이 논문 72페이지를 참조할 것.
29) Kurt Weyland, "Neopopulism and Neoliberalism in Latin America: How Much Affinity?" *Third World Quarterly* 24-6 (2003), pp. 1095-1115.
30) F. Panizza, "Introduction: Populism and the Mirror of Democracy," F. Panizza (ed.), *Populism and the Mirror of Democracy* (London: Verso, 2005), p. 9.

참고문헌

한글문헌

서병훈. 『포퓰리즘: 현대민주주의의 위기와 선택』. 서울: 책세상, 2008.
신철희. "민(demos) 개념의 이중성과 민주주의(demokratia)의 기원." 『한국정치연구』 제22집 2호 (2013).
아서 스탠리 리그스. 김희정 역. 『시칠리아 풍경』. 부산: 산지니.
아이스퀼로스 지음. 김종환 옮김. 『탄원하는 여인들』. 서울: 지만지드라마, 2018.
앨런 라이언 지음. 남경태, 이광일 역. 『정치사상사』. 서울: 문학동네, 2017.
월러 뉴웰 지음. 우진하 옮김. 『폭군 이야기』. 서울: 예문아카이브, 2017.
철학연구회 엮음. 『디지털시대의 민주주의와 포퓰리즘』. 서울: 철학과 현실사, 2004.
최한수. 『그리스 신화와 종교』. 서울: 명인문화사, 2022.
톰 홀랜드 지음. 이순호 옮김. 『페르시아 전쟁』. 서울: 책과 함께, 2007.
폴 우드러프 지음. 이윤철 옮김. 『최초의 민주주의』. 서울: 돌베개, 2012.
플루타르코스 지음. 이성규 옮김 『플루타르코스 영웅전, 전집(상)』. 서울: 현대지성, 2016.

영어문헌

Abts, Koen, and Stefan Rummens. "Populism versus Democracy." *Political Studies* 55–2 (2007).
Aeschines. Trans. by Charles Darwin Adams. *Against Ctesiphon*. Cambridge, MA: Harvard University Press, 1919.
_____. Trans. by Charles Darwin Adams. *Against Timarchus*, 1.92. Cambridge, MA: Harvard University Press, 1919.
_____. Trans. by Charles Darwin Adams. *The Speeches of Aeschines*. New York: G. P. Putnam's Sons, 1938.
Allison, Graham. *Destined for War*. Boston: Houghton Mifflin Harcourt, 2017.
Allport, Gordon W. *The Nature of Prejudice*. New York: Doubleday Anchor

Boos, 1958.
Anderson, Benedict. *Imagined Communities: Reflections on the Origins and Spread of Nationalism.* London: Verso, 1983.
Arendt, Hannah. *The Human Condition.* Chicago: The University of Chicago Press, 1958.
Aristotle. Trans. by H. Rackham. *The Athenian Constitution.* MA: Harvard University Press, 1952.
Barber, Benjamin. *Strong Democracy: Participatory Politics for a New Age.* LA: University of California Press, 1984.
Benoit, Kenneth, and John W. Schiemann. "Institutional Choice in New Democracies: Bargaining over Hungary's 1989 Electoral Law." *Journal of Theoretical Politics* 13-2 (2001).
Berlin, Isaiah. *Four Essays on Liberty.* Oxford: Oxford University Press, 1969.
Briant, Pierre. *From Cyrus to Alexander: A History of the Persian Empire.* Penn.: Pennsylvania State University Press, 2000.
Buckley, Terry. *Aspects of Greek History 750-325 BC.* London: Routledge, 1996.
_____. *Aspects of Greek History*, 2nd. London: Routledge, 2010.
Bury, J. B. *A History of Greece to the Death of Alexander the Great.* London: Macmillan, 1900.
Canovan, Margaret. "'People', Politicians and Populism." *Government and Opposition* 19-3 (1984).
Cartledge, Paul. *The Spartans: The World of the Warrior-Heroes of Ancient Greece.* New York: The Overlook Press, 2004.
Carugati, Maria F., Randall Calvert & Barry R. Weingas. "Constitutional litigation in ancient Athens Judicial review by the people themselves." *Memo*, retrieved (23 June 2017).
Cawkwell, George. *Thucydides ans Peloponnesian War.* London: Routledge, 1997.
Conway, L. F. "Populism in the United States, Russia and Canada: Explaining the Roots of Canada's Third Parties." *Canadian Journal of Political Science* 11 (1978).
Dahl, Robert A. *Polyarchy: Participation and Opposition.* New Haven: Yale University Press, 1971.
Democracies. Seven. *1945-1990.* Oxford: Oxford University Press, 1994.
Demosthenes. Trans. by A. T. Murray. *Against Aristocrate 23.* Cambridge, MA, Harvard University Press, 1939.
_____. Trans. by A. T. Murray. *Demosthenes, Against Timocrates.* Cambridge, MA: Harvard University Press, 1939.
Di Tella, T. S. "Populism and Reform in Latin America." in C. Veliz(ed.) *Obstacles to Change in Latin America.* Oxford: Oxford University Press, 1965.
Diamond, Larry. *Developing Democracy: Toward Consolidation.* Baltimore:

The John Hopkins University Press, 1999.
Diamond, L., J. J. Linz and S. M. Lipset. "What Makes for Democracy?." L. Diamond, J. J. Linz and S. M. Lipset (eds.), *Politics in Developing Countries: Comparing Experiences with Democracy*. Boulder, Colo.: Lynne Rienner, 1995.
Federici, Michael. *The Challenge of Populism*. New York: Praeger, 1991.
Fieschi, Catherine. "Introduction." *Journal of Political Ideologies* 9–3 (2004).
Finley, M. I. *The Ancient Greeks*. New york: The Viking Press, 1963.
Forrest, W. G. *The Emergence of Greek Democracy 800–400 BC*. New York: McGraw-Hill Book Co. 1976.
Frost, Frank. "Solon Pornoboskos and Aphrodite Pandemos." in *Syllecta Classica*, Volume 13 (2002).
Gagarin, Michael, and Paul Woodruff. Trans & Eds. *Early Greek Political Thought from Homer to the Sophists*. Cambridge University Press 1995.
Geoffrey Ernest Maurice de Ste. Crox. *The Class Struggle in the Ancient Greek World*. London: Stockton, D. 1981.
Gottesman, Alex. "The Concept of Isēgoria." *Polis: The Journal for Ancient Greek and Roman Political Thought* (2021).
Griffeth, R., and C. Thomas (eds.), *The City-State in Five Cultures*. Santa Barbara: ABC-Clio, 1981.
Hall, Jonathan M. *A History of the Archaic Greek World: ca. 1200–479 BCE*, 2nd. New York, John Wiley & Sons Inc, 2014.
Hansen, Mogens Herman. *Polis*. Oxford: Oxford University Press, 2006.
_____. trans.by J.A.Crook. *The Athenian Democracy in the Age of Demosthenes: Structure, Principles, and Ideology*. Norman: University of Oklahoma Press, 1999.
_____. *Was Athens a Democracy? Popular Rule, Liberty and Equality in Ancient and Modern Poplitical Thought*. Historisk-filosofiske Meddelelser, 59, 1989.
Held, David. *Models of Democracy*. Stanford: Stanford University Press, 1987.
Holden, Barry. *Understanding Liberal Democracy*. Birmingham: Harvester Wheatsheaf, 1988.
Isocrates. Trans. by George Norlin, Isocrates. *With an English Translation by George Norlin ... in Three Volumes*. Cambridge, MA: Harvard University Press, 1980.
Jefferson, Thomas, Andrew A. Lipscomb (ed.). *The Writings of Thomas Jefferson*, vol. 15. Washington, DC: Thomas Jefferson Memorial Association, 1903.
Jones, A. H. M. *Athenian Democracy*. Baltimore: Johns Hopkins University Press, 1957.
Justinus, Marcus Junianus. *Epitome of the Philippic History of Pompeius Trogus*. translated, with notes, by the Rev. John Selby Watson. London: Henry G. Bohn, 1853.

_____. "Trust the People! Populism and Two Faces of Democracy." *Political Studies* (1982).
Kagan, Donald. *Peloponnesian war*. New York: the Penguin Group, 2003.
_____. *Sources in Greek Political Thought*. New York: The Free Press, 1965.
_____. *The Fall of the Athenian Empire*. New York: Cornell University Press, 1987.
Koerner, Reinhard. *Inschriftliche Gesetzestexte der frühen griechischen Polis*. Cologne: Böhlau, 1993.
Lazenby, J. F. *The Defence of Greece: 490-479 BC*. Liverpool: Liverpool University Press 1993.
Lewis, J. D. "Isegoria at Athens: When Did It Begin?." *History* (1971).
Lijphart, Arend. *Electoral Systems and Party Systems: A Study of Twenty-Seven Democracies, 1945-1990*. Oxford: Oxford University Press, 1994.
Linz, Juan J. *The Breakdown of Democratic Regimes: Crisis, Breakdown, and Reequilibration*. Baltimore: John Hopkins University Press, 1987.
Macpherson, C. B. *The Political Theory of Possessive Individualism*. New York: Oxford University Press, 1964.
March, Luke. "From Vanguard of the Proletariat to Vox Populi: Left-populism as a 'Shadow' of Contemporary Socialism." *SAIS Review* 27-1 (2007).
Martin, Thomas R. *Ancient Greece: From Prehistoric to Hellenistic Times*. New Haven: Yale University Press, 1996.
Meny, Y., and Y. Sure. "The Constitutive Ambiguity of Populism." Y. Meny and Y. Sure(eds.). *Democracies and the Populist challenge*. Houndmills: Palgrave, 2002.
Montaigne, Michel de. *The Complete Essays*. trans. M.A.Screech. London: Penguin Classics, 1993.
Mudde, Cas. "The Populist Zeitgeist." *Government and Opposition* 39-4 (2004).
Norris, Pippa. "Introduction: The Politics of Electoral Reform." *International Political Science Review* 16 (1995).
O'Donnell, Guillermo. "Illusions about Consolidation." *Journal of Democracy* 7-2 (1996).
Ostwald, M. *Nomos and Beginnings of Athenian Democracy*. Oxford: Clarendon Press, 1969.
Pain, Thomas. "Common Sense." in Nelson F. Adkins (ed.). *Common Sense and Other Political Writings*. New York: Bobbs-Merrill, 1953.
Panizza, F. "Introduction: Populism and the Mirror of Democracy." F. Panizza (ed.). *Populism and the Mirror of Democracy*. London: Verso, 2005.
Parenti, Michael. *Democracy for the Few*. New York: St.Martin's Press, 1988.
Pausanias. Trans. by W.H.S. Jones, Litt.D., and H.A. Ormerod. *Description of Greece*, 1.28.5. Cambridge, MA: Harvard University Press, 1918.
Pennock, James Roland. *Democratic Political Theory*. New Jersey: Princeton University Press, 1979.

Pinney, Harvey. "Government-by Whose Consent?." *Social Science* XIII (1938, 10).
_____. Trans. by George Norlin. *Antidosis* 7.38 (Cambridge, MA: Harvard University Press, 1980.
Plamenatz, John. "Equality of opportunity." G. Bryson et al., *Aspects of Human Equality*. New York: Harper, 1956.
Platias, Athanasios G., & Koliopoulos Constantinos. *Thucydides on Strategy*. Turkey: Eurasia Publications, 2006.
Plutarch. *The Parallel Lives: The Life of Lycurgus 16.* published in Vol. I by Bernadotte Perrin. the Loeb Classical Library edition, 1914.
_____. *Plutarch's Lives*. with an English Translation by. Bernadotte Perrin. Cambridge, MA. Harvard University Press, 1916.
Pomeroy, Sarah B., Stanley M. Burstein, Walter Donlan and Jennifer Tolbert Roberts. *Ancient Greece: A Political, Social, and Cultural History*. Oxford: Oxford University Press, 1999.
Raaflaub, Kurt A. et al. *Origins of Democracy in Ancient Greece*. California: University of California Press, 2008.
Rousseau, Jean-Jacques. (trans.) Maurice Cranston. *The Social Contract*. New York: Penguin, 1968.
_____. (trans.) Roger D. and Judith R. Masters. *The First and Second Discourses*. New York: St. Martin's, 1964.
Sartori, Giovanni. *Comparative Constitutional Engineering: an Inquiry into Structures, Incentives and outcomes*, 2nd edn. London: Macmillan, 1997.
_____. *Democratic Theory*. Detroit: Wayne University Press, 1962).
_____. *The Theory of Democracy Revisited*. New York: Columbia University, 1987.
Schedler, Andreas. "Anti-Political-Establishment Partiesm." *Party Politics* (1996).
Schmitter, Philie C., and Terry Lynn Karl. "What Democracy Is… and Is Not." *Journal of Democracy* 2–3 (1991).
Schumpter, Joseph. *Capitalism, Socialism, and Democracy*, 2nd edn. New York: Harper, 1947.
Strauss, Berry. *The Battle of Salamis*. New York: Simon & Schuster, 2004.
Taagepera, Rein, and Mattew Shugart. *Seats and Votes: The Effects and Determinants of Electoral Systems*. New Haven: Yale University Press, 1989.
Taggart, Paul. *Populism*. Buckingham: Open University Press, 2000.
Taguieff, A. "Political Science Cinfronts Populism: From a Conceptual Mirage to a Real Problem." *Toles*, 103 (1995).
Tannsjo, T. *Populist Democracy: A Defence*. London: Routledge, 1992.
Tsebelis, George. *Nested Games: Rational Choice in Comparative Politics*. San Diego: University of California Press, 1990.
Urbinati, Nadia. "Democracy and Populism." *Constellations* 5–1 (1998).
Viereck, Peter. *The Unadjusted Man*. Boston: Beacon Press, 1956, reprint,

Westport, Conn.: Greenwood Press, 1973.
Vlastos, Gregory. "Isonomia." *American Journal of Philology* 74-4 (1953).
Westlind, Dennis. *The Politics of Popular Identity: Understanding Recent Populist Movements in Sweden and the United States*. Lund: Lund University Press, 1966.
Weyland, Kurt. "Neopopulism and Neoliberalism in Latin America: How Much Affinity?." *Third World Quarterly* 24-6 (2003).
Wilhoit, Francis M. *The Quest for Equality in Freedom*. New Jersey: New Brunswick, 1979.

찾아보기

ㄱ

게노스 181
게루시아(Gerousia) 38, 500
게오모리 135
겔레온테스 110
경제제재 345-346
공산독재체계 46
공산주의 40, 46, 51, 528
과두정 59
과두제 40, 54, 60-64, 68, 70, 86-87, 89-91, 109, 134, 177, 190, 197, 295, 304, 364, 389, 393, 413, 440, 458-464, 470, 483, 487, 492-493, 496, 500, 502, 506, 508-510
군주제 23, 36, 40, 86, 94, 100, 109, 182, 248, 304
권위주의 102, 528
귀족제 12, 68, 86, 89, 93-94, 102, 527
그라페 파라노몬 121, 125-127
그리스 동맹 241, 296-298, 306, 308

ㄴ

노모데타이(Nomothetai) 99, 122-125
노예 19, 70
니키아스 평화조약 291, 316, 362, 410, 413-414

ㄷ

다리우스 185, 212-213, 217-218, 223, 228, 238, 273, 454, 460, 472
대의민주주의 50
데모스 52, 179
데모스테네스 69, 74, 104, 124, 313, 402-405, 407, 411, 444, 447-448, 452
데모크라티아(demokratia) 6, 45, 51-57, 59-60, 62, 68-69, 72, 74, 76, 90-91, 99, 182, 184, 519-520, 529
데미우르기 135
델로스 동맹 108, 197, 285, 289, 297-298, 300-303, 305, 312, 315-317, 320, 325, 327-328, 337, 345, 349-350, 358, 364-365, 368, 378, 394, 400, 452-453, 494
도시국가 15

도키마시아(dokimasia) 55
도편추방제 99, 108, 112-115, 125, 127, 186, 195, 255, 268-269, 347, 417-418
드라코 80, 92, 122
드라코법 92-93, 137
디오니소스 360, 424, 434
디오도로스 230, 272, 275, 291, 313-314, 354, 439, 470, 486, 488, 498
디오도토스 384-385, 387, 390-391, 400
디카스테리(Dicastery) 118

ㄹ

라케다이몬(Lacedaemon) 25
라코노필리아(Laconophilia) 41
레스케(Lesche) 33
레우킴메 322, 324, 329
루소(Jean-Jacques Rousseau) 40, 520, 523-524
리디아(Lydia) 135
리산드로스 302, 472-476, 483-490, 493, 496, 497, 508-509
리쿠르고스(Lykurgus) 37

ㅁ

마라톤 전투 176, 193, 209, 212-215, 217-218, 220-223, 228, 238, 245, 272, 281, 285, 355
마르도니오스 212, 218, 228, 261, 267, 272-274, 276-284, 438
만티스 233
메가라 법령 344-347, 349-350, 365

메가클레스 88, 137, 163, 165-166, 174, 176
메세니아인 28-29
메토이코이 108
메틱스 16
미노스 문명 11
미케네 문명 11-12
민주제 60-61, 64, 68, 86-87, 91, 95, 217, 295, 413, 440, 459, 461-462, 493, 512
민회(Ecclesia) 96, 99, 181

ㅂ

바빌론 왕 210
배심원제(dikasteria) 99
배심제 53
법치주의 78
보이오티아 72, 220, 232, 253, 262, 272, 274, 276-277, 310-311, 315-316, 355, 366, 368-369, 402, 412-413, 443-444, 501, 506, 508
불레(Boule) 109
비신화적 역사 20

ㅅ

사회주의 47
살라미스 해전 213, 216, 247, 249, 253, 257, 261, 263, 274, 311
삼단노선 215-216, 234, 256-257, 331, 333, 340, 358-359, 369, 372, 383, 392, 403-405, 428, 459, 476-477, 488, 505
세이사크테이아(seisachtheia) 140

소크라테스 2, 39, 59-60, 73, 75, 153, 170, 182-183, 199, 201, 206, 211, 313, 341-342, 415, 432, 451, 480-482, 503, 512-516, 518

소포클레스 199, 355, 403-405

솔론(Solon) 5, 68, 74, 80, 95-99, 104-106, 109-110, 113, 118, 122-123, 133-135, 137-144, 148, 150, 153-158, 162-163, 167, 179, 214, 372, 374

스트라테고스 101

스파르타식 훈련 30

스파르타 신기루 39

스팍테리아 전투 407, 409

시칠리아 원정 7, 291, 302, 419, 421, 427, 429, 431-432, 440, 442, 450-452, 474, 505

ㅇ

아가멤논 25, 260

아고게(agoge) 26, 30

아고라(Agora) 75, 169

아나르키아 162

아낙사고라스 199

아레스 102

아레오파고스 102, 189

아레이오스 102

아르가이데스 110

아르고스 18, 28, 269, 294, 309, 412-415, 431, 467, 492, 501, 504

아르기코레이스 110

아르키다미아전쟁 291, 354

아르타바누스 228-229

아르테미스 신전 171

아르테미시온 227, 232-234, 237-238, 240, 247, 253-255

아르테미시온 해전 227, 233, 247

아리스테이데스 116

아리스토텔레스 2, 4, 16, 18-19, 23, 32, 36-39, 53, 63-66, 69-71, 77-80, 85-92, 94-96, 98, 100, 104, 109, 118, 120-121, 133-134, 138, 141, 151, 153-155, 163, 167, 169, 180, 184, 189, 191, 196, 198, 269, 286, 484, 498-499, 503, 518

아리스토파네스 35, 73, 199, 350, 362-363, 417, 483, 513

아리스티데스 197, 215-216, 260-261, 266, 268, 273, 276-277, 279, 284-285, 298, 300, 311, 411

아스파시아 193

아울레트리데스 151

아이고스포타미 전투 484, 493

아이스킬로스 199

아크로폴리스(acropolis) 14, 17-18, 21, 102-103, 150, 164, 166-167, 169-170, 176-177, 255-256, 302, 333, 503-504, 518

아테나 니케 신전 199

아테나이(Athênai) 21

아티카 179

아포테타이(Apothetae) 34

아프로디테 우라니아 149

아프로디테 판데모스 148

알크마이오니드 165

알키다스 376-380

알키비아데스 101, 115, 342, 395, 400, 410, 414-418, 425-432, 437, 439-442, 452-454, 456-461, 464-476, 481, 486, 492-493, 503, 505, 513

암피폴리스 전투 407
암흑시대 22
에우리비아데스 233-235, 256, 261
에우리피데스 199
에우티나 100
에우파트리다이(Eupatridae) 135
에이렌(eiren) 30
에이산겔리아 100
에클레시아(Ecclesia) 105
에포레이아(ephoreia) 37
에포르스 245, 496-497
에피담노스 320, 322-324, 327
에피알테스 99, 188
에피켈라테(epiklerate) 144
에피클레로스 144
엑수시아(Exousia) 64
엘레우테리아 63
오디세이아 25
오로이(Horoi) 139
오스트라키스모스(ostrakismos) 112
오이키스코이(oik'iskoi) 148
올림포스 12신 147
원격민주주의 78, 529
의회(bule) 99
이사고라스 176
이세고리아 57, 66, 71-74, 107, 529
이소노미아(isonomia) 54-55, 68-69, 71-72, 74, 182
이소크라테스 59
인민주의 7, 51, 519-528, 530
일리아스 12, 25, 36, 124, 149, 260
입헌민주주의 527
입헌전제체계 92

ㅈ

자본주의 47
자유민주주의 45-47, 51, 62, 526-528
자유방임주의 46
자유주의 46-47
제논 199
제우스 호리오스(Zeus Horios) 139
주전파 402, 413-414, 416, 418, 424-425
주화파 402, 414, 425, 427
직접민주주의 3-4, 48, 57-58, 78, 99, 101, 105, 118, 184, 518, 520, 524, 526-528, 530
집정관(Archōn) 99

ㅊ

참주제 7, 54, 61-63, 68, 72, 78, 86-87, 89, 94, 154, 162, 171, 178, 217, 295, 462, 493-499, 501, 504-505, 509-512, 515

ㅋ

카푸치니 채석장 449-450
칼리아스 평화조약 313
케르퀴라 60, 256, 322-334, 336, 338, 347, 365, 399, 403-404
케크롭스(Cecrops) 21
코드로스 22-23
코라(chora) 13
코레고스 194
코린토스 5, 15, 18, 20, 90, 155, 186, 232, 235-236, 239, 256, 272, 274, 294, 297, 299, 309, 317, 322-333,

336-341, 344-348, 350, 355, 359-360, 371-372, 399, 412-414, 422, 441-442, 494, 501, 504, 508
크라토스 56
크로이소스가 135
크리티아스 475, 500-503, 508, 514-515
크세노폰 2, 27, 34, 42, 211, 358, 432, 470, 486-490, 498, 503, 513, 515
크세르크세스 96, 213, 216, 223, 228-230, 232, 238, 240-244, 247, 254, 256-259, 261-265, 267, 270, 272-273, 495, 506
클라이스테네스 52
클레오메네스 176
클레오폰 483-484
클레온 359, 361-363, 384-385, 387, 389-391, 402, 406-412, 417
클레이스테네스(Cleisthenes) 54-55, 57, 59, 72, 74, 88-89, 91, 99, 106-107, 110, 112, 115-116, 119, 163, 172, 174-182, 184-186, 193, 214, 217
키몬(Cimon) 29, 102, 188, 191, 296

ㅌ

타소스 299, 300-301, 303, 305-307
타이게토스(Taÿgetus) 34
테라메네스 462-464, 467-468, 470, 478-479, 489-490, 493, 497, 500-503, 507
테르모필라이 전투 28, 213, 227-229, 237-238, 246-248, 256, 274-275, 285, 451
테미스토클레스 116, 189-190, 194, 197-198, 213-218, 230, 232, 234-235, 254-264, 268-271, 285, 298, 310-311
테세우스 21-23, 61, 65, 135
테테스 97
톨로스(Tholos) 111
투키디데스 2, 5, 22, 25, 28, 59-60, 69, 87, 182, 195, 197, 200-202, 204-206, 214, 269-271, 289, 291-293, 302-303, 305-306, 314, 321-322, 325-326, 330-331, 334, 337, 340, 350, 352, 354, 356, 358, 362-363, 373, 379, 382-385, 387, 390-393, 395, 399, 407-409, 417, 426, 438-439, 443, 445, 449, 451-452, 461, 465-466, 468, 470
투키디데스의 함정 292-293, 321
트라시불로스 464, 470, 478-479, 498, 504-512
트로피모이(Trophimoi) 26
트리티에스 53
티모크라시(timocracy) 5, 91, 93-95, 98, 133, 138, 158
티싸페르네스 454, 456-459, 461, 464-465, 495

ㅍ

파나테나이아 축제 169
파르레시아(parrhesia) 57, 73
파르테논 신전 199
파우사니아스 149, 269, 274, 276, 281-283, 296, 376, 489, 508-510
판데모스 149
페리오이코이(perioikoi) 27, 500, 511
페리클레스(Pericles) 59, 63, 74, 97, 99, 101, 107-108, 125, 153, 188, 191-

202, 204-206, 255-256, 273, 300-302, 309-317, 321, 328-330, 340, 345-353, 357-361, 365, 373, 385, 402, 415-416, 482, 504, 511
페이디아스 199
페이디티아 32
페이시스트라토스 88, 115, 154, 162-171, 175-176, 218
펜타코시오메딤노이 96
펠로폰네소스 동맹 289, 294-295, 297-298, 317, 326-328, 332, 337, 345, 356, 359-361, 365-369, 371-371, 382-383, 412-413, 418, 442-443, 494
펠로폰네소스전쟁 5, 7, 58, 89-90, 193-194, 197, 202, 204, 289-293, 296-297, 300-302, 309, 313, 316, 320-322, 330, 336-337, 344-345, 350, 356, 359, 365, 407, 416-417, 424, 443, 451, 456, 462, 474, 483-484, 488, 490, 492, 497, 504
폴리비우스 38
폴리스(polis) 13
프닉스 광장 107
프로타고라스 199
프록세노이 366, 415
프록세니(proxeny) 332
프리타네이스(prytaneis) 111, 113, 384, 481-482
프리타니스(prytanis) 111
플라타이아 28, 213, 220-221, 239, 248, 268, 272, 276-281, 285, 291, 296, 311, 354-357, 382, 411
플라타이아 전투 244, 253, 268, 272, 285
플라톤 2, 16-17, 35-37, 39, 60, 64, 66, 87, 89, 93-94, 98, 138, 149, 156, 182-183, 194, 199, 206, 211, 341, 375, 424, 451, 482, 503, 512, 514-516, 518
플루타르코스 21, 23, 28, 33, 38, 41-42, 114-116, 133, 137, 153, 156, 158, 191, 200-201, 206, 213-214, 261, 267, 269, 270, 277, 279, 284-285, 311, 313, 316, 342, 352, 415-416, 433, 444, 449, 451, 457, 473-475
플루토크라시 91, 94-95
피시스트라토스 299
필라이드스 165
필레(Phyle) 110
필레몬 148-149

ㅎ

헤라이온 신전 171
헤로도토스 2, 23, 25, 37, 41-42, 65, 68, 71-72, 74, 96, 107, 115, 133, 137, 153, 163-167, 171, 175, 182, 184, 199, 214, 219-220, 227, 229-230, 235, 242-247, 249, 254, 256, 258-259, 261-263, 267, 272-273, 275, 278, 282, 284, 355, 409, 529
헤일로타이(Heilotai) 27-29, 405, 409
헥테모로이(hektēmoroi) 140
헬레네스(Hellenes) 12
헬레스폰토스 230, 261-262, 267, 272
헬로트(Helots) 27, 31, 243, 296, 306, 308, 441
헬리아스타이 117
헬리아이아 99
헬리아이아(Heliaia or Heliaea) 117
호메로스 149

호모이오이 26, 500, 511
호이 폴로이(Hoi polloi) 63
호플리테스 110
혼합제 86
히페르볼로스 115, 416-418, 452
히페이스 96
히포크라데스 199
히피아스 171, 176

명인문화사 정치학 관련 서적

정치학 분야

- **정치학의 이해** Roskin 외 지음 / 김계동 옮김
- **정치학개론: 권력과 선택, 제15판** Shively 지음 / 김계동 외 옮김
- **비교정부와 정치, 제12판** McCormick 외 지음 / 김계동 외 옮김
- **정치이론** Heywood 지음 / 권만학 옮김
- **정치학방법론** Burnham 외 지음 / 김계동 외 옮김
- **정치 이데올로기: 이론과 실제** Baradat 지음 / 권만학 옮김
- **민주주의국가이론** Dryzek, Dunleavy 지음 / 김욱 옮김
- **사회주의** Lamb 지음 / 김유원 옮김
- **자본주의** Coates 지음 / 심양섭 옮김
- **신자유주의** Cahill, Konings 지음 / 최영미 옮김
- **정치사회학** Clemens 지음 / 박기덕 옮김
- **정치철학** Larmore 지음 / 장동진 옮김
- **문화정책** Bell & Oakl 지음 / 조동준, 박선 옮김
- **복지국가: 이론, 사례, 정책** 정진화 지음
- **시민사회, 제3판** Edwards 지음, 서유경 옮김
- **포커스그룹: 응용조사실행방법** Krueger 외 지음 / 민병오 외 옮김
- **문화로 읽는 세계** Gannon, Pillai 지음 / 남경희 외 옮김
- **거버넌스의 정치학: 한국정치의 새로운 패러다임 모색** 김의영 지음
- **한국현대사의 재조명** 한국전쟁학회 편
- **성공하는 리더십의 조건** Keohane 지음 / 심양섭 외 옮김
- **여성, 권력과 정치** Stevens 지음 / 김영신 옮김

국제관계 분야

- **국제관계와 세계정치** Heywood 지음 / 김계동 옮김
- **국제정치경제** Balaam, Dillman 지음 / 민병오 외 옮김
- **글로벌 거버넌스: 도전과 과제** Weiss 외 지음 / 이유진 옮김
- **글로벌연구: 이슈와 쟁점** McCormick 지음 / 김계동 외 옮김
- **국제관계이론** Daddow 지음 / 이상현 옮김
- **국제개발: 사회경제이론, 유산, 전략** Lanoszka 지음 / 김태균, 문경연, 송영훈, 최규빈, 김보경 옮김
- **국제기구의 이해: 글로벌 거버넌스의 정치와 과정, 제3판** Karns, Mingst, Stiles 지음 / 김계동, 김현욱 외 옮김
- **현대외교정책론, 제4판** 김계동, 김태환, 김태효 외 지음
- **외교: 원리와 실제** Berridge 지음 / 심양섭 옮김
- **세계화와 글로벌 이슈, 제6판** Snarr 외 지음 / 김계동 외 옮김
- **세계화의 논쟁: 국제관계 접근에서의 찬성과 반대논리, 제2판** Haas, Hird 엮음 / 이상현 옮김
- **현대 한미관계의 이해** 김계동, 김준형, 박태균 외 지음
- **현대 북러관계의 이해** 박종수 지음
- **중국의 외교정책과 대외관계** Shambaugh 편저 / 김지용 외 옮김
- **글로벌 환경정치와 정책** Chasek 외 지음 / 이유진 옮김
- **핵무기의 정치** Futter 지음 / 고봉준 옮김
- **비핵화의 정치** 전봉근 지음
- **비정부기구의 이해, 제2판** Lewis 외 지음 / 이유진 옮김

지역정치 분야

- **동아시아 국제관계** McDougall 지음 / 박기덕 옮김
- **동북아 정치: 변화와 지속** Lim 지음 / 김계동 옮김
- **일본정치론** 이가라시 아키오 지음 / 김두승 옮김
- **현대 중국의 이해, 제3판** Brown 지음 / 김흥규 옮김
- **현대 미국의 이해** Duncan, Goddard 지음 / 민병오 옮김
- **현대 러시아의 이해** Bacan 지음 / 김진영 외 옮김
- **현대 일본의 이해** McCargo 지음 / 이승주, 한의석 옮김
- **현대 유럽의 이해** Outhwaite 지음 / 김계동 옮김
- **현대 동남아의 이해, 제2판** 윤진표 지음
- **현대 아프리카의 이해** Graham 지음 / 김성수 옮김
- **현대 동북아의 이해** Holroyd 지음 / 김석동 옮김
- **현대동아시아의 이해** Kaup 편 / 민병오, 김영신 외 옮김
- **미국외교는 도덕적인가: 루스벨트부터 트럼프까지** Nye 지음 / 황재호 옮김
- **미국정치와 정부** Bowles, McMahon 지음 / 김욱 옮김
- **한국정치와 정부** 김계동, 김욱, 박명호, 박재욱 외 지음
- **세계질서의 미래** Acharya 지음 / 마상윤 옮김
- **일대일로의 국제정치** 이승주 편
- **중일관계** Pugliese, Insisa 지음 / 최은봉 옮김

북한, 남북한 관계 분야

- **북한의 외교정책과 대외관계: 협상과 도전의 전략적 선택** 김계동 지음
- **북한의 체제와 정책: 김정은시대의 변화와 지속** 체제통합연구회 편
- **북한의 통치체제: 지배구조와 사회통제** 안희창 지음
- **남북한 체제통합론: 이론·역사·경험·정책, 제2판** 김계동
- **한반도 평화: 분단과 통일의 현실 이해** 김학성 지음
- **한국전쟁, 불가피한 선택이었나** 김계동 지음
- **한반도 분단, 누구의 책임인가?** 김계동 지음
- **한류, 통일의 바람** 강동완, 박정란 지음

안보, 정보 분야

- **국가정보학개론: 제도, 활동, 분석** Acuff 외 지음 / 김계동
- **국제안보의 이해: 이론과 실제** Hough 외 지음 / 고봉준
- **전쟁과 평화** Barash, Webel 지음 / 송승종, 유재현 옮김
- **국제안보: 쟁점과 해결** Morgan 지음 / 민병오 옮김
- **사이버안보: 사이버공간에서의 정치, 거버넌스, 분쟁** Puyvelde & Brantly 지음 / 이상현, 신소현, 심상민 옮김
- **국제분쟁관리** Greig 외 지음 / 김용민, 김지용 옮김
- **전쟁: 목적과 수단** Codevilla 외 지음 / 김양명 옮김
- **국가정보: 비밀에서 정책까지** Lowenthal 지음 / 김계동
- **국가정보의 이해: 소리없는 전쟁** Shulsky 외 지음 / 신유섭
- **테러리즘: 개념과 쟁점** Martin 지음 / 김계동 외 옮김